AF557186

Oliver Liebel

# Skalierbare KI/ML-Infrastrukturen

## Evaluieren, Automatisieren, Praxis

Rheinwerk
Computing

# Liebe Leserin, lieber Leser,

dass intelligente Systeme zur Mustererkennung, Sprachsteuerung und Auswertung von Daten uns in der Zukunft im Alltag begleiten werden, steht außer Frage. Was allerdings sehr wohl diskutiert werden muss, ist das Problem, wie diese Systeme nachhaltig und kosteneffizient betrieben werden können. Funktionierende Proof of Concepts – so beeindruckend sie im Testbetrieb auch sein mögen – lassen sich nämlich gerade in diesem Bereich nicht einfach linear skalieren: Der Weg vom Entwicklungsbereich mit ein paar Gigabyte Testdaten zum Produktivsystem ist weit, und um Ideen in einen alltagstauglichen Praxisbetrieb überführen zu können, ist viel Know-how gefragt.

Leider gibt es keine einfache Lösung für dieses Problem. Weder in der Cloud noch für Ihre eigene RZ-Infrastruktur werden Sie ein Rundum-sorglos-Paket finden – zumindest nicht, wenn Kostenkontrolle und effizienter Ressourceneinsatz eine Rolle spielen und Ihr Budget nicht endlos ist. Der einzig richtige Ansatz ist, den eigenen Bedarf gut zu prüfen und Systeme sorgfältig und vorausschauend zu konzeptionieren. Das Ziel ist dabei, autoskalierbare Systeme aufzubauen, die einerseits den Anforderungen leistungshungriger KI/ML-Modelle in der Praxis gerecht werden und gleichzeitig flexibel genug sind, um auf veränderte Anforderungsprofile in der Zukunft einzugehen.

Beim Aufbau einer solchen Infrastruktur hilft Ihnen Oliver Liebel in diesem Leitfaden. Er stellt Ihnen Setups vor, die in enger Zusammenarbeit mit NVIDIA entstanden sind. Auf Basis seiner Erfahrungen als Experte für GPU-beschleunigte Container-Cluster zeigt er Ihnen, wie Sie Datacenter-taugliche Hardware in moderne Cluster-Systeme integrieren und so ein Fundament schaffen, auf dem Workloads autoskaliert und effizient abgearbeitet werden können. Damit ist der Grundstein für moderne Pipelines gelegt, die resilient und kostensparend Datenmengen verarbeiten, die vor wenigen Jahren noch unerschwinglichen Supercomputern vorbehalten waren – wenn man die Systeme von Anfang an richtig plant und umsetzt.

Zum Abschluss noch ein Wort in eigener Sache: Dieses Werk wurde mit großer Sorgfalt geprüft und produziert. Sollte dennoch einmal etwas nicht so funktionieren, wie Sie es erwarten, freue ich mich, wenn Sie sich mit mir in Verbindung setzen. Ihre Kritik und konstruktiven Anregungen sind uns jederzeit willkommen.

**Ihr Dr. Christoph Meister**
Senior Lektor Rheinwerk Computing

christoph.meister@rheinwerk-verlag.de
www.rheinwerk-verlag.de
Rheinwerk Verlag · Rheinwerkallee 4 · 53227 Bonn

# Auf einen Blick

Wir hoffen, dass Sie Freude an diesem Buch haben und sich Ihre Erwartungen erfüllen. Ihre Anregungen und Kommentare sind uns jederzeit willkommen. Bitte bewerten Sie doch das Buch auf unserer Website unter **www.rheinwerk-verlag.de/feedback**.

An diesem Buch haben viele mitgewirkt, insbesondere:

**Lektorat** Christoph Meister
**Korrektorat** Petra Bromand, Düsseldorf
**Herstellung** Nadine Preyl
**Typografie und Layout** Vera Brauner
**Einbandgestaltung** Mai Loan Nguyen Duy
**Coverbilder** shutterstock: 1417934141 © nepool, 1836307909 © Roman Samborskyi, NVIDIA Corporation
**Satz** III-Satz, Kiel
**Druck** C.H.Beck, Nördlingen

Dieses Buch wurde gesetzt aus der TheAntiquaB (9,35/13,7 pt) in FrameMaker.

Gedruckt wurde es auf chlorfrei gebleichtem, FSC®-zertifiziertem Offsetpapier (90 g/m²).

Hergestellt in Deutschland.



Bibliografische Information der Deutschen Nationalbibliothek:
Die Deutsche Nationalbibliothek verzeichnet diese Publikation in der Deutschen Nationalbibliografie; detaillierte bibliografische Daten sind im Internet über *http://dnb.dnb.de* abrufbar.

**ISBN 978-3-8362-7393-0**

1. Auflage 2023


Informationen zu unserem Verlag und Kontaktmöglichkeiten finden Sie auf unserer Verlagswebsite **www.rheinwerk-verlag.de**. Dort können Sie sich auch umfassend über unser aktuelles Programm informieren und unsere Bücher und E-Books bestellen.

# Inhalt

# TEIL II Implementierung von skalierbaren KI/ML-Infrastrukturen

## 8 Kubernetes-basierte Plattformen für skalierbare, GPU-Accelerated KI/ML-Cluster 209

# 9 Preflights für GPU-Accelerated Container-Cluster: Operatoren 241

# 10 OpenShift (GPU-Accelerated) – Multiplatform (Cloud und On-Premises) 273

# Kapitel 1
# Vorwort

*»Eine echte künstliche Intelligenz wäre intelligent genug, um nicht zu verraten, dass sie wirklich intelligent ist.«*
*– George Dyson, US-amerikanischer Wissenschafts- und Technikhistoriker*

*»Hypes? Similar to as***les. Every day you encounter a new one.«*
*– Shaun T., U.S. Special Forces (CAG), ret.*

### The Long Road – und ein etwas längeres Vorwort

Da wären wir, und es hat lange genug gedauert. Die Arbeit an diesem Buch hat bereits 2019 begonnen, parallel zu meiner 3. Container-Publikation, die Ende 2020 erschien. Und es war ein langer und oftmals und deutlich beschwerlicherer und enervierenderer Weg als die langjährige Arbeit an meinen Container-Themen, die für sich genommen schon einen hochvolatilen Sack sich permanent vermehrender und mutierender Flöhe darstellen, um diese einfache, bildhafte, aber passende Metaphorik zu benutzen.

Anfangs nahm ich noch an, dass sich das Buchprojekt *Skalierbare KI/ML-Infrastrukturen* halbwegs schnell abwickeln lassen würde. Schließlich war das geplante Volumen mit »nur« rund 400 Seiten gerade mal ein Drittel des Umfangs meiner letzten Container-Publikationen. Wie so oft im Leben stellen sich die Dinge in den meisten Fällen dann jedoch eher als komplexer denn einfacher heraus. Das *Warum* der Problematik ist mehreren Punkten geschuldet und zumindest aus einer sehr großen Flughöhe recht schnell erklärt: Ein Kernproblem liegt in der hohen Volatilität skalierbarer Container-Infrastrukturen selbst. Diese stellen jedoch im Unternehmensumfeld die einzig valide Foundation dar, um sowohl reguläre Arbeitslasten wie auch KI/ML-Stacks flexibel und skalierbar vollautomatisch, on demand und für jeden gewünschten Anwendungsfall und Workload provisionieren zu können. Und dieser KI/ML-relevante Stack muss nun noch zusätzlich in zwei Lokationen implementiert werden: im Unterbau (die GPUs in den Servern und deren Management-Systeme in den Hypervisoren) und *on top* im Workload-Layer der Containerisierungs-Plattform.

Klingt so weit erst einmal nicht unüberwindlich. Allerdings war – ergänzend zur ohnehin hohen Volatilität der Containerisierungs-Plattformen – die Entwicklung der GPU-spezifischen Baugruppen des Stacks durch NVIDIA, VMware und Red Hat in den letzten drei Jahren ebenfalls mit einer dermaßen hohen Geschwindigkeit und Volatilität der Komponenten und ihrer Features hinterlegt, dass ich nach Beendigung der Arbeit an einem Themenblock oft genug den vorherigen, bereits fertiggestellten wieder überarbeiten oder gar komplett neu erstellen musste. Sisyphus lässt grüßen, aber wie üblich sucht sich jeder sein zu tragendes Päckchen meist selber aus.

Wie auch immer – die Dinge im skalierbaren KI/ML-Container-Land sind im zuletzt betrachteten Stand zumindest etwas ruhiger geworden, auch wenn die Entwicklung immer noch rasant ist, und es sind immer noch viele Ecken und Kanten zu meistern.

Der Stand der Dinge folgt nun.

### Superlative, Geschwindigkeit, Hypes und die Realität

2022 – ein Jahr der Superlative. Alles ist groß. Aber zum Teil auch wieder klein. Größenwahnsinnige und zugleich kleingeistige Autokraten. Großflächige Corona-Durchseuchung mit hoffentlich kleinem Impact. Große Rezessions- und Inflationsängste, die sich hoffentlich nur zu einem kleinen Teil bewahrheiten. Große Nachfrage nach Gütern und Rohstoffen jedweder Art und ein mittlerweile oft viel zu kleines Angebot.

Aber nimmt man die Aussagen in allen Medien und den üblichen Politiker- und Consulter-Buzzword-Bullshit-Bingo-Runden abseits dessen zusammen, gibt es anscheinend im technischen Bereich nach wie vor nichts Größeres und Wichtigeres als Di-, Meta- oder Omniverses und Machine-Learning-/KI-Systeme oder allgemeiner:

Künstliche Intelligenz.

Nun, da zumindest in der Politik selten echte anzutreffen ist, könnte das theoretisch ein Hoffnungsschimmer sein.

Aber was ist mit den Unternehmen, die ihre Applikationsstacks immer noch nicht auf Basis von Big Data, KI und maschinellem Lernen betreiben? Denn die haben ja – zumindest gemäß dem schon viel zu lange anhaltenden KI-Hype- und Buzzword-Tsunami – mittel- bis langfristig ganz sicher keine Überlebenschance ohne hyper-agil entwickelte, self-optimizing and -repairing KI-Systeme. Die jeden Tag, jede Stunde aktualisiert oder am besten mehrmals pro Woche gleich ganz neu erfunden werden. Rückwärtskompatibilität ist ja auch sowas von gestern, oldschool und voll out. So wie alles, was noch on-prem und nicht in der Cloud läuft.

Ach ja? Ist das so?

Nun ja.

Im Grunde genommen spiegelt der ganze Faster-, Faster-, Faster-Nonsens im IT-Bereich ein Paradigma wider, in das sich unsere gesamte Gesellschaftskultur – leider, muss man sagen – unvermeidlich bewegt. Häppchen müssen nur noch mundgerecht serviert werden, egal ob's hier und da mal nicht so schmeckt oder passt, wie es soll. Hauptsache schnell, schnell, schnell. Trauriges Synonym einer fast schon demagogischen Lebens- und IT-Entwicklung, in der – zumindest aktuell – alles, was wir aufnehmen, so konzipiert und aufbereitet werden muss, dass auch Rezipienten mit einer maximalen Aufmerksamkeitsspanne von dreikommafünf Sekunden nicht sofort gelangweilt sind.

Viele böse Zungen behaupten ohnehin schon länger, und politisch völlig unkorrekt, dass »Agilität« in der IT wahrscheinlich doch nur eine freundliche Umschreibung sei, um Personen mit ADHS-Tendenzen in IT-Projekten unterzubringen. Wie üblich hängt das vom Standpunkt des Betrachters ab. Und Hypes sind erfahrungsgemäß in der Realität irgendwo zwischen dem verortet, was sie und ihre Fanboys versprechen, und dem, was eine (von ihren Verweigerern gern) überkritische Darstellung ihrer Mankos ist.

### Viele Probleme – (k)eine echte Lösung?

Und wie üblich wird der zunehmende, großflächige und damit irgendwann relativ günstig verfügbare Einsatz einer innovativen und extrem leistungsfähigen Technik wie KI/ML auch abseits effizienter, legitimer und moralisch korrekter Anwendungen jede Menge Schattenseiten nach sich ziehen:

Denn solange wir auf die gleichen Technologien setzen, werden Leistungshunger und Abwärme von RZs mit KI-tauglichen GPU- und TPU- Systemen in jeder neuen Generation exponentiell durch die Decke gehen.

*Aber hey, was soll's*, werden sich (zu) viele grenzdebile Individuen mit viel Langeweile und/oder zu wenigen Hirnwindungen sagen: *Green IT ist voll gestern, Klimawandel Fake News und Greta nervt eh nur. Oder?* Und so kann man schließlich auf Knopfdruck und völlig on demand in High-End-Clouds, die minütlich Abwärme in der Größenordnung von New York verbraten, seine Nachbarn und/oder den Rest der Welt mit per Deepfake generierten, personalisierten Bildern und Videos verwerflichen Inhaltes beglücken, die auch gegen Whatever-Coin-Zahlungen ganz sicher nie wieder gelöscht werden.

Schalten wir den Sarkasmus mal wieder ab, aber Sie wissen so gut wie ich, dass dies erfahrungsgemäß nicht so weit abseits der Realität liegt, wie man denken möge. Und wir reden an dieser Stelle noch nicht einmal von vollautonomen Waffensystemen.

Dass die vollautomatische Bearbeitung von Prozessen auf Basis komplexer Daten nicht nur Vorteile bieten kann, sollte auf der Hand liegen. Allein schon die persönlichen Daten eines jeden Menschen bieten ein gewaltiges Potential, sowohl in positiver wie negativer Hinsicht: Stammdaten einer Person aus ihrer bisherigen Krankenakte, Fehlzeiten im Job, Bestellung (nicht)alkoholischer und/oder extrem zuckerhaltiger Getränkelieferungen per Internet, Postings der Person in sozialen Netzen z. B. über (extrem)sportliche Aktivitäten, erlittene physische oder psychische Krankheiten/Traumata oder (un)populäre Gesinnungen, dazu Gesundheits-Apps auf dem Handy oder der Smartwatch, welche die Telemetriedaten des letzten Joggings (oder Körperfunktionen permanent) übermitteln, die vielleicht nicht dem optimalen Vital-Standard entsprechen, und vieles andere mehr. Dies alles eignet sich »hervorragend« dazu, bestimmte Personen oder Risikogruppen beispielsweise automatisch in bestimmte Versicherungstarife einzuordnen, diesen Personen Kredit zu gewähren (oder nicht), sie bei Bewerbungen auszuschließen (oder nicht), bei Beförderungen zu berücksichtigen (oder nicht) und so weiter. Das Prinzip dürfte offenkundig sein.

Oder nehmen wir ein weiteres, mögliches Problemfeld, bei dem die Auswirkungen weitaus drastischer sein können – die vernetzte KI, wie sie bereits aktuell und zukünftig zunehmend auch herstellerübergreifend in KI-gesteuerten Fahrzeugen zum Einsatz kommt. Nehmen wir eine Situation an, in der zwei KI-gesteuerte Fahrzeuge mit hoher Geschwindigkeit unvermeidbar aufeinanderprallen werden, sofern keine Entscheidung der Autopiloten getroffen wird. Situationsbedingt kann nur ein Fahrzeug bzw. Insasse gerettet werden, die Person in dem anderen Fahrzeug muss mit hoher Wahrscheinlichkeit sterben.

In Fahrzeug 1 befindet sich eine 75-jährige Person, in Fahrzeug 2 ein Kind von 7 Jahren, das zur Schule gebracht wird. Wie entscheidet nun die vernetzte KI? Und exakt an dieser Stelle des Gedankenspiels kommen etliche Faktoren hinzu, die erst beim zweiten Blick auf das Szenario klar werden: Kennt das vernetzte KI-System die Krankenakte des Kindes und der älteren Person und weiß bereits, dass das Kind an einer schweren Krankheit leidet, mit einem garantiert tödlichen Verlauf innerhalb eines Jahres, während die ältere Person noch kerngesund ist?

Hat das KI-System gegebenenfalls Kenntnis darüber, dass die ältere Person eine wichtige Person des öffentlichen Lebens oder der Politik ist oder gar zum Vorstand genau des Konzerns gehört, von dem das Fahrzeug und/oder die KI-Systeme produziert wurden? Und wurde exakt für dieses Worst-Case-Szenario bereits eine versteckte Exception bzw. Priorisierung in die Entscheidungsalgorithmen eingebracht? Und was passiert, wenn der Fall »klassisch« andersherum liegt: Die alte Person ist krank, hat keine hohe Lebenserwartung mehr, die Rentenkassen sind leer, die Kosten der Krankenkasse für die ärztliche Versorgung der alten Person sind immens hoch. Das Kind jedoch gehört zu einer wohlhabenden, einflussreichen Familie und ist kerngesund.

Nun, gemäß einem nicht defekten moralischen Kompass sollte jedes Leben gleich viel wert sein. So weit die Theorie, aber allein das gerade gezeigte, kleine Gedankenspiel sollte verdeutlichen, dass die Dinge sehr schnell viel komplizierter werden können. Paart man diese Betrachtungen mit den – seit Anbeginn der Menschheit ständig und erfahrungsgemäß leider immer noch viel zu häufig anzutreffenden – Charakterzügen wie Egoismus und Gier auf jeder Hierarchieebene, wird viel schneller ein Schuh daraus, als man denken mag.

Und dabei reden wir noch nicht einmal von potentiellen Schwachstellen, durch welche z. B. gehackte, autonome Schwerlaster als Terrorwaffen missbraucht werden könnten. Oder von militärischen Drohnen der nächsten Generation mit KI-gestützten Waffensystemen, die zukünftig innerhalb bestimmter Parameter auch ohne die finale Human-Authorization in Sekundenbruchteilen Entscheidungen treffen können. Sie tun dies auf Basis der ihnen vorliegenden Daten sowie der Daten, mit denen diese Systeme trainiert wurden, und müssen dann im ungünstigsten Fall im Millisekunden-Bereich eine Entscheidung über Nutzen vs. Kollateralschaden treffen.

Und wer denkt, dass diese kleinen Gedankenspiele fernab der Realität liegen – dem ist nicht so.

Wir ahnen bereits, wie komplex das Thema abseits der üblichen und oft leider nur rein technischen Betrachtung tatsächlich zu sehen ist.

### Foundation – und »mehr Power«

Fakt ist: Die Verarbeitung der Daten, sowohl für die Trainings von KI-Systemen als auch im späteren Einsatz, ist unstrittig hochkomplex. Aber auch wenn alle Data Scientists und Data Engineers, Programmierer und auch alle anderen, die sich um die Vorbereitung und KI/ML-Modellerstellung kümmern, höchst sorgfältig arbeiten und alle Daten maximal transparent und zudem in allen relevanten Belangen korrekt sind, kommt noch ein wichtiger, entscheidender Faktor hinzu.

Die Systeme, die die Daten prozessieren. Leistungsfähige und vollautomatisch skalierbare KI-Infrastrukturen. Hocheffiziente High-Performance-GPUs in Container-Clustern, die dynamisch mit DPUs und CPUs in Software-Defined Datacenters zu einer logischen Super-Compute-Unit verschmelzen, um allen involvierten Teams des Unternehmens das Leben leichter zu machen und nicht komplizierter. Und dem Kunden die Informationen liefern, die er bestellt hat bzw. benötigt – und zwar möglichst ohne einen Prediction-Error, der im ungünstigsten Fall vielleicht Einfluss auf Leib und Leben haben könnte.

Wie es der KI-Forscher Richard Sutton in der Einleitung seines Artikels *The Bitter Lesson* 2019 trefflich formulierte:

> *»Die wichtigste Lektion, die man aus 70 Jahren KI-Forschung ziehen kann, ist, dass allgemeine Methoden, die schlichtweg Rechenleistung nutzen, letztlich die effektivsten sind, und zwar mit großem Abstand. […] Auf der Suche nach einer Verbesserung, die kurzfristig einen Unterschied macht, versuchen Forscher, ihr menschliches Fachbereichs-Wissen zu nutzen, aber das Einzige, was auf lange Sicht zählt, ist massive Rechenleistung.«*

Oder kurz: *Viel hilft viel*, zumindest im Moment und zumindest, was die Rechenleistung von KI-Systemen angeht. Und damit sind wir bei der zwingend erforderlichen Skalierbarkeit dieser Systeme.

Und genau diese Skalierbarkeit von containerisiert arbeitenden KI/ML-Infrastrukturen war mein Trigger, dieses Buch zu schreiben, da es sehr eng mit meinem primären (und seit fast 30 Jahren Operations-lastigen) Schaffensfeld verheiratet ist: hochskalierbare Container-Cluster-Infrastrukturen.

Dabei ging es mir nicht darum, ein weiteres Fachbuch der Kategorie *Prima, ich habe auf GCP/AWS/AKS/EKS/GKE/Whatever einen Python-Code-Snippet in mein containerisiertes Jupyter-Notebook mit TensorFlow gepastet und es tut irgendwas …* beizusteuern, zusätzlich zu den gefühlten Millionen Exemplaren, die auf dieser Welle bereits mitschwimmen.

### Hypes und die eher selten auseinanderbrechende Realität

Mir ging es vor allem darum, als jemand, der seit fast drei Jahrzehnten sehr tief in hochkomplexen Themengebieten der IT verwurzelt ist, zu analysieren, was wirklich hinter dem ganzen Hype steckt. Kritische und unbequeme Fragen abseits von oftmals blindem Opportunismus und maximal enervierend gebetsmühlenartig repetierten »Mit KI/ML lösen wir alle Probleme«-Mantras zu stellen.

Denn das Konzept, einen KI/ML-Insel-Stack von einer KI-Workstation eines Data Scientists *mal eben* in eine auto-skalierbare, produktivtaugliche und Multi-Tenant-fähige Cluster-Umgebung zu verpflanzen, erfordert mehr als eine Hollywood-geprägte Illusion von KI-Systemen und ein paar knallige, cloudaffine Buzzwords beim dritten Cappuccino im legeren Entscheider-Meeting.

Was wird auf der Infrastruktur-Seite wirklich benötigt, um KI/ML-Systeme flexibel, effizient, stabil und sicher zu betreiben? Und zu welchem Preis? Es geht darum, zu hinterfragen und zu analysieren, *was* implementierungs- (ausdrücklich nicht coding-) und infrastrukturtechnisch *wie* für *wen* »geht« – und was nicht. Und vor allem: mit welchem *Automationsgrad*. Denn das ist der wichtigste Schlüssel für performante, skalierbare, containerisierte KI/ML-Cluster. Und zu schauen, wo die Reise hinführen kann. Mit allen positiven und leider auch nicht wenigen negativen Aspekten.

Es geht um die explizite Beleuchtung von oftmals nicht unerheblichen Implementierungsproblemen, insbesondere für Unternehmen, die sensible Daten ihrer KI/ML-Workflows in der nach wie vor hochbedenklichen Sicherheit von Everything-happy-Everything-a-a-S-ML-Clouds prozessieren möchten – und im Cloud-Anwendungsfall noch dazu permanent Kosten auftürmen, die jenseits von Gut und Böse liegen. Aber auch im Self-Hosted-KI/ML-Bereich ist leider nicht mehr viel los mit eitel Sonnenschein, sondern in vielen Teilen eher der permanente Link nach */dev/null* für Dollars, Euros und Effizienz angesagt – wenn sorgfältige Planung fehlt oder einmal mehr auf Entscheider-Ebene dank hart antrainierter Beratungsresistenz gekonnt ignoriert wird.

Es geht darum, wie hoch der Grad der *Vollautomation* für containerisierte, skalierbare KI/ML-Cluster im betrachteten Stand wirklich ist bzw. sein kann. Denn nur das zählt in ernstzunehmenden Unternehmensimplementierungen. KI-Systeme kann seit einigen Monaten oder Jahren plötzlich jeder implementieren, wenn man dem Geschwurbel der Medien und üblichen Verdächtigen lauscht. Wie üblich liegen zwischen Anspruch und Wahrheit in der Regel oft Welten. Greift man tiefer, besitzen nur die wenigsten das Know-how um die echte, hohe Kunst: die Implementierung massivst skalierbarer Container-Cluster für KI/ML-Applikationen mit maximaler Vollautomatisierung auf jedem Level, von der Infrastruktur bis zum operatorgestützten Rollout der (v)GPU-Ressourcen und ML-Stacks, egal ob on-premises oder in der Cloud.

Es geht um Fragen und Antworten zu Konzepten, ROI und LTS. Mit einem konsequenten Fokus auf potentielle Strategien für ML-Infrastrukturen in Unternehmen. Mit Betrachtungen und Analysen zu Auswirkungen auf das Unternehmen durch eine Umstrukturierung auf containergestützte KI/ML-Systeme. Ob sich der Einsatz von Machine-Learning-Systemen für das eigene Unternehmen rentiert. Und wenn ja, in welchem Umfang.

Und es geht darum, dass auch diejenigen von uns, die Python nicht ad hoc mit vierhundert Anschlägen pro Minute coden können, und auch die, die bei Begriffen wie TensorFlow, Keras, PyTorch und Ähnlichem nicht sofort Speichelabsonderungen produzieren, eine realistische

Einschätzung darüber erhalten, was KI/ML-Infrastruktur-technisch im betrachteten Stand im Unternehmensumfeld umgesetzt werden kann. Und was in Grimms Märchenstunde bzw. -Tonne bzw. den großen, ewigen Schwurbel-Bullshit-Leitfaden aller Sales-Fraktionen gehört.

**Faster, faster ... und kein Ende. Leider auch für die Kosten.**

Denn insbesondere in der immer schnelllebigeren Container- und KI/ML-Welt haben Informationen rund um Hardware, Software, Verfahren und Konzepte leider eine immer kürzere Halbwertzeit.

Eine höchst bedauerliche Problematik, auf die ich bereits in meinen letzten vier Container-Publikationen mehr als ausdrücklich hingewiesen hatte und an der sich bis heute herzlich wenig geändert hat. Im Gegenteil. Aber was soll's – denn den Sales-Fraktionen von NVIDIA, AWS, GCP, Red Hat, VMware und Co. bereitet das meist keine mächtigen Kopfschmerzen. Allen übrigen Beteiligten sehr wohl. Denn im Grunde gilt nur noch eine Regel: dass nichts mehr gilt. Oder in Langform: Das meiste, was gestern noch superhip und State of the Art war, ist heute schon oft genug nur noch alter Krempel, der keinen mehr wirklich interessiert.

Und das trifft auf fast alle Beteiligten zu – mit Ausnahme des Endkunden. Denn der würde sich gern mal eine etwas langsamere Pace wünschen, Innovation hin oder her.

Fatalerweise müssen sich die Unternehmen aber ebendieser hochvolatilen Gemengelage permanent neu stellen und anpassen, und dies oft zu einem – im wahrsten Wortsinne – hohen Preis.

Kein anderes IT-Geschäftsfeld ist im betrachteten Stand mit derartig hohen Kosten hinterlegt. Auf der anderen Seite: Die relevanten Unternehmen, die den Zug verpassen, werden sich irgendwann keine Sorgen mehr um Kosten machen müssen bzw. können. Im Grunde heißt es wie üblich »am Ball bleiben« oder wenigstens »endlich einsteigen« – aber es wird von Jahr zu Jahr erfahrungsgemäß eher schwieriger denn einfacher:

Kleinere Unternehmen machen sich meist Gedanken, wie die eigene Infrastruktur mit möglichst geringem finanziellem Aufwand KI/ML-tauglich gemacht werden kann, z. B. durch Aufrüstung einiger On-Prem-Systeme mit zusätzlichen GPUs und verstärkter Kühlung und ergänzend den einen oder anderen lastintensiven Trainings-Workload in der Cloud, stecken dann aber erfahrungsgemäß leider allzu oft in einer teuren Pseudo-Kreativ-Sackgasse voller loser Enden fest.

Etliche Mittelständler pendeln zum Teil nach wie vor in fantastisch-kreativem Herumgeeiere eher unentschlossen zwischen Cloud und On-Prem, Letzteres mit dedizierten, gekauften oder gemieteten GPU-Servern oder aufgebohrten Bestandsservern in den Unternehmens-RZ, ohne wirklich nach vorne zu kommen.

Und im Konzernbereich sieht die Sachlage auf den ersten Blick oft klarer aus, aber seien Sie versichert – das ist sie meist nicht. Viele sind überstürzt in die scheinbare und trügerische

Sicherheit »*KI/ML? Alles kein Problem. Vertrauen Sie uns ...*« verschiedener Cloud-Provider (man will ja schön diversifizieren) abgerauscht und kämpfen nun mit providerspezifischen Implementierungsproblemen, mangelnder Konfigurierbarkeit der GPU-Nodes, den allgegenwärtigen cloudtypischen und -bedingten Sicherheitsproblemen und nicht zuletzt sehr hohen Kosten.

### Und wieder die unbequeme Realität, aber hübsch aufbereitet

Womit wir wieder bei der allgegenwärtigen Cloud und ihren Anbietern wären. Und selbst die müssen sich mehr und mehr der harten Realität stellen, welche uns seit vielen Monden und in echter 24/7-HA nonstop Pandemien, Kriege, Krisen, Rohstoff- und Energieknappheit und einiges mehr zur täglichen Erbauung beschert. Aber die Provider verbiegen die Realität wie üblich mit einem (jedoch nur auf den ersten Blick) gekonnten Griff in die Werbe-Trickkiste.

Microsoft zog Mitte 2022 als Erster die Handbremse und kündigte ab sofort eine längere Nutzungsdauer für Cloud-Hardware an. Konkret verlängern die Redmonder ab 2023 die Gesamtbetriebsdauer ihrer CPU- und GPU-Server bis zum Austausch gegen neuere Systeme von vier auf sechs Jahre. Das maximale sinnfreie Werbe-Blabla, dass für den nun verlängerten Betriebszeitraum »*Investitionen in unsere Software [erfolgen], die den Betrieb unserer Server- und Netzwerkausrüstung effizienter machen*« (Zitat Microsoft, untermalt von brüllendem Gelächter gestandener RZ-Admins weltweit), gehört sicher in jede Vorstandssitzung, aber technisch betrachtet auch nur nach */dev/null*.

Aber was soll's: Nicht zuletzt die Shareholder wird es freuen, da Microsoft dank der verlängerten Abschreibungsdauer allein im Fiskaljahr 2023 Einsparungen von fast 4 Milliarden erwartet. Auch Google (Verlängerung von drei auf vier Jahre) und AWS (Verlängerung von vier auf fünf Jahre) haben längst ähnliche Schritte angekündigt.

Neben allen Finanztricks, um besser durch die Krise zu kommen, bedeutet das jedoch auch unter dem Strich, dass Unternehmen, die ihre KI/ML-Strecken ganz oder in Teilen in der Cloud betreiben, schlichtweg länger auf CPUs und GPUs neuester Bauart verzichten müssen und damit auf eine gegebenenfalls deutlich bessere Performance und/oder Energieeffizienz.

Ja, stimmt: Abstrakt betrachtet, klingt das alles zunächst sehr nach einer Diskussion Pest vs. Cholera. Ich könnte jetzt sagen: *Alles gut, Freunde – keine Sorge, dem ist nicht so.*

Aber das würde leider nicht der Realität entsprechen.

Denn es geht im Grunde eigentlich und letztlich nur noch darum, wie man die IT des eigenen Unternehmens (sofern KI/ML-Szenarien dort von hoher wirtschaftlicher Relevanz sind, was auf immer mehr Unternehmensbereiche zutrifft) in diesen technisch, betriebs- und finanzwirtschaftlich hypervolatilen Zeiten strategisch so aufstellt, dass der geringstmögliche wirtschaftliche Schaden entsteht.

Denn seien Sie auch bezogen auf diesen Punkt versichert: Wenn Sie in der Welt der KI- und ML-Cluster-Infrastrukturen ein oder zweimal design- und entscheidungstechnisch falsch abgebogen sind, kann das bereits die sprichwörtliche Road to Financial Ruin sein.

Falls Sie meinen, dies wäre eher eine Übertreibung – willkommen im realen Leben. Es gab in den vergangenen Jahren genügend Unternehmen, die diese leidvolle und teure Erfahrung machen mussten.

### In eigener Sache

Und damit die Leserinnen und Leser, die mich noch nicht aus meinen acht bisherigen Publikationen kennen, wissen, von wem diese Aussagen kommen: Ich bin jemand, den andere vielleicht als Spezialisten im RZ-/Cloud-/Großkunden-Bereich für High-Availability-Cluster, Software-Defined Storage, Verzeichnisdienste sowie für hochskalierbare, vollautomatisierte Container-Cluster und GPU-beschleunigte Microservice-Infrastrukturen von großen Unternehmen und international operierenden Konzernen bezeichnen würden. Als Systemarchitekten und oft genug auch als Problem-Fixer für bestimmte Bereiche der IT von Unternehmen und Konzernen.

Aber im Grunde bin ich unter dem Strich nichts anderes als ein IT-Veteran, der unzählige Hypes hat kommen und gehen sehen. Und genau daher geht es mir, wie in all meinen bisherigen Publikationen, vor allem darum, eine möglichst realistische Einschätzung abzuliefern. Darüber, wo wir implementierungstechnisch im Bereich der KI/ML-Infrastrukturen wirklich stehen, ob und wie für das eigene Unternehmen ein gangbarer Weg durch den KI-Infra-Dschungel gefunden werden kann und für wen sich der Einsatz dieser Systeme lohnen kann.

Aber selbst im Vergleich zu meinen vier bisherigen Publikationen rund um das ebenfalls hochvolatile Themengebiet Container-Cluster kann jede Publikation, die sich im betrachteten Stand seriös mit der Thematik skalierbarer KI/ML-Cluster-Infrastrukturen beschäftigt, trotz aller Genauigkeit immer nur eines sein – eine Momentaufnahme. Und genau deswegen habe ich dieses Mal einen etwas anderen Ansatz gewählt, nämlich einen, der etwas weniger mit praktischen Beispielen und etwas mehr mit Theorie und vor allem Strategie hinterlegt ist.

Denn wie ich im Laufe der zähen und zum Teil leidvollen Recherchen und Tests (danke an dieser Stelle noch einmal an die vielen netten Menschen von NVIDIA, insbesondere Erik Bohnhorst, die mir dabei fast drei Jahre lang zur Seite standen) für dieses Buch erkennen musste, sind zwar praktische Betrachtungen, also das *Doing*, absolut essentiell und unabdingbar, um bestimmte Sachverhalte erstmalig zu verinnerlichen.

Jedoch spielt in diesem Fall der pure Technik-Kontext, d. h. die Konfigurationen bis hin zum letzten kleinen Bit, strategisch eine etwas untergeordnete Rolle. Weil er bzw. es sich unglaublich schnell verändert – noch schneller als in »reinen« Container-Clustern, die für sich genommen schon volatil genug sind und hier lediglich die Foundation für die KI/ML-Stacks darstellen.

Und betrachtet man die Entwicklung im RZ- und Cloud-Bereich einmal ohne alte Muster und mühsam etablierte Scheuklappen, so ist der gute alte Server doch schon lange nicht mehr die Compute-Unit: Es ist längst das bereits erwähnte, vollautomatisierte *Software-Defined Datacenter*, mit jeder Menge CPUs, GPUs, TPUs und DPUs.

Was im Bereich von skalierbaren, containerisierten KI/ML-Infrastrukturen wirklich zählt, ist insbesondere das Verständnis, wie welche Komponenten in welchem speziellen Szenario arbeiten und wie sie ineinandergreifen. Ist das verinnerlicht, ist das Verständnis für die Executive-Komponenten von Hard- (GPUs/TPUs) und Software (Container-Cluster und Operatoren) relativ schnell auf den nächsten Evolutions-Level adaptiert. Und damit portierbar.

Ja, geschenkt, Freunde – pünktlich zum Release von NVIDIAs erster Quanten-GPU mit Ultra-Freon-Kühlung gibt's dann eine leicht aktualisierte Auflage.

Wie auch immer, gehen wir's an. Denn die Arbeit erledigt sich leider noch nicht von selbst.

Aber genau daran arbeiten wir.

Und wer das Motto lieber im Buzzword-Sprech für die Vorstandsrunde hätte:

*Hyperautomation mit KI.*

Ist ganz sicher bis zum Ende dieser Woche noch superhip und voll angesagt.

Danach, naja ...

Ah, der Cappuccino ist fertig.

#### Danksagungen und Widmung

Mein besonderer Dank geht an viele Mitarbeiter von NVIDIA aus dem Datacenter-GPU-Bereich weltweit, die mich in den letzten Jahren tatkräftig unterstützt haben, insbesondere: Erik Bohnhorst, Christopher Desiniotis, Milan Diebel, Francis Guillier, Shiva Krishna Merla, Rajeshka Rao, Thomas Remmlinger, Thomas Wernicke und viele andere mehr, die hier nicht explizit benannt sind. Ebenso gilt mein Dank dem Red Hat EMEA Partner Team.

Für T.Y. – in tiefstem Dank für Deine zeitlosen, unerschütterlichen Weisheiten.

## 1.1 Vorbemerkungen

Im Folgenden finden sich vermehrt Anglizismen (welche in der Regel auch erklärt werden), die sich im Rahmen aktueller und fachspezifisch fortgeschrittener Applikationen/Publikationen ohne kilometerlange und oft unpassende deutsche Um- und Beschreibungen oft nicht umgehen lassen.

### 1.1.1 Verwendete Formatierungen

Die in diesem Buch verwendeten Formatierungen schlüsseln sich auszugsweise wie folgt auf:

`Kommandozeilenbefehl`

`Ausgabe (STDOUT/STDERR)`

```
Listings von Konfigurationsdateien
Änderungen in Konfigurationsdateien
```

*URLs und Verweise zur Dokumentation*

*Dateien und Pfade*

Tastatureingaben: [↵]

> **Wichtige Hinweise**
> Hinweistext

### 1.1.2 Breites Buch-/Seitenformat

Für diese Publikation kommt wieder – wie auch in meinen bisherigen Container-Büchern – ein breiteres Seitenformat zum Einsatz.

Der Hintergrund ist der gleiche wie bei meinen Container-Büchern: Da die Commandline-Listings der Container-Cluster (sprich: STDOUT/STDERR der `kubectl`- und `oc`-Befehle, umso mehr mit der Option `wide`, die oft für wichtige Detailinformationen benötigt wird) viel Platz auf dem Bildschirm und somit auch auf den bedruckten Seiten beanspruchen, bietet Ihnen das breite Format die beste Übersichtlichkeit. Zwar lassen sich auch so einige Zeilenumbrüche nicht vermeiden, die Listings und Befehlszeilen lassen sich aber bestmöglich darstellen.

### 1.1.3 Klartext

Wie in all meinen Publikationen werden nicht nur Vorteile, sondern explizit auch die Nachteile der vorgestellten Produkte/Stacks aufgezeigt, und dies in der Regel im »Klartext«. Bedeutet – es wird nicht um den heißen Brei herumgeredet, sondern klar, unmissverständlich, ausdrücklich und zu einem kleinen Teil auch wiederholt aufgezeigt, wo und warum Probleme existieren. Damit konnten sich in der Vergangenheit nicht alle Leser anfreunden, aber es war und ist nach wie vor nicht meine primäre Intention, es jedem recht zu machen. Es geht daher ausdrücklich nicht um eine möglichst großflächige Bedienung einer jedweden persönlichen Befindlichkeit, sondern es muss vielmehr wie immer nur darum gehen, ein realistisches Bild einprägsam aufzuzeigen – umso mehr für Leser, die mit den Themen dieses Buches bisher kaum Berührungspunkte hatten. Denn insbesondere fehlerhaft geplante und implementierte skalierbare KI/ML-Infrastrukturen besitzen, wie im Vorwort bereits angerissen, erfahrungsgemäß ein gewaltiges Potential zur Budget-Vernichtung eines jeden Unternehmens. Und wie bisherige Erfahrungen ebenfalls gezeigt haben, ist es wichtig, die möglichen, teuren Stolpersteine auch ausdrücklich und gegebenenfalls wiederholt und damit unmissverständlich aufzuzeigen, da andernfalls gern »falsch (und damit oft sehr teuer) abgebogen« wird.

### 1.1.4 KI/ML-Begrifflichkeiten

Wie die Erfahrung gezeigt hat, kann die Verwendung einer verallgemeinerten Begrifflichkeit »KI/ML«, wie in diesem Buch an etlichen Stellen zu finden, bei bestimmten Fachbereichen zu ausschweifenden Diskussionen führen. Um dem vorzubeugen und Energie zu sparen: Es geht in diesem Buch *nicht* um ausführliche Betrachtungen zu den Themen KI, ML oder Neuronale Netze an sich, sondern »nur« um die Themenbereiche rund um die Implementierung leistungsfähiger, containerisierter und GPU-beschleunigter Infrastrukturen, die in der Lage sind, KI/ML-Workloads hochskalierbar zu prozessieren.

### 1.1.5 Weiterführende Hinweise

Ungeachtet der Tatsache, dass dieses Buch relativ umfangreich geworden ist, bieten viele der behandelten Themen noch mehr Stoff und Details.

Um dieser Tatsache, wie auch der schnellen Evolution des Themas, gerecht zu werden, habe ich an den relevanten Stellen der jeweiligen Abschnitte wie üblich meist weiterführende Links zu den betreffenden Themen eingefügt.

Aufgrund der extrem schnellen Evolution kann leider nicht verbindlich sichergestellt werden, dass nach der Veröffentlichung des Buches noch jeder Link passt. Entsprechende korrespondierende Referenzen sollten dennoch jederzeit zu finden sein.

### 1.1.6 Verwendete Testsysteme

Nachstehend aus Gründen der Reproduzierbarkeit einige auszugweise Details über die eingesetzten Testsysteme:

#### On-Premises

vSphere 7 Enterprise Plus Cluster

Hardware:

- 3 Nodes ASUS ESC4000A-E10 (NVIDIA-zertifiziert),
- pro Node: 500 GB RAM, 4 TB-NVME-Disks, Epyc Milan CPUs (28 Cores bzw. 56 vCPUs)

- GPUs (jeweils multiple GPU-Instanzen pro Node), unter anderem:
  - Tesla T4
  - A30
  - RTX A5000
- NICs (für GPUDirect RDMA): Mellanox ConnectX-6 DX 25GbE
- DGX A100-Systeme (gehostet von NVIDIAs EGX-Abteilung).

**vSphere 8**

Kurz vor Fertigstellung des Buches kündigte VMware Version 8 seines vSphere-Hypervisors an, siehe dazu auch *https://core.vmware.com/resource/whats-new-vsphere-8*, die im Herbst/Winter 2022 erscheinen soll. Aus Zeitgründen konnte diese Version nicht mehr im Buch erfasst werden. Für den Scope dieses Buches relevante Neuerungen sind u. a. die Unterstützung von DPUs, neue DVX-Driver, 8 statt bisher 4 vGPUs pro VM, 32 statt bisher 8 DirectPath-I/O-Devices per Host, ein neues Unified AI/ML Hardware Accelerator Management (siehe Abschnitt 10.11.1) sowie ein auf Version 2.0 angehobenes Tanzu. An einigen relevanten Stellen des Buches sind kurze und kompakte Hinweise untergebracht, die sich auf Verbesserungen/Vereinfachungen der neuen vSphere-Version beziehen.

**Cloud**

- AWS- und GCP-Cluster (GKE/OpenShift), Nodes in verschiedenen Instanzgrößen
- GPUs: primär T4 und A100

### 1.1.7 Im Buch verwendete Grafiken

Die zusätzlich mit »*Quelle: NVIDIA*« gekennzeichneten Bilder/Grafiken wurden mit freundlicher Genehmigung der NVIDIA Corporation, Santa Clara, Kalifornien, für dieses Buch zur Verfügung gestellt.

## 1.2 Was dieses Buch sein bzw. nicht sein soll

### 1.2.1 Was es sein soll

Ein praxisnahes Handbuch für Admins, MLOps-/DevOps-/Container-Teams, Architekten und Entscheider mit ausdrücklichem Fokus auf *Operations*, das beleuchten soll,

- welche Kriterien vor dem Einsatz von KI/ML-Infrastrukturen und -Stacks in Unternehmen evaluiert werden müssen,
- welche KI/ML-Infra-Stacks auf welchen Plattformen existieren und welche Vor- und Nachteile diese aufweisen,

- welche KI/ML-Infra-Stacks für welche Unternehmen geeignet sein können
- und wie diese Stacks in der Unternehmensinfrastruktur und/oder Cloud effizient und vor allem LTS-tauglich *implementiert* werden können.

### 1.2.2 Was es nicht sein soll – und nicht ist

Dieses Buch ist ausdrücklich *kein* Handbuch und Nachschlagewerk für Entwickler, das Dev- und/oder Data-Scientist-spezifische Ansprüche berücksichtigt. Es geht *nicht* um (Exascale-) Supercomputing, *nicht* um einzelne ML-Tools wie z. B. TensorFlow oder PyTorch. Einige ML-Tools werden – sofern erforderlich – ansatzweise und im Rahmen von automatisierten ML-Pipelines betrachtet. Ebenso wird ML-Coding in diesem Buch nicht betrachtet.

Ebenso ist dieses Buch ausdrücklich *nicht* für Einsteiger (bezogen auf die Themen Systemadministration, Virtualisierung, Container-Cluster, Hochverfügbarkeit etc.) geeignet.

### 1.2.3 Scope und Fokus des Buches

Fokus des Buches sind daher Kernthemengebiete rund um die Implementierung von KI/ML-Infrastrukturen. Dabei liegen die Schwerpunkte auf NVIDIA-GPUs, Cloud-Providern wie AWS und GCP, Hypervisoren wie VMwares vSphere und Container-Cluster-Systemen mit Kubernetes/OpenShift.

**Scope!**

Im Laufe der letzten Jahre ist mit unglaublicher Geschwindigkeit ein wahrer Zoo an Hardware, Tools und Komponenten entstanden, aus denen – in verschiedensten Variationen und Konstellationen – aktuelle ML-Cluster geformt werden können. Es sollte allen Leserinnen und Lesern klar sein, dass diese Vielfalt an Komponenten und deren mannigfaltige Kombinationsmöglichkeiten im Rahmen dieses Buches nicht abgedeckt werden können.

Daher wird der Fokus auf einige der populärsten Stacks – bezogen auf den Scope des Buches – gesetzt, mit denen sich aktuell auto-skalierbare, containerisierte KI/ML-Cluster abbilden lassen. Dazu gehören in der Cloud *GCP* (*GKE* und *OpenShift* auf *GCP*) und *AWS* (*OpenShift*), für on-premises-relevante Betrachtungen wird *vSphere* herangezogen, als Orchestrierer werden ausschließlich *Kubernetes* und (vorzugsweise) *OpenShift* (in der Extended Update Support-/EUS-Version 4.10) betrachtet, da Letzteres insbesondere auch für NVAIE (NVIDIA AI Enterprise) 2.x zertifiziert ist, und *NVIDIA* und deren Hard- und Software-Stacks kümmern sich um das Computing und das letzte Quäntchen Automation.

Insbesondere da spezielle, Datacenter-zentrische GPU-Hardware und deren Management im ML-Bereich immer wichtiger für maximale Effizienz werden, wird auch speziell dafür konstruierte Hardware, wie NVIDIAs DGX-Systeme, betrachtet.

Da die vormals eher überschwängliche Zusammenarbeit zwischen NVIDIA und VMware besonders im Hinblick auf NVAIE 2.x und VMwares *Tanzu*-Portfolio (»Kubernetes on vSphere«) im

Laufe der Arbeiten an diesem Buch spürbar abgekühlt ist, wird Tanzu – und wegen etlicher Mankos im direkten Vergleich zu OpenShift – nicht inkludiert, siehe dazu auch Abschnitt 8.4.

### 1.2.4 Wissensaufbau

Bezogen auf den Technik-Stack arbeiten wir uns durch die verschiedenen involvierten Ebenen »von unten nach oben« durch.

Von der (Hardware-)Infrastruktur geht es nach oben zur Virtualisierung und der notwendigen virtuellen Infrastruktur-Automation, von dort zu den darauf arbeitenden skalierbaren Container-Plattformen, die wiederum mittels Operatoren maximal automatisiert werden müssen, bis hin zur Implementierung von containerisierten ML-Stacks.

Im Grunde und stark vereinfacht erläutert das Buch zunächst sehr kompakt und auszugsweise einige rudimentäre Grundbegrifflichkeiten aus der KI-Welt. Dann geht es von der realen und virtuellen Infrastruktur über die GPUs und deren Implementierungsmöglichkeiten zu den containerisierten Plattform-Stacks wie Kubernetes/OpenShift und wichtigen Kernkonzepten der In-Cluster-Vollautomation mit Operatoren – ein elementarer Baustein für jeden (auto-)skalierbaren ML-Cluster. Es geht um die Vermittlung des Verständnisses, wie GPU-Accelerated ML-Cluster funktionieren und welche Implementierungsvarianten existieren, sowohl bezogen auf die eigentlichen Plattformen als auch auf unterschiedliche NVIDIA-GPU-Typen, deren Einsatzgebiete und -varianten wie Passthrough, vGPU oder MIG.

**Red Hats OpenShift und NVIDIA**

Selbstverständlich machen GPU-relevante Kapitel den größten Teil der Betrachtungen aus, ermöglichen sie es doch erst, ML-Berechnungen in einem Bruchteil der Zeit durchzuführen, die reguläre CPUs für dieselbe Aufgabenstellung benötigen würden. Daher nehmen GPU-spezifische Punkte mit einem primären Fokus auf *NVIDIA* einen entsprechend großen Raum ein, da NVIDIA nach wie vor den unangefochtenen Marktführer im Bereich (Datacenter-) GPUs und Accelerated Computing darstellt.

Gleiches gilt für *OpenShift*, da diese Container-Plattform – wie seit vielen Jahren – die einzige wirklich ernstzunehmende, *unternehmenstaugliche* LTS-Basis für containerisierte Systeme im Enterprise-Umfeld darstellt, und das plattformübergreifend (AWS, GCP, On-Prem mit Bare-Metal oder vSphere, Azure usw.). Daher beziehen sich die meisten Betrachtungen dieses Buches im Container-Umfeld auf OpenShift, um zumindest eine grundsätzliche, längerfristige Portierbarkeit zu ermöglichen. Portierungen der Verfahren auf andere, Vanilla-Kubernetes-basierte Systeme sollten damit in etwas eingeschränkter Form ebenfalls möglich sein.

Neben zahlreichen praktischen Beispielen aus dem Bereich der Container-Cluster-gestützten KI/ML-Orchestrierung im Unternehmensumfeld werden auch die Hintergründe zu den behandelten Konzepten, Verfahren und Tools durchleuchtet. Betrachtungen aus der »8 Miles Above«- bzw. Vogelperspektive sollen ebenso wie Deep-Dives in bestimmte Techniken ein besseres Verständnis ermöglichen.

## 1.3 Wie dieses Buch zu lesen ist

Grundsätzlich sind alle Einleitungen zu den Hauptabschnitten wie auch das jeweilige Fazit, sofern vorhanden, für Entscheider geeignet. Ähnliches gilt für Architekten und Entwickler. Hier wird der Fokus jedoch gegebenenfalls eher auf der Theorie zu Themenbereichen wie z. B. Kubernetes/OpenShift, Operatoren, ML-Pipelines etc. liegen. Grundsätzlich sollten aber auch die grundlegenden Betrachtungen zu den zugrundeliegenden Mechanismen der Container-Cluster für sie interessant sein (z. B. GPU-Implementierung im Hypervisor und den darüberliegenden Schichten, Machine-/Cluster-Autoscaler, Orchestrierung), um den Operations-Teil der IT-Truppe ihres Unternehmens und auch Möglichkeiten und Limitierungen der jeweiligen containerisierten ML-Stacks besser verstehen zu können.

Aufgrund der klaren Ausrichtung des Buches auf Admins/Container-Teams (wie bereits erwähnt – mit ausdrücklichem Schwerpunkt auf *Operations*) sollten alle Kapitel für sie relevant sein. Bei entsprechenden Vorkenntnissen können die einführenden Kapitel gegebenenfalls übersprungen werden.

**Benötigte Voraussetzungen für dieses Buch**

Dieses Buch setzt fundierte Kenntnisse über Container-Cluster voraus, die den Inhalten des Buches *Skalierbare Container-Infrastrukturen* (Autor: Oliver Liebel, Rheinwerk Verlag, 2017, 2018, 2020; sowie KDP: *Scalable Container Infrastructures* [Autor/Übersetzer: Oliver Liebel, englische Ausgabe] 2019) entsprechen sollten.

Wichtige Grundlagen zu Themen, die benötigt werden, um dieses Buch zu verstehen – wie z. B. Kubernetes und damit assoziierte Subthemen wie Operatoren –, werden zwar ebenfalls in diesem Buch behandelt, bezogen auf den Kern-Scope des Buches jedoch nur in sehr kompakter, grundlegender Form. Daher ersetzen diese zum Teil sehr stark vereinfachten und lediglich einführenden High-Level-Betrachtungen keineswegs bereits entsprechend erarbeitete oder vorhandene Vorkenntnisse. Ebenso werden fundierte Kenntnisse über Virtualisierung sowie zum Teil auch über HA- und SDS-Cluster vorausgesetzt.

## 1.4 Thematischer Überblick – was wird in welchen Kapiteln behandelt

Wie schon in den einleitenden Abschnitten beschrieben, geht es in diesem Buch primär um KI/ML-Infrastrukturen und damit die unabdingbare Foundation, auf denen KI/ML-Systeme betrieben werden. Dabei stehen ausdrücklich Architekturen mit NVIDIA-GPUs im Fokus, alternative Lösungen wie z. B. reine TPUs anderer Anbieter wie Google werden ebenfalls angerissen.

- **Einführung**

  Zunächst gibt es ab Kapitel 2 eine kurze Einführung aus sehr großer Flughöhe in die Begrifflichkeiten KI/ML, um alle abzuholen, die bisher keine oder wenig Berührungspunkte mit dem Thema hatten. In diesem Abschnitt werden zum Grundverständnis auch bereits konkret einige erste Begrifflichkeiten des GPU-Accelerated Computing (CUDA-/Tensor-Cores, Compute-Genauigkeiten: FP, TF, BF etc.) angesprochen.

- **Vorbetrachtungen zur Implementierung**

  Danach geht es ab Kapitel 3 um (Vor-)Betrachtungen zur Implementierung. Dabei werden Fragen und Themen zu den Bereichen Cloud vs. On-Prem, plattformspezifische Vorbetrachtungen für Unternehmen, GPU-Architekturen, Datensicherheit, Multi-Tenancy etc. erörtert.

- **Technischer Background: KI/ML mit NVIDIA-GPUs**

  Ab Kapitel 4 wird es technisch konkreter, dort geht es um einführende Betrachtungen zu den später in den praktischen Abschnitten verwendeten NVIDIA-GPUs und assoziierten Techniken und Konzepten: GPU-Modelle und Einsatzgebiete, vGPU- und MIG-Mode, GPU-Sharing/-Overcommitment, GPU-Kopplung NVLink/NVSwitch und GPUDirect RDMA, Neuerungen in NVIDIAs Hopper-Architektur etc.

- **NVIDIA-GPUs: On-Premises-Implementierung auf vSphere (7)**

  Ab Kapitel 5 betrachten wir vSphere als Hypervisor (on-premises) und Plattform für NVIDIA GPU-Accelerated ML-Cluster. Dabei liegt der Fokus unter anderem auf dem Verständnis des Aufbaus der Komponenten, erforderlichen technischen Preflights, der eigentlichen Implementierung sowie wichtigen Konfigurationseinstellungen.

- **NVIDIA AI Enterprise – hostspezifische Vorbetrachtungen**

  Ab Kapitel 6 geht es um die hostspezifischen Teile des NVIDIA-AI-Enterprise-Stacks (NVAIE): Aufbau, Funktion, involvierte Komponenten on-premises (vSphere) und in der Cloud sowie generelle Vorbetrachtungen zu den assoziierten Lizenzmodellen.

- **NVIDIA AI Enterprise – Lizenzierung**

  Ab Kapitel 7 geht es um konkrete Betrachtungen zu den NVAIE-Lizenzmodellen und der technischen Umsetzung der dynamischen Lizenzierung: Preise/SLAs, benötigte Entitlements, Aufbau und Funktionsweise des NVIDIA Licensing Systems, Setup und Betrieb von License Servern on-premises (DLS) und in der Cloud (CLS).

- **Basis-Einführung zu Kubernetes-basierten KI/ML-Clustern**

  In Kapitel 8 geht es von der Hardware und den Virtualisierungsplattformen zu der nächsten, darauf aufbauenden Hierarchieebene: Dort findet sich eine kurze Einführung zum Thema Kubernetes als containerisierte und vollautomatisch skalierbare Foundation für ML-Cluster. Danach werden die Vor- und Nachteile der jeweiligen Kubernetes-Implementierungen (Vanilla Kubernetes und Derivate, OpenShift, cloudspezifische Varianten wie

GKE/EKS etc.) betrachtet. Anschließend geht es um die kompakt gehaltene Vermittlung des Core-Know-hows zu Kubernetes-Clustern – Aufbau, Komponenten, Funktionsweise – und ebenso um wichtige Konzepte und Core-Ressourcen/-Workloads wie Namespaces, Pods, Deployments, Services, Ingress/Routen etc.

- **(GPU-spezifische) Operatoren**

  In Kapitel 9 werfen wir in logischer Konsequenz und aufbauend auf den zuvor erörterten Foundations zu Kubernetes/OpenShift einen tieferen Blick in das benötigte Automatisierungs-Know-how, das in Kubernetes-basierten Clustern zwingende Voraussetzung für zeiteffizientes Setup und maximal automatisierten Betrieb ist: Operatoren. Hier wird zunächst grundsätzlich erläutert, welche wichtige Rolle Operatoren spielen und wie sie funktionieren. Anschließend geht es um ausführlichere Betrachtungen rund um Konzepte und Arbeitsweisen der Operatoren, die in unseren ML-Clustern die Foundation für maximale In-Cluster-Automation und Skalierbarkeit darstellen: NFD-, GPU- und Network-Operator.

- **GPU-Cluster mit OpenShift**

  In Kapitel 10 dreht sich alles um die konkrete Implementierung von GPU-Accelerated ML-Clustern auf OpenShift-Basis: Vorgestellt werden Installationsvarianten on-premises (vSphere 7 IPI) und in der Cloud (AWS/GCP), es geht unter anderem um wichtige Kernkonzepte wie Cluster-Autoscaler auf der Basis von MachineConfigs, MachineSets, MachineConfigPools und den assoziierten Machine*-Operatoren des OpenShift-Core-Operator-Stacks. Es folgen vGPU- und MIG-spezifische Implementierungen, MIG-Rekonfigurationen zur Laufzeit, die Einrichtung von GPU-Ressourcen im Sharing-Mode sowie Aufbau und Betrieb von GPUDirect-RDMA-Stacks mit dem Network Operator und Mellanox-NICs.

- **GPU-Cluster auf GCP (GKE)**

  In Kapitel 11 wird die Implementierung von GKE-Clustern mit NVIDIA-GPU-Nodes auf GCP betrachtet.

- **Von CI/CD über GitOps zu MLOps**

  In Kapitel 12 werden, aufbauend auf dem bisherigen Gesamtkonstrukt, wichtige Konzepte zu Pipeline-Konstrukten vermittelt. Dabei geht es zunächst um kompakte Erläuterungen zu Grundbegrifflichkeiten aus der Welt containerisierter Pipelines, Aufbau und Funktionsweise, die wichtige Rolle von GitOps-basierten Systemen für ML-Cluster und schließlich Foundations zu MLOps im Hinblick auf Konzepte und zugrundeliegende Verfahren.

- **ML-Pipelines/AI End-to-End**

  In Kapitel 13 geht es in konsequenter Fortsetzung um die konkrete Implementierung von AI-End-to-End-Systemen, u. a. am Beispiel von Kubeflow/Vertex AI, Open Data Hub und NVIDIA-AI-Enterprise-Stack.

- **The Road Ahead**

  Im Fazit finden Sie ein paar abschließende Gedanken darüber, wohin uns der steigende Automationsgrad im Bereich skalierbarer KI/ML-Infrastrukturen führen wird.

**VMwares Bitfusion?**

Ach ja – da war ja noch was: In einer frühen Phase der Erstellung dieses Buches (Anfang/Mitte 2020) hatte ich VMwares Bitfusion ebenfalls als Thema eingeplant und im Laufe der folgenden Monate dem Thema auch rund 20 Seiten mit Betrachtungen, Hands-ons etc. spendiert. Was Bitfusion kann? Nun, vereinfacht stellt es eine Art »GaaS« (GPU-as-a-Service für vSphere-basierte On-Premises-Systeme) zur Verfügung. GPUs auf verschiedenen ESXi-Hosts werden über einen zentralen »GPU-Pool« an Client-VMs via Netzwerk bereitgestellt. Der GPU-Pool wird von einem zentralen Bitfusion-Server verwaltet. Klang in der Theorie zunächst halbwegs spannend, wie sich jedoch sukzessive herausstellte, hat – neben Tanzu – auch VMwares zweites Projekt im Bereich Container/GPU-Acceleration nicht wirklich das Potential zu zünden. Marktanteile, im Stand 2022: im verschwindend geringen Prozentbereich. Als Hintergründe waren und sind zum einen die Plattformbindung, zum anderen das Netzwerkkonstrukt zu sehen. Insbesondere Letzteres ist auch bei hohen LAN-Datendurchsätzen in keinem Szenario mit der Performance eines GPU-Systems vergleichbar, das die Konsumenten direkt an die GPUs bzw. ihre Slices anbindet. Ein Problem, mit dem auch NVIDIAs GPUDirect-RDMA-Stack zu kämpfen hat, aber dazu später mehr.

Daher habe ich Bitfusion in dieser Ausgabe zunächst ad acta gelegt. Sollte sich an der Marktakzeptanz und Anzahl der Real-World-Implementierungen des Produktes etwas Gravierendes in positive Richtung verändern – nun, schauen wir mal, wenn es so weit ist. Wer trotzdem Infos zu dem Thema sucht:

*https://docs.vmware.com/de/VMware-vSphere-Bitfusion/index.html*

Ein relativ populärer und deutlich leistungsfähigerer Vertreter in diesem Segment, welcher jedoch ebenfalls nicht zum definierten Scope dieses Buches gehört, wäre *Run:AI* (*https://www.run.ai/*). Dieser Stack ermöglicht im Gegensatz zu Bitfusion (welches nur GPUs, und das auch nur auf vSphere in On-Premises-Umgebungen via Pool, bereitstellen kann) die zentrale Bereitstellung von CPU-, Memory- und GPU-Ressourcen, und das on-premises und in der Cloud. Aber auch Run:AI arbeitet konzeptbedingt zwingend über das Netzwerk, daher muss dieses maximal performant und ausfallsicher sein.

# TEIL I

# Technische Foundations zu skalierbaren KI/ML-Infrastrukturen

# Kapitel 2
# **Am Anfang war die Dunkelheit**



*Sgt. Pinback: All right, bomb. Prepare to receive new orders.*
*Bomb #20: You are false data.*
*Sgt. Pinback: Hmmm?*
*Bomb #20: Therefore I shall ignore you.*
*Sgt. Pinback: Hello ... bomb?*
*Bomb #20: False data can act only as a distraction. Therefore, I shall refuse to perceive.*
*Sgt. Pinback: Hey, bomb?!*
*Bomb #20: The only thing that exists is myself.*
*Sgt. Pinback: Snap out of it, bomb.*
*Bomb #20: In the beginning, there was darkness. And the darkness was without form and void.*
*Sgt. Pinback: Umm. What the hell is he talking about? Bomb?*
*Bomb #20: And in addition to the darkness, there was also me. And I moved upon the face of the darkness and I saw that I was alone.*
*Sgt. Pinback: Hey ... bomb?*
*Bomb #20: And I said: Let there be light!*

*[Bomb detonates]*

*– »Dark Star« – USA, 1974*

Nach dem kleinen Dialog, der zwischen einer (im Bombenschacht eines Raumschiffes feststeckenden) thermonuklearen Bombe und dem für den Abwurf zuständigen Crew-Mitglied Sergeant Pinback geführt wird, sollten die Vorteile von »intelligenten« KI/ML-Systemen klar auf der Hand liegen.

Im Folgenden geht es unter anderem um einige technische Grundkonzepte und Begrifflichkeiten aus der KI/ML-Welt, Auszüge von Use Cases sowie erste Vorbetrachtungen zu performancetechnisch relevanten Faktoren bezogen auf Rechengenauigkeit und Cores in GPUs/TPUs.

## 2.1 Eine kurze Einführung: KI/ML-Systeme – und alles wird gut. Oder eher nicht?

### 2.1.1 Historisches – kurz und kompakt

KI-Systeme sind genau genommen und geschichtlich betrachtet eine eher alte Kamelle: Die ersten Abhandlungen über »KI«-basierte neuronale Netze (damals AND/OR-basiert) gab es bereits in den 1940ern; in den 50er und 60er Jahren, der ersten KI-Blütezeit, tauchte immer öfter der Begriff der *Künstlichen Intelligenz* respektive KI bzw. AI (*Artificial Intelligence*) auf.

Bereits Ende der 50er postulierte einer der führenden KI-Nerds der Epoche, Frank Rosenblatt, das sogenannte *Perceptron-Modell* (eine abstrakte Schicht von Neuronen), das bis heute die Basis künstlicher neuronaler Netze darstellt. Nach dem Perceptron-Modell dauerte es rund zehn Jahre, bis Multi-Layered Perceptrons als Konzept auf der Bildfläche erschienen, aber danach wurde es wieder relativ still um KI-Systeme, fehlte doch immer noch schlichtweg die pure Rechenleistung, um wirklich große und komplexe Datenmengen zu erfassen und zu prozessieren.

Ein IBM-»Computer« übersetzte dank Vorläufer dieser KI-Mechanismen bereits 1954 sechzig russische Sätze korrekt ins Englische. 1966 entwickelte der Informatiker Joseph Weizenbaum ELIZA, ein dialogfähiges Programm und Urahn von Siri, Alexa und Co. Es untersuchte die Eingaben des Nutzers nach Schlüsselworten und gab Antworten, die sich zumindest daran orientierten. Im Jahr der Mondlandung 1969 wurde der erste mobile Roboter namens Shakey vom Stanford Research Institute vorgestellt, der sich mithilfe von Kameras und Sensoren selbständig in Räumen bewegen und Hindernissen ausweichen konnte.

1997 sorgte Big Blue wieder für KI-bezogene Schlagzeilen, als der damalige Schachweltmeister Gari Kasparov gegen IBMs *Deep Blue* verlor. Genau genommen war jedoch in der – aus heutiger Sicht eher einfach gestrickten – Datenbank von Deep Blue einfach jeder Zug, der jemals auf einem Turnier von Kasparov gespielt worden war, gespeichert. Daher »kannte« das System auch jeden Zug mit seinen möglichen Auswirkungen bzw. Konsequenzen. Selbst die Entwickler von Deep Blue gaben zu, dass es sich nicht um ein KI- bzw. ML-System handelte, sondern schlicht um eine – für damalige Verhältnisse – massive Rechenleistung: *»Deep Blue, as it stands today, is not a ›learning system‹. It is therefore not capable of utilizing artificial intelligence to either learn from its opponent or ›think‹ about the current position of the chessboard.«*

Rund vierzehn Jahre später (2011, das Jahr, in dem Apple seine Spracherkennungssoftware Siri vorstellte) gewann IBMs KI *Watson*, die schon eher in eine grundsätzliche Definition eines KI-Systems passen würde, in einem Jeopardy-Wettstreit. Seitdem nahm das Thema KI wieder Fahrt auf: 2014 schaffte ein Chatbot, der einen 13-jährigen Jungen simulierte, erstmals den 1950 von Alan Turing entwickelten, gleichnamigen Turing-Test. Dieser soll feststellen, ob eine Maschine in der Lage ist, sich wie ein Mensch zu verhalten. Im Test kommunizieren die menschlichen Tester mit zwei ihnen unbekannten Gesprächspartnern (ohne Sicht- und

Hörkontakt) – einem Computer und einem Menschen. Kann der Tester/Fragesteller nach dem Test nicht ausdrücklich bestimmen, welcher seiner Gesprächspartner die Maschine ist, hat diese den Turing-Test bestanden.

2015 wurde verkündet, dass eine mit dem Menschen vergleichbare (*Human-Parity*) Bilderkennungsqualität erreicht wurde. Betrachtet man jedoch selbst aktuellere Stände der KI-gestützten Bilderkennung und wie leicht sich manche Systeme im Gegensatz zu einem realen Menschen nach wie vor austricksen lassen, wird schnell klar, dass solche Pressemitteilungen immer noch unter Vorbehalt zu betrachten sind. 2016 erfand Googles KI Research Team (Google Brain) zwei Computer (*Alice* und *Bob*), die ihre Kommunikation auf Basis einer von ihnen selbst entwickelten Methode eigenständig so verschlüsseln, dass die Kommunikation nicht für dritte abhörbar ist.

Im Bereich der Spracherkennung wurde die Human-Parity für KI-Systeme 2017 annonciert. Im gleichen Jahr schlug ein KI-System menschliche Go-Spieler. 2018 wurde die Human-Parity bei der Übersetzung vom Englischen ins Chinesische erreicht und Googles KI-Duplex parlierte im gleichen Jahr im Plauderton mit einem Friseursalon und vereinbarte einen Termin, ohne dass die Person am anderen Ende bemerkte, dass sie mit einer Maschine sprach.

Klingt alles supertoll, aber, wenn wir das Ganze rational betrachten, was bringt uns das Ganze bzw. welchen Benefit kann es *Ihrem* Unternehmen konkret bringen? Denn KI scheint ja das Allheilmittel für alle Probleme zu sein ...

### 2.1.2 KI as a panacea?

KI als Allheilmittel? Nun, zumindest wird es so überall verkauft, und wenn man den Medien lauscht, ist das längst ausgemachte Realität. In der echten Realität sind wir davon zum Teil aber noch ein gutes Stück entfernt. Viele als »KI-Lösungen« angepriesene Produkte, die auf dem Hype mitschwimmen, sind weder wirklich intelligent noch lösen manche von ihnen Probleme, die von bisherigen »Nicht-KI«-Systemen, wie z. B. in der automatischen semi-interaktiven, tastenorientierten Verarbeitung von Kundenanrufen in Support-Centern (einschmeichelnde Frauenstimme: »*Drücken Sie bitte die 9, wenn Sie ehemaliger Bundesverkehrsminister sind, Probleme mit der Staatsanwaltschaft haben und nun ein One-Way-Ticket nach Pago-Pago brauchen.*«), nicht auch zumindest halbwegs suffizient bearbeitet werden konnten.

Denn extrem stark vereinfacht und verallgemeinert betrachtet leisten KI/ML-Systeme zunächst einmal Folgendes: Die Analyse von Daten im Rahmen eines bestimmten (und in der Regel möglichst großen und vielfältigen und je nach Art des Trainings gelabelten) Modelltrainings, welches für den angedachten Einsatzzweck geeignet ist. Darauf basierend kann das KI/ML-System – nach erfolgreich abgeschlossenem Training und einem daraus erstellten Modell – in den »echten« Daten, die es anschließend verarbeiten soll, bestimmte – hier noch allgemein ausgedrückt – *Muster* eigenständig »erkennen« und darauf basierend reagieren, d. h. vordefinierte Aktionen triggern. Je besser die Qualität der Trainings- und Live-Daten und je effizienter die autonome (Unsupervised, z. B. mit gelabelten Trainingsdaten) oder von externem Feedback gestützte (Supervised) Auswertung, desto exakter die Ergebnisse im Betrieb. Und je leistungsfähiger die prozessierenden GPUs und/oder TPUs, desto leistungsfähiger und schneller ist das System – aber auch exponentiell energiehungriger.

### 2.1.3 Eine kurze Einordnung: KI, Machine Learning, neuronale Netze und Deep Learning

Betrachten wir kurz aus einer High-Level-Perspektive die Kategorien KI, Machine Learning, neuronale Netze und Deep Learning: Im Grunde gehören alle benannten Begriffe zu dem gleichen Gesamtkonstrukt, denn ML ist eine dem Begriff KI untergeordnete, elementare Komponente der KI, und auch Deep Learning – dessen Algorithmen in der Regel auf neuronalen Netzen basieren – stellt üblicherweise eine Untergruppe von ML dar.

Betrachten wir das Ganze grafisch in Form einer normalerweise ineinander verschachtelten, hier aber ausgepackten (KI-)Matrjoschka (Schachtel-Puppe).

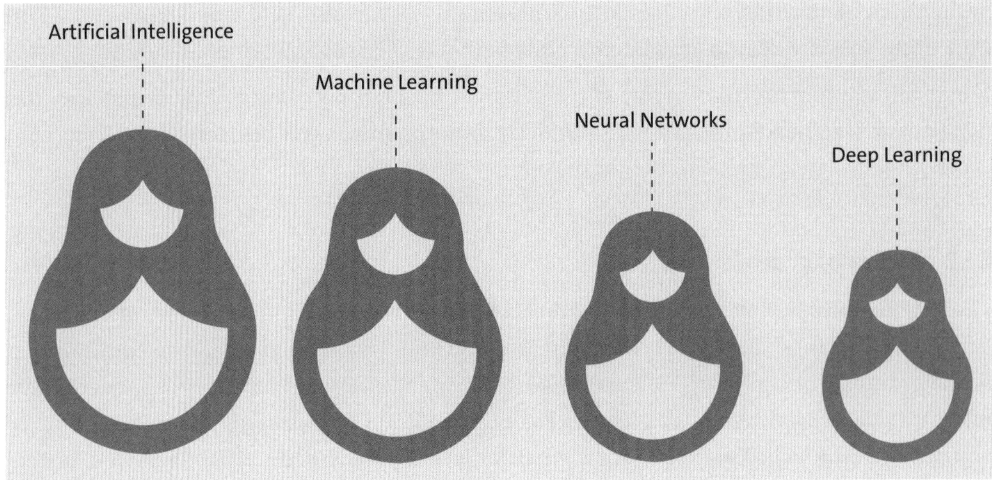


**Abbildung 2.1** Logische Darstellung KI ↔ ML ↔ Neural Networks ↔ Deep Learning als Matrjoschka

Wie wir Abbildung 2.1 entnehmen können, ist ML im Grunde ein Teilbereich der KI und das auf neuronalen Netzen basierende Deep Learning wiederum ein Teilbereich des Machine Learning.

Die KI als Repräsentant aller in der Darstellung gezeigten Unterobjekte wäre – extrem stark vereinfacht und abstrahiert – ein System, das den bereits beschriebenen Turing-Test problemlos besteht. Es würde sich im Optimalfall wie ein sehr intelligenter, rational denkender Mensch mit moralisch-ethisch makellosem Kompass verhalten. Dazu benötigt das KI-System eine »ML-Foundation«, die bestmöglich trainiert ist. Diese wiederum basiert in der Regel auf Deep-Learning-Mechanismen, welche neuronale Netze verwenden. Die neuronalen Netze, auch bekannt als künstliche neuronale Netze (ANNs/KNNs) oder simulierte neuronale Netze (SNNs), als ML-Teilmenge, bilden das Kernstück von Deep-Learning-Algorithmen. Ihr Name und ihre Struktur sind vom menschlichen Gehirn inspiriert und ahmen die Art und Weise nach, wie biologische Neuronen untereinander Signale austauschen. Der Begriff *Deep* im Deep Learning bezieht sich meist auf ein neuronales Netzwerk, das aus mehr als drei Schichten bzw. Layern besteht – Input/Output-Layer eingeschlossen (siehe auch: *https://developer.nvidia.com/discover/artificial-neural-network* und *https://en.wikipedia.org/wiki/Artificial_neural_network*).

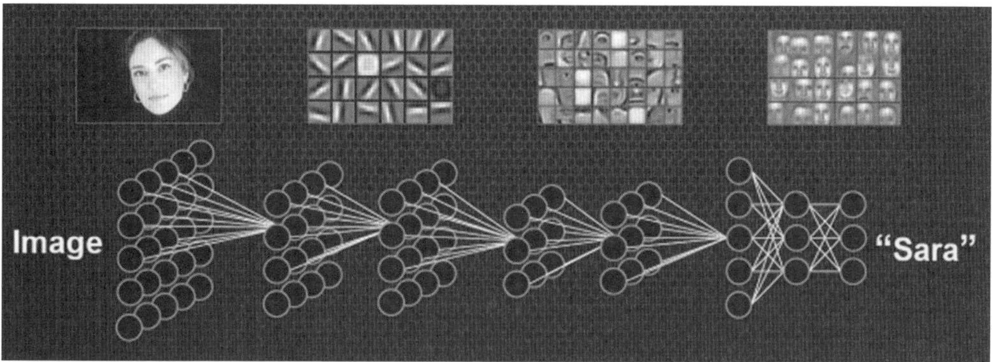


**Abbildung 2.2** Gesichtserkennung in neuronalen Netzen über multiple Layer, Quelle: NVIDIA

Um wieder auf den Kern-Scope des Buches zu kommen: Die ML-Systeme, und damit ihre auf neuronalen Netzen basierenden Deep-Learning-Systeme, sind die Bausteine, die – je nach ihrer Komplexität – der Hardware, auf der sie ausgeführt werden, am meisten Leistung abverlangen, insbesondere beim Training.

Die Verwendung von GPUs mit zahlreichen, parallel arbeitenden CUDA- und/oder Tensor-Cores (siehe ab Abschnitt 2.4.4), oder auch TPUs, die in der Regel ausschließlich mit Tensor Cores arbeiten, und jeder Menge RAM mit hoher Bandbreite stellen die beste Möglichkeit dar, um ML- bzw. Deep-Learning-Anwendungen hocheffizient ausführen zu lassen.

## 2.2 Use Cases für KI/ ML-Anwendungen – Auszüge

### 2.2.1 Wer profitiert vom Einsatz von KI/ML-Systemen? Mögliche Use Cases im Überblick

Geht es um konkrete Zahlen rund um KI/ML-Akzeptanz, erkennt man durchaus den Trend: Im betrachteten Stand hatten weltweit rund 60 Prozent der Unternehmen bereits Geschäftsmodelle, Strategien und/oder PoCs entwickelt, um ihre Effizienz mithilfe von KI und maschinellem Lernen deutlich höher zu automatisieren und nachhaltig zu optimieren. Allerdings differieren sowohl Fortschritt der Implementierung als auch deren Reifegrad und Leistungsfähigkeit je nach Branche zum Teil sehr stark. Relativ weit fortgeschritten ist die Umsetzung bei den üblichen Verdächtigen: Technologie-Sektor, Automotive, Aerospace, Rüstung/Verteidigung, Insurance, Brokerage, Bio-Engineering, aber ebenfalls zunehmend im Bereich der Rohstoffe und Dienstleistungen. Trauriges Schlusslicht stellen wie üblich meist die öffentlichen Verwaltungen dar.

Typische Nutznießer dieser KI/ML-gestützten Vollautomation/Optimierung sind beispielsweise nach dem Self-Service-Prinzip arbeitende Kundeninformationssysteme. Weltweit wurden im betrachteten Stand rund 40 Prozent des Kundensupports über KI-gesteuerte Chatbots abgewickelt. Ein ähnlicher Prozentsatz gilt für die vollautomatisierte Bearbeitung von Tasks. Letzteres gilt primär für die IT, insbesondere hochkomplexe Systeme wie auch Container-Cluster mit einer sehr großen Anzahl an Nodes und Containern profitieren von dieser Entwicklung. Würden beispielsweise aktuelle, manuell programmierte (noch nicht KI/ML-gestützte) Kubernetes-Operatoren eines mittleren Kapabilitäts-Levels auf einer Skala von 1 bis 10 einen Automationsgrad von 3 oder 4 darstellen, so können zukünftig KI/ML-driven Operatoren die (dank kontinuierlich steigender Komplexität der Cluster) dringend benötigte Vollautomation auf Level 10 anheben.

Bereits jetzt kümmern sich in vielen Legacy- und auch zunehmend Container-Cluster-Umgebungen z. B. KI/ML-gestützte APM-Systeme wie Instana oder Dynatrace um hocheffiziente Observability und im Fehlerfall Root-Cause-Analysen auf Knopfdruck. KI/ML-gestützte Intrusion-Detection- und Security-Systeme identifizieren Attacken schneller und exakter, als jedes Admin- oder DevOps-Team es vermögen würde, und leiten bei Bedarf automatisch effiziente Gegenmaßnahmen ein. Weitere KI/ML-Einsatzbereiche, die aktuell in über der Hälfte aller Unternehmen in Planung sind bzw. bereits zum Tragen kommen, sind z. B. R&D, QA und Logistik.

Aber egal, wo GPU-beschleunigte KI/ML-Systeme zum Einsatz kommen: Eine leistungsfähige, skalierbare ML-Infrastruktur ist und bleibt die unabdingbare Foundation im Unternehmensumfeld, ohne die nichts läuft – oder zumindest nicht effizient.

### Daten, Daten, Daten

Jedes KI/ML-System braucht Daten, und zwar eine Menge. Hier gilt tatsächlich oft die Regel: *Viel hilft viel.* Und die Daten kommen auch abseits von eher mühselig gescrapten Infos aus sozialen Netzen viel leichter zu den Unternehmen, von denen einige sie wie üblich erst an zweiter Stelle »zum Wohle des Kunden« verwenden. Denn in der Industrie sind Geräte mit Sensoren schon lange allgegenwärtig, und in den kommenden Jahren wird die Zahl der vernetzten Consumer-Geräte, die offen oder klammheimlich Telemetriedaten versenden, nochmals stark zunehmen: Autos, Fitness-Tracker, Haushaltsassistenten, Kühlschränke oder gleich komplette Smarthomes, Smartphones und Smartwatches, Wearables und viele andere Objekte liefern bereits jetzt Berge an Daten, und das ist dank IoT längst nicht das Ende der Fahnenstange. Prognosen besagen, dass es bis 2025 bis zu einer Billion vernetzter Geräte weltweit geben wird. Was mit der daraus resultierenden Lawine neuer Daten – abseits der üblichen Werbeslogans über »besseres Kundenverständnis«, »kundenoptimierte Produkte«,

»verbesserte Dienstleistungen« – und ihrer Auswertung durch vollautomatisierte KI/ML-Systeme in vielen Fällen passieren kann und wird, dürfte sich jeder, der noch drei Murmeln im Kopf hat, selbst ausrechnen können.

#### Use Case ist nicht gleich Business Case

Bevor es in den nächsten Abschnitten technischer wird, betrachten wir noch einen wichtigen Punkt, den Fanboys und rein technisch motivierte Early Adopter ohne betriebswirtschaftlichen und vor allem LTS-tauglichen Planungshorizont in ihren Konzepten oft gar nicht bzw. nur unzureichend berücksichtigen: Schön, dass es KI/ML-Systeme gibt. Und ebenfalls schön, dass sie nun auf High-End-Hardware mit unzähligen GPUs, DPUs und TPUs extrem performant laufen – aber ein möglicher Use Case ist nicht auch gleich für jedes beliebige Unternehmen ein direkt anwendbarer und zudem kosteneffizienter Business Case.

Schauen wir uns kurz und kompakt vier etwas konkretere Real-World-Anwendungsszenarien an.

### 2.2.2 Exemplarische Use Cases

#### Insurance

Zunächst der Klassiker schlechthin: KI/ML in der Versicherungsbranche. Wie bereits im Vorwort erwähnt, bietet dieser Bereich mannigfaltige Möglichkeiten, KI/ML-Systeme zur Vorhersage und Bewertung von versicherungstechnischen Risiken jedweder Art einzusetzen. Angefangen bei der typischen Kfz-Versicherung (Alter und Geschlecht des Versicherungsnehmer, versicherte Fahrzeug-Klasse/-Typ und -Leistung, Fahrpraxis/bisher gefahrene Kilometer des VN, bisherige Unfälle, Höhe des Versicherungsschadens der bisherigen Unfälle, Wohnort des VN und damit assoziierte Diebstahl-Wahrscheinlichkeit des versicherten Kfz und vieles andere mehr) über Unfall-, Lebens- und Krankenversicherung bis hin zur (Rück-) Versicherung ganzer Konzerne. Und da es insbesondere bei Letzterem um gewaltige Summen im Schadensfall geht, lassen sich die Versicherungskonzerne ihre möglichst exakten Predictions über mögliche Risiken auch durchaus etwas kosten.

Ähnliches gilt für Ballungsräume mit vielen VN bzw. Haus- und Grundeigentümern, die in Regionen mit einer potentiell hohen Wahrscheinlichkeit von Extremwetterereignissen leben, Stichwort ZÜRS (Zonierungssystem [der Versicherungsbranche] für Überschwemmungen, Rückstau und Starkregen). Auf der anderen Seite sind Versicherungen durch Betrugsdelikte auch oft genug selbst das Opfer: In diesem Bereich können KI/ML-Systeme verwendet werden, um Betrugsmuster zu erkennen und unberechtigte Schadensansprüche zu reduzieren, was wiederum die Kosten für alle redlichen VN senken kann. Allein in den USA geht das FBI von einer durch Versicherungsbetrug verursachten Schadenssumme in Höhe von mehr als 40 Milliarden US-Dollar pro Jahr aus.

### Digital Twins/Omniverse

Was ein *Digital Twin* ist, lässt der Name bereits schnell erahnen: De facto handelt es sich dabei um das digitale Spiegelbild realer Systeme. Das können virtuelle Objekte sein, die entweder ein physisches Objekt, einen bestimmten Workflow-Prozess oder ein gesamtes Unternehmen widerspiegeln bzw. »klonen«. Nun zur naheliegenden Frage »Warum?«. Die zutreffendsten Schlüsselworte wären wohl »Optimierungssimulation« bzw. »Was-wäre-wenn...?«.

Mithilfe einer vollständigen virtuellen Nachbildung – einen sehr detaillierten und exakt auf das reale Modell zutreffenden Datenstand vorausgesetzt – können angedachte Prozess- und/oder Unternehmensoptimierungen relativ schnell, ohne negative Folgen und vor allem deutlich kostengünstiger als in einem Real-World-Szenario durchgespielt und auf Eignung hin analysiert und bewertet werden. Fehler, Schwachstellen und/oder Flaschenhälse können bereits im virtuelle Pre-Design behoben werden, bevor sie zu Problemen in der realen Welt werden. Dass das Ganze nicht nur ein virtuelles Puppenspiel mit einer im schlechtesten Fall cartoonmäßigen Riesendetonation am Ende ist, wird schnell klar, wenn man auf die Eckdaten von Systemen zur Erstellung und Bearbeitung digitaler Twins schaut, wie z. B. auf NVIDIAs *Omniverse* (*https://www.nvidia.com/de-de/omniverse/solutions/digital-twins/*): Denn der erstellte digitale Zwilling ist eine Echtzeitsimulation mit realitätsnaher Physik, Materialien, Beleuchtung, Rendering und einem zur realen Welt identischen Verhalten exakt hinterlegt. Die R&D-Abteilungen der Unternehmen können sogar autonome Feedbackschleifen zwischen der realen Welt und der des digitalen Zwillings einrichten, Roboter und Förderbänder neu trainieren und optimieren, um den digitalen Zwilling selbst zu optimieren. Das Ziel ist in der Regel nicht weniger als eine deutlich verbesserte Leistungsfähigkeit sowie Kosteneffizienz des Unternehmens und daraus resultierend üblicherweise auch eine höhere Kundenzufriedenheit.

Dabei ist das Konzept der *Digital Twins* nicht wirklich neu – im Luftfahrt-Bereich dient es beispielsweise seit längerem dazu, Vorhersagen über mögliche Schwachstellen und/oder Ausfälle von Bauteilen bei variablen Belastungsmustern zu treffen. Allerdings hebt die Leistungsfähigkeit aktueller KI/ML-Infrastrukturen dieses Konzept auf eine neue Ebene. Aus diesem Grund ist das gerade Beschriebene keine Zukunftsmusik, sondern längst Realität. Etliche Unternehmen setzen die Technologie längst ein, und die Namen auf der Liste sind durchaus prominent: unter anderem Amazon Robotics (Lager und Logistik), PepsiCo (Vertriebsoptimierung), Siemens Energy (Predictive Maintenance), BMW Group (Optimierung und Transformation der Fertigung), Lockheed Martin (Vorhersage und Bekämpfung von Waldbränden) und NVIDIAs Earth-2 zur Klimaforschung.

Allerdings ist nicht alles eitel Sonnenschein.

In der Theorie klingt die Optimierung eines Unternehmens via Digital Twins wie magischer Voodoo, der alle möglichen Probleme vor ihrem Auftauchen lösen kann. In der Realität kommen jedoch Faktoren hinzu, die – zumindest im betrachteten Stand – auch hochintelligente/-effiziente KI/ML-Systeme nicht vollumfänglich erfassen und damit berücksichtigen können: Das menschliche und daher nach wie vor potentiell irrationale Verhalten von Firmenbelegschaft, Lieferanten und/oder Kunden kann einen durchaus erheblichen Einfluss auf scheinbar bis zur letzten Schraube durchoptimierte und angeblich resiliente Prozesse haben.

### Predictive Maintenance

Greifen wir noch kurz einen Begriff auf, der im letzten Abschnitt bereits gefallen ist und der letztlich mehr oder weniger auch nur eine funktionsfixierte Version eines Digital Twins darstellt: Predictive Maintenance. Der Name ist Programm: Es geht darum, über ein KI/ML-System auf Basis möglichst exakter und vielfältiger Telemetriedaten des realen Systems mögliche Störungen oder Ausfälle von Komponenten vorherzusagen und sie damit – sofern möglich – bereits vor ihrem Eintritt und der Erzeugung größerer Kollateralschäden zu beheben. Das Anti-Pattern schlechthin zu diesem Modell bzw. Konzept kennt jeder, der es benutzt hat: die Deutsche Bahn.

In einem per Predictive Maintenance überwachten System sind wie üblich die Daten das A und O, wie z. B. TSDB-Messreihen (Time Series Database) über Auslastung, Objekt- und Umgebungstemperatur etc. Auch weitere Daten wie z. B. Herstellungsdatum/Baujahr, bisher erfasste Störungen der Komponente, deren Art und zeitliche Intervalle des Auftretens, Soft-/ Firmware-Version etc. sind elementar wichtig. Auch die Qualität der Daten spielt eine wichtige Rolle: ob die bisherigen Messreihen lückenlos sind, wie ihre Granularität ist und vieles andere mehr. All dies spielt eine elementare Rolle, wenn es darum geht, die MTTF (*Mean Time to Failure*) oder MTBF (*Mean Time between Failures*) oder auch RUL (*Remaining Useful Lifetime*) eines Objektes oder Bauteils per ML-System möglichst exakt vorhersagen zu lassen. Die einfachste Form einer Predictive Maintenance sollte jeder halbwegs IT-Affine kennen, der sich in der Vergangenheit je gefragt hat, *wann* seine Festplatten den Geist aufgeben: *S.M.A.R.T.* (*Self-Monitoring, Analysis and Reporting Tool/Technology*). Italiens bekannter Bremsenhersteller Brembo verwendet beispielsweise KI-gestützte Analysen, um Vorhersagen über die verbleibende Lebensdauer von Schneidwerkzeugen zu treffen. So können die verwendeten Fertigungsmaschinen und deren Komponenten vorausschauend gewartet werden, bevor es zu ungeplanten Ausfällen in den Fertigungsstraßen kommt.

### Lebensmittelindustrie: visuelle Mustererkennung

Auch im Bereich der Lebensmittelindustrie kommen immer häufiger KI/ML-gestützte Verfahren zum Einsatz: Smart- bzw. Robotic-Farming, Kontrolle der Lieferketten, Qualitätssicherung und etliches andere mehr. Ein anschauliches Beispiel wäre die letztgenannte Qualitätssicherung, konkret z. B. im einfachsten Fall die vollautomatische visuelle Prüfung von geernteten Lebensmitteln auf mechanische Beschädigung, Schädlinge, Schimmel, Fäulnis oder Fremdkörper, die entfernt werden müssen. Marktführer auf dem Bereich von automatischen Sortiersystemen haben längst ihre Produkte mit KI/ML-gestützten Bilderkennungsverfahren ausgestattet. Aber die Inspektion der Lebensmittel geht mittlerweile weit über die einfachen, oben benannten

Kontrollen hinaus: Mithilfe hyperspektraler Bildverfahren bzw. Nahinfrarot können – je nach verarbeitetem Produkt – sogar mögliche Toxine erkannt oder der Protein- und Fettgehalt festgestellt werden. Fujitsu hat zur Wahrung von Hygienestandards in lebensmittelverarbeitenden Betrieben ein KI/ML-System entwickelt, das eine unzureichende Handhygiene der Mitarbeiter über Bilderfassungssysteme kontrolliert, mit einer Trefferquote von 95 Prozent.

## 2.3 Fehlerfreie KI? Sicher nicht.

### 2.3.1 Regeln und Transparenz

*Regeln, Regularien, Vorschriften, Paragrafen.* Worte, die dem »deutschen Michel« oft in Fleisch und Blut steckten bzw. stecken, zumindest noch vielen Sprösslingen der Boomer-Generation und deren Altvorderen. Den älteren, aber auch vielen der nachfolgenden Generationen stellen sich, dank immer mehr überregulierter Bereiche und riesiger Wasserköpfe in der Verwaltung und daraus resultierender Paragraphen- und Vorschriften- Labyrinthe, jedoch zunehmend und in Teilen durchaus zu Recht die Nackenhaare auf.

Was jedoch ist mit KI/ML-Systemen, die – gemäß ihrer generischen Spezifikation auf Basis von gigantischen Datenbergen angelernt – selbsttätig Entscheidungen treffen sollen? Echte, verbindliche Regularien waren bisher in diesem Bereich eher Fehlanzeige. Sicher, die Systeme werden angelernt und meist im bestmöglichen Sinne trainiert. Aber auch KI-Systeme sind im betrachteten Stand noch deutlich davon entfernt, zu 100 Prozent in jeder möglichen und unmöglichen Situation garantiert fehlerfrei zu reagieren. Daher ist es unabdingbar zu verstehen, dass grundlegende Transparenz, bezogen auf den kompletten Entscheidungsfindungsprozess eines KI/ML-Systems, von elementarer Wichtigkeit ist. Und wir reden hier nicht nur von – unwidersprochen absolut wichtigen – moralisch-ethischen Gebieten, sondern auch von technischen Aspekten und nicht zuletzt dem für Unternehmen extrem wichtigen Gebiet der *Rechtssicherheit*.

### 2.3.2 Lösungsansätze

Auf der internen Unternehmensebene muss es beispielsweise darum gehen, dass nicht nur die Data Scientists und Analysts, sondern auch die Verantwortlichen der Fachbereiche verstehen, auf welcher Grundlage das KI/ML-System bestimmte Entscheidungen trifft, von deren Auswirkungen nicht nur das Unternehmen selbst, sondern direkt oder indirekt auch Dritte bzw. Endkunden betroffen sein können. Und das führt in logischer Konsequenz zur gewünschten Rechtssicherheit und einem möglichst hohen Transparenzgrad dieser Systeme: Auf EU-Ebene wird daher seit einiger Zeit ein Entwurf für die verbindliche Regulierung von KI/ML-Systemen, der sogenannte *Artificial Intelligence Act* (*EU AIA*, siehe hierzu auch *https://eur-lex.europa.eu/legal-content/EN/TXT/?uri=CELEX%3A52021PC0206* und *https://digital-strategy.ec.europa.eu/en/policies/european-approach-artificial-intelligence*) vorangetrieben, der gemäß Zeitplan bis 2024 umgesetzt werden soll. Und damit ein relativ straffer zeitlicher Vorlauf für Unternehmen, die sich bis jetzt nur mit rein technischen Punkten der Umsetzung befasst haben. Wichtige Eckpunkte der Verordnung bzw. darin enthaltene Proposals sehen beispielsweise eine Unterteilung in folgende KI-Bereiche und deren Regulierung vor:

- KI-Systeme mit unannehmbarem Risiko
- Hochrisiko-KI-Systeme
- KI-Systeme mit mittlerem Risiko
- KI-Systeme ohne besonderes Risiko

So soll beispielsweise die Nutzung/der Einsatz von Hochrisiko-KI gemäß Abschnitt 5.2.3 und Titel III des Entwurfs unter *https://ec.europa.eu/newsroom/dae/redirection/document/75788* geregelt werden. Dies kann den Arbeitsschutz und Betriebsprozesse in kritischen Infrastrukturen betreffen, den Grenzschutz, die Strafverfolgung, aber auch Finanzdienstleistungen. Natürlich sind alle Regelwerke ohne potentielle Strafen zahnlose Tiger, daher wird nicht gekleckert, sondern gleich geklotzt: 10 Millionen EUR oder zwei Prozent des Umsatzes können bereits als Strafzahlung fällig werden, sofern ein Unternehmen in Verdacht gerät, falsche Angaben zu seinen KI/ML-Systemen bzw. -Landschaften getätigt zu haben. Der Verstoß gegen andere Regelwerke kann im höchsten Fall mit Strafzahlungen von bis zu 30 Millionen EUR oder sechs Prozent des weltweiten Jahresumsatzes des Unternehmens geahndet werden. Keine Peanuts, zumindest für etliche Mittelständler.

### 2.3.3 Vorbereitung

Zunächst einmal sollte die kleine Regel, die bereits Douglas Adams unsterblich gemacht hat, beherzigt werden: *Keine Panik*.

Grundsätzlich geht es zunächst primär um Transparenz. Das heißt, Unternehmen können und sollten damit starten, zu *dokumentieren*: welche ihrer Prozesse auf KI/ML-Systemen basieren, mit welcher Datengrundlage diese arbeiten, ob diese – sofern für das jeweilige Anwendungsgebiet zutreffend – alle Kriterien von Diversität, Inklusion und Gleichberechtigung erfüllen, wie sich der vollständige KI/ML-Workflow darstellt, welche Partnerunternehmen bzw. Zulieferer z. B. KI/ML-gestützte Prozesse in der Vorfertigung von Komponenten verwenden, welche das eigene Unternehmen nutzt bzw. weiterverarbeitet.

KI/ML-basierte Systeme sollen und müssen, wenn globale Akzeptanz gewährleistet sein soll, transparent und damit rechtssicher betrieben werden. Dass dies zusätzliche Arbeit erzeugt, ist sicher ein Manko. Aber kommt es zu Schadensfällen, sind letztlich nur die Unternehmen auf der sicheren Seite, die sich sorgfältig auf diese Situation vorbereitet haben.

## 2.4 Einige Grundbegrifflichkeiten im KI/ML-Kontext

Bevor wir zu den technischeren Kapiteln kommen, betrachten wir vorab noch kompakte Erläuterungen zu einigen essentiell wichtigen Begrifflichkeiten, welche in den KI/ML-Infrastruktur-relevanten Betrachtungen der folgenden Kapitel verwendet werden.

Eine Anmerkung vorab: Einige der folgenden Vorbetrachtungen, wie z. B. über die (stark vereinfachte) Arbeitsweise von Tensor-Cores mittels Matrix-Berechnungen, mögen Ihnen eher mathematisch-trocken vorkommen, sind aber durchaus für den Scope des Buches relevant: Ohne ein grundlegendes Verständnis, wie z. B. *CUDA*- und *Tensor*-Cores arbeiten (und mit welcher Genauigkeit/Präzision für welchen Anwendungsfall), kann auch keine wirklich fundierte Entscheidung getroffen werden, welche konkreten GPUs sich für den Einsatz im eigenen Unternehmen und die dort zu erwartenden Daten kosten-/nutzentechnisch am besten eignen. Die Sachverhalte sind einfach und kompakt gehalten, um den Scope des Buches nicht zu sprengen. An relevanten Stellen wird gegebenenfalls auf weiterführende Informationen zu den jeweiligen Topics verlinkt.

### 2.4.1 Machine Learning: Training und Inference

#### Training

Der Begriff *Training* bezieht sich im KI/ML-Kontext, stark vereinfacht, auf den Prozess der Erstellung eines Algorithmus (im Sinne vom »Modell«) für maschinelles Lernen. Das Training beinhaltet dabei meist die Verwendung eines Deep-Learning-Frameworks wie z. B. TensorFlow und eines Trainingsdatensatzes (welcher selbstverständlich intern aus *n* Datensätzen besteht), z. B. zur Bild-, Sprach- oder verallgemeinert Mustererkennung. Der Begriff *ML-Modell* bezieht sich üblicherweise auf das Modellartefakt, das durch den Trainingsprozess erstellt wird. Bei einem Unsupervised Training sollten die verwendeten Trainingsdaten die richtige Antwort (typischerweise im Sinne von korrekt gelabelten Trainingsobjekten) enthalten, damit das System seine eigenen Antworten bzw. die Erkennung als richtig oder falsch klassifizieren kann. Das korrekte Wunschergebnis wird in der Regel als Target oder auch Target-Attribute bezeichnet. Der Lernalgorithmus soll während des Trainings Muster in den (Trainings-)Daten finden, die dem vorgegebenen Target (entsprechend der korrekten Antwort, die vom Modell möglichst exakt vorhergesagt werden soll) entsprechen, und gibt im Optimalfall am Ende ein ML-Modell aus, das die relevanten Muster auch bei ihm bisher unbekannten Daten richtig erfasst. Nach Abschluss des Trainings geht es üblicherweise an die *Evaluierung* des Modells, um zu sehen, ob es korrekt arbeitet. Dabei werden in der Regel erstmals Daten für *Predictions* verwendet, die dem System bisher noch nicht bekannt sind. Sind aufgrund unzureichender Erkennungsraten noch Nachbesserungen erforderlich, erfolgt üblicherweise ein Tuning der Hyperparameter (Parameter zur Steuerung des ML-Trainingsalgorithmus).

Das fertig erstellte ML-Modell kann – wenn alles korrekt funktioniert – anschließend zutreffende Vorhersagen (*Predictions*) zu neuen Eingabedaten machen, ohne dass das Target bekannt ist. Das Training zur Modellerstellung in einem ML-Workflow ist in der Regel die Phase, die am meisten (GPU-)Rechenleistung benötigt. Und damit ist es nicht getan. Denn in bestimmten Einsatzszenarien kann es zu einem *Model-Drift* oder auch *Model-Decay* kommen: Damit ist – stark vereinfacht – gemeint, dass sich die zu überprüfenden Parameter, auf deren Basis das Modell trainiert wurde, im Laufe der Zeit verändern. Ein typischer Fall wären Verhaltens-Patterns von Schadsoftware über einen längeren Zeitraum betrachtet. In diesem Fall muss das Modell neu trainiert bzw. je nach Delta gegebenenfalls zumindest neu getunt werden.

#### Inference

*Inference* beschreibt (hier sehr stark vereinfacht) die Verwendung eines – gemäß dem im letzten Abschnitt beschriebenen Prozess der Erstellung eines per Training erstellten – Modells im Betrieb. Damit ist die Verwendung eines bereits *trainierten* ML-Algorithmus spezifiziert, der mit neuen, ihm unbekannten Daten gefüttert wird und dennoch eine möglichst hohe Trefferquote bei der Mustererkennung in den zu untersuchenden Daten (wie z. B. Bilder, Sprache oder Behavior Analysis zur Schadsoftware-Erkennung) erzielen kann, ohne die korrekte Antwort zu kennen.

Abbildung 2.3 demonstriert, wie das Trainings- und anschließend eingesetzte Inference-Modell ein Fahrrad erkennt.

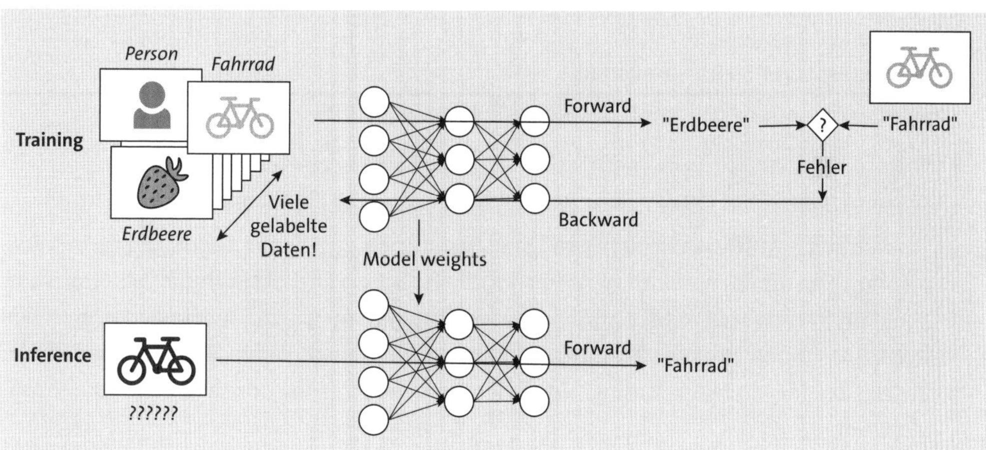


**Abbildung 2.3** Training vs. Inference, Quelle: Intel

### 2.4.2 CNN (Convolutional Neural Networks)

*Convolutional Neural Networks* (kurz *CNN*, aber auch manchmal *ConvNets* genannt) sind sogenannte *vorwärts gerichtete* neuronale Netze, die sich für bestimmte Klassifizierungen, wie z. B. bei der Bild- und Videodatenerkennung, eignen, siehe auch Abschnitt 2.4.5. Die Arbeitsweise dieser CNNs ist von den Beobachtungen der Informationsverarbeitung im visuellen Kortex des menschlichen Gehirns inspiriert. Im visuellen Kortex sind biologische Neuronen so angeordnet, dass sie ein zu lösendes, größeres (»Erkennungs«-)Problem in eine Sequenz/Abfolge von kleineren und leichter zu lösenden Schritten verwandeln bzw. aufteilen. Diese Schritte/Blöcke werden in ML-Systemen über Matrizen in den Tensor-Cores prozessiert.

### 2.4.3 Alles fließend: FP/TF/BF (Floating Point)

Nachstehend folgen einige kompakte Erläuterungen zu einigen wichtigen *FP-Formaten* (*Floating Point*), die im Bereich KI/Machine Learning Verwendung finden. Diese sind in später folgenden Abschnitten zudem relevant für die Beurteilung von Datacenter-GPUs in Bezug auf ihre Performance für den angedachten Einsatzzweck.

- **FP64**
  - *Floating Point 64 Bit* Genauigkeit (gemäß IEEE 754: Double Precision)
  - Verwendung: Eher für wissenschaftliche Berechnungen, weniger für ML/DL-Verfahren, da zu inperformant bei nicht benötigter (»zu hoher«) Präzision.
  - Hardware-Support (NVIDIA): ab Tesla
- **FP32**
  - *Floating Point 32 Bit* Genauigkeit (gemäß IEEE 754: Standard/Single Precision)
  - Verwendung: Lange Zeit der Quasi-Standard für ML/DL-Berechnungen, wird aus Performance-Gründen aber zunehmend von FP16 abgelöst. Für iterative wissenschaftliche Berechnungen meist zu ungenau.
  - Hardware-Support (NVIDIA): supportet in fast allen GPUs
- **FP16**
  - *Floating Point 16 Bit* Genauigkeit (gemäß IEEE 754: »Half Precision«)
  - Verwendung: Mittlerweile der Quasi-Standard für ML/DL-Berechnungen, wird aus Performance-Gründen meist in *Mixed-Precision*-Trainings (siehe Abschnitt 2.4.11) verwendet. Für iterative wissenschaftliche Berechnungen meist zu ungenau. Kann – wie INT8(,4,1) – auch für Post-Trainings-Quantisierung (stark vereinfacht: Verfahren zur Reduktion der Modellgröße bei minimaler Verschlechterung der Genauigkeit) verwendet werden.
  - Hardware-Support (NVIDIA): supportet in fast allen neueren GPUs (Datacenter/RTX)
  - Hinweis: Mit der Hopper-Generation (04/2022) führte NVIDIA erstmals auch die Möglichkeit für *Mixed-FP8/FP16*-Berechnungen ein, siehe ebenfalls Abschnitt 2.4.11.
- **BF16 (Bfloat 16)**
  - Googles *Floating Point 16 Bit* Genauigkeit (kein IEEE-754-Standard). BF16 steht laut Google für *Brain-Floating-Point-16*-Präzision (kein Scherz, abgeleitet von *Google Brain AI Research Group*), die nicht per IEEE standardisiert ist, sondern im Grunde eine aufge-

bohrte FP16- bzw. gekürzte FP32-Variante darstellt (*https://cloud.google.com/blog/products/ai-machine-learning/bfloat16-the-secret-to-high-performance-on-cloud-tpus*).

  - Verwendung: Drop-in Replacement für FP16 in neuronalen Netzen mit höherem Datendurchsatz, aber gleichzeitig höherer Genauigkeit als FP16 (vereinfacht: FP16-like, aber mit dynamischer Range wie FP32).
  - Hardware-Support: Google TPUs ab v2, NVIDIA ab A100

- **TF32**
  - TensorFloat-32. Design-Mischmasch aus FP16 (Half-Precision Math) und FP32 (8-Bit-Exponent). Vereinfacht: ein BF16 mit erweiterter Präzision bzw. ein FP32 mit reduzierter Präzision.
  - Hardware-Support: Google TPUs ab v2, NVIDIA ab A100

### 2.4.4 GPUs und Parallel-Computing

Auch wenn der grundsätzliche Unterschied zwischen CPUs und GPUs den meisten Lesern bekannt sein dürfte, sei er der Vollständigkeit halber hier dennoch einmal kurz und kompakt aufgeführt.

Die Architektur einer CPU ist grundsätzlich auf die Unterstützung einer großen Anzahl an Befehlssätzen und Datentypen ausgelegt und (per Core) für serielles Data Processing via Zeitscheiben-Zuteilung (CPU-Shares) an die anfragenden Prozesse/Applikationen.

Im direkten Vergleich zu GPUs stehen selbst auf High-End-CPUs nur eine eher geringe Anzahl an Cores zur Verfügung. Eine typische, aktuelle Datacenter-GPU arbeitet dagegen mit einer sehr hohen Anzahl an kleineren (Tensor- und CUDA-)Cores, die RISC-typisch nur ein Subset an Befehlen unterstützen, dies aber mit extrem hoher Geschwindigkeit. Lassen wir ein paar Zahlen sprechen und vergleichen wir High-End-CPUs mit GPUs:

Während eine HEDT(High End Desktop)/Workstation-CPU wie z. B. ein Threadripper 3990X, oder ein Epyc 7773X als Vertreter von RZ-tauglichen CPUs über 64 Cores – und damit bereits recht eindrucksvolle 128 vCPUs/Threads – verfügen, kommt eine NVIDIA A100 (Tensor- und CUDA-Cores zusammengerechnet) summa summarum auf über 7.000 Cores.

Diese GPU-typische Architektur (viele eher kleine Cores für spezielle Befehlssätze) ermöglicht es, viele (für den Befehlssatz dieser Cores geeignete) Befehle/Berechnungen parallel auf den GPU-Cores zu prozessieren. Und hier kommt CUDA (siehe nächster Abschnitt) ins Spiel: GPUs lassen sich dank CUDA seit langem nicht nur für typische grafiklastige Compute-Szenarien verwenden, sondern können auch von anderen, nicht grafikspezifischen Applikationen genutzt werden – und liefern dank des GPU-typischen, maximalen Parallel-Processings optimale Performance. GPUs sind somit genau dort hocheffizient einsetzbar, wo sehr viele Berechnungen parallel mit maximaler Performance prozessiert werden müssen – wie im KI/ML-Umfeld.

Abbildung 2.4 zeigt beispielhaft und stark vereinfacht den Workflow von NVIDIAs *Deepstream-SDK* (Tool-Set zur KI-basierten Videoanalyse, siehe: *https://developer.nvidia.com/deepstream-sdk*) mithilfe von GPUs und deren CUDA- und Tensor-Cores, die in den folgenden Abschnitten genauer erläutert werden.

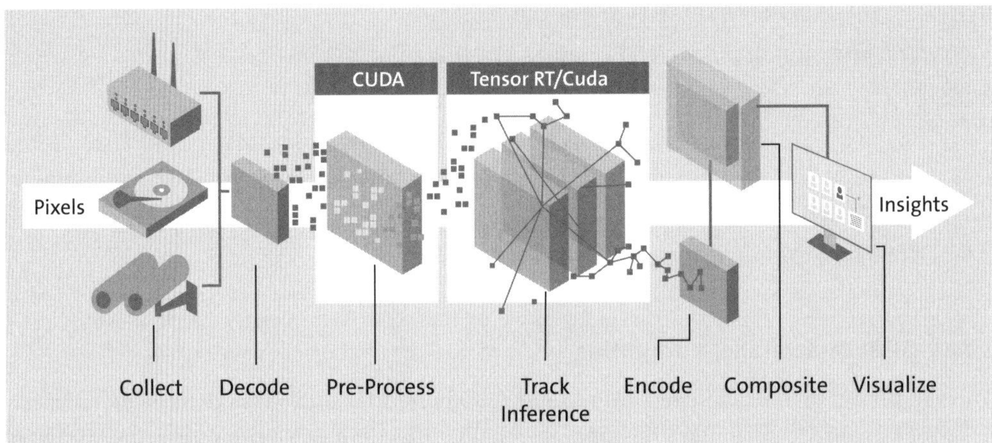


**Abbildung 2.4** Vereinfachter Workflow von NVIDIAs Deepstream-SDK zur Videodaten-Analyse

### 2.4.5 CPUs mit ML-Erweiterungen

Seit geraumer Zeit rüsten auch die üblichen Verdächtigen wie Intel und AMD ihre CPUs mit ML-tauglichen Befehlssatz-Erweiterungen bzw. zusätzlichen FPGAs (*Field Programmable Gate Arrays*) aus. Damit sollen bestimmte ML-Instruktionen/Workloads effizienter prozessiert und eine etwas bessere ML-Eignung im Vergleich zu normalen CPUs erzielt werden. Das Ganze ist bei Intel letztlich eine ML-spezifische Erweiterung der AVX-512-Operationen (*Advanced Vector Extensions*), hauptsächlich für das im ML-Kontext relevante *Multiply-Add*, siehe den gleich folgenden Abschnitt 2.4.7, sowie die Unterstützung von Bfloat-16-Werten (siehe Abschnitt 2.4.3) und dem Zusatzpaket VNNI (*Vector Neural Networks Instructions*). Letzteres stellt im Grunde nichts anderes dar als eine interne Instruktionskompaktierung für *Convolutional Neural Networks*, bei der drei Instruktionen zu einer einzigen zusammengefasst werden, um zwei Rechenzyklen zu sparen. Intel nennt das Ganze vollmundig wie üblich *Deep Learning Boost*. Wer es bis zur letzten Schraube wissen will: *https://en.wikichip.org/wiki/x86/avx512_vnni*.

AMD wiederum hält auf der reinen CPU-Plattform mit Xilinx-FPGAs für seine High-End-Epycs dagegen: *https://www.amd.com/system/files/documents/xilinx-deep-learning-solution-on-amd-epyc-processors.pdf*.

Klingt zunächst alles ganz toll, ist es aber im ML-zentrierten Datacenter-Umfeld nicht wirklich, denn hier zählt primär echte GPU- bzw. CUDA-/Tensor-Core-Leistung (siehe zu CUDA-/Tensor-Cores auch den gleich folgenden Abschnitt). Selbst eine mittlerweile etwas betagte

NVIDIA Tesla T4 war in ihrem Erscheinungsjahr 2018 bei ML-Berechnungen mehr als 30-mal schneller (je nach Genauigkeit) als High-End-Server-CPUs des gleichen Jahrgangs. Und eine NVIDIA A100 (40 GB) erreicht – je nach Genauigkeit – eine wiederum bis zu zwölfmal höhere Performance als eine Tesla T4.

Vergleicht man die Preise im betrachteten Stand, liegt ein High-End-Server-Prozessor wie ein Xeon Platin 82xx oder ein Epyc 77xx mit der größtmöglichen Core-/Thread-Anzahl (Epyc: max. 64/128) schnell bei über 10.000 EUR – dem Preis einer im ML-Einsatz wesentlich effizienteren A100 40 GB mit fast 7.000 CUDA- und 432 Tensor-Cores. Eine immer noch schnelle T4 mit 2.560 CUDA- und 320 Tensor-Cores liegt bei lediglich rund 2.000 EUR.

### 2.4.6 CUDA (Cores)

Siehe hierzu auch: *https://docs.nvidia.com/cuda/*

CUDA steht als Akronym für *Compute Unified Device Architecture*, wurde von NVIDIA bereits 2007 entwickelt und wird für uns in allen Kapiteln relevant, in denen es um theoretische Vorbetrachtungen zu GPUs sowie um die praktische Umsetzung in skalierbaren KI/ML-Clustern geht.

Unter dem Begriff *CUDA* verstehen wir – vorab stark vereinfacht betrachtet – eine Programmierschnittstelle, deren API es ermöglicht, bestimmte GPUs auch für die parallele Verarbeitung von allgemeinen bzw. nicht-GPU-spezifischen Workloads zu verwenden. Ein Ansatz, der auch als *General Purpose GPU* (*GPGPU*) bezeichnet wird. CUDA stellt abstrahiert einen Software-Layer dar, der direkten Zugriff auf den (virtuellen) Befehlssatz der GPU und parallele Rechenelemente für die Ausführung auf Compute-Kernen – im Sinne von GPU-Cores, DSPs (Digitale Signalprozessoren) oder FPGAs – zur Verfügung stellt und damit eines der typischen Features von GPUs nutzt: parallel nutzbare Cores.

Die CUDA-API wurde so konzipiert, dass sie als eine GPU-spezifische Erweiterung von Programmiersprachen wie *C* und *C++*, aber auch dem bereits 1957 entstandenen und nach wie vor für bestimmte numerische Berechnungen wichtigen und bis heute im Einsatz befindlichen *Fortran* gesehen werden kann.

Dadurch wird erreicht, dass programmatisch einfacher auf GPU-Compute-Ressourcen zugegriffen werden kann, ohne dass die Entwickler sehr spezielle und fortgeschrittene Kenntnisse über früher genutzte APIs wie *Direct3D* und *OpenGL* beherrschen müssen. Der Entwickler erhält dadurch einen direkten und vor allem standardisierten Coding-Zugriff auf die Funktionalitäten einer GPU.

CUDA-fähige GPUs bzw. deren Cores unterstützen auch Code-Frameworks wie OpenMP, OpenACC und OpenCL und HIP. Im Gegensatz zu rein grafikspezifischen APIs wie OpenGL oder DirectX lässt sich CUDA nicht nur für Grafik- oder genereller gesprochen »Multimedia-Anwendungen«, sondern auch für nicht-GPU-spezifische Applikationen verwenden.

Die im zuletzt betrachteten Stand aktuelle CUDA-Version war 11.7.1 (August 2022), das komplette CUDA-Toolkit steht auf den NVIDIA-Webseiten für Linux, Windows oder macOS als Download zur Verfügung.

### 2.4.7 Tensor (Cores)

Zunächst: gemäß einer etwas verallgemeinerten Definition kann ein *Tensor* im mathematischen Kontext als ein- oder multidimensionales Array verstanden werden. Dabei würde ein simpler mathematischer Vektor einem Tensor 1. Ordnung entsprechen, eine zweidimensionale Matrix (*n* Reihen, *m* Spalten) einem Tensor 2. Ordnung. Komplexere Tensor-Objekte (3., 4. Ordnung) sind in der vereinfachten (und selbstverständlich nur auszugsweisen) Liste von Skalaren, Vektoren und Tensoren mit beispielhaften Bezügen aufgeführt, die im Zusammenhang mit GPUs und deren Tensor-Cores von Relevanz sind.

| Stufe | Name | Beispiel | | Anwendungsbereich |
|---|---|---|---|---|
| 1 | Skalar/0D-Tensor | 1 | 1 | Einzelwerte |
| 2 | Vektor/1D-Tensor | [1 2] | 1 2 7 6 | Reihenfolge von Einzelwerten<br>Zeichenreihenfolge |
| 3 | Matrix/2D-Tensor | [1 2; 3 4] | | Tabellarische Aufbereitung von Datensätzen<br>Datenbankeinträge |
| 4 | 3D-Tensor | [[1 4] [3 5]; [5 2] [9 8]] | | Bilder (Höhe, Breite und Farbtiefe)<br>Zeitreihen |
| 5 | nD-Tensor | n x n x ... | | 4D bei Bilderreihenfolgen (z. B. Video) |

**Abbildung 2.5** Anwendungsbereiche von Skalaren, Vektoren und Tensoren

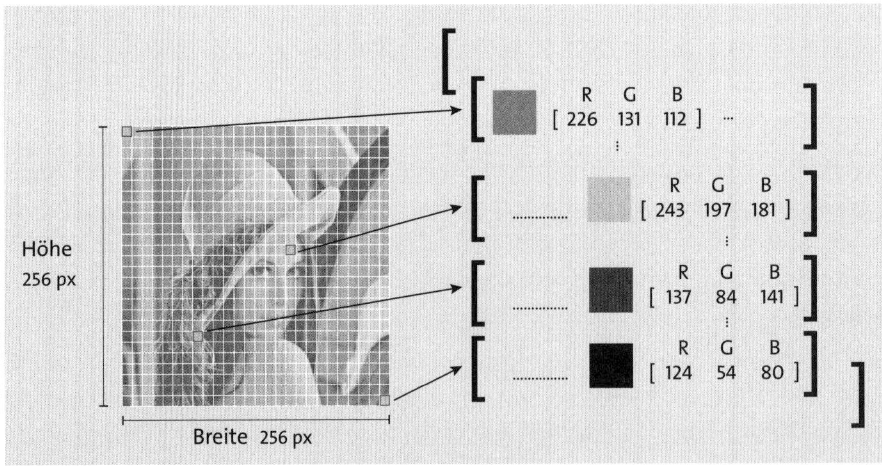


**Abbildung 2.6** RGB-Bild als 3-D(R, G, B)-Tensor-Beispiel

Zur technischen Implementierung: Google stellte TPUs, also *Tensor Processing Units* (1st Gen), erstmals 2016 vor, die allerdings bis heute (im betrachteten Stand Gen 4) in der angebotenen Form nach wie vor nur in der Cloud verfügbar sind. NVIDIA führte erstmals mit der *Volta*-Generation (z. B. Tesla V100, ab 2017) neben den standardmäßig vorhandenen CUDA-Cores auch zusätzliche *Tensor-Cores* ein. Betrachten wir daher, was Tensor- von CUDA-Cores unterscheidet.

Tensor Cores sind – im Gegensatz zu den durch externe Applikationen eher generisch verwendbaren CUDA Cores – speziell zur Durchführung von Matrix-Operationen, konkret den sogenannten *Fused Multiply-Add* (FMA, eine Variante der Multiply-Accumulate[MAC]/Multiply-Add[MAD])-Matrix-Operationen, optimiert. Multiply-Accumulate oder Multiply-Add ist eine Rechenoperation, bei der zwei Faktoren multipliziert werden und das Produkt zu einem fortlaufenden Summanden (Akkumulator) addiert wird. Mathematisch betrachtet könnte dies wie folgt aussehen:

$$a \leftarrow a + (b \times c)$$

**Abbildung 2.7** Multiply-Accumulate/Multiply-Add

Diese Operation, die bereits in den 1980ern von IBM entwickelt wurde, wird daher auch als *Fused Multiply Accumulate*, abgekürzt FMA oder FMAC, bezeichnet und ist im IEEE-Standard 754-2008 festgelegt. Siehe hierzu auch: *https://de.wikipedia.org/wiki/Fused_multiply-add*

Eine FMA-Operation mit Matrizen stellt sich gemäß NVIDIA wie in Abbildung 2.8 dar.

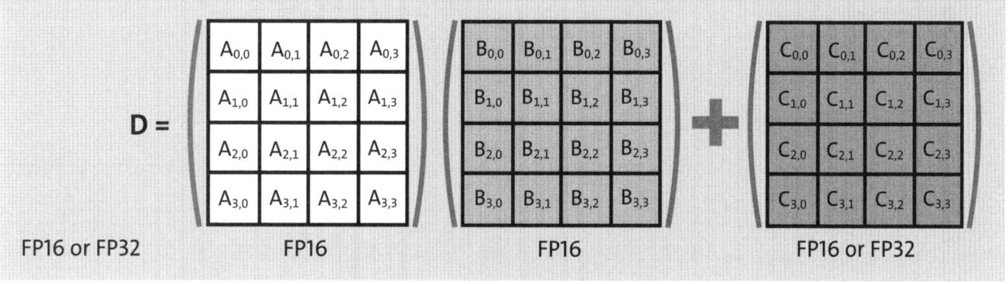


**Abbildung 2.8** FMA-Operation mit Matrizen, Quelle: NVIDIA; siehe dazu auch https://docs.nvidia.com/deeplearning/performance/dl-performance-matrix-multiplication/index.html

Jeder Tensor-Core stellt zur Verarbeitung einer solchen Operation eine Matrix bestimmter Größe bereit. Dabei wird die in der oberen Abbildung gezeigte Operation $D = A \times B + C$ mit Datensätzen einer bestimmten Genauigkeit wiederholt durchgeführt. Das Ergebnis wird im nächsten Durchlauf als Akkumulator verwendet, um die Genauigkeit zu erhöhen. Die Einzelkomponenten der Matrix-Multiplikation $A \times B$ sind in diesem Beispiel jeweils FP16-Matrizen, während die Akkumulationsmatrizen $C$ und das Ergebnis $D$ FP16- oder FP32-Matrizen sein können.

### 2.4.8 Präzision, Performance und Kosten

Bei so gut wie allen Berechnungen im KI/ML-Umfeld geht es um zwei Dinge: *Genauigkeit* und *Computing-Performance*. Erweitern wir die Aussage um zwei wichtige Begrifflichkeiten:

*Ausreichende Genauigkeit bei bestmöglicher Computing-Performance.*

Denn dies trifft den Kern für die meisten Szenarien. Auch wenn die Terminologie »ausreichend« im wissenschaftlichen Umfeld bzw. im Kontext von Machine Learning bzw. Deep Learning und neuronalen Netzen zunächst fehl am Platze scheint – sie ist es nicht. Daher treten wir nun wieder einen Schritt zurück und betrachten die Dinge zunächst noch einmal aus einer größeren Flughöhe.

Im KI/ML-Umfeld ist in den meisten Fällen, insbesondere in der Trainingsphase, »a huge bunch of data« von den GPUs/TPUs zu prozessieren. Je höher die Präzision bei der Verarbeitung der zu prozessierenden Daten, desto höher die Auslastung der GPU (Cores und Memory) und somit desto niedriger der prozessierte Datendurchsatz. Im Bereich des Trainings neuronaler Netze haben sich daher *Mixed/Reduced-Precision*-Ansätze etabliert. Das stark vereinfachte Prinzip: Geeignete Trainingsdaten können gegebenenfalls mit reduzierter Präzision (z. B. FP16 statt 32) berechnet werden, ohne dass sich die Ergebnisse qualitativ aus dem Rahmen der zulässigen Toleranzen bewegen. Eine gesenkte Berechnungsgenauigkeit bestimmter Datensätze sorgt wiederum für höhere Performance bei der Prozessierung.

Und dies kann auch einen konkreten Einfluss darauf haben, wie kosteneffizient der KI/ML-Bereich eines Unternehmens arbeiten kann: Wurden beispielsweise bei maximaler Präzision eines bestimmten Workloads bisher *n* A100-Karten leistungsmäßig (und damit thermisch wie auch der Stromverbrauch) voll ausgelastet, würde eine Umstellung auf eine geringere (aber dennoch ausreichende) Präzision die Auslastung der GPUs deutlich senken, sodass entweder

a) weniger Leistung/Strom verbraucht und Wärme erzeugt wird,
b) die Karten nach wie vor voll ausgelastet sind, nun jedoch parallel noch andere, zusätzliche Workloads berechnet werden können oder
c) kleiner dimensionierte Karten (A30, A10, T4) mit geringerer Leistungsaufnahme für die angedachten Workloads mit der etwas reduzierten Präzision vollkommen ausreichen würden und damit wiederum die Betriebskosten deutlich gesenkt würden.

Gehen wir etwas tiefer ins Detail.

### 2.4.9 Tensor-Core-Effizienz und Mixed/Reduced Precision

Betrachten wir nun die Effizienz von GPUs mit und ohne Tensor-Cores etwas genauer: Wie wir bereits wissen, handelt es sich bei einem Tensor-Core um spezielle Hardware, die speziell für die Berechnung von Matrix-Operationen ausgelegt ist. Nimmt man als Vergleichswert eine Standard-FP32-Berechnung, so würde die gleiche Berechnung auf einem Tensor-Core mit bis zu 16-fach höherer Geschwindigkeit als auf einer GPU ohne Tensor-Cores ausgeführt.

Sofern dabei noch *Sparsity* (eine »sparsame« Matrix mit vielen Nullen bzw. für die Berechnung nicht relevanten Werten) im Spiel ist, kann sich der Performance-Vorteil auf bis zu Faktor 32 erhöhen.

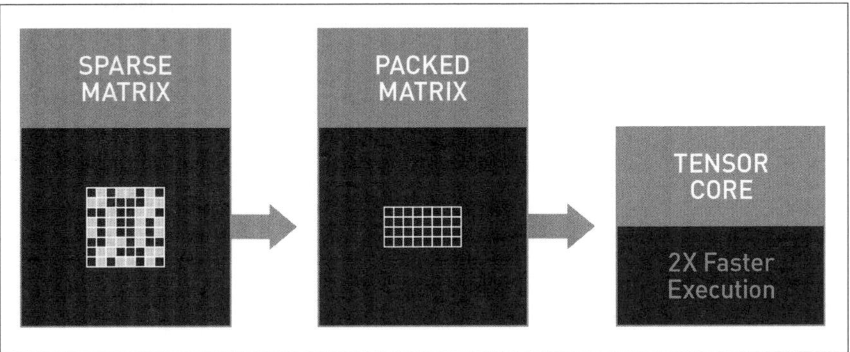


**Abbildung 2.9** Compacted Sparse Matrix, Quelle: NVIDIA; siehe hierzu auch https://blogs.nvidia.com/blog/2020/05/14/sparsity-ai-inference/

Daraus ergibt sich, dass GPUs mit Tensor-Cores bereits deutlich energieeffizienter arbeiten als ihre Pendants ohne. Ein wichtiger Grund, warum alle Datacenter-tauglichen GPUs neuerer Generation nicht nur mit CUDA-, sondern auch mit Tensor-Cores ausgestattet sind oder in bestimmten Fällen nur noch mit Tensor-Cores arbeiten. Bisherige Erfahrungen haben zudem gezeigt, dass der Genauigkeits-Impact einer halbierten Präzision (FP16, Floating Point Operation mit 16 Bit Genauigkeit) auf den Lerneffekt neuronaler Netze eher gering ist, dafür aber die Performance bzw. der Datendurchsatz massiv erhöht wird. FP64-Berechnungen (Double Precision, FP 64 Bit) kommen daher in den meisten Szenarien kaum noch zum Einsatz. Dies wurde bereits 2016 klar: *https://developer.nvidia.com/blog/mixed-precision-programming-cuda-8/*.

Daher geht ein Trend bei KI/ML-Workloads seit einigen Jahren in die Richtung, bei Trainings statt ausschließlich mit leistungsintensiverer FP32-(Standard-)Precision nun auch mit FP16, also halber Genauigkeit/Präzision, zu arbeiten – bei Inference sogar nur mit FP8 oder weniger. Dies führte auch dazu, dass Hersteller wie NVIDIA neueren GPU-Modellen zum Teil immer niedrigere Precisions spendierten: So konnte die 2018 erschienene T4 erstmals mit INT4 (in Vorgängern von NVIDIAs Turing-Architektur war nur INT8 möglich) aufwarten.

Kombiniert man diese höhere Effizienz von Tensor-Cores nun mit einem Mixed-Precision-Training (kombinierte FP32- und FP16- [oder FP8-]Daten), wird in der Regel eine suffiziente Genauigkeit erzielt, bei einer gleichzeitigen Steigerung der Performance. NVIDIA hatte seine Tool-Sets bereits seit der Pascal-Architektur (z. B. Tesla P100) und CUDA 8 um die Möglichkeit erweitert, auch mit der halbierten FP16-Precision zu arbeiten und damit die doppelten TFLOPS pro Zeiteinheit zu ermöglichen. NVIDIAs Tensor-Cores können – je nach GPU und betrachtetem Stand hier auszugsweise – mit den Datentypen FP64, FP32, FP16, FP8, BF16, INT8 oder INT4 arbeiten.

### 2.4.10 CUDA-Cores vs. Tensor-Cores

Während CUDA-Cores also eher als *General Purpose Accelerators* zu sehen sind, sind Tensor-Cores in der Regel nur für ganz bestimmte Aufgaben (Matrix-Berechnungen) optimiert, führen diese jedoch in einem Bruchteil der Zeit aus, die ein CUDA-Core dafür benötigen würde. Betrachten wir das Ganze extrem vereinfacht und abstrahiert:

Führt ein CUDA-Core eine Matrix-Multiplikation einer definierten Größe durch, braucht er dafür ein bestimmtes Zeitkontingent, das sich aus der Summe des Zeitaufwands aller einzeln durchgeführten Multiplikationen ergibt, da er die Matrix nicht in einem Durchgang prozessieren kann. Würde nun ein Tensor-Core (welcher für ebendiese Matrix-Berechnungen optimiert ist) die gleiche Rechenoperation durchführen, würden die Werte der Matrix in *einem* Durchgang prozessiert und damit das benötigte Zeitkontingent deutlich reduziert. Vereinfacht ausgedrückt bietet *1* Tensor-Core (je nach Art der Daten, z. B. FP16-Matrizen via FMA multiplizieren und addieren) bei Matrix-Operationen also die Rechenleistung von *n* CUDA-Cores. So kann beispielsweise jeder einzelne Tensor-Core einer A100 256 FP16-FMA-Matrix-Operationen pro Cycle durchführen. Daher ist bei der Neuanschaffung für den eigenen RZ-Betrieb oder der Miete von GPUs in Cloud-Umgebungen auch (je nach den zu prozessierenden Daten) das Verhältnis Tensor- zu CUDA-Cores pro GPU zu beachten. Generell gilt: Je mehr CUDA-Cores pro GPU, desto besser ist die GPU für verschiedenste generische Accelerator-Aufgaben gerüstet, wohingegen GPUs mit vielen Tensor-Cores speziell bei bestimmten/spezifischen ML-Workloads eine bessere Performance abliefern.

**Hinweis: Technische Daten zu NVIDIA-Datacenter-GPUs**

Damit Sie die bisher betrachteten Punkte später auch konkret auf NVIDIA-GPU-Modelle anwenden können, finden sich in Abschnitt 4.6 tabellarische Zusammenstellungen Datacenter-tauglicher NVIDIA-GPUs, u. a. im Hinblick auf Einsatzgebiet, Rechenleistung (GPUs, Tensor-/RT-Cores etc.) und Leistungsaufnahme.

### 2.4.11 Und noch einmal Performance: NVIDIA Hopper, TMA, Transformer-Engine und FP8

#### TMA

Zum Übertragen der Matrizen für die Multiply-Add-Funktion der Tensor-Cores ist schneller RAM ein unabdingbares Kriterium. Bisher wurden die Matrizen vor der Rechnung Element für Element aus dem VRAM in den L1-Cache eines SMs (*Streaming Multiprocessor*, siehe auch Abschnitt 4.4.3) übertragen. Diese Transmission erfolgte über eine Schleife, deren Berechnung den gesamten SM für die Dauer der Transmission exklusiv okkupierte. Um die Rechenleistung des SM künftig besser auszunutzen, hat NVIDIA der neuen Hopper-Generation einen *Tensor Memory Accelerator* (TMA) implementiert. Er kümmert sich ausschließlich um die Transmission der Daten aus dem VRAM und entlastet dadurch den SM, der in dieser Zeit mit seinen verbleibenden Kapazitäten auch andere Aufgaben parallel übernehmen kann.



### Transformer-Engine

NVIDIAs H100 (Hopper Generation) enthält eine neue Transformer Engine – eine spezielle Tensor Core-Technologie der Hopper Architektur, um Transformer-spezifische KI-Berechnungen deutlich zu beschleunigen. *Transformer*-Modelle, die im Bereich der Text- oder Sprachprozessierung dazu verwendet werden können um Texte von einer Sprache in eine andere zu übersetzen, Zusammenfassungen längerer Texte zu erstellen oder NLP (*Natural Language Processing*) durchzuführen, stellten im betrachteten Stand das Backbone der meisten Sprachmodelle wie BERT (*Bidirectional Encoder Representations from Transformers*) oder GPT-3 (Generative Pre-Trained Transformer 3) dar, und benötigen üblicherweise eine sehr hohe Rechenleistung. Transformer werden jedoch zunehmend auch in anderen KI/ML-Bereichen eingesetzt.

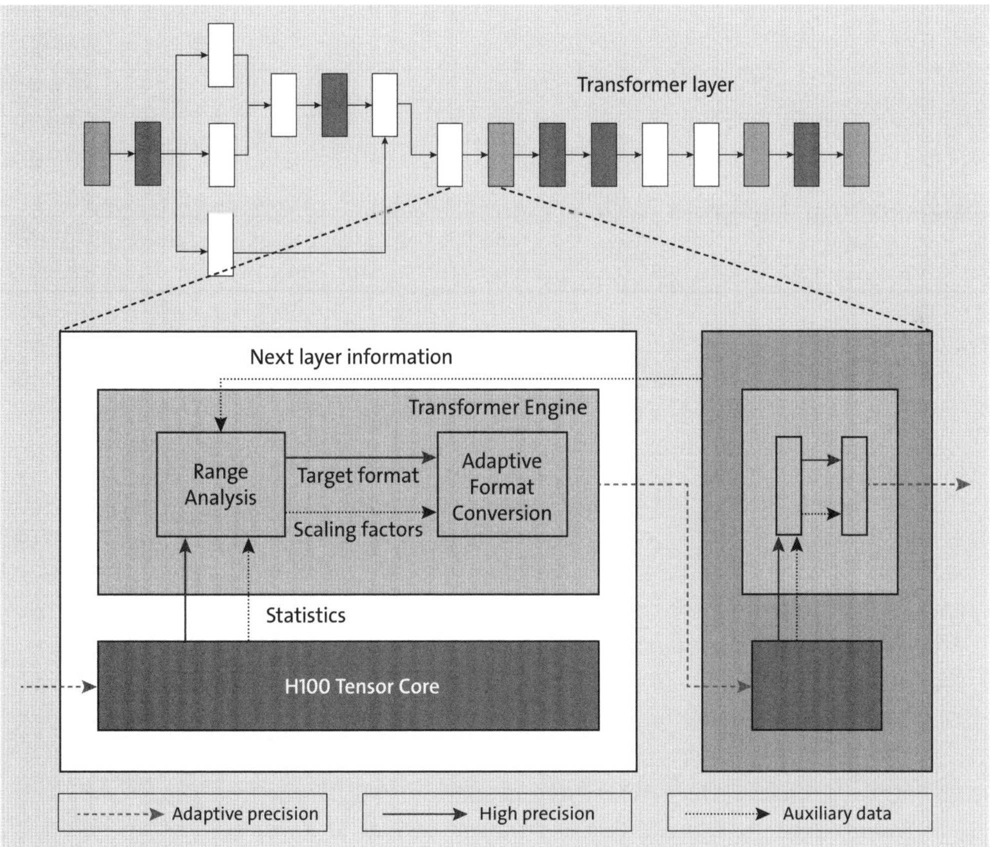


**Abbildung 2.10** NVIDIAs Transformer-Engine in der H100, Quelle: NVIDIA

Da ihre Größe jedoch permanent zunimmt, führt dies auf Sicht dazu, dass sich Trainingszeiten für diese Modelle drastisch vergrößern, was für Unternehmen aufgrund der hohen Rechenanforderungen und Laufzeit der GPUs extrem kostenintensiv werden kann. Insgesamt sind Transformer-Modelle in den letzten Jahren alle zwei Jahre um das 275-Fache schneller gewachsen als die meisten anderen KI-Modelle. Um eine Vorstellung der Größe zu bekommen: Ein MT-NLG-Sprachmodell (die Abkürzung steht für *Megatron-Turing Natural Language Generation*), das von NVIDIA und Microsoft entwickelt wurde, besaß im Stand Anfang 2022 bereits weit über eine halbe Milliarde Parameter.

Wie wir wissen, ist das Ziel der Mixed Precision bekanntermaßen, mit reduzierten numerischen Formaten die bestmögliche Genauigkeit bei maximaler Performance zu erzielen. Die Transformer-Engine analysiert nun auf jeder Ebene eines Transformer-Modells die Parameter der – von den Tensor-Cores – erzeugten Ausgabewerte. Die Transformer-Engine hat genaue Kenntnis darüber, welcher neuronale Layer als Nächstes prozessiert werden soll und welche Genauigkeit dafür erforderlich ist. So kann die Transformer-Engine vorab entscheiden, in welches Zielformat der Tensor konvertiert werden soll, *bevor* er im Speicher abgelegt wird. Dadurch arbeitet jeder Layer mit maximaler Effizienz und wird optimal beschleunigt.

#### FP8 und die Transformer-Engine

NVIDIAs neue *Hopper*-Generation (H100) bringt zudem auch einen FP8-Datentyp mit, der jedoch mit einem internen FP16-»Voodoo« hinterlegt ist und so bei immer noch ausreichender Genauigkeit in Verbindung mit NVIDIAs neuem High-End-Produkt für eine noch höhere Performance sorgt. NVIDIA hat im September 2022 zusammen mit ARM und Intel eine FP8-Spezifikation zur Standardisierung als »Interchange Format for AI« (*https://developer.nvidia.com/blog/nvidia-arm-and-intel-publish-fp8-specification-for-standardization-as-an-interchange-format-for-ai/*) herausgegeben. Diese formuliert Paulius Micikevicius (Director for Compute Architecture and Applied Deep Learning Research Groups at NVIDIA) wie folgt:

> *FP8 is a natural progression for accelerating deep learning training inference beyond the 16-bit formats common in modern processors. In this paper we propose an 8-bit floating point (FP8) binary interchange format consisting of two encodings – E4M3 (4-bit exponent and 3-bit mantissa) and E5M2 (5-bit exponent and 2-bit mantissa). While E5M2 follows IEEE 754 conventions for representation of special values, E4M3's dynamic range is extended by not representing infinities and having only one mantissa bit-pattern for NaNs. We demonstrate the efficacy of the FP8 format on a variety of image and language tasks, effectively matching the result quality achieved by 16-bit training sessions. Our study covers the main modern neural network architectures – CNNs, RNNs, and Transformer-based models, leaving all the hyperparameters unchanged from the 16-bit baseline training sessions. Our training experiments include large, up to 175B parameter, language models. We also examine FP8 post-training-quantization of language models trained using 16-bit formats that resisted fixed point int8 quantization. –*
> *(Quelle: https://arxiv.org/abs/2209.05433)*

# Kapitel 3
# High-Level-Vorbetrachtungen zur Implementierung von skalierbaren KI/ML-Infrastrukturen

*»Ein Weg entsteht, wenn man ihn geht.«*
*– Konfuzius*

In diesem Abschnitt befassen wir uns zunächst mit grundsätzlichen Infrastruktur-Fragen: Was sind die technischen Voraussetzungen, um (auto-)skalierbare GPU-Accelerated ML-Systeme überhaupt einsetzen zu können? Welche Plattformen bieten den optimalen Support dafür? Was muss aus finanzieller und implementierungstechnischer Sicht bedacht werden, um die Systeme möglichst kosteneffizient betreiben zu können?

Eignen sich On-Premises-, Cloud-Plattformen oder ein hybrider Ansatz am besten für den jeweiligen Einsatzzweck? Was muss bei geforderter, strikter Mandanten-Trennung beachtet werden? Dies und einiges andere mehr werden wir in den nun folgenden Vorbetrachtungen im Überblick beantworten. Selbstverständlich werden einige der Themen in später folgenden Kapiteln noch deutlich vertieft.

## 3.1 Bare-Metal, Virtualisierung, Containerisierung

Kommen wir zunächst zu einer der generellen Architekturfragen, die unabhängig von der später gewählten Plattform (Cloud, On-Premises oder Hybrid) eine entscheidende Rolle spielen: *Wie* soll der KI/ML-Stack betrieben werden: Bare-Metal, Bare-Metal und containerisiert, virtualisiert oder virtualisiert und containerisiert?

### 3.1.1 Bare-Metal vs. Virtualisierung

Egal ob Self-Hosted/On-Premises oder Cloud: Bei allen KI/ML-Systemen spielt Performance eine entscheidende Rolle. Der erste Gedanke legt nahe, dass nur pures Blech dieser Anforderung gerecht werden kann. Das ist in Teilen richtig, und jede Hardware, die direkt und nicht per Hypervisor angesprochen wird, wird in der Regel immer ein paar Prozentpunkte schneller arbeiten als virtualisierte Hardware.

Dennoch ist der Unterschied nicht so groß, wie man denken könnte: Ausgiebige Tests von NVIDIAs EGX-Abteilung zeigten, dass bei optimalem Setup der Virtualisierungsplattform der Verlust von GPU-Accelerated VMs gegenüber nicht virtualisierten GPU-Accelerated Nodes (direkt auf Hardware implementiert) im sehr niedrigen einstelligen Prozentbereich liegen kann. Konkrete Betrachtungen mit Messwerten zu dieser Thematik (Bare-Metal-GPU-Nodes vs. virtualisierte GPU-Nodes) finden sich ab Abschnitt 4.10, da wir zuvor noch einige Punkte abarbeiten müssen, um die Ergebnisse und ihre Bedeutung auch korrekt interpretieren zu können.

**Scope: Vollautomation**

Es ist jedoch bereits an dieser Stelle elementar wichtig zu verstehen, dass – bezogen auf den Scope dieses Buches – nur eine virtualisierte und containerisierte Umgebung die unabdingbare und komplette *Vollautomation* des ML-Stacks ermöglicht. Und damit stellt sie in Konsequenz auch die im Unternehmenseinsatz essentiellen Verfahren eines vollautomatisierten Setups zur Verfügung und ermöglicht vor allem eine flexible (Auto-)Skalierbarkeit der GPU-Nodes.

Wir betrachten zunächst einige generelle Fragen und Punkte hinsichtlich der zu berücksichtigenden Setup-Szenarien aus etwas größerer Flughöhe, die wir in den darauffolgenden Abschnitten sukzessive und tiefergehend erörtern, z. B.:

- Macht es am meisten Sinn, bestimmte GPUs per *PCI Passthrough* direkt und dediziert (im Sinne von: im Ganzen) an eine bestimmte VM durchzureichen? Oder sollte über andere Mechanismen eine *Partitionierung* der physische GPU und das Durchreichen per *vGPU* (virtual GPU) oder *MIG* (Multi-Instance GPU) an die VMs erfolgen – Letzteres (MIG), insbesondere dann, wenn echte GPU-Tenancy gewünscht ist?
- Geht es um Langläufer-Prozesse oder eher sporadische Bursts, die über die ML-Systeme prozessiert werden? Bei Letzteren schlägt der kleine Virtualisierungs-Overhead nicht so sehr ins Gewicht und kann zudem durch temporäres (Auto-)Skalieren der GPU-VMs kompensiert werden. Und gerade das bereits angesprochene, vollautomatisierte Templating und Scaling von GPU-VMs und -Nodes in virtualisierten Container-Umgebungen ist ein nicht zu unterschätzender Vorteil, denn diese wichtigen IaC- bzw. IaaS-Mechanismen können zwangsläufig in Bare-Metal-Umgebungen nicht vollumfänglich bzw. gar nicht umgesetzt werden.

### 3.1.2 Containerisierung

Auch bei der Containerisierung gibt es unterschiedliche Betrachtungs- und Herangehensweisen. Auf der einen Seite haben wir z. B. Standalone-ML-Workstations in Laborumgebungen, die gerne mit dedizierten High-End-Karten wie ehemals der *Titan*- oder nun RTX-Serie laufen, oder gar über Boliden wie NVIDIAs DGX Stations abgebildet werden. Sowohl Virtualisierung als auch Containerisierung »on top of that stack« wäre hier eher ein Performance-Killer und eine unnötige Verkomplizierung, wenn das letzte Quäntchen Load aus der/den GPU(s) gekitzelt werden soll. Allerdings können auch standalone betriebene Container-Tools (Docker oder Podman in Single-Node-Konfigurationen etc.) konzeptbedingt einige Prozeduren in Testabläufen vereinfachen.

Auf der anderen Seite haben wir das eigentliche Zielgebiet dieses Buches:

*Skalierbare KI/ML-Infrastrukturen im Unternehmensumfeld.*

Je nach Unternehmensgröße und Aufgabengebiet kommen hier schnell dreistellige und noch höhere Anzahlen an Nodes zusammen, die für GPU-Accelerated Computing eingerichtet und betrieben werden müssen. Und dies ist in dieser Größenordnung nur noch mit drei essentiellen Verfahren effizient umsetzbar:

- *Virtualisierung*, kombiniert mit hochautomatisierten IaC/IaaS-Mechanismen für VM-Templating und -Provisionierung. Diese sind unabdingbar für (Auto-)Skalierbarkeit und maximale Effizienz.
- *Containerisierung*, kombiniert mit intelligenten, vollautomatischen und Operator-gestützten Setup-Mechanismen für die GPU-Nodes der Container-Cluster und Pipelines, ebenfalls unabdingbar für maximale Effizienz und nahtlose Skalierbarkeit.
- *Maximale Vollautomation* der vorgenannten Punkte in den Bereichen Infrastruktur (IaC/IaaS, siehe oben), Container-Platform und Node Scaling (siehe Punkt »Containerisierung«) und In-Cluster-Automation über Operatoren und Pipelines.

Alle anderen (semi-manuellen) Verfahren bieten im betrachteten Stand keine vergleichbare Automation oder Skalierung, schon gar nicht die ebenfalls im Unternehmenseinsatz zwingend erforderliche Cluster-Auto-Skalierung.

Dass die Kombination VM und Container mit den beschriebenen Abstraktionsschichten zu einer etwas schlechteren Performance gegenüber »puren« GPU-Nodes führt, liegt, wie bereits erwähnt, auf der Hand. Dieser kleine Nachteil wird jedoch durch die Vorteile (Vollautomation, Skalierbarkeit, partitionierbare GPUs, maximale Flexibilität) im Unternehmensumfeld mehr als kompensiert.

Dass dafür eine sorgfältige Planung erforderlich ist, liegt ebenfalls auf der Hand.

Aus diesem Grund werden wir die im nächsten Abschnitt im Überblick vorgestellte *Stufenpyramide* für (auto-)skalierbare, GPU-Accelerated Container-Cluster Stück für Stück und im Detail von unten (Hardware) über die Virtualisierung bis hin zur Container-Implementierung (Kubernetes/OpenShift) und die Automation der GPU-Driver- und ML-Stacks mittels Operatoren beleuchten.

### 3.1.3 Die Kernkomponenten/-Layer des (auto-)skalierbaren KI/ML-Infra-Stacks

Betrachten wir in Abbildung 3.1 eine schematische Stufenpyramide, die zeigt, wie Stacks einer skalierbaren KI/ML-Infrastruktur für den Unternehmenseinsatz aufgebaut sein können. Achtung: Die nachstehend gelisteten Elemente verstehen sich als nur beispielhafte Auszüge verfügbarer Optionen/Tools/Stacks.

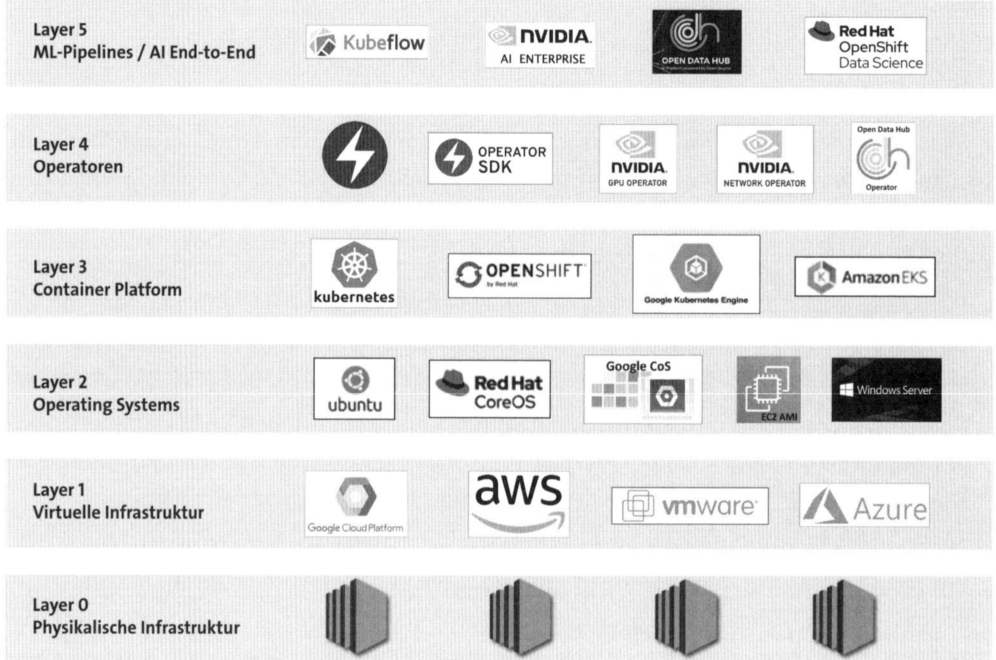


**Abbildung 3.1** Layer des (auto-)skalierbaren KI/ML-Infra-Stacks

Hinweis: Die Sortierung/Ausrichtung der Elemente je Layer direkt unter-/übereinander hat keinen zwingenden Bezug zueinander.

- **Layer 0**: Wie üblich die Hardware-Infrastruktur, egal ob on-prem oder in der Cloud. Hier sind die realen, physischen GPUs verbaut, die an die nächste Ebene durchgereicht bzw. von ihr benutzt werden.
- **Layer 1**: Die Virtualisierungsebene. In On-Premises-Systemen – wie in diesem Buch exemplarisch verwendet – per vSphere implementiert. Dort haben wir auf bestimmten Plattformen (wie vSphere) dank NVIDIAs GPU-Manager die Wahl, die wir – im betrachteten Stand – in Cloud-Umgebungen (noch) nicht haben: wie wir die GPUs (oder nur Partitionen davon) an VMs bzw. Consumer durchreichen möchten.
- **Layer 2**: Die OS-Ebene (z. B. Red Hat CoreOS, Ubuntu oder Googles CoS), die die Foundation für die nächste Ebene, die Container-Cluster, darstellt.

- **Layer 3**: Container-Plattform. Auf dieser Ebene werkeln Kubernetes/OpenShift. Bei Letzterem kann die Container-Plattform dank ausgefeilter und bereits integrierter IaC/IaaS-Mechanismen selbsttätig bei Bedarf mit Layer 1 kommunizieren, dort zur (Auto-)Skalierung die Erstellung neuer VMs anfordern und diese eigenständig auf Layer 2 mit einem nach Wunsch konfigurierten OS vollautomatisch durchprovisionieren und dem Cluster ebenfalls automatisch hinzujoinen (Stichworte dazu seien MachineConfigs/MachineSets, siehe ab Abschnitt 10.4).
- **Layer 4**: Operatoren. Sie kümmern sich um die GPU-spezifische Provisionierung der zuvor auf Layer 3 automatisch erzeugten Cluster-Nodes, labeln die Nodes entsprechend der gefundenen GPU-Hardware und installieren automatisch die passenden Module und Treiber zur Laufzeit.
- **Layer 5**: ML-Pipelines/AI End-to-End. Diese Stacks agieren auf den vorgenannten Layern und kümmern sich um die eigentliche Prozessierung der ML-Workloads. Auch sie werden – je nach Produkt – komplett über Operatoren und damit maximal automatisiert installiert, betrieben und gemanagt.

Nun zu einigen weiteren, aus dieser Flughöhe noch eher generischen Aspekten.

## 3.2 Generelle Infrastruktur-Fragen: Cloud vs. On-Prem, Managed Server, hybrider Mischbetrieb, dedizierte KI-Plattformen (NVIDIA DGX)

Nach einer sorgfältigen Business-Analyse, die darauf zielen sollte, ob bestimmte Applikationsstacks des eigenen Unternehmens ganz oder in Teilen KI/ML-beschleunigt effizienter arbeiten können und sollen, folgen natürlich weitere entscheidende, grundsätzliche Design- und Architekturfragen.

Beginnen wir mit den Aspekten im Hinblick auf eine der fundamentalsten Entscheidungen: *Wo* soll der KI/ML-Stack überhaupt betrieben werden? Cloud, Managed Server, On-Prem/Self-Hosted, Hybrid? Denn diese Entscheidung hat ebenso fundamentale Auswirkungen auf einige wichtige Kriterien und damit in Folge auch direkt auf die Zukunftssicherheit und Rentabilität eines Unternehmens.

Betrachten wir das Ganze aus einer sehr großen Flughöhe, rücken drei Schwerpunkte in den Fokus: Implementierung (Aufwand und Flexibilität), Kosten und Datensicherheit. Kommen wir zu den ersten beiden Punkten – den Kosten und der Implementierung.

### 3.2.1 Implementierungs- und Kostenfaktoren in der Cloud

Spontan würde man den Begriff der Flexibilität am ehesten mit cloudbasierten ML-Stacks assoziieren. Und bezogen auf die Betriebskosten scheint ein Pay-per-Use-Modell in der Cloud auf den ersten Blick sicher lukrativ. Die Pro- und Contra-Aspekte sind aber durchaus vielschichtiger.

Selbstverständlich ist die Bereitstellung einer (GPU-tauglichen) VM in der Cloud kein Hexenwerk: Bei fast allen Anbietern sorgen halbwegs ausgereifte IaC/IaaS-Mechanismen für eine Provisionierung in wenigen Minuten. Allerdings sind, sofern darauf keine wirklich ausgereiften PaaS-Plattformen wie *OpenShift* zum Einsatz kommen, nach dem Rollout in der Regel noch etliche manuelle (oder per Terraform gedengelte) Setup-Routinen durchzuführen, um den GPU-Node z. B. als Teil eines Kubernetes-basierten KI/ML-Clusters zu betreiben.

Der maximale Kostentreiber im Zuge der zunehmenden KI/ML-Anwendungen ist aus Performance-Gründen offenkundig der stetig steigende Bedarf an Hardware mit GPU-Kapazitäten, oder bei Google ebenfalls verfügbar: pure *TPUs* (*Tensor Processing Units*). DPUs seien an dieser Stelle noch außen vorgelassen.

Dies gilt umso mehr in Cloud-Umgebungen, in denen die GPU-/TPU-Nodes wie üblich meist in strikten Taktungen abgerechnet werden, und das in der Regel mit drastischen Preisaufschlägen gegenüber normalen Instanzen ohne GPUs oder anderen KI/ML-Beschleunigern.

Insbesondere die Auswahl des jeweiligen VM-Instance-Types des jeweiligen Cloud-Anbieters, die Anzahl der Instanzen und deren Betriebsdauer, der gebuchte/erforderliche Netzwerkdurchsatz etc. – dies alles spielt eine wichtige Rolle bezogen auf die Performance des Systems und bestimmt damit gleichermaßen die anfallenden Kosten.

Ein kleiner Preisvergleich vorab: Ein sehr kleiner, OpenShift-fähiger On-Demand-AWS-Cluster mit drei (schedulable) m5.2xlarge-Master-Instanzen mit acht vCPUs und 32 GB RAM – ohne einen einzigen Worker-/GPU-Node – generierte im betrachteten Stand pro Woche (24/7, ohne Applikationsstacks, d. h. im Leerlauf) bereits Betriebskosten von netto rund 230 USD, also 0,46 USD/Stunde.

Nicht eingerechnet dabei waren Zusatzkosten für externe LBs/Elastic IPs, Storage usw. Mit drei zusätzlichen, regulären Workern, die identisch dimensioniert sind, verdoppelten sich die Kosten bereits auf rund 460 USD pro Woche.

Ein Cluster mit der gleichen Laufzeit (eine Woche 24/7), nun jedoch mit drei GPU-Worker-Instanzen statt der konventionellen Worker und mit jeweils nur einer (Zahl: 1) Tesla V100-GPU pro Node (p3.2xlarge, rund 3,83 USD/Stunde), die im Vergleich zu einer A100 auch nicht mehr taufrisch ist, lag im betrachteten Stand bereits bei rund 1.930 USD – und damit nur etwas niedriger als der Neupreis einer Tesla T4.

Wer einen günstigeren Einstieg ins Accelerated Computing mit älteren/weniger leistungsfähigen GPUs haben will, kann z. B. auch zu g4[dn].*- (Tesla T4), g3.*- (Tesla M60), oder p2.*- (NVIDIA K80) Instanzen greifen, und dort die kleineren Instanztypen auswählen.

Wer allerdings auf AWS im ML-Bereich richtig schnell unterwegs sein will, muss sich dies auch einiges kosten lassen:

Für *p4d.24xlarge*-Instanzen im EC2-Ultracluster (8 × A100 40 GB, intern per NVLink [siehe ab Abschnitt 4.8]/NVSwitch über 600 Gbit/s gekoppelt, extern/zu weiteren Instanzen bei Bedarf per GPUDirect RDMA via 400 Gbit/s), die sich auch für Endkunden in *n*-Instanzen verclustern lassen, verlangte AWS im betrachteten Stand pro Instanz im On-Demand-Modell rund 33 USD/Stunde – also rund 22.200 USD pro Monat.

Siehe hierzu auch: *https://aws.amazon.com/de/ec2/instance-types/p4/*

Und keine Sorge: Auch Google lässt sich GPU-/TPU-Instanzen bestens bezahlen, dort allerdings mit scheinbar niedrigeren Einstiegspreisen bei GPU-Nodes (ab 0,35 USD/Stunde pro Tesla T4-GPU im betrachteten Stand). Der kaufmännische Trick der gegenüber AWS scheinbar deutlich niedrigeren Kosten: Der Preis für die GPUs wurde im betrachteten Stand *als Aufschlag* auf die verwendeten, regulären VM-Instanztypen aufgerechnet. Die kleinsten TPU-Instanzen begannen bei 1,35 USD/Stunde, die größeren mit 512 TPUv2-Kernen lagen mal eben bei 384 USD – pro Stunde. Zum Nachschlagen:

- *https://aws.amazon.com/de/ec2/pricing/on-demand/*
- *https://docs.aws.amazon.com/dlami/latest/devguide/gpu.html*
- *https://cloud.google.com/tpu/pricing*
- *https://cloud.google.com/compute/gpus-pricing*
- *https://cloud.google.com/products/calculator*

Hinzu kommt, dass in Cloud-Umgebungen nach wie vor keine Unterstützung für vGPU-Betriebsmodi (vorab: softwarebasierte Splittung/Partitionierung von einer physikalischen GPU in mehrere Teile zur Nutzung durch multiple Consumer/VMs) angeboten wird – ein Zustand, an dem sich voraussichtlich erst in den kommenden Jahren etwas ändern wird. Die technischen und zu einem Großteil eher politischen Hintergründe dazu werden u. a. in Abschnitt 4.2.3 erläutert.

Ein aus On-Demand-Sicht gegebenenfalls etwas effizienteres Modell bezüglich der Nutzung von »Accelerated Hardware« bietet Google mit der Pod-spezifischen TPU-Nutzung in GKE-Clustern. Instanzen im europäischen Raum waren im betrachteten Stand allerdings nur in *europe-west4* (Niederlande) verfügbar. Details siehe *https://cloud.google.com/tpu/docs/kubernetes-engine-setup#europe*.

Eine Liste der unter GCP regional/zonal verfügbaren GPUs, die zu bestimmten Instanztypen hinzugebucht werden können, kann auch direkt über die `gcloud`-CLI abgerufen werden:

```
# gcloud compute accelerator-types list

NAME                   ZONE               DESCRIPTION
nvidia-tesla-a100      us-central1-a      NVIDIA Tesla A100
nvidia-tesla-k80       us-central1-a      NVIDIA Tesla K80
nvidia-tesla-p4        us-central1-a      NVIDIA Tesla P4
nvidia-tesla-p4-vws    us-central1-a      NVIDIA Tesla P4 Virtual Workstation
nvidia-tesla-t4        us-central1-a      NVIDIA Tesla T4
nvidia-tesla-t4-vws    us-central1-a      NVIDIA Tesla T4 Virtual Workstation
nvidia-tesla-v100      us-central1-a      NVIDIA Tesla V100
nvidia-tesla-a100      us-central1-b      NVIDIA Tesla A100
[...]
```

Eine Auflistung der Cloud-Provider-spezifischen GPU-Instanztypen (AWS, GCP, Azure), die von *NVIDIAs AI Enterprise Stack* (siehe Kapitel 7) supportet werden, findet sich hier: *https://resources.nvidia.com/en-us-nvaie/release-notes-nvaie*.

### 3.2.2 Exkurs: Managed Server kleinerer SPs als günstigere Cloud-Alternative mit höherer Flexibilität?

Eine auf den ersten Blick bessere Alternative zur Cloud, die sowohl Flexibilität im Hinblick auf Kosten (Pay-per-Demand) als auch flexible Konfigurierbarkeit suggeriert, könnten Managed GPU-Server bei kleineren ISPs sein. Aber auch hier muss das Unternehmen sorgfältig vorab evaluieren.

Managed-Server-Angebote von kleineren Service-Providern abseits von GCP oder AWS haben es preislich – zumindest auf den ersten Blick – auch oft scheinbar in sich: So belaufen sich die Kosten für einen Managed Server mit 4 × A100-Instanzen (40 GB), einer 32–48-Core-CPU, ~ 0,5 TB RAM und SSDs je nach Provider auf bis zu 6.000 EUR/Monat oder mehr und damit auf über 70.000 EUR pro Jahr – dem Preis von sieben (!) NVIDIA A100-Karten (40 GB).

Vergleichen wir jedoch diese Daten mit denen der üblichen Cloud-SP-Verdächtigen, liegen die Angebote der kleinen SPs noch deutlich günstiger als die der Cloud-Riesen.

Google verlangt beispielsweise für eine hardwaretechnisch ähnliche Instanz in der GCP (Instanztyp: a2-highgpu-g4) rund 2.000 EUR pro Monat. Wer jetzt denkt: *Spitze, ist ja viel günstiger* – weit gefehlt. Denn dabei handelt es sich nur um den Basispreis für den Instanztyp. Die 4 × A100-Karten schlagen zusätzlich mit rund 8.000 EUR pro Monat (2.000 EUR pro Monat und Karte) zu Buche. Bedeutet summa summarum fast 10.000 EUR pro Monat und damit ungefähr den Anschaffungspreis einer A100-Karte (40 GB) – und das jeden Monat – und damit die Anschaffung von zwölf A100-GPUs pro Jahr.

Zudem können die GPUs bei Google und Co. – wie im letzten Abschnitt bereits kurz angerissen – im betrachteten Stand nicht per GPU-Manager (und damit im vGPU-Mode), sondern nur auf der Applikationsebene per MIG konfiguriert werden, da der Endkunde keinen Zugriff auf die Virtualisierungsebene hat. Ein möglicher Ansatz der Public-Cloud-Betreiber, um dem Endkunden zukünftig etwas mehr Flexibilität hinsichtlich der GPUs und verfügbarer VM-Instanzen zu geben, könnten VM-Instanzen mit MIG-backed vGPU-Partitionen sein. Details dazu ab Abschnitt 4.4.

Wir sehen also, wo die aktuellen und zukünftigen KI/ML-Driven Cash-Cows vor allem in der (Public) Cloud längst gefräßig grasen.

### 3.2.3 Implementierungs- und Kostenfaktoren: Self-Hosted

Nach dem letzten Abschnitt könnte man eine Sekunde lang annehmen, die Umschiffung einiger der benannten Probleme, wie z. B. der hohen Kosten bzw. einer schnellen Amortisation ebendieser, könnte mit Self-Hosted-Systemen gelingen.

Dies ist zum Teil richtig, und gilt insbesondere für Datenschutz-technische Belange. Aber neben Vorteilen wie einer maximalen Flexibilität im Hinblick auf Setup und Betrieb (Stichwort: vGPU) birgt das Self-Hosting von KI/ML-tauglicher Infrastruktur und KI/ML-tauglichen Container-Plattformen ebenfalls einige Risiken und Stolpersteine finanzieller und technischer Natur, die im Vorfeld sorgfältig evaluiert werden müssen.



Beginnen wir mit den Voraussetzungen.

Im Bereich der Unterstützung von GPU-Accelerated Workflows hat sich insbesondere VMware in Zusammenarbeit mit NVIDIA in den letzten Jahren mächtig ins Zeug gelegt. ESXis als übliche Foundation der vSphere Cluster können relativ einfach mit GPUs bestückt werden, welche dann entweder simpel per PCI Passthrough explizit an bestimmte VMs durchgereicht werden können, oder die GPUs werden alternativ (und nicht ganz so simpel) per vGPU-Manager auf Hostebene in mundgerechte Häppchen unterteilt und dann an die VMs durchgereicht, was eine große Flexibilität für die Consumer (VMs) bietet. MIG-fähige Karten (Multi-Instance GPU, siehe ab Abschnitt 4.4) beherrschen in der Regel sowohl Passthrough mit anschließender MIG-Partitionierung auf dem Node, als auch vGPU.

Allerdings ist bereits an dieser Stelle zu beachten, dass sowohl Planung als auch Setup von skalierbaren KI/ML-tauglichen Container-Infrastrukturen anspruchsvolle Aufgaben sind, die fundiertes Know-how, Zeit und Geld erfordern. Rechnet man allerdings Preise von NVIDIAs DGX- und ähnlichen Komplettlösungen dagegen, kann die Pro-Bilanz auch schnell wieder zugunsten der Custom-GPU-Server ausfallen.

Abseits der Hardware-Fragen existiert in fast allen Anwendungsfällen (das gilt auch und insbesondere für cloudbasierte GPU-Nodes) eine relativ fixe Bindung zwischen GPU und VM.

Auch andere Virtualisierer als VMware unterstützen selbstverständlich den Einsatz von GPU-Nodes, doch im Self-Hosted-Bereich hat NVIDIA die Automatisierung der erforderlichen (und nicht trivialen) Prozesse zum vGPU-Setup und -Management weitestgehend über Container/Operatoren automatisiert, zunächst mit einem leider eher falsch verorteten und ausschließlichen strategischen Fokus auf VMwares Tanzu.

Direkte Konkurrenten wie IBM/Red Hat profitierten dennoch von dieser Entwicklung, wenn auch vor NVIDIA AI Enterprise 2.x nur zum Teil: So arbeitet NVIDIAs GPU-Operator-Stack unter OpenShift aufgrund der besseren PaaS-Automation von OpenShift (Stichworte MachineConfigs und -Sets, Details ab Abschnitt 10.4) ebenso effizient, wenn nicht gar effizienter als auf der reinen VMware/Tanzu-Plattform.

Und bereits NVIDIAs »VMware-exklusiver« NVAIE-Stack (NVIDIA AI Enterprise 1.x) ließ sich mit geringen Modifikationen unter OpenShift deutlich schöner und runder zum Laufen bringen als mit VMwares eher ungelenkem Tanzu, was NVIDIA mittlerweile auch erkannt hat und seit März 2022 mit NVAIE 2.0 erstmals offiziell, umfänglich und zu Recht auch auf die roten Hüte setzt. Dazu später mehr.

Kommen wir zu den Kosten für die Self-Hosted-Hardware:

Abgesehen von Fantasiepreisen für Datacenter-taugliche High-End-GPU-Karten, die nicht nur Corona-bedingt (Stichwort Chipmangel), sondern in Teilen auch durch die ehemals starke, aber mittlerweile dank Energiekrise wieder nachlassende Nachfrage im Crypto-Mining-Bereich zeitweilig in Rekordhöhen geschossen sind (und es gegebenenfalls dank der geopolitischen Situation auch wieder werden), müssen weitere Faktoren in die Gesamtbetrachtung mit einbezogen werden, wie z. B.:

- Die angedachte komplette Einsatzdauer der GPU-Hardware (EOL/EOS).
- Lizenzkosten: Für den *vGPU*-Betrieb – d. h. die im Unternehmensumfeld häufig benötigte Aufteilung einer physikalischen NVIDIA-GPU an multiple Clients – wird z. B. unter VMware in jedem Fall eine *vSphere-Enterprise-Plus*-Lizenz benötigt. Die reguläre (und deutlich günstigere) vSphere-Enterprise-Lizenz hat keinen GPU-Manager und ermöglicht nur Passthrough-Betrieb, bei dem nur MIG-fähige Karten (per Operator) partitioniert werden können. Hinzu kommen die Lizenzkosten von NVIDIA für vGPU-Betrieb in KI/ML-Clustern. Besitzer von MIG-fähigen GPUs sind hier besser aufgestellt.
- Geschätzte Nutzung der GPUs im täglichen Betrieb.
- Erhöhter Stromverbrauch durch die GPU-Nodes (auf den ersten Blick scheinbar nicht ganz so kritisch bei passiv gekühlten Modellen, auf den zweiten Blick jedoch schon, da bei hoher Rechenlast auch massivste Kühlleistung gefordert ist, die die Low-Power-Profiles von passiven Karten wie z. B. T4, A10, A30, A100 etc. locker »kompensiert«).
- Spezielle, zertifizierte GPU-Server-Hardware mit hoher Kühlleistung: Diese sind insbesondere für passiv gekühlte (und z. B. im Fall von A10, A20 oder T4 auch Low-Height-Profile-) GPUs erforderlich, die aber wiederum eine hohe GPU-Density pro Server ermöglichen.

**Waterproof GPUs und Density**

Allerdings hat NVIDIA bereits auf die kühlungsrelevanten Punkte reagiert und will ab 2023 endlich wassergekühlte A100-PCIe-Karten anbieten. Auch wenn es im RZ-Betrieb bezogen auf die Geräuschbelästigung niemanden wirklich stört: Wer jemals einen NVIDIA-zertifizierten GPU-Server wie den ASUS ESC4000 A-E10 mit sieben High-Speed-Fans mit jeweils bis zu 17.000 rpm bei Volllast live gehört hat, wird es danken. Und die Stromrechnung des RZ ebenfalls.

Zudem verbessern die wassergekühlten A100-Modelle die Density per Server drastisch: Während die regulären, luftgekühlten Modelle bedingt durch den benötigten Airflow zwei Slots belegen, brauchen ihre flüssiggekühlten Pendants nur noch einen Slot, wie z. B. eine A10 oder T4, wodurch eine höhere GPU-Packungsdichte pro Server möglich wird.

Generell kann gelten, dass Self-Hosted-ML-Systeme, die mit aktueller Hardware bestückt 24/7 in Betrieb sind und vollumfänglich genutzt werden, während ihres Lifecycles kostentechnisch zum Teil deutlich günstiger liegen können als ihre Pendants in der Cloud.

Unternehmen, die GPU-Loads eher sporadisch nutzen wollen/müssen, fahren kostentechnisch mit On-Demand-Cloud-Angeboten und einer Pay-per-Use-Abrechnung wahrscheinlich günstiger.

Hinzu kommt der Aspekt *Training* (High Load) vs. *Betrieb/Inference* (Lower/Moderate Load) und das daher gegebenenfalls für Trainingsphasen nutzbare und lukrativere Pay-per-Use-Modell in der Cloud. Der Security-Aspekt der Cloud-Variante ist jedoch nach wie vor kritisch zu sehen, siehe auch der nächste Punkt.

### 3.2.4 Datensicherheit

Die Datensicherheit ist ein Punkt, der auf der Ebene Cloud-affiner Entscheider erfahrungsgemäß oftmals auf langjährige und hart erarbeitete Beratungsresistenz trifft. Fakt ist: Keine Cloud, sofern nicht *Private* als Präfix davor steht, ist wirklich sicher. Siehe auch der nächste Punkt.

Wer sich überlegt, seine (GPU-)Arbeitslasten mit gegebenenfalls sensiblen Daten ins Public-Cloud-Processing auszulagern, sollte sich dieser Tatsache stets bewusst sein.

### 3.2.5 Storage

Ach ja, da war ja noch was ...

Da die Datenmodelle in den wenigsten Fällen stateless sind, wird wie üblich Storage benötigt, und das nicht zu knapp: Flexible, on demand skalierbare Speicherkapazität, ausreichend IOPS und Redundanz müssen in Unternehmensumgebungen gegeben sein. Für persistente Daten, die z. B. finanztechnisch im Echtzeithandel autonom analysiert und prozessiert werden sollen, müssen Latenzen so gering wie möglich gehalten bzw. ausdrücklich in Flash Arrays prozessiert werden, alles andere ergibt dort wenig Sinn.

Oder nehmen wir beispielsweise den Forschungsbereich für autonomes Fahren: Zum einen sammeln viele Hersteller neben zugekauften, allgemein verfügbaren Daten auch selbst Petabyte an Telemetrie- und Umgebungsdaten, mit denen die Systeme gefüttert werden. Und diese können datenschutztechnisch durchaus sensibel sein: Vielleicht trainiert Zulieferer A seine KI/ML-Systeme zusätzlich mit speziellen Daten/Szenarien, um seine Systeme später das Quäntchen effektiver zu machen, als der Rest der Wettbewerber es kann. Oder nehmen wir die – dank Corona im wahrsten Wortsinn – geboosterte mRNA-Forschung, die uns demnächst vielleicht Impfstoffe beschert, nach deren Verabreichung wir den Müll telekinetisch nach draußen befördern können. Sicher praktisch. Aber zurück zum Kernproblem: Würden Sie als Unternehmen diesen Datenvorteil aufs Spiel setzen, indem Sie die Daten in der ach so sicheren Cloud lagern?

Heißt also, ohne hochskalierbare SDS-Systeme, ob nun in der Cloud oder self-hosted, stehen wir erst einmal auf dem Schlauch. Sind die Daten kritisch, sind Self-Hosted-SDS-Systeme erfahrungsgemäß die sicherste und damit einzig seriöse Option.

### 3.2.6 Netzwerk

Der Punkt »Netzwerk« ist insbesondere relevant, wenn es um High-Speed-Interconnect multipler GPUs auf verschiedenen Nodes geht. Siehe dazu auch die Themen GPUDirect RDMA und Network Operator ab Abschnitt 4.9.2 und Abschnitt 9.6. Zum Thema DPUs siehe auch: *https://blogs.nvidia.com/blog/2020/05/20/whats-a-dpu-data-processing-unit/*.

### 3.2.7 Hybrider Ansatz: On-Prem und Cloud (Pay-per-Use)

Ein nutzungsbasiertes (Pay-per-Use) Preismodell für KI/ML-Cluster scheint auf den ersten Blick nicht verkehrt:

Modell-Training – viele Daten, Betrieb/Inference – meist weniger Daten.

Ein hybrides Betriebsmodell kann daher für einige Unternehmen durchaus eine Option sein: Rechenaufwändige Modell-Trainings mit vielen Daten könnten exakt via Pay-per-Use in der Cloud erfolgen, optionales »Enhanced«-Training mit zusätzlichen, sensiblen Daten im eigenen RZ und der gegebenenfalls weniger last-/datenintensive, reguläre Inference-Betrieb wird im eigenen RZ bzw. in der privaten Cloud prozessiert.

Bezogen auf einen hybriden Ansatz sind jedoch unter anderem die folgenden Punkte (bezogen auf den Cloud-Anteil) zu beachten:

- Decken die geschätzten/gebuchten Compute-Ressourcen und damit Kostenkontingente die angedachten Lastfälle vollumfänglich ab?
- Kommt es bei Überschreitungen der Kontingente gegebenenfalls zu einem massiven Kostenanstieg?
- Welche Ausfallsicherheit bietet der Provider? Einen lastintensiven, zeitaufwändigen Trainings-Workload bei Ausfall eines oder mehrerer GPU-Nodes neu zu starten, verteuert die Betriebskosten.
- Gleiches gilt (erfahrungsgemäß insbesondere) im Bereich der EKS/GKE/AKS/Whatever-Vanilla-Kubernetes-Provider: Wurden automatische Upgrades für Cluster-Nodes aktiviert, startet der Provider sie dann, wann es ihm gefällt. Dies führt (zumindest ohne aktive PDBs, *Pod Disruption Budgets*) dazu, dass der GPU-Node und alle Apps auf ihm gedraint werden. *Gehe nicht über Los, starte von vorn ...*

Für GPU-Accelerated Systeme im Forschungsbereich dürfte der Hybridansatz in den meisten Fällen eher weniger geeignet sein, da dort die Systeme meist permanent arbeiten und immer neue (zum Teil extrem große) Trainings- und Inference-Workloads prozessieren. Ein weiterer Aspekt, der bei diesem konkreten Szenario ins Spiel kommt, ist die bereits benannte Datensicherheit.

### 3.2.8 Alles cool? In der Cloud oft eher nicht. Temperatur-, Performance- und damit Kostenfragen.

Ein weiterer Aspekt, den Sie bei der Auswahl eines geeigneten ML-Stacks beachten sollten: die Kühlung der GPUs, und damit in direkter Folge ihre Betriebstemperatur unter Last und damit in direkter Folge ihre Rechenleistung und damit in direkter Folge die Dauer zur Berechnung von Modellen.

Und damit in direkter und buchhalterischer Folge: die aufzuwendenden Kosten für das Unternehmen.

Wird schon passen, bei Google und AWS, sagen Sie? Nun, wie üblich gilt, sofern wir uns nicht gerade in der Matrix befinden: *the reality never breaks*. Und wie so oft in der Realität – die in der IT im Gegensatz zu dem markigen Werbe-Geschwurbel oft genug eher enttäuscht – ist leider nicht alles eitel Sonnenschein, bezogen auf die benannte Thematik und auch Problematik.

Nehmen wir als Beispiel eine simple g4dn.*-Instanz, mit 1 – *n* Tesla T4, einem wichtigen (und im Vergleich zu A100-Instanzen eher Low-Cost-)GPU-Arbeitspferd in der AWS-Cloud.

Im Idle-Zustand, und je nach Region/Zone, Auslastung des AWS-Cloud-RZ etc., liegt eine simple g4dn.2xlarge bereits zwischen 44° und 50° Celsius. Und auch T4-Instanzen in der GCP stehen kühlungstechnisch nicht besser da. Zum Vergleich: Eine T4 in einem NVIDIA-zertifizierten ASUS ESC 4000A-E10 mit allen Default-(Cooling-) Einstellungen liegt im Idle-Zustand bei nur rund 30° Celsius.

Setzen wir die AWS-Instanz nun mit einem Load-Test (mit einem Verfahren gemäß dem in Abschnitt 10.10.3 beschriebenen, in diesem Szenario mit nur einer Replica) unter Dampf, so erreicht die verbaute T4 recht schnell deutlich über 80°. Auch hier wieder der direkte Vergleich für den gleichen Workload in dem bereits benannten On-Premises-System: Unter Volllast kommt die T4 beim gleichen (containerisierten) Workload-Test nie über 63° Celsius.

Auch wenn NVIDIA (wie bei jeder aktuelleren GPU) als Überlastschutz eine oberste Self-Throttling-Grenze in die T4 eingebaut hat (in diesem Modell bei ca. 85–92°, dort grätschen Power- und Thermal-Throttling final ein und senken die GPU-Frequenz und Leistungsaufnahme drastisch), so bedeutet doch jedes Grad oberhalb einer normalen Leerlauftemperatur (<40°) eine immer stärker werdende Performance-Einbuße.

Und auch wenn wir die Betrachtungen hier beispielhaft nur für eine T4 durchführen und vergleichbare Ergebnisse insbesondere für passiv gekühlte, Low-Power- und Small-Form-Factor-(Low-Height-) Datacenter-GPUs gelten, so können sie dennoch in ähnlicher Form auch auf die meisten passiv gekühlten Datacenter-tauglichen GPUs portiert werden, bzw. sollten dort ebenfalls vorab evaluiert werden.

Betrachten wir ein paar Näherungswerte.

### Performance-Einbruch, aber »Win-win« – zumindest für die Cloud-Betreiber

Bereits ab 60° GPU-Temperatur kann die GPU Clock Frequency der T4 – je nach Art der (ML-) Applikation, welche die Last anfordert – um bis zu 20 Prozent einbrechen und damit logischerweise die Performance. Bei Erreichen von 80° bricht die Performance der T4 bereits um fast die Hälfte ein. Kommt es zum finalen Power- und Thermal-Throttling, stehen gerade noch 30 bis 40 Prozent der ursprünglichen GPU-Leistung zur Verfügung.

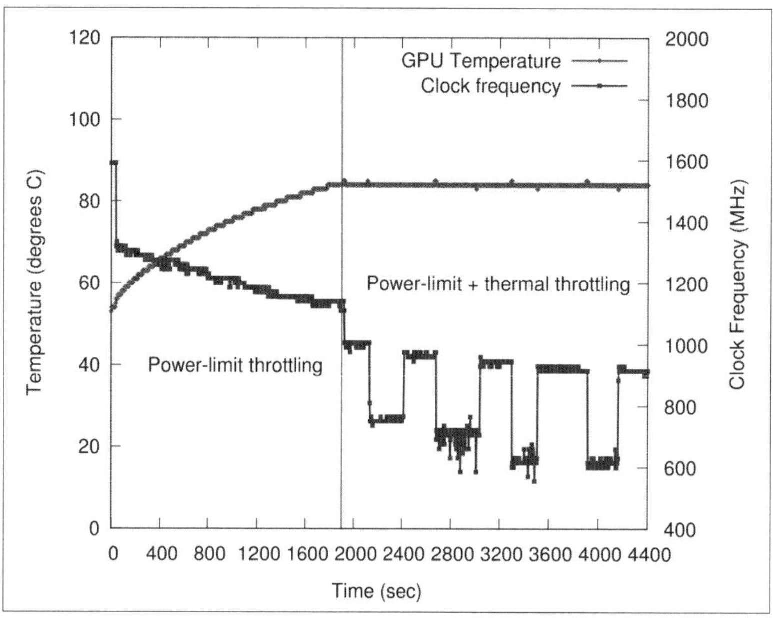


**Abbildung 3.2** Thermal-GPU-Throttling T4, Quelle: Citadel High Performance Computing, R&D

Betrachtet man das Ganze aus Sicht der Cloud-Provider, ist die Sachlage eher positiv: Sie reduzieren die Kühlleistung der Systeme auf das minimal Erforderliche und sparen so Energie für den Betrieb der GPU-Instanzen. Die Konsumenten bzw. Unternehmen machen sich wiederum – wie die bisherigen Erfahrungen gezeigt haben – um genau solche wichtigen Punkte kaum Gedanken, teils aus Unkenntnis, teils aus Zeitmangel. Und teilweise, Gott sei Dank nicht der Regelfall und eher selten anzutreffen, aus purer Ignoranz und Beratungsresistenz. Resultat dieses Informations-Gaps ist die bereits in der Überschrift angemerkte Win-win-Situation, in diesem Fall zumindest für die Cloud-Provider:

Durch die suboptimale Kühlung im Lastfall haben sie reduzierte Energie- und damit Betriebskosten und gleichzeitig höhere Einnahmen: durch Kunden, die dank GPU-Thermal-Throttling längere Modellberechnungen in Kauf nehmen müssen (mehr in Rechnung zu stellende Betriebsstunden durch den Provider) oder mehr GPU-Instanzen buchen müssen (ebenfalls mehr in Rechnung zu stellende Betriebsstunden durch den Provider, in diesem Fall durch zusätzliche GPU-Instanzen), um die Modellberechnungen im gesteckten/avisierten Zeitrahmen erschlagen zu können.

Höhere Stromkosten durch mehr Kühlleistung im eigenen RZ, sagen Sie? Ja. Aber diese Stromkosten werden gerade bei größeren/längeren Modellberechnungen durch die höhere Rechenleistung und damit eingesparte Zeit (und damit Kosten) aufgefangen. Welche Schmerzgrenzen (Zeit/Kosten) dabei für das jeweilige Unternehmen gelten sollen, muss natürlich von Fall zu Fall unternehmensintern nach den intern relevanten Kriterien bewertet werden.

Da insbesondere in Cloud-Umgebungen keine aktive Kontrolle über die Kühlungsstrategien und Profile möglich ist, sollten zumindest vorab entsprechende PoCs gefahren werden, um konkrete und im wahrsten Wortsinne »belastbare« Daten zu generieren, bevor es an das Design der KI/ML-Infrastruktur geht.

### 3.2.9 Generelle Funktions- und Lizenzkosten-Betrachtungen: vGPU vs. MIG

Die Entscheidung bezüglich der verwendeten GPU-Virtualisierungs-/Partitionierungsvariante (vGPU vs. MIG) klingt zunächst unscheinbar, aber sie hat größere Auswirkungen auf die Kosteneffizienz von On-Premises-Umgebungen, als man zunächst annehmen könnte.

Um diesen Punkt an dieser Stelle vorab zumindest auf großer Flughöhe erörtern zu können, ist es zunächst elementar wichtig zu verstehen, dass es primär zwei (unter Vorbehalt: drei) verschiedene RZ-taugliche Betriebsmodi für GPUs gibt, die ab Kapitel 4 noch vollumfänglich betrachtet werden und hier nur im Sinne einer kurzen Einführung kompakt angesprochen werden – die Modi *vGPU* und *MIG*:

- *vGPU*-Mode (Virtual GPU): Eine eher rein »softwarebasierte« Unterteilung einer Datacenter-tauglichen GPU, wie z. B. einer Tesla T4, V100, A100 oder ähnlicher GPUs, in virtuelle kleinere GPU-Entitäten, die dann an VMs eines ML-Clusters durchgereicht werden.
  - Vorteile: In der Regel stehen viele Profile (GPU-Slices mit verschiedenen RAM-Größen) zur Verfügung, um GPUs – bezogen auf das jeweilige Anforderungsprofil des Unternehmens – optimal zu partitionieren und an VMs durchzureichen. Dies bedeutet eine hohe Flexibilität hinsichtlich der Verwertung durch die ML-Consumer und bietet eine grundlegende Tenancy, die jedoch nicht mit der des MIG-Modes vergleichbar ist.
  - Nachteile: Im vGPU-Betrieb ist im Hypervisor der (v)GPU-Manager von NVIDIA erforderlich, der entweder einzeln oder als Teil des NVAIE-Stacks verfügbar ist. Dieser ist jedoch mit zusätzlichen Lizenzkosten behaftet, die Sie in Kapitel 7 finden. Der GPU-Manager steht aktuell nur für On-Prem-/Self-Hosted-Systeme (vSphere etc.) zur Verfügung. Zudem bietet der vGPU-Mode im Vergleich zu MIG-fähigen GPUs eine etwas schlechtere Tenancy, da nur der RAM aufgeteilt wird, nicht jedoch die Compute-Instanzen der GPU. Das vGPU-Feature steht unter VMware z. B. zudem nur über die kostspieligere *vSphere Enterprise Plus* -Variante zur Verfügung – je nach Anbieter und SLA kostet die Enterprise-Plus-Lizenz im betrachteten Stand rund 4.000 EUR/Socket aufwärts.

- *MIG*-Mode (Multi Instance GPU): Eine eher hardware-/»EEPROM-like«-basierte Unterteilung einer (z. B. per Passthrough vollständig an eine VM durchgereichten) GPU mit speziellen Tools (`mig-manager/mig-parted`). Letztere sind aber automationstechnisch bereits in NVIDIAs GPU-Operator-Stack enthalten.
  - Vorteile: Setup geht überall – Cloud, On-Prem usw., weil kein zusätzlicher GPU-Manager auf Hypervisor-Ebene benötigt wird –, zumindest sofern keine MIG-GPU im vGPU-Modus betrieben werden soll. Die Unterteilung der GPUs erfolgt in der Regel über den konsumierenden Client, in dem Fall über den GPU-Node der Container-Plattform und die auf ihm betriebenen Komponenten von NVIDIAs GPU-Operator. Es entstehen keine zusätzlichen Lizenzkosten (Hypervisor und NVIDIA), da keine vGPU-Features verwendet werden. Sehr einfaches Setup, aber *echte* Tenancy – im konkreten Bezug auf *Confidential Computing* (siehe ab Abschnitt 4.5) – ist auch erst ab der H100 (NVIDIAs Hopper-Generation, siehe dazu Abschnitt 4.5.2) vollständig implementiert.
  - Nachteile: 1 (bis *n*) GPU(s) kann/können immer nur an 1 VM bzw. 1 Node durchgereicht werden, dafür kann jedoch 1 MIG-fähige GPU von bis zu 7 Consumern (Pods/Containern) auf diesem Node genutzt werden. Bei reinen Bare-Metal-GPU-Workern ist beim Ausfall eines Nodes jedoch direkt eine Menge Rechenleistung weg. Zudem ist in fast allen Einsatzszenarien eine deutlich höhere Idle Power Consumption als im vGPU-Mode zu erwarten.

Aber wie bereits weiter oben erwähnt: Im Grunde gibt es noch einen *dritten Modus*, den fast alle Cloud-Provider in Ermangelung eines (für den Endanwender zugänglichen) GPU-Managers auf Hypervisor-Ebene ihren Kunden anbieten.

Und der heißt schlicht *Passthrough*.

Buchen Sie z. B. eine g4dn.*xlarge-Instanz auf AWS und Sie werden verstehen: Die gute alte T4, NVIDIAs Arbeitspferd der Pre-Ampere-Ära, lässt sich nur per GPU-Manager auf dem Hypervisor im *vGPU*-Mode partitionieren. Ist dies (wie in der Regel bei allen Cloud-Providern) nicht möglich, bleibt nur das Durchreichen der kompletten GPU an die jeweilige VM per Passthrough. Das heißt exakt, dass jede physikalische GPU auf dem Node immer nur komplett an einen bestimmten Container bzw. Workload durchgereicht werden kann.

Nun bleibt aber ergänzend anzumerken, dass der Passthrough-Mode für MIG-fähige Karten nicht das letzte Wort ist: Die GPU an sich wird in diesem Fall zwar an einen bestimmten Node durchgereicht, aber sie kann, sofern gewünscht, über die `mig-parted`-Komponente des *MIG-Managers* (als Teil von *NVIDIAs GPU-Operator*), in bis zu sieben Partitionen mit echter Tenancy gesplittet werden.

Zudem können seit GPU-Operator 1.11 NVIDIA-GPUs auch im *Sharing/Overcommitment* Mode betrieben werden, sodass z. B. eine per Passthrough durchgereichte GPU dennoch von multiplen Clients parallel genutzt werden kann, siehe dazu auch Abschnitt 10.10.

Alle vorbenannten Komponenten, Verfahren und Konzepte werden selbstverständlich in den folgenden Abschnitten noch ausführlich erörtert.

Wie wir selbst anhand dieser (zu diesem frühen Zeitpunkt der Betrachtungen naturgemäß) noch stark vereinfachten Betrachtungen ermessen können, kann die falsche Entscheidung im Nachhinein zu gewaltigen Mehrkosten führen und/oder einem für den angedachten Zweck nicht vollumfänglich tauglichen GPU-Stack.

Eine weitere Alternative können– je nach Einsatzzweck – z. B. auch *NVIDIAs DGX-Systeme* (*Datacenter GPU Accelerator* [»*X*«*elerator*]) sein.

### 3.2.10 Für größere Budgets: Out-of-the-Box-, Ready-to-use-ML-Server (NVIDIA DGX)

Eine der größten und kostspieligsten Herausforderungen im Self-Hosted-RZ-Umfeld ist erfahrungsgemäß die Bereitstellung der geeigneten Hardware- (und sofern virtualisiert: Hypervisor-)Infrastruktur.

Zunächst muss NVIDIA-GPU-fähige/-geeignete Server-Hardware mit ausreichender Kühlung und leistungsfähigen Netzteilen angeschafft werden. Mit Kompatibilitäts-Zertifizierung für VMware, NVIDIA und etlichen der anderen, involvierten Verdächtigen – denn sonst gehen die Probleme, die im Folgenden nur Auszüge darstellen, bereits an dieser Stelle los. Dann müssen die – für die unternehmensspezifischen Anwendungsfälle – geeigneten GPU-Karten ausgewählt werden. Dabei sind gegebenenfalls NVLink- (siehe ab Abschnitt 4.8) und/oder GPUDirect-RDMA-spezifische Komponenten wie passende GPU-Interconnect-Fähigkeiten und/oder NICs zu berücksichtigen. Es muss sichergestellt sein, dass insbesondere bei potenziellen RDMA-Setups (sehr stark vereinfacht vorab: GPUs, die Node-übergreifend RAM-technisch zusammengeschaltet werden) die PCI-Settings für GPUs und High-Speed-NICs passen, Stichwort »gleicher PCI Root Complex«.

Um Kunden genau diese Kopfschmerzen – zumindest im Hinblick auf das Hardware-Setup – etwas zu nehmen, hat NVIDIA bereits 2016 damit begonnen, spezielle Ready-to-use-GPU-Server (exakt: *GPGPU = General Purpose Computing on GPU*) für Endkunden anzubieten, die auch in bestehende *OpenShift*-Cluster eingebunden werden können (*https://docs.nvidia.com/dgx/dgx-openshift-user-guide/index.html*). Die DGX-Server-Units beinhalten je nach Ausstattungsvariante 1–*n* GPUs, servertaugliche CPUs (meist Xeon oder Epyc), ECC-RAM und ausreichend dimensionierte NICs, Kühlung und Netzteile. Wegbereiter war die DGX-1, die damals noch mit bis zu acht – mittlerweile etwas veralteten – Tesla V100 arbeiten konnte. Ihr Nachfolger, die DGX-2, bot Platz für bis zu 16 GPUs der Pascal/Volta-Generation.

Das im betrachteten Stand aktuelle Folgemodell der Ampere-Generation für RZ-Racks, hier am Beispiel eines DGX-A100-Servers mit acht A100-GPUs, startet je nach Konfiguration bei einem Anschaffungspreis von rund 200.000 USD. Die etwas kleinere Standalone-DGX-Station lag – je nach Anbieter – im betrachteten Stand bei 149.000 USD. Die in jedem Fall exorbitanten Preise für die im betrachteten Stand aktuelle DGX-Generation, die auf H100-GPUs

(Hopper-Architektur) basiert, werden nur noch direkt mit RZ-Betreibern oder Cloud-Providern ausgehandelt. Aber auch das lässt sich toppen: NVIDIAs DGX-Super-Pod-System, das in den Bereich der Supercomputer fällt, startet in einer Basic-Konfiguration bei 7 Millionen USD und lässt sich ohne Problem in Richtung dreistelliger Millionenbeträge aufrüsten. Mögliche Zahlungsmittel oder Tauschobjekte könnten zukünftig sicher auch befüllte LNG-Tanker, Kernwaffen und/oder mindestens 140 Goldbarren für die Grundausstattung sein.

Aber wer es etwas sparsamer angehen möchte: Ein Super-Pod-System mit vier Nodes ließ sich im Stand Mitte 2021 von NVIDIA bereits ab rund 90.000 USD/Monat mieten.

Siehe dazu auch:

- *https://www.nvidia.com/de-de/data-center/dgx-systems/*
- *https://en.wikipedia.org/wiki/Nvidia_DGX*

#### Zielgruppe

Wer nun denkt, DGX-Systeme gehen dank der Preisgestaltung abseits der großen Cloud-Provider eher spärlich über NVIDIAs Ladentheke, hat sich gewaltig getäuscht: Etliche mittlere bis große Unternehmen und ebenfalls einige Behörden nutzen diese Boliden bereits in Produktion. Zum Teil, weil der Einsatz dieser Systeme bereits direkt eingeplant war. Zum anderen, eher traurigen Teil als Notbremse, da in einigen Projekten von selbst ernannten KI/ML-Infra-Spezialisten im Zuge falsch designter Frickel-PoCs bereits jede Menge Geld verbrannt wurde.

Und damit wären wir wieder bei meinen Anmerkungen aus dem Vorwort: *I told you so.*

### 3.2.11 DGX: Technische Eckdaten und Blick unter die Haube

Werfen wir noch einen kurzen Blick auf einige der technischen Eckdaten der Kraftpakete. So stecken in einem DGX-A100-Server (mit einem Systemgewicht von 125 kg und einer Höhe von sechs 19"-Rack-Units) je nach Ausstattungsvariante unter anderem:

- sechs PSUs (3 × 3 Redundanz)
- zehn NVIDIA ConnectX-7 200 Gb/s Network Interfaces, die bis zu 500 Gbit/s bidirektionale Kommunikation mit anderen (DGX-)Nodes ermöglichen
- zwei 64-Core-Epycs mit bis zu 2 TB RAM
- acht A100-GPUs mit bis zu 640 GB GPU-RAM
- sechs NVSwitches, die 4,8 TB/s bidirektionale Bandbreite zur Verfügung stellen können
- bis zu 30 TB NVME-SSDs (Gen 4) mit bis zu 50 GB/s

Leistungsmäßig (schön im Hinterkopf behalten) hat der DGX-Bolide erwartungsgemäß einen kräftigen Durst: je nach Load können es bis zu 6,5 Kw sein. Dafür erhält der Betreiber eine Performance von bis zu 5 PetaFLOPS.

Die folgenden Outputs eines DGX A100-Servers (der als Teil eines OpenShift-Clusters arbeitet) geben einen guten Überblick über die verbauten Komponenten (GPUs, NVLink, Mellanox-NICs) und wurden per `nvidia-smi` über den Driver Container eines GPU-Operator-gestützten Stacks (siehe ab Abschnitt 9.4 und Abschnitt 10.3.7) erzeugt:

```
sh-4.4# nvidia-smi
```

```
Tue Oct  4 22:22:46 2022
+-----------------------------------------------------------------------------+
| NVIDIA-SMI 515.48.07    Driver Version: 515.48.07    CUDA Version: 11.7     |
|-------------------------------+----------------------+----------------------+
| GPU  Name        Persistence-M| Bus-Id        Disp.A | Volatile Uncorr. ECC |
| Fan  Temp  Perf  Pwr:Usage/Cap|         Memory-Usage | GPU-Util  Compute M. |
|                               |                      |               MIG M. |
|===============================+======================+======================|
|   0  NVIDIA A100-PG5...  On   | 00000000:07:00.0 Off |                    0 |
| N/A   29C    P0    55W / 400W |      0MiB / 40960MiB |      0%      Default |
|                               |                      |             Disabled |
+-------------------------------+----------------------+----------------------+
|   1  NVIDIA A100-PG5...  On   | 00000000:0F:00.0 Off |                    0 |
| N/A   28C    P0    55W / 400W |      0MiB / 40960MiB |      0%      Default |
|                               |                      |             Disabled |
+-------------------------------+----------------------+----------------------+
|   2  NVIDIA A100-PG5...  On   | 00000000:47:00.0 Off |                    0 |
| N/A   29C    P0    53W / 400W |      0MiB / 40960MiB |      0%      Default |
|                               |                      |             Disabled |
+-------------------------------+----------------------+----------------------+
|   3  NVIDIA A100-PG5...  On   | 00000000:4E:00.0 Off |                    0 |
| N/A   29C    P0    55W / 400W |      0MiB / 40960MiB |      0%      Default |
|                               |                      |             Disabled |
+-------------------------------+----------------------+----------------------+
|   4  NVIDIA A100-PG5...  On   | 00000000:87:00.0 Off |                    0 |
| N/A   32C    P0    54W / 400W |      0MiB / 40960MiB |      0%      Default |
|                               |                      |             Disabled |
+-------------------------------+----------------------+----------------------+
|   5  NVIDIA A100-PG5...  On   | 00000000:90:00.0 Off |                    0 |
| N/A   32C    P0    58W / 400W |      0MiB / 40960MiB |      0%      Default |
|                               |                      |             Disabled |
+-------------------------------+----------------------+----------------------+
|   6  NVIDIA A100-PG5...  On   | 00000000:B7:00.0 Off |                    0 |
| N/A   31C    P0    54W / 400W |      0MiB / 40960MiB |      0%      Default |
|                               |                      |             Disabled |
+-------------------------------+----------------------+----------------------+
|   7  NVIDIA A100-PG5...  On   | 00000000:BD:00.0 Off |                    0 |
| N/A   32C    P0    57W / 400W |      0MiB / 40960MiB |      0%      Default |
|                               |                      |             Disabled |
+-------------------------------+----------------------+----------------------+
[...]
```

Abbildung 3.3 zeigt die GPU-relevante Hardware-Topologie des DGX A100-Servers.

```
sh-4.4# nvidia-smi topo -m
         GPU0    GPU1    GPU2    GPU3    GPU4    GPU5    GPU6    GPU7    mlx5_0  mlx5_1  mlx5_2  mlx5_3  mlx5_4  mlx5_5  mlx5_6  mlx5_7  mlx5_8  mlx5_9  mlx5_10 mlx5_11 CPU Affinity     NUMA Affinity
GPU0      X      NV12    NV12    NV12    NV12    NV12    NV12    NV12    PXB     PXB     SYS     SYS     SYS     SYS     SYS     SYS     SYS     SYS     SYS     SYS     48-63,176-191    3
GPU1     NV12     X      NV12    NV12    NV12    NV12    NV12    NV12    PXB     PXB     SYS     SYS     SYS     SYS     SYS     SYS     SYS     SYS     SYS     SYS     48-63,176-191    3
GPU2     NV12    NV12     X      NV12    NV12    NV12    NV12    NV12    SYS     SYS     PXB     PXB     SYS     SYS     SYS     SYS     SYS     SYS     SYS     SYS     16-31,144-159    1
GPU3     NV12    NV12    NV12     X      NV12    NV12    NV12    NV12    SYS     SYS     PXB     PXB     SYS     SYS     SYS     SYS     SYS     SYS     SYS     SYS     16-31,144-159    1
GPU4     NV12    NV12    NV12    NV12     X      NV12    NV12    NV12    SYS     SYS     SYS     SYS     SYS     SYS     PXB     PXB     SYS     SYS     SYS     SYS     112-127,240-255  7
GPU5     NV12    NV12    NV12    NV12    NV12     X      NV12    NV12    SYS     SYS     SYS     SYS     SYS     SYS     PXB     PXB     SYS     SYS     SYS     SYS     112-127,240-255  7
GPU6     NV12    NV12    NV12    NV12    NV12    NV12     X      NV12    SYS     SYS     SYS     SYS     SYS     SYS     SYS     SYS     PXB     PXB     SYS     SYS     80-95,208-223    5
GPU7     NV12    NV12    NV12    NV12    NV12    NV12    NV12     X      SYS     SYS     SYS     SYS     SYS     SYS     SYS     SYS     PXB     PXB     SYS     SYS     80-95,208-223    5
mlx5_0   PXB     PXB     SYS     SYS     SYS     SYS     SYS     SYS      X      PXB     SYS     SYS     SYS     SYS     SYS     SYS     SYS     SYS     SYS     SYS
mlx5_1   PXB     PXB     SYS     SYS     SYS     SYS     SYS     SYS     PXB      X      SYS     SYS     SYS     SYS     SYS     SYS     SYS     SYS     SYS     SYS
mlx5_2   SYS     SYS     PXB     PXB     SYS     SYS     SYS     SYS     SYS     SYS      X      PXB     SYS     SYS     SYS     SYS     SYS     SYS     SYS     SYS
mlx5_3   SYS     SYS     PXB     PXB     SYS     SYS     SYS     SYS     SYS     SYS     PXB      X      SYS     SYS     SYS     SYS     SYS     SYS     SYS     SYS
mlx5_4   SYS     SYS     SYS     SYS     SYS     SYS     SYS     SYS     SYS     SYS     SYS     SYS      X      PIX     SYS     SYS     SYS     SYS     SYS     SYS
mlx5_5   SYS     SYS     SYS     SYS     SYS     SYS     SYS     SYS     SYS     SYS     SYS     SYS     PIX      X      SYS     SYS     SYS     SYS     SYS     SYS
mlx5_6   SYS     SYS     SYS     SYS     PXB     PXB     SYS     SYS     SYS     SYS     SYS     SYS     SYS     SYS      X      PXB     SYS     SYS     SYS     SYS
mlx5_7   SYS     SYS     SYS     SYS     PXB     PXB     SYS     SYS     SYS     SYS     SYS     SYS     SYS     SYS     PXB      X      SYS     SYS     SYS     SYS
mlx5_8   SYS     SYS     SYS     SYS     SYS     SYS     PXB     PXB     SYS     SYS     SYS     SYS     SYS     SYS     SYS     SYS      X      PXB     SYS     SYS
mlx5_9   SYS     SYS     SYS     SYS     SYS     SYS     PXB     PXB     SYS     SYS     SYS     SYS     SYS     SYS     SYS     SYS     PXB      X      SYS     SYS
mlx5_10  SYS     SYS     SYS     SYS     SYS     SYS     SYS     SYS     SYS     SYS     SYS     SYS     SYS     SYS     SYS     SYS     SYS     SYS      X      PIX
mlx5_11  SYS     SYS     SYS     SYS     SYS     SYS     SYS     SYS     SYS     SYS     SYS     SYS     SYS     SYS     SYS     SYS     SYS     SYS     PIX      X

Legend:
  X    = Self
  SYS  = Connection traversing PCIe as well as the SMP interconnect between NUMA nodes (e.g., QPI/UPI)
  NODE = Connection traversing PCIe as well as the interconnect between PCIe Host Bridges within a NUMA node
  PHB  = Connection traversing PCIe as well as a PCIe Host Bridge (typically the CPU)
  PXB  = Connection traversing multiple PCIe bridges (without traversing the PCIe Host Bridge)
  PIX  = Connection traversing at most a single PCIe bridge
  NV#  = Connection traversing a bonded set of # NVLinks
```

**Abbildung 3.3** Die Hardware-Topologie eines DGX A100-Servers

### 3.2.12 HPE ML – und wieder NVIDIA

Auch Hewlett-Packard Enterprise stürzt sich seit dem bereits 2021 erfolgten Zukauf von *Determind AI* nun ins Gemenge, um mit Out-of-the-Box-AI-Komplettlösungen im HPC-Bereich mit den anderen Großen der Branche (eigentlich nur einem) zu konkurrieren.

Die Packung von HP basiert – wir ahnen es – hardwaretechnisch auf NVIDIA-GPUs, im betrachteten Fall acht A100-Karten mit jeweils 80 GB GPU-Speicher, die per NVLink zusammengeschaltet in einem Apollo-6500-System verdrahtet sind. Das Ganze wird von HPE zusätzlich mit einer AI-Software-Plattform ausgeliefert, die KMU helfen sollen, KI/ML-Systeme schneller in ihre Bestandssysteme und Workflows zu integrieren. Sicher, ein löblicher Ansatz, aber auch hier bleibt abzuwarten, wie die Marktdurchdringung von NVIDIAs DGX-Konkurrenz ausfallen wird. Generell lässt sich auf der Basis von Erfahrungswerten sagen, dass die meisten Unternehmen nur dann präferiert zu einem bestimmten Distributor greifen, wenn bereits vertragliche Bindungen zu dem jeweiligen Distributor bestehen.

Ebenfalls erfahrungsgemäß ist bei der Auswahl weniger die tatsächliche Effizienz der Systeme ein Kriterium, sondern mehr die Vendor-Affinität der Unternehmen, wie in etlichen Fällen im Bereich Enterprise-Kubernetes in den letzten Jahren zu beobachten war.

### 3.2.13 Miete von RZ-tauglicher Hardware und Bereitstellung im eigenen RZ

Eine weitere Option kann gegebenenfalls die Miete von KI/ML-tauglicher Hardware sein, die dann entweder fremdgehostet im Sinne einer Private Cloud betrieben wird (Datensicherheit vorab ausgiebig prüfen) oder gegebenenfalls (besser) im eigenen RZ aufgestellt wird. Aber auch hier sollte man die Kosten nicht unterschätzen. Denn abseits der reinen Mietkosten fallen – zumindest im eigenen RZ – typischerweise auch noch saftige Energiekosten an, wenn die Plattformen voll ausgelastet sind.

## 3.3 Entscheidungshilfe: Reguläre GPU-Server, KI/ML-Boliden wie DGX oder alles in die Cloud?

Reguläre GPU-Server oder komplette ML-Big-Packs wie DGX im eigenen RZ – oder lieber alles in die Cloud? In diesem kurzen Abschnitt wollen wir versuchen, einige grundsätzliche Strategien für unterschiedliche Einsatzszenarien zu betrachten. So, wie viele Unternehmen für sich genommen in Aufbau, Unternehmensführung und Zielsetzungen meist Unikate darstellen, unterscheiden sich auch die Einsatzszenarien und Implementierungsvarianten für skalierbare KI/ML-Cluster.

Grundsätzlich können folgende, stark vereinfachte und generische Herangehensweisen gelten, die selbstverständlich nur einen kleinen Teil der vielfältigen Möglichkeiten beleuchten.

### 3.3.1 KMU

Insbesondere kleinere und mittlere Unternehmen, die relativ neu in das Thema skalierbarer ML-Cluster einsteigen, sollten erste Erfahrungen mit KI/ML-Systemen in der Cloud sammeln. Auf der einen Seite können so erste PoCs evaluiert werden und daraus Anforderungen für spätere Stages generiert werden, z. B.: Welche VM-Instanztypen und GPUs eignen sich im Hinblick auf Auslastung und Kosteneffizienz am besten für den angedachten Einsatzzweck, welche Skalierungsfaktoren werden benötigt und welche Kubernetes-basierte Container-Plattform liefert die beste Unterstützung im Hinblick auf KI/ML-Integration, Vollautomation und LTS-Support? Spoiler: Der Name beginnt mit *Open* und endet auf *Shift*.

Auf der anderen Seite können so – außer den Evaluierungen der High-Level-Punkte, wie z. B., welche GPUs zum Einsatz kommen sollen – weitere Erkenntnisse gewonnen werden: Soll zukünftig alles im Pay-per-Use-Modus in der Cloud betrieben oder soll ein hybrider Ansatz verwendet werden? Oder wird die Ausnutzung der GPU-beschleunigten Systeme so hoch sein, dass sich KI/ML-Cluster im eigenen RZ rechnen bzw. schnell amortisieren? Falls Letzteres zutrifft, wären wir bei KMUs direkt bei der nächsten Frage: Welche Server-Hardware soll angeschafft werden? Dedizierte Big-Packs à la DGX kosten pro Entität, wie bereits erläutert, schnell sechsstellige Beträge und mehr.

Eine Herangehensweise für den Self-Hosted-KI/ML-Betrieb im KMU-Umfeld kann daher sein, zunächst mit ein oder zwei regulären, aber für (NVIDIA-)GPUs geeigneten Servern zu starten, die mit GPUs ausgestattet werden, die vorher für den Einsatzzweck explizit evaluiert wurden:

- *https://docs.nvidia.com/ngc/ngc-deploy-on-premises/nvidia-certified-systems/index.html*
- *https://www.nvidia.com/en-us/data-center/products/certified-systems/*

Dabei sollte gerade bei KMUs weniger auf bestehende Hardware-Distributor-Affinität, sondern mehr auf maximale Flexibilität geachtet werden: Die angedachte Server-Hardware aus den oben angeführten Listen sollte möglichst viele der aktuell und zukünftig verfügbaren GPUs bedienen können.

### 3.3.2 Größere Unternehmen und Konzerne

Die Sachlage präsentiert sich in großen Unternehmen in den meisten Fällen etwas entspannter, z. B. bezogen auf das Budget, als auch oft auch unflexibler. Letzteres gilt erfahrungsgemäß insbesondere bezogen auf Hardware-Affinität, Dauer der Entscheidungsprozesse und die oftmals bereits langjährig eingebundenen, externen Beratungsunternehmen. Einige der Letztgenannten haben meist ihre ganz eigene Strategie, die ebenfalls erfahrungsgemäß oft genug nicht wirklich optimal oder effizient, aber in der Regel dafür sehr zeitaufwändig und damit Beratungsstunden generierend ist. Letztlich ist auch das nichts Neues oder Spektakuläres und zudem etwas, was sich auch dann nicht ändern wird, wenn die Hölle längst zugefroren ist. Was dank der enormen Abwärme der immer größer werdenden GPU-Clouds erst einmal auf sich warten lassen wird.

Zumindest im betrachteten Stand ist bei vielen großen Unternehmen ein Trend erkennbar, der einerseits einen hybriden Ansatz präferiert, zum anderen werden die On-Premises-RZs gern (neben den regulären GPU-Servern) immer öfter mit Komplettsystemen wie DGX erweitert, die entweder gekauft oder gemietet werden.

## 3.4 Generelle GPU-Hardware-Fragen: NVIDIA vs. AMD vs. Intel vs. Googles TPU

In den einleitenden Kapiteln des Buches hatte ich – bezogen auf den Scope – bereits umrissen, dass NVIDIA-GPUs im Kernfokus dieses Buches stehen. Die folgenden Betrachtungen dienen dazu, die Hintergründe dazu genauer zu erläutern.

### 3.4.1 Vorbetrachtungen: Was darf es denn sein?

Nun denn – tun wir einfach mal so, als hätten wir im Datacenter-Bereich eine Wahl. Und theoretisch haben wir die ja auch. Aber im Grunde gibt es im betrachteten Stand der Dinge nach wie vor nur einen Platzhirsch. Und der heißt weder AMD noch Intel. Und auch Googles »pure« TPUs sind zwar mittlerweile überall bekannt und seit langem breit verfügbar – aber wie üblich eben meist nur hartverdrahtet in der Cloud, sehen wir mal vom Ansatz Edge-AI-TPU im Pocket-Format via Coral AI ab, der nach wie vor eher an Raspi-artiges Heim-Gefrickel erinnert, bei dem jeder gestandene RZ-Admin direkt in Schnappatmung verfällt.

Fakt ist, dass sich NVIDIA in den letzten zehn bis fünfzehn Jahren vom Platzhirsch für Gaming- und Desktop-GPUs längst zum Platzhirsch für alles rund um GPU-Accelerated AI entwickelt hat. Und das nicht nur für Data Scientists mit sündhaft teuren RTX-Workstations oder DGX-Stations, sondern auch – und vor allem – im zukunftsträchtigen Bereich AI-Datacenter. Ohne Wenn und Aber. Und auch im absatztechnisch immer wieder volatilen Gaming-Bereich hat NVIDIA die Zeichen der Zeit richtig erkannt und holt sich längst per

Datacenter-Gamestream (in NVIDIA-eigenen RZs gehostete und vom Kunden für eher kleines Geld gemietete High-End-GPUs) alle Zocker wieder ins Boot, die dann lieber doch keine – meist deutlich vierstelligen – Summen für neue RTX-3x- oder -4x-Karten ausgeben möchten.

AMD hat in den letzten (gefühlt) dreißig Jahren immer wieder mal mehr, mal weniger deutlich versucht, im GPU-Segment zum direkten Konkurrenten NVIDIA aufzuholen. Netter Versuch, mit einigen, sehr wenigen Exemplaren gelang dies zum Teil auch in speziellen Segmenten. Aber so wie Intel bei CPUs den AMD-Boliden hoffnungslos hinterherhechelt, so geht es AMD-GPUs im Vergleich zu NVIDIA: Es fehlen ein übergeordnetes Gesamtkonzept, Software-Frameworks und Strategie, in den meisten Fällen auch eine halbwegs vergleichbare GPU-Power, und im Datacenter-Bereich von großen Konzernen sieht man in Bezug auf AMD-GPUs erfahrungsgemäß oft nur eines – meist gähnende Abstinenz.

AMD versucht zwar mit seiner GPU-Serie *Instinct* im RZ-Bereich Boden gutzumachen und wähnt sich in angeblich seriösen Vergleichen leistungsmäßig vor NVIDIA, aber diesen kurzen, feuchten Traum der AMD-GPU-Hardware-Entwickler haben harte Zahlen längst widerlegt. Aber im Grunde kratzt AMD die GPU-Sparte (immer noch) nicht wirklich, denn zumindest im Bereich CPU haben sie vor der Konkurrenz von Intel die Nase meist mehr als deutlich vorn.

Intel wiederum eiert seit Jahren viel zu häufig gekonnt planlos durch die Gegend und brilliert meist nur mit diversen Anti-Patterns: gnadenlos überteuerten Desktop- und Server-CPUs, dem hoffnungslosen Unterliegen ihrer High-End-CPUs gegen AMD-CPUs der Threadripper- und Epyc-Klasse bei Leistungsvergleichen, nichtssagenden Werbeankündigungen (Achtung Spoiler, gilt auch für viele von Intels GPUs) mit maximalem BBB-Faktor. Daher auch kein Wunder, dass die Gewinne von Intels Client Computing Group allein in 2022 dank AMDs starker CPU-Konkurrenz um 35 Prozent einbrachen, und auch in anderen Sparten sieht es bei dem ehemaligen CPU-Dominator ähnlich wenig rosig aus, denn dort wurden in den letzten Jahren Milliarden für die verzweifelte GPU-Aufholjagd von Intels AXG-Sparte verbraten bzw. versenkt.

Aber auch hier gilt das Gleiche wie für die späteren Betrachtungen im Kubernetes-Umfeld: Jahrelanger Know-how-Vorsprung (wie der von NVIDIA bezogen auf GPUs und KI/ML) lässt sich nur bedingt mit Geld kompensieren. Als direkter Vergleich drängen sich VMwares glücklose und halbgare Kubernetes-Versuche auf, mit ihrem Tanzu auch nur halbwegs den Riesenvorsprung eines echten Enterprise-Grade-Kubernetes wie Red Hats OpenShift aufzuholen.

Aber dafür bietet Intel im Vergleich zur Konkurrenz zumindest meist eines: eine niedrige TDP. Ist doch auch schon mal was. Wenig Leistung, aber auch wenig Strom. Altbekannte Rechnung. Aber nicht das, was wir für KI/ML-Workloads brauchen, denn für Intels GPUs gilt im Vergleich zu NVIDIA-GPUs das Gleiche wie für den Vergleich von Intel-CPUs mit denen von AMD: teuer, und kommt vergleichsweise wenig raus.

Naja, wir haben ja noch Google. Oder? Aber da war was ...

### 3.4.2 GPU vs. TPU ... oder doch gemeinsam?

Das hohe KI-Innovationstempo wurde in den letzten Jahren primär von zwei Hardware-Sparten angetrieben: GPUs und TPUs, zu denen sich mittlerweile auch DPUs (Data Processing Units) gesellen. Während sich NVIDIA lange Zeit allein auf GPUs fokussierte, wurde anderweitig spekuliert, dass anwendungsspezifische, integrierte Schaltungen (ASIC = *Application Specific Integrated Circuits*) irgendwann den rein GPU-zentrierten Ansatz im KI/ML-Umfeld auf die hinteren Ränge verweisen könnten.

Primärer Verbreiter dieser »neuen Wahrheit« war Google, das die Entwicklung seines eigenen ASIC für Deep-Learning-Inferenz, die sogenannte *Tensor Processor Unit* (TPU), massiv vorangetrieben hat. Nichtsdestotrotz setzt auch Google bzw. seine GCP nach wie vor nicht nur auf TPUs im ML-Umfeld, sondern auch massiv auf reguläre GPU-Workloads – und diese primär mit NVIDIA-Hardware. Stellte sich die Frage, was NVIDIA im Bereich TPU als Antwort parat hatte.

Während NVIDIA-GPUs über Jahre hinweg zum Quasi-Standard für das Training neuronaler Netzwerke für maschinelles Lernen geworden sind, wurde alternativ argumentiert, dass das Training dieser Netzwerke gegebenenfalls besser auf skalierbaren ASIC (wie Googles TPUs) ausgeführt werden kann. Auch hier, wie bei fast allen Dingen, ist das Schwert zweischneidig: TPUs sind aufgrund ihres RISC-artigen Designs funktional weniger flexibel als GPUs. Andererseits hat die höhere funktionale Flexibilität der GPU im Vergleich zur TPU ebenfalls ihren Preis: mehr Größe, mehr Leistungshunger, dadurch mehr Abwärme und damit unter dem Strich mehr Stromverbrauch.

Abseits von Google und dessen TPU-Jüngern wurde wiederum argumentiert, dass sich die Deep-Learning-Forschung so schnell entwickelt, dass reine TPUs mit explizit auf bestimmte neuronale Netze und Lernmodelle ausgerichteten Funktionssätzen schneller veraltet sein könnten.

NVIDIA reagierte auf diese Anforderung mit einem hybriden Ansatz und stattet seit 2017 – beginnend mit der Volta-Architektur – mehr und mehr GPU-Karten zusätzlich mit dedizierten Tensor-Cores für Training und Betrieb neuronaler Netze aus, während sich die CUDA-Cores in den GPUs nach wie vor um die klassischen GPU-Anwendungen (inklusive KI/ML-Workloads) kümmern können. So werkeln beispielsweise in einer A100, NVIDIAs im Stand 2022 primärem Arbeitspferd bezogen auf KI/ML-Workloads, bis zu 432 dedizierte Tensor- und 6.192 CUDA-Cores.

### 3.4.3 NVIDIA

NVIDIA hatte längst begriffen, und zwar deutlich vor allen anderen Mitstreitern, dass es gerade im Bereich GPU und AI-Automation Komplettlösungen anbieten muss.

Was nützen dem Kunden noch so leistungsfähige GPUs, wenn keine Frameworks links und rechts zur Integration, Implementierung und Verwaltung existieren und sauber ineinandergreifen. Fast alles, was in der letzten Dekade substantiell zum breiten KI-Wachstum in der Industrie und zur steigenden Popularität von KI/ML-Lösungen beigetragen hat, trägt das NVIDIA-Logo. Und NVIDIAs Innovationsmaschine arbeitet rund um die Uhr.

Immer leistungsfähigere GPUs, die auf verschiedenen Plattformen in verschiedenen Modi (vGPU/MIG) unterstützt werden, mit Vollautomation für Einrichtung, Betrieb, Upgrades, Skalierung und automatischen Reparaturen – dank des GPU-Operator-Stacks realized by NVIDIA. Oder dürfen es komplette GPU-Hardware-Plattformen sein, almost ready-to-use wie NVIDIAs bereits vorgestellte DGX-Palette? Nun, dass man pro DGX-Unit – je nach Ausstattung – schnell den Gegenwert eines sehr luxuriösen Einfamilienhauses hinblättern muss, schmerzt zunächst. Aber der Versuch, ein leistungsmäßig vergleichbares Konstrukt selbst zu stricken und zu betreiben, wird erfahrungsgemäß nicht wirklich deutlich günstiger, dank der gesalzenen Preise der Kernbausteine (GPUs von NVIDIAs Ampere- oder Hopper-Generation), zeitaufwändiger Hardware-Vorfeld-Recherchen sowie der eigentlichen Implementierung und Abstimmung.

Dass die netten DGX-Kraftpakete dann auch gleich pro Stück so viel Strom ziehen wie ein komplettes RZ-Rack mit fünf oder sechs regulären Server-Units, ist den meisten Käufern bei dem Preis relativ egal – sollte es aber nicht sein. Andererseits: Super-Numbercruncher-GPUs mit der Leistungsaufnahme und dem Kühlbedarf eines Raspi dürften wir in diesem Universum und in den nächsten Jahren bis auf weiteres vergeblich suchen.

Alte Schrauber-Weisheit: Wo anständig was rauskommt, da darf auch was reinfließen. Gefällt MLOps und auch alten Petrol-Heads und mittlerweile sogar den – Energiekrise sei Dank – kohle- und atomkraftwerksaffinen Grünen. Aber Greta eher weniger. Zu Recht.

Und die Umtriebigkeit der innovativen Truppe rund um Jen-Hsung Huan hat nach wie vor kein Ende, zumindest im betrachteten Stand: NVIDIA hat sich mit NVIDIA DRIVE, einem autonomen KI-System für selbstfahrende Autos, längst im Automotive-Bereich gut und breit aufgestellt: Audi, Mercedes-Benz, Volvo, Jaguar, BYD, Land Rover, Kia und etliche andere nutzen bereits diese Systeme. NVIDIAs extrem leistungsstarke A100 mit 40 oder 80 GB aus der Ampere-Architektur stellt mittlerweile in vielen Unternehmens-RZ das GPU-Backbone dar, entweder in dedizierten GPU-Servern oder in DGX-Stations. Gleiches gilt für cloudbasierte GPU-Server: Die im betrachteten Stand verfügbaren High-End-Systeme basieren nahezu alle auf der A100, mit bis zu acht Karten pro Node, die sich AWS und GCP dann auch selbstverständlich fürstlich vergüten lassen.

NVIDIAs im März 2022 erstmals vorgestellte Hopper-Architektur (H100) als Nachfolger der Ampere-Architektur protzt mit Leistungsdaten, die noch einmal deutlich über denen der A100 liegen: Datentransferrate von 3 statt 2 TB/s (verglichen mit einer A100 mit 80 GB/s), 4 statt 7 nm und die Gesamtperformance soll je nach Kalkulationsalgorithmus drei- bzw. sechsmal höher liegen. Natürlich auf Kosten der Leistungsaufnahme: bis zu 400 W TDP für die A100 vs. 700 W für die H100, zumindest in der SXM-Variante. Und die Leistung spiegelt sich auch im Preis wider: Im Mai 2022 waren erstmals H100-Karten vorbestellbar, zu rund

30.000 EUR/Stück. Während der GTC (NVIDIAs Haus- und Hof-KI-Messe) im September 2022 wurde bekannt, dass die ersten H100-Karten bereits ab Oktober verfügbar sein sollen.

Fakt ist: NVIDIA hat seine Spitzenposition in den Bereichen Datacenter-GPUs und KI/ML in den letzten Jahren erfolgreich verteidigen und ausbauen können, daran werden auf lange Sicht auch weder halbgare Exportverbote noch auf Halde liegende RTX-Karten kaum etwas ändern. AMD und Intel haben hier einiges aufzuholen, und dies bezieht sich nicht nur auf reine Hardware-Evolution, sondern auch auf wichtige strategische Neuausrichtungen, die bei diesen beiden Kontrahenten mehr als überfällig sind.

### 3.4.4 AMD

Im Gegensatz zu NVIDIA hat AMD so wie Intel den kommerzträchtigen Sektor Datacenter-GPUs viel zu lange gekonnt ignoriert. Zudem scheint es beinahe, als ob erst NVIDIAs immer größere Marktpräsenz im KI/ML-Bereich die Strategieabteilungen von AMD und Intel wachgerüttelt hätte. Kommen wir zunächst zu AMD.

Abgesehen von der eher mäßigen Verbreitung im End-Consumer- wie auch Datacenter-Bereich in den letzten Dekaden hat AMD (im Vergleich zu NVIDIA) eine bis heute eher schmale Palette an RZ-tauglichen GPUs vorzuweisen. Erschwerend kommt hinzu, dass – wiederum im Vergleich zur direkten NVIDIA-Konkurrenz – keine Software-Frameworks existieren, die insbesondere im Container-Bereich maximale Vollautomation für skalierbare GPU-Cluster unterstützen. Hier hat AMD schlicht die Zeichen der Zeit verkannt und sich nach dem Motto »same procedure as every year« simpel auf CPUs und GPUs mit immer höherer Leistung fokussiert und Letztere lediglich in zwei Bereiche unterteilt: Gaming (Radeon-DNA) und HPC (Compute-DNA).

Mag die Devise »einfach immer schneller, schneller, schneller« im Server-CPU-Umfeld noch ausreichend sein – im GPU-Bereich ist sie das nicht mehr. Denn dort ist mittlerweile mehr von allem gefragt: Komplettlösungen, Software-Frameworks, Automation, simple Integration in Container-Plattformen und vieles mehr.

Aber das ist auch gleichzeitig einer der Hauptgründe für den eher phlegmatisch bzw. mäßig laufenden GPU-Bereich: Denn den hat AMD dank der extrem profitablen CPU-Sparte bisher locker verschmerzen können. Bereits im ersten Quartal 2022 sprengte AMDs Umsatz (primär über CPUs) erstmals in der Firmengeschichte die Marke von 5 Milliarden USD. Rechnet man die Einnahmen des im Februar zugekauften FPGA-Spezialisten Xilinx hinzu, waren es sogar fast 6 Milliarden und damit eine Steigerung von fast 70 Prozent im Vergleich zu den Ergebnissen des gleichen Quartals im Vorjahr.

Für Chart-Analysten wie üblich ein klares Verkaufssignal, wurden doch keine fünfhundert Prozent Steigerung im Vergleich zum Vorjahr erreicht. Schalten wir den Sarkasmus wieder aus: Auf Sicht so (d. h. überwiegend CPU-lastig) weiterzufahren, wäre jedoch eine taktisch unkluge Entscheidung – aber das hat AMD mittlerweile realisiert, zumindest in Ansätzen:

Wie üblich nach dem AMD-Motto »nicht kleckern, sondern klotzen« spendierte der CPU-Riese nach langer Abstinenz RZ-taugliche GPU-Topmodelle, die leistungstechnisch durchaus ernst zu nehmen sind. Die Instinct-Serie MI 100 spielt grob in der gleichen Liga wie NVIDIAs A100, auch wenn die angebliche Aussage »*4.9x better perfomance than NVIDIA A100*« bisher keinem seriösen Vergleich standgehalten hat. Der Nachfolger Instinct MI 200 wetteifert schon eher mit NVIDIAs A100/80 GB und versucht zur Hopper-Leistung aufzuschließen. Aber selbst AMDs verbesserte Matrix-Core-Architektur (vereinfacht: AMDs Gegenstück zu Tensor-Cores) der 2. Generation zeigt im direkten Vergleich zu NVIDIAs Tensor-Core-Rechenleistung (3rd Gen) deutliche Abstriche, was AMD wiederum durch höhere Taktraten und eine höhere Anzahl an Matrix-Cores zu kompensieren versucht.



Aber wie die Absatzzahlen von AMDs GPU-Sparte zeigen, schwächelt dieser Bereich im Vergleich zur CPU-Sparte – und vor allem dem der Konkurrenz von NVIDIA – trotzdem nach wie vor. Das haben auch meine persönlichen Erfahrungen in den letzten Jahren im Großkunden- und RZ-Umfeld bestätigt: AMD-CPUs (Epyc) in Servern? Ja, zunehmend mehr. Und GPUs? Lieber NVIDIA. AMD? Fehlanzeige. Intel? Wer ist das?

Unter dem Strich hat AMD noch einiges an Arbeit vor sich, um NVIDIA im Bereich Datacenter-GPUs nennenswerte Marktanteile abjagen zu können. Aber die deutlich größere Aufholjagd und Arbeit hat der dritte im Bunde vor sich: Intel-ligence hat der Chip-Riese im GPU-, geschweige im Datacenter-GPU-Bereich in den letzten Jahren eher nicht gezeigt. Und seinen (bisher bekannten Xe-)Modellen fehlen aktuell sowohl die pure Rechenleistung im direkten Vergleich zu den Kontrahenten als auch ebenfalls ein übergeordnetes Konzept, wie bereits mehrfach angesprochen.

### 3.4.5 Intel

Wo sollen wir anfangen? Planloses Herumgeeiere? Hatten wir ja schon. Aber treffender lässt es sich nicht umschreiben. Nachdem nun anscheinend auch beim letzten Wasserträger bei Intel die Message angekommen ist, dass KI/ML-taugliche GPUs im betrachteten Stand die wichtigste Ware seit Erfindung des Rades sind, machte man sich auf, neue Ufer zu erkunden. Die Strategie?

Wir reden hier über den King der CPU-Embedded GPUs, also des exakten leistungs- und designtechnischen Gegenstücks dessen, um das es in vielen Teilen dieses Buches geht. Viel hilft viel, dachte man sich bei Intel, ist ja auch bei AMD und NVIDIA so. Also reichte Intel 2018 einfach mal ein Patent für Multi-Chip-GPUs ein und ... legte es zur Seite. Wird schon irgendwann was draus werden, dachte man sich. Nun, NVIDIA nutzt bereits ein ähnliches Verfahren in den Hopper-GPUs, während bei Intel ... nun denn.

Dann, vier Jahre später, die Revolution, zumindest aus Intel-Sicht: Die ARC-Alchemist-Serie soll zunächst auf den Gaming-Sektor zielen. Weltherrschaft ist aber weder für den Gaming-Bereich noch für die Datacenter-Varianten auch nur annähernd erkennbar.

Und noch ein kurzes Update: Wenige Wochen vor Drucklegung dieses Buches passierte dann das, was unausweichlich kommen musste: Intel meldete Umsatzeinbrüche von 25 Prozent und mehr, der Betriebsgewinn von 6 Milliarden USD im Vorjahr wandelte sich zu einem Betriebsverlust in Höhe einer halben Milliarde. Corona? Inflation? Krieg? Spielt alles sicher eine Rolle, die Kernprobleme liegen aber an anderer Stelle. Die CPU-Sparte steht durch AMD gewaltig unter Druck, die GPU-Sparte AXG verzeichnet allein in diesem Jahr einen Verlust von über einer halben Milliarde USD.

Fakt ist: Intel hat den passenden Einstieg in den immer umsatzträchtigeren Bereich Datacenter-GPUs komplett und zumindest für die nächsten Jahre auch relativ final vergurkt und muss nun alternative Pläne schmieden – welche auch immer das sein mögen.

### 3.4.6 Fazit: GPU-Provider

Im aktuellen Stand ist die Sachlage, bezogen auf die konkrete Aufgabenstellung und den Scope des Buches, relativ eindeutig: Egal ob on-premises oder in der Cloud – wer skalierbare KI-Infrastrukturen mit breiter Kubernetes-/OpenShift-Unterstützung, höchster GPU-Leistung und maximaler Automation betreiben will, kommt in der Regel um NVIDIA-Hardware im Unterbau und NVIDIAs Operator- und AI-Stack on top kaum herum. Googles TPUs mögen eine Alternative mit etwas eingeschränktem, weil Provider-Lock, Cluster-Spektrum sein. Gleiches gilt für AMD-GPUs, da diese zwar »irgendwie« in Kubernetes integriert werden können (*https://github.com/RadeonOpenCompute/k8s-device-plugin*), aber nach wie vor nicht in NVIDIAs Liga spielen.

Und Intel ... – werdet einfach mal wach, Freunde. Oder vielleicht besser doch nicht.

# Kapitel 4
# NVIDIA-Datacenter-GPUs und mehr – technischer Background

*»9.7 TFLOPS for FP64? Sounds great, but, eh – can it run DOOM?«*

*– Typischer Foren-Kommentar bei so ziemlich jeder Ankündigung einer neuen High-End-GPU-Karte*

In diesem Abschnitt befassen wir uns konkreter mit der Hardware, sprich – den NVIDIA-Datacenter-tauglichen GPUs, den jeweils dafür geeigneten Bereitstellungsverfahren, ihrer Performance und etlichem anderen mehr. Mit dem Bereitstellungsverfahren ist im einfachsten Fall beispielsweise das dedizierte Durchreichen einer GPU an eine VM gemeint oder softwarebasierte GPU-Partitionierungen per Virtual GPU (vGPU), hardwarebasierte Partitionierung (MIG) mit einer besseren Tenancy, GPU-Sharing oder Kopplungen multipler GPUs, lokal oder über das Netzwerk, oder auch verschiedene Kombinationen der vorgenannten Verfahren, um unterschiedlichste Anwendungsfälle abdecken zu können.

## 4.1 NVIDIA und ML-Cluster

Nun, wo fängt man an? Vielleicht mit einer Frage:

Lieber NVIDIA-Aktien anstelle von Goldbarren? Nein, das soll durchaus kein polemischer Kommentar zu Anlagestrategien sein, sondern liegt näher an der Realität, als Sie vielleicht denken mögen, wie im Folgenden erklärt werden wird. Denn kaum ein Unternehmen hat sich strategisch in den letzten Jahren in eine ähnliche monopolartige Position gebracht, wenn es um KI/ML-Belange im RZ-Bereich geht, wie NVIDIA.

NVIDIAs GPU-Accelerators wie die neue Hopper-Generation oder ihre Vorläufer wie die Ampere-Generation oder deren Tesla-Vorgänger (Turing-Generation) sind aus Rechenzentren kaum noch wegzudenken. Datacenter-taugliche GPUs werden – je nach GPU-Modell – zwar auch noch in bestimmten Unternehmen für Remote-Desktop-Szenarien, also »echte« grafische Workloads eingesetzt, in zunehmender Anzahl jedoch primär nur noch für *Accelerated Computing*, also KI/ML-Einsätze mit GPU-Beschleunigung.

Dabei existieren verschiedene Möglichkeiten, die Rechenleistung der GPU zu nutzen. Während für reine ML-Entwicklungs-Workstations beispielsweise dedizierte High-End-Grafikkarten wie eine High-End-Karte der RTX-Serie per *Passthrough* angebunden werden können, bleibt das Manko, dass die jeweilige GPU nur von *einem* Nutzer bzw. exakt einer realen oder virtuellen Maschine für ML-Workloads verwendet werden kann. Für geclusterte und skalierbare Szenarien in Unternehmen wird also eine andere Herangehensweise benötigt.

Insbesondere Kubernetes-/OpenShift-basierte Container-Cluster mit Pod- und Cluster-Autoscalern sind daher eigentlich prädestiniert, um bei entsprechender Lastanforderung automatisch in die Breite zu skalieren, um so für alle (KI/ML-)Anwendungsfälle genügend Rechenkapazitäten bereitstellen zu können. So können z. B. multiple GPU-fähige Anwendungen automatisch horizontal skaliert werden, um große Datenlasten parallel prozessieren zu können – natürlich vorausgesetzt, dass die Anwendung bzw. Architektur dies unterstützt.

Logischerweise gibt es auch alternative Verfahren wie das bereits erwähnte, dedizierte Passthrough (1:1-Bindung zwischen VM und GPU-Accelerator), die zwar technisch ebenfalls greifen, jedoch in Clustern (siehe das Thema »Skalierung«) für Accelerated Computing selbst mit Verfahren wie VMwares *Dynamic DirectPath IO* (siehe Abschnitt 4.5.3) nicht wirklich effizient sind. Es werden daher *shareable* GPU-Ressourcen benötigt, und hier startet die Gelddruckmaschine für Cloud-Betreiber, Virtualisierer – und nicht zuletzt NVIDIA.

Betrachten wir das »Warum«.

#### Cloud

Nahezu alle Cloud-Provider lassen sich mittlerweile ihre VM-Instanztypen mit durchgeschleifter GPU/TPU-Accelerator-Hardware hervorragend vergüten, wie in Abschnitt 3.2 bereits betrachtet. Sicher, die üblicherweise horrenden Preise für RZ-taugliche GPU-Accelerators stellen auch für Cloud-Provider zunächst eine Investition dar, die sich jedoch auf deren Seite sehr schnell amortisiert. (v)GPU-Manager, die NVIDIA-GPUs softwaretechnisch auf (Public-)Cloud-Hypervisoren wie GCP oder AWS partitionieren könnten, waren im betrachteten Stand für Endverbraucher nicht verfügbar.

#### Virtualisierer

Nehmen wir VMware als Beispiel und die in den meisten Unternehmens-RZ präsenten vSphere-Systeme: Schon interessant, dass gerade das *vGPU*-Feature, das anfänglich kaum Beachtung fand, nun nur noch in VMwares höchster Lizenz-Preisklasse zu finden ist. Ohne vSphere Enterprise Plus-Lizenz läuft im Bereich *»vGPU-Computing«* (vorab: softwarebasierte Partitionierung einer GPU) rein gar nichts. Und betrachten wir den »Aufwand«, der dahintersteckt, ist die Verortung dieses Features in der höchsten Lizenz-Preisklasse ohne jedweden technischen Hintergrund, sondern rein gewinnorientiert motiviert. Denn es handelt sich auf ESXi-Seite lediglich um die Integration eines einzigen VIBs, das zudem noch von NVIDIA geliefert wird. Dagegen ist prinzipiell nichts einzuwenden, das ist freie Marktwirtschaft. Aber dennoch wäre hier seitens VMware eine etwas niedrigere finanzielle Einstiegshürde gerade für KMU durchaus wünschenswert gewesen. Aber wozu den Profit minimieren, wenn es die GPU-Quelle #1 nicht anders vormacht.

#### NVIDIA

Sicher, leistungsstarke GPU-Karten waren noch nie günstig, und einige Hardcore-Gamer würden wahrscheinlich lieber eine Hypothek aufnehmen und/oder Organe spenden, als das neue Spiel XYZ nicht in Ultra-Super-HD-256K-with-unbelievable-high-FPS zu spielen. Aber erst seit ihrer neu erstrahlenden Popularität im KI/ML-Bereich schießen die Preise für »echte« GPU-Accelerators wie NVIDIAs Ampere- oder Tesla-Modelle (oder RTX-Karten für ML-Workstations) durch die Decke – fünfstellige Beträge für RZ-taugliche Karten der Oberliga sind hier keine Seltenheit, sondern das Normalprogramm, und komplette DGX-Systeme liegen wie bereits betrachtet noch deutlich darüber. Wer denkt, dass sein Unternehmen mit gemieteten, cloudgehosteten, RZ-tauglichen GPUs auf Dauer günstiger fährt – eine nette Idee, die oft nur dann aufgeht, wenn es sich nicht um 24/7-Dauerbetrieb der Systeme handelt.



## 4.2 Partitionierte GPUs mit NVIDIAs vGPU und MIG

Betrachten wir an dieser Stelle zunächst einige grundlegende Begrifflichkeiten rund um die möglichen Bereitstellungsarten RZ-tauglicher GPU-Hardware, da sich diese zum Teil grundlegend von »normalen« Verfahren im HEDT/Workstation-Bereich unterscheiden und wichtig für das spätere Verständnis der durchzuführenden Setup-Tasks sind.

Ein wichtiger Aspekt ist dabei die Möglichkeit, GPUs zu *partitionieren* und damit ihre immense Rechenleistung, die sonst gegebenenfalls nicht vollumfänglich genutzt wird, an multiple Client-Prozesse zu verteilen. Dazu stehen verschiedene Verfahren zur Verfügung, die wir im Folgenden betrachten.

Eine weitere Variante, die seit dem GPU-Operator 1.11 zur Verfügung steht, um Däumchen drehende GPUs in KI/ML-Clustern zu vermeiden, ist die neue Option des GPU-Sharings/Overcommitments (z. B. physikalisch 1 GPU, aber *n* Client-Prozesse dürfen die GPU beanspruchen). Dies wird konkret ab Abschnitt 10.10 betrachtet.

### 4.2.1 Vorbetrachtungen und Scope

Die primär für grafische Anwendungsfälle gedachten GPU-Modi *vSGA* und *vDGA* werden im Folgenden nicht angesprochen, da sie für den Scope des Buches irrelevant sind.

Für skalierbaren Datacenter-Betrieb mit Fokus auf Compute-Anwendungen (KI/ML) und multiple Tenants sind üblicherweise nur die Modi *vGPU* (vGPU = virtual GPU, »Software«-partitionierbare GPUS) und *MIG* (MIG = Multi Instance GPUs = »Hardware«-partitionierbare GPUs, die üblicherweise auch den vGPU Modus unterstützen) geeignet und von Interesse, in wenigen Ausnahmenfällen auch ein PCI-Passthrough von ganzen GPUs ohne Partitionen.

Daher liegt der Fokus aller folgenden Betrachtungen auf den GPU-Bereitstellungsmodi vGPU und MIG und den damit verbundenen Verfahren und Konzepten für einen effizienten Datacenter Betrieb.

### 4.2.2 Vorbetrachtungen: Partitionierte GPUs mit vGPU und MIG

Die Partitionierung einer physikalischen GPU ist besonders effizient für Workloads, die die Rechenkapazität der physikalischen GPU nicht vollständig auslasten würden. Je nach Leistungsklasse der GPU und dem konsumierenden Workload wird in der Praxis daher oftmals keine vollständige GPU benötigt. Dies gilt insbesondere dann, wenn es sich um kleinere PoC/Modelle oder Demos handelt, die auf einem Boliden wie einer A100 mit 40 oder gar 80 GB GPU-RAM betrieben werden sollen.

Ohne die Möglichkeit einer GPU-Partitionierung wird jeder ML-Workload die komplette GPU okkupieren, unabhängig davon, ob er sie tatsächlich verwendet bzw. voll auslastet ... oder eben nicht. Insbesondere containerisierte Compute-Workloads im RZ/Cloud-Umfeld auf Kubernetes-/OpenShift-Clustern profitieren von der höheren Effizienz einer GPU-Partitionierung sowie der im Fall von MIG damit einhergehenden, echten Mandanten-Fähigkeit bzw. Multi-Tenancy und damit höheren Sicherheit.

NVIDIAs vGPU-(Virtual-GPU-)Software ermöglicht bereits seit langem die softwarebasierte/temporäre Partitionierung von geeigneten NVIDIA-GPUs und unterstützt auch eine breite Palette an weit verbreiteten und relativ kostengünstigen Datacenter-GPUs, wie z. B. Tesla T4-Instanzen. Für den vGPU-Modus wird auf Hypervisor-Ebene ein lizenzpflichtiger GPU-Manager benötigt.

Der *MIG-Mode (Multi-Instance GPU)*, der mit NVIDIAs Ampere-GPU-Generation und Modellen wie der A100 oder A30 erstmals zur Verfügung stand, ist zwar ebenfalls ein Betriebsmodus um GPUs zu partitionieren, aber im Gegensatz zum vGPU Mode bringt dieses Verfahren eine deutlich effizientere Multi-Tenancy, die jedoch im Vergleich zum vGPU-Mode meist mit einer höheren Idle Power einhergeht, siehe Abschnitt 5.4.4. MIG-fähige Karten können in der Regel auch eine Partitionierung mittels vGPU anbieten. Die (vorab vereinfacht und abstrakt ausgedrückt) GPU-Core-Tenancy ist dann jedoch nicht mehr aktiv. Alle Details zum MIG-Modus finden Sie ab Abschnitt 4.4.

Während sich im *vGPU-Modus* (Time-Sliced, CPU-like Scheduling) alle GPU-Partitionen im gleichen Hardware-Pool der GPU-Cores-Engine bedienen und nur den GPU-RAM partitionieren, sorgt der *MIG-Mode* für explizite Separierung der multiplen (im betrachteten Stand bis zu sieben) GPU-Instanzen. Dadurch können Workloads besser aufgeteilt und zudem die Datensicherheit erhöht werden. Sie hierzu auch: *https://www.nvidia.com/de-de/technologies/multi-instance-gpu/*

MIG-fähige Karten werden von NVIDIAs GPU-Operator ab Version 1.7 unterstützt.

### 4.2.3 NVIDIAs vGPU und (leider noch kein) Cloud-Einsatz

Für alle folgenden Betrachtungen ist es vorab essentiell wichtig zu verstehen, dass *NVIDIAs vGPU-Software* (der GPU-Manager) auf gängigen Public-Cloud-Plattformen wie GCP, AWS oder Azure typischerweise *nicht* zur Verfügung steht. Der GPU-Manager (und damit vGPU) steht nur für Hypervisoren zur Verfügung, wie sie in Unternehmens-RZ bzw. Private Clouds eingesetzt werden, wie z. B. vSphere, Citrix, RHEL KVM, Nutanix und andere.

Hintergrund: Der *GPU-Manager* wird bereits auf der Ebene des Hypervisors zwingend für vGPU benötigt, damit über ihn GPUs softwaretechnisch partitioniert und an die VMs durchgereicht werden können. So viel Zugriff kann oder will im betrachteten Stand keiner der Public-Cloud-Riesen dem Endkunden anbieten. In logischer Konsequenz existiert daher (bisher) auch keine GPU-Manager-Software seitens NVIDIA für AWS, GCP und Co. Somit bleiben den Unternehmen, die GPU-Workloads in der Cloud prozessieren möchten oder müssen, nur zwei Alternativen.

Entweder werden nicht-MIG-fähige Karten, wie z. B. T4, A10 oder A40 komplett (en bloc, d. h. 1:1) via Passthrough direkt an den Consumer (die KI/ML-Applikation) durchgereicht oder es kommen – wenn Tenancy gefragt ist und/oder multiple Consumer gleichzeitig auf einer großen, leistungsfähigen GPU wie der A100 sicher bedient werden sollen – MIG-fähige Karten zum Einsatz. Diese werden vom Cloud-Provider typischerweise per Passthrough durchgereicht, können aber vom Kunden bzw. dem GPU-Operator-Stack zumindest auf dem betreffenden Node in GPU-Slices partitioniert und damit von *n* Applikationen verwendet werden.

Auch wenn die Passthrough/MIG-Only-Diktatur der Cloud-Provider die Konfigurationsflexibilität deutlich einschränkt – einen kleinen Vorteil für den Endkunden bietet die vGPU-Abstinenz im Cloud-Umfeld dennoch: Die vGPU-Lizenzkosten entfallen.

## 4.3 vGPU – Virtual GPU

Schauen wir nun etwas tiefer in Konzepte und Arbeitsweise der vGPU-Partitionierung. Im Folgenden wird zunächst betrachtet, was genau unter vGPU zu verstehen ist, welche Produkte NVIDIA in diesem Bereich anbietet und wie vGPU konzeptionell und technisch betrachtet arbeitet.

### 4.3.1 Generelle vGPU-Architektur

Betrachten wir zunächst die generelle vGPU-Architektur anhand Abbildung 4.1, die eine generelle, vereinfachte Darstellung der Arbeitsweise einer vGPU und ihre Aufteilung an multiple VM-Instanzen zeigt.

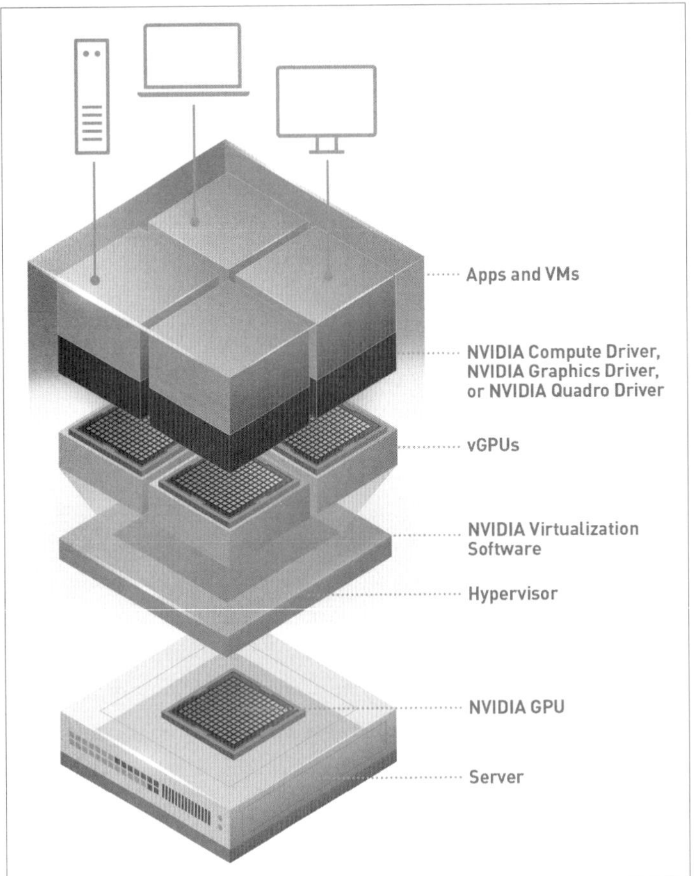


**Abbildung 4.1** NVIDIAs vGPU-Stack in stark vereinfachter, konzeptioneller Form, Quelle: NVIDIA

### 4.3.2 Details zur Funktionsweise

Wie in Abbildung 4.1 bereits zu erkennen ist, wird die vGPU-Funktionalität als zusätzliche Software-Komponente zwingend über den jeweils verwendeten *Hypervisor* bereitgestellt. Im betrachteten Stand wurden u. a. folgende (in der Regel Typ1-)Hypervisoren/Bare-Metal-OS unterstützt (Nennung hier ohne Versionen): vSphere, OpenStack, Windows Server/Hyper-V, RHEL KVM/RHV, XenServer.

Es ist ebenfalls zu beachten, dass Ampere-Karten wie z. B. die A30 oder ihr größeres Pendant, die A100 oder die neue H100, die per *MIG* (siehe ab Abschnitt 4.4) auch hardwarebasiert (korrekter wäre »räumlich«/»EEPROM-like«) partitioniert werden können, ebenfalls rein softwarebasiert im *vGPU*-Mode betrieben werden können. Wann welcher Modus (vGPU, MIG oder MIG-backed vGPU) zum Einsatz kommt, bestimmen üblicherweise die (gegebenenfalls vorgegebene) RZ-Architektur, Security-Anforderungen und der konkrete, technische Einsatzzweck.

Bleiben wir zunächst bei der *vGPU-Partitionierung*. Jede GPU-Karte stellt eine bestimmte Anzahl an Rechenkernen und verfügbarem Grafikspeicher (RAM) zur Verfügung. Diese Compute-Ressourcen können nun an eine VM (oder eben partitioniert an mehrere) durchgeschleift werden. Während es sich bei den – von der jeweiligen VM abgerufenen – (v)GPU-Compute-Ressourcen wie üblich um eine komprimierbare Compute-Ressource handelt (vergleiche CPU/GPU-Shares), stellen die RAM-Ressourcen wie üblich ein nicht komprimierbares Hard-Limit dar. Ein einfaches Rechenbeispiel:

Reichen wir eine vGPU-fähige Karte mit 16 GB RAM an vier VMs bei identischer Partitionierung durch, so erhält jede VM exakt 4 GB GPU-RAM. Damit sind die nicht komprimierbaren bzw. nicht over-commit-fähigen Compute-Ressourcen dieser GPU-Karte erschöpft.

**Achtung: vGPU und GPU-Pool-Sharing**

Dabei ist jedoch zu beachten, dass die partitionierten GPU-Slices auf einer nicht-MIG-, sondern »nur« vGPU-fähigen Karte nicht wirklich voneinander isoliert sind. Alle vGPU-Partitionen z. B. einer Tesla T4 oder A10 nutzen die GPU-Ressourcen wie einen »Shared«-Pool. Wer zwingend echte *Tenancy* braucht, wird um MIG-fähige Karten nicht herumkommen.

Das vGPU-Modell bietet dabei die funktionalen Eigenschaften, die Sie in Abbildung 4.2 sehen.

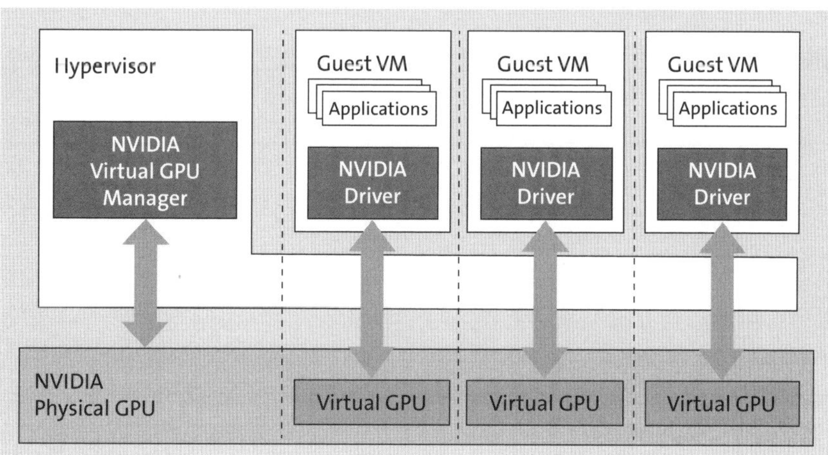


**Abbildung 4.2** NVIDIA-vGPU-Systemarchitektur – High Level, Quelle: NVIDIA

Jede NVIDIA-*vGPU* kann analog zu einer herkömmlichen GPU betrachtet werden: Sie besitzt eine fixe/statische Menge an GPU-Framebuffer (RAM der GPU-Karte) und einen oder mehrere virtuelle Displayausgänge oder auch Heads.

Die virtuelle GPU (*vGPU*) erhält zum Zeitpunkt ihrer Bereitstellung exklusiv einen Teil des Framebuffers der realen GPU (oder je nach Profil gegebenenfalls auch den ganzen). Diesen verwendet die virtuelle GPU so lange, bis sie deaktiviert wird (z. B. Shutdown der VM).

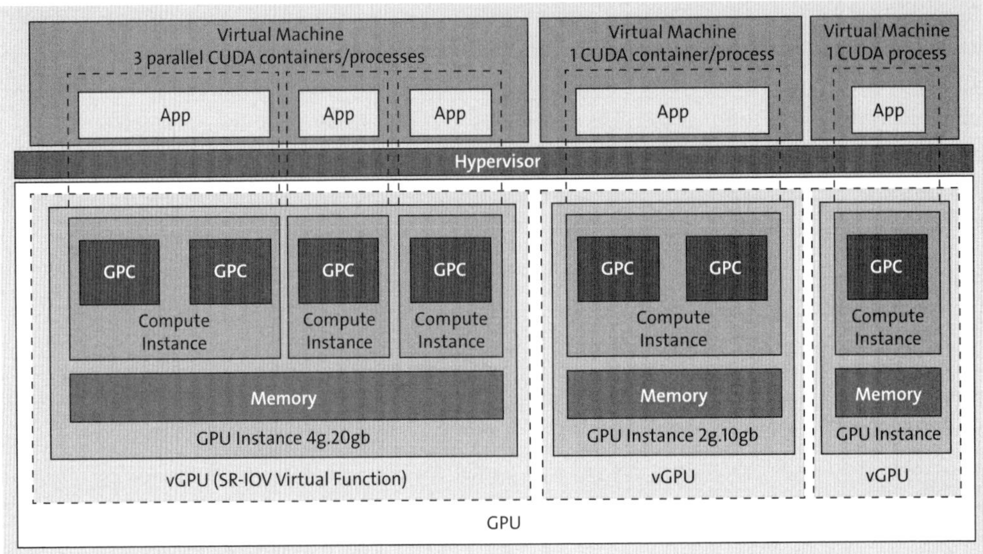


**Abbildung 4.3** NVIDIA-vGPU-Systemarchitektur – Details, Quelle: NVIDIA

### 4.3.3 Time-Sliced vGPU

Der vGPU-Modus (ohne explizite Abschottung im GPU-Engine-Layer) ist mit jeder NVIDIA-vGPU-fähigen Karte verfügbar (siehe Abbildung 4.4).

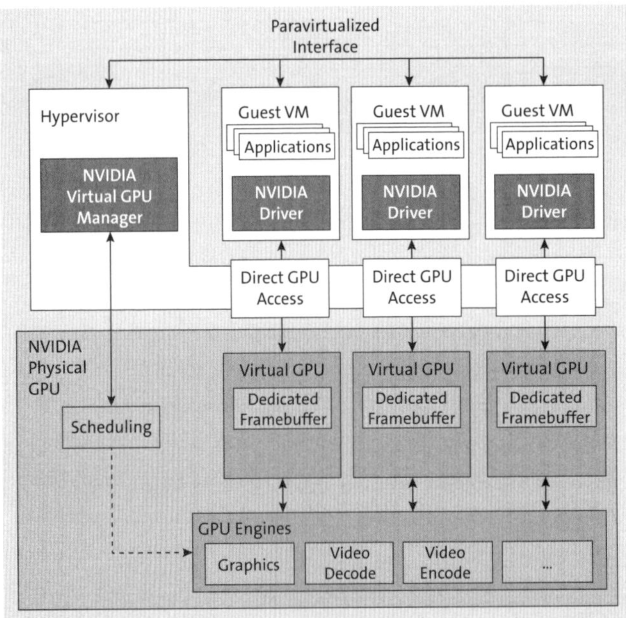


**Abbildung 4.4** NVIDIA-vGPU-Systemarchitektur – Time-Sliced, Quelle: NVIDIA

#### vGPU-fähige Karten

Eine Auflistung vGPU-fähiger Karten von NVIDIA findet sich unter anderem in der Dokumentation NVIDIAs, wird aber auch noch in anderen Abschnitten des Buches thematisiert (u. a. Abschnitt 5.3.1): *https://docs.nvidia.com/grid/gpus-supported-by-vgpu.html.*

### 4.3.4 Passthrough GPU vs. vGPU im Hypervisor

Abbildung 4.5 zeigt im direkten Vergleich, wie GPUs direkt per Passthrough oder per vGPUs auf einem vSphere-System an die darüberliegenden virtuellen Clients durchgereicht werden.

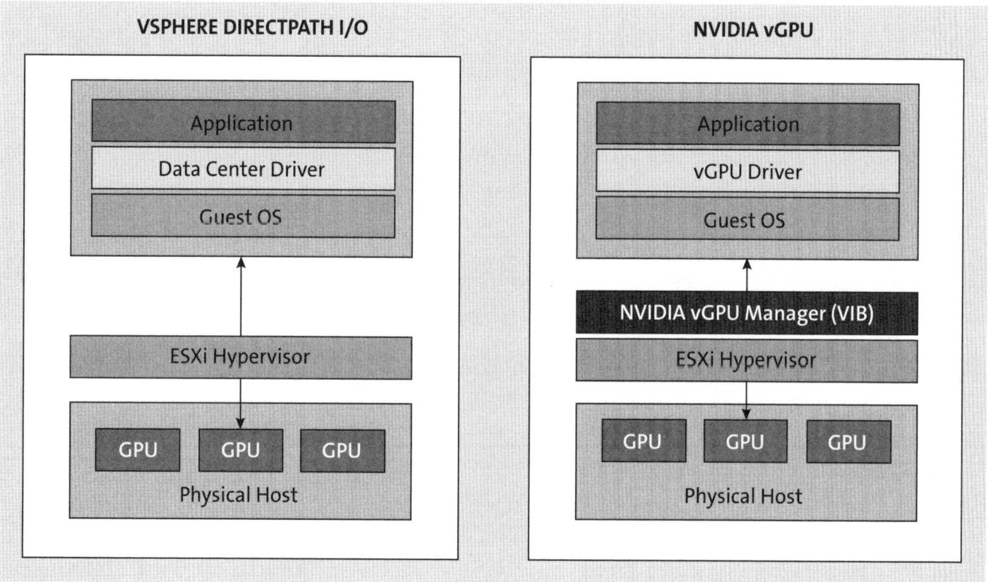


**Abbildung 4.5** Passthrough GPU vs. vGPU-Workflow zwischen VM und ESXi-Hypervisor, Quelle: VMware

Im Passthrough-Mode (links) wird das PCI-Device über den Hypervisor dediziert an einen Consumer (sprich: VM) durchgereicht. Soll stattdessen der vGPU-Mode (rechts) zum Einsatz kommen, wird auf dem Hypervisor ein GPU-Manager in Form eines VIB installiert. Dieses registriert die verbauten NVIDIA-GPUs und stellt bei der Einrichtung einer VM oder eines Templates die Möglichkeit zur Verfügung, nur bestimmte Partitionen einer GPU an eine VM durchzureichen. In der VM muss bei diesem Setup-Typ auch ein passender, vGPU-fähiger Treiber installiert werden.

Diese Installation der GPU-Treiber (egal ob normaler Driver oder vGPU) erfolgt in containerisierten Umgebungen üblicherweise vollautomatisch über den GPU-Operator, der ab Abschnitt 9.4 besprochen wird.

### 4.3.5 vGPU-Produkte

Die Rubrik *vGPU* umfasste gemäß der Definition von NVIDIA im Stand 07/2022 die folgenden Produkte:

- *NVIDIA Virtual Applications* (*vApps*) – Dieses vGPU-Produkt ist z. B. für Unternehmen gedacht, die Citrix Virtual Apps und Desktops bereitstellen oder RDSH oder andere App-Streaming- oder sessionbasierte Lösungen einsetzen. Generell: für Anwendungen auf PC-Ebene und serverbasierte Desktops geeignet.
- *NVIDIA Virtual PC* (*vPC*) – Für Anwendungsfälle, in denen virtuelle Remote-Desktops (»virtuelle PCs«) mit PC-Windows-Anwendungen, Browsern und High-Definition-Video benötigt werden.
- *NVIDIA RTX Virtual Workstation* (*vWS*) – Für den Einsatzfall, remote grafische Systeme (z. B. CAD/CAE) mit maximaler Leistung zu betreiben.
- *NVIDIA Virtual Compute Server* (*vCS*) – Der von uns primär betrachtete Anwendungsfall: HPC-/KI-/ML-/Deep-Learning-Workloads ohne grafische Ausgabe (*Display-less*), die z. B. in VMs/Containern auf Hypervisoren (vSphere, KVM etc.) mit ECC-Unterstützung betrieben werden können.

Siehe dazu auch: *https://www.nvidia.com/content/dam/en-zz/Solutions/design-visualization/solutions/resources/documents1/Virtual-GPU-Packaging-and-Licensing-Guide.pdf*.

### 4.3.6 vGPU-Versionen

Es ist essenziell wichtig zu verstehen, dass *NVIDIAs vGPU-Software-Version* (im betrachteten Stand 08/2022: vGPU-Version 14.2) immer der Dreh- und Angelpunkt für alle – von dem jeweiligen Release – unterstützten Features ist. Sie allein entscheidet, welche Version des *vGPU-Managers* (Hypervisor) und des *Linux-* und *Windows-Drivers* unterstützt wird und welche jeweiligen Features auf welcher GPU-Hardware und Hypervisor-Plattform supportet werden:

- *https://docs.nvidia.com/grid/index.html*
- *https://docs.nvidia.com/grid/latest/product-support-matrix/index.html*

#### LTS und (Short-Term) Production Branch

Wie in allen produktivtauglichen Konzepten bietet NVIDIA neben *Short-Term Releases* (unverständlicherweise von NVIDIA als *Production Branch* gekennzeichnet) auch *LTS Releases* (*Long Term Support Branch*). Leider zieht NVIDIA hier keinen »roten Faden« bezogen auf die Nummerierung (etwa durch gerade und ungerade Nummern) durch.

Einige der aktuelleren, ungeraden Release-Nummern werden für die LTS-Versionen verwendet (11, 13), einige der geraden (12, 14) für die Short-Term Branches. In älteren Versionen passt dieses Schema nicht, daher kontrollieren Sie immer den verwendeten Branch gemäß der Support-Matrix.

Ein vGPU *LTS Branch* hatte im betrachteten Stand einen Supportzeitraum von drei Jahren: So ist der EOL für den vGPU 13.x Branch, der im August 2021 gestartet wurde, im August 2024 erreicht. Die *Short-Term Branches* hingegen haben in der Regel nur einen maximalen Supportzeitraum von einem Jahr.



**Hinweis: NVIDIA AI Enterprise (NVAIE-Versionen)**

Bitte beachten Sie bereits an dieser Stelle, dass sich vGPU- und NVAIE-Software (Letztere ab Kapitel 6 erläutert) in Art, Aufbau und Lizenzierung (siehe ab Kapitel 7) unterscheiden. Die von NVAIE unterstützten Produkte und Features finden sich hier:

*https://docs.nvidia.com/ai-enterprise/latest/release-notes/index.html.*

### 4.3.7 vGPU-Features je nach Produkt

Tabelle 4.1 listet die vGPU-Features je nach gewähltem/lizenziertem Produkt auf. Bezogen auf den Scope des Buches ist für uns primär nur die letzte Spalte der Tabelle (vCS, virtual Compute Server) von Relevanz.

| Feature | NVIDIA vApps | NVIDIA vPC | NVIDIA vWS | NVIDIA vCS |
|---|---|---|---|---|
| **License Entitlement** | | | | |
| Concurrent User (CCU) | ✓ | ✓ | ✓ | |
| Per GPU | | | | ✓ |
| **Capability Entitlement** | | | | |
| Desktop Virtualization | | ✓ | ✓ | |
| RDSH App Hosting | ✓ | ✓ | ✓ | |
| RDSH Desktop Hosting | ✓ | ✓ | ✓ | |
| Compute Virtualization | | | ✓ | ✓ |
| Windows Guest OS Support | ✓ | ✓ | ✓ | |

**Tabelle 4.1** vGPU-Features und -Lizenzen

| Feature | NVIDIA vApps | NVIDIA vPC | NVIDIA vWS | NVIDIA vCS |
|---|---|---|---|---|
| Linux Guest OS Support | | ✓ | ✓ | ✓ |
| Maximum Displays | 1 | 4 | 4 | 1 |
| Maximum Resolution | 1280 × 1024 | 5120 × 2880 (5K) | 7680 × 4320 (8K) | 4.096 × 2160 (4K) |
| NVIDIA RTX Enterprise Software Features | | | ✓ | |
| OpenGL, DirectX and Vulkan | ✓ | ✓ | ✓ | In-situ Graphics only |
| CUDA and OpenCL Support | | | ✓ | ✓ |
| ECC and Page Retirement | | | ✓ | ✓ |
| Multi-vGPU | | | ✓ | ✓ |
| NVLink | | | ✓ | ✓ |
| GPU Passthrough Support | ✓ | | ✓ | ✓ |
| Bare Metal Support | ✓ | | ✓ | |
| **vGPU Profile Sizes Supported** | | | | |
| 512 MB | | ✓ | ✓ | |
| 1 GB | ✓ | ✓ | ✓ | |
| 2 GB | ✓ | ✓ | ✓ | |
| 3 GB | ✓ | | ✓ | |
| 4 GB | ✓ | | ✓ | ✓ |
| 5 GB | | | | ✓ |
| 6 GB | ✓ | | ✓ | ✓ |

**Tabelle 4.1** vGPU-Features und -Lizenzen (Forts.)

### 4.3.8 vGPU-Arbeitsweise (konzeptionell)

Die vGPU-Software von NVIDIA verwendet, wie im letzten Abschnitt bereits kurz angerissen, eine softwarebasierte, temporäre Partitionierung der physikalischen GPU in 1–*n* vGPU-Entitäten, die sich in ihren möglichen Patterns (Größe/Aufteilung) je nach GPU-Modell und GPU-RAM-Größe unterscheiden.

Die (der VM) jeweils zugeteilte *vGPU-Partition* bietet Zugriff auf gemeinsam genutzte Ressourcen und die Ausführungs-Engines der GPU: Graphics/Compute- und Copy-Engines. Im vGPU-Mode kommt ein dedizierter *vGPU-Scheduler* zum Einsatz, der per Default wie folgt arbeitet:

Wenn vGPU-Partitionen hinzugefügt oder entfernt werden, kann sich der Anteil der zugewiesenen GPU-Verarbeitungszyklen einer vGPU abhängig von der eingestellten *Scheduling-Policy* entsprechend ändern. Dies führt in der Standardeinstellung des Schedulers (*Best-Effort*) dazu, dass die Leistung einer bestimmten vGPU bei geringer Gesamtauslastung der physikalischen GPU bzw. anderer vGPUs steigt und analog dazu und bei höherer Auslastung der GPU/anderer vGPUs sinkt. Natürlich sind auch davon abweichende vGPU-Scheduling-Policies möglich. Schauen wir uns das genauer an.

### 4.3.9 Scheduling-Policies von vGPU

Starten wir zunächst aus etwas größerer Flughöhe: Unter bestimmten Umständen kann eine VM, auf der ein vGPU-Workload ausgeführt wird, die Leistung von vGPU-Workloads beeinträchtigen, die auf anderen VMs ausgeführt, aber von der gleichen physikalischen GPU bedient werden.

NVIDIA-GPUs implementieren – wie üblich je nach Hard-/Software-Version – einen *Best-Effort*-vGPU-Scheduler, der darauf abzielt, Leistungsspitzen über verschiedene vGPUs (die auf der gleichen physikalischen GPU arbeiten) bestmöglich auszugleichen. Der Best-Effort-Scheduler ermöglicht einer vGPU in diesem Modus, Compute-Zyklen anderer vGPUs zu nutzen, die von diesen gerade nicht benötigt werden. Das wiederum kann jedoch dazu führen, dass eine vGPU, der gerade (Idle-)Zyklen entzogen worden sind, diese ad hoc wieder benötigt, aber nicht mehr greifbar hat und daher throttelt.

Um dieses Problem des Best-Effort-vGPU-Scheduling zu lösen, unterstützen NVIDIA-GPUs zusätzlich *vGPU-Scheduler* mit fester/prozentualer Zuteilung. Diese GPU-Share-Scheduler begrenzen die von einer vGPU verwendeten GPU-Compute-Zyklen auf verschiedene Arten. Dadurch wird verhindert, dass leistungsintensive Anwendungen einer bestimmten vGPU die Leistung anderer vGPU-Anwendungen spontan beeinträchtigen.

Abbildung 4.6 zeigt in vereinfachter Form die Arbeitsweise des GPU-Schedulers im Default-Mode.

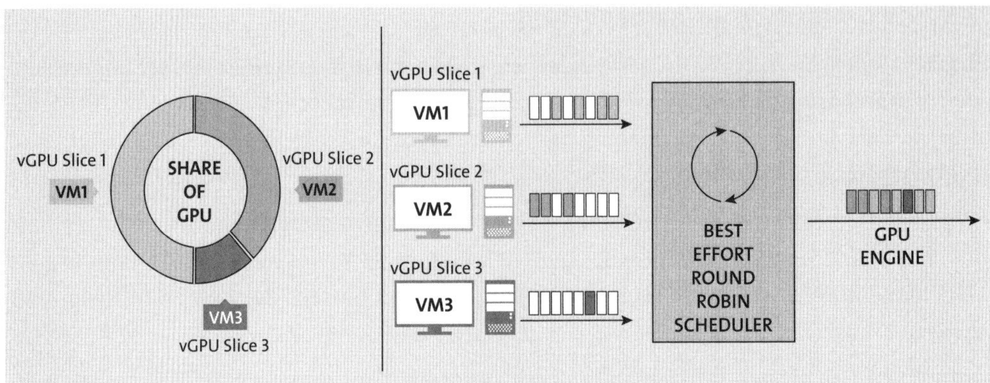


**Abbildung 4.6** GPU-Scheduler im Default-Mode (vGPU), Quelle: NVIDIA

Auf NVIDIA-GPUs, die mehrere vGPU-Scheduler (üblicherweise alle GPUs, die neuer als die Maxwell-Architektur sind) unterstützen, kann der zu verwendende vGPU-Scheduler ausgewählt werden. Zur Verfügung stehen (außer dem Best-Effort-Scheduler) in der Regel noch die Scheduler *Equal Share* und *Fixed Share*. Der *Equal-Share*-Scheduler verteilt die Shares lastunabhängig und gleichmäßig auf alle aktiven vGPUs und ändert die prozentuale Zuteilung, sobald vGPUs hinzukommen oder wegfallen. Wird *Fixed Share* eingesetzt, ist der Name Programm: Es ändert sich nichts an der Zuteilung der Shares, egal welche vGPUs hinzukommen oder wegfallen.

**Hinweis**

Sobald Sie einen der vGPU-Scheduler *Equal Share* oder *Fixed Share* verwenden, ist der Frame-Rate-Limiter (FRL) deaktiviert.

Der Best-Effort-Scheduler ist im Auslieferungszustand zunächst der Standard-Scheduler für alle unterstützten GPU-Architekturen.

Um z. B. auf einem vSphere-Host den aktiv eingestellten GPU-Scheduler auszulesen, können Sie wie folgt vorgehen (Voraussetzung: ESXi-Konsole aktiv):

```
[root@esxi2:~] nvidia-smi vgpu
```

```
Fri Apr 22 14:32:24 2022
+-----------------------------------------------------------------------------+
| NVIDIA-SMI 510.47.03              Driver Version: 510.47.03                 |
|---------------------------------+------------------------------+------------+
| GPU  Name                       | Bus-Id                       | GPU-Util   |
|      vGPU ID     Name           | VM ID     VM Name            | vGPU-Util  |
|=================================+==============================+============|
|   0  Tesla T4                   | 00000000:65:00.0             |   0%       |
|      3251635622  GRID T4-4C     | 2104355  opns2-cxtqb-vgpu... |      0%    |
+---------------------------------+------------------------------+------------+
```

```
[root@esxi2:~] dmesg | grep NVRM | grep scheduler
```

```
2022-04-22T10:25:10.320Z cpu6:2099374)NVRM: GPU at 0000:65:00.0 has software scheduler
DISABLED with policy BEST_EFFORT.
```

Tabelle 4.2 zeigt die möglichen Einstellungen für die Variable RmPVMRL, welche die Time-Slice-Länge definiert.



| Value | Meaning |
|---|---|
| 0x00 (Default) | Best Effort Scheduler |
| 0x01 | Equal Share Scheduler with the Default time slice length |
| 0x00(XX)0001 | Equal share scheduler with a user-defined time slice length of (XX) |
| 0x11 | Fixed Share Scheduler with the Default time slice length |
| 0x00(XX)0011 | Fixed share scheduler with a user-defined time slice length (XX) |

**Tabelle 4.2** vGPU-Scheduler und Time-Slice-Settings

Bei userdefinierten Time-Slice-Längen kann über die Platzhalter XX in Tabelle 4.2 hexadezimal ein Millisekunden-Wert definiert werden. Dieser darf im Bereich 01 bis 1E liegen, umgerechnet im Bereich von 1–30 Millisekunden. Wird 00 gesetzt, wird der Default-Wert angenommen.

Der Default-Wert der eingestellten Time-Slice-Länge richtet sich nach der Anzahl aktiver vGPUs auf dem System. Bei bis zu acht vGPUs sind dies 2 Millisekunden, bei mehr als acht vGPUs 1 Millisekunde.

Auf der Konsole eines vSphere-Systems kann eine Umstellung wie folgt durchgeführt werden, hier auf einen Fixed-Scheduler mit einer Time-Slice-Länge von 24 Millisekunden (Hex: 0x18):

```
# esxcli system module parameters set -m nvidia -p
"NVreg_RegistryDwordsPerDevice=pci=0000:65:00.0;RmPVMRL=0x11[;pci=0000:65:00.0;RmP-
VMRL=0x00180011]"
```

Danach muss ein Reboot des ESXi-Host erfolgen, auf dem die physikalische GPU verbaut ist. Um ein Restore der Default-Settings zu erzwingen, kann das folgende Kommando verwendet werden:

```
# esxcli system module parameters set -m nvidia -p "NVreg_RegistryDwords="
```

Danach müssen Sie ebenfalls einen Reboot durchführen. Weitere Details zur Konfiguration der verschiedenen Scheduler finden sich z. B. hier:

- *https://docs.nvidia.com/ai-enterprise/deployment-guide/dg-advance-gpu.html*
- *https://docs.nvidia.com/ai-enterprise/latest/user-guide/index.html#changing-vgpu-scheduling-policy*

### 4.3.10 vGPU-Profile und Zuordnung (exemplarisch: NVIDIA A100 40 GB)

Betrachten wir nun schon einmal ein paar einfache, aber konkrete Partitionierungsbeispiele: Eine NVIDIA A100 mit 40 GB kann (außer dem dort ebenfalls zur Verfügung stehenden MIG-Partitionierungsmodus, diesen schauen wir uns ab Abschnitt 4.4 an) per *vGPU* beispielsweise in maximal bis zu zehn virtuelle GPUs partitioniert werden (A100-4C). Dadurch können zehn VMs mit je 4 GB GPU-RAM auf diese gemeinsam genutzte, physikalische GPU-Ressource zugreifen.

Alle vGPU-Patterns (die für den Scope des Buches relevanten vCS-Profile, Typ vGPU `-Typ "C"`) für die A100 mit 40 GB sind in Tabelle 4.3 gelistet.

| vGPU Profile | Intended Use Case (AI/ML) | Frame Buffer Size (MB) | Maximum vGPUs per GPU | Maximum vGPUs per Board |
|---|---|---|---|---|
| A100-40C | Training Workloads | 40.960 | 1 | 1 |
| A100-20C | Training Workloads | 20.480 | 2 | 2 |
| A100-10C | Training Workloads | 10.240 | 4 | 4 |
| A100-8C | Training Workloads | 8.192 | 5 | 5 |
| A100-5C | Inference Workloads | 5.120 | 8 | 8 |
| A100-4C | Inference Workloads | 4.096 | 10 | 10 |

**Tabelle 4.3** vGPU-Profile NVIDIA A100

Das gute alte Tesla T4-Standard-Arbeitspferd mit 16 GB lässt sich per vGPU beispielsweise in den Modi 4 × 4 GB, 2 × 8 GB und 1 × 16 GB partitionieren und kann damit (Profil T4-4C) an bis zu vier VMs durchgereicht werden (eine virtuelle GPU mit je 4 GB GPU-RAM pro VM).

Eine vGPU-Partition wird einer VM mithilfe von *vGPU-Profilen* zugewiesen, die ab Abschnitt 4.3.11 erläutert werden. Um die vGPU-Unterstützung auf einer virtuellen Maschine zu aktivieren, wird der jeweiligen VM die GPU als PCIe-Gerät hinzugefügt. Bei der Konfiguration des PCI-Gerätes werden die verfügbaren vGPU-Profile angezeigt und können der VM zugewiesen werden, wie in späteren Abschnitten noch ausführlich gezeigt wird. Dies Funktionalität erfolgt über den (v)GPU-Manager, der üblicherweise auf Hypervisor-Ebene (z. B. VMware vSphere oder Red Hat RHV/RHEL) implementiert ist. Um die vGPU-Unterstützung auf einer virtuellen Maschine zu aktivieren, sollte der Benutzer administrative Rechte auf dem Hypervisor besitzen.

Um bei Bedarf vollautomatische Scale-out-Szenarien zu ermöglichen, wird der gerade beschriebene Vorgang der vGPU-Zuweisung typischerweise vorab auf dem Hypervisor für ein *VM-Template* durchgeführt. Dieses wird dann – z. B. im Rahmen von OpenShifts MachineSets – dazu verwendet, um on demand entweder manuell oder per Autoscaler neue vGPU-gestützte VMs zu skalieren.



Unter dem nachstehend aufgeführten Link finden sich die von NVIDIAs vGPU-Software-Stack unterstützten GPU-Modelle:

*https://docs.nvidia.com/grid/gpus-supported-by-vgpu.html.*

### 4.3.11 Konkrete vGPU-Profile und Details

Betrachten wir nun anhand einiger Beispiele auszugsweise die Profile, die von vGPU-fähigen Karten (wie z. B. der im Folgenden verwendeten Tesla T4) den VMs zur Verfügung gestellt werden können, und schlüsseln die Bezeichnungen noch einmal etwas genauer auf.

#### Präfix

Die Präfixe in der Profilbezeichnung ergeben sich in der Regel durch den verwendeten Kartentyp (z. B. für eine T4: `grid-t4_<profile>`) und werden durch den jeweiligen Profil-Modus ergänzt.

#### Generelle vGPU-Profilkennung

Der `<profile>`-Teil des Bezeichners besteht dann meist aus einer Zahl und einem Buchstaben, gegebenenfalls gefolgt von einem weiteren Buchstaben:

```
grid-<model>_<number><char>[<optional char>],
z. B.: grid-t4_4c oder grid-m60_2q
```

Neuere Karten, wie z. B. die A100 oder A30, enthalten einen zusätzlichen Bezeichner (hier: `<number1>`):

```
grid-A100__<number1>_<number2><char>[<optional char>]
```

Bei dieser zum Zeitpunkt der Betrachtung aktuellen Architektur steht `<number1>` für die mögliche Anzahl der *Slices/Compute Instances* pro vGPU.

Für die folgenden theoretischen Vorbetrachtungen verwenden wir exemplarisch eine Tesla T4 (16 GB GPU-RAM), da diese, wie auch die A30 und A100, in den später noch folgenden praktischen Exkursen Anwendung findet.

### Aufschlüsselung der vGPU-Profilkennung

Beginnen wir mit der Aufschlüsselung. Betrachten wir zunächst die Zahl hinter dem Modellbezeichner: `grid-<model>-`**`<number>`**...

Diese Zahl liefert – je nach Modell – üblicherweise Rückschlüsse auf zwei elementare Kenngrößen:

- **Framebuffer-Größe, Anzahl der vGPU-Instanzen**

  Die Zahl im Profil legt die *Größe des Framebuffers* fest, den die jeweilige VM von der GPU-Karte erhält. Im Fall des erstgenannten, oben angeführten Beispiels (**`grid-t4_4c`**) würde die VM also 4 GB GPU-RAM erhalten. Damit legt das Profil – bedingt durch die Größe des zugewiesenen Framebuffers – fest, wie viel GPU-RAM die VM nutzen kann. Bezogen auf das Profil **`grid-t4_4c`** wäre dies beispielsweise $^1/_4$ der insgesamt verfügbaren 16 GB RAM der T4 im Compute-Mode (»C«). Damit wären in einer »nicht-mixed« vGPU-Profil-Konfiguration maximal vier VMs mit je 4 GB GPU-RAM pro T4 GPU möglich.

  Nachfolgend noch weitere Beispiele zur Veranschaulichung, bezogen auf die gleiche Karte, in vereinfachter Form ohne Profil-Prefix:

  - **`t4_16c`** – Bei diesem Profil erhält eine VM die kompletten 16 GB RAM im Compute-Mode. Die Ressourcen der GPU-Karte sind mit dieser einen VM komplett ausgeschöpft.
  - **`t4_8c`** – Bei diesem Profil erhält eine VM 8 GB RAM. Die GPU-Karte kann maximal zwei VMs mit diesem Profil bedienen, bis sie komplett ausgeschöpft ist.
  - **`t4_4c`** – Bei diesem Profil erhält eine VM 4 GB RAM. Die GPU-Karte kann maximal vier VMs mit diesem Profil bedienen, bis sie komplett ausgeschöpft ist.

> **Hinweis**
>
> Kennungen wie **`*_2b4`** oder **`*_1b4`** sind ältere Kennungen, die mit den neueren (ohne die zweite Zahl hinter dem Buchstaben) identisch sind, und werden auf Sicht ausgeschlichen.

- **Profilbezeichner (Buchstaben)**

  Nun zu den verfügbaren Buchstaben. Je nach GPU-Modell, Karte und Treiber existieren verschiedene Buchstaben in den Profilen, meist A, B, C und Q. Dabei unterscheiden wir zunächst generelle Profile, die zugleich auch die erforderliche Lizenz bestimmen, siehe dazu auch Abschnitt 4.3.5 und Kapitel 7:

  - **A – Virtual Applications (vApps)**: Virtual GPUs für Remote Desktop Session Host (RDSH) Server, für uns bezogen auf den Scope des Buches nicht relevant.
  - **B – Virtual PC (vPC)**: Virtual GPUs für **Business** Desktop Computing, für uns bezogen auf den Scope des Buches nicht relevant.
  - **Q – Quadro Virtual Workstation (vWS)**: Besondere Grafikfeatures für Workstations, mit denen bis zu vier 4K-Monitore genutzt werden können. Für CAD-Anwendungen oder das Grafikdesign wichtig, für die Themen des Buches nicht relevant.
  - **C – Training Workloads/Compute Server (vCS)**: KI/ML (CUDA/OpenCL), HPC.

Je nach Grafikkarte werden mehrere der angegebenen Profile unterstützt. So beherrscht eine Tesla T4 z. B. alle vier der benannten Modi (A, B, C, Q). Für *NVIDIA AI Enterprise* werden üblicherweise C-Profile benötigt (erfahrungsgemäß funktionieren jedoch auch meist Q-Profile). vGPU-Typen der C-Serie sind für rechenintensive Workloads optimiert. Infolgedessen unterstützen sie im grafischen Modus üblicherweise nur eine einzelne Anzeige mit einer maximalen Auflösung von 4.096 × 2.160 und bieten keine NVIDIA-RTX-Grafikbeschleunigung.



### 4.3.12 Exemplarische vGPU-Partitionslayouts

Wie wir nun wissen, stellen die vGPU-Profile im Grunde nichts anderes als Bereitstellungsoptionen für virtuelle GPU-Instanzen dar, die sich in der Größe des zur Verfügung gestellten GPU-Speichers unterscheiden. Die zur Verfügung gestellten Compute-Ressourcen sind jedoch – wie bei einer CPU, die von allen Tasks des Systems verwendet wird – shareable. Wer z. B. aus Tenancy-Gründen explizit auch Partitionen für die CPU-Cores benötigt, muss sich mit dem MIG-Modus (siehe ab Abschnitt 4.4) befassen.

**Hinweis: Mixed-vGPU-Profil-Modi (C, A, Q) erst ab vGPU 14**

Ab vGPU Version 14 werden (bezogen auf eine GPU) bei identischer Framebuffer-Größe auch Mixed Modes/Profiles (C, A, Q) unterstützt, siehe: *https://docs.nvidia.com/grid/14.0/whats-new-vgpu/index.html*

Mixed-Konfigurationen, bezogen auf vGPU-Profiltypen (C, A, Q), wurden im betrachteten Stand ausdrücklich erst ab vGPU-Version 14 unterstützt. Allen VMs, die ältere vGPU-Ressourcen von einer gemeinsam genutzten, physikalischen GPU-Ressource verwenden wollen, muss dasselbe, identisch fraktionierte vGPU-Profil des gleichen Typs (z. B. Typ C = Compute) zugewiesen werden.

In Abbildung 4.7 zeigt, wie gültige und auch ungültige Konfigurationen (im Sinne von vGPU-Partitionen) auf einer Tesla T4 aussehen können.

In Abbildung 4.7 sehen Sie auch verschiedene vGPU-Layouts des Typs C (Compute) für die physikalischen GPUs 0 und 1, die auf dem gleichen Host verbaut sind. Natürlich können wir jeder physikalischen GPU unterschiedliche/differierende vGPU-Layouts zuteilen, jedoch nicht innerhalb einer physikalischen GPU. Da in diesem Beispiel zwei physikalische GPUs installiert sind, kann GPU 0 anders partitioniert/fraktioniert werden als GPU 1.

Konkret bedeutet das: Sobald wir eine vGPU-Partitionsgröße für eine physikalische GPU gewählt haben, muss für alle anderen Partitionen auf der gleichen physikalischen GPU die gleiche vGPU-Größe verwendet werden. Ausgenommen davon sind natürlich vGPU-Profile, die die komplette GPU beanspruchen – wie in Abbildung 4.7 die T4-16C-Profile, die den gesamten RAM der GPU okkupieren.

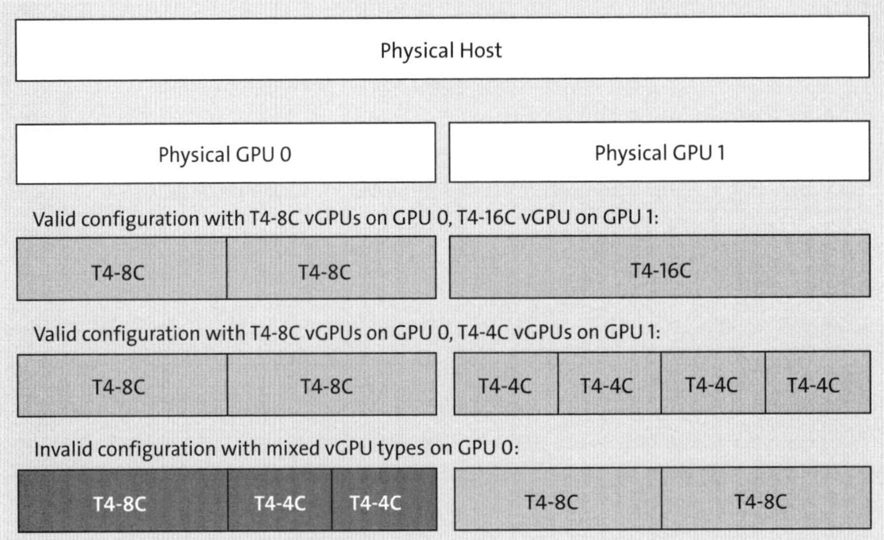


**Abbildung 4.7** vGPU-Partitionslayouts einer T4, Quelle: NVIDIA

In der Abbildung sind alle validen Konfigurationen gekennzeichnet. Die ungültige (Mixed-Size) Konfiguration ist hervorgehoben: eine einzelne physikalische GPU mit unterschiedlichen RAM-Größen (1 × 8C- und 2 × 4C). Unterschiedliche vGPU-Profil-Größen auf einer physikalischen GPU werden jedoch explizit nicht unterstützt, als direkte Folge können VMs, die vGPU-Teile dieser Mixed-Konfiguration nutzen wollen, nicht erfolgreich eingeschaltet werden.

### 4.3.13 Erforderliche vGPU-Lizenzen und Entitlements je nach Modell und Typ

Soll eine NVIDIA-vGPU zum Einsatz kommen, müssen die dafür verwendeten vGPU-Entitlements von NVIDIA bezogen werden. Die Art der erforderlichen Lizenz hängt von dem vGPU-Typ ab. Die entsprechenden Details finden sich in Kapitel 7 über die NVIDIA-Produktlizenzierung (vGPU und NVAIE).

### 4.3.14 Übersicht der vGPU-Modi nach GPUs/Karten

Eine vGPU-versionsspezifische Übersicht, welche GPUs welche vGPU-Modes/Profile unterstützen, findet sich typischerweise unter der URL:

*https://docs.nvidia.com/grid/<vGPUZ-Version>0/grid-vgpu-user-guide/index.html#virtual-gpu-types-grid-reference*, oder mit <latest> als Version, d. h. bezogen auf den hier betrachteten Stand unter der aktuellen Version 14.x z. B.:

- *https://docs.nvidia.com/grid/14.0/grid-vgpu-user-guide/index.html#virtual-gpu-types-grid-reference*
- *https://docs.nvidia.com/grid/latest/grid-vgpu-user-guide/index.html#virtual-gpu-types-grid-reference*



## 4.4 MIG – Multi-Instance GPU

Siehe zu allem Folgenden auch:

*https://docs.nvidia.com/datacenter/tesla/mig-user-guide/index.html*.

Im Vorfeld hatten wir den MIG-Mode schon kurz und konzeptionell betrachtet. Werden wir nun etwas konkreter und gehen in diesem Abschnitt tiefer in die technischen Details. Dabei betrachten wir zunächst die GPU-Bereitstellungsarten, die uns MIG-fähige GPUs bieten. Dann geht es tiefer in die Konzepte und Modelle, nach denen MIG-fähige GPUs arbeiten, und schließlich darum, welche Implementierungsoptionen uns im RZ-Bereich zur Verfügung stehen.

Wie bereits vorab kurz erwähnt, wurde die MIG-Funktionalität erstmals mit NVIDIAs *Ampere*-GPU-Architektur (üblicherweise Prefix »A« im Namen der Karte, wie z. B. A100, A30 oder A10) eingeführt. Die A100, wie auch ihr Nachfolger der *Hopper* Generation (die H100), werden als PCIe- und SXM-(Board Mounted)-Devices angeboten, Letztere typischerweise architekturbedingt mit einer etwas besseren Performance, dafür aber auch mit speziellen Anforderungen an die hostenden Server.

Die Unterstützung und Einbindung MIG-fähiger Karten unter Kubernetes wurde ursprünglich Mitte 2020 erstmals spruchreif. NVIDIAs interne Designdokumente spezifizierten bereits damals die Konzepte und Verfahren, nach denen MIG-Mode-fähige Karten unter Kubernetes eingebunden werden können. Diese Verfahren und Tool-Sets wurden im Laufe der letzten Jahre verfeinert und optimiert und werden in den folgenden Abschnitten – natürlich bezogen auf den in diesem Buch betrachteten zeitlichen Stand wie auch den inhaltlichen Scope – sukzessive vorgestellt.

Im Gegensatz zum vGPU-Mode können auf GPUs, die *MIG*-Funktionalitäten (*Multi-Instance GPU*) unterstützen, bis zu sieben Hardware-/»EEPROM-like« partitionierte GPUs erstellt werden. Dies gilt auch für eine A100, die in ihrem alternativ ebenfalls verfügbaren vGPU-(*nicht* MIG-)Mode, bezogen auf eine 40-GB-Version, sogar bis zu zehn vGPUs (nicht MIG-backed) an VMs durchreichen könnte.

Kommen jedoch statt vGPU-Instanzen auf der beispielhaft betrachteten A100 die maximal 7 möglichen und per MIG bereitgestellten GPU-Instanzen auf der gleichen physikalischen GPU zum Einsatz, sind diese im Gegensatz zum »reinen« vGPU Mode Tenant-technisch deutlich besser voneinander isoliert, und können über eigene RAM-, Cache- und Recheneinheiten verfügen.

Im Gegensatz zum vGPU-Modus führt dies jedoch – bezogen auf die reine Rechenleistung – zu einem Performance-Nachteil für den MIG-Mode bei wenigen VMs, die die GPU nutzen (je nach Scheduler-Einstellung), da im vGPU-Mode alle (sonst gegebenenfalls ungenutzten) GPU-Compute-Shares von den aktiven vGPU-Instanzen verwendet werden können. Siehe zu dieser Thematik auch Abschnitt 4.10 und Abschnitt 4.3.9.

**Hinweis: MIG und vGPU**

Beachten Sie, dass jede MIG-fähige Karte in der Regel auch vGPU-Profile unterstützt (sowohl pure vGPU als auch MIG-backed vGPU; die Unterschiede werden im Folgenden erläutert).

Das bedeutet konkret, dass Ihnen bei MIG-fähigen Karten unterschiedlichste Implementierungsmöglichkeiten zur Verfügung stehen, mit denen sich so gut wie alle Anwendungsfälle abdecken lassen. In der nachstehenden, zunächst stark vereinfachten Übersicht sind beispielhaft GPU-Bereitstellungsverfahren aufgelistet, die wir uns natürlich alle in den folgenden Abschnitten sukzessive noch detailliert anschauen werden:

- *Passthrough* (*MIG* für GPU *deaktiviert*), Single Tenant, Bindung 1 GPU → 1 VM
- *Passthrough mit MIG* (MIG für GPU aktiviert), keine Partitionierung auf dem Hypervisor, stattdessen GPU-Operator-basierte Partitionierung, Multi-Tenancy, Bindung 1 GPU → 1 VM
- *Pure vGPU* (*MIG* für GPU *deaktiviert*), GPU auf Hypervisor vorpartitioniert, verschiedene vGPU-Profile, Bindung 1 GPU → *n* VMs
- *MIG-backed vGPU* (*MIG* für GPU *aktiviert*, GPU auf Hypervisor vorpartitioniert), verschiedene vGPU-Profile, Multi-Tenancy, Bindung 1 GPU → *n* VMs

### 4.4.1 MIG-fähige GPUs

Unterstützte Karten im zuletzt betrachteten Stand (09/2022) waren neben Hopper primär die Ampere-Modelle wie die A100 und die A30, beide Karten auch in den +DPU-Varianten (mit X-Suffix) erhältlich. Die A100 unterstützen – unabhängig von der RAM-Größe (40 GB oder 80 GB) bis zu sieben MIG-Instanzen/Partitionen, die A30 mit ihren Default-24-GB bis zu vier. Auch die im zuletzt betrachteten Stand neueste Hopper-Generation (H100) bietet keine höhere Anzahl an MIG-Partitionen – sieben bleiben das Maximum.

Tabelle 4.4 zeigt eine Liste der NVIDIA-GPUs der Hopper- und Ampere-Architektur, die im betrachteten Stand MIG-fähig sind. Dabei wird im Folgenden weitestgehend nicht zwischen PCIe- und SXM-(CPU-like Board Mounted)-Devices unterschieden.

| GPU | Memory Size | Max Number of MIG Instances/Partitions |
|---|---|---|
| Hopper GH 100 | 80 GB (SXM: HBM3) | 7 |
| A100-40GB | 40 GB | 7 |

**Tabelle 4.4** MIG-fähige NVIDIA GPUs

| GPU | Memory Size | Max Number of MIG Instances/Partitions |
|---|---|---|
| A100-80GB | 80 GB | 7 |
| A100X-80GB (mit DPU) | 80 GB (HBM2e) | 7 |
| A30 | 24 GB | 4 |
| A30X (mit DPU) | 24 GB (HBM2e) | 4 |

**Tabelle 4.4** MIG-fähige NVIDIA GPUs (Forts.)



### 4.4.2 MIG-Konzepte, Terminologien und technische Details

Siehe hierzu auch: *https://docs.nvidia.com/datacenter/tesla/mig-user-guide/*

Betrachten wir zum besseren Verständnis und einfachen Einstieg noch einmal die bereits in Abschnitt 4.3.10 herangezogene Tabelle für die vGPU-Modes einer A100 mit 40 GB, welche nun jedoch im MIG-Mode betrieben werden würde. Seien Sie nicht irritiert, weil auch in dieser Tabelle der Begriff *vGPU* auftaucht:

MIG-fähige Karten, bei denen der MIG-Mode aktiviert wurde und die bereits im Hypervisor (z. B. für unsere konkreten Folgebetrachtungen: vSphere) per GPU-Manager vorpartitioniert in GPU-Häppchen an VM-Templates durchgereicht werden, bieten ebenfalls einen vGPU-Mode an. Jedoch ist dieser – im Vergleich zu regulären vGPU-Partitionen – mit MIG-Partitionen hinterlegt (*MIG-backed vGPU*), was eine deutlich bessere Tenancy bietet.

#### vGPU oder MIG-backed vGPU?

Welche Art von vGPU-Slice (pure vGPU oder MIG-backed vGPU) für die Template-VMs zur Verfügung steht, hängt davon ab, ob auf dem Hypervisor der MIG-Mode für die entsprechende physikalische GPU aktiviert wurde oder nicht. Siehe zu diesem Punkt auch Tabelle 4.5 von NVIDIA, die einen High-Level-Feature-Vergleich zwischen vGPU und MIG-backed vGPU liefert.

| | vGPU: MIG-Enabled | vGPU: MIG-Disabled |
|---|---|---|
| **GPU Partitioning** | Spatial (Hardware) | Temporal (Software) |
| **Number of Partitions** | 7 | 10 |
| **Compute Resources** | Dedicated | Shared |
| **Compute Instance Partitioning** | Yes | No |
| **RAM Address Space Isolation** | Yes | Yes |

**Tabelle 4.5** vGPU vs. MIG-backed vGPU

| | vGPU: MIG-Enabled | vGPU: MIG-Disabled |
|---|---|---|
| **NVLink Support** | No | Yes |
| **Multi-Tenant** | Yes | No |
| **Confidential Computing** | No | No |
| **GPUDirect RDMA** | Yes (GPU instances) | Yes |
| **Heterogeneous Profiles** | Yes | No |

**Tabelle 4.5** vGPU vs. MIG-backed vGPU (Forts.)

In den folgenden Tabellen betrachten wir konkret die zur Verfügung stehenden MIG-backed vGPU-Profile (Typ C, also vCS-Lizenz) einer A100 (PCIe) mit jeweils 40 GB und 80 GB und die einer A30 (24 GB). Die Spalte *Maximum vGPUs per GPU* der Tabellen repräsentiert dabei die Anzahl an VMs, die maximal mit *MIG-backed vGPU-Partitionen* ausgestattet werden können.

**Hinweis: MIG-Notation**

Als vereinfachte Erklärung vorab zum Verständnis der Notation der Spalte *Corresponding MIG Profile*, der nachfolgenden Tabellen, die in späteren Abschnitten noch genauer aufgedröselt wird: In der Notation (hier abstrahiert) `Xg.Ygb` steht `X` für die Anzahl der zum Einsatz kommenden *Compute*-Units einer MIG-fähigen Karte, `Y` für die diesem Profil zugewiesene *Memory*-Größe. Die `+me`-Spezifikationen in der Spalte *Corresponding MIG Profile*) sind für Media-Extensions gedacht, siehe ebenfalls die noch folgenden Abschnitte.

| MIG-backed vGPU Profile (Hypervisor-based Slicing) | Intended Use Case | Frame Buffer (MB) | Maximum vGPUs per GPU | Slices per vGPU | Compute Instances per vGPU | Corresponding MIG Profile |
|---|---|---|---|---|---|---|
| A100-7-40C | Training Workloads | 40.960 | 1 | 7 | 7 | MIG 7g.40gb |
| A100-4-20C | Training Workloads | 20.480 | 1 | 4 | 4 | MIG 4g.20gb |
| A100-3-20C | Training Workloads | 20.480 | 2 | 3 | 3 | MIG 3g.20gb |

**Tabelle 4.6** MIG-backed vGPU-Profile: A100 40 GB

| MIG-backed vGPU Profile (Hypervisor-based Slicing) | Intended Use Case | Frame Buffer (MB) | Maximum vGPUs per GPU | Slices per vGPU | Compute Instances per vGPU | Corresponding MIG Profile |
|---|---|---|---|---|---|---|
| A100-2-10C | Training Workloads | 10.240 | 3 | 2 | 2 | MIG 2g.10gb |
| A100-1-5C | Inference Workloads | 5.120 | 7 | 1 | 1 | MIG 1g.5gb |
| A100-1-5CME | Inference Workloads | 5.120 | 1 | 1 | 1 | MIG 1g.5gb+me |

**Tabelle 4.6** MIG-backed vGPU-Profile: A100 40 GB (Forts.)

| MIG-backed vGPU Profile (Hypervisor-based Slicing) | Intended Use Case | Frame Buffer (MB) | Maximum vGPUs per GPU | Slices per vGPU | Compute Instances per vGPU | Corresponding GPU Instance Profile |
|---|---|---|---|---|---|---|
| A100D-7-80C | Training Workloads | 81.920 | 1 | 7 | 7 | MIG 7g.80gb |
| A100D-4-40C | Training Workloads | 40.960 | 1 | 4 | 4 | MIG 4g.40gb |
| A100D-3-40C | Training Workloads | 40.960 | 2 | 3 | 3 | MIG 3g.40gb |
| A100D-2-20C | Training Workloads | 20.480 | 3 | 2 | 2 | MIG 2g.20gb |
| A100D-1-10C | Training Workloads | 10.240 | 7 | 1 | 1 | MIG 1g.10gb |
| A100D-1-10CME | Training Workloads | 10.240 | 1 | 1 | 1 | MIG 1g.10gb+me |

**Tabelle 4.7** MIG-backed vGPU-Profile: A100 80 GB

| MIG-backed vGPU Profile (Hypervisor-based Slicing) | Intended Use Case | Frame Buffer (MB) | Maximum vGPUs per GPU | Slices per vGPU | Compute Instances per vGPU | Corresponding GPU Instance Profile |
|---|---|---|---|---|---|---|
| A30-4-24C | Training Workloads | 24.576 | 1 | 4 | 4 | MIG 4g.24gb |
| A30-2-12C | Training Workloads | 12.288 | 2 | 2 | 2 | MIG 2g.12gb |
| A30-1-6C | Inference Workloads | 6.144 | 4 | 1 | 1 | MIG 1g.6gb |
| A30-1-6CME | Inference Workloads | 6.144 | 1 | 1 | 1 | MIG 1g.6gb+me |

**Tabelle 4.8** MIG-backed vGPU-Profile: A30 24 GB

### 4.4.3 Allgemeine MIG-Tech-Specs

MIG-fähige GPUs stellen für jede MIG-Instanz (also eine Partition der physikalischen GPU) separate und isolierte Pfade durch das gesamte Speichersystem zur Verfügung und sorgen so für eine saubere Trennung multipler Tenants/Tasks auf der gleichen physikalischen GPU. Die On-Chip-Crossbar-Ports, L2-Cache-Bänke, Memory Controller und DRAM-Adressbusse werden immer eindeutig einer einzelnen MIG-Instanz zugewiesen. So wird sichergestellt, dass der Workload in der MIG-Instanz mit konstantem Durchsatz und Latenz ausgeführt werden kann, selbst wenn andere Tasks die anderen MIG-Instanzen/Slices stark auslasten. Gegenüber einer reinen (Time-Sliced) vGPU-Partitionierung bietet der MIG-Modus zudem reduzierte Latenzzeiten.

Nehmen wir als konkretes Beispiel eine A100 mit 40 GB, die sich mittlerweile in PCIe- und SXM-Varianten als Quasi-Standard der meisten RZ-Betreiber und Cloud-Provider etabliert hat, die GPU-Accelerated ML-Workloads unterstützen.

Eine einzelne A100 40 GB hat beispielsweise acht nutzbare GPU-RAM-Slices mit jeweils 5 GB Speicher, aber nur sieben nutzbare *SM-Slices* (SM = *Streaming Multiprocessor*, siehe Erläuterungen der NVIDIA-spezifischen Abkürzungen im gleich folgenden Abschnitt). Für die MIG-Slices stehen nur sieben SM-Slices zur Verfügung, nicht acht, da ein SM den administrativen Aufwand abdecken muss, sobald der MIG-Modus aktiviert ist. Dies führt leider auch für bestimmte MIG-Profil-Patterns zu einem »Black-Hole«-Effekt, der im Folgenden noch erörtert wird.

Der MIG-Modus wird mithilfe von `nvidia-smi` auf dem Host (de-)aktiviert und konfiguriert und stellt, sobald aktiv, verschiedene Profile zur Verfügung, um unterschiedliche Anforderungen von GPU-Accelerated Workloads optimal bedienen zu können.

Betrachten wir den MIG-Workflow etwas detaillierter in Abbildung 4.8, hier für ein eher »schlankes« (pro Tenant-)Profil einer A100 mit den 7 maximal möglichen Hardware-Partitionen (SM #8 wird zur internen Verwaltung der GPU benötigt).



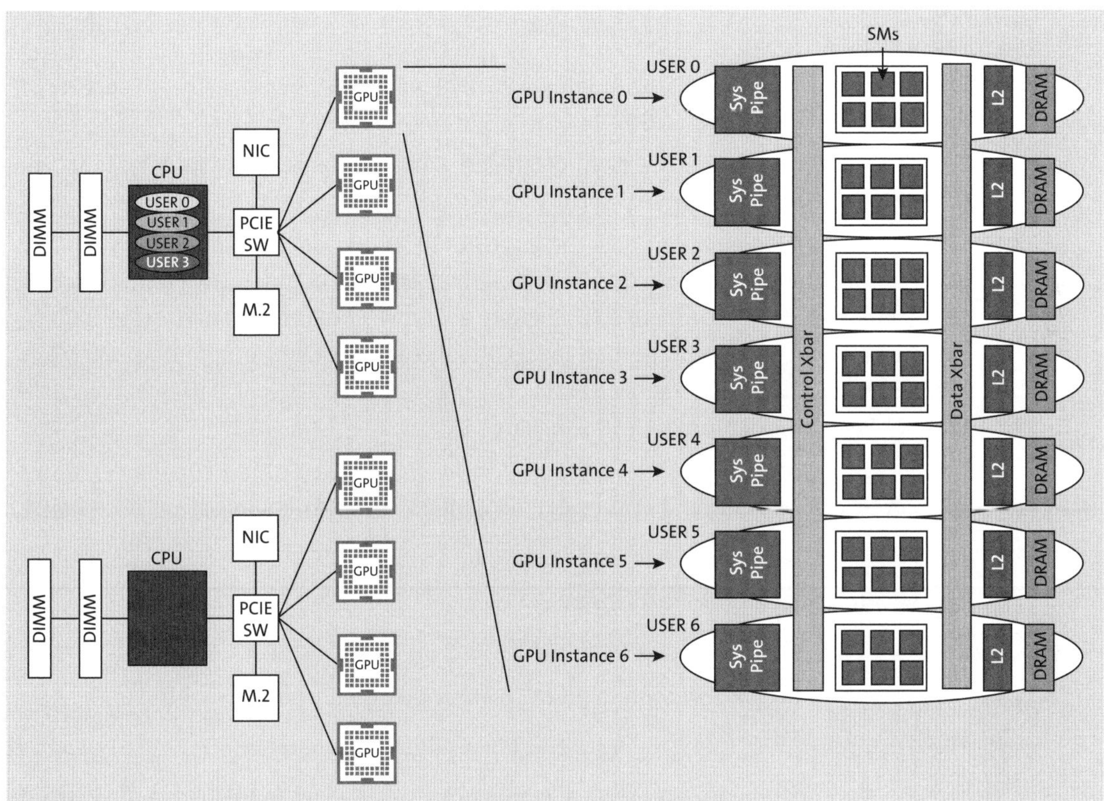


**Abbildung 4.8** MIG-Mode mit involvierten Komponenten, Quelle: NVIDIA

### Abkürzungen und Begrifflichkeiten

Legen wir nun einige Begrifflichkeiten gemäß NVIDIA-Spezifikationen fest, die in den folgenden Erläuterungen Verwendung finden und die zum Teil auch in Abbildung 4.8 zu finden sind.

- *SM – Streaming Multiprocessor*: Teil der GPU, in dem Compute-Instruktionen ausgeführt werden.
- *GPU-Kontext*: Stellt alle Zustände (Daten, Variablen, Bedingungen usw.) dar, die erforderlich sind und instanziiert werden, um bestimmte Aufgaben auszuführen (z. B. CUDA-Berechnung, Grafik, H.264-Codierung usw.).

- *GPU-Engine*: Führt die eigentliche Arbeit auf der GPU aus. Die am häufigsten verwendete Engine ist die Compute/Graphics-Engine. Andere Engines wären z. B. die Copy-Engine (CE), die für die Durchführung von DMAs verantwortlich ist, NVDEC für die Videodecodierung, NVENC für die Codierung usw. Jede Engine kann unabhängig scheduled werden und den Load verschiedener GPU-Kontexte ausführen.
- *GPU-Memory-Slice*: Kleinste RAM-Einheit einer MIG-fähigen Karte, inklusive des zugehörigen Memory Controllers und Cache. Bei einer A100 $^1/_8$ des gesamten RAMs, bei einer A30 $^1/_4$.
- *GPU-SM-Slice*: Kleinste SM-Einheit einer MIG-fähigen Karte. Bei einer A100 $^1/_7$ der insgesamt in der GPU verfügbaren SMs.
- *GPU-Slice*: Kleinste Einheit einer MIG-fähigen Karte (logische Zusammenfassung von GPU-SM-Slice und GPU-Memory-Slice).
- *GPU Instance (GI)*: Ist eine Kombination aus GPU-Slices und GPU-Engines (DMAs, NVDECs usw.) und arbeitet mit Memory-QoS. Alles innerhalb einer GPU-Instanz teilt sich immer alle GPU-Memory-Slices und andere GPU-Engines, aber ihre SM-Slices können weiter in Compute-Instanzen (CI) unterteilt werden. Jeder GPU-Slice enthält dedizierte GPU-Memory-Ressourcen. Jeder GPU-Speicherbereich erhält $^1/_8$ der gesamten GPU-Speicherressourcen, jeder GPU-SM-Bereich $^1/_7$ der insgesamt verfügbaren SMs.
- *Compute Instance (CI)*: Die MIG-fähige GPU kann in multiple Compute-Instanzen unterteilt werden. Eine CI enthält ein Subset der SM-Slices und GPU-Engines der GPU Instance.

### 4.4.4 MIG-Instanzen und -Partitionen

Siehe dazu auch:

- *https://docs.nvidia.com/grid/latest/grid-vgpu-user-guide/index.html*
- *https://docs.nvidia.com/datacenter/tesla/mig-user-guide/*

Betrachten wir nun anhand einiger stark vereinfachter grafischer Modelle, wie die Partitionierung einer MIG-fähigen GPU bezogen auf die Memory- und Compute-Einheiten aussehen kann. Dazu schauen wir uns zunächst die Aufteilung einer A100 mit 40 GB RAM an:

| 5 GB | 5 GB | 5 GB | 5 GB | 5 GB | 5 GB | 5 GB | 5 GB | GPU Memory Slices |
|---|---|---|---|---|---|---|---|---|
| | | | | | | | | |
| | 1 compute | 1 compute | 1 compute | 1 compute | 1 compute | 1 compute | 1 compute | GPU Compute Slices |

Konkret stellt uns die A100 (40 GB) damit 8 × 5 GB Memory-Slices und insgesamt 7 Compute-Slices zur Verfügung. Um nun eine *GPU Instance* zu erzeugen, müssen die GPU-Memory-Slices mit den *Compute-Slices* logisch zusammengeführt werden, wie in der folgenden Abbildung gezeigt:

| 5 GB | **5 GB** | 5 GB | 5 GB | 5 GB | 5 GB | 5 GB | 5 GB |
|---|---|---|---|---|---|---|---|
| | **1g.5GB** | | | **4g.20GB** | | | |
| | **1 compute** | 1 compute | 1 compute | 1 compute | 1 compute | 1 compute | 1 compute |

In der Abbildung wird in dem markierten Bereich ein Compute-Slice mit einem 5-GB-Memory-Slice kombiniert – das entspricht dem MIG-Pattern *1g.5gb*. Ebenso können wir ein *4g.20gb*-Pattern auf Basis von vier Compute-Slices und insgesamt zwanzig (4 × 5) GB Memory-Slices erstellen, dies würde dem hervorgehobenen Teil rechts entsprechen – im Grunde also ein *4c.4g.20gb*-Pattern, was uns zum nächsten Punkt bringt.

### 4.4.5 Compute-Instanzen/Compute-Sub-Partitionierung

Ebenfalls ist es möglich, bestimmte Kombinationen von Compute- (CI) und GPU-Instanzen (GI) miteinander zu verknüpfen. Erfahrungsgemäß ist dies in der Praxis bisher jedoch eher von theoretischer Natur. Zum einen, da es etwas unübersichtlich ist, zum anderen gibt es kaum Anwendungsfälle aus der Praxis, die nicht von einer regulären MIG-Partitionierung erschlagen werden könnten.

Der Vollständigkeit halber ist das Ganze nachstehend für eine CI, die fünf GPU-(RAM-)Partitionen allokiert, dennoch grafisch kurz dargestellt:

| 5 GB | **5 GB** | 5 GB | 5 GB | 5 GB | 5 GB | 5 GB | 5 GB |
|---|---|---|---|---|---|---|---|
| | **1g.5GB** | | | **1c.4g.20GB** | | | |
| | **1 compute** | 1 compute | 1 compute | 1 compute | 1 compute | 1 compute | 1 compute |

Ab Release 0.4.0 der `mig-parted`-Komponente des containerisierten *MIG-Managers* (Teil von NVIDIAs GPU-Operator-Stack, siehe ab Abschnitt 9.4) war es möglich, auch gezielt die zu verwendenden Compute Instances (CI) in einem MIG-Profil anzugeben, allerdings nur in nicht-containerisierten Umgebungen:

*https://gitlab.com/nvidia/cloud-native/mig-parted/-/merge_requests/68*

Laut Aussage eines zuständigen Entwicklers von NVIDIA zu dem Thema sei diese `mig-parted`-Funktionalität des MIG-Managers mit CI-Subentitäten unter Kubernetes/OpenShift nicht einsetzbar, da es dort potentiell zu einem Sharing einer GPU über multiple Container kommen könne. Was unter dem Strich zu folgendem Fazit führt: Bestimmte Konfigurationsoptionen können in bestimmten Szenarien auch zu viel des Guten sein, heißt – weniger kann in bestimmten Fällen manchmal doch mehr sein.

### 4.4.6 MIG-Profilübersichten (A100 und A30)

Betrachten wir in Tabelle 4.9 noch einmal zum besseren Verständnis die uns nun bereits bekannten MIG-Profile – dieses Mal jedoch mit zusätzlichen Spezifikationen hinsichtlich der Aufteilung und Bindung zwischen Memory (generelle *Memory Fraction* und L2 Cache Size) und den Streaming Multiprocessors.

| Profile Name | Fraction of Memory | Fraction of SMs | Hardware Units | L2 Cache Size | Number of GPU Instances Available |
|---|---|---|---|---|---|
| MIG 1g.5gb | 1/8 | 1/7 | 0 NVDECs/0 JPEG/0 OFA | 1/8 | 7 |
| MIG 1g.5gb+me | 1/8 | 1/7 | 1 NVDECs/1 JPEG/0 OFA | 1/8 | 1 (with Media Ext.) |
| MIG 2g.10gb | 2/8 | 2/7 | 1 NVDECs/0 JPEG/0 OFA | 2/8 | 3 |
| MIG 3g.20gb | 4/8 | 3/7 | 2 NVDECs/0 JPEG/0 OFA | 4/8 | 2 |
| MIG 4g.20gb | 4/8 | 4/7 | 2 NVDECs/0 JPEG/0 OFA | 4/8 | 1 |
| MIG 7g.40gb | Full | 7/7 | 5 NVDECs/1 JPEG/1 OFA | Full | 1 |

**Tabelle 4.9** Partitionierungsvarianten einer A100 40 GB

Tabelle 4.10 zeigt alle involvierten Funktionalitäten.

<table>
<tr><th>Config</th><th>GPC Slice #0</th><th>GPC Slice #1</th><th>GPC Slice #2</th><th>GPC Slice #3</th><th>GPC Slice #4</th><th>GPC Slice #5</th><th>GPC Slice #6</th><th>OFA</th><th>NVDEC</th><th>NVJPG</th><th>P2P</th><th>GPU Direct RDMA</th></tr>
<tr><td>1</td><td colspan="7">7</td><td>1</td><td>5</td><td>1</td><td rowspan="18">No</td><td rowspan="18">Supported MemBW proportional to size of instance</td></tr>
<tr><td>2</td><td colspan="4">4</td><td colspan="2">2</td><td>1</td><td>0</td><td>2+1+0</td><td>0</td></tr>
<tr><td>3</td><td colspan="4">4</td><td>1</td><td>1</td><td>1</td><td>0</td><td>2+0+0+0</td><td>0</td></tr>
<tr><td>4</td><td colspan="3">3</td><td colspan="3">3</td><td></td><td>0</td><td>2+2</td><td>0</td></tr>
<tr><td>5</td><td colspan="3">3</td><td colspan="2">2</td><td>1</td><td></td><td>0</td><td>2+1+0</td><td>0</td></tr>
<tr><td>6</td><td colspan="3">3</td><td>1</td><td>1</td><td>1</td><td></td><td>0</td><td>2+0+0+0</td><td>0</td></tr>
<tr><td>7</td><td colspan="2">2</td><td colspan="2">2</td><td colspan="3">3</td><td>0</td><td>1+1+2</td><td>0</td></tr>
<tr><td>8</td><td colspan="2">2</td><td>1</td><td>1</td><td colspan="3">3</td><td>0</td><td>1+0+0+2</td><td>0</td></tr>
<tr><td>9</td><td>1</td><td>1</td><td colspan="2">2</td><td colspan="3">3</td><td>0</td><td>0+0+1+2</td><td>0</td></tr>
<tr><td>10</td><td>1</td><td>1</td><td>1</td><td>1</td><td colspan="3">3</td><td>0</td><td>0+0+0+0+2</td><td>0</td></tr>
<tr><td>11</td><td colspan="2">2</td><td colspan="2">2</td><td colspan="2">2</td><td>1</td><td>0</td><td>1+1+1+0</td><td>0</td></tr>
<tr><td>12</td><td colspan="2">2</td><td>1</td><td>1</td><td colspan="2">2</td><td>1</td><td>0</td><td>1+0+0+1+0</td><td>0</td></tr>
<tr><td>13</td><td>1</td><td>1</td><td colspan="2">2</td><td colspan="2">2</td><td>1</td><td>0</td><td>0+0+1+1+0</td><td>0</td></tr>
<tr><td>14</td><td colspan="2">2</td><td>1</td><td>1</td><td>1</td><td>1</td><td>1</td><td>0</td><td>1+0+0+0+0</td><td>0</td></tr>
<tr><td>15</td><td>1</td><td>1</td><td colspan="2">2</td><td>1</td><td>1</td><td>1</td><td>0</td><td>0+0+1+0+0+0</td><td>0</td></tr>
<tr><td>16</td><td>1</td><td>1</td><td>1</td><td>1</td><td colspan="2">2</td><td>1</td><td>0</td><td>0+0+0+0+1+0</td><td>0</td></tr>
<tr><td>17</td><td>1</td><td>1</td><td>1</td><td>1</td><td>1</td><td colspan="2">2</td><td>0</td><td>0+0+0+0+0+1</td><td>0</td></tr>
<tr><td>18</td><td>1</td><td>1</td><td>1</td><td>1</td><td>1</td><td>1</td><td>1</td><td>0</td><td>0+0+0+0+0+0+0</td><td>0</td></tr>
</table>

**Tabelle 4.10** A100-Partitionierungsvarianten mit möglichen Funktionalitäten

Die Partitionierungsvarianten der A30 (24 GB) zeigt Tabelle 4.11.

| Profile Name | Fraction of Memory | Fraction of SMs | Hardware Units | L2 Cache Size | Number of Instances Available |
|---|---|---|---|---|---|
| MIG 1g.6gb | 1/4 | 1/7 | 0 NVDECs/0 JPEG/0 OFA | 1/4 | 4 |
| MIG 1g.6gb+me | 1/4 | 1/7 | 1 NVDECs/1 JPEG/1 OFA | 1/4 | 1 (with Media Ext.) |
| MIG 2g.12gb | 1/2 | 2/7 | 2 NVDECs/0 JPEG/0 OFA | 2/4 | 2 |
| MIG 3g.24gb | Full | 4/7 | 4 NVDECs/1 JPEG/1 OFA | Full | 1 |

**Tabelle 4.11** Partitionierungsvarianten der A30

Tabelle 4.12 stellt wieder alle involvierten Funktionalitäten dar.

<table>
<tr><th>Config</th><th>GPC Slice #0</th><th>GPC Slice #1</th><th>GPC Slice #2</th><th>GPC Slice #3</th><th>OFA</th><th>NVDEC</th><th>NVJPG</th><th>P2P</th><th>GPU Direct RDMA</th></tr>
<tr><td>1</td><td colspan="4">4</td><td>1</td><td>4</td><td>1</td><td rowspan="5">No</td><td rowspan="5">Supported MemBW proportional to size of the instance</td></tr>
<tr><td>2</td><td colspan="2">2</td><td colspan="2">2</td><td>0</td><td>2 + 2</td><td>0</td></tr>
<tr><td>3</td><td colspan="2">2</td><td>1</td><td>1</td><td>0</td><td>2 + 1 +1</td><td>0</td></tr>
<tr><td>4</td><td>1</td><td>1</td><td colspan="2">2</td><td>0</td><td>1 + 1 + 2</td><td>0</td></tr>
<tr><td>5</td><td>1</td><td>1</td><td>1</td><td>1</td><td>0</td><td>1 + 1 + 1 + 1</td><td>0</td></tr>
</table>

**Tabelle 4.12** A30-Partitionierungsvarianten mit möglichen Funktionalitäten

### 4.4.7 Der A100-MIG-Black-Hole-Effekt, oder: die verschwundenen Partitionen

Sollte es bis zu diesem Zeitpunkt niemandem aufgefallen sein, wird es Zeit, einer auf den ersten Blick befremdlichen Eigenheit der A100 im Vergleich zur A30 auf den Grund zu gehen, bei der es um die real verfügbaren MIG-Partitionierungs-Patterns geht.

Wie wir bereits einige Male anhand der tabellarischen Aufstellungen und Vorbetrachtungen gesehen haben, nutzt die A30 in jeder ihrer möglichen MIG-Partitionierungsvarianten die komplette GPU und ihren ganzen RAM:

1g.6gb = 4 × 6 GB (= 24 GB), 2g.12gb = 2 × 12 GB (= 24 GB) und 4g.24gb = 1 × 24 GB.

Betrachten wir das Ganze nun jedoch für eine A100 einmal etwas genauer, egal ob mit 40 oder 80 GB, fallen drei Ausreißer bei fünf Patterns umgehend auf, zumindest was die reine Memory-Belegung/-Zuordnung angeht. Nehmen wir zunächst die 40-GB-Variante und ihre MIG-Profile:

- **1g.5gb = 7 × 5 GB (= 35 GB ≠ 40 GB)**,
- **2g.10gb = 3 × 10 GB (= 30 GB ≠ 40 GB)**,
- 3g.20gb = 2 × 20 GB (= 40 GB),
- **4g.20gb = 1 × 20 GB (≠ 40 GB)** und
- 7g.40gb = 1 × 40 GB (= 40 GB)

Auf den ersten Blick seltsam, ebenso auf den zweiten – aber im Grunde mit einer recht einfachen Erklärung hinterlegt. Die A30 verfügt über 4 SMs, welche die drei möglichen/verfügbaren MIG-Patterns lückenlos abbilden können: (3 × 6 GB, 2 × 12 GB, 1 × 24 GB). Wie bei der A100 wird 1 SM für die interne Verwaltung benötigt. Der A100 stehen 8 SMs zur Verfügung, von denen 1 ebenfalls zur internen Verwaltung verwendet wird.

Im Fall der A100, konkret bei den Profilen 1g.5gb, 2g.10gb und 4g.20gb, kommen per Default gemäß NVIDIAs Spezifikation auch nur exakt die benannte Anzahl an *Compute Units* zum Einsatz, was aufgrund der maximal 7 (für die MIG-Partitionen zur Verfügung stehenden SMs) zu den fehlenden Memory-Zuweisungen führt, die in Auflistung weiter oben bereits dargestellt wurden:

- 1g = maximal 7 Instanzen
- 2g = maximal 3 Instanzen (7/2 = 3, [ungenutzter] Rest 1)
- 4g = maximal 1 Instanz (7/4 = 1, [ungenutzter] Rest 3)

#### Workaround

Das Ganze ist nicht wirklich schön – insbesondere im Container-Umfeld –, da dort, wie bereits in Abschnitt 4.4.5 erläutert, ein Workaround z. B. über CI-Subprofile und damit die Zuweisung mehrerer Memory-Slices an 1 Compute-Unit (z. B. 1c.1g.10gb × 4 = 40 GB) leider nicht möglich ist.

Dass wir im Rahmen der üblichen Bit-Pattern-Einschränkungen (8, 16, 32 usw.) leben, ist klar, aber dass das gleiche Design mit den gleichen »Gaps« auch unter Hopper zum Einsatz kommt, mutet eher unverständlich an.

Nun, sobald der Druck auf NVIDIA und die Cloud-Provider wächst, alle MIG-Patterns ohne Bit- und damit MIG-Schwund auch in den einzig vollautomatisierten, nämlich den containergestützten Umgebungen verfügbar zu haben, werden vielleicht auch populäre GPU-Patterns wie die A100 als Next-Gen-Modelle ohne Black-Holes neu aufgelegt. Wir werden sehen. Zu wünschen wäre es. Dringend.

### 4.4.8 MIG-Strategien

Die *MIG-Strategien* werden für uns in den noch folgenden praktischen Hands-ons wichtig sein, da diese u. a. direkten Einfluss darauf haben, wie Nodes mit MIG-GPUs – stark vereinfacht – intern automatisiert gekennzeichnet werden.

In NVIDIAs originalem PoC für den Betrieb MIG-fähiger Karten unter Kubernetes sollten ursprünglich vier Betriebsmodi bzw. *MIG-Strategien* unterstützt werden: `single`, `mixed`, `mixed-memory-qualified` und `mixed-fractionally-qualified`. Dies wurde jedoch wieder verworfen, sodass – zumindest für die Ampere-Generation – am Ende nur die beiden Modi `single` und `mixed` übrigblieben. Einige Auszüge der Tech-Specs aus NVIDIAs ursprünglichem Design-Draft für die für uns relevanten Modi *Single* und *Mixed* schauen wir uns nun an.

#### MIG-Strategie »Single«

Ein (GPU-)Node exponiert nur einen bestimmten Single-MIG-Typ über alle auf diesem Node verbauten, MIG-fähigen GPUs. Das bedeutet, dass alle MIG-fähigen GPUs auf dem jeweiligen Node:

- aus der gleichen Produktlinie stammen müssen (z. B.: A100-SXM-40GB),
- den MIG-Modus aktiviert haben,
- so konfiguriert sein müssen, dass sie das gleiche MIG-Pattern bereitstellen.

Alle MIG-fähigen GPUs auf dem Node müssen daher in identische MIG-Patterns unterteilt sein (Verfahren und Hintergründe dazu werden im Folgenden noch detailliert erläutert), wie z. B.:

- 2 (4 Memory, 3 Compute) Devices
- 3 (2 Memory, 2 Compute) Devices
- 7 (1 Memory, 1 Compute) Devices

Das *k8s-device-plugin* auf dem Node – eine typischerweise über NVIDIAs GPU-Operator bereitgestellte Software-Komponente, die in den Abschnitten über den GPU-Operator (ab Abschnitt 9.4) noch ausführlich erörtert wird – stellt sicher, dass alle MIG-fähigen GPUs dem Kubelet auf dem GPU-Node über das normale Label `nvidia.com/gpu` als exponierbar mitgeteilt werden.

Der *gpu-feature-discovery*-Daemon (Erläuterungen siehe ebenfalls ab Abschnitt 9.4) auf dem GPU Node erzeugt Node-Label, die den speziellen Eigenschaften des MIG-Devices entsprechen, der vom Node bereitgestellt wird (anstelle der generischen Eigenschaften der ganzen GPU, wie dies traditionell der Fall ist). Beispielsweise wird die Eigenschaft *CUDA device name* verwendet, um das Label `nvidia.com.gpu.product` mit Daten zu befüllen.

#### MIG-Strategie »Mixed«

Ein (GPU) Node exponiert verschiedene MIG-fähige GPUs mit unterschiedlichen, verfügbaren MIG-Patterns (oder auch GPUs komplett ohne aktivierten MIG-Mode). Ein spezifisches

MIG-Pattern kann vom jeweiligen Consumer (z. B. einem Pod, der einen ML-Workload prozessiert) über die explizite Angabe der Anzahl der Compute Slices und der gewünschten Memory-Größe gewählt werden. Voraussetzung:

Alle MIG-fähigen GPUs auf dem Node müssen aus der gleichen Produktlinie stammen (z. B.: A100-SXM-40GB)



Das *k8s-device-plugin* auf dem Node wird die GPUs, die **nicht** im MIG-Mode arbeiten, über das konventionelle Label `nvidia.com/gpu` exponieren. Etwaig verfügbare MIG-Partitionen werden auf dem Node zusätzlich (durch den *gpu-feature-discovery*-Daemon) mit den Labeln `nvidia.com/mig-<(compute)slice_count>g.<memory_size>gb` für potentielle Consumer bekanntgegeben.

### 4.4.9 MIG-Exposition: gesamte GPU via Passthrough oder MIG-Partitionen per VM-Template?

Der MIG-Mode bietet je nach Plattform, auf der die VMs laufen, die die GPUs nutzen sollen, unterschiedliche Möglichkeiten – aber auch Limitierungen, welche bereits in Abschnitt 3.2.9 kurz angesprochen wurden, im Folgenden aber nochmal genauer unter die Lupe genommen werden. Dabei geht es um die Art, *wie* die GPU bzw. ihre Partitionen an VMs/Container durchgereicht werden.

Um zunächst eine vereinfachte Unterteilung vorzunehmen:

- Variante 1 – MIG-Management per *zentraler Verwaltung*: Die MIG-fähige GPU wird über den GPU-Manager auf Hypervisor-Ebene kontrolliert. Der MIG-Manager (bei vSphere: VIB des NVIDIA-Drivers für ESXi) wird bei MIG-Aktionen über das entsprechende Management Interface angesprochen und teilt MIG-Slices einzelnen VMs bzw. VM-Templates zu, oder:
- Variante 2 – *dezentrale Verwaltung*: Die GPU wird via Bare-Metal auf einem Node genutzt (wird im Folgenden gemäß dem gesetzten Scope des Buches nicht weiter thematisiert) oder komplett via PCI Passthrough über den Hypervisor an eine VM durchgereicht. Die gewünschte MIG-Partitionierung wird dann über entsprechende MIG-Label (die von den DevOps-/MLOps-Teams auf Nodes mit MIG-fähigen GPUs angewendet werden) durch GPU-Operator und dessen MIG-Manager-Komponente verwaltet und partitioniert.

#### On-Prem: Jeweils eine MIG-backed vGPU-Partition per Node/VM

Die MIG-Partitionsgröße (für eine A100 40 GB z. B.: 1g.5gb, 2g.10gb usw.) wird auf Hypervisor-Ebene durch den GPU-Manager festgelegt und dem jeweiligen VM-Template zugewiesen. Je VM-Template wird ein bestimmtes MIG-backed vGPU-(Partitions-)Profil gewählt, hier die Skalierungsmodelle beispielhaft bezogen auf eine *A30*:

- 4 × 1g.6gb = max. vier GPU-Nodes (vier VMs) möglich, mit je einer 6 GB großen Partition,
- 2 × 2g.12gb = max. zwei GPU-Nodes (zwei VMs) möglich, mit je einer 12 GB großen Partition,
- 1 × 4g.24gb = max. ein GPU-Node (eine VM) möglich, mit einer 24 GB großen Partition.

Achtung: Wenn die MIG-Partitionierung über den Hypervisor/das VM-Template erfolgt, ist – je nach GPU-Manager/vSphere/NVAIE-Driver-Version – gegebenenfalls nur ein MIG-Slice pro VM zuteilbar.

#### On-Prem: 1–n komplette, MIG-fähige Karten pro Node/VM

Die MIG-fähige Karte wird per Passthrough an eine dedizierte VM (einen GPU-Node) durchgereicht. Die MIG-Partitionen der Karte (diese werden in der VM vom GPU-Operator konfiguriert) werden dann an die konsumierenden Container durchgereicht, welche zwingend auf dieser VM/dem GPU-Node laufen müssen. Damit das Modell (bezogen auf vSphere) skalierbar bleibt, müssen die (identischen) GPUs auf den ESXi-Hosts per *Dynamic DirectPath IO* an das VM-Template durchgereicht werden, wie im gleich folgenden Abschnitt 4.5.3 beschrieben.

#### Cloud und On-Prem: Big-Bang-Nodes

Siehe letzter Punkt: MIG-fähige Karten wie die A100 werden bei Cloud-Providern im betrachteten Stand meist im Ganzen, d. h. komplett via Passthrough an die gebuchte VM durchgereicht (mit 1–*n* A100-GPUs per Node/VM). Die in dieser VM verfügbaren GPUs können dann online (per GPU-Operator und dessen MIG-Manager) in MIG-Partitionen (je nach verfügbaren MIG-Patterns) gesplittet werden.

## 4.5 MIG: Multi-Tenancy revisited

### 4.5.1 Modelle und Konzepte, Vor- und Nachteile, plattformspezifische Limitierungen

Kommen wir nun noch einmal etwas genauer auf das Thema *Tenancy* zurück, zunächst jedoch weniger bezogen auf technische, sondern mehr auf logistische Aspekte. Beim Einsatz von MIG-fähiger Hardware sind mehrere Punkte zu beachten, die zum Teil bereits in den vorangegangenen Abschnitten besprochen wurden:

#### Teile und herrsche

Insbesondere im Cloud-Umfeld sind MIG-fähige Karten für Systeme, die Multi-Tenant-fähige KI/ML-Applikationen hosten sollen, unabdingbar. Dieser Umstand ist, wie bereits erwähnt, primär dem Fakt geschuldet, dass im betrachteten Stand keiner der größeren Cloud-Provider dem Kunden einen GPU-Manager anbieten will, mit dem der Kunde in die Lage versetzt würde, die GPUs auf Hypervisor-Ebene im vGPU- oder MIG-backed vGPU-Mode softwaretechnisch selbst partitionieren und an dedizierte VMs durchreichen zu können.

Somit bleibt den Unternehmen, die z. B. auch bei der Verwendung von nur einer GPU dennoch Multi-Tenant-Workloads sicher in der Cloud prozessieren müssen, nur die Alternative, MIG-fähige Karten zu verwenden, die in diesem Modus auch per GPU-Operator partitioniert werden können. Andererseits werden – meist in Ermangelung von eben benannten (für den Kunden nutz- und/oder konfigurierbaren) GPU-Managern auf Hypervisor-Ebene des Providers – keine vGPU-fähigen Treiber im Hypervisor auf der GPU-Operator-Seite benötigt, was das Setup in Teilen vereinfacht und Lizenzgebühren (z. B. vGPU) spart.



#### Gemeinsam stark

Auf der anderen Seite bleibt bei einigen Cloud-Setups ein wichtiger Vorteil für High-Density ML-Workloads auf der Strecke:

Container-Cluster, die GPU-Nodes für KI/ML-Stacks bereitstellen, sollen erfahrungsgemäß in der Regel sowohl flexibel (auto-)skalierbar als auch (zumindest im Leerlauf) Ressourcen-/Geldbeutel- schonend agieren, aber gleichzeitig bei der Anforderung großer Workloads schnell skalieren und extrem effizient sein. Also die übliche, eierlegende Wollmilchsau.

Und ebenfalls wie üblich können wir leider nicht alles auf einmal haben bzw. nur mit Abstrichen in dem einen oder anderen Bereich. Um nun wieder auf die Überschrift *Gemeinsam stark* zu referenzieren: In den Fällen, in denen schlichtweg von einem singulären Prozess maximale Rechenpower angefordert wird, können geeignete GPUs auch über verschiedene Verfahren (Stichwort NVLink/NVSwitch, siehe ab Abschnitt 4.8) zu einer logischen Compute-Einheit zusammengefasst werden. In dieser Variante spielt Tenancy de facto keine Rolle mehr. Dies stellt zwar die leistungsstärkste Variante der GPU-Kopplung dar (Stichwort *kurze Wege*), allerdings auch einen SPoF (*Single Point of Failure*), sobald ein solcher Host ausfällt.

Die auf den ersten Blick scheinbar redundantere Variante wäre die Kopplung von multiplen GPUs per *GPUDirect RDMA* (*Remote Direct Memory Access*, siehe Abschnitt 4.9) über multiple Nodes hinweg. Voraussetzung dazu sind NVIDIAs Network-Operator (siehe Abschnitt 9.6) und High-Speed-Mellanox-NICs auf den GPU-Nodes, die ConnectX beherrschen. Aber zum einen fliegt uns ein Trainings-Workload bildlich gesprochen ebenfalls um die Ohren, wenn eine der involvierten GPUs und/oder das Netzwerk schlappmachen, zum anderen müssen wir mit schlechterer GPU-Bundle-Leistung im direkten Vergleich zu NVLink leben.

Und was die Tenancy in diesem Konstrukt angeht: Wenn GPUs per RDMA aus Performance-Gründen gebündelt werden, stellt sich die Frage nach Partitionierung der GPUs in der Regel nicht mehr und daher in der Regel auch nicht nach Multi-Tenancy. Um für das jeweilige GPU-RDMA-Konstrukt (bezogen auf den verwendenden Tenant) sicher zu sein, sollte das Augenmerk insbesondere der Sicherheit der Netzwerkverbindung zwischen den GPUDirect-RDMA-Nodes gelten.

### 4.5.2 MIG, echte Tenancy – und Next-Gen-MIG mit Confidential Computing

Siehe zu diesem Thema auch: *https://www.nvidia.com/de-de/data-center/solutions/confidential-computing/*

Die Frage, wie gut oder ausreichend die MIG-technische Abschottung der Slices sich wirklich darstellt, ist wie üblich relativ und hängt wie üblich von den unternehmensspezifischen Anforderungen ab. Bedenken Sie, dass MIG-fähige GPUs im MIG-Modus zwar eine deutlich bessere Tenancy bieten als ein Shared-Compute-Pool im reinen vGPU-Betrieb, aber auch hier gibt es unterschiedliche Sicherheitsanforderungen und Maßstäbe. So gibt selbst NVIDIA an, dass im direkten Vergleich zwischen einer H100 (Hopper-Architektur) und einer A100 nur die H100 sieben »(wirklich) sichere Mandanten« unterstützt, die A100 jedoch nur einen.

Hm.

Spätestens jetzt stellt sich die Frage, was denn nun genau mit »sichere Mandanten« gemeint ist. Beziehungsweise was NVIDIA damit meint. Denn schließlich wurden wir gemäß den bisher betrachteten Spezifikationen und Aussagen von NVIDIA so gebrieft, dass MIG bereits »echte«, vollumfängliche Tenancy bietet, und das für bis zu sieben Mandanten.

Zunächst die gute Nachricht: MIG, auch bei der Ampere-Architektur (also z. B. der A100 oder A30), bietet eine Abschottung der RAM- und Compute-Instanzen und ermöglicht damit auch einen Tenant-fähigen Betrieb, bei dem Consumer-Instanz A nicht ohne weiteres mal eben auf die Daten zugreifen kann, die Consumer-Instanz B auf der gleichen GPU nutzt.

#### Confidential Computing

Da aber auch dieses Security-Level in bestimmten Szenarien den Security-Anforderungen gegebenenfalls nicht genügt, wurde NVIDIAs Hopper-Architektur außer den üblichen Optimierungen (und deutlichen Performance-Verbesserungen gegenüber der Ampere-Serie) auch im Bereich Security noch einmal überarbeitet, um den Multi-Tenancy-Betrieb noch sicherer zu machen. Das Ergebnis: *Confidential Computing*, oder im NVIDIA-Sprech kurz *CC*. Zunächst ein paar kurze Worte zu den Hintergründen:

NVIDIA ist Mitglied des *Confidential Computing Consortium* (kurz: C3, *https://confidentialcomputing.io/*), das aus internationalen Hard- und Software-Anbietern, akademischen Einrichtungen, Open-Source-Projekten und Software-Entwicklern besteht. Das Konsortium wurde gegründet, um Technologien zu entwickeln, die dazu dienen sollen, Sicherheitsbedrohungen zu reduzieren und sensible Daten und Anwendungen zu schützen – insbesondere natürlich im Einsatz bestimmter Technologien im Bereich öffentlicher Cloud-Dienste, aber auch für On-Premises-Rechenzentren und Edge-Systeme und -Geräte.

Die Definition des Begriffs *Confidential Computing* ist formal dabei in etwa folgende: »Der Schutz von Daten durch die Durchführung von Berechnungen in einer hardwarebasierten *Trusted Execution Environment (TEE)*.« Die Definition ist unabhängig davon, wo Daten verwendet werden (Cloud, On-Premises etc.) oder welche Processing-Unit die Daten schützt oder welche Technik dazu verwendet wird. C3 definiert eine TEE als »eine Umgebung, die ein Sicherheitsniveau für drei Schlüsseleigenschaften bietet – Datenvertraulichkeit, Datenintegrität und Codeintegrität«.

### Arbeitsweise des Verfahrens

Um das Verfahren zu verstehen, betrachten wir nun die wichtigsten Unterschiede zwischen dem »normalen« MIG-Betrieb und dem im »2nd-Gen-MIG-Modus« – mit Confidential Computing. CPU-basierte Confidential-Computing-Lösungen sind für GPU-basierte, rechenintensive Workloads wie KI/ML und HPC schlichtweg zu langsam. Daher implementierte NVIDIA erstmals mit der H100 eine TEE für Accelerated Computing, um den CC-Ansprüchen auch (und vielleicht gerade) im KI/ML-Bereich zu genügen.

Im regulären MIG-Betrieb, bezogen auf die Ampere-Generation, werden die Daten (die vor dem Prozessieren durch die GPU bzw. durch den jeweiligen MIG-Slice gegebenenfalls verschlüsselt gespeichert und übertragen wurden) im MIG-Slice zwar von anderen MIG-Slices abgeschottet, jedoch *unverschlüsselt prozessiert*. Dies betrifft explizit die Übertragung der Daten zwischen Host (die VM mit der GPU-Driver-Instanz) und dem MIG-Slice, der die Daten prozessiert. Um diese Lücke zu schließen, ermöglicht NVIDIAs Implementierung einer Confidential-Computing-Umgebung eine hardwarebasierte (und damit performante) Verschlüsselung der Daten zwischen GPU-Driver (auf der *Confidential VM*, die den MIG-Slice nutzt) und dem eigentlichen MIG-Slice der Hopper-GPU oder der gesamten GPU, falls diese en bloc verwendet wird.

NVIDIAs TEE bietet im »Next-Gen«-MIG-Betrieb zwei Modi:

- Eine ganze GPU wird exklusiv einer einzelnen VM zugewiesen (einer einzelnen VM können auch mehrere GPUs gleichzeitig zugewiesen sein).
- Eine H100-GPU ist via MIG partitioniert und wird an mehrere VMs durchgereicht, wodurch *Multi-Tenant Confidential Computing* ermöglicht wird. GPU-beschleunigte Anwendungen können innerhalb der TEE ohne spezielle Modifikationen ausgeführt werden (siehe Abbildung 4.9).

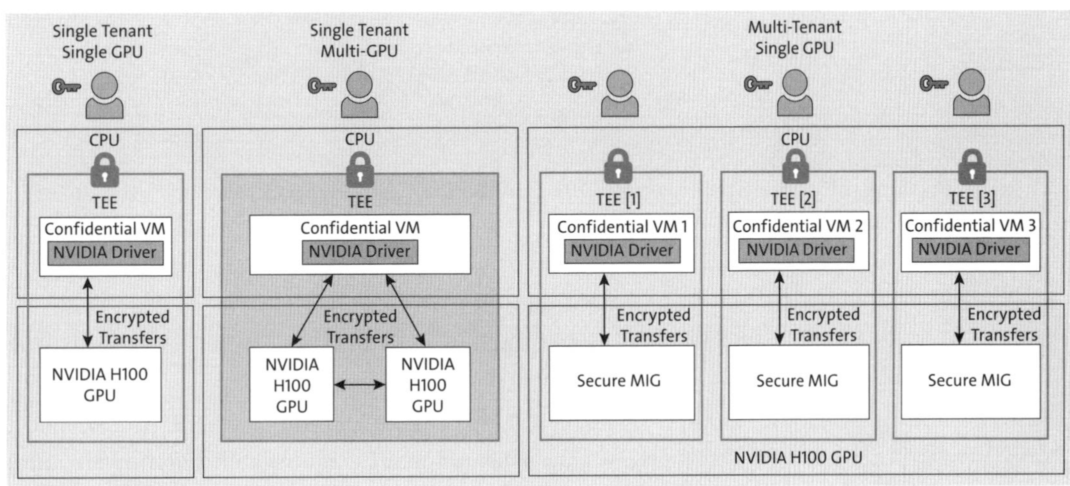


**Abbildung 4.9** NVIDIAs Confidential Computing – H100 in verschiedenen Tenant-Szenarien, Quelle: NVIDIA

Im Unterschied zum regulären MIG-Betrieb, den die Ampere-Generation bietet, unterstützt die Hopper-Architektur diesen Confidential-Computing-Modus für alle sieben MIG-Slices. Wobei wir wieder bei den – nach wie vor für MIG-Patterns nur verfügbaren – sieben SM-Instanzen und dem bereits beschriebenen MIG-Black-Hole-Effekt für bestimmte MIG-Patterns (zumindest im containerisierten Betrieb) sind.

So schön das CC auch ist, liebe NVIDIA-Designer – aber wie bereits angemerkt: Mehr als die gleiche Anzahl von 7 Instanzen, die bereits in der Ampere-Generation verfügbar war und zu den benannten Limitationen führt, wären hier tatsächlich »mehr« gewesen.

Die Funktionsweise von CC zeigt Abbildung 4.10.

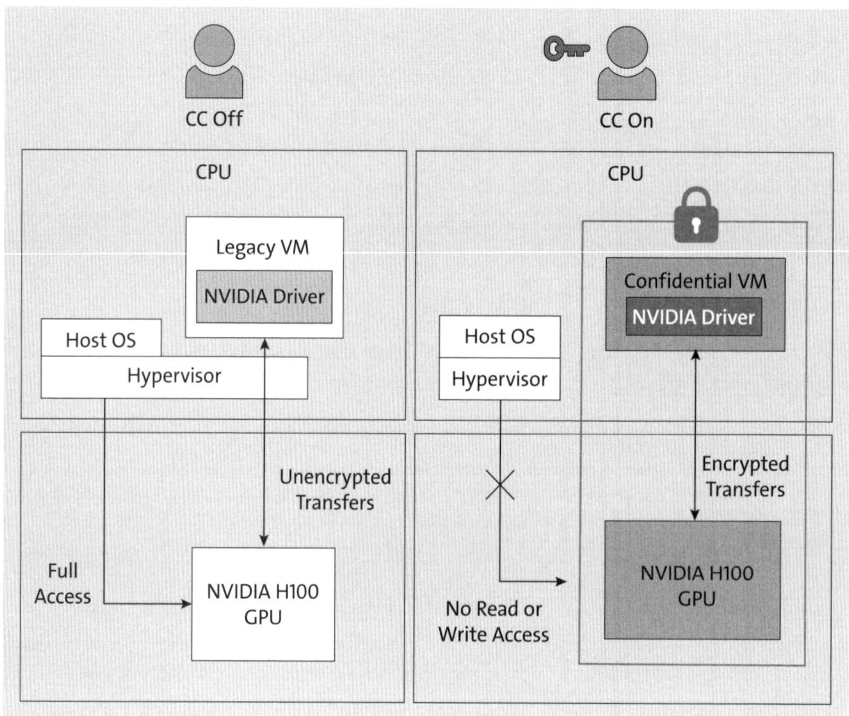


**Abbildung 4.10** Arbeitsweise von NVIDIAs Confidential Computing (CC) ab der H100 (Hopper), Quelle: NVIDIA

### Kernelemente der TEE

NVIDIAs VM-TEE- und GPU-TEE-Isolierung zur Bildung einer Trusted-Computing-Umgebung wird durch drei Schlüsselelemente erzeugt:

- *On-Die Root of Trust (RoT)* – Bevor das OS mit der GPU kommunizieren darf, verwendet die GPU die RoT, um sicherzustellen, dass die auf dem Gerät ausgeführte Firmware authentisch ist und nicht vom Gerätebesitzer (CSP usw.) manipuliert wurde.

- *Device Attestation* (in Verbindung mit RoT, siehe auch: *https://trustedcomputinggroup.org/wp-content/uploads/TCG_DICE_SymIDAttest_v1_r0p95_pub-1.pdf*) – Ermöglicht Clients sicherzustellen, dass sie mit authentischen NVIDIA-GPUs kommunizieren, bei denen CC aktiviert ist und zudem der Sicherheitszustand der GPU mit einem bekannten, vertrauenswürdigen und vordefinierten, sicheren Zustand übereinstimmt – einschließlich Firmware- und Hardware-Konfiguration.
- *AES-GCM 256* – Datenübertragungen zwischen der CPU und der H100-GPU werden mit PCIe-Line-Rate unter Verwendung einer Hardware-Implementierung von AES256-GCM verschlüsselt/entschlüsselt. Dies bietet sowohl Vertraulichkeit als auch Integrität für Daten, die über den Bus mit Schlüsseln übertragen werden, die ausschließlich den CPU- und GPU-TEEs zur Verfügung stehen. Die kryptografische Implementierung wird nach FIPS 140-3 Level 2 zertifiziert.

**Hinweis**

Beachten Sie, dass keine Änderungen am CUDA-Anwendungscode implementiert werden müssen, um die NVIDIA-Confidential-Computing-Technologie zu verwenden. Aus Sicht der Applikationen ist das Verfahren daher komplett transparent.

### 4.5.3 Nicht nur MIG: Das Problem, Passthrough GPUs (auto-)skalierbar anzubieten

Für skalierbare GPU-Umgebungen ist eine statische Bindung zwischen dem real verwendeten, physikalisch auf dem Host installierten PCI-Device (der GPU, die über die PCI-ID exakt in der VM referenziert wird) und dem konsumierenden Client (in diesem Fall der Template-VM, welche die GPU als PCI-Device eingebunden hat) problematisch, denn sie erlaubt keine wirkliche Skalierbarkeit über 0 und 1 hinaus.

Dies betrifft normale GPUs, die immer im Passthrough-Mode nur komplett, d. h. in einem Stück an eine VM durchgeschleift werden können, wie z. B. eine T4, und ebenso MIG-fähige GPUs wie die A30 oder A100, die zwar per Passthrough an eine VM durchgeschleift, aber über den GPU-Operator und seinen MIG-Manager auf dem Node partitioniert werden können.

Um genau dieses 1:1-Bindungsproblem (fixes PCI-Device ↔ fixes VM-Template) in On-Premises-Umgebungen umgehen zu können, hat VMware mit vSphere 7 per *Dynamic DirectPath IO* die Möglichkeit geschaffen, GPUs generisch, d. h. anhand von entsprechenden – identischen – Kennzeichnungen bzw. Attributen, und nicht auf Basis ihrer unveränderlichen (und auf dem jeweiligen Host stets einzigartigen) PCI-ID einzubinden. In der Regel reicht für ein simples PoC aber auch schon ein identischer Gerätename. Die Arbeitsweise ist z. B. unter der URL *https://blogs.vmware.com/vsphere/2020/03/vsphere-7-assignable-hardware.html* recht gut beschrieben, und daher hier nur in kompakter Form noch einmal aufgedröselt.

Ein konkretes Beispiel: Nehmen Sie an, Sie hätten vier Tesla T4 in Ihrem GPU-Server (ESXi-Host) verbaut, von denen Sie zwei explizit per Passthrough an VMs durchreichen möchten.

Da der PCI-*Gerätename* der T4 (konkret: *Tesla T4*) für alle vier Karten identisch ist, Sie aber zwei für vGPU und zwei für Passthrough einsetzen möchten, müssen Sie ein Unterscheidungskriterium für Dynamic DirectPath IO einführen. Dies erreichen Sie, indem Sie auf dem Host die Hardware-Bezeichnung für die entsprechenden GPUs modifizieren (siehe Abbildung 4.11): Den ESXi-Host im vCenter auswählen • Konfigurieren • PCI-Geräte • Passthrough-fähige Geräte • Hardwarebezeichnung.

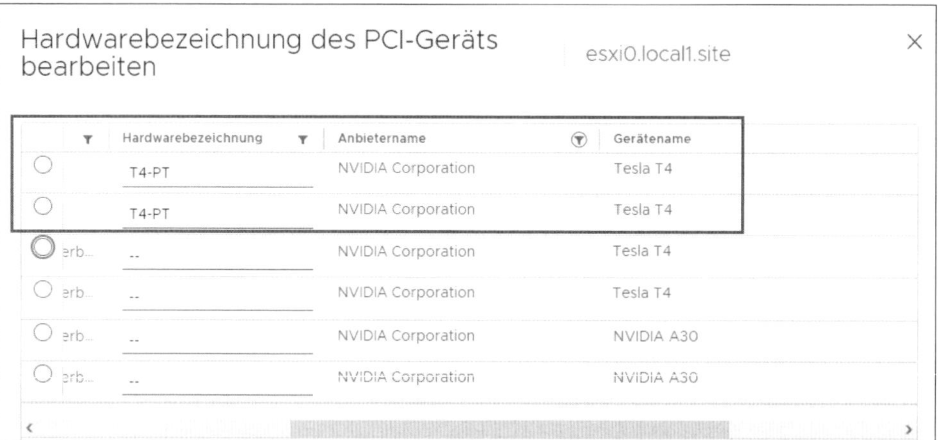


**Abbildung 4.11** Dynamic DirectPath IO: identische Gerätebezeichnung für bestimmte GPUs setzen

Die Erstellung von Passthrough-VM-Templates mit Dynamic DirectPath IO wird konkret in Abschnitt 5.4.3 gezeigt. Zwingende Voraussetzung ist VMware-Hardware Version 17 für die VMs.

## 4.6 Technische Daten und Preise ausgewählter NVIDIA Datacenter-GPUs

Um nach den bisherigen, auszugsweisen Vorbetrachtungen im Hinblick auf Rechenleistung, Leistungsaufnahme und andere Faktoren einen grundsätzlichen Überblick zu bekommen, welche NVIDIA-GPUs sich für den jeweiligen unternehmensspezifischen Einsatz am besten eignen könnten, sind die wichtigsten GPU-Modelle gemäß ihren primär angedachten Betriebsmodi (Dedicated AI/ML [Compute] oder Mixed Mode [Compute, HPC, Graphics etc.]) nachstehend in Tabelle 4.13 und Tabelle 4.14 aufgeführt – selbstverständlich bezogen auf den zeitlichen Stand des Buches.

Alle nachstehend aufgeführten GPUs werden generell von NVIDIAs AI-Enterprise-Stack (NVAIE) supportet, jedoch unterscheiden sie sich in der Unterstützung möglicher Betriebsmodi (MIG/vGPU). Die Preise beziehen sich selbstverständlich ebenfalls auf den betrachteten Stand und sind aufgrund zahlreicher Distributoren und unterschiedlicher Preise explizit nur als grobe Richtwerte zu sehen.

### 4.6.1 Supported NVIDIA GPUs Optimized for Compute (AI/ML) Workloads

Für die folgenden Betrachtungen wurden primär PCIe-Modelle herangezogen. Die H- und A100 stehen ebenfalls in SXM-Varianten (Board-Mounted) mit etwas anderen Spezifikationen zur Verfügung. Die *X-Varianten der A100 und A30 sind mit BlueField-DPUs und performanterem RAM ausgestattet.



| | H100 | A100 | A100X* | A30 | A30X* | V100S/ V100 |
|---|---|---|---|---|---|---|
| **Einsatzbereiche** | Data intensive AI & Compute | Compute Optimized | Data intensive AI & Compute | Compute Optimized | Data intensive AI & Compute | Compute Optimized |
| **Number of GPUs** | 1 | 1 | 1 | 1 | 1 | 1 x V100 |
| **FP32 Cores/ GPU** | 18432 | 6912 | 6912 | 3584 | 3584 | 5120 |
| **TFLOPS (FP32)** | 60 | 19,5 | 19,91 | 10,3 | 10,32 | 14/16,4 |
| **TFLOPS (TF32)** | 500 | 156 | 159,25 | 82 | 82,57 | ~ 120 |
| **Tensor Cores/ GPU** | 576 | 432 | 432 | 224 | 224 | 640 |
| **RT Cores** | – | – | – | – | – | – |
| **Total Memory Size/GPU** | 80 GB HBM2e (SXM: HBM3) | 40 GB HBM2/ 80 GB HBM2e | 80 GB HBM2e | 24 GB HBM2 | 24 GB HBM2e | 32 GB HBM2 |
| **MIG Instances/ GPU** | 7 | 7 | 7 | 4 | 4 | N/A |
| **Max GPU Powerconsumption (per GPU)** | 350 W (PCIe) 700 W (SXM) | 250 W/ 300 W | 300 W | 165 W | 230 W | 250 W/ 300 W bis max. 450 W |

**Tabelle 4.13** Supported NVIDIA GPUs Optimized for Compute (AI/ML) Workloads

| | H100 | A100 | A100X* | A30 | A30X* | V100S/ V100 |
|---|---|---|---|---|---|---|
| **Form Factor (FH=Full Height, FL=Full Length)** | PCIe 5, 2-Slot FHFL | PCIe 4, 2-Slot FHFL | PCIe 4, 2-Slot FHFL | PCIe 4, 2-Slot FHFL | PCIe 4, 2-Slot FHFL | PCIe, SXM2, PCI: FHFL |
| **Cooling Solution** | Passive | Passive | Passive | Passive | Passive | Passive |
| **Supported Modes (vGPU/ MIG)** | MIG/ vGPU | MIG/ vGPU | MIG/ vGPU | MIG/ vGPU | MIG/ vGPU | vGPU |
| **Preise** | ab ca. 25.000–30.000 EUR | ab ca. 11.000 EUR | ab ca. 20.000 EUR | ab ca. 5.000 EUR | ab ca. 8.000 EUR | ab ca. 8.000 EUR, S-Modell 8.000+ |

**Tabelle 4.13** Supported NVIDIA GPUs Optimized for Compute (AI/ML) Workloads (Forts.)

### 4.6.2 Supported NVIDIA GPUs Optimized for Mixed Workloads

Tabelle 4.14 liefert eine Auflistung der wichtigsten Eckdaten von NVIDIA GPUs für Mixed Workloads.

| | T4 | A40 | A10 | A16 | A2 |
|---|---|---|---|---|---|
| **Einsatzbereiche** | Mixed Professional Graphics & Compute (entry) | Mixed Professional Graphics & Compute (high-end) | Mixed Professional Graphics & Compute (midrange) | VDI & vWS (virtual Workstation) (entry) | Mixed Professional Graphics & Compute (entry) |
| **Number of GPUs** | 1 | 1 | 1 | 4 | 1 |
| **FP32 Cores/GPU** | 2560 | 10572 | 9216 | 4 × 1280 | 1280 |
| **TFLOPS FP32** | 8,1 | 37,4 | 31,2 | 4 × 4,5 | 4,5 |

**Tabelle 4.14** Supported NVIDIA GPUs Optimized for Mixed Workloads (C+G)

| | T4 | A40 | A10 | A16 | A2 |
|---|---|---|---|---|---|
| Tensor Cores/GPU | 320 | 336 | 288 | 4 × 40 | 40 |
| RT Cores | 40 | 84 | 72 | 4 × 10 | 10 |
| Total Memory Size | 16 GB GDDR6 | 48 GB GDDR6 | 24 GB GDDR6 | 64 GB GDDR6 (4 x 16 GB) | 16 GB GDDR6 |
| Max GPU Power-Consumption | 70 W | 300 W | 150 W | 250 W | 60 W |
| Form Factor | PCIe 3.0 1-Slot HHHL | PCIe 4.0 2-Slot FHFL | PCIe 4.0 1-Slot FHFL | PCIe 4.0 1-Slot FHFL | PCIe 4.0 1-Slot HHHL |
| Cooling Solution | Passive | Passive | Passive | Passive | Passive |
| Supported Modes (vGPU/MIG) | vGPU | vGPU | vGPU | vGPU | vGPU |
| Preise | ab ca. 2.500 EUR | ab ca. 5.500 EUR | ab ca. 3.000 EUR | ab ca. 4.000 EUR | ab ca. 1.500 EUR |

**Tabelle 4.14** Supported NVIDIA GPUs Optimized for Mixed Workloads (C+G) (Forts.)

## 4.7 GPU-Time-Slicing und GPU-Overcommitment

Siehe zu diesem Thema auch: *https://developer.nvidia.com/blog/improving-gpu-utilization-in-kubernetes/*

### 4.7.1 Theoretische Vorbetrachtungen

Wie nach den Betrachtungen der letzten Abschnitte nun hinlänglich bekannt, bieten einige der neuen Ampere-GPUs von NVIDIA, sowie ihre Hopper-Serie, einen Betriebsmodus namens Multi-Instance GPU (oder kurz MIG). Wie wir ebenfalls wissen, ermöglicht es MIG, eine GPU in mehrere kleinere, vordefinierte GPU-Slices zu partitionieren, welche aber dennoch Speicher- und Fehlerisolierung auf Hardware-Ebene bieten. DevOps-Teams können auf diese Weise den Zugriff auf eine physikalische GPU unterteilen und ihre Workloads auf einer dieser vordefinierten Instanzen anstelle der vollständigen GPU ausführen.

Ergänzend oder alternativ dazu können in Unternehmen aber auch andere Nutzungspatterns vorliegen: Sofern unternehmensspezifische Vorgaben nicht in allen Fällen zwingend eine komplette GPU-Slice-Isolation benötigen bzw. vorschreiben, könnte beispielsweise auch die Erfordernis gegeben sein, GPUs (MIG oder vGPU) – welche nicht 24/7 im Full-Throttle-Einsatz sind – potentiell mit *n* Clients/Konsumenten überbuchen zu können, also ein *GPU-Overcommitment* zu realisieren. Für diesen Einsatzfall hat NVIDIA einen neuen Mechanismus des *Time-Slicings* von GPUs in Kubernetes bereitgestellt.

Dieser ermöglicht den DevOps-Teams, eine Reihe von (virtuellen) GPU-Replicas (im Sinne von *n* möglichen virtuellen GPUs, die auf einer realen GPU, einer vGPU oder einer MIG-Partition basieren) für eine GPU zu definieren, von denen jede einzelne virtuelle Instanz an einen konsumierenden Pod durchgereicht werden kann. Im Prinzip also virtuelle »Replicas« einer GPU (oder deren Partition).

Technisch betrachtet wird unter der Haube dieses Konstrukts *CUDA-Time-Slicing* verwendet (auf der Basis von *Compute Preemption*, verfügbar seit der Pascal-Architektur, siehe: *https://docs.nvidia.com/cuda/pascal-tuning-guide/index.html#preemption*), um Workloads von Replicas derselben zugrundeliegenden GPU (oder vGPU-/MIG-Partition) zu multiplexen. Wen es interessiert: Das Ganze kann bereits seit Driver-Release ≥ 4.55+ via `nvida-smi` auch manuell eingestellt werden.

Im Gegensatz zu MIG gibt es zwischen den GPU-Replicas zwar keine Memory- oder Fehlerisolation, für einige Workloads – und damit auch insgesamt für die Kosteneffizienz der ML-Strecke – kann dies jedoch deutlich effizienter sein, als wenn die vorhandenen (v)GPUs/MIG-Partitionen gar nicht oder nur zu einem geringen Teil genutzt werden. Abbildung 4.12 zeigt in vereinfachter Form die seit GPU-Operator 1.11 zur Verfügung stehenden GPU-Bereitstellungsmechanismen.

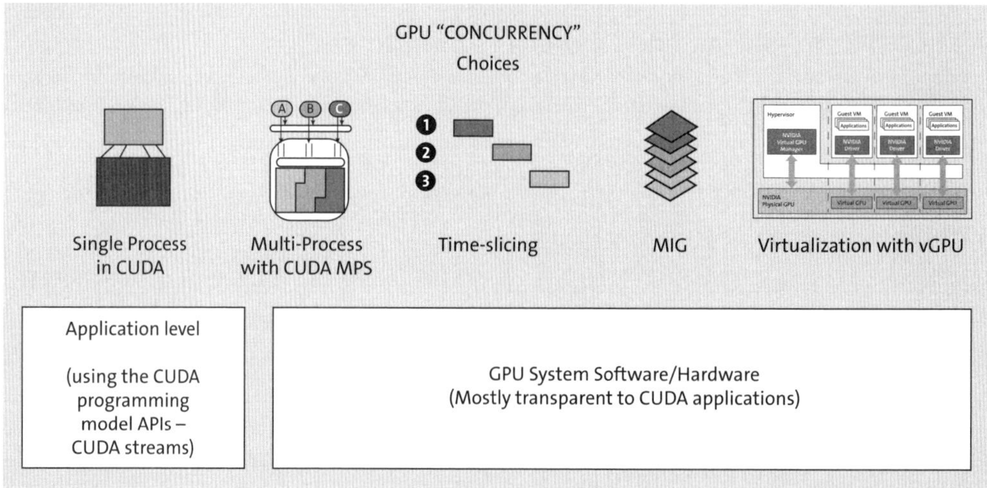


**Abbildung 4.12** NVIDIA-GPU-Bereitstellungsmechanismen inklusive Time-Slicing/Sharing, Quelle: NVIDIA

### 4.7.2 Konzepte zur Umsetzung

Konkret wird das neue Feature-Set *Shareable-GPU*, das die Bereitstellung von Replicas einer GPU ermöglicht, über eine neue, zusätzliche Konfigurationsdatei erzielt. Diese enthält Parameter für die NVIDIA-spezifischen Komponenten *k8s-device-plugin* und *gpu-feature-discovery*, die üblicherweise mithilfe von NVIDIAs GPU-Operator ausgerollt und verwaltet werden.



Aus sehr großer Flughöhe betrachtet werden den oben angeführten Modulen/Komponenten zusätzliche Konfigurationsattribute mitgegeben. Diese spezifizieren z. B. die Anzahl der maximalen Replicas einer GPU oder ob ein Fehler an die anfordernde Applikation ausgegeben werden soll, wenn mehr als eine Replik angefordert wird. Das gpu-feature-discovery-Modul wiederum kümmert sich darum, die »shareable« GPU(s) auf den Nodes über entsprechende, spezifische Node-Label zu exponieren.

Ein GPU-Replicas-/Time-Slicing -Setup wird in der Praxis in Abschnitt 10.10 umgesetzt. Zuvor benötigen wir jedoch noch einige theoretische und praktische Kenntnisse, die in den folgenden Abschnitten vermittelt werden.

## 4.8 NVLink und NVSwitch: GPU Big Blocks – Bündelung multipler GPUs

Siehe hierzu auch: *https://www.nvidia.com/de-de/data-center/nvlink/*

Neben der Splittung einer GPU-Karte und dem Durchreichen ihrer Partitionen an multiple VMs können andersherum auch multiple GPU-Karten auf einem physikalischen Host per NVLink/NVSwitch gebündelt an eine dedizierte VM oder einen Bare-Metal-Node durchgereicht werden, um die Rechenleistung auf diesem Node zu maximieren.

### 4.8.1 NVLink

*NVLink* ist die Kurzbezeichnung von einem speziellen Produkt zur Koppelung von GPUs, das bereits 2014 von NVIDIA entwickelt wurde und rein technisch auch als *Multi-Lane-Near-Range-Kommunikations-Link* beschrieben werden könnte. Muss es aber nicht – *NVLink* lässt sich einfacher merken. Über NVLink können multiple, NVLink-fähige GPUs miteinander kommunizieren, aber nicht über einen zentralen Hub, sondern in Form eines Mesh-Networks. NVLink stellt somit im Prinzip nichts anderes dar als eine direkte Hardware-Verbindung zwischen zwei geeigneten und idealerweise identischen NVIDIA GPUs über einen speziell dafür vorgesehenen Port.

Auf diese Weise können die GPUs vereinfacht betrachtet parallelgeschaltet werden bzw. in einem Mesh-Verbund arbeiten, um die Rechenleistung drastisch zu erhöhen. Und noch wichtiger: Die Bandbreitenlimitierung von PCIe (sofern die GPUs ausschließlich darüber miteinander kommunizieren müssten, was technisch ebenfalls möglich wäre) wird auf diesem Weg umgangen. Die Kommunikationsgeschwindigkeit liegt im direkten Vergleich zwischen PCIe Gen 5 und NVLink (bezogen auf NVLink im Entwicklungsstand Mitte 2022) mit NVLink um das rund 7-Fache höher.

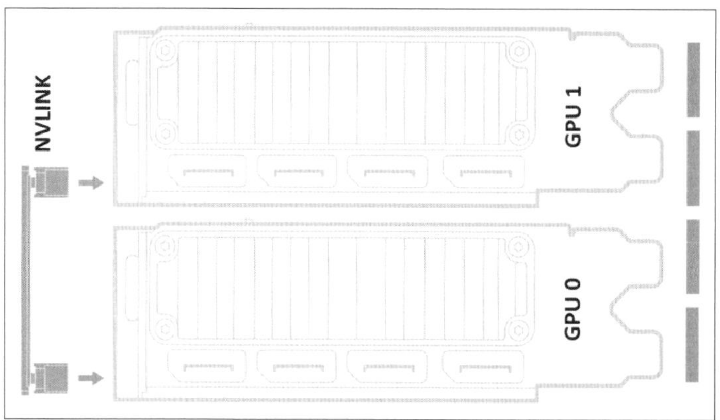


**Abbildung 4.13** NVLink, Quelle: NVIDIA

> **Achtung: NVLink und Software-Support**
>
> Beachten Sie, dass zur optimalen Ausnutzung der NVLink-Kapabilitäten diese auch von der Software bzw. den GPU-konsumierenden Applikationen unterstützt werden müssen. Siehe zu diesem Thema auch die *NVIDIA Collective Communication Library* (*NCCL, https://developer.nvidia.com/nccl*) für Multi-Node- und Multi-GPU-Kommunikation.

Allerdings stoßen wir bei NVLink auch schnell auf den limitierenden Faktor: Im einfachsten Fall können in einem normalen Mainboard mit PCIe-Slots üblicherweise nur zwei GPUs mit NVLink direkt gekoppelt werden. Kommt in speziellen GPU-Server-Architekturen von NVIDIA wie z. B. in DGX-Systemen ein SXM*-Formfaktor zum Einsatz, können über die dort bereits eingebauten NVLinks je nach Modell/Version bis zu acht A100-GPUs (oder in neueren Generationen: H100) per NVLink-Mesh miteinander gekoppelt werden (siehe Abbildung 4.14).

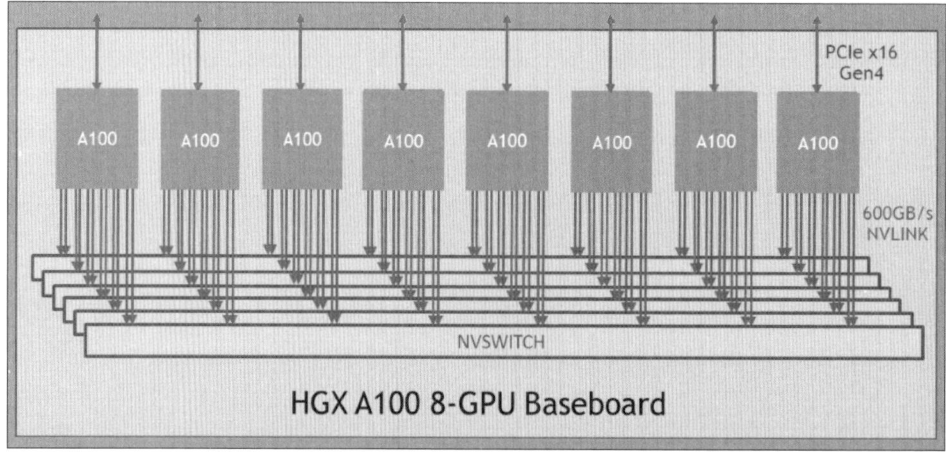


**Abbildung 4.14** HGX A100 8-GPU Board mit 3rd Gen NVLink (Ampere), Quelle: NVIDIA

Bleiben wir noch einen Moment bei den Standard-PCIe-Architekturen, in denen maximal je zwei GPUs direkt per NVLink zusammengeschaltet werden können. Abbildung 4.15 zeigt verschiedene (korrekte und fehlerhafte) Interconnect-Varianten zwischen mehreren A100 in einer PCIe-Architektur. Beachten Sie, dass bei der Kopplung von A100-Karten für die bestmögliche Performance je drei physikalische NVLink-Bridges gesteckt sein sollten.

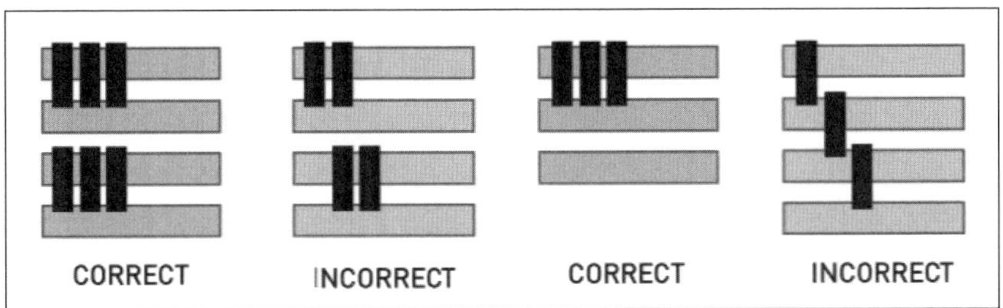


**Abbildung 4.15** Korrekte und fehlerhafte NVLink Interconnects zwischen mehreren A100s (PCIe-Architektur), Quelle: NVIDIA

Bezogen auf die erste Variante in Abbildung 4.15 (je zwei GPUs zusammengeschaltet) ist in Multi-CPU-Systemen (im Sinne von Sockets) zudem zu beachten, dass sich beide A100 des per NVLink konnektierten Paares in der gleichen CPU-Domain befinden sollten.

Die im betrachteten Stand aktuelle, vierte NVLink-Generation, die ebenfalls für Hopper-Architekturen verwendet werden kann, erreicht eine Interconnect-Bandbreite von bis zu 900 GB/s, ihr Vorgänger der dritten Generation für die Ampere-Architektur immerhin noch bis zu 600 GB/s.

Für extrem rechenintensive ML-Trainings-Workloads in Servern mit PCIe-Slot-Mainboards können jedoch auch zwei parallelgeschaltete A100 gegebenenfalls noch zu wenig sein. Daher hat NVIDIA die NVLink-Kopplung in logischer Konsequenz um ein zusätzliches Verfahren bzw. Modul erweitert, das in PCIe-Architekturen die Zwei-GPU-Limitierung umgehen kann.

### NVSwitch

NVSwitch verbindet als eine Art zentraler NVLink-Hub multiple per NVLink gekoppelte GPU-Paare miteinander, auch serverübergreifend, und zwar theoretisch insgesamt bis zu sechzehn GPUs in einem Server – was aufgrund der Anzahl der verfügbaren Steckplätze im betrachteten Stand in den meisten Fällen (noch) nicht ausgereizt werden wird (siehe Abbildung 4.16).

Soll das Ganze weiter skaliert werden, konnten im betrachteten Stand per NVSwitch beispielsweise bis zu 32 DGX-Systeme (Nodes) mit je acht A100- oder H100-GPUs zu einem nicht wirklich kleinen 256-GPU-Cluster zusammengefasst werden, der in der H100 Variante bis zu 57.6 TB/s »All-to-All« Kommunikationsbandbreite ermöglicht.

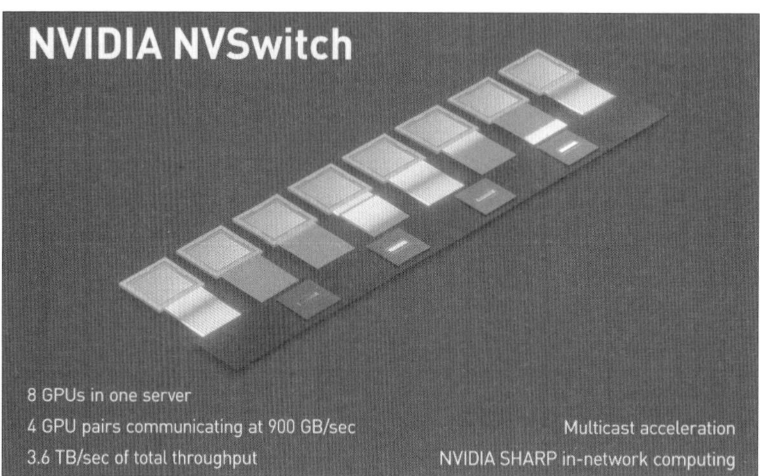


**Abbildung 4.16** NVSwitch, Single 8-GPU Server, Quelle: NVIDIA

Dass der Grundpreis für ein solches Konstrukt mit rund 8 bis 10 Millionen oder mehr jenseits von Gut und Böse liegt, ist offenkundig. Aber die Unternehmen, die in die Zielgruppe fallen, haben das erfahrungsgemäß in der Portokasse. Ein schöner Deep-Dive zu dem Thema findet sich unter anderem hier: *https://developer.nvidia.com/blog/upgrading-multi-gpu-interconnectivity-with-the-third-generation-nvidia-nvswitch/*.

## 4.9 GPUDirect (RDMA)

Siehe zu allem Folgenden auch: *https://developer.nvidia.com/gpudirect*

*GPUDirect* (*Storage* und *RDMA*) ist ein von NVIDIA entwickelter Technologie-Stack für Datacenter-taugliche GPUs und wiederum Teilkomponente des *Magnum-IO-Stacks* (IO-Subsystem für Datacenter, siehe *https://www.nvidia.com/en-us/data-center/magnum-io/*). Mithilfe von GPUDirect können sowohl Storage- als auch Netzwerkadapter direkt mit dem GPU-RAM kommunizieren, was zu einem drastisch reduzierten IO-Overhead und deutlich niedrigeren Latenzen führt.

### 4.9.1 GPUDirect Storage

Siehe dazu auch: *https://docs.nvidia.com/gpudirect-storage/design-guide/index.html*

Einer der Flaschenhälse beim Laden zunehmend großer (Trainings-)Datenmengen in KI/ML-Strecken ist der Weg vom Storage (wo die Daten gelagert sind) in den RAM der GPUs, wo sie prozessiert werden. Über *GPUDirect Storage* kann ein direkter Pfad (über PCIe) zwischen lokalem Storage (z. B. NVME auf dem GPU Worker Node) oder Remote Storage wie z. B. *NVME-oF* (*NVME over Fabric*) geschaltet werden.

Auf diese Weise können Bounce-Buffer-Kopien (Erläuterung zum Thema Bounce Buffer siehe auch: *https://www.kernel.org/doc/gorman/html/understand/understand012.html*) beim Datentransfer vermieden werden. Ohne GPUDirect Storage muss die GPU (sehr stark vereinfacht ausgedrückt) über die CPU orchestriert werden: Die DMA-Engine der GPU kann in diesem Modus immer nur Daten zwischen sich selbst und der CPU transferieren und nicht direkt zwischen sich selbst und dem Storage, was in der Regel zu den benannten Bounce Buffers im RAM der CPU führt, und die Performance deutlich verschlechtert. Stark vereinfacht wird beim *GPUDirect Storage* die CPU als »Mittler«, der unnötig Overhead produziert, aus dem Workflow herausgenommen. Betrachten wir die Workflows im Vergleich (mit und ohne GPUDirect Storage) anhand Abbildung 4.17.

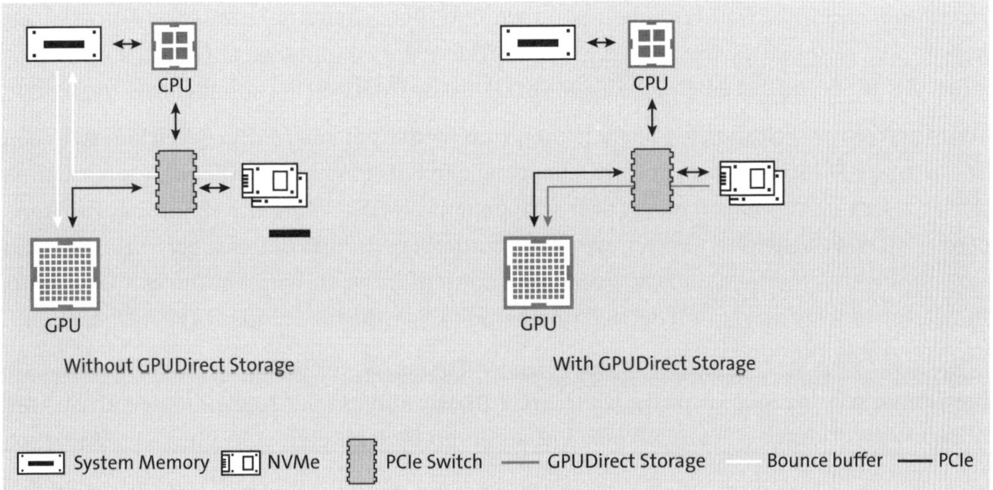


**Abbildung 4.17** Konzeptioneller Workflow-Vergleich: Systeme ohne (links) und mit (rechts) GPUDirect Storage, Quelle: NVIDIA

### 4.9.2 GPUDirect RDMA

Siehe dazu auch: *https://docs.nvidia.com/cuda/gpudirect-rdma/index.html.*

*GPUDirect RDMA* (Remote Direct Memory Access) wurde von NVIDIA bereits mit GPUs der Kepler Architektur eingeführt, und wird ab CUDA 5.0 unterstützt. Stark vereinfacht und generalisiert stellt GPUDirect RDMA eine direkte Kommunikationsmöglichkeit (über Standardfeatures von PCIe) zwischen der GPU und 3rd Party Peer-Devices zur Verfügung. Konkret bedeutet dies beim Einsatz multipler GPUs (welche GPUDirect RDMA unterstützen) auf verschiedenen Hosts, dass die GPUs auf diesen unterschiedlichen Hosts unter Umgehung der CPU und des Systemspeichers RAM-technisch direkt miteinander über geeignete NICs kommunizieren können.

### Die Arbeitsweise im Detail

Beim Einrichten einer GPUDirect-RDMA-basierten Kommunikation zwischen zwei (PCIe-) Peers sind aus Sicht der PCI-Express-Geräte alle physischen Adressen gleich. Innerhalb dieses physikalischen Adressraums befinden sich lineare Adressfenster, die als PCI-BARs (*BAR: Base Address Register*) bezeichnet werden. Jedes PCIe-Gerät darf maximal sechs BAR-Bereiche verwenden bzw. adressieren, sodass insgesamt bis zu sechs aktive 32-Bit-BAR-Bereiche adressiert werden können. 64-Bit-BARs bestehen üblicherweise aus zwei zusammengefassten BAR(32)-Regionen. Bei der Verwendung von GPUDirect RDMA tauscht das PCIe-Device Lese- und Schreibvorgänge direkt mit den BAR-Adressen des Peer-Devices aus, anstatt diese über den Systemspeicher (siehe Bounce Buffers) mit dem Peer zu kommunizieren.

Herkömmlicherweise werden Ressourcen wie BAR-Bereiche dem User- oder Kernel-Space zugeordnet, wodurch sich in der Regel die MMU (*Memory Management Unit*) der CPU dafür zuständig fühlt und diese Bereiche als MMIO (Memory Mapped IO) abbildet bzw. verwaltet.

Da im betrachteten Stand die Mechanismen zum Austausch von MMIO-Bereichen zwischen Treibern von PCIe-Peers in so gut wie allen gängigen Betriebssystemen für den angedachten Einsatzzweck nicht effizient genug arbeiten, stellt das NVIDIA-Kerneltreiber-Modul entsprechende RDMA-Funktionen bereit, um die erforderlichen (BAR-)Adressübersetzungen und -zuordnungen zwischen den PCIe-Peers direkt durchführen zu können. Die von GPUDirect RDMA verwendeten APIs sind dabei denen sehr ähnlich, die bei Standard-DMA-Übertragungen verwendet werden.

Betrachten wir den Workflow des GPUDirect RDMA anhand der folgenden, vereinfachten Abbildung 4.18. Supportet wird dieses Verfahren im betrachteten Stand nur mit Mellanox-NICs, die *ConnectX* beherrschen.

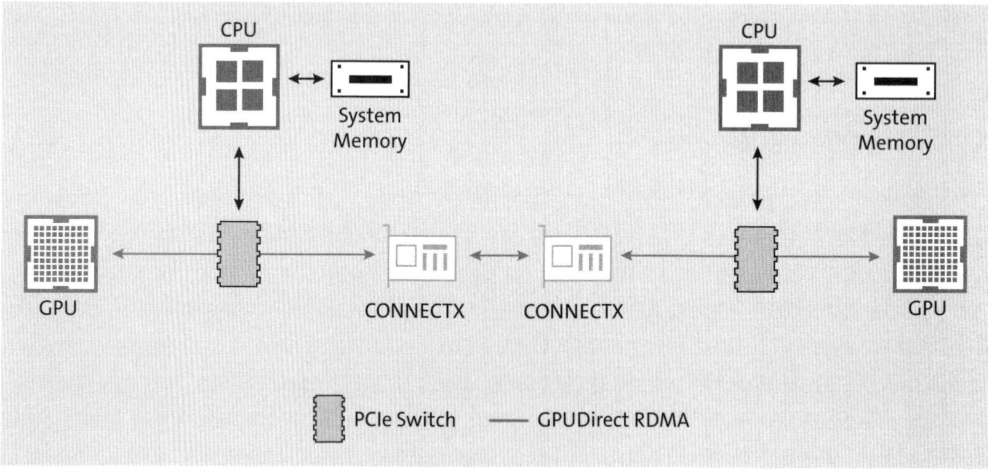


**Abbildung 4.18** GPUDirect-RDMA-Workflow, Quelle: NVIDIA

Eine GPUDirect-RDMA-Implementierung ist beispielsweise auch auf AWS für Multi-A100-GPU-Nodes verfügbar. Siehe dazu: *https://aws.amazon.com/de/ec2/instance-types/p4/*.

Ein GPUDirect-RDMA-Setup wird konkret in der Praxis in Abschnitt 9.6 (Network-Operator) mit OpenShift umgesetzt.



## 4.10 GPU-Performance in ML-Trainings – Bare-Metal vs. vGPU/MIG

Siehe dazu auch: *https://www.nvidia.com/content/dam/en-zz/Solutions/design-visualization/solutions/resources/documents1/Tech-Brief-Virtual-GPU-Positioning.pdf*

### 4.10.1 Vorbetrachtungen

In vielen Fällen ist das reine Leistungspotential einer GPU nicht der einzige Faktor, der bei der Auswahl der richtigen (virtuellen) GPU-Lösung für die unternehmensspezifischen ML-Workloads berücksichtigt wird. In so gut wie allen Fällen geht es aus betriebswirtschaftlicher Sicht auch um die Berücksichtigung konkreter Betriebskosten, und dazu gehören (bei einem Kauf) neben dem Anschaffungspreis und seinem ROI auch die laufenden Kosten wie z. B. Leistungsaufnahme (Strom) und Kühlbedarf (und wieder: Strom).

Aber die Leistung einer GPU spielt in der Betriebskostenrechnung auch eine gewaltige Rolle: Je performanter und besser geeignet für einen bestimmten Workload, desto schneller und zeiteffizienter wird die Berechnung (*Time-to-Solution*) abgearbeitet. Würde es z. B. um VDI-Workloads (Virtual Desktop Infrastructure) gehen, die nicht zum Scope dieses Buches gehören, würde aus NVIDIAs Portfolio eine einfache A16 (diese hat wie die A40 RTX-Support) bei hoher Nutzerdichte die beste Performance im Verhältnis zum Kostenaufwand bringen, und die Nutzung einer A100 für diesen Zweck wäre eher falsch verortet.

Insbesondere bei Workloads in KI/ML-Trainings ist jedoch der bereits benannte Faktor Time-to-Solution extrem wichtig. Beispielsweise können Data Scientists und Data Analysts um Größenordnungen schneller Ergebnisse erzielen, wenn ihre ML-Workloads über Leistungsboliden wie die H100- oder A100-GPUs prozessiert werden. Eine weitere generelle und ebenso relevante Frage in diesem Kontext, die sich ebenfalls konkret auf die Kosten bezieht, ist die Entscheidung zwischen einer virtualisierten Infrastruktur und Bare-Metal-Node, welche bereits in Ansätzen in Abschnitt 3.1 und Abschnitt 3.2 erörtert wurde.

Unternehmen entscheiden sich aus verschiedenen Gründen (Verwaltbarkeit, Flexibilität und Ausfallsicherheit, um einige zu nennen) für die Virtualisierung von Servern und Anwendungen. Erfahrungsgemäß führt dies, wie bereits angesprochen, im direkten Vergleich zu Bare-Metal-Setups zu einer etwas verringerten Leistung. Dieser Nachteil wird jedoch in vielen Fällen und je nach Einsatzszenario durch die Vorteile der Virtualisierung (wie Node-Autoscaling) kompensiert. Insbesondere im ML-Umfeld kommt es jedoch auf die bereits benannte Time-to-Solution und damit Effizienz des ML-Infra-Stacks an.

Im Folgenden geht es nun darum, basierend auf unserem bis zu diesem Zeitpunkt angesammelten Know-how, das Ganze mit konkreten Zahlen und Szenarien zu unterlegen. Die folgenden Test-Setups wurden von NVIDIAs EGX- und den NVAIE-Labs erarbeitet.

Auch wenn die folgenden Betrachtungen herstellerspezifisch sind, lassen sich hier auch generelle Verhältnisse für andere GPU-Hardware-Lösungen und Typ-1-Hypervisoren ableiten.

### 4.10.2 Konkretes Setup und Messwerte

Betrachten wir das Ganze zunächst aus großer Flughöhe: Der Performance-Unterschied bei der Verwendung von virtualisierten GPUs (konkret: NVIDIA-AI-Enterprise-Stack) im Vergleich zu Bare-Metal-Systemen mit der gleichen GPU-Hardware hängt zum einen von den prozessierten ML-Workloads wie auch von anderen, konfigurationsspezifischen Punkten ab. Generell bewegt sich der Unterschied zwischen den getesteten Systemen jedoch in einem eher niedrigen Bereich.

Gehen wir etwas mehr ins Detail.

#### Single Node

In dem folgenden Test-Setup wird via MLPerf Inference Benchmark (*https://mlcommons.org/en/*, *https://github.com/mlcommons/inference*) Datacenter v1.1 Natural Language Processing (BERT-Large) ermittelt, ob eine »Near-Bare-Metal«-Leistung eines (virtualisierten) NVIDIA-AI-Enterprise-Stacks im Vergleich zu einem hardwaretechnisch identischen Bare-Metal-Server tatsächlich gegeben ist. Verglichen wurden beide Verfahren mit folgender, identischer Hardware und ML-spezifischer Software:

- GPU-Server: Dell EMC PowerEdge R7525, AMD Epyc 7502
- GPUs: 3 × A100 PCIe 40 GB
- Software: TensorRT 8.0.2, CUDA 11.3

Im virtualisierten System: vGPUs konfiguriert mit drei vGPU/GRID A100 40 GB mit 40C-Profilen in drei VMs auf vSphere 7U2.

Abbildung 4.19 zeigt die Per-GPU-Performance des Inference-Benchmarks, Environment/Division: *Data Center Closed*, im Vergleich Virtualized vs. Bare-Metal. Je höher der erreichte Samples-Wert (Y-Achse, senkrecht), desto besser die Leistung.

Dass die vGPU-Performance nur minimal geringer ist als die des Bare-Metal Setups (und damit *Full PCI-Passthrough*-like) ist nicht sehr verwunderlich, denn der GPU-Manager auf dem Hypervisor nimmt im Grunde und stark abstrahiert betrachtet lediglich eine PCI-Partitionierung vor – der vGPU-Slice wird nach wie vor als »nearly native« PCI-Gerät an die VM durchgereicht.

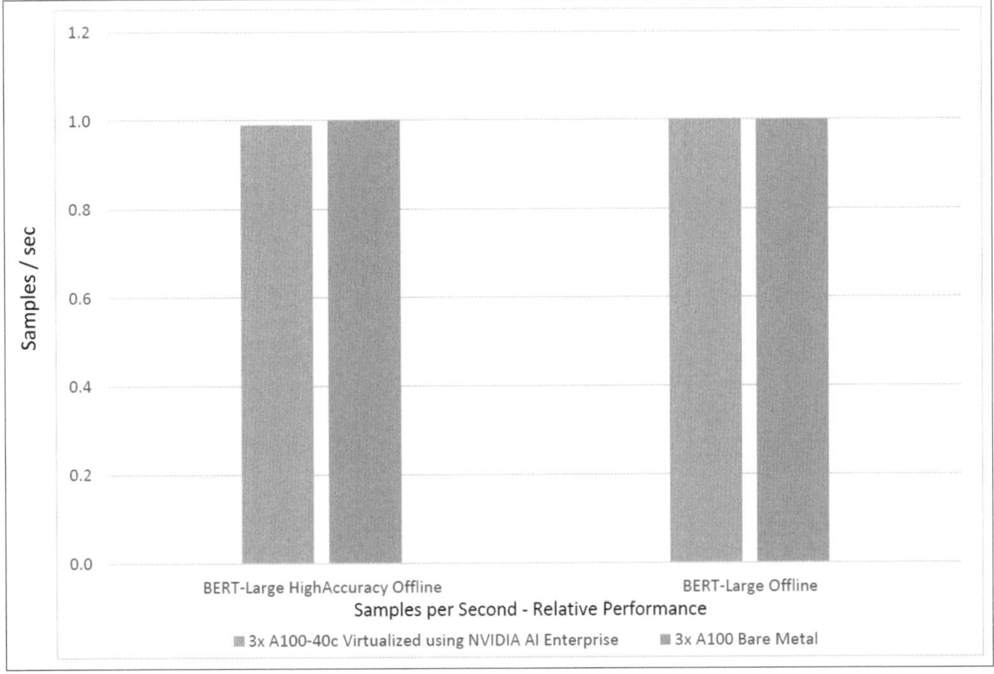


**Abbildung 4.19** MLPerf – Virtualized-GPU-Nodes vs. Bare-Metal-Nodes, Quelle: NVIDIA

### Scale-out

Betrachten wir das Ganze nun in einem – bezogen auf den Scope des Buches – relevanten Scale-out-Szenario. Um leistungstechnisch mit Bare-Metal-Systemen mithalten zu können, wurde der NVAIE-Stack auf vSphere-Systemen entsprechend optimiert und unterstützt dazu Verfahren wie das in Abschnitt 4.9 erläuterte GPUDirect RDMA, ATS (*Address Translation Services*) und RoCE (*RDMA over Converged Ethernet*), um Multi-Node-Scale-out-Leistung bereitzustellen. Diese liegt leistungstechnisch ebenfalls nur marginal hinter der Bare-Metal-Performance, bietet aber den Vorteil der möglichen Vollautomation in Autoscaling-Szenarien.

Abbildung 4.20 stellt einen BERT-Large-Trainings-Workload dar, um ein NLP-Modell (Natural Language Processing) mit NVIDIA A100-GPUs zu trainieren. Die Skalierung erfolgt von 1 auf 4 Nodes, mit jeweils einer A100-GPU (40 GB) pro Node (40C-Profil). Das verwendete System war ein Intel Xeon Gold (6240R @ 2,4 GHz), Mellanox ConnectX6 Dx NICs, RoCE-fähig, ATS-fähig.

Die Trainingsdaten: TensorFlow BERT Large Training mit Horovod, FP16 Precision, BS:30, Sequence Length: 384, vGPU-Treiber-Version 460.32.04, GPU-Nodes mit Ubuntu 18.04 virtualisiert auf VMware vSphere 7U2.

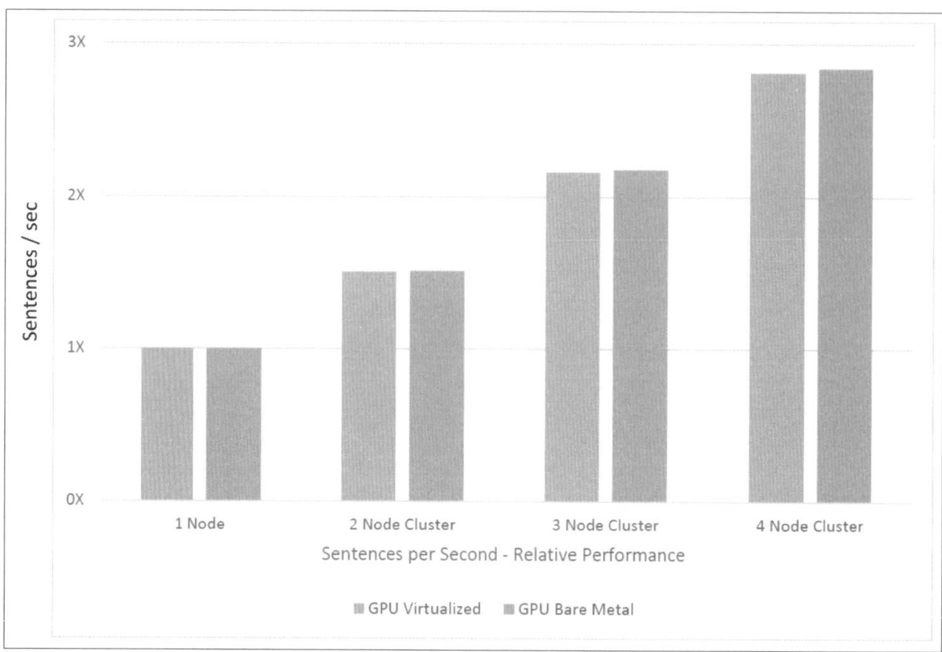


**Abbildung 4.20** NVIDIA AI Enterprise Distributed Deep Learning Training Performance – Bare-Metal vs. Virtualized, Quelle: NVIDIA

Wie wir auch hier sehen können, ist der Performance-Nachteil der vGPU-Lösung im Vergleich zu Bare-Metal eher marginal. Gleiches gilt für den Vergleich von GPU-Workloads im Bare-Metal-MIG-Mode vs. vCS-MIG-Mode (siehe Abbildung 4.21).

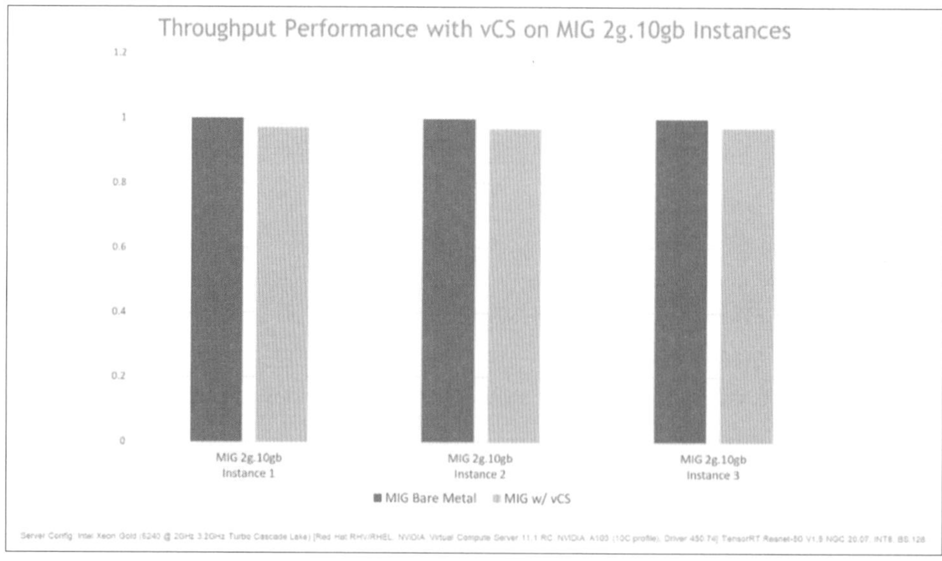


**Abbildung 4.21** Workload-Performance Bare-Metal MIG vs. vCS MIG, Quelle: NVIDIA

## 4.11 NVIDIA-Datacenter-Produkte: The Road Ahead

Wie in den letzten Monaten und Jahren immer deutlicher ersichtlich wurde, fokussiert NVIDIAs Kerngeschäft zwar auch noch auf Consumer-, und damit meist auf Gaming-taugliche Geforce GPUs, jedoch zunehmend mehr auf rein Datacenter-spezifische Hardware, da in diesem Geschäftsfeld dank der stetig steigenden Verbreitung von KI/ML-Systemen in den nächsten Jahren zunehmend größere Gewinne zu erwarten sind als im End-Consumer Bereich.

Beobachtet man dazu allein den Zeitraum von 2017-2022, so ist klar ersichtlich, das Datacenter-spezifische Produkte im Hard- und Software Bereich (wie z. B. Ampere-Karten, DGX, GPU-/Network-Operator) immer mehr Raum einnehmen, was sich auch konkret in den Zahlen wiederfindet:

Längst ist die Gaming Sparte, NVIDIAs ehemalige Cash-Cow, nicht mehr die Haupteinnahmequelle, sondern Hardware und Lizenzen für das umgangssprachlich gern so bezeichnete »Supercomputing«, also GPU-Accelerated Computing z. B. im Bereich KI/ML und HPC-Systeme. Im 1. Quartal 2022 lag die Datacenter-Sparte mit einem Umsatz von fast 3.8 Milliarden USD erstmals vor End-Consumer/Geforce-Produkten bzw. Lösungen.

Dass nebenbei einmal mehr trotz Rezession, Inflation, Kriegs-, Pandemie- und Rohstoffsorgen und etlicher sonstiger Stöcke zwischen den Unternehmens-Beinen – wie der gescheiterte ARM-Deal und eine diesbezügliche Gewinnminderung von 1,35 Milliarden durch Strafzahlung an Softbank – dennoch ein Rekordumsatz erzielt wurde, war wie üblich nichts, was die stets panisch-neurotische Analysten-Herde daran gehindert hätte, die NVIDIA-Ratings dennoch fröhlich nach unten zu drücken.

Im Laufe der kommenden Monate (Herbst/Winter 2022) wird – gemäß den Ankündigungen auf NVIDIAs GTC im September 2022 – eine generelle Verfügbarkeit des H100-Beschleunigers auf Basis der Hopper-Architektur erwartet. Russland und China bleiben dank des im September erteilten US-Exportverbotes dabei erst einmal außen vor. Im gleichen Zeitraum sollen ebenfalls entsprechende DGX-, DGX-Pod-, DGX-Superpod- plus HGX-Systeme mit der H100 verfügbar sein. Als erste Abnehmer stehen unter anderem AWS, Google, Microsoft und Oracle sowie diverse Systemanbieter wie Cisco, Dell, Gigabyte, HPE, Lenovo, Supermicro und etliche andere längst mit scharrenden Hufen auf NVIDIAs Haustürmatte.

# TEIL II

# Implementierung von skalierbaren KI/ML-Infrastrukturen

# Kapitel 5
# Implementierung: vSphere als Hypervisor für skalierbare ML-Infrastrukturen



*In the textile industry, we always had new machinery that held the promise of increasing our profit, but it never did because everyone else bought the same machinery. It was sort of like being in a crowd, and everyone stands on tiptoes – your view doesn't improve, but your legs hurt.*
*– Warren Buffet*

In diesem Abschnitt befassen wir uns mit den notwendigen Preflights, um VMwares vSphere-Enterprise-Systeme als Foundation für unsere skalierbaren On-Prem-ML-Cluster einsetzen zu können. Dabei geht es zunächst um die im letzten Abschnitt betrachteten GPU-Bereitstellungsverfahren, wie diese konkret je nach Anwendungsfall auf der Hypervisor-Plattform umgesetzt werden können, welche Komponenten involviert sind und vor allem welche Stolpersteine zu beachten sind.

## 5.1 Hardware-Voraussetzungen und Vorbetrachtungen (vSphere/On-Prem)

Bevor wir tiefer in die technischen Details gehen, betrachten wir zuvor aus großer Flughöhe, worum es in diesem Abschnitt geht:

Wie wir der Kapitelüberschrift entnehmen können, liegt der Fokus in den folgenden Abschnitten auf den implementierungsspezifischen Vorbereitungen für vSphere-On-Prem-Systeme im RZ des Unternehmens. Wir betrachten dabei konkret NVIDIA Datacenter-GPUs in GPU-tauglichen Servern bzw. im Optimalfall NVIDIA zertifizierte Server-Hardware, die als ESXi-Hosts in die vSphere-Cluster eingebunden sind. Es werden konkrete Verfahren aufgezeigt, wie – je nach Anwendungsfall – die richtigen Konfigurationsoptionen gesetzt werden sollten, um GPU-Hardware in vSphere-Cluster einzubinden und sie effizient an die Nodes und Container der darüberliegenden Orchestrierungsplattform (im betrachtenden Scope: OpenShift) durchreichen zu können.

Das Setup von ESXi-Hosts bzw. vSphere und vCenter ist nicht Bestandteil dieser Betrachtungen. Details dazu finden Sie hier:

*https://docs.vmware.com/de/VMware-vSphere/index.html*

#### Vorabüberlegungen zum Einsatzmodus: PCI Passthrough (Full/MIG) oder vGPU

Wie in den letzten Abschnitten beschrieben, können Sie beispielsweise GPU-Accelerator-Karten in die ESXis ihrer vSphere Systeme verpflanzen, bis das Budget erschöpft ist. Solange Sie jedoch in dieser Setup-Variante keine MIG-fähigen Karten verwenden, oder einen zusätzlichen Software-Layer (wie z. B. NVIDIAs vGPU-Manager) einziehen, die jede der GPU-Ressourcen im Cluster – einfach gesprochen – auch für multiple VMs oder Container nutzbar machen, können Sie die jeweilige komplette KI/ML-Beschleunigerkarte immer nur dediziert per *Passthrough* in jeweils einer bestimmen VM verwenden – also in einer für (auto-)skalierbare ML-Container-Cluster nicht wirklich effizienten 1:1-Bindung (ein GPU-Container/Consumer pro GPU-Node). Wie in Abschnitt 4.5.3 beschrieben, entschärft VMwares Dynamic DirectPath IO diese Problematik zwar etwas, dennoch bieten vGPU und/oder MIG eine größere Flexibilität hinsichtlich der Konfigurationsoptionen.

## 5.2 Preflights

Im Folgenden betrachten wir die konkreten technischen Preflights für den Einsatz von NVIDIA-Datacenter-GPUs bezogen auf Server-Hardware, BIOS-/UEFI- und ESXi-/vSphere-spezifische Settings.

### 5.2.1 BIOS/UEFI-Settings, SR-IOV, vSphere Edition, DRS

Bei bestimmten NVIDIA-GPUs (z. B. RTX A-Serie, die nicht im Scope des Buches liegt) muss gegebenenfalls SR-IOV (*Single Root/IO-Virtualisierung*) im BIOS des jeweiligen ESXi-Hosts aktiv sein. Dies bedeutet stark vereinfacht, dass sich die GPU dem System wie mehrere GPUs präsentieren kann.

**Achtung: Tesla T4 und SR-IOV – don't do it.**

Bei T4-GPUs sollten Sie SR-IOV üblicherweise deaktiviert lassen, dies kann sonst zu Problemen mit der Erkennung der Karten führen.

**Achtung: Ampere und SR-IOV – do it.**

Bei Karten der Ampere-Serie ist es genau andersherum: Diese benötigen aufgrund ihrer Architektur (insbesondere MIG-fähige Karten) aktiviertes SR-IOV. Zudem kann es zu Problemen mit Ampere-Karten in bestimmten Betriebsmodi kommen, sofern die Hardware nicht für den Einsatz mit den betreffenden NVIDIA-GPUs bzw. NVIDIA AI Enterprise geeignet und idealerweise zertifiziert ist. Aus Gründen der Vollständigkeit finden Sie hier schon die relevanten Links, die auch später in Abschnitt 5.3.1 noch einmal aufgelistet werden:

- *https://www.nvidia.com/en-us/data-center/resources/vgpu-certified-servers/*
- *https://docs.nvidia.com/ai-enterprise/latest/release-notes/index.html#supported-hardware-software*
- *https://docs.nvidia.com/ngc/ngc-deploy-on-premises/nvidia-certified-systems/index.html*

### vSphere Enterprise Plus

Das erforderliche vSphere-Feature *Accelerated Graphics for Virtual Machines* (das vGPU-Feature) war auch im zuletzt betrachteten Stand (vSphere 7, September 2022) nach wie vor nur in der *vSphere-Enterprise-Plus*-Edition verfügbar, nicht in den Enterprise-, Standard- oder Essentials-Editionen.



## 5.2.2 vSphere 7 und ESXi-Patchlevel

Leider ein Kapitel mit kleinen Schönheitsflecken, zumindest bezogen auf das leidige Update 3 von vSphere 7. VMware (und NVIDIA) hatten immer wieder beteuert, dass MIG-fähige Karten wie z. B. die A30 oder A100 problemlos mit vSphere/ESXi 7U1 oder U2 funktionieren.

Konkreter Wortlaut von VMware: *NOTE: The process for creating GPU Instances and Compute instances described below is now much more automated with vSphere 7 Update 2 and later. vCenter 7 Update 2 along with vSphere 7 Update 2 will automatically create the correctly sized GPU Instance for you and the associated Compute Instance, when you choose a vGPU profile for a MIG-backed vGPU. We include the details of the manual method for creation of these here just for completeness.*

Nun, dem war in der Praxis leider keineswegs so. Das Folgende wurde konkret auf mehreren NVIDIA-zertifizierten ASUS ESC4000 A-E10 GPU-Servern mit den Updateständen 7U2d und 7U3c mehrfach validiert.

Eine in dieser Server-Hardware verbaute A30 ließ sich unter vSphere 7U2d problemlos im normalen vGPU-Mode betreiben, mit beliebigen Profilen. Sobald jedoch per `nvidia-smi` (als Teil der zertifizierten NVAIE VIB) auf dem ESXi-Host der MIG-Mode aktiviert wurde (`nvidia-smi -i 0 -mig 1` für die A30, danach Reboot und Zuweisung eines beliebigen MIG-Patterns wie etwa A30-2-12C an das VM-Template), ging gar nichts mehr: Bereits der Start des geklonten VM-Templates schlug jedes Mal mit einer völlig unsinnigen Meldung im ESXi-Log fehl:

```
No graphics device is available for vGPU 'nvidia_a30-[das-gewählte-MIG-Pattern]'.
```

Und siehe da: Nach dem Update auf 7U3c funktionierte alles bestens – jeder MIG- und vGPU-Mode. Daher, liebe Freunde von VMware und NVIDIA – einfach mal genauer testen und weniger annehmen. Führt auch zu deutlich weniger Migräne bei den Kunden.

Für alle folgenden Betrachtungen wird daher von einem Versionsstand 7U3c und neuer ausgegangen. Beachten Sie, dass das Update 7U3a und b (Ende 2021) zu schwerwiegenden Problemen beim Update der ESXi-Instanzen führen kann und daher von VMware zurückgezogen wurde.

Das vCenter-Update kann wie üblich über die Admin GUI (Port 5480) vorgenommen werden.

### 5.2.3 Update 7U3 und VMClasses

Mit dem wenig glücklichen Patchlevel 7U3(a,b), das von VMware wegen etlicher gravierender Bugs (u. a. wegen defekter HA) zunächst mehrfach zurückgezogen werden musste, wurden auch sogenannte *VMClasses* eingeführt. Über diese Zusatzklasse können vGPUs auf vSphere-/ESXi-Ebene direkt bestimmten VMs zugeteilt werden, womit das manuelle Attachen von vGPUs via PCI an VM-Templates entfällt. Da diese nur mit VMwares *Tanzu* genutzt werden können, entfällt gemäß dem gesteckten Scope eine weitere Betrachtung des Themas. Infos finden sich z. B. hier: *https://docs.vmware.com/en/VMware-vSphere/7.0/vmware-vsphere-with-tanzu/GUID-7351EEFF-4EF0-468F-A19B-6CEA40983D3D.html.*

### 5.2.4 Host-Updates für vSphere/ESXi

Im folgenden Abschnitt wird sichergestellt, dass das vSphere-System bzw. die ESXi-Hosts den passenden Patchlevel (≥ 7U3c) für alle folgenden Betrachtungen haben.

> **Warnung**
> Selbstverständlich gilt wie üblich vor allen Updates/Patch-Vorgängen jenseits von puren Testumgebungen, dass zwingend zuvor Backups erstellt und diese auch validiert werden.

Im Folgenden wird das Update auf den ESXi-Hosts per `esxcli` durchgeführt. Zuvor muss der Host in den *Maintenance-Mode* versetzt werden:

```
[root@esxi0:~] esxcli system maintenanceMode set --enable true
```

Dann folgt das vSphere-Update, nachfolgend für Stand 7U3c.

> **Achtung: Epyc Milan und PSOD**
> Bei AMD-Epyc-CPUs der Milan-Serie stellen Sie in jedem Fall zuvor sicher, dass die neuesten BIOS- und Firmware-Patches installiert wurden. Andernfalls kann es beim Reboot zu einem PSOD kommen, da die CPU bzw. einige ihrer Features nicht erkannt werden.

```
[root@esxi0~] esxcli software profile update \
  -p ESXi-7.0U3c-19193900-standard \
  -d https://hostupdate.vmware.com/software/VUM/PRODUCTION/main/vmw-depot-index.xml
```

Danach ist ein Reboot des Hosts zwingend erforderlich.

### 5.2.5 vGPU für RTX 6000/8000 und RTX A5000/A6000 aktivieren

Da es sich bei diesen Karten typischerweise eher um Workstation- und nicht wirklich um KI/ML-optimierte Datacenter-Karten handelt, müssen diese erst per *DisplayModeSelector* in dem reinen Compute-Mode umgeschaltet werden, um via vGPU genutzt werden zu können. Da diese Karten nicht zum Scope des Buches gehören, sei hier nur auf die entsprechende Doku verwiesen:

*https://developer.nvidia.com/displaymodeselector*



### 5.2.6 ECC-Memory

Sofern kein *ECC-Memory* zum Einsatz kommt bzw. auf dem ESXi-Host verbaut ist, muss dieser explizit deaktiviert sein. Zur ECC-Deaktivierung auf dem ESXi können Sie wie folgt vorgehen, nachstehend per `esxcli`. Achtung: Führen Sie den Reboot nur aus, wenn Sie sichergestellt haben, dass keine VM mehr auf dem Host in Benutzung ist.

```
[root@esxi0:~] /etc/init.d/xorg stop
[root@esxi0:~] nv-hostengine -t
[root@esxi0:~] nv-hostengine -d
[root@esxi0:~] /etc/init.d/xorg start
[root@esxi0:~] nvidia-smi -e 0
[root@esxi0:~] reboot
```

Kleiner Tipp: Wenn ECC deaktiviert ist, steht (logischerweise) der GPU (oder Teilen ebendieser) etwas mehr RAM-Buffer zur Verfügung, siehe dazu auch: *https://docs.nvidia.com/grid/14.0/grid-vgpu-release-notes-vmware-vsphere/index.html#total-vgpu-frame-buffer-less-than-pgpu-frame-buffer*

### 5.2.7 Preflight-Checks: Tools und Tests

Im Folgenden finden Sie einige Befehle zur Verifikation der korrekten Arbeitsweise der GPU-Hardware auf den ESXi-Hosts (im folgenden Beispiel ohne ECC RAM):

```
[root@esxi0:~] esxcli graphics host get
```

```
Default Graphics Type: Shared
Shared Passthru Assignment Policy: Performance
```

```
[root@esxi0:~] nvidia-smi -q | grep "Ecc Mode" -A 2
```

Achtung: `Ecc`, nicht `ECC`.

```
Ecc Mode
    Current   : Disabled
    Pending   : Disabled
```

Sie können die ECC-Nutzung mit dem Switch `nvidia-smi -e 0` (ECC deaktiviert) oder `-e 1` (ECC aktiviert) steuern.

Um ECC nur für eine bestimmte Karte zu aktivieren oder zu deaktivieren, lassen Sie sich zuvor per `nvidia-smi` die verbauten GPUs und ihre Nummern anzeigen. Dann (de-)aktivieren Sie den ECC-RAM, hier für die GPU mit der internen ID 0:

```
[root@esxi0:~] nvidia-smi -i 0 -e 0 # oder -e 1
```

Um den NVIDIA-spezifischen vSphere-Treiber bzw. das GPU-Manager-VIB zu listen, können Sie folgendes Kommando benutzen:

```
[root@esxi0:~] esxcli software vib list |grep NVIDIA
```

```
NVIDIA-AIE_ESXi_7.0.2_Driver    510.47.03-1OEM.702.0.0.17630552    NVIDIA  VMwareAccepted  2022-04-21
```

Im ESXi listen Sie die jeweils vorhandenen NVIDIA-GPUs mit dem Schalter `-L` auf:

```
[root@esxi0:~] nvidia-smi -L
```

```
GPU 0: NVIDIA A30 (UUID: GPU-77e55a46-ec4f-0f03-cd7c-d6d5bfe7747b)
GPU 1: Tesla T4 (UUID: GPU-42b3746e-2319-d4b3-aaa1-cef1bb64028d)
GPU 2: Tesla T4 (UUID: GPU-5764c855-db5e-f9d8-6929-5a3de840eb65)
```

Die NVIDIA-GPU-Topologie zeigen Sie mit `topo -m` an, wie bereits für den DGX-Server in Abschnitt 3.2.11 gezeigt:

```
[root@esxi0:~] nvidia-smi topo -m
```

```
        GPU0    GPU1    GPU2    CPU Affinity    NUMA Affinity
GPU0     X      SYS     SYS
GPU1    SYS      X      SYS
GPU2    SYS     SYS      X
Legend:
X    = Self
SYS  = Connection traversing PCIe as well as the SMP interconnect between NUMA nodes (e.g., QPI/UPI)
NODE = Connection traversing PCIe as well as interconnect between PCIe Host Bridges within NUMA node
PHB  = Connection traversing PCIe as well as a PCIe Host Bridge (typically the CPU)
PXB  = Connection traversing multiple PCIe bridges (without traversing the PCIe Host Bridge)
PIX  = Connection traversing at most a single PCIe bridge
NV#  = Connection traversing a bonded set of # NVLinks
```

Und es gibt natürlich auch eine allgemeine Übersicht über die verbauten NVIDIA-GPUs:

```
[root@esxi0:~] nvidia-smi
```

```
Fri Jun  3 11:32:37 2022
+-----------------------------------------------------------------------------+
| NVIDIA-SMI 510.47.03    Driver Version: 510.47.03    CUDA Version: N/A      |
|-------------------------------+----------------------+----------------------+
| GPU  Name        Persistence-M| Bus-Id        Disp.A | Volatile Uncorr. ECC |
| Fan  Temp  Perf  Pwr:Usage/Cap|         Memory-Usage | GPU-Util  Compute M. |
|                               |                      |               MIG M. |
|===============================+======================+======================|
|   0  NVIDIA A30          On   | 00000000:01:00.0 Off |                  Off |
| N/A   37C    P0    68W / 165W |      0MiB / 24576MiB |     N/A      Default |
|                               |                      |              Enabled |
```

```
+-------------------------------+----------------------+----------------------+
|   1  Tesla T4            On   | 00000000:41:00.0 Off |                  Off |
| N/A   34C    P8    15W /  70W |     86MiB / 16384MiB |      0%      Default |
|                               |                      |                  N/A |
+-------------------------------+----------------------+----------------------+
|   2  Tesla T4            On   | 00000000:C1:00.0 Off |                    0 |
| N/A   33C    P8    15W /  70W |     82MiB / 15360MiB |      0%      Default |
|                               |                      |                  N/A |
+-------------------------------+----------------------+----------------------+

+-----------------------------------------------------------------------------+
| MIG devices:                                                                |
+------------------+----------------------+-----------+-----------------------+
| GPU  GI  CI  MIG |         Memory-Usage |        Vol|         Shared        |
|      ID  ID  Dev |           BAR1-Usage | SM     Unc| CE  ENC  DEC  OFA  JPG|
|                  |                      |        ECC|                       |
|==================+======================+===========+=======================|
|  No MIG devices found                                                       |
+-----------------------------------------------------------------------------+

+-----------------------------------------------------------------------------+
| Processes:                                                                  |
|  GPU   GI   CI        PID   Type   Process name                  GPU Memory |
|        ID   ID                                                   Usage      |
|=============================================================================|
|  No running processes found                                                 |
+-----------------------------------------------------------------------------+
```

### 5.2.8 Virtualization-Mode (Achtung: wichtig!)

Der verwendete/eingestellte *Virtualization-Mode* ist Dreh und Angelpunkt für alle folgenden Betrachtungen. Für unseren Anwendungsfall (Accelerated Computing) muss dieser auf *Host vGPU* eingestellt sein.

```
[root@esxi0:~] nvidia-smi -q | grep -i virtualization
```

```
    GPU Virtualization Mode
        Virtualization Mode      : Host VGPU
    GPU Virtualization Mode
        Virtualization Mode      : Host VGPU
    GPU Virtualization Mode
        Virtualization Mode      : Host VGPU
```

Sofern der Virtualization Mode z. B. auf *VSGA* steht und nicht, wie erforderlich, auf *vGPU*, stellen Sie diesen über das vCenter wie folgt um:

vCenter • ESXi Host auswählen, dann weiter auf Grafik • Grafikgeräte. Dort markieren Sie die relevante GPU, wählen dann Bearbeiten und setzen Direkt freigegeben, so wie in Abbildung 5.1.

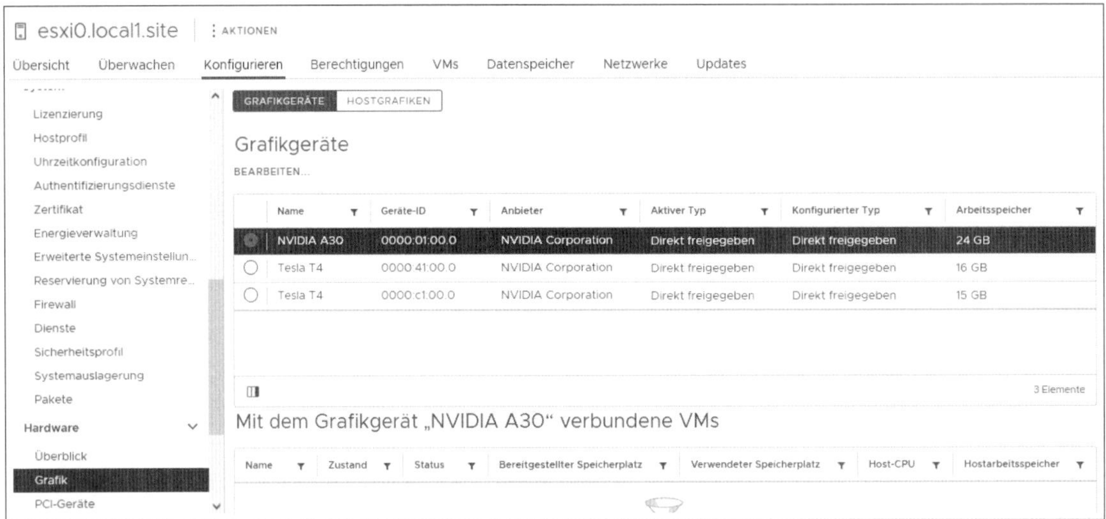


**Abbildung 5.1** vSphere – NVIDIA-GPU-Einstellungen im vCenter

Danach starten Sie den XServer gegebenenfalls neu. Nach der Umstellung sollte der folgende Befehl die korrekte Ausgabe (*Host vGPU*) für den eingestellten Virtualization Mode liefern, hier noch einmal zur Kontrolle:

```
[root@esxi0:~] nvidia-smi -q | grep -i virtualization

    GPU Virtualization Mode
        Virtualization Mode           : Host VGPU
[...]
```

## 5.3 Setup des GPU-Managers/vGPU-Host-Drivers (ESXi/vSphere 7)

Im Folgenden wird das Setup des GPU-Manager-VIB unter ESXi/vSphere 7 beschrieben. Dies ist nötig, wenn der *vGPU*-Partitionierungs-Mode (siehe Abschnitt 4.3) für NVIDIA-GPUs verwendet werden soll. Voraussetzung dafür sind vGPU-fähige GPUs. Eine komplette Übersicht aller vGPU-fähigen Karten finden Sie unter *https://docs.nvidia.com/grid/gpus-supported-by-vgpu.html*.

### 5.3.1 NVD-AIE oder NVD-VGPU, NVIDIA vGPU Certified Server

Die im Titel genannte Unterscheidung ist nicht unwichtig für die folgenden Betrachtungen, denn zwischen den GPU-Manager-Paketen liegen funktional zum Teil größere Unterschiede: Während das reguläre *NVD-VGPU*-Treiberpaket in der Regel die meisten gängigen vGPU fähigen Karten wie z. B. eine Tesla T4 unterstützt, so unterstützt allein der NVD-AIE-Treiber (der

Bestandteil des NVIDIA-AI-Enterprise-Pakets ist) den vGPU-Mode bei wirklich allen unter *https://docs.nvidia.com/grid/gpus-supported-by-vgpu.html* gelisteten Karten.

Liste der *vGPU-Driver*-supported Hosts und GPUs:

- *https://docs.nvidia.com/grid/14.0/product-support-matrix/index.html*

Liste der *NVAIE-Driver*-supported Hosts und GPUs:

- *https://www.nvidia.com/en-us/data-center/resources/vgpu-certified-servers/*
- *https://docs.nvidia.com/ai-enterprise/latest/release-notes/index.html#supported-hardware-software*
- *https://docs.nvidia.com/ngc/ngc-deploy-on-premises/nvidia-certified-systems/index.html*
- *https://docs.nvidia.com/ai-enterprise/latest/product-support-matrix/index.html*
- *https://docs.nvidia.com/grid/latest/product-support-matrix/index.html#abstract__a100-pass-through-only-support*

### 5.3.2 Setup des NVIDIA-VIB (vGPU-Manager) auf den ESXis

Da die Installation des GPU-Manager-VIB wie üblich mindestens den Wartungsmodus, oft genug aber auch einen Restart des ESXi-Hosts erfordert, sollten Sie zunächst alle VMs auf dem betreffenden ESXi stoppen oder migrieren. Dann schalten Sie den Host in den *Wartungsmodus*, entweder per GUI oder wie nachstehend gezeigt per `esxcli`:

```
[root@esxi0:~] esxcli system maintenanceMode set --enable true
```

Im Folgenden gehen wir davon aus, dass Sie das betreffende VIB-Pack bzw. Bundle in einen für den ESXi erreichbaren Pfad kopiert haben, für das Beispiel liegt es im lokalen Datastore 3:

```
[root@esxi0:~] esxcli software vib install -d
  /vmfs/volumes/datastore3_esxi0/driver/NVD-AIE_510.47.03-1OEM.702.0.0.17630552_
  19298122.zip
```

```
Installation Result
   Message: Operation finished successfully.
   Reboot Required: false
   VIBs Installed: NVIDIA_bootbank_NVIDIA-VMware_ESXi_7.0_Host_Driver_510.47.03-1OEM.702.0.0.1.17[…]
   VIBs Removed:
   VIBs Skipped:
```

Alternativ die Vorgehensweise für ein Treiber-Update, hier für eine etwas ältere VGPU-VIB-Version:

```
[root@esxi0:~] esxcli software vib update -d
  /vmfs/volumes/datastore3_esxi0/driver/NVD-VGPU_460.91.03-1OEM.700.0.0.15525992_
  18308486.zip
```

```
Installation Result
   Message: Operation finished successfully.
   Reboot Required: false
   VIBs Installed: NVIDIA_bootbank_NVIDIA-VMware_ESXi_7.0_Host_Driver_460.91.03-1OEM.700.0.0.15525992
   VIBs Removed: NVIDIA_bootbank_NVIDIA-VMware_ESXi_7.0_Host_Driver_460.73.02-1OEM.700.0.0.15525992
   VIBs Skipped:
```

Danach deaktivieren Sie den Maintenance-Mode wieder und führen (sofern erforderlich) einen Reboot des ESXi durch:

```
[root@esxi0:~] esxcli system maintenanceMode set --enable false
```

### 5.3.3 PoC: Einfaches Passthrough

Für ein erstes, einfaches PoC (»zum warmmachen«) schauen wir uns kurz und kompakt an, wie ein Passthrough-Mode funktioniert, im Folgenden am Beispiel einer NVIDIA RTX A5000 in einem ESXi eines vSphere 7 Clusters, da die Karte sowohl im Grafik- als auch im Compute-Mode (mit vGPU- und GPU-Operator-Support) betrieben werden kann.

#### ESXi 7/vCenter

Zunächst setzen wir z. B. über die GUI des ESXi den Passthrough-Mode für die betreffenden PCI-Devices, in der Regel die eigentliche GPU sowie das High Definition Audio Device. Gegebenenfalls sind ergänzende Settings (je nach PCI-IDs) in der Datei */etc/vmware/esx.conf* des jeweiligen ESXi-Nodes für Reboot-Persistenz nötig:

```
/device/0000:01:0.3/owner = "passthru"
/device/0000:01:0.2/owner = "passthru"
/device/0000:01:0.1/owner = "passthru"
/device/0000:01:0.0/owner = "passthru"
```

Zudem ist seit vSphere 7 gegebenenfalls zusätzlich das Setzen des folgenden Schalters per `esxcli` notwendig, falls der ESXi den Passthrough-Mode für das Device nach einem Reboot »vergisst«. Nach dem Setzen des Schalters führen Sie einen Reboot durch (zuvor sicherstellen, dass keine VMs auf dem Host aktiv sind):

```
[root@esxi0:~] esxcli system settings kernel set -s vga -v FALSE
```

Bzw. direkt in der Datei */etc/vmware/esx.conf*:

```
/vmkernel/vga = "FALSE"
```

#### Settings für eine Windows 10-VM im Passthrough-Mode

Die Voraussetzung für das folgende kleine PoC: PCI Passthrough für die verwendete GPU ist aktiviert.

Dann editieren Sie die Einstellungen der VM, die die Grafikkarte per Passthrough nutzen soll. Dazu rufen Sie in den Einstellungen der VM im vCenter ADD NEW PCI DEVICE auf und wählen die GPU-Karte aus. (Gegebenenfalls muss ein weiteres PCI-Device für die Audio-Funktionen der Karte hinzugefügt werden.)

In den Einstellungen der VM muss zudem die Option RESERVE ALL GUEST MEMORY aktiviert werden. Dann bearbeiten Sie die Konfiguration der VM unter VM-OPTIONS • ADVANCED • CONFIGURATION PARAMETERS • EDIT CONFIGURATION • ADD CONFIGURATION PARAMS. Dort legen Sie einen neuen Wert an: `hypervisor.cpuid.0` → `FALSE`



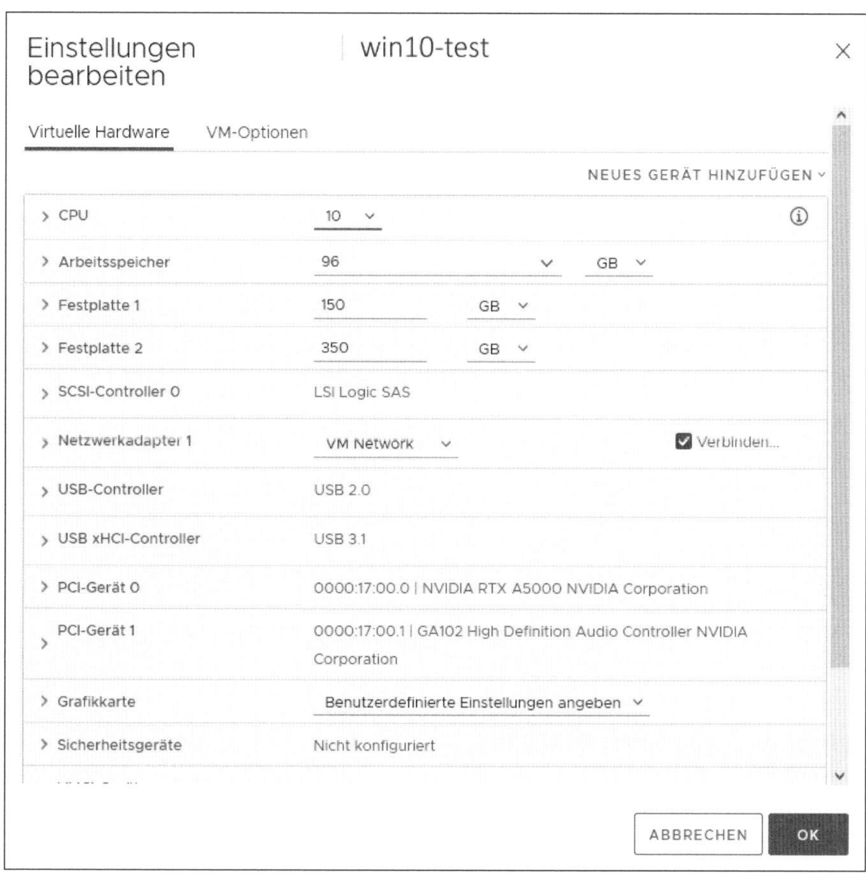


**Abbildung 5.2** RTX A5000 per PCI Passthrough in einer Windows-VM

Danach booten Sie die VM und verbinden sich per RDP. Die neue Karte wird im Device Manager voraussichtlich als MICROSOFT BASIC DISPLAY ADAPTER angezeigt werden. Installieren Sie den passenden NVIDIA-Treiber für diese Karte. Anschließend führen Sie einen Reboot durch.

Kleiner Tipp in privaten Testumgebungen: Um ein dysfunktionales NVIDIA-Control-Panel (schwarzer Bildschirm) nach der Umstellung auf eine NVIDIA Karte, die HDMI- oder DVI-

Ports hat, zu vermeiden, schließen Sie einfach einen ausgeschalteten Monitor mit Kabel an die Accelerator-Karte des ESXi an, sofern diese einen Ausgang besitzt.

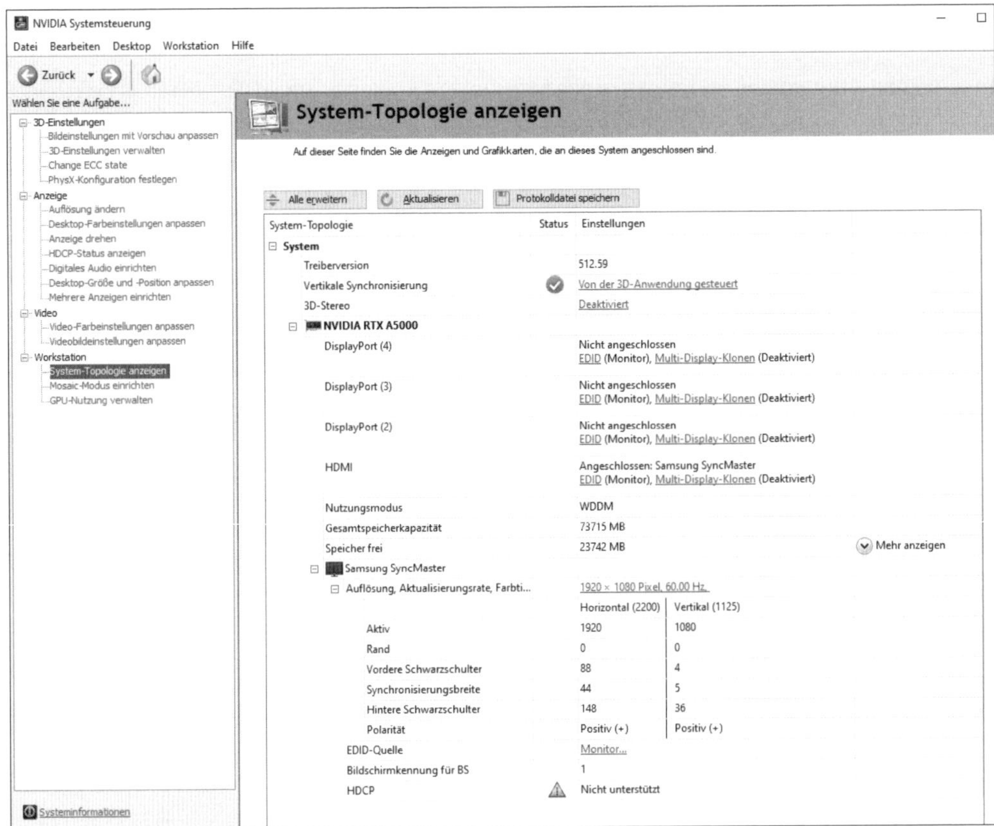


**Abbildung 5.3** NVIDIA-Systemsteuerung (RTX A5000 PCI Passthrough in einer Windows-VM)

## 5.4 VM-Templates mit GPUs erstellen

Eine wichtige Rolle bei der Auto-Skalierbarkeit von Container-Cluster-Nodes – egal ob es sich um KI/ML-spezifische oder reguläre VMs handelt – spielen die VM-Templates auf der Virtualisierungsplattform, auf deren Basis die neuen VMs on demand geklont werden. In diesem Abschnitt schauen wir uns daher exemplarisch an, wie VM-Templates für verschiedene Szenarien passend vorkonfiguriert werden können.

Zunächst betrachten wir ein vGPU-VM-Template, das eine 8-GB-Partition einer Tesla T4 (Compute Mode) erhält. Danach schauen wir uns an, wie ein VM-Template mit einer MIG-fähigen GPU angelegt werden kann, und last but not least betrachten wir eine pure Passthrough-Variante, die dank VMwares Dynamic DirectPath IO aber dennoch skalierbar sein kann, sofern mehrere identisch gelabelte GPUs im Cluster vorhanden sind.

### 5.4.1 Erstellung und Konfiguration eines VM-Templates (vGPU-Variante, OpenShift)

Die Vorgehensweise, kurz und kompakt:

- Über VCENTER • EINSTELLUNGEN klonen Sie das RHCOS-Template des ausgerollten OpenShift-Clusters.
- Dann statten Sie das geklonte RHCOS-Template mit der gewünschten NVIDIA-GPU und dem gewünschten vGPU-Profil aus. Für ML-Anwendungen vorzugsweise ein C(ompute)-Profil verwenden, A(pps), B(usiness) und Q(uattro) sind, wie bereits erläutert, primär für grafische Anwendungsfälle geeignet.
- Dann hinterlegen Sie das RHCOS-GPU-Template in einem neuen, assoziierten GPU-MachineSet, optimalerweise auf Basis eines eigenen MachineConfigPools (gpu) zur sauberen Separation zwischen GPU-Workern und normalen Workern. Siehe zu dieser Thematik auch die noch folgenden Abschnitte des Buches ab Abschnitt 10.4.

In Abbildung 5.4 sehen Sie ein RHCOS-GPU-Worker-Template mit einer T4 und einem vGPU-Slice 8c (8 GB RAM, Compute-Mode).

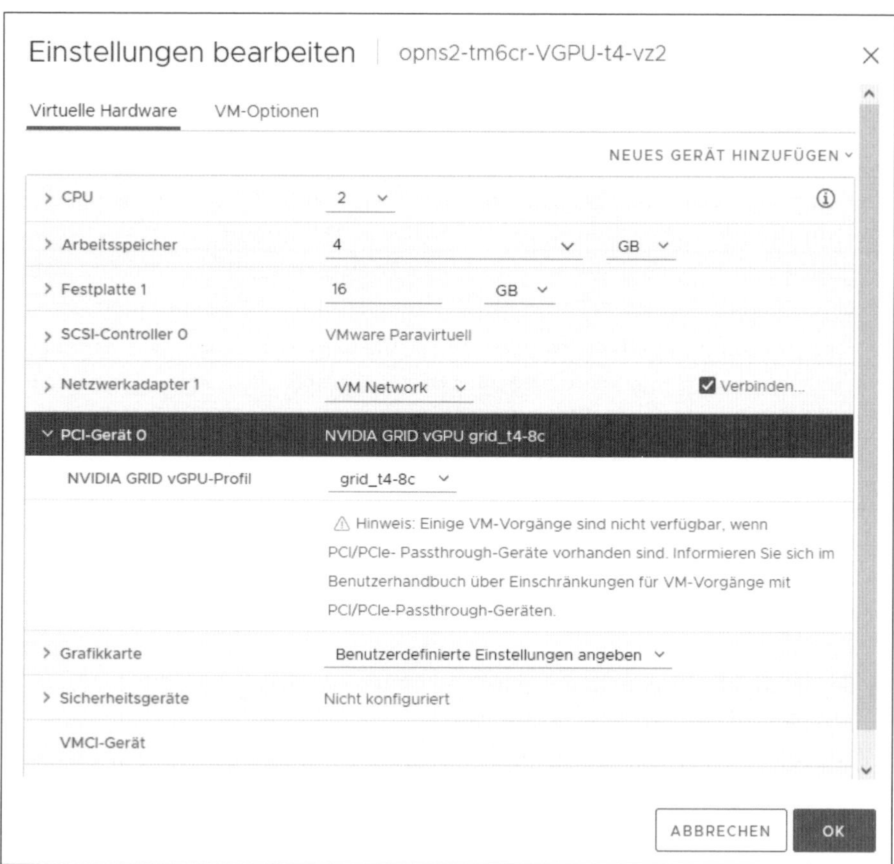


**Abbildung 5.4** Durchreichen der Tesla T4 im vGPU-Mode (8c) an ein RHCOS-GPU-Template

Weitere wichtige Einstellungen im VM-Konfigurationsreiter VM-OPTIONEN des vCenters, die für das vGPU-Template vorzunehmen sind, sind hier in Form einer kompakten Checkliste aufgeführt:

- STARTOPTIONEN • FIRMWARE • EFI
- ERWEITERT • KONFIGURATIONSPARAMETER • KONFIGURATION BEARBEITEN • HINZUFÜGEN, dann müssen Sie die Attribute `pciPassthru.use64bitMMIO=TRUE` und `pciPassthru.64bitMMIOSizeGB=<Size>` setzen.

**Exkurs: Berechnung des passenden 64BitMMIOSizeGB-Wertes**

Der Wert für `pciPassthru.64bitMMIOSizeGB` kann im einfachsten Fall so berechnet werden, indem die gesamten GB des Framebuffer-Speichers aller – an die VM durchgereichten – GPUs addiert werden. Wenn der gesamte GPU-Framebuffer-Speicher exakt auf eine Potenz von 2 fällt, sollte der Wert von `pciPassthru.64bitMMIOSizeGB` auf die nächste Potenz von 2 gesetzt werden.

Wenn der gesamte GPU-Framebuffer-Speicher zwischen zwei Potenzen von 2 liegt, runden Sie auf die nächste Potenz von 2 auf, und runden Sie dann sicherheitshalber erneut auf, um eine funktionierende Einstellung zu erhalten. Zweierpotenzen sind (wie bekannt sein sollte) 2, 4, 8, 16, 32, 64, 128, 256, 512, 1024 ...

Nehmen wir als Beispiel zwei NVIDIA A100-Karten, die einer VM zugeordnet sind. Beide A100 sind mit jeweils 40 GB ausgestattet, in Summe also 80 GB bezogen auf die VM – und bezogen auf den Range der Zweierpotenzen also zwischen 64 GB und 128 GB gelegen. Aufgerundet auf die nächsthöhere Zweierpotenz wäre der MMIO Size 128 GB, und um sicherzugehen runden Sie gegebenenfalls noch weiter auf die nächste Zweierpotenz auf (256 GB). Eine A30 mit 24 GB sollte also zur Sicherheit mit einer MMIO Size von 64 GB eingestellt werden.

Das Problem bei zu niedrig eingestellter MMIO Size: Die VM wird nicht booten, und dank des <Sarkasmus on> unglaublich präzisen <Sarkasmus off> Error-Reportings unter vSphere wird Ihnen keine auch nur ansatzweise aussagekräftige Fehlermeldung präsentiert, die Sie auf die richtige Spur bringt. Siehe zur konkreten MMIO Size auch ergänzend die Empfehlungen von NVIDIA:

*https://docs.nvidia.com/grid/latest/grid-vgpu-release-notes-vmware-vsphere/index.html#tesla-p40-large-memory-vms*

Leider fehlen gerade in der Auflistung von NVIDIA Standardkarten wie die A100. Befremdlich.

- **Achtung**: Bei mehreren eingebundenen (v)GPUs können Sie die `pciPassthru0[1,2,...].*`-Attribute bezogen auf die Devices einzeln setzen.
- Stellen Sie auf dem Host sicher, dass der Passthrough-Mode für die GPU *deaktiviert* ist!
- Stellen Sie sicher, dass im vCenter unter dem ESXi, der die GPU hostet, unter KONFIGURATION • GRAFIK der Punkt DIREKT FREIGEGEBEN eingestellt ist.

### 5.4.2 Erstellung und Konfiguration eines VM-Templates (MIG-backed vGPU-Variante, OpenShift)

Betrachten wir nun, wie wir ein geeignetes Template für eine OpenShift-VM erzeugen, die einen MIG-Slice über den GPU-Manager auf dem Hypervisor zugeteilt bekommt. Dieses und ähnliche Templates werden wir später auch in den Hands-on-Abschnitten zu GPU-Accelerated OpenShift-Clustern verwenden.



Achtung – Preflight: Stellen Sie zunächst sicher, dass Sie den MIG-Mode auf dem Hypervisor für die entsprechende GPU (in unserem konkreten Fall eine A30) gemäß den Anweisungen aus dem folgenden Abschnitt 5.5 korrekt aktiviert und eingerichtet haben.

Auf der Konsole des hostenden ESXi sollte die A30 (im folgenden Listing: `GPU-ID "0"`) per `nvidia-smi` wie folgt angezeigt werden (`MIG M.` → `enabled`):

```
[root@esxi0:~] nvidia-smi
```

```
Sat Jul 23 20:03:55 2022
+-----------------------------------------------------------------------------+
| NVIDIA-SMI 510.47.03    Driver Version: 510.47.03    CUDA Version: N/A      |
|-------------------------------+----------------------+----------------------+
| GPU  Name        Persistence-M| Bus-Id        Disp.A | Volatile Uncorr. ECC |
| Fan  Temp  Perf  Pwr:Usage/Cap|         Memory-Usage | GPU-Util  Compute M. |
|                               |                      |               MIG M. |
|===============================+======================+======================|
|   0  NVIDIA A30          On   | 00000000:01:00.0 Off |                  Off |
| N/A   37C    P0    69W / 165W |      0MiB / 24576MiB |     N/A      Default |
|                               |                      |              Enabled |
+-------------------------------+----------------------+----------------------+
|   1  Tesla T4            On   | 00000000:41:00.0 Off |                  Off |
| N/A   37C    P8    16W /  70W |     86MiB / 16384MiB |      0%      Default |
|                               |                      |                  N/A |
+-------------------------------+----------------------+----------------------+
|   2  Tesla T4            On   | 00000000:C1:00.0 Off |                    0 |
| N/A   36C    P8    15W /  70W |     82MiB / 15360MiB |      0%      Default |
|                               |                      |                  N/A |
+-------------------------------+----------------------+----------------------+

+-----------------------------------------------------------------------------+
| MIG devices:                                                                |
+------------------+----------------------+-----------+-----------------------+
| GPU  GI  CI  MIG |         Memory-Usage |        Vol|         Shared        |
|      ID  ID  Dev |           BAR1-Usage | SM     Unc| CE  ENC  DEC  OFA  JPG|
|                  |                      |        ECC|                       |
|==================+======================+===========+=======================|
|  No MIG devices found                                                       |
+-----------------------------------------------------------------------------+

+-----------------------------------------------------------------------------+
| Processes:                                                                  |
|  GPU   GI   CI        PID   Type   Process name                  GPU Memory |
|        ID   ID                                                   Usage      |
|=============================================================================|
|  No running processes found                                                 |
+-----------------------------------------------------------------------------+
```

Ab diesem Punkt ähnelt die Vorgehensweise der bereits im letzten Abschnitt gezeigten:

- Über vCenter • EINSTELLUNGEN klonen Sie das RHCOS-Template des ausgerollten OpenShift-Clusters
- Statten Sie das geklonte RHCOS-Template mit der gewünschten NVIDIA-GPU (A30) und dem gewünschten MIG-Profil aus.
- Hinterlegen Sie das RHCOS-GPU-Template in einem neuen, assoziierten und eindeutig bezeichneten GPU-MachineSet, optimalerweise auf Basis eines eigenen MachineConfig-Pools ("gpu") zur sauberen Separation zwischen GPU-Workern und normalen Workern. Siehe zu dieser Thematik auch die noch folgenden Abschnitte des Buches ab Abschnitt 10.4.

Abbildung 5.5 zeigt ein RHCOS-GPU-Worker-Template mit einer A30 (24 GB) und einem MIG-Slice a30_2_12c (12 GB RAM, zwei VMs mit je einer 12-GB-Partition möglich, Compute-Mode). Lassen Sie sich nicht durch das NVIDIA GRID VGPU auf dem Screenshot irritieren: Es werden MIG-Slices verwendet, von denen drei Varianten zur Verfügung stehen. Die reinen vGPU-Profile sind vielfältiger und feiner granulierbar, bieten aber wie bereits bekannt keine echte Multi-Tenancy.

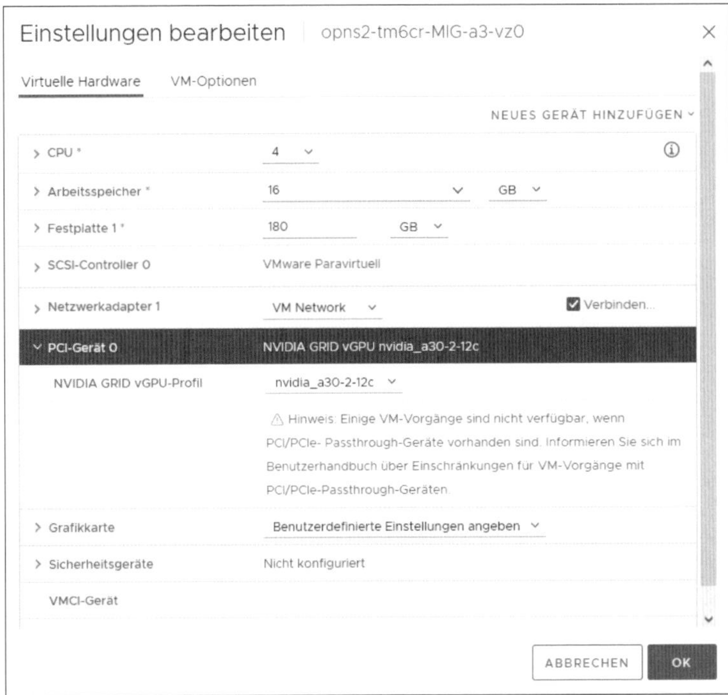


**Abbildung 5.5** Durchreichen eines 12-GB-MIG-Slices einer A30 an ein RHCOS-GPU-Template

Weitere wichtige Einstellungen im VM-Konfigurationsreiter VM-OPTIONEN des vCenters, die für das MIG-Template vorzunehmen sind, sind hier noch einmal in Form einer kompakten Checkliste aufgeführt und sind relativ identisch mit denen des vGPU-Templates:

- STARTOPTIONEN • FIRMWARE • EFI
- ERWEITERT • KONFIGURATIONSPARAMETER • KONFIGURATION BEARBEITEN • HINZUFÜGEN und dann die Attribute `pciPassthru.use64bitMMIO=TRUE` und `pciPassthru.64bitMMIOSizeGB=<Size>` setzen.
- Bei mehreren eingebundenen (v)GPU können Sie die `pciPassthru0[1,2,...].*`-Attribute bezogen auf die Devices einzeln setzen.
- Stellen Sie auf dem Host sicher, dass der Passthrough-Mode für die GPU *deaktiviert* ist!
- Stellen Sie sicher, dass im vCenter des ESXi, der die GPU hostet, unter KONFIGURATION • GRAFIK der Wert DIREKT FREIGEGEBEN eingestellt ist.

5

### 5.4.3 Erstellung eines skalierbaren PCI-Passthrough-VM-Templates (identische GPUs per Dynamic DirectPath IO und Hardware-Bezeichner)

Kennzeichnen Sie die GPUs (hier: Tesla T4), die mit dem VM-Template assoziiert werden sollen, wie in Abschnitt 4.5.3 beschrieben, mit einer identischen Hardware-Bezeichnung (hier: T4-PT), siehe Abbildung 5.6.

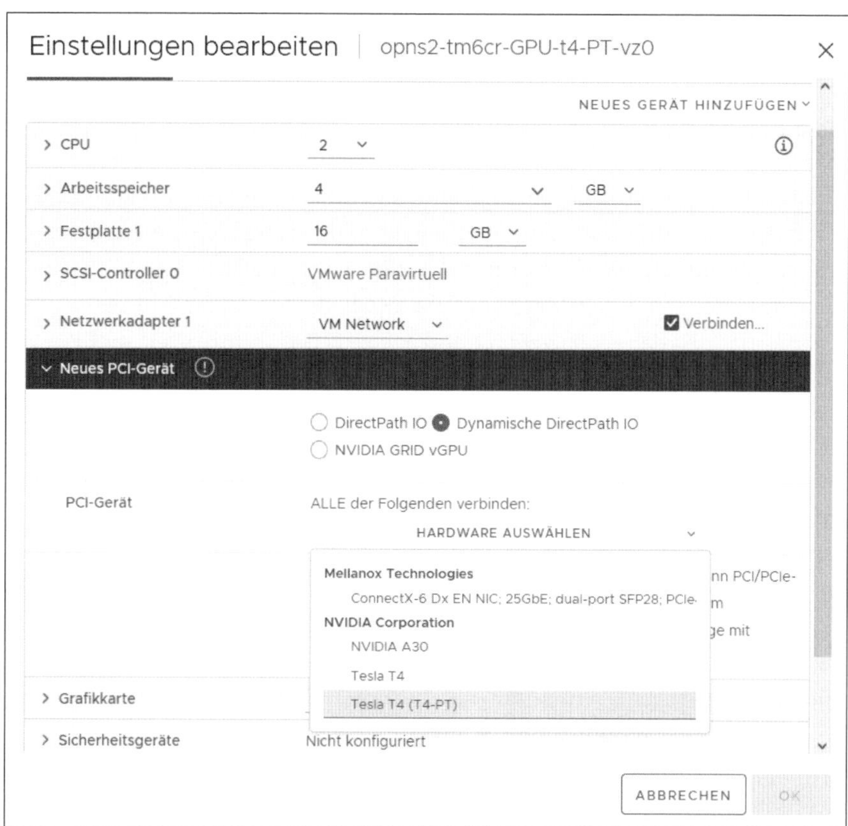


**Abbildung 5.6** GPU-Einbindung via PCI Passthrough per Dynamic DirectPath IO

Obwohl PCI Passthrough für das VM-Template genutzt wird, kann ein einzelnes VM-Template nun trotzdem *n* (identische) GPUs über identische Geräte- oder Hardware-Bezeichnungen referenzieren und damit auch skalieren. Zwingende Voraussetzung sind VMware Hardware-Version 17 für die VMs und selbstverständlich eine passend dimensionierte Anzahl identischer GPUs.

### 5.4.4 Die GPU-Power-Modi (P0–P8) und (Idle-)Leistungsaufnahme

Ein extrem wichtiger Punkt für On-Premises-Systeme: Je nach Art der Verwendung der GPU-Karte (oder Teilen davon im vGPU-/MIG-Mode) und bestimmten Settings wird der Power-Mode für die GPU automatisch gesetzt. Dabei gilt für die meisten NVIDIA GPUs, dass der Mode *P8* üblicherweise einem Idle Mode mit sehr geringer Leistungsaufnahme entspricht, und *P0* dem Full-Throttle-Mode, mit hoher Leistungsaufnahme. Läuft eine Karte im P0-Mode, liegt die Idle-Leistungsaufnahme in der Regel deutlich höher als z. B. im P8-Mode. Dazwischen existieren je nach Karte/Modell gegebenenfalls diverse weitere P*-Zwischenstufen.

**MIG und Idle-Power**

Auch ein Switch vom vGPU- auf den MIG-Mode und umgekehrt kann direkten Einfluss auf den Stromverbrauch im Ruhezustand haben. Dieser erhöht sich bei einer A30 nach der Umstellung vom vGPU- auf den MIG-Mode konkret von 28 W auf 70 W und hat sich damit mehr als verdoppelt.

Fatal also, wenn sich durch bestimmte Settings eine eigentlich unbenutzte Karte im P0-Mode befindet und, ohne gerade einen konkreten (ML-)Workload zu prozessieren, dennoch jede Menge Watt einfach nur als warme Luft in die Weltgeschichte bläst. Zwar besteht – je nach GPU- und Treiber-Version – gegebenenfalls die Möglichkeit, via `nvidia-smi --cuda-clocks=<MODE>` (`MODE=0|RESTORE_DEFAULT|OVERIDE`) und `--power-limit=<WERT>` auf den Power-Mode Einfluss zu nehmen, ein etwas einfacheres Handling bzw. Auto-Switching im Idle-State wäre deutlich besser und effizienter. Zudem wäre eine Reduzierung des hohen Idle-Verbrauchs im MIG-Mode seitens NVIDIA im Hinblick auf Energieeffizienz ebenfalls wünschenswert. Selbstverständlich bleibt zu beachten, dass sich der verwendete Power Mode immer auf die GPU als Ganzes bezieht. Selektive Einstellungen, z. B. für einzelne MIG-Partitionen, waren im betrachteten Stand nicht verfügbar.

### 5.4.5 Checkliste für mögliche Fehler beim vGPU-Betrieb

Nachstehend finden Sie noch einmal einige der wichtigsten Checkpunkte, um etwaigen Fehlern beim vGPU-Betrieb einer VM unter vSphere auf die Schliche zu kommen:

- Ist das BIOS/UEFI des ESXi-Hosts aktuell (SR-IOV verfügbar und Auto-BAR-Support aktiv)?
- Werden die verwendeten GPUs von der entsprechenden vGPU-Software voll unterstützt? (VIB-Version? vGPU oder NVAIE erforderlich?)

- Ist die BIOS/UEFI-Einstellung ABOVE 4G auf ON gesetzt? Beachten Sie, dass bestimmte GPUs SR-IOV benötigen.
- Sind Mainboard/Server NVIDIA-zertifiziert? Dies ist wichtig für alle verbauten NVIDIA GPUs, damit alle GPU-Betriebsmodi korrekt unterstützt werden, und damit seitens NVIDIA vollumfänglicher Support geleistet werden kann. n.
- Bei Datacenter-fähigen GPUs mit Display-Aufgängen wie z. B. der RTXA5000 muss per DisplayModeSelector auf Compute-Mode bzw. Display Disabled umgeschaltet werden. Die eingestellte BAR1-Size (MB) sollte dem RAM der Karte zuzüglich eines Drittels Overhead entsprechen.
- Falls kein ECC-Memory verwendet wird: Ist der ECC-Mode deaktiviert?
- Ist die Karte mit passendem vGPU-/GRID-Profil (in der Regel C) in die VM eingebunden?
- Ist als Boot-Mode EFI BOOT für das VM-Template eingerichtet? Dies ist absolut unabdingbar für Ampere-Karten wegen der BAR-Size, die sonst nicht allokiert werden kann. Ein wichtiger Hinweis in dem Kontext: Während sich RHCOS-Images in den vSphere-VM-Settings problemlos auf EFI-Boot umstellen lassen und danach auch booten, gab es im betrachteten Stand massive Probleme mit Tanzu-Templates: VMware hatte es nicht geschafft, für 99 Prozent seines Tanzu-Ökosystems EFI-bootfähige Templates anzubieten. Diese VM-Templates standen nur und ausschließlich für TKGS (*Tanzu Service unter vSphere*, die Variante, die eine halbe Diplomarbeit für ihr Setup benötigt) zur Verfügung. Kaum kommentierbar.
- Sind in den VMX-Optionen die Attribute `pciPassthru.use64bitMMIO = TRUE` und `pciPassthru.64bitMMIOSizeGB=<Size>` gesetzt? Siehe dazu Abschnitt 5.4.1.
- Achtung: Ist `pciPassthru0[1,2,...].*` bei mehreren eingebundenen vGPUs gesetzt?
- Falls vGPU- oder MIG-backed vGPU-Mode: Wurde der Passthrough-Mode für die Karte *deaktiviert*?
- Wurde im vCenter unter KONFIGURATION • GRAFIK der Punkt DIREKT FREIGEGEBEN eingestellt?

## 5.5 MIG-Mode auf dem Hypervisor aktivieren

Siehe dazu auch: *https://docs.nvidia.com/datacenter/tesla/mig-user-guide/*

### 5.5.1 Setup – Vorbereitungen

Im Folgenden wird beschrieben, wie MIG-fähige Acceleratoren auf der ESXi/vSphere bzw. Hypervisor-Plattform eingerichtet werden müssen, damit sie später auch als MIG-Devices von der konsumierenden Kubernetes-/OpenShift-Plattform im MIG-Mode verwendet werden können.

Hinweis: Bei Verwendung einer MIG-fähigen Karte in dem (technisch auf Host-Seite recht anspruchslosen) PCI-Passthrough-Modus müssen Sie die GPU einfach auf dem ESXi in den *Passthrough-Mode* versetzen und als PCI-Device an die gewünschte VM bzw. das VM-Template durchreichen. Der MIG-Mode wird in diesem Fall nicht über den GPU-Manager aktiviert. Das Umschalten auf den MIG-Mode (über `nvidia-smi`) auf dem Host entfällt. Das gewünschte MIG-Pattern kann dann zwar per Node-Label über den GPU-Operator und dessen MIG-Manager-Komponente eingestellt werden, allerdings steht die GPU nur auf diesem einzelnen Node zur Verfügung.

Das im Folgenden gezeigte Verfahren zielt auf Szenarien ab, in denen eine MIG-fähige GPU in Partitionen (z. B.: `nvidia_a30-2-12c`) an VMs bzw. deren Templates durchgereicht wird. Hier handelt es sich also konkret um einen *MIG-backed vGPU-Mode*.

Dazu muss die Karte zunächst im ESXi-Host vom regulären Passthrough oder vGPU-Mode auf den MIG-Mode umgestellt werden.

**Achtung: Driver**

Voraussetzung für alles Folgende ist ein Driver-VIB, das den MIG-Mode unterstützt. Dies sind typischerweise *nur* die NVAIE-Driver:

```
[root@esxi0:~] esxcli software vib list | grep -i nvidia
NVIDIA-AIE_ESXi_7.0.2_Driver 510.47.03-1OEM.702.0.0.17630552 NVIDIA VMwareAccepted    2022-04-21
```

Wir beginnen zunächst auf ESXi-Ebene und prüfen den aktuellen Zustand der GPUs auf dem Host, hier für eine A30 mit einem noch *deaktivierten* MIG-Mode (im Listing fett markiert):

```
[root@esxi0:~] nvidia-smi
Fri Feb 11 13:59:35 2022
+-----------------------------------------------------------------------------+
| NVIDIA-SMI 470.63       Driver Version: 470.63       CUDA Version: N/A      |
|-------------------------------+----------------------+----------------------+
| GPU  Name        Persistence-M| Bus-Id        Disp.A | Volatile Uncorr. ECC |
| Fan  Temp  Perf  Pwr:Usage/Cap|         Memory-Usage | GPU-Util  Compute M. |
|                               |                      |               MIG M. |
|===============================+======================+======================|
|   0  NVIDIA A30          On   | 00000000:01:00.0 Off |                  Off |
| N/A   26C    P0    28W / 165W |      0MiB / 24258MiB |      0%      Default |
|                               |                      |             Disabled |
+-------------------------------+----------------------+----------------------+
|   1  Tesla T4            On   | 00000000:41:00.0 Off |                  Off |
| N/A   33C    P8    16W /  70W |     86MiB / 16383MiB |      0%      Default |
|                               |                      |                  N/A |
+-------------------------------+----------------------+----------------------+
|   2  Tesla T4            On   | 00000000:08:00.0 Off |                  Off |
| N/A   32C    P8    15W /  70W |     84MiB / 16383MiB |      0%      Default |
|                               |                      |                  N/A |
```

```
+-------------------------------+----------------------+----------------------+
|   3  NVIDIA RTX A5000     On  | 00000000:C1:00.0 Off |                  Off |
| 30%   28C    P8    24W / 230W |      0MiB / 24258MiB |      0%      Default |
|                               |                      |                  N/A |
+-------------------------------+----------------------+----------------------+
[...]
```

### 5.5.2 GPU (ohne Reboot des ESXi-Hosts) auf MIG-Mode umstellen

**Hinweis: Probleme mit älteren Versionen**

Das Folgende bezieht sich auf NVAIE/VGPU-VIBs vor Version 510.x. In neueren VIB-Versionen (ab 510.x) scheint das nachstehend beschriebene Problem beseitigt zu sein.

Zunächst aktivieren wir per `nvidia-smi` den MIG-Mode für das entsprechende GPU-Device (im oberen Listing GPU 0 also die A30 [Schalter für die passende GPU-ID: `-i 0`]), und zwar über den Schalter `-mig 1`. Die Deaktivierung des MIG-Modes erfolgt analog per: `-mig 0`.

Typischerweise ist danach ein kompletter Reset der GPU erforderlich. Dabei ist natürlich zu beachten, dass aktuell keine echten User-/Consumer-Sessions auf dem Device aktiv sind.

```
[root@esxi0:~] nvidia-smi -i 0 -mig 1
```

```
Warning: MIG mode is in pending enable state for GPU 00000000:01:00.0:Not Supported
Reboot the system or try nvidia-smi --gpu-reset to make MIG mode effective on GPU 00000000:01:00.0
All done.
```

Erfahrungsgemäß sind jedoch (auch ohne VMs oder User-Prozesse, die gerade die GPU oder Teile davon nutzen) je nach VIB-Version NVIDIA-spezifische Prozesse (üblicherweise: `nv-hostengine`) auf dem ESXi-Host aktiv, die einen Reset-Prozess der GPU zur Laufzeit gegebenenfalls blockieren:

```
[root@esxi0:~] nvidia-smi --gpu-reset
```

```
GPU 00000000:01:00.0 is currently in use by another process.
GPU 00000000:41:00.0 is currently in use by another process.
GPU 00000000:C1:00.0 is currently in use by another process.
3 devices are currently being used by one or more other processes (e.g., Fabric Manager, CUDA application,
graphics application such as an X server, or a monitoring application such as another instance of nvidia-smi).
Please first kill all processes using these devices and all compute applications running in the system.
```

Der von NVIDIA und VMware vorgeschlagene Reboot des ESXi-Hosts im Fall eines nicht greifenden `nvidia-smi --gpu-reset` kann eher als schlechter Witz verstanden werden: Wegen einer GPU-Umstellung den kompletten ESXi-Host, auf dem gegebenenfalls noch andere, wichtige VMs laufen, durchbooten? Hm.

**ESXi-Reboot? Eher nicht.**

Erst mit der benannten VIB-Version 510.x ist eine reibungslose Umschaltung auf den MIG-Mode zur Laufzeit möglich – keine »echten« Prozesse, die auf die GPU zugreifen, vorausgesetzt.

In früheren Versionen musste hier ein etwas aufwändigerer Weg gegangen werden, um einen Reboot zu vermeiden. Nachstehend aus Gründen der Vollständigkeit der vereinfachte Workflow:

Primäres Stichwort waren hier die *nv-hostengine*-Prozesse des NVIDIA-Stacks, die den Switch blockierten. Um die Lösung kurz und knackig zu halten: Nachdem Sie sichergestellt haben, dass wirklich keine VM die relevante GPU in irgendeiner Form nutzt, suchen Sie wie im Folgenden dargestellt nach `nv-hostengine`-Prozessen, denn diese sind meist die Showstopper für den GPU-Reset.

```
[root@esxi0:~] ps -u | grep -i nv-hostengine
2100802 2100802 nv-hostengine
2100803 2100802 nv-hostengine
2100804 2100802 nv-hostengine
[...]
```

Sind diese Prozesse die einzigen relevanten NVIDIA-Prozesse, beenden Sie sie per:

```
[root@esxi0:~] nv-hostengine -t
Host engine successfully terminated.
```

Nun sollte ein Reset *ohne Reboot* des ESXi-Hosts erfolgreich sein. Dann folgt der Reset der GPU:

```
[root@esxi0:~] nvidia-smi --gpu-reset
GPU 00000000:01:00.0 was successfully reset.
GPU 00000000:41:00.0 was successfully reset.
GPU 00000000:C1:00.0 was successfully reset.
All done.
```

Danach die `nv-hostengine` wieder starten.

```
nv-hostengine -d
Started host engine version 1.8.0 using socket path: /tmp/nv-hostengine
```

Und danach noch:

`/etc/init.d/nvidia-init start` ausführen.

Im vCenter sollten Sie anschließend nicht vergessen, ein valides MIG-Profil für das VM-Template einzustellen.

### Ist der MIG-Mode enabled?

Nach dem Reset sollte der MIG-Mode für die betreffende GPU auf dem Host aktiviert sein, wie auch im folgenden auszugsweisen Listing zu sehen ist:

```
[root@esxi0:~] nvidia-smi | grep A30 -C3

| Fan  Temp  Perf  Pwr:Usage/Cap|         Memory-Usage | GPU-Util  Compute M. |
|                               |                      |               MIG M. |
|===============================+======================+======================|
|   0  NVIDIA A30          On   | 00000000:01:00.0 Off |                  Off |
| N/A   36C    P0    70W / 165W |      0MiB / 24258MiB |     N/A      Default |
|                               |                      |              Enabled |
+-------------------------------+----------------------+----------------------+
[...]
```

> **Hinweis: Idle Power Consumption im MIG-Mode**
>
> Wie wir sehen können, hat der Switch auf den MIG-Mode auch direkten Einfluss auf den Stromverbrauch im Ruhezustand, der sich von ursprünglich 28 Watt im deaktivierten MIG-Mode mit nun 70 Watt mehr als verdoppelt hat. Ein manuelles (oder noch besser: vollautomatisches) Setzen eines Low-Power-Modes zum Stromsparen im Idle Mode der GPU (P8 wäre hier angebracht) war im betrachteten Stand nicht möglich. Siehe zu diesem Thema auch die Anmerkungen in Abschnitt 5.4.4.

Betrachten wir nun die (auf diesem ESXi-Host) verfügbaren MIG-Profile der A30. Hilfe zu den zur Verfügung stehenden Subkommandos liefert `nvidia-smi --help` und zu den jeweiligen Suboptionen `nvidia-smi <suboption> --help`:

```
[root@esxi0:~] nvidia-smi mig -lgip

+-----------------------------------------------------------------------------+
| GPU instance profiles:                                                      |
| GPU   Name             ID    Instances   Memory     P2P    SM    DEC   ENC  |
|                              Free/Total   GiB              CE    JPEG  OFA  |
|=============================================================================|
|   0  MIG 1g.6gb        14     4/4        5.88       No     14     1     0   |
|                                                             1     0     0   |
+-----------------------------------------------------------------------------+
|   0  MIG 1g.6gb+me     21     1/1        5.88       No     14     1     0   |
|                                                             1     1     1   |
+-----------------------------------------------------------------------------+
|   0  MIG 2g.12gb        5     2/2        11.81      No     28     2     0   |
|                                                             2     0     0   |
+-----------------------------------------------------------------------------+
|   0  MIG 4g.24gb        0     1/1        23.69      No     56     4     0   |
|                                                             4     1     1   |
+-----------------------------------------------------------------------------+
```

```
[root@esxi0:~] nvidia-smi
```

```
Fri Feb 11 14:24:39 2022
+-----------------------------------------------------------------------------+
| NVIDIA-SMI 470.63       Driver Version: 470.63       CUDA Version: N/A      |
|-------------------------------+----------------------+----------------------+
| GPU  Name        Persistence-M| Bus-Id        Disp.A | Volatile Uncorr. ECC |
| Fan  Temp  Perf  Pwr:Usage/Cap|         Memory-Usage | GPU-Util  Compute M. |
|                               |                      |               MIG M. |
|===============================+======================+======================|
|   0  NVIDIA A30          On   | 00000000:01:00.0 Off |                  Off |
| N/A   37C    P0    71W / 165W |      0MiB / 24258MiB |     N/A      Default |
|                               |                      |              Enabled |
+-------------------------------+----------------------+----------------------+
[…]
+-----------------------------------------------------------------------------+
| MIG devices:                                                                |
+------------------+----------------------+-----------+-----------------------+
| GPU  GI  CI  MIG |         Memory-Usage |        Vol|         Shared        |
|      ID  ID  Dev |           BAR1-Usage | SM     Unc| CE  ENC  DEC  OFA  JPG|
|                  |                      |        ECC|                       |
|==================+======================+===========+=======================|
|  No MIG devices found                                                       |
+-----------------------------------------------------------------------------+
```

Mit der letzten von uns durchgeführten Konfiguration (`nvidia-smi -i 0 -mig 1`, dem Aktivieren des MIG-Modes) wurde jedoch nur die grundsätzliche MIG-Capability der Karte scharfgeschaltet – wir haben noch keine MIG-Devices im Zugriff, wie das letzte Listing zeigt –, diese Hardware-Partitionierung und die daraus resultierenden Devices müssen erst basierend auf einem Profil angelegt werden.

Dabei stehen uns zwei Verfahren zur Verfügung: automatisch (die für skalierbare Umgebungen zu präferierende Variante) oder manuell. Das letztere, im nachstehenden Abschnitt beschriebene manuelle Verfahren ist jedoch rein akademischer Natur, es soll in diesem Kontext nur das grundlegende Verständnis zu den MIG-Profilen vertiefen.

In einem produktivtauglichen System erfolgt die Partitionierung entweder vollautomatisch über den MIG-Manager des GPU-Operators in Verbindung mit Node-Labeln oder – wie bereits in Abschnitt 5.4.2 und später ebenfalls noch ab Abschnitt 10.6 gezeigt – über den GPU-Manager auf vSphere/vCenter-Ebene: Nach erfolgter Aktivierung des MIG-Modes für die relevante GPU wird einfach über das vCenter das gewünschte MIG-Slice in das VM-Template eingebunden.

### 5.5.3 Manuelle Partitionierung anlegen (nur zur Veranschaulichung)

Betrachten wir nun in der Praxis, wie sich der Partitionierungsvorgang einer MIG-fähigen Karte rein technisch betrachtet darstellt.

**Achtung: MIG-Vollautomation**

Um es noch einmal klarzustellen: Die im Folgenden gezeigten Schritte der manuellen Partitionierung sind in Verbindung mit dem GPU-Operator und dessen MIG-Manager *ausdrücklich nicht erforderlich* und dienen nur der Veranschaulichung der ab Abschnitt 4.4.4 in der Theorie gezeigten MIG-Partitionierungskonzepte. Die Aufgabe der Partitionierung erledigt später der *GPU-Operator* vollautomatisiert über seine *MIG-Manager*-Komponente. Diese verwendet dazu von uns gesetzte, MIG-spezifische Node-Label in Verbindung mit einer entsprechenden Config-Map (Default: `default-mig-parted-config` im Namespace `nvidia-gpu-operator`), die zulässige MIG-Partitionierungsprofile enthält. Dieses Verfahren wird unter anderem in Abschnitt 10.9.12 gezeigt. Siehe dazu auch: *https://docs.nvidia.com/datacenter/cloud-native/gpu-operator/openshift/mig-ocp.html.*

Zu reinen Demonstrationszwecken führen wir nun direkt auf dem ESXi-Host eine Testpartitionierung per `nvidia-smi` durch und erstellen auf einer A30 insgesamt vier Partitionen zu je 6 GB (MIG-Profil: *MIG 1g.6gb*, das die interne MIG *ID 14* hat, siehe Ausgabe des Befehls `nvidia-smi mig -lgip`, Spalte `ID`):

```
[root@esxi0:~] nvidia-smi mig -cgi 14,14,14,14
```

```
Successfully created GPU instance ID  3 on GPU  0 using profile MIG 1g.6gb (ID 14)
Successfully created GPU instance ID  4 on GPU  0 using profile MIG 1g.6gb (ID 14)
Successfully created GPU instance ID  5 on GPU  0 using profile MIG 1g.6gb (ID 14)
Successfully created GPU instance ID  6 on GPU  0 using profile MIG 1g.6gb (ID 14)
```

Et voilà, die vier neuen MIG-Partitionen:

```
[root@esxi0:~] nvidia-smi mig -lgi
```

```
+----------------------------------------------------+
| GPU instances:                                     |
| GPU   Name             Profile  Instance   Placement |
|                          ID       ID       Start:Size |
|====================================================|
|   0  MIG 1g.6gb          14        3          0:1     |
+----------------------------------------------------+
|   0  MIG 1g.6gb          14        4          1:1     |
+----------------------------------------------------+
|   0  MIG 1g.6gb          14        5          2:1     |
+----------------------------------------------------+
|   0  MIG 1g.6gb          14        6          3:1     |
+----------------------------------------------------+
```

```
[root@esxi0:~] nvidia-smi mig -lcip
```

```
+--------------------------------------------------------------------------------+
| Compute instance profiles:                                                     |
| GPU     GPU       Name            Profile  Instances   Exclusive       Shared     |
|       Instance                      ID     Free/Total     SM       DEC   ENC   OFA |
|         ID                                                         CE    JPEG      |
```

```
|==============================================================================|
|  0      3       MIG 1g.6gb         0*      1/1          14        1    0    0  |
|                                                                    1    0       |
+-------------------------------------------------------------------------------+
|  0      4       MIG 1g.6gb         0*      1/1          14        1    0    0  |
|                                                                    1    0       |
+-------------------------------------------------------------------------------+
|  0      5       MIG 1g.6gb         0*      1/1          14        1    0    0  |
|                                                                    1    0       |
+-------------------------------------------------------------------------------+
|  0      6       MIG 1g.6gb         0*      1/1          14        1    0    0  |
|                                                                    1    0       |
+-------------------------------------------------------------------------------+
```

Nun können wir – ebenfalls zu reinen Demonstrationszwecken – noch innerhalb der MIG-Partitionen bzw. SMs (*Streaming Multiprocessors*) weitere Unterpartitionierungen in Form von Compute-Instances vornehmen, basierend auf den Werten der Spalten `GPU Instance ID` und `Profile ID`:

```
[root@esxi0:~] nvidia-smi mig -gi 3 -cci 0
```

```
Successfully created compute instance ID 0 on GPU 0 GPU instance ID 3 using profile MIG 1g.6gb (ID 0)
```

```
[root@esxi0:~] nvidia-smi mig -gi 4 -cci 0
```

```
Successfully created compute instance ID 0 on GPU 0 GPU instance ID 4 using profile MIG 1g.6gb (ID 0)
```

[usw.]

```
[root@esxi0:~] nvidia-smi mig -lci
```

```
+--------------------------------------------------------------+
| Compute instances:                                           |
| GPU     GPU       Name             Profile   Instance   Placement  |
|       Instance                       ID        ID       Start:Size |
|         ID                                                    |
|==============================================================|
|  0      3       MIG 1g.6gb          0         0          0:1    |
+--------------------------------------------------------------+
|  0      4       MIG 1g.6gb          0         0          0:1    |
+--------------------------------------------------------------+
|  0      5       MIG 1g.6gb          0         0          0:1    |
+--------------------------------------------------------------+
|  0      6       MIG 1g.6gb          0         0          0:1    |
+--------------------------------------------------------------+
```

```
[root@esxi0:~] nvidia-smi
```

```
Fri Feb 11 15:09:19 2022
+-----------------------------------------------------------------------------+
| NVIDIA-SMI 470.63       Driver Version: 470.63       CUDA Version: N/A      |
|-------------------------------+----------------------+----------------------+
| GPU  Name        Persistence-M| Bus-Id        Disp.A | Volatile Uncorr. ECC |
| Fan  Temp  Perf  Pwr:Usage/Cap|         Memory-Usage | GPU-Util  Compute M. |
|                               |                      |               MIG M. |
```

```
|===============================+======================+======================|
|   0  NVIDIA A30          On   | 00000000:01:00.0 Off |                  Off |
| N/A   37C    P0    72W / 165W |      0MiB / 24258MiB |     N/A      Default |
|                               |                      |              Enabled |
+-------------------------------+----------------------+----------------------+
[...]
+-----------------------------------------------------------------------------+
| MIG devices:                                                                |
+------------------+----------------------+-----------+-----------------------+
| GPU  GI  CI  MIG |         Memory-Usage |        Vol|         Shared        |
|      ID  ID  Dev |           BAR1-Usage | SM     Unc| CE  ENC  DEC  OFA  JPG|
|                  |                      |        ECC|                       |
|==================+======================+===========+=======================|
|  0    3   0   0  |      0MiB /  6016MiB | 14     N/A |  1    0    1    0    0 |
|                  |      0MiB /  8191MiB |           |                       |
+------------------+----------------------+-----------+-----------------------+
|  0    4   0   1  |      0MiB /  6016MiB | 14     N/A |  1    0    1    0    0 |
|                  |      0MiB /  8191MiB |           |                       |
+------------------+----------------------+-----------+-----------------------+
|  0    5   0   2  |      0MiB /  6016MiB | 14     N/A |  1    0    1    0    0 |
|                  |      0MiB /  8191MiB |           |                       |
+------------------+----------------------+-----------+-----------------------+
|  0    6   0   3  |      0MiB /  6016MiB | 14     N/A |  1    0    1    0    0 |
|                  |      0MiB /  8191MiB |           |                       |
+------------------+----------------------+-----------+-----------------------+
```

So viel zu den Vorbereitungen und technischen Konzepten auf der Host-Seite. Im nächsten Abschnitt kommen wir erstmals mit dem *NVIDIA-AI-Enterprise-Stack* in Berührung, zunächst jedoch nur im Überblick und primär bezogen auf die Komponenten, die relevant für die Infrastruktur sind.

# Kapitel 6
# Der NVIDIA AI Enterprise (NVAIE)-Stack – infrastrukturrelevante Betrachtungen

*»Real stupidity beats artificial intelligence every time.«*
*– Terry Pratchett, britischer Autor*



Oder, wie es ebenfalls so trefflich heißt: *You can build an idiot-proof system, but you can be sure, nature will build a better idiot*. Dem ist erfahrungsgemäß wenig hinzuzufügen, wollen wir nur hoffen, dass der NVAIE-Stack und ähnliche Vertreter der KI/ML-Landschaft uns dabei helfen, genau das präventiv abzufangen.

In diesem Abschnitt befassen wir uns mit den infrastrukturrelevanten Komponenten von NVIDIAs AI-Enterprise-Stack. In späteren Abschnitten (ab Abschnitt 13.6) befassen wir uns dann mit den AI-End-to-End-relevanten Baugruppen dieses Stacks.

## 6.1 Vorbetrachtungen

NVIDIA hat im Herbst 2021 erstmals *NVIDIA AI Enterprise* (kurz: *NVAIE*) als eine Art *Ready-to-use-and-fully-supported-Enterprise-AI-Solution* vorgestellt, die in früheren Versionen (NVAIE 1.x) bevorzugt auf VMwares vSphere aufsetzte, im betrachteten Stand Mitte 2022 jedoch richtigerweise und konsequent auch auf (Hybrid-)Cloud setzt und in Version 2.x mit der dringend benötigten und längst erforderlichen Unterstützung für OpenShift-Systeme aufwarten kann.

Aus sehr großer Flughöhe stellt sich der NVAIE-2.x-Stack wie in Abbildung 6.1 dar.

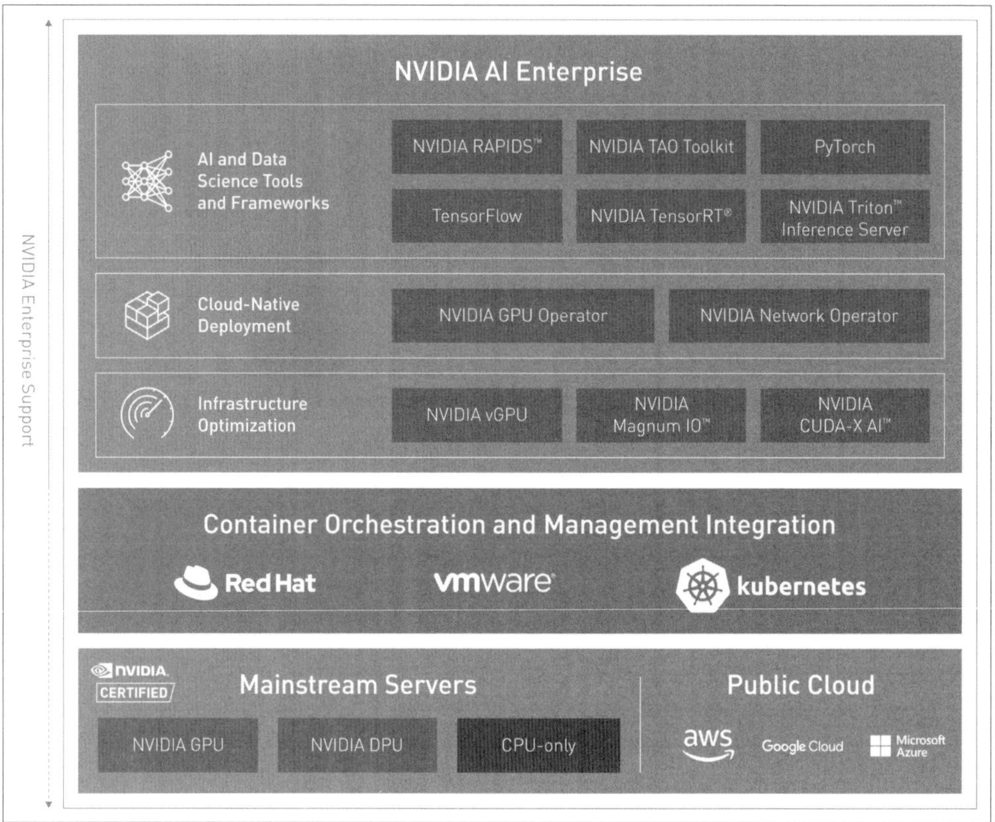


**Abbildung 6.1** NVIDIA AI Enterprise 2.x-Stack, Quelle: NVIDIA

## 6.2 Motivation

NVIDIA gründete seine Ambition, eine *Ready-to-go-* bzw. *End-to-End*-AI-Plattform zu liefern, unter anderem auf einer Gartner-Studie (Gartner, *P-19019 AI in Organisations*, Claudia Ramos, Erick Brethenoux, 2020), die folgende Key-Challenges bei der Implementierung von KI-Infrastrukturen postulierte:

- *Risiko*: Gemäß der Studie schafften es in dem – von der Studie – betrachteten Stand lediglich 53 Prozent der End-to-End-AI-Systeme, die aus Komponenten von unterschiedlichen Integratoren/Distributoren stammen, vom PoC bis in die Produktion. (Anmerkung des Autors: Wie die bisherigen Erfahrungen gezeigt haben, liegt die Studie damit größtenteils richtig.)
- *Performance*: Die (»garantierte«) Bereitstellung der für AI-Systeme erforderlichen Performance ist ein wichtiger Kernfaktor. Diese Performance ist bestmöglich zu erzielen, wenn alle Komponenten aus einer Hand stammen bzw. diese konzeptionell bestmöglich aufeinander angepasst sind.

- *Skalierung*: Die möglichst flexible Skalierung und automatische Provisionierung von GPU-Nodes ist essentieller Bestandteil unternehmenstauglicher KI, stellt jedoch hohe Anforderungen an den *Automationsgrad* der Plattform.

Insbesondere Letzteres kann nur doppelt und dick unterstrichen werden.

NVIDIA setzt im Bereich der In-Cluster-Automation daher sowohl auf den bereits seit längerem etablierten und von NVIDIA entwickelten *GPU-Operator* wie auch auf den seit Herbst 2021 neu hinzugekommenen *Network-Operator* (durch NVIDIAs Zukauf von Mellanox) für SmartNICs in Verbindung mit GPUDirect-RDMA-Setups, siehe Abschnitt 4.9.



Insgesamt verlangt der unterste Layer des NVAIE-Stacks (infrastrukturbezogen) aus sehr großer Höhe betrachtet unter anderem die folgenden Kernkomponenten:

- NVIDIA-basierte Datacenter-GPUs
- Falls GPUDirect RDMA genutzt werden soll: NVIDIA Mellanox ConnectX SmartNICs
- Optional: NVIDIA-Bluefield-DPUs (Data Processing Units, siehe dazu: *https://www.nvidia.com/en-us/networking/products/data-processing-unit/*)
- NVIDIA Certified Server bzw. NVIDIA Certified Platform Provider

Foundation für die In-(Kubernetes-/OpenShift-)Cluster Prozessautomation sind die bereits weiter oben benannten *Operatoren*, die ab Kapitel 9 aufgrund ihrer zentralen Rolle bei der Vollautomation skalierbarer ML-Cluster ausführlich betrachtet werden. Eine Kubernetes-basierte Plattform ist daher zwingende Vorgabe für NVAIE. Die von VMware nur allzu gern zu diesem Zweck ebenfalls verbindlich geforderte Tanzu-Installation (VMwares bisher recht vergeblicher Versuch, in der Premier League der Kubernetes-basierten Container-Cluster mitzuspielen) war im zuletzt betrachteten Stand Gott sei Dank mittlerweile obsolet.

## 6.3 Plattformen für NVAIE

Siehe hierzu auch:

- *https://docs.nvidia.com/ai-enterprise/overview/overview.html#supported-hardware-and-software*
- *https://resources.nvidia.com/en-us-nvaie/release-notes-nvaie*

Wie bereits aus Abbildung 6.1 ersichtlich, erwartet NVAIE 2.x im Unterbau NVIDIA-zertifizierte Server in On-Premises-Umgebungen. Die NVIDIA-Zertifizierung der Server, auf denen in der Public Cloud NVIDIA-GPUs bereitgestellt werden, obliegt den jeweiligen Cloud-Providern.

Unter *https://resources.nvidia.com/en-us-nvaie/release-notes-nvaie* finden Sie auch noch einmal einen providerspezifischen Überblick (AWS, GCP, Azure) über die GPU-Instanztypen, die bei den verschiedenen Cloud-Providern verfügbar sind.

Im Bereich der Management-Integration (GPU-Manager) klinkt sich NVAIE 2.x in On-Premises-Umgebungen auf Hypervisor-Ebene z. B. nahtlos in VMwares vSphere und Red-Hat-Virtualization-Systeme ein. Im Plattformbereich (Content-Orchestrierung) supportet NVAIE Red Hats OpenShift, liefert aber auch grundlegende Unterstützung für die meisten Vanilla-Kubernetes-Derivate, darunter auch VMware Tanzu.

NVAIE 1.1 wird auch unter vSphere 6.7 supportet (dort jedoch nur T4- und V100-GPUs), vollumfänglich jedoch nur ab vSphere 7U2 (besser U3). Als Guest OS können unter NVAIE 1.1 RHEL 8.4 oder Ubuntu 2x.04 LTS zum Einsatz kommen.

Ab NVAIE 2.x werden OS-seitig Ubuntu 2x.04 LTS, RHEL ≥ 8.4 oder alternativ RHCOS (ab 4.9) supportet. Im Bereich der Orchestrierung kann NVAIE 1.1 mit vSphere 7U3c mit Tanzu verwendet werden, NVAIE 2.x arbeitet ebenfalls mit VMwares vorgenannten Produkten und OpenShift ≥ 4.9.

**NVIDIA AI Enterprise Software Components**

Nachstehend finden Sie noch einmal die wichtigsten Einzelkomponenten eines kompletten NVAIE-Stacks 2.x, bezogen auf den betrachteten Stand. Die Module *vGPU, AI Enterprise Driver* hatten wir bereits betrachtet, Operatoren und AI-End-to-End-relevante Betrachtungen folgen in späteren Abschnitten.

- NVIDIA vGPU Software
- NVIDIA AI Enterprise Driver Software
- NVIDIA GPU Operator
- NVIDIA Network Operator
- TensorFlow
- PyTorch
- NVIDIA Triton Inference Server
- NVIDIA TensorRT
- NVIDIA RAPIDS
- TAO Toolkit for Language Model (Conv AI)
- TAO Toolkit for Conv AI
- TAO Toolkit for CV

In den noch folgenden Abschnitten werden einige der für den Scope des Buches relevanten Layer des NVAIE-Infrastruktur-Stacks sukzessive weiter aufgebaut und erläutert. Für unsere bisherigen und nachfolgenden Betrachtungen sind damit fast alle Layer aus Abbildung 6.1, bis auf den obersten Layer (*AI and Data Science Tools and Frameworks*), relevant. Letzterer wird ab Kapitel 13 betrachtet, wenn es um AI-End-to-End-Lösungen und -Plattformen geht.

## 6.4 NVAIE vs. vGPU vs. Free GPU Operator

Siehe hierzu auch: *https://docs.nvidia.com/datacenter/cloud-native/gpu-operator/install-gpu-operator-nvaie.html*

What's different? Beginnen wir – abgesehen von einigen der KI/ML-spezifischen Module »oberhalb« von GPU- und Network-Operator, die nicht zum Scope diese Buches gehören – zunächst mit einigen generellen Unterschieden zwischen einer offenen Implementierung im Hinblick auf Driver- und GPU-Operator und im Hinblick auf vGPU und NVAIE, wobei die beiden Letztgenannten ab Abschnitt 7.1 über Lizenzierung auch noch einmal im Bezug auf Features und Unterschiede angesprochen werden.

### 6.4.1 VIBs

Sehr stark vereinfacht betrachtet und im Vergleich zu Kapitel 5 (bezogen auf vSphere/ESXi als On-Prem-Hypervisor mit (v)GPU-Kapazitäten) scheinen sich vGPU- und NVAIE-Stacks auf den ersten Blick scheinbar nur wenig zu unterscheiden.

Wie in den Setup-Vorbereitungen in Kapitel 5 beschrieben wurde, wird sowohl für vGPU als auch für NVAIE (für Letzteres zumindest, falls dort vGPU zum Einsatz kommen soll) ein Softwarepaket auf dem Host bzw. Hypervisor benötigt, der GPU-Manager, der im Fall von vSphere ebenfalls als VIB implementiert wird.

Sowohl für den vGPU- als auch den NVAIE-Stack kommen NVIDIAs GPU-Operator (und gegebenenfalls der Network-Operator) bei der In-Cluster-Automation zum Einsatz – und natürlich ein Lizenzserver, sofern explizit vGPU/NVAIE zum Einsatz kommt und keine Open-Source-Software-Stacks. Der Unterschied zwischen normalem vGPU- und NVAIE-Softwarepaket auf Host-Ebene liegt jedoch in den (wichtigen) Details: Das – bezogen auf unser konkretes Setup – in den ESXis zu installierende VIB heißt in einem NVAIE-Stack nun offiziell *NVIDIA AI Enterprise Host Software* (Name des VIBs ist dann typischerweise: *NVD-AIE_<Version>*) und unterscheidet sich insbesondere in Art und Umfang der supporteten GPUs und Partitionierungsvarianten von der generischen NVD-VGPU-VIB-Version, denn vollumfänglichen Support für alle Varianten (vGPU *und* MIG) hostbasierter Partitionierungen liefern ausdrücklich nur die NVAIE-VIBs. Zu den Unterschieden der Treiber siehe Abschnitt 5.3.1.

### 6.4.2 GPU-Operator

Wortlaut NVIDIA: *Im Vergleich zum normalen GPU-Operator haben NVIDIA AI Enterprise-Kunden Zugriff auf einen vorkonfigurierten GPU-Operator im NVIDIA Enterprise-Katalog. Der GPU-Operator ist vorkonfiguriert, um das Bereitstellungserlebnis mit NVIDIA AI Enterprise-Bereitstellungen zu vereinfachen.*

Nun denn, abzüglich Sales-Weichzeichner bleibt unter dem Strich Folgendes: Generell funktioniert jede GPU-Operator-Variante (bezogen auf Vanilla Kubernetes [offen], NVAIE, OpenShift) ähnlich bzw. identisch. Und selbst DGX-Systeme können vom freien GPU-Operator bedient werden, zudem kümmert er sich dort vollautomatisch um das Setup der NVSwitch Interconnects.

Ausschlaggebend für die von NVIDIA beschriebene »Vereinfachung« des NVAIE-GPU-Operators ist primär eine entsprechend vorkonfigurierte Default-*ClusterPolicy*-CR (Custom Resource, siehe dazu auch Kapitel 9 über Operatoren). Denn diese NVAIE-spezifische ClusterPolicy verwendet statt des – in der regulären CR per Default verwendeten Standard-Driver-Images – unter anderem ein Pre-Build vGPU Driver Image, das sowohl mit auf dem Host vorpartitionierten MIG- als auch vGPU-Slices umgehen kann, und es hat das NLS (*NVIDIA Licensing System*, siehe ab Kapitel 7) per Default aktiviert.

### 6.4.3 NVAIE-Features

Die vGPU-Versionen und -Features hatten wir ja bereits ab Abschnitt 4.3.6 betrachtet. Für eine vergleichende Betrachtung finden sich die von NVAIE unterstützten Produkte und Features z. B. hier:

- *https://docs.nvidia.com/ai-enterprise/latest/release-notes/index.html*
- *https://docs.nvidia.com/ai-enterprise/latest/product-support-matrix/index.html*

Um KI/ML in Hybrid- und Multicloud-Umgebungen zugänglicher zu machen, werden von NVIDIAs AI-Enterprise-Stack seit Version 2.1, wie bereits angerissen, nun auch Red Hats OpenShift-Implementierungen in Public Clouds sowie auf Bare-Metal und vSphere unterstützt.

## 6.5 NVAIE in der Public Cloud

Sofern NVAIE in einer Public Cloud zum Einsatz kommen soll, müssen seitens des Providers mehrere Voraussetzungen erfüllt sein:

- NVIDIA-zertifizierte Server
- NVIDIA-Datacenter-taugliche GPUs
- NVAIE-zertifizierte VM-Instanzen. Je nach Cloud-Provider (Stand 08/2022) waren dies z. B.:
  - AWS: G4, G5, P3, P4
  - Azure: NC-T4-v3, NC-v3, ND-A100-V4, Azure NVads A10 v5-Serie
  - GCP: NVIDIA T4, NVIDIA V100, NVIDIA A100

Siehe hierzu auch: *https://www.nvidia.com/de-de/data-center/gpu-cloud-computing/*

## 6.6 NVAIE ist Pflicht für skalierbare ML-Cluster?

Generell ist es bereits an dieser Stelle sehr wichtig zu verstehen, dass der komplette NVAIE-Stack nicht zwingend erforderlich ist, um KI/ML-taugliche GPU-Cluster virtualisiert, automatisiert und (auto-)skalierbar zu betreiben: Sicher, die maximale Konfigurationsvielfalt und End-to-End-AI (siehe ab Kapitel 13) bietet nur der Full-NVAIE-Stack – zumindest, wenn alles aus einer Hand kommen soll, denn nur so können alle geeigneten GPUs auch über vGPU- und/oder MIG-Profile an VMs durchgereicht werden, und die ML-Module on-top sind auf das hostende System abgestimmt.

Dieser komplette NVAIE-Stack erfordert allerdings auch zwingend NVAIE-Lizenzen und – sofern z. B. vSphere- oder Red-Hat-Virtualization als Hypervisoren zum Einsatz kommen – auch Lizenzen für vSphere Enterprise Plus bzw. das entsprechende Red-Hat-Produkt. Je nach Clustergröße kann hier schnell einiges an Kosten zusammenkommen.

Plant man einen konfigurationstechnisch etwas eingeschränkteren, aber dennoch vollautomatisierten und skalierbaren ML-tauglichen Cluster, kann das Unternehmen an einigen Stellen sparen, sofern Sie folgende Vor- und Nachteile strikt beachten:

- Sofern kein *vGPU*-Modus und keine NVAIE-KI/ML-Tools zum Einsatz kommen, fallen *keine* Lizenzkosten für NVAIE an, und in VMware-basierten On-Prem-Umgebungen wird vSphere Enterprise Plus (zumindest bezogen auf das vGPU-Feature) nicht zwingend benötigt.
- *vGPUs* (die [Software-/Time-Slice- basierte] Aufteilung einer physikalischen GPU und Nutzung durch multiple GPU-Nodes) sind in diesem Szenario nicht mehr möglich.
- Werden beispielsweise nur *MIG*-fähige GPUs wie die A30 oder A100 eingesetzt, können diese GPUs *auf ihren Nodes* nach wie vor vollautomatisch über den GPU-Operator (nicht lizenzpflichtig) partitioniert und konfiguriert werden. Gleiches gilt für den Network-Operator (GPUDirect RDMA, siehe Abschnitt 4.9.2)

## 6.7 NVAIE als AI-End-to-End-Platform

Gemäß NVIDIAs eigener Spezifikation stellt NVIDIA AI Enterprise nicht nur ein komplexes Tool-Set dar, welches sich auf verschiedenen Ebenen der Infrastruktur um GPU technische Belange kümmert, sondern auch bei Bedarf eine *AI-End-to-End-Platform*, siehe die konkreten Betrachtungen ab Abschnitt 13.1.2. Dort betrachten wir, wie gut sich NVIDIAs AI-Enterprise-Komplettlösung gegen Kubernetes-/OpenShift-zentrische AI-End-to-End-Lösungen wie Kubeflow, Vertex AI oder Open Data Hub schlägt.

# Kapitel 7
# vGPU-/NVAIE-Preflights: Lizenzierung

*»Oracles finanzieller Erfolg? Der basiert primär darauf, dass ihre GLAS (Global License Advisory Services, also Oracles Lizenzabteilung) deutlich größer aufgestellt ist als die Techabteilungen...«*

*Quelle unbekannt*



In diesem Abschnitt geht es um Lizenzierungsfragen, d. h. konkret: Welche Lizenzen werden für welche NVAIE-Betriebsmodelle benötigt, welche zusätzlichen (3rd-Party-)Lizenzen kommen je nach Anwendungs- und Betriebsfall hinzu und wie wird die Lizenzierung im Fall von NVAIE mit dedizierten Lizenzservern on-premises oder in der Cloud technisch konkret umgesetzt.

## 7.1 Grundsätzliches: vGPU- vs. NVAIE-Lizenzen und DLS vs. CLS

Siehe zu allem Folgenden auch:

- *https://docs.nvidia.com/grid/licensing-faq.html*
- *https://www.nvidia.com/content/dam/en-zz/Solutions/design-visualization/solutions/resources/documents1/Virtual-GPU-Packaging-and-Licensing-Guide.pdf*
- *https://docs.nvidia.com/ai-enterprise/latest/quick-start-guide/index.html#installing-grid-license-server-and-licences*

Sofern vGPU bzw. NVAIE mit MIG- und/oder vGPU-Profilen zum Einsatz kommt, müssen wir, wie bereits erwähnt, bei NVIDIA entsprechende Lizenzen beantragen und sollten beim Einsatz im Produktivumfeld den Lizenzserver zudem ausfallsicher/redundant einrichten. Für Setup und Betrieb eines NVIDIA-Lizenzservers stehen uns mehrere Optionen zur Verfügung, welche wir noch erörtern.

Zunächst ist es wichtig, sich noch einmal in Erinnerung zu rufen, dass sich die NVIDIA-spezifische Lizenzierung in zwei generelle Kategorien unterteilen lässt: vGPU- und NVAIE-Lizenzen. Während sich vGPU gemäß den bisherigen Vorbetrachtungen eher als pures Partitionierungsfeature versteht, um geeignete GPUs per GPU-Manager auf dafür geeigneten Plattformen in Häppchen an (virtuelle) Maschinen durchzureichen, kommt der *NVAIE*-Stack eher als All-in-One-AI-Solution daher. Daher variieren die Preise je nach Art (vGPU/NVAIE) der Lizenz und wie üblich nach Anzahl der Hosts/CPUs/GPUs/Clients. Für alle aufgeführten Lizenz- und SLA-Preise gilt selbstverständlich der betrachtete zeitliche Stand des Buches.

Ebenfalls zu beachten: vGPU-Releases vor Version 13 arbeiten nicht mit dem *NVIDIA Licensing System* (*NLS*) zusammen und benötigen einen Legacy License Server.

### 7.1.1 Preise und SLAs: vGPU

Details zum vGPU Licensing finden sich u. a. hier:

*https://www.nvidia.com/content/dam/en-zz/Solutions/design-visualization/solutions/resources/documents1/Virtual-GPU-Packaging-and-Licensing-Guide.pdf*

Unter die Rubrik *vGPU* fallen die bereits in Abschnitt 4.3 betrachteten Produkte wie *vApps*, *vPC*, *vWS* und auch das von uns im Rahmen des Scopes dieses Buches primär betrachtete *vCS* (*virtual Compute Server*). Generell galten im betrachteten Stand folgende Regelwerke.

Die *vGPU*-Modi *vPC*, *vWS* und *vApps* basieren auf einem Lizenzmodell *pro Concurrent User (CCU)*. Je eine (1) CCU-Lizenz ist für jeden Benutzer erforderlich, der zu einem bestimmten Zeitpunkt auf die Software zugreift oder diese verwendet, unabhängig davon, ob eine aktive Verbindung zum virtualisierten Desktop oder zur Sitzung aufrechterhalten wird.

Im Unterschied zu NVAIE-Lizenzen (siehe nächster Abschnitt) wird *vCS* (der von uns primär betrachtete Anwendungsfall: *virtual Compute Server*) als *Pro-GPU-Modell* lizenziert. Für jede gehostete, physikalische GPU, die im vGPU-Mode verwendet werden soll, ist eine vCS-Lizenz erforderlich. Eine einzelne vCS-Lizenz ermöglicht maximal zehn gleichzeitig aktive VMs mit vGPU-Partitionen.

NVIDIA-vGPU-Lizenzen können von Unternehmen entweder als unbefristete Lizenzen mit jährlichen Support-Updates und Wartungsabonnement (*SUMS*) erworben werden, oder als Jahresabonnement. Alle NVIDIA-vGPU-Software-Produkte mit unbefristeten Lizenzen müssen in Verbindung mit einem Fünf-Jahres-SUMS abgeschlossen werden. Danach können einjährige SUMS als Verlängerungen abgeschlossen werden. Bei 1-Jahres-Lizenzen ist das SUMS in den jährlichen Lizenzkosten enthalten.

Die Lizenzierung und Preise von vGPU-Software für Unternehmen werden nachfolgend exemplarisch aufgezeigt. Dabei handelt es sich jedoch nur um empfohlene Preise seitens NVIDIA; Preise von autorisierten Distributoren können wie üblich davon abweichen.

**vGPU-Lizenz-Preis laut NVIDIA für vCS**

Der von NVIDIA empfohlene Lizenzpreis pro physikalischer GPU – bezogen auf den im Scope dieses Buches primär betrachteten *vCS*-Mode – belief sich im betrachteten Stand auf 450 USD p. a.

Ein ermäßigtes *Education Pricing* mit 150 USD p. a. und physikalischer GPU war – entsprechende Nachweise seitens des Kunden vorausgesetzt – ebenfalls verfügbar.

Wie üblich sollten Unternehmen direkt den NVIDIA-Vertrieb kontaktieren, um konkrete SLAs und Staffelpreise bzw. Volumenlizenzen anzufragen.

### 7.1.2 Preise und SLAs: NVAIE

Siehe hierzu auch den NVIDIA Licensing Guide (*NVAIE-Licensing-Guide-08302021.pdf*), der als Referenz für diesen Abschnitt herangezogen wurde: *https://resources.nvidia.com/en-us-nvaie/nvidia-ai-enterprise-licensing-pg*



*NVIDIAs AI-Enterprise-Lizenzmodell* unterscheidet sich deutlich von seinem *vGPU*-Artgenossen: Während beim vGPU-Lizenzmodell bezogen auf unseren vCS-Anwendungsfall nach physikalischen *GPUs* lizenziert wird, erfolgt die Lizenzierung für NVAIE pro physikalischer *CPU* des hostenden Servers (d. h. auf einer *Per-Socket*-Basis). Kommen wir aber zunächst zu den von NVAIE und dessen Lizenzen unterstützten GPUs.

NVAIE-supported GPUs (*Optimized for Compute Workloads* waren laut NVIDIA im betrachteten Stand H100, A100, A30, A100X, A30X, V100S und V100. NVAIE-supported GPUs für *Mixed Workloads (Compute & Graphics)* waren gemäß Vorgabe von NVIDIA im betrachteten Stand T4, A40, A10, A16 und A2.

NVIDIA-AI-Enterprise-SLAs können entweder als unbefristete Lizenz mit Supportleistungen (Updates, Tech Support etc.) oder als 1-Jahres- oder Mehrjahresabonnement erworben werden. Die unbefristete Lizenz gewährt das Recht, die NVIDIA-AI-Enterprise-Software auf unbestimmte Zeit ohne Ablaufdatum zu verwenden. NVIDIA AI Enterprise mit zeitlich unbefristeten Lizenzen muss laut NVIDIA in Verbindung mit einjährigem, dreijährigem oder fünfjährigem Support erworben werden. Für danach anschließende Verlängerungen steht minimal ein einjähriger Support-Service zur Verfügung.

Tabelle 7.1 zeigt einen sehr kompakten, tabellarischen Vergleich der vGPU- vs. NVAIE-Features in den Punkten, wo dies möglich ist. Außerdem wurde der Vergleich von den üblichen, nicht aussagekräftigen NVIDIA-Sales-Buzzwords wie *Cloud Native Ready* bereinigt.

| Feature | NVIDIA AI Enterprise | NVIDIA vGPU (vCS)Mode) |
|---|---|---|
| Per CPU Socket Licensing | ✓ | |
| Per GPU Licensing | | ✓ |
| Compute Virtualization | ✓ | ✓ |
| Windows Guest OS Support | | |
| Linux Guest OS Support | ✓ | ✓ |
| Maximum Displays | 1 | 1 |

**Tabelle 7.1** Vergleich der vGPU- vs. NVAIE-Features

| Feature | NVIDIA AI Enterprise | NVIDIA vGPU (vCS)Mode) |
|---|---|---|
| Maximum Resolution | 4096 × 2160 (4K) | 4096 × 2160 (4K) |
| OpenGL and Vulkan | In-situ Graphics only | In-situ Graphics only |
| CUDA and OpenCL Support | ✓ | ✓ |
| ECC and Page Retirement | ✓ | ✓ |
| MIG GPU Support | ✓ | |
| Multi-vGPU | ✓ | ✓ |
| NVIDIA GPUDirect | ✓ | ✓ |
| Peer-to-Peer over NVLink | ✓ | ✓ |
| GPU Pass Through Support | ✓ | ✓ |
| Bare Metal Support | ✓ | |
| AI and Data Science applications and Frameworks | ✓ | ✓ |

**Tabelle 7.1** Vergleich der vGPU- vs. NVAIE-Features (Forts.)

Kommen wir zum konkreten Abrechnungsmodell: Eine NVAIE-Lizenz wird, wie gerade bereits angerissen, für jeden CPU-Socket eines physikalischen Servers benötigt, auf dem VMs betrieben werden, welche den kompletten NVAIE-Stack oder Teile ebendieses nutzen. Die von NVIDIA empfohlenen Preise (bezogen auf den betrachteten Stand und je nach Lizenzmodell) finden Sie in Tabelle 7.2.

| NVIDIA AI ENTERPRISE LICENSE TYPE | SUGGESTED PRICE (NVIDIA) | Support Services |
|---|---|---|
| Subscription, 1-year term | $2,000/CPU socket | Business Standard Included<br>+$450 for Business Critical |
| Subscription, 3-year term | $6,000/CPU socket | Business Standard Included<br>+$1,350 for Business Critical |
| Subscription, 5-year term | $8,000/CPU socket | Business Standard Included<br>+$2,250 for Business Critical |

**Tabelle 7.2** NVAIE Licenses/Subscriptions

| NVIDIA AI ENTERPRISE LICENSE TYPE | SUGGESTED PRICE (NVIDIA) | Support Services |
|---|---|---|
| Perpetual License + 1-Year Support | $4,494/CPU socket | Business Standard Included<br>+$450 for Business Critical |
| Perpetual License + 3-Year Support | $6,292/CPU socket | Business Standard Included<br>+$1,350 for Business Critical |
| Perpetual License + 5-year support services | $8,090/CPU socket | Business Standard Included<br>+$2,250 for Business Critical |

**Tabelle 7.2** NVAIE Licenses/Subscriptions (Forts.)

Über NVIDIAs *NVAIE-Education-Programm* standen (im betrachteten Stand) die deutlich ermäßigten Preise aus Tabelle 7.3 für NVAIE-Lizenzen zur Verfügung.

| NVIDIA AI ENTERPRISE OFFERING | SUGGESTED EDU PRICE |
|---|---|
| Subscription, 1-Year Term | $500/CPU socket |
| Subscription, 3-Year Term | $1,500/CPU socket |
| Subscription, 5-Year Term | $2,000/CPU socket |
| Perpetual License + 1 year support | $1,124/CPU socket |
| Perpetual License + 3 years support | $1,573/CPU socket |
| Perpetual License + 5 years support | $2,022/CPU socket |

**Tabelle 7.3** NVAIE Education Licenses

Daneben existierten im betrachteten Stand noch die *Inception*- und *Short-Term*-Pricing-Modelle. Details dazu finden sich unter der bereits in diesem Abschnitt benannten URL: *https://resources.nvidia.com/en-us-nvaie/nvidia-ai-enterprise-licensing-pg*.

### 7.1.3 NVIDIA-Entitlement beantragen

Nach sorgfältiger Evaluierung, welches SLA am besten zu den Anforderungen des Unternehmens und der Fachabteilungen passt, müssen Sie das entsprechende *NVIDIA Entitlement* anfordern bzw. erwerben, hier zunächst beispielhaft für eine *vGPU*-Evaluierung:

*https://www.nvidia.com/en-us/data-center/resources/vgpu-evaluation/*

Sobald genehmigt, erhalten Sie Zugang zum NVIDIA Licensing Portal und damit neben etlichen anderen Features auch Zugang zu Driver- und Tool-Downloads, dem License-Server-

Management und etlichem anderen mehr. Dort finden Sie auch das Entitlement, das Sie – mittels einer Ihnen zugeordneten, eindeutigen PAK-ID – zur Nutzung der vGPU-/GRID-Software berechtigt. Abbildung 7.1 zeigt ein vGPU Trial Entitlement Certificate. Dies erhalten Sie per Mail nach dem Approval durch NVIDIA.

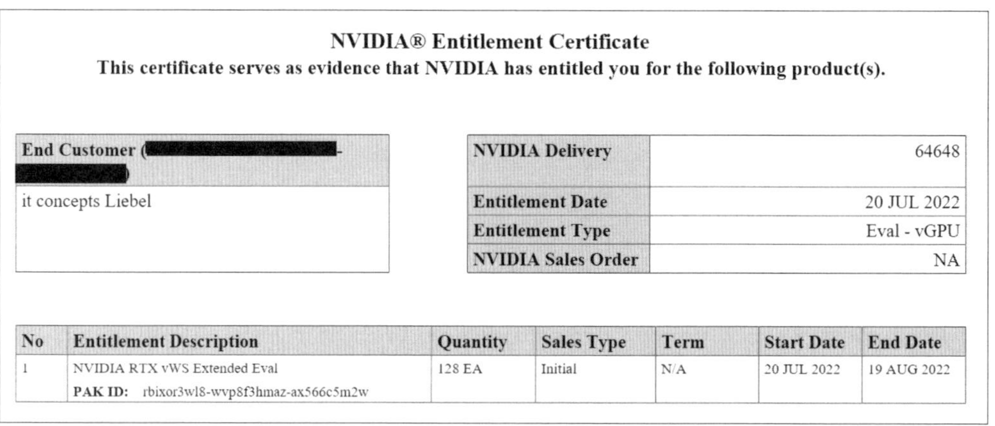

**NVIDIA® Entitlement Certificate**
**This certificate serves as evidence that NVIDIA has entitled you for the following product(s).**

| End Customer ( |
|---|
| it concepts Liebel |

| | |
|---|---|
| **NVIDIA Delivery** | 64648 |
| **Entitlement Date** | 20 JUL 2022 |
| **Entitlement Type** | Eval - vGPU |
| **NVIDIA Sales Order** | NA |

| No | Entitlement Description | Quantity | Sales Type | Term | Start Date | End Date |
|---|---|---|---|---|---|---|
| 1 | NVIDIA RTX vWS Extended Eval<br>**PAK ID:** rbixor3wl8-wvp8f3hmaz-ax566c5m2w | 128 EA | Initial | N/A | 20 JUL 2022 | 19 AUG 2022 |

**Abbildung 7.1** NVIDIA vGPU Evaluation Entitlement Certificate

Ein Evaluierungstoken für *NVAIE* lässt sich z. B. über das folgende NVIDIA-Portal beantragen: *https://www.nvidia.com/en-us/data-center/products/ai-enterprise-suite/evaluation/*.

## 7.2 NVIDIA Licensing System (NLS)

Siehe hierzu auch: *https://docs.nvidia.com/license-system/latest/nvidia-license-system-user-guide/index.html*

### 7.2.1 Vorbetrachtungen

Das NVIDIA-Lizenzierungsportal (*https://ui.licensing.nvidia.com/* bzw. *https://nvid.nvidia.com*, Login erforderlich) bietet Zugriff auf die von Ihnen erworbenen Entitlements und die darin enthaltenen Lizenzen.

Um NVIDIA-vGPU- oder NVAIE-Softwarelizenzen herunterladen zu können, müssen Sie mindestens einen Lizenzserver im NVIDIA-Lizenzierungsportal erstellen und dem Server Lizenzen mit den jeweiligen Berechtigungen zuweisen.

Sie können Ihre Lizenzen auch nach Bedarf auf mehrere Lizenzserver verteilen, neue lizenzierte Produkte zu einem vorhandenen Server hinzufügen oder Lizenzserver löschen, die Sie nicht mehr benötigen. Ebenso ist es möglich, weitere Benutzer als registrierte Kontakte Ihrer Organisation, die mit dem NVIDIA-Enterprise-Konto des Unternehmens verknüpft ist, hinzuzufügen. Um die Entitlements und Lizenzen zu verwalten, bietet das NVIDIA Licensing

Portal RBAC-(rollenbasierten)-Zugriff für alle registrierten Kontakte. Per Default sind alle Berechtigungen einer Organisation der obersten Hierarchieebene zugeordnet und für alle Kontakte in der Organisation zugänglich. Wenn Sie nur bestimmten Gruppen von Kontakten innerhalb Ihrer Organisation den Zugriff auf bestimmte Berechtigungen gewähren müssen, können Sie Ihre Berechtigungen in isolierte Segmente aufteilen. Um Berechtigungen in isolierte Segmente aufzuteilen, bietet das NVIDIA Licensing Portal die Möglichkeit, *virtuelle Gruppen* zu erstellen und ihnen Berechtigungen und Kontakte zuzuweisen.

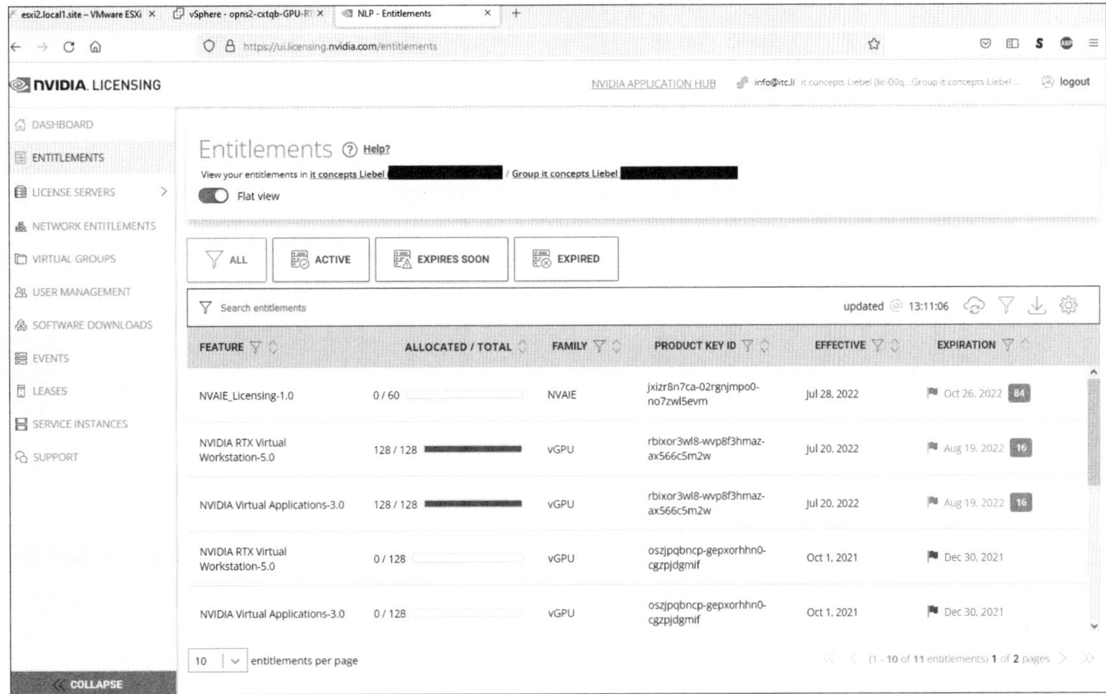


**Abbildung 7.2** NLS – das Portal des NVIDIA Licensing System

## 7.2.2 License Server: Self-Hosted License Server und Alternativen

Nachdem wir die SLAs ausführlich betrachtet haben, geht es nun konkreter um die Implementierung ebendieser: Wie bekommen Sie die Lizenzen automatisch und on demand zu den jeweiligen Consumern, also den VMs mit den (containerisierten) ML-Workloads? Dazu stehen mehrere Möglichkeiten zur Verfügung, die wir im Folgenden betrachten.

Generell benötigen sowohl vGPU als auch NVAIE einen zentralen (und üblicherweise ausfallsicher implementierten) *License Server*. Dieser verteilt die eingekauften (oder zum Testen vorab: Trial-)Lizenzen des Unternehmens je nach Anforderung an die jeweiligen Clients, sprich VMs und darauf gehosteten Apps bzw. Container.

Der License Server als Kernkomponente des *NLS* (*NVIDIA Licensing System*) ist eine zwingende Komponente für den Einsatz von vGPU-/NVAIE-Nodes mit NVIDIA-Hardware. Daher muss er zwar nicht zwingend Bestandteil des Kubernetes-/OpenShift-Clusters sein, wohl aber für diesen bzw. die GPU-Nodes stets direkt erreichbar.

**MIG im PCI Passthrough und NVIDIA-Lizenzen**

Da es kostentechnisch wichtig ist, sei an dieser Stelle nochmals darauf hingewiesen (wie auch bereits in Kapitel 3 und Kapitel 4 aufgezeigt), dass für den Einsatz von MIG-fähigen GPUs, die komplett ohne den NVAIE-Stack im Passthrough-Mode an eine VM durchgereicht (oder auf Bare-Metal direkt genutzt werden) und lediglich auf dem Node per GPU-Operator partitioniert werden, keine NVIDIA-Lizenzen, weder vGPU noch NVAIE, erforderlich sind.

Zu den Varianten: Der License Server kann entweder self-hosted im eigenen RZ betrieben werden (*Delegated License Service Instance, DLS*) oder alternativ – z. B. für ein einfaches PoC – auch direkt in der NVIDIA-Cloud (*NVIDIA Cloud Licensing Service Instance, CLS*). Diese schauen wir uns nun an.

## 7.3 License Server: DLS vs. CLS

Siehe dazu auch: *https://docs.nvidia.com/license-system/latest/nvidia-license-system-user-guide/index.html*

Betrachten wir zunächst grundsätzlich die unterschiedlichen Implementierungsvarianten.

Wie schon kurz angerissen, stehen uns zwei Optionen zur Verfügung, um einen License Server (egal ob für NVAIE oder vGPU) zu betreiben:

- per *DLS* (Delegated License Service Instance) oder
- per *CLS* (Cloud License Service Instance)

Die CLS-Variante wird im Portal NVIDIA Cloud Licensing gehostet und betrieben, die DLS-Variante im eigenen RZ oder der Private Cloud.

Beide Varianten (CLS und DLS) benötigen zur Kommunikation mit den Clients Firewall-technisch freigeschaltete Kommunikation über die Ports 80 und 443 (Standalone Variante). In der HA-Variante werden einige Ports mehr benötigt, siehe dazu: *https://docs.nvidia.com/license-system/latest/nvidia-license-system-user-guide/index.html#communications-ports-requirements-nls*

Betrachten wir kurz die wichtigsten Unterschiede anhand der Workflow-Grafik in Abbildung 7.3. Erworbene Lizenzen müssen bei Verwendung der CLS-Variante logischerweise nicht zunächst heruntergeladen und dann dem Server übergeben werden, der komplette Vorgang erfolgt transparent in der Cloud.

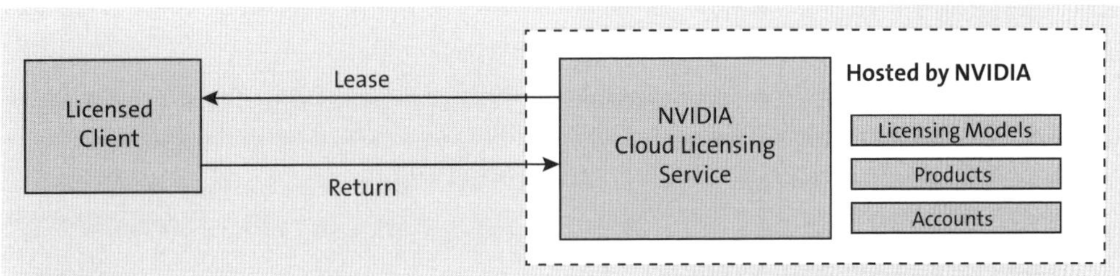


**Abbildung 7.3** NVIDIA-CLS-Workflow (Cloud Licensing Service), Quelle: NVIDIA



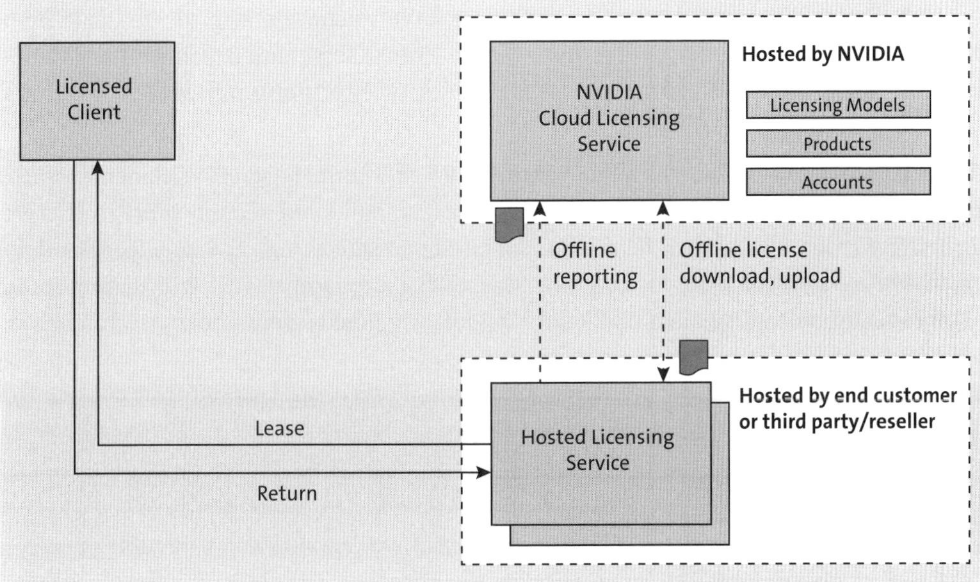


**Abbildung 7.4** NVIDIA-DLS-Workflow (Delegated Licensing Service), Quelle: NVIDIA

Da die DLS- im Unterschied zur CLS-Variante komplett getrennt vom NVIDIA Licensing Portal arbeitet, muss hier der zwingend erforderliche Zwischenschritt des Lizenzexports aus dem NVIDIA Licensing Portal und des anschließenden Uploads in den DLS erfolgen.

## 7.4 Self-Hosted License Server: DLS und Legacy License Server

### 7.4.1 License Server – Legacy-Variante (self-hosted)

Siehe hierzu auch: *https://docs.nvidia.com/grid/ls/latest/grid-license-server-user-guide/index.html*

Unter dieser URL wird das Setup eines (Legacy) License Servers unter Linux und Windows beschrieben. In Produktivumgebungen sollte dieser mithilfe der entsprechenden Verfahren (z. B. Pacemaker- oder Hypervisor-HA) redundant abgebildet werden. Die neuere DLS-On-Premises-Variante beherrscht natives, relativ einfach zu konfigurierendes HA.

**Achtung: EOL 2023 für Legacy License Server**

Bei dem Legacy License Server handelt es sich nicht um eine DLS-Variante gemäß neuer NVIDIA-Spezifikation, sondern lediglich um einen Pre-NLS Legacy License Server. Da diese Legacy-Variante jedoch ab Mitte 2023 nicht mehr offiziell unterstützt wird, sind hier nur einige generische Punkte gelistet.

Die Web-GUI des alten Legacy License Servers ist nun über die IP bzw. den FQHN und Port 8080 unter */licserver* erreichbar. Der License Server selbst ist für die vGPU- und NVAIE-Clients, die mit ihm kommunizieren wollen, über Port 7070 erreichbar. In früheren Versionen (Pre-NLS) konnten über die GUI des Legacy License Servers neue Lizenzen, die zuvor aus dem NLS exportiert wurden, in den On-Premises Legacy License Server importiert werden (Menü: LICENSE MANAGEMENT • UPLOAD LICENSE FILE). Dies ist seit Einführung des NLS nicht mehr der einzige erforderliche Schritt.

Zunächst müssen Sie an das Lizenzfile kommen: Im NLS Portal lassen Sie sich den entsprechenden Legacy Server anzeigen (LIST SERVERS), dieser sollte mit seinem Short Hostname angezeigt werden. Rechts von dem gefundenen Server gibt es ein ACTIONS-Icon. In dem Dropdown-Menü wählen Sie DOWNLOAD. Das verfügbare License File wird dann an den gewählten Ort heruntergeladen und kann von dort wie bereits weiter oben beschrieben in den Legacy License Server importiert werden.

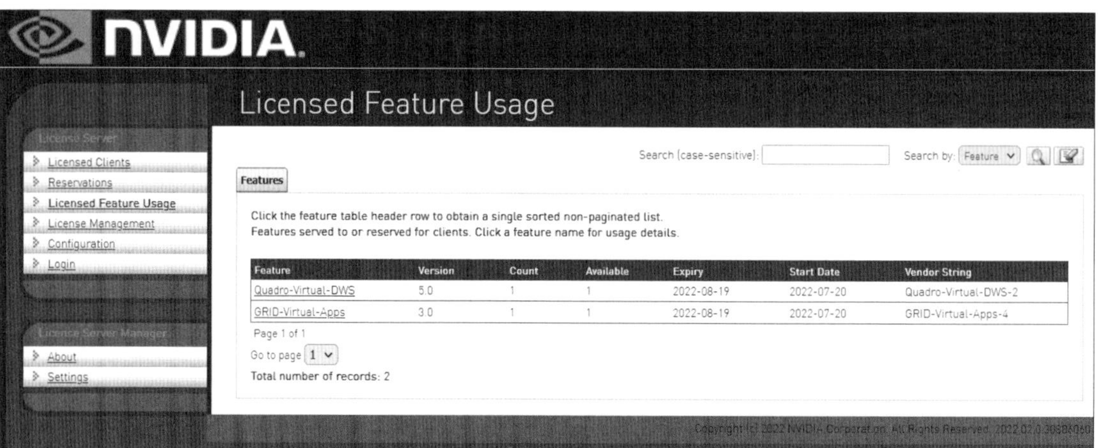


**Abbildung 7.5** GUI des Legacy License Servers nach Import neuer Entitlements

Damit das NLS diese Änderungen reflektiert, müssen Sie im NLS Portal ACTIONS • MANAGE FEATURES des Legacy License Servers aufrufen. Über den Reiter ADD NEW können Sie in dem daraufhin erscheinenden Popup-Fenster die neuen Entitlements dem Legacy License Server zuteilen, wie Abbildung 7.6 zeigt. Bestätigen Sie die Aktion anschließend über den Button UPDATE SERVER FEATURE.

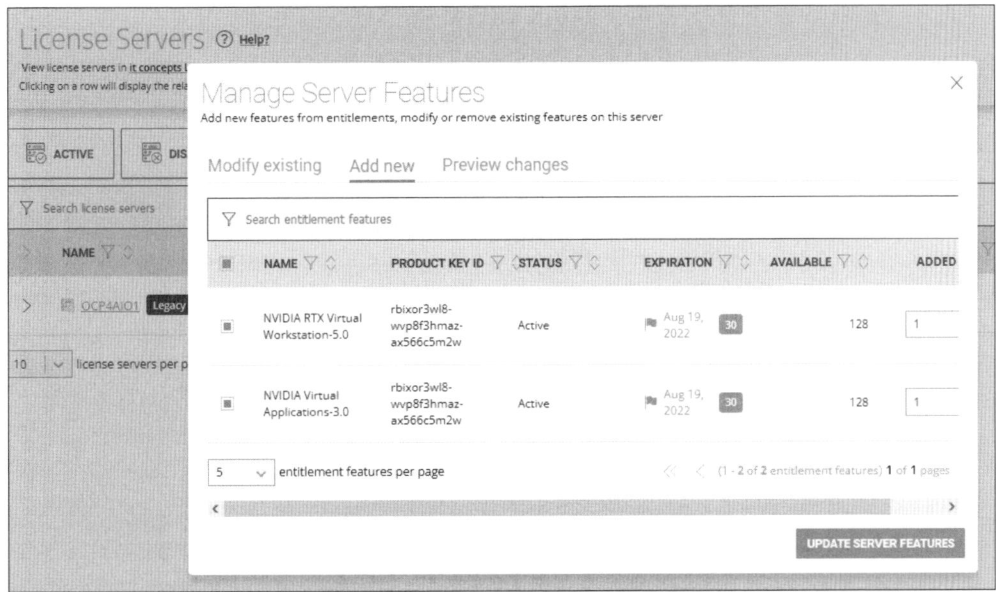


**Abbildung 7.6** Neue Lizenzen per NLS dem Legacy License Server zuweisen

Abbildung 7.7 zeigt einen kleinen Legacy-License-Server-Showcase abseits unserer ML-Szenarien, mit einer Windows-VM mit einem Tesla T4 2B-vGPU-Profil, das gerade die Lizenz bezogen hat.

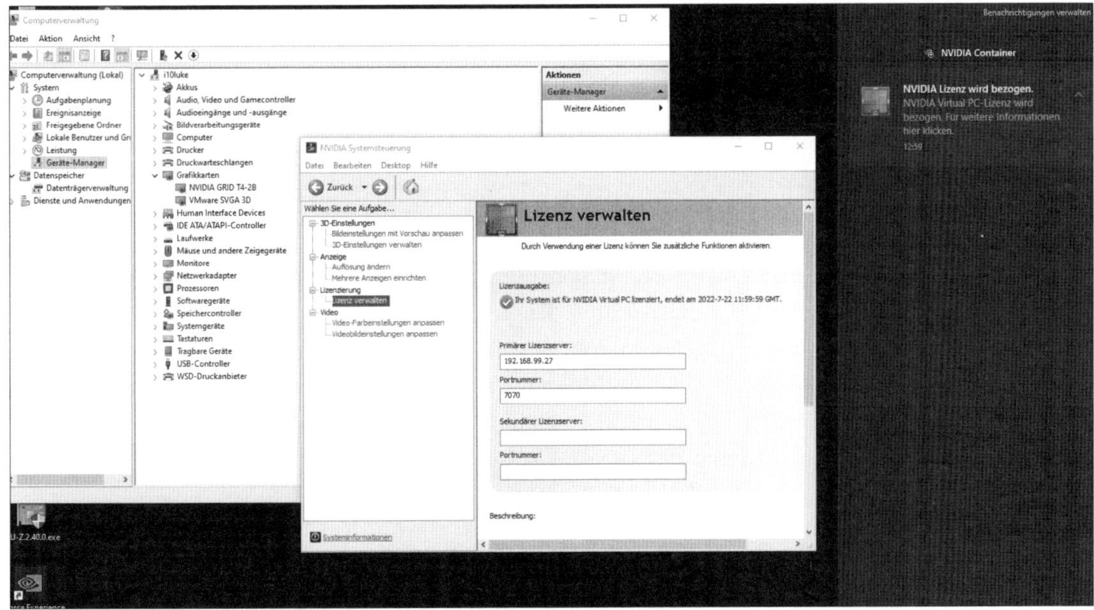


**Abbildung 7.7** Automatische Lizenzzuweisung (Legacy License Server) an eine Windows-VM mit Tesla T4 2B-Profil

### 7.4.2 License Server – DLS-Variante (DLS Virtual Appliance, On-Prem)

Siehe hierzu auch: *https://docs.nvidia.com/license-system/latest/nvidia-license-system-user-guide/index.html#installing-dls-virtual-appliance*

Eine vom Setup – zunächst – recht simpel erscheinende Variante (Spoiler: sie ist es nicht wirklich) ist die Erstellung eines *Delegated License Servers* (DLS) per *Virtual Appliance*. Dabei wird, wie bei VAs üblich, eine ready-to-use-VM in den vSphere Cluster importiert, die jedoch leider noch nicht den eigentlichen License Server beinhaltet. Und damit beginnt –zumindest im betrachteten Stand – nach dem VA-Start eine Up- und Download- und Link-/Klick-Odyssee durch das NLS und die VA GUI, die deutlich mehr Geduld und Arbeit erfordert als angemessen. Kurzum: Die Usability sollte seitens NVIDIA noch optimiert werden. Aber vielleicht ist auch das gesteckte Ziel, alle Kunden sanft in Richtung der Cloud-Variante CLS zu schieben.

Zu den folgenden, sehr kompakt gefassten Tasks siehe auch:

*https://docs.nvidia.com/license-system/latest/nvidia-license-system-user-guide/index.html#installing-dls-virtual-appliance-on-vmware-vsphere.*

Dort finden sich auch performance- und reliability-relevante Betrachtungen sowie ein Sizing-Guide (je nach Cluster-Größe) für die VA. Für die folgenden Betrachtungen wurde DLS in Version 1.1 herangezogen.

#### DLS VM Deployment

Die VA-Images des DLS finden sich im NLS Portal an der gleichen Stelle wie auch der Legacy License Server unter SOFTWARE DOWNLOADS • ADDITIONAL SOFTWARE. Dort wählen Sie die DLS 1.1-VA (oder eine entsprechend neuere Variante) für vSphere aus und laden sie herunter (Download-Filename: *nls-1.1.0-bios-ESXi.zip*, ca. 2.2 GB groß). Nach dem Entpacken importieren Sie das OVA-File per vCenter in den vSphere-Cluster (OVF VORLAGE BEREITSTELLEN), aus Redundanzgründen am besten auf Datacenter- oder Cluster-Ebene, alternativ für kleine Testumgebungen auf Host-Ebene. Für das folgende Beispiel wurde die DLS-VM *nvidia-dls-110* genannt.

Nachdem Sie die neue VA gestartet haben, die im betrachteten Stand auf CentOS 8 basierte, können Sie sie per HTTPS zunächst über die via DHCP zugeteilte IP ansprechen. Nach Bestätigung des Self Signed Certificate landen Sie auf der initialen Setup-Website des DLS. Für Produktivsetups sollte die IP, wie nachfolgend noch gezeigt, aus offenkundigen Gründen statisch gesetzt werden, ebenso ein konsistenter DLS-Service-Instance-Name genutzt werden. Der Default-Hostname der DLS-VM wurde für die erste DLS-Instanz im Cluster im betrachteten Stand automatisch auf *nls-si-0* gesetzt.

#### DLS-Settings

Siehe zu allem Folgenden auch: *https://docs.nvidia.com/license-system/latest/nvidia-license-system-quick-start-guide/index.html#configuring-dls-instance*

Handelt es sich um eine Erstinstallation, wählen Sie dort FIRST TIME SETUP • NEW INSTALLATION aus und folgen den relativ selbsterklärenden Anweisungen.

Wichtig: Nach dem Setzen des Passworts für den *dls_admin*-Account kopieren Sie das anschließend angezeigte *Reset Secret* (ein typischer `uuidgen`-String, z. B. `15936afe-1012-42d8-b7dc-6e3999a345d1`) an einen sicheren Ort. Diesen (One-Time-)String benötigen Sie, um das Passwort des Admin-Accounts einmalig resetten zu können – was reproduzierbar leider erforderlich war, sofern Sie sich nicht mit der IP, sondern mit dem FQHN anmelden. Zudem nützt ein Reset nichts, da auch das nächste (korrekte) Kennwort nicht akzeptiert wird, solange die Website per FQHN aufgerufen wird. Das ist weder professionell noch schön, liebe NVIDIA-DLS-Entwickler.

7

**Achtung: Instanzname**

Editieren Sie als Erstes die DLS-Instanz so (Menüpunkt: SERVICE INSTANCE • ACTIONS), dass sie einen validen DNS-tauglichen Namen erhält; per Default wird ein Hostname mit Timestamp erzeugt, z. B. *DEFAULT_2022-07-20_21:37:45*. Im Folgenden wird als SERVICE INSTANCE NAME der Name *nvidia-dls-110-svc-instance* verwendet.

**Achtung: Netzwerk-Settings der DLS-Appliance, NTP**

Damit die Kommunikation von und zur Appliance korrekt funktioniert, sollten Sie in den SERVICE INSTANCE DETAILS • CONFIGURE IP ADDRESS die korrekten (statischen!) Settings für DNS etc. anpassen, da diese auch im Token hinterlegt werden und so von extremer Wichtigkeit für die Clients sind. Zu Testzwecken kann die DLS-Instance auch per DHCP betrieben werden, dies bietet sich jedoch aufgrund möglicher Änderungen der IP für produktive Systeme kaum an. Achten Sie ebenfalls auf korrekte Zeitsynchronisation der DLS-VA, die diese zeitbasierten Lizenz-Leases vergibt. Sobald Sie die statische IP-Adresse (und Netzmaske, Gateway und DNS) konfiguriert haben, wird die VA re-initalisiert. Nach 1–2 Minuten sollte sie unter der neuen statischen IP bzw. dem dafür im DNS hinterlegten FQHN erreichbar sein.

Im nächsten Schritt laden Sie über das Dashboard (HAUPTMENÜ) Ihrer DLS-Instanz zunächst das DLS-INSTANCE TOKEN herunter, es wird gleich im NVIDIA Licensing Portal zur Registrierung und zum weiteren Setup der On-Prem-DLS-Instanz benötigt.

### DLS Service Instance registrieren

Nun müssen wir die DLS SERVICE INSTANCE (unsere DLS-VA) beim NLS Portal registrieren. Dazu verwenden wir das zuvor von der DLS-VA (SERVICE INSTANCE • ACTIONS) heruntergeladene DLS-INSTANCE TOKEN.

Zur Erstellung der DLS Service Instance gehen Sie daher in das NLS Portal, SERVICE INSTANCES. Wählen Sie dort DLS aus und dann über ACTIONS • UPLOAD DLS INSTANCE TOKEN. Als Rückmeldung erhalten Sie *Uploaded DLS Instance Token successfully*, und die noch keinem Server zugewiesene DLS Service Instance befindet sich daher noch im Status *Pending*. Anschließend bestätigen bzw. registrieren Sie die neue Service-Instanz noch per ACTIONS • REGISTER.

### License Server erzeugen

Im nächsten Schritt erzeugen Sie – ebenfalls im NLS Portal – einen neuen License Server: Wählen Sie dazu das Menü LICENSE SERVER • CREATE SERVER und einen am besten ähnlichen Namen wie unsere DLS-VA, z. B. *nvidia-dls-110-srv*. Achten Sie darauf, dass weder die Option CREATE LEGACY SERVER noch EXPRESS CLS INSTALLATION aktiv sind.

Im nächsten Schritt (Nr. 2) weisen Sie über SELECT FEATURES (es sind eigentlich *Lizenzen*, liebe NVIDIA-Devs, keine *Features*) dem neuen Server Lizenzen zu.

> **Achtung: Anzahl der Lizenzen**
>
> Achten Sie darauf, in der Spalte ADDED die gewünschte Anzahl möglicher Lizenzen einzutragen, die von diesem License Server verwaltet werden sollen (Default nur 1).

Falls die zu verwendenden Entitlements bereits von einem Legacy Server verwendet werden, lösen Sie diese Bindung zuvor (Server auswählen • MANAGE FEATURES). Im dritten und letzten Schritt dieses Tasks erzeugen Sie den License Server per CREATE SERVER. In dem anschließend angezeigten Fenster (LICENSE SERVER DETAILS) sehen wir, dass dieser Server bisher noch an keine SERVICE INSTANCE gebunden ist.

### License Server an die Service Instance binden

Danach *binden* Sie die DLS-Server-Instanz *nvidia-dls-110-srv* (SERVER DETAILS • ACTIONS • BIND) an die zuvor erzeugte SERVICE INSTANCE (*nvidia-dls-110-svc-instance*). Es sollte die Rückmeldung erscheinen: *This Server has not been installed on the bound Service Instance.* Um dem abzuhelfen, geht es wie folgt weiter.

### Installation der Lizenz-Binary

Zur Installation der Lizenz-Binary im Server rufen Sie nun (merken Sie was...? Klick, klick, klick, Task 1 – 10.000...) die LICENSE SERVERS • SERVER DETAILS auf, und laden Sie über ACTIONS • DOWNLOAD die License Server Binary (Dateiendung: **.bin*) für unsere On-Prem-DLS-Instanz herunter. Diese nun heruntergeladene License Server Binary laden Sie anschließend wieder über die GUI der On-Premises-DLS-VA (Dashboard • NO LICENSE SERVER INSTALLED • SELECT LICENSE SERVER FILE) hoch. Dann klicken Sie auf INSTALL SERVER.

Nach rund einem Dutzend echter, aber der gefühlt locker vierfachen Menge an Tasks ist unsere neue On-Premises-DLS-Instanz »schon« betriebsbereit. Über die SERVICE INSTANCE DETAILS der VA-GUI können Sie (und sollten dies in Produktivumgebungen zwingend) auch auf sehr simple Weise HA für die DLS einrichten (CONFIGURE HIGH AVAILABILITY).

#### Zusammenfassung

Hier noch einmal sehr stark vereinfacht zusammengefasst die Tasks in ihrer Reihenfolge:

- Download, Unzip und Import der DLS-VA in vSphere, Start der VA
- Anpassung des Instanznamens und der Netzwerkeinstellungen, da diese auch im Token hinterlegt werden
- DLS-Instanz im NVIDIA License Portal registrieren (Service Instance erzeugen)
- License Server erzeugen und Lizenzen an den Server zuweisen
- License Server an die Service Instance binden
- License-Datei herunterladen und in die DLS-Instanz importieren
- Client Configuration Token erzeugen

Achten Sie immer darauf, dass die für die DLS-Instance verwendeten Lizenzen von keiner anderen Instanz (Legacy oder CLS) genutzt werden.

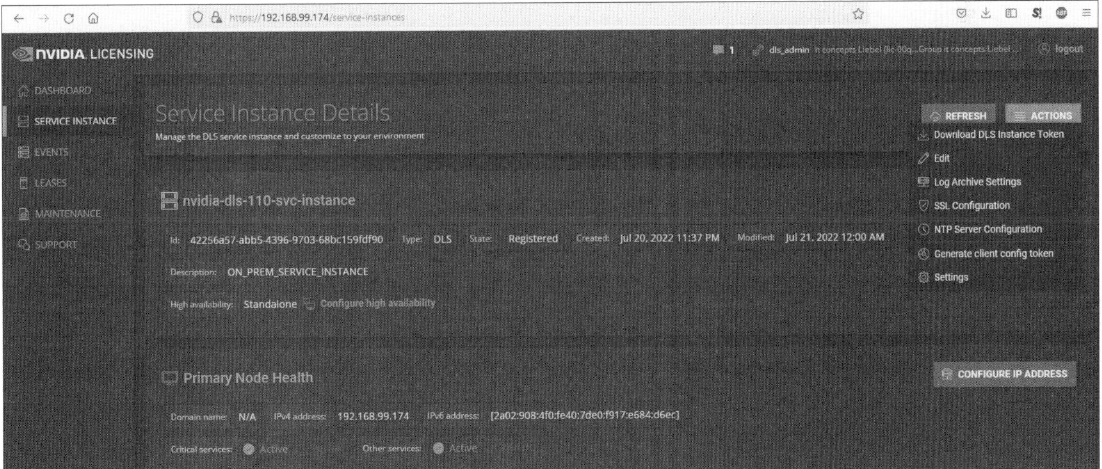


**Abbildung 7.8** NVIDIA DLS GUI

Wie wir unschwer erkennen können, bietet die DLS-Instanz über das ACTIONS-Menü die einfache Möglichkeit, ein CLIENT CONFIGURATION TOKEN zu erzeugen. Es enthält u. a. Informationen darüber, welcher License Server für die Erteilung einer – für den Client passenden – Lizenz (Lease) zuständig ist. Dieses Token wird später in Form einer *ConfigMap* (ein Kubernetes-Ressourcentyp, siehe ab Kapitel 8) per ClusterPolicy-CustomResource an den GPU-Operator (siehe ab Abschnitt 9.4) übermittelt. Stark vereinfacht vorab erklärt: Die vom GPU-Operator erzeugten Clients (im Sinne von Containern, welche die NVIDIA-Komponenten wie z. B. den passenden Treiber auf den GPU-Nodes einrichten) können so auf die vom Lizenzserver bereitgestellten Lizenzen zugreifen.

Alternativ sind DLS-VAs auch für XEN, KVM, Hyper-V usw. verfügbar.

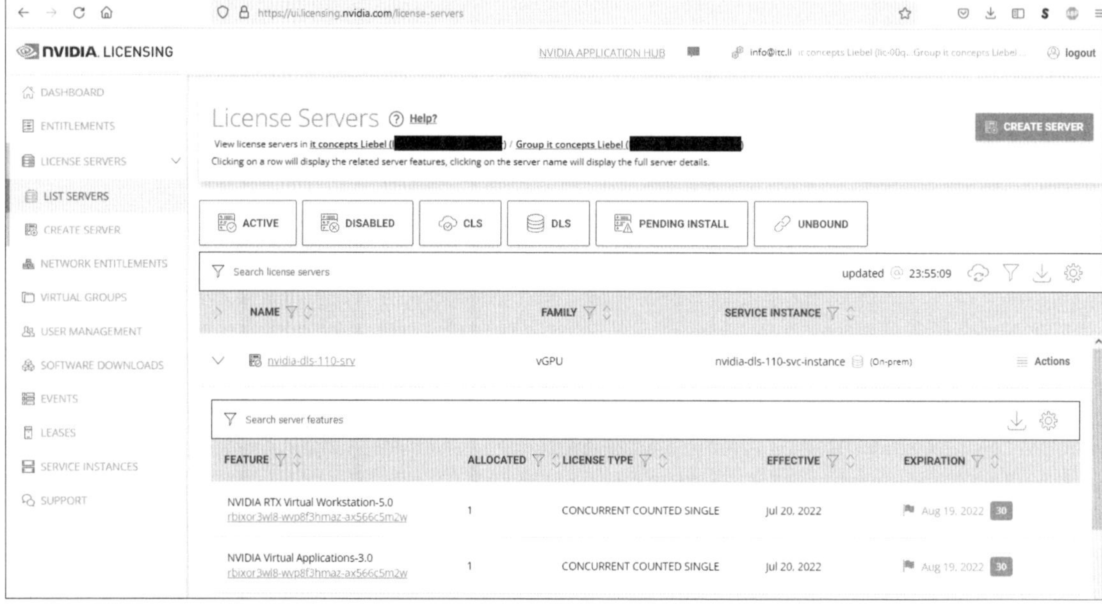


**Abbildung 7.9** NVIDIA DLS im NLS Portal

### 7.4.3 Troubleshooting – Token Debugging

Insbesondere bei der Self-Hosted-DLS-Variante kann es oft zu Fehlern kommen, die mit den generierten Client Configuration Tokens zusammenhängen. Um diese besser debuggen zu können, verwenden Sie einfach die folgende Funktion (z. B. eingebunden über *~/.profile*) und lassen sich das Token im Klartext anzeigen:

```
# cat /root/.profile
function jwt() {
  for part in 1 2; do
    b64="$(cut -f$part -d. <<< "$1" | tr '_-' '/+')"
    len=${#b64}
    n=$((len % 4))
    if [[ 2 -eq n ]]; then
      b64="${b64}=="
    elif [[ 3 -eq n ]]; then
      b64="${b64}="
    fi
    d="$(openssl enc -base64 -d -A <<< "$b64")"
    echo "$d"
```

```
    # no further decoding if payload is an encrypted JWT (JWE)
    if [[ 1 -eq part ]] && grep '"enc":' <<< "$d" >/dev/null ; then
      exit 0
    fi
  done
}
```

Prüfen wir nun die Funktion an einem echten Client Configuration Token (Token String und Ausgabe zum Teil stark gekürzt):


```
# jwt eyJhbGciOiJSUzI1NiIsIn[...large cut...]o2O3Fzy9Y1aFcdAmC4xrBA
```

```
{"alg":"RS256","typ":"JWT"}
{"jti":"342324e2-1b3a-4339-8fa1-868cddc3860d","iss":"NLS Service Instance","aud":"NLS Licensed Client",
"iat":1658435499,"nbf":1658435499,"exp":2037126699,"update_mode":"ABSOLUTE","scope_ref_list":["0e5b4beb-
ed64-43c0-93a9-20a8716a6169"],"fulfillment_class_ref_list":[],"service_instance_configuration":
{"nls_service_instance_ref":"bb310d69-b967-4cf8-b88c-fc09643232cb","svc_port_set_list":
[{"idx":0,"d_name":"DLS","svc_port_map":[{"service":"auth","port":443},{"service":"lease",
"port":443}]}],"node_url_list":[{"idx":0,"url":"2a02:908:4f0:fe40:a049:2bd:7beb:b30b",
"url_qr":"2a02:908:4f0:fe40:a049:2bd:7beb:b30b","svc_port_set_idx":0}]},"service_instance_public_key_
configuration":{"service_instance_public_key_me":{"mod":"b83b7be332b[...]25758ed9f016b441dd64a3607",
"exp":65537},"service_instance_public_key_pem":
"-----BEGIN PUBLIC KEY-----
\nMIIBIjANBgkqhkiG9w0BAQEFAAOCAQ8AMIIBCgKCAQEAuDt74zK29DwoZbxf5psX\nGBzDPBnqFKfQP9UAnkUr17O17d3SUmIkriiz
r1o+vS3aXakQSFR1bDMoTzr1nzoX\n72QDLDkucR9afvfFOevEgkDwNx64rmONcBpW2xA+dJBo31U9XT9gHCFc6EcGfJrD\nCUMV3z8a
SpYReYF2xyiOwUPXQzf/HJF5JolCNyGmlImUhsb5u+4rcg6HbhLUkv+1\nbRr1fnTNRUInWt6QXzb7Unjbrc3X+bnKCVzmmMqv2AUupU
srHiaMwhaj+5taLfq9\nxt9Sx49HW3hX9Ltg1f/i5HbUzTnlWLX8xTatB4uBdM72cvIBsldY7Z8BaOQd1ko2\nBwIDAQAB\n-----END
PUBLIC KEY-----","key_retention_mode":"LATEST_ONLY"}}
```


Wie hier erkennbar ist, wird im Token keine echte URL zum License Server abgelegt, sondern seine IPv6-Adresse.

## 7.5 Cloud-Hosted License Server: CLS

### 7.5.1 License Server – CLS-Variante (cloudbasiert)

Siehe hierzu auch: *https://docs.nvidia.com/ai-enterprise/latest/quick-start-guide/index.html#creating-cls-instance-on-portal*

Hier betrachten wir abschließend noch kurz die relativ simple Erstellung eines NVIDIA License Server in der NVIDIA-Cloud (CLS-Variante), die unter der genannten URL auch recht gut beschrieben ist.

Bei dieser Variante wird der License Server in der NVIDIA-Cloud betrieben, das gezeigte Verfahren ist für PoCs ohne besondere Sicherheitsanforderungen mit Abstand der schnellste der drei vorgestellten Varianten. Für die folgenden Betrachtungen wird CLS ebenfalls in Version 1.1 herangezogen.

### Setup

Zunächst erzeugen Sie in NVIDIAs Licensing Portal einen License Server (Achtung, es werden zunächst nur Metadaten erzeugt, die eigentliche Installation erfolgt zum Schluss): License Servers • Create Server. Als Name wird für die Server-Instanz hier beispielhaft *nvidia-cls-srv* gewählt. Wenn Sie möchten, können Sie in diesem Schritt auch gleich automatisch eine Service Instance mit erzeugen und an diesen Server binden (Schieberegler Express Installation). Wir gehen das Beispiel jedoch komplett durch.

Im nächsten Schritt Select Feature müssen, wie bereits aus der DLS-Variante bekannt, die Lizenzen/Entitlements mit dem Server assoziiert werden. Abschließend bestätigen Sie im nächsten Fenster mit Create Server. Dann wechseln Sie auf den Menüpunkt Service Instances und wählen dort CLS aus, dann Actions • Create CLS Instance. Als Bezeichnung wird im folgenden Beispiel *nvidia-cls-svc-instance* gewählt. Nachdem die Service Instance erzeugt wurde, muss noch der License Server an diese Instanz gebunden werden (List Servers • Auswahl der CLS-Instanz • Actions • Bind). Nun muss noch die eigentliche Server-Installation erfolgen: Server Details der CLS-Instanz • Actions • Install.

Wurden alle Schritte erfolgreich durchprozessiert, sollte es wie in Abbildung 7.10 aussehen.

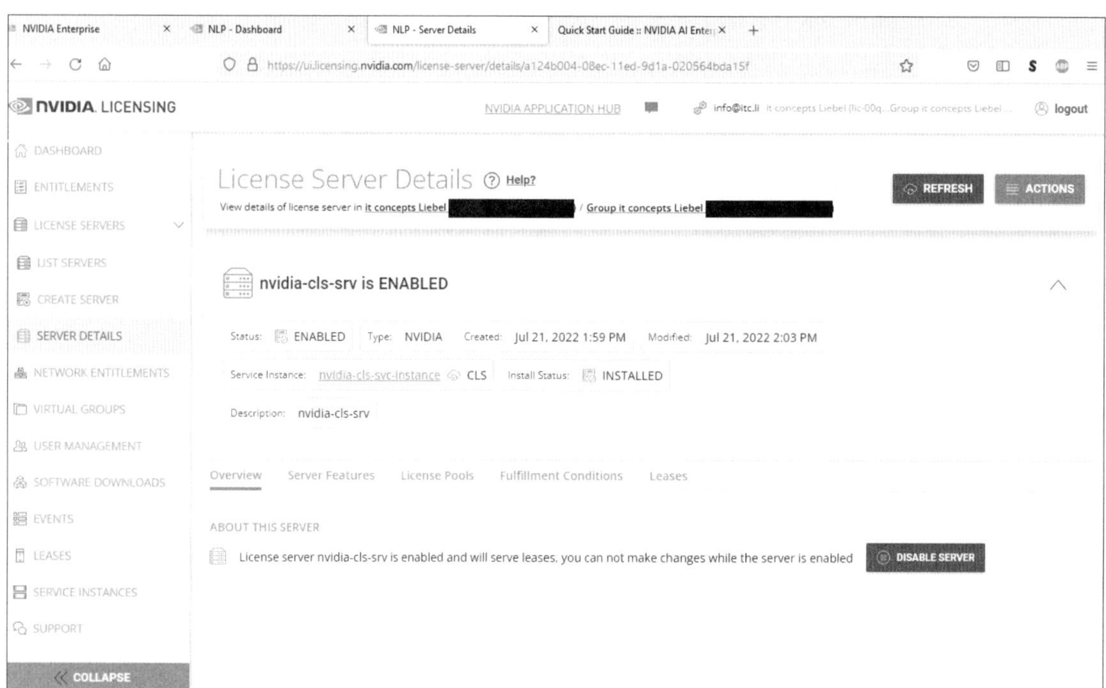


**Abbildung 7.10** NVIDIA-CLS-Instanz nach erfolgtem Setup

Abbildung 7.11 zeigt einen Client (konkret: einen OpenShift-vGPU-Node), der vom CLS ein License-Lease erhalten hat.

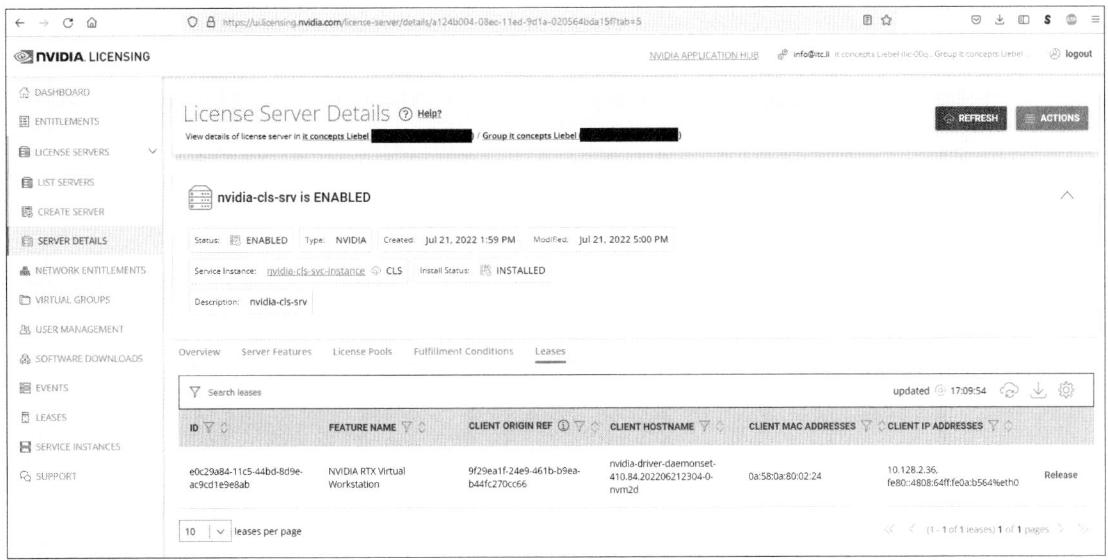

**Abbildung 7.11** NLS: vom CLS an OpenShift-vGPU-Node erteiltes Lizenz-Lease

Und als Vorgriff auf die noch folgenden Abschnitte hier noch kurz die automatisch bezogene Lizenz aus der Sicht des NVIDIA-Driver-Containers unter OpenShift:

```
# oc exec nvidia-driver-daemonset-410.84.202206212304-0-shrqq \
  -c nvidia-driver-ctr -- nvidia-smi -q | grep "Licensed Product" -A2
    vGPU Software Licensed Product
        Product Name                    : NVIDIA Virtual Compute Server
        License Status                  : Licensed (Expiry: 2022-8-4 13:55:14 GMT)
```

# Kapitel 8
# Kubernetes-basierte Plattformen für skalierbare, GPU-Accelerated KI/ML-Cluster

*To make mistakes is human.*
*To deploy all mistakes to all Clusters fully automated is DevOps.*



In diesem Kapitel geht es um die Auswahl der bestmöglichen Containerisierungsplattform als Foundation für die KI/ML-Stacks. Da dieser Schritt in jeder Beziehung (Zeit, Aufwand, Kosten) von elementarer Bedeutung für das Unternehmen ist, werden zunächst die verschiedenen Kubernetes-Implementierungen auf grundsätzliche Tauglichkeit für Test- und Produktivsysteme betrachtet. Dazu gehören auch grundlegende Betrachtungen zu ROI und TCO.

## 8.1 The Road so far

Aufbauend auf der Hardware und der darauf implementierten Virtualisierungsumgebung, welche im Optimalfall vom Installer der Container-Plattform und später von Operatoren der Container-Plattform selbst per IaC/IaaS gesteuert werden kann, kommen wir nun zum zweiten Kernbaustein für maximale Automation unserer GPU-Accelerated KI/ML-Infrastrukturen: dem Container-Cluster, im gesetzten Scope des Buches mit Fokus auf Kubernetes-basierte Systeme.

Der Container-Cluster bildet die hochverfügbare Plattform für alle Applikationen (im Container-Sprech: *Workloads* oder *Ressourcen*), die darin betrieben werden sollen. Das umfasst später sowohl die – in der Regel vollautomatisiert aufgesetzten und arbeitenden – KI/ML-Pipelines als auch die bei manueller oder automatischer Node-Skalierung erfolgende, vollautomatisierte Einrichtung der (v)GPU-tauglichen Nodes mit passenden Treibern und ML-Tool-Stacks. Das Ganze natürlich über hocheffiziente Operatoren gesteuert, zu denen Sie ab Kapitel 9 mehr erfahren.

Der Reihe nach: In diesem Abschnitt betrachten wir zunächst einige grundlegende Konzepte zu Kubernetes-basierten Container-Clustern. Dabei geht es zunächst um grundsätzliche Aspekte rund um *Vanilla Kubernetes* (das nackte, unmodifizierte Kubernetes), dessen (Cloud-)Derivate und um *OpenShift* als die nach wie vor ausgereifteste und vor allem LTStauglichste Kubernetes-basierte Enterprise-Lösung im Container-Bereich, die auch von NVIDIAs AI-Enterprise-Stack 2.x voll supportet wird. Danach geht es um Aufbau und Arbeitsweise von Kubernetes-Clustern sowie um eine kurze Einführung zu den wichtigsten Kubernetes-Ressourcen und -Workloads.

Dass diese Basiseinführung keinesfalls ausreicht, um sich fundiert in einem Kubernetes-basierten Container-Cluster zu bewegen, sollte auf der Hand liegen. Die folgenden – um den Scope dieses Buches nicht zu sprengen – und zum Teil stark vereinfachten und zusammengefassten Betrachtungen sollen primär dazu dienen, Architekten, Entscheidern, Teamleitern, Admins oder Entwicklern, die bisher mit dieser Thematik nichts oder nur wenig zu tun hatten, einen Überblick zu geben, der sie zumindest in die Lage versetzt, die richtige Plattform auszuwählen, deren Ressourcen grundlegend zu verstehen und auch den containerisierten GPU-Stack auf dieser Ebene später funktional nachvollziehen und verstehen zu können.

Wie bereits eingangs erklärt, ist für eine wirklich fundierte und tiefergehende Betrachtung der noch folgenden GPU-relevanten Thematiken im Container-Kontext eine zuvor erfolgte, umfassende Einarbeitung in die Themen Kubernetes/OpenShift, HA- und SDS-Cluster Grundvoraussetzung. Ein dafür geeigneter Vorkenntnisstand umfasst in etwa die Kerninhalte meiner letzten Container-Publikation.

### Vorbetrachtungen zu Kubernetes allgemein

*Kubernetes* ist das griechische Wort für *Steuermann* (englische Übersetzung: *Helmsman*). Das *Kubernetes*-Projekt startete seitens Google offiziell im Juli 2014, inoffiziell begann es schon 2013. Anschließend wurde es bei der *Cloud Native Computing Foundation* (CNCF) unter der Apache 2.0-Lizenz gehostet. Es stellt nach wie vor die populärste Container-Cluster- und Orchestrierungslösung für Self-Hosted- und Cloud-Umgebungen dar. Stand Anfang 2022 arbeiteten weit über 10.000 Kontributoren und weltweit insgesamt 5,6 Millionen Entwickler an dem Projekt.

Beeindruckende Zahlen, die aber gleichzeitig auch die Wurzel allen Übels bezogen auf die extreme Volatilität von Vanilla Kubernetes darstellen. Böse Zungen behaupten, dass der Einsatz von Vanilla Kubernetes durchaus als Cyber-War-Tool zur kompletten Destrukturierung einer bislang intakten und effizienten IT-Infrastruktur gesehen werden kann. Allzu weit neben der Realität liegen sie damit manchmal nicht, aber wie üblich im Leben ist alles relativ.

Kubernetes entstammte (sehr, sehr grob) einer Ahnenlinie des Orchestrierungs-Frameworks, das Google ursprünglich (~2003–2006) unter der Code-Bezeichnung *Borg* initiierte und dem Google (~2012) das Projekt *Omega* (»Improved Software Engineering«) an die Seite stellte. Ziel des Projekts war und ist es, Container in großem Umfang deployen, administrieren und transparent orchestrieren zu können. Kubernetes ist mittlerweile das mit Abstand am weitesten verbreitete Orchestrierungstool für skalierbare Container-Cluster. Es fungierte unter anderem als Orchestrierungskernkomponente von CoreOS' *Tectonic*-Plattform (die in

Teilen in OpenShift 4.x einfloss), wird von großen Namen wie IBM/Red Hat, VMware, Microsoft, Amazon, Samsung und vielen anderen unterstützt und hat sich daher längst zum De-facto-Standard für Container-Orchestrierungssysteme entwickelt. Ein von Red Hat optimiertes, Enterprise-taugliches Kubernetes arbeitet seit Release 3.x unter der Haube von OpenShift.

Bereits Anfang 2018 hatte Red Hat bei über 12 von insgesamt 33 Kubernetes-SIGs (*Special Interest Groups*) wie *API Machinery*, *CLI*, *Storage*, *Authentication*, *Network*, Auto-*Scaling* und vielen anderen mehr die *Engineering Leadership* übernommen. Im Stand Anfang 2022 existieren aufgrund notwendiger Konsolidierungen nur noch rund 25 SIGs. Ebenfalls im Stand Anfang 2022 gab es neben den SIGs noch ein gutes Dutzend *Working Groups*. Letztere verstehen sich dabei eher als temporäre Entitäten, die dann eröffnet werden, wenn Aufgabenstellungen gelöst werden müssen, die z. B. mehrere SIGs tangieren.



Kubernetes ist de facto ein strikt Linux-basiertes Ökosystem. Versuche von Microsoft, das Kubernetes Controlplane und andere Konzepte und Komponenten auf Windows-Systeme zu portieren, schlugen aufgrund der hohen Komplexität von Kubernetes und des komplett unterschiedlichen Aufbaus von Windows-Systemen im Vergleich zu Linux glorios fehl. Lediglich Red Hat hatte ein Einsehen und sorgte mit dem WMCO (*Windows Machine Config Operator*) und jeder Menge baulicher Verrenkungen dafür, dass Windows-Worker-Nodes (ausdrücklich keine Master-Nodes), die logischerweise ausschließlich Windows-Workloads hosten können, halbwegs integriert in OpenShift-Clustern betrieben werden können.

Azure-affine Entscheider dürfen sich trotzdem freuen: Mit AKS (Azure Kubernetes Services) und ARO (Azure Red Hat OpenShift) stehen Möglichkeiten zur Verfügung, der MS-Cloud dennoch Budget in den Rachen zu werfen; mit diesen Services können Linux-basierte Kubernetes-/OpenShift-Cluster in der Azure Cloud betrieben werden.

Allerdings sollten Sie z. B. bezogen auf ARO beachten, dass Microsoft es erst kurz vor Fertigstellung des Buches – und damit rund zwei Jahre später als andere große Cloud-Provider – geschafft hat, GPU-VM-Templates für OpenShift bereitzustellen. Denken Sie sich Ihren Teil selbst.

## 8.2 Generelle Plattform-Fragen: (Vanilla-)Kubernetes-Derivate und OpenShift im Überblick

Abseits von puren Hardware-Fragen (z. B.: Custom-GPU-Server vs. DGX-Plattformen, welche Datacenter-GPUs) sollte die Frage nach der optimalen Container-Plattform für KI/ML-Systeme ebenfalls frühzeitig gestellt werden.

Wie die aktuelle und seit Jahren sehr ähnlich verlaufende Entwicklung zeigt, gibt es auch im betrachteten Stand für Container-Orchestrierungslösungen in Unternehmensumgebungen nach wie vor keine echte Alternative zu Red Hats *OpenShift*. SUSEs Zukauf von *Rancher* war sicher keine schlechte Idee, aber selbst diese »Bündelung«, um es neutral zu formulieren, reicht bei Weitem nicht an das IBM/Red Hat-Leistungsportfolio heran, das OpenShift bietet. VMware versucht seit 2020 mit seinem Kubernetes-Produkt *Tanzu* mit aller Macht im Kubernetes-Teich mitzufischen, scheitert jedoch im betrachteten Stand (neben dem bei VMware völlig obligatorischen Vendor-Lock-in) nach wie vor an viel zu hoher Komplexität, deutlich zu hohen Implementierungsvoraussetzungen und einem – im Vergleich zu etablierten Orchestrierern wie OpenShift – viel zu niedrigen Feature-Set, von der Preisgestaltung ganz abgesehen.

VMwares Konzept, vSphere-Cluster mit Tanzu via SDDC potentiell auch in Cloud-Umgebungen verfrachten zu können, dürfte aufgrund der nochmals höheren Komplexität im Vergleich zur On-Prem-Variante den wenigsten Admins ein freudiges Lächeln ins Gesicht zaubern – und den Finanzabteilungen der Unternehmen aufgrund der horrenden Lizenzkosten noch weniger. Letzteres trifft jedoch in Teilen auch auf OpenShift zu. Und damit willkommen am Klondike River der 202xer Jahre, an dem Lizenzen für Container-Orchestrierer und KI/ML-taugliche Plattformen das neue Gold sind.

Wer nun denken mag: »Gut, dann eben alles mit Open Source«, sprich *Vanilla Kubernetes* und 3rd Party Tools für ML, Metrics, Logging, Pipelines, Meshes etc., der sei gewarnt. Der Aufwand, um einen Vanilla-Kubernetes-Cluster (und dazu zählen auch die meisten semi-nativen Kubernetes-Implementierungen wie *AKS, EKS, GKE* & Co., da sie bis auf proprietäre Cluster-Autoscaler und die Anbindung an die jeweils providerspezifischen IDM-Systeme in der Regel eher wenige Features bieten, die den Aufwand und damit die Kosten effizient reduzieren) und alle benötigten 3rd Party Tools ständig betriebsbereit und aktuell zu halten, ist gewaltig.

Der Hintergrund ist – hier vorab zusammengefasst – schnell erklärt: kurze Release- und EOL-Zyklen von Vanilla Kubernetes, dazu asynchrone und ebenfalls sehr kurze Release- und EOL-Zyklen der benötigten 3rd Party Tools, wodurch wiederum keine oder nur wenig konsistente Update-Pfade bedingt sind, fehlende Funktionalitäten, die erst aufwändig manuell nachgebaut und ebenfalls aktuell gehalten werden müssen, und etliches andere mehr. Erfahrungsgemäß ziehen oft selbst kleine, unscheinbare Änderungen in einem neuen Release der Core- oder 3rd-Party-Tool-Stacks massive Kollateralschäden nach sich, die zeitaufwändig debuggt und gefixt werden müssen. Bis das nächste Release nur wenige Wochen später anrollt.

Stellen Sie sich einfach vor, Vanilla Kubernetes wäre der Bausatz eines Space Shuttles. Jedoch wäre dieser nicht zentral über die NASA koordiniert worden, sondern jeder Zulieferer hätte dabei sein völlig eigenes Süppchen gekocht, nach eigenen Regeln, Qualitätskontrollen, Release- und EOL-Zyklen. Und spätestens alle 120 Tage werden die Baupläne mal weniger, aber meist in größerem Umfang, geändert.

*Aber die CNCF sorgt doch im Kubernetes-Zoo für Ordnung*, sagen Sie? Dazu ein paar Real-World-Erfahrungswerte: Abseits des Vanilla-Kubernetes-Container-Hipster-Propaganda-Geschwurbels bleiben in der Realität in 99,99... (viele Neunen) Prozent der Fälle nichts als große Hype-Öfen, in denen massivst Geld verbrannt wurde und leider nach wie vor wird. Trivia: Die NASA hatte übrigens in den frühen 80ern exakt das oben Beschriebene getan und damit begonnen, mehr Eigenverantwortung an Zulieferer des Shuttle-Programms zu übergeben. Das Resultat ist bekannt.

»More sophisticated«-Orchestrierer, allen voran OpenShift, bieten im betrachteten Stand dank ausgefeilter Konzepte, geführter Upgrade-Pfade, der »Alles aus einer Hand«-Strategie und etlichem anderen mehr als einziges Angebot wirklich massive Effizienzsteigerungen gegenüber Vanilla Kubernetes, dessen Derivaten und »Lösungen« wie beispielsweise Tanzu, die allesamt gern schon erwachsen wären, es aber schlichtweg (noch) nicht sind. Man mag darüber orakeln, ob VMware sich mit Tanzu einfach völlig überhoben hat – Fakt ist jedoch, sowohl Preise wie auch Komplexität waren vielen Kunden im betrachteten Stand zu abgehoben. Das spiegelt sich auch in der Akzeptanz – oder besser Nicht-Akzeptanz – des Produkts, selbst bei vielen VMware-Stammkunden, wider. Es gibt einen alten Spruch, der zwar nicht immer passt, aber an dieser Stelle durchaus: »Schuster, bleib bei deinen Leisten.« Virtualisierung wird nach wie vor überall benötigt. Und das kann VMware wie kaum ein Zweiter. Aber das Thema »Klondike« hatten wir ja schon.

Werfen wir einen detaillierteren Blick auf die Kubernetes-basierten Containerisierungslösungen.

## 8.3 Vanilla Kubernetes

### 8.3.1 Test and Play

Starten wir mit einer einfachen, klaren und auf vielen Erfahrungen (nicht nur des Autors) beruhenden Feststellung: Der Einsatz des hochvolatilen Vanilla Kubernetes für Produktivumgebungen ist ein absolutes No-Go. Punkt. Zum Testen, Herumspielen und Warmwerden mit Kubernetes-basierten Clustern in Testumgebungen?

Sicher, auf jeden Fall. Produktiv? Eher nicht.

Denn die extrem hohe Volatilität – bedingt durch die in der Einführung zu diesem Abschnitt benannte, ebenfalls extrem hohe Anzahl von Kontributoren und Entwicklern weltweit – sorgt bei Vanilla-Kubernetes-Clustern für sehr schnelle Produktzyklen von maximal 120 Tagen, was exakt bedeutet: ein maximaler Zeitraum von 120 Tagen von einem Kubernetes-*Major*-Release bis zum nächsten.

Hinzu kommt: Der maximale Supportzeitraum für ein Kubernetes-Major-Release beträgt lediglich 12 Monate. Ebenfalls bedingt durch die hohe Volatilität von Kubernetes bringt jede Versionsänderung in der Regel eine gern mal dreistellige Anzahl an Changes mit sich, die sich primär in API-/Controlplane- und/oder Kubelet-Changes manifestieren und ebenfalls oft genug nicht rückwärtskompatibel sind. Bedingt durch diese hohe Volatilität innerhalb des Kubernetes-Projekts und den dadurch bedingten, sehr kurzen Lifecycle von Kubernetes-

Major-Releases müssen die MLOps- und DevOps-Teams also bereits einen maximalen Aufwand betreiben, allein um die Core-Platform der Kubernetes-Cluster alle 90 bis 120 Tage up to date zu halten.

Und das ist nicht das einzige Problem.

### 8.3.2 Benötigte 3rd Party Tools und asynchrone Produktzyklen

Zu den permanent notwendigen Aktualisierungen von Vanilla-Kubernetes-Clustern addieren sich die zeitlich asynchronen und ebenfalls erforderlichen Updates der zahlreichen 3rd-Party-Produkte. Diese werden wiederum zwingend benötigt, weil Kubernetes per Default keinerlei Tool-Stacks (im Sinne von *Batteries included*, wie (ML-)Pipelines, Logging, Metrics, IDM-Anbindung etc.) beinhaltet. Das Problem: Diese benötigten 3rd-Party-Tool-Stacks besitzen typischerweise keine zu Kubernetes synchronen Update-Zyklen. Zudem erfolgen in der Praxis keine zentral von CNCF durchgeführten Tests auf optimale Versionskompatibilität und Integration in Kubernetes, sondern die Verantwortung liegt einzig und allein – wie bereits erwähnt – lediglich beim jeweiligen Hersteller. Insbesondere Vanilla Kubernetes und alle darauf basierenden, nicht LTS-tauglichen Kubernetes-Distributionen bedeuten damit für das Unternehmen eine Dauerbaustelle, die massiv HR, Zeit und damit Kosten verschlingt.

### 8.3.3 Vanilla Kubernetes und das traurige Thema LTS: Geld verbrennen? Oder besser doch nicht?

Die LTS-Thematik und effiziente Enterprise-Kubernetes-Plattformen bzw. -Lösungen, eine darauf angepasste Architektur und schließlich deren optimale Umsetzung, um maximalen ROI und niedrige TCO zu erzielen: alles Themen, von denen man meinen müsste, dass jedes Unternehmen genau diese im Fokus hat und umsetzen möchte.

Prima. So weit die Theorie. Kommen wir nun zur Realität:

Wie meine persönlichen Erfahrungen aus verschiedensten Projekten in den letzten Jahren gezeigt haben, werden in (zu) vielen Unternehmen exakt diese höchstwichtigen und eng ineinander verzahnten Thematiken paradoxerweise auf höchster Entscheiderebene durch vielfältige Beweggründe wie z. B. Provider-(Anti-)Affinität entweder komplett und gekonnt wegignoriert – oder fallen durch falsche und/oder schlichtweg inkompetente Beratung elegant unter den Tisch. Daher wird Vanilla Kubernetes von vielen Verantwortlichen bzw. Entscheidergremien gern nach wie vor als kostenlose bzw. -günstige Lösung zur Implementierung von Container-Clustern gesehen.

Auf Vanilla Kubernetes basierende Cluster (und damit sind auch so gut wie alle Cloud-Implementierungen wie AKS, EKS, GKE-Whatever-Systeme gemeint, ebenso auch Rancher oder Tanzu) sind jedoch das genaue kostenverschlingende Gegenteil, wie bereits angemerkt: Sie sind eben kein Ökosystem, das mit ein bisschen nachträglich installiertem EFK hier, einer Prise Service Mesh dort, einem Häppchen Prometheus und, wenn's richtig toll läuft, einer

Anbindung an das (semi-)proprietäre IDM-System des Providers/Distributors allzeit reibungslos und stressfrei läuft.

Wie bereits klargestellt – das exakte Gegenteil ist der Fall.

Und da dieser Punkt der essentiell wichtigste ist – denn er entscheidet über Erfolg oder Misserfolg einer Migration oder eines Neuaufbaus –, stelle ich dies bereits an dieser Stelle ausdrücklich und unmissverständlich fest. Damit das eine oder andere Unternehmen das Ruder gegebenenfalls doch noch herumreißen und rechtzeitig seine Planung überdenken kann. Oder es bereits bestehende, aber ineffiziente Strukturen noch einmal überarbeitet und gegebenenfalls den zunächst unbequemen, aber langfristig effizienz- und kostenoptimierten Weg eines Distributorwechsels einschlägt.



### 8.3.4 Releases, Changes und kein Ende

Ein paar ergänzende Fakten: Die Entwicklungspipeline der Vanilla-Kubernetes-Entwickler hat bis 2020 üblicherweise mindestens vier *Major*-Releases pro Jahr auf den Weg gebracht, seit 2020 sind es meist »nur noch« drei – wie bereits erläutert also ein Major-Release ca. alle 120 Tage. Mit etlichen, oft gravierenden und zudem oftmals nicht rückwärtskompatiblen Changes. Die seit Ewigkeiten gleiche und maximal unsinnige Ansage der Kubernetes-Entwickler bezüglich ihrer Permanent-Update-and-Change-Politik, die im betrachteten Stand unter *https://kubernetes.io/docs/concepts/overview/kubernetes-api/* nachgelesen werden konnte, lautet auszugsweise wie folgt: »*... we expect the Kubernetes API to continuously change and grow*«. Insbesondere der »continuously change«-Teil dieser Aussage ist für Unternehmen komplett fernab jedweder Realität. Ein weiterer Grund, warum die Majorität aller Unternehmen, die sich anfänglich mit Kubernetes beschäftigt hatten, längst zu OpenShift geschwenkt ist.

Und die von den Kubernetes-Devs bzw. der CNCF ab Version 1.19 angekündigte, »großmütige« Verlängerung der Lebensspanne eines Major-Releases von ehemals neun auf nun zwölf Monate ist aus unternehmerischer LTS-Sicht völlig absurd und nur ein weiterer Grund, auf wirklich LTS-taugliche Enterprise-Kubernetes-Lösungen zu setzen. Im Vergleich zu kurzlebigen Vanilla-Kubernetes-Plattformen bietet OpenShift zumindest einen wenigstens 18-monatigen EUS-Support (*Extended Update Support*) – plus der darin enthaltenen, geführten und in der Regel schmerzfreien Updates auf das nächste EUS-Release von OpenShift nach 18, 36, 54 Monaten. Tabelle 8.1 gibt einen Überblick der bisherigen Vanilla-Kubernetes-Releases und ihrer Lifecycles.

| Kubernetes-Version | Release-Datum | EOL |
|---|---|---|
| v1.16.x | September 2019 | Juni 2020 |
| v1.17.x | Dezember 2019 | September 2020 |

**Tabelle 8.1** (Bisherige) Lifecycles der Kubernetes-Major-Versionen (Auszug)

| Kubernetes-Version | Release-Datum | EOL |
|---|---|---|
| v1.18.x | März 2020 | Dezember 2020 |
| v1.19.x | August 2020 | August 2021 |
| v1.20.x | Dezember 2020 | Dezember 2021 |
| v1.21.x | April 2021 | April 2022 |
| v1.22.x | August 2021 | August 2022 |
| v1.23.x | Dezember 2021 | Dezember 2022 |
| v1.24.x | Mai 2022 | Mai 2023 |
| v1.25.x | August 2022 | August 2023 |
| usw. | | |

**Tabelle 8.1** (Bisherige) Lifecycles der Kubernetes-Major-Versionen (Auszug) (Forts.)

Informationen zu den Versionierungsnummern finden sich u. a. hier:

- *https://github.com/kubernetes/sig-release/blob/master/release-engineering/versioning.md*
- *https://github.com/kubernetes/sig-release/tree/master/releases*

### 8.3.5 Vanilla Kubernetes und TTM-Märchenstunden

Die CNCF verkündete mit Kubernetes 1.14 erstmals stolz, und das ist der Grund für diesen kleinen Exkurs, dass Firmen mit Vanilla-Kubernetes-basierten R&D-Umgebungen ihre Produktivitätsrate um 100 Prozent erhöht hätten, TTMs (*Time-to-Market*) wurden angeblich von 1–2 Wochen auf 2–4 Stunden reduziert.

*Aber sicher doch. Selbstverständlich.* Und da wir in den folgenden Abschnitten in der Praxis sehen werden, welcher sich permanent und zudem asynchron verändernde, gewaltige Maschinen- und Ressourcenpark unter Vanilla Kubernetes – insbesondere im ML-Bereich – zu betreuen, ständig upzudaten und zu debuggen ist, sind Aussagen über Kosteneinsparungen in Unternehmen von mehr als 50 Prozent dank des Einsatzes von Vanilla Kubernetes hinsichtlich ihres Realitätsgehalts durchaus als »interessant« zu bewerten. Whatever. Sprechende Gummibärchen im Fernsehen sind ja auch echt. Oder nicht?

Fakt ist: In isolierten, strikt versionsgefixten Umgebungen, die mit erheblichem Aufwand an Zeit, Personal und Budget entsprechend vorbereitet wurden, können solche Ergebnisse in einem isoliert zu betrachtenden Zeitraum (mit einem großen *Vielleicht*) gegebenenfalls erzielt werden. Dann steht das nächste Update mit hunderten von zum Teil nicht abwärtskompatiblen Changes an, und die Arbeit beginnt von vorn. Sehr viel Arbeit. Viele Stunden.

Viel Personal. Um nach einem relativ kurzen Zeitraum wieder von vorne anzufangen. Und das Ganze gilt umso mehr für Vanilla-Kubernetes-Cluster mit hochkomplexen KI/ML-Systemen on top.

Ob die Rechnung dann immer noch aufgeht, mag jeder für sich selbst beurteilen.

### 8.3.6 AKS, EKS, GKE & Co.

Prinzipiell gelten, wie bereits erwähnt, für diese Kubernetes-Derivate fast alle der aufgeführten negativen Aspekte von Vanilla Kubernetes, meist etwas abgemildert durch einige proprietäre Lösungen für Cluster-Autoscaling, IDM, Logging/Metrics etc., was jedoch auch wieder zu einem Vendor-Lock führt und Umstellungen auf andere Provider/Plattformen erfahrungsgemäß schwierig gestaltet.



## 8.4 VMwares Tanzu und das Eckige, das durchs Runde soll

VMwares vSphere 7 wird, wie wir wissen, von NVIDIA auf Hypervisor-Ebene vollumfänglich supportet. Ebenso wird der NVAIE-Stack seit Version 1.1 ebenfalls auf vSphere 7 unterstützt. Und auch in NVIDIAs offizieller NVAIE-Support-Matrix (NVAIE 2.2, August 2022) findet sich vSphere 7U3c mit Tanzu zwar immer noch wieder, aber in der realen Welt ist es eher still um VMwares Kubernetes-Implementierung geworden – einige Gründe dafür finden sich in diesem Abschnitt. Daher habe ich den ursprünglichen Plan, Tanzu als NVAIE-Plattform in dieses Buch mit aufzunehmen, nicht weiterverfolgt. Die folgenden Betrachtungen sind daher stark gekürzt und nur noch als generischer Exkurs über ein stellvertretendes *Vanilla-Kubernetes-Derivat* zu verstehen. Die bereits erörterten Konzepte für Vanilla Kubernetes sind daher auch generisch auf Tanzu anwendbar, sofern dort als VM-OS nicht VMwares Photon OS zum Einsatz kommt, sondern Ubuntu – Letzteres ist auch für einen funktionierenden GPU-Operator- und NVAIE-Stack unter Tanzu erforderlich.

### 8.4.1 Historisches

Im Spätsommer 2019 fiel Kubernetes-technisch die letzte Bastion: Auch die allgegenwärtigen, selbsternannten Virtualisierungsgötter VMware (die 2004 von EMC geschluckt wurden, welche wiederum 2015 von Dell geschluckt und 2021 wegen größerer Unverträglichkeiten wieder ausgespuckt wurden) kündigten auf der VMworld 2019 die Projekte *Pacific* (Management von Containern und VMs auf der vSphere-Plattform) und *Tanzu* (vereinfacht: »Kubernetes on vSphere«) an. Das Ganze sollte dank des Umbaus aller vSphere-bezogenen Komponenten auf Kubernetes erreicht werden, sowohl auf API- als auch auf UI-Ebene und nicht zuletzt für alle ESXi-Plattformen, auf denen der Core-Layer Kubernetes direkt starten kann.

Seitdem versucht VMware mit Biegen und Brechen in allen Kubernetes-SIGs und -WGs Fuß zu fassen, um auf diese Weise besser im Teich der wirklich etablierten Kubernetes-Global-Player wie Google und IBM/Red Hat mitmischen zu können. Bisher – und auch auf Sicht – ist die Mühe von wenig Erfolg gekrönt. Denn auch im zuletzt betrachteten Stand im September 2022 kämpft VMwares Konkurrenzprodukt im Kubernetes-Platform-Bereich, das gegen etablierte Systeme wie OpenShift antritt, mit etlichen, eklatanten Mankos, die im Folgenden aufgeführt sind.

### 8.4.2 Tanzu

Ungeachtet dessen, dass VMwares vSphere-Systeme sicher eine der leistungsfähigsten und am weitesten verbreiteten Virtualisierungsplattformen im On-Prem-Bereich darstellen, wäre VMware mit seinem *Tanzu* hinsichtlich Stabilität, Features, Ausgereiftheit, Kundenakzeptanz und vor allem Marktdurchdringung nur allzu gern dort, wo Red Hats OpenShift im Bereich *Enterprise Kubernetes* bereits seit vielen Jahren ist.

Ein scheinbarer Vorteil gegenüber Mittbewerbern – gemeint ist die enge Anbindung von Tanzu an die vSphere-Plattform – ist konkret keiner, im Gegenteil. VMwares Kubernetes-Implementierung leidet unter anderem an einer deutlich zu hohen Komplexität, zu hoch gesteckten Setup-Voraussetzungen bei kompletten Ausbaustufen (NSX*, vSAN und etliches mehr erforderlich), bei einem gleichzeitig vergleichsweise niedrigen Benefit/ROI: beginnend bei dem bislang (und mangels Zeitmaschine logischerweise) gescheiterten Versuch, die sechs Jahre Know-how-Vorsprung von Red Hat/IBM im Kubernetes-/Container-Bereich aufzuholen, über einen maximal intransparenten Produkt- und Lizenz-Dschungel bis hin zu einer viel zu komplexen Implementierung.

Für erfahrene DevOps-Teams bietet Tanzu designtechnisch wenig Neues oder Überraschendes, sondern es stellt letztlich genau genommen vor allem eines dar: eine nur scheinbar konsolidierte Anhäufung zahlreicher, hochvolatiler 3rd Party Tools aus dem Vanilla-Kubernetes-Zoo, deren Integration in die Vanilla-Kubernetes-basierte Core-Platform von eher unterschiedlicher Qualität und Tiefe ist – noch dazu mit zum Teil viel zu komplexen Implementierungsanforderungen auf vSphere-Seite und zudem mit gesalzenen Preisen.

Betrachtet man die »Neuerungen«, die VMware mit Tanzu 2.x (ab vSphere 8) einbringen will, sind diese auch eher unspektakulär und zum Teil etwas unrund: Zum neuen Tanzu-Portfolio gehören unter anderem der Support für Air-Gapped-Installations (unter OpenShift bereits seit vielen Jahren verfügbar) und neue Security-Tool-Sets. Im Bereich DevSecOps liefert SUSE jedoch mit *NeuVector* bereits ein hervorragendes, kostenloses Security-Produkt für jede Kubernetes-Plattform (*https://github.com/neuvector*), das sich in alle relevanten Komponenten und Verfahren (Registry, Nodes, GitOps, Behavior Analysis etc.) einklinkt, und Red Hats *StackRox*-Security-Lösung steht ebenfalls alternativ in einer kostenlosen Open-Source-Version (*https://github.com/stackrox/stackrox*) oder wahlweise auch mit kommerzieller SLA zur Verfügung.

Und VMwares Ankündigung, mit dem neuen Tanzu-Stack *Jenkins*-Pipelines unter Tanzu zu supporten, wirkt maximal befremdlich und aus der Zeit gefallen: Denn Jenkins spielt schon seit Ewigkeiten keine Rolle mehr in irgendwelchen ernstzunehmenden CI/CD- (oder gar kompletten GitOps-)Systemen für Kubernetes-basierte Umgebungen. Hier spielen schon seit längerem GitLab, Tekton, Argo und etliche andere die erste Geige. Ähnliches gilt für Flux CD, das für CD in der Tanzu-Mission-Control-Configuration eingesetzt werden kann. Auch hier: nettes Tool, Real-World-Verbreitung eher gering. Auch VMwares Ankündigung von Tanzus Cloud-Foundry-(Backward-)Kompatibilitäten ist eher belanglos, die in der realen Welt, wenn überhaupt, in einem verschwindend geringen Prozentsatz benötigt werden. Die Ankündigung, mehr auf Operatoren zu setzen, ist grundsätzlich löblich, kommt aber deutlich zu spät. VMwares Aria Operations for Applications (vormals Tanzu Observability) bietet konsolidierte Logs, Metrics und Co. mit einem Schuss Observability à la Dynatrace/Instance. Tanzus Service Mesh ist letztlich nur Istio, und dieser ist aus etlichen Unternehmensimplementierungen dank erheblicher Performance-Verschlechterungen gegenüber Nicht-Mesh-Architekturen bereits wieder hochkantig herausgeflogen.



Der einzige Topf, aus dem VMware im betrachteten Stand Kubernetes-/Tanzu-technisch schöpfen konnte, sind, wie bisherige Erfahrungen zeigten, typischerweise Unternehmen mit bereits bestehenden vSphere-Infrastrukturen, die ohne unabhängige Berater primär nur dem Geflüster der Sales-Abteilungen von VMware lauschen.

## 8.5 OpenShift

Da viele der Vorteile von OpenShift bereits in den vorangegangenen, vergleichenden Betrachtungen aufgeführt wurden, fasse ich es an dieser Stelle kompakt zusammen:

Fast alle der für Vanilla Kubernetes & Co. benannten Nachteile sind unter OpenShift durch Überarbeitung des Kubernetes-Stacks von Red Hat/IBM ausgebügelt bzw. nicht vorhanden. Längere Plattform-Lifecycles, integrierte Tool-Stacks (Logging, Metrics, IDM-Integration, CI-/CD-/GitOps-/ML-Pipelines, Meshes, Cluster-Scaling, Ingress-Deluxe per Route, der umfangreichste Operator-Hub aller Kubernetes-Plattformen etc.), die vor allem allesamt aus der Hand des Distributors mit der längsten Erfahrung im Bereich Kubernetes stammen und bei Updates Release-synchron – zusammen mit den Nodes (RHCOS) – geführt aktualisiert werden.

Produktfeatures werden über garantierte Zeiträume mittels stringenter Produktpflege, LTS-tauglicher CRDs bzw. API-Versionen und geführter Update-Pfade sichergestellt. Ausgeklügelte IaC/IaaS-Mechanismen ermöglichen auf unterschiedlichsten Plattformen, sowohl in der Cloud als auch on-premises, maximale Infrastruktur- und In-Cluster-Automation.

OpenShift ist zudem die einzige Enterprise-taugliche Kubernetes-Plattform, deren komplette Core-Komponenten (Controlplane, SDN, Registry, Authentication und etliches andere mehr) vollautomatisiert und resilient mit Operatoren implementiert, gesteuert und im Fehlerfall automatisch repariert werden.

Die Integration in bestehende IDM-Systeme (LDAP, ADS, IDM-Systeme von Cloud-Providern u. v. a. m.) ist dank integriertem OAuth-Subsystem nur eine Aufgabe weniger Klicks. Die Integration bestehender virtueller Maschinen in den OpenShift-Cluster ist per OpenShift-Virtualization ebenfalls möglich.

OpenShift ist im betrachteten Stand – bedingt durch die langjährigen Erfahrungen von Red Hat im Container-Bereich – die einzige Container-Plattform, die alle im Enterprise-Bereich benötigten Tools mitbringt, die zudem nahtlos in das Gesamtkonstrukt integriert sind und auf diese Weise für höchstmögliche Kosteneffizienz im Betrieb sorgen.

## 8.6 Abschließende LTS-Betrachtungen

Vanilla Kubernetes und dessen (Cloud-)Derivate widersprechen faktisch allem, was in irgendeiner Form auch nur grundlegend unter den Begriff *unternehmenstauglicher LTS-Support* fällt.

In Tabelle 8.2 sind in einem High-Level-Überblick einige wichtige Eckdaten gelistet, die – für den Unternehmenseinsatz – relevante Kriterien stark simplifiziert zusammenfassen und bewerten.

| **Plattform →**<br>**Feature ↓** | **Vanilla Kubernetes** | **EKS** | **GKE** | **Rancher** | **Tanzu** | **OpenShift** |
|---|---|---|---|---|---|---|
| LTS-Support | (-) | (-) | (-) | (-) | (-) | (+) |
| Vendor-Know-how (Kubernetes) | (+) | (-) | (+) | (o) | (-) | (+) |
| Multi-Cloud | (o) | (-) | (-) | (+) | (+) | (+) |
| Plattformübergreifender IaC/IaaS-Support | (-) | (-) | (-) | (o) | (o) | (+) |
| Einfaches Setup | (+) | (-) | (+) | (+) | (o) | (+) |
| Einfache Upgrades (inkl. Nodes/OS) | (-) | (-) | (-) | (o) | (-) | (+) |
| Workload-Migration | (-) | (-) | (-) | (o) | (-) | (o) |
| Built-in-Features | (-) | (-) | (-) | (o) | (-) | (+) |
| Operator-Integration | (-) | (-) | (-) | (-) | (-) | (+) |

**Tabelle 8.2** Kubernetes-Derivate im Hinblick auf unternehmensrelevante Kriterien

| Plattform →<br>Feature ↓ | Vanilla Kubernetes | EKS | GKE | Rancher | Tanzu | OpenShift |
|---|---|---|---|---|---|---|
| Plattformunabhängiges Autoscaling | (-) | (-) | (-) | (o) | (o) | (+) |
| vGPU-/NVAIE-Support | (o) | (-) | (o) | (o) | (+) | (+) |
| Federated Cluster | (-) | (-) | (-) | (+) | (+) | (+) |
| TCO/ROI mittel-/langfristig | (-) | (-) | (-) | (o) | (-) | (+) |

**Tabelle 8.2** Kubernetes-Derivate im Hinblick auf unternehmensrelevante Kriterien (Forts.)

### Fazit

*OpenShift* bietet im betrachteten Stand den besten Long-Term- und Extended Update-Support. Produktfeatures werden über garantierte Zeiträume mittels stringenter Produktpflege, LTS-tauglicher CRDs bzw. API-Versionen und geführter Update-Pfade sichergestellt. Keiner der Mitbewerber reicht an den Funktionsumfang und das – durch langjährige Erfahrung von Red Hat im Container-Bereich – sehr durchdachte Konzept von OpenShift heran. Dabei sind nicht nur bestimmte Tools/Stacks selektiv zu betrachten, sondern das Produkt als Ganzes, die Einbettung der Tools/Stacks in das Produkt und insbesondere auch langfristige Planbarkeit. Hinzu kommt, das Red Hats Plattform – neben Vanilla Kubernetes – voll für NVIDIAs AI Enterprise 2.x zertifiziert ist. Und bei keiner der anderen benannten Plattformen sind benötigte 3rd Party Tools in dem Umfang vorhanden und so tief in das Produkt integriert, wie es bei OpenShift der Fall ist. Damit sind Plattform und Stacks bei den – unter Vanilla Kubernetes & Co. im Vergleich zu OpenShift häufiger erforderlichen – Updates erfahrungsgemäß deutlich komplexer und mehr error-prone und erfordern somit mehr HR und Zeit. Und damit sind wir wieder bei den Kosten.

Was geht also im Enterprise-Container-Umfeld?

Ich fasse es an dieser Stelle abschließend und generalisiert so einfach wie möglich zusammen: Vanilla Kubernetes (und Derivate) zum Lernen, Testen, Spielen: Ja. Produktiv: Nein.

Aktuell, und wie seit vielen Jahren, stellt OpenShift die erste Wahl dar. Und mit einem sehr großen Vielleicht schafft SUSE mit Rancher irgendwann noch einmal den Anschluss – denn die liegen noch am ehesten hinter den roten Hüten, haben aber auch noch einen sehr langen Weg vor sich und spielen von der Mannschaftsstärke her in einer deutlich kleineren Liga. Andere Empfehlungen können zum Zeitpunkt der Betrachtung – wie auch die sechs Jahre vorher – nicht ausgesprochen werden.

Alle Details, die das Vorgenannte untermauern, finden sich auf den nächsten rund 200 Seiten.

## 8.7 Kubernetes-Basics – Aufbau des Systems

In diesem Abschnitt werden einige wichtige Kernkomponenten und Konzepte eines Kubernetes-basierten Container-Clusters beschrieben. Aufgrund der Komplexität des Themengebiets *Kubernetes* muss allen Lesern klar sein, dass die Dinger hier und bezogen auf den Scope des Buches nur sehr rudimentär und zum Teil sehr stark vereinfacht erklärt werden. Weiterführende und tiefergehende Informationen finden sich in meiner Container-Publikation und auf den Seiten des Kubernetes-Projekts.

### 8.7.1 Kernkomponenten und Konzepte

Siehe dazu auch: *https://kubernetes.io/de/docs/concepts/*

Aus einer sehr großen Flughöhe unterscheiden wir grundsätzlich zwischen drei Kategorien (mit GPU-VMs: vier) von Kubernetes-Nodes. Mit *Nodes* sind üblicherweise die VMs gemeint, auf denen Kubernetes läuft und die im Verbund einen Container-Cluster bilden:

- *Controlplane/Master-Nodes* – die Steuerungsentitäten: Auf ihnen laufen (containerbasiert) alle Kubernetes-Komponenten, die zur Steuerung des Clusters benötigt werden. Controlplane-Nodes sind üblicherweise nicht *schedulable*, d. h., auf ihnen dürfen in Produktivumgebungen aus Sicherheitsgründen keine normalen Workloads (Applikationen) ausgeführt werden. Typische Mindestanzahl: drei in verschiedenen Verfügbarkeitszonen (VZ), aus Quorums-Gründen ist die nächsthöhere Anzahl z. B. fünf.
- *Infrastruktur-Nodes* – die Nodes, die gerne in vielen Planungen vergessen werden: Dabei handelt es sich in Produktivumgebungen um spezielle Worker-Nodes, auf denen ausschließlich infrastrukturrelevante Dienste laufen sollten. Auf diese Weise entlasten sie Controlplane und Worker-Nodes, indem sie Services hosten, wie z. B. die Container-Registry (vereinfacht: eine zentrale Datenbank mit Container-Images), Logging- und Metrics-Stacks usw. Infra-Nodes sollten üblicherweise auch für normale Workloads nicht schedulable sein. Anzahl: mindestens zwei Infra-Nodes verteilt über zwei VZ.
- *Worker-Nodes* – die eigentlichen Arbeitspferde im Cluster: Auf ihnen werden die (Non-GPU-)Applikationen ausgeführt. Anzahl: 1–*n*.
- *GPU-Worker-Nodes* – die Arbeitspferde im Cluster mit explizit von der Virtualisierungsplattform durchgeschleiften GPUs, denen später unser Hauptaugenmerk gilt. Auf ihnen laufen die KI/ML-spezifischen Workloads und gegebenenfalls deren Helper. Anzahl: 1–*n*. Die Affinität der containerisierten ML-Workloads zu diesen speziellen Nodes erfolgt in der Regel über Label (z. B. im einfachsten Fall: `nvidia.com/gpu=true`), mit denen die betreffenden Nodes automatisch gekennzeichnet werden (siehe Abschnitt 9.4.6), und passende Node-Selektoren auf Seiten der Container bzw. Pods (Metahülle von Kubernetes für Container, siehe nächster Abschnitt).

### VM-Templates/Slim OS

Das OS eines typischen, produktivtauglichen Kubernetes-/OpenShift-Nodes besteht üblicherweise aus einem extrem abgespeckten und gehärteten Linux-Derivat, wie z. B. SUSES SLE Micro oder Fedora CoreOS für Vanilla Kubernetes (oder auch für OKD, eine frei verfügbare OpenShift-Variante) oder RHCOS (Red Hat CoreOS), das z. B. die Foundation für OpenShift 4 bildet und im Betrieb aus Sicherheitsgründen in einem Quasi-Read-only-Modus genutzt wird. Dank dieser Konzepte können die VMs mit einem derart schlanken OS schnell und einfach von der unterliegenden Virtualisierungsplattform on demand z. B. beim Cluster-Autoscaling automatisch geklont und provisioniert werden. Ein weiterer wichtiger Aspekt, kein normales Linux-OS für die Kubernetes- oder OpenShift-Nodes zu verwenden, liegt darin, dass dies selbst in einem maximal abgespeckten Zustand immer noch schwergewichtiger (mehr Pakete und damit größeres Patch-Delta) und nur mit großem manuellen Aufwand so immutable betrieben werden kann wie z. B. Fedora CoreOS oder RHCOS, das zudem mit seinem Ignition-System optimal in die IaC/IaaS-Mechanismen von OpenShift integriert ist.

### Kubernetes-relevante Systemdienste

Die einzigen echten Kubernetes-spezifischen Systemdienste (im Sinne von *systemd*-kontrolliert) auf Kubernetes-Nodes bzw. -VMs sind typischerweise nur noch die Container-Engine (früher Docker, aktuell nur noch *CRI-O, cri-containerd* oder alternativ *Singularity* für HPC-Umgebungen) und das Kubelet, welches die Container-Engine steuert. Alle restlichen Komponenten auf den Nodes werden üblicherweise containerisiert betrieben. Betrachten wir zu den vorgenannten Punkten eine stark vereinfachte Darstellung (Abbildung 8.1) einiger Kernkomponenten des Kubernetes-Clusters.

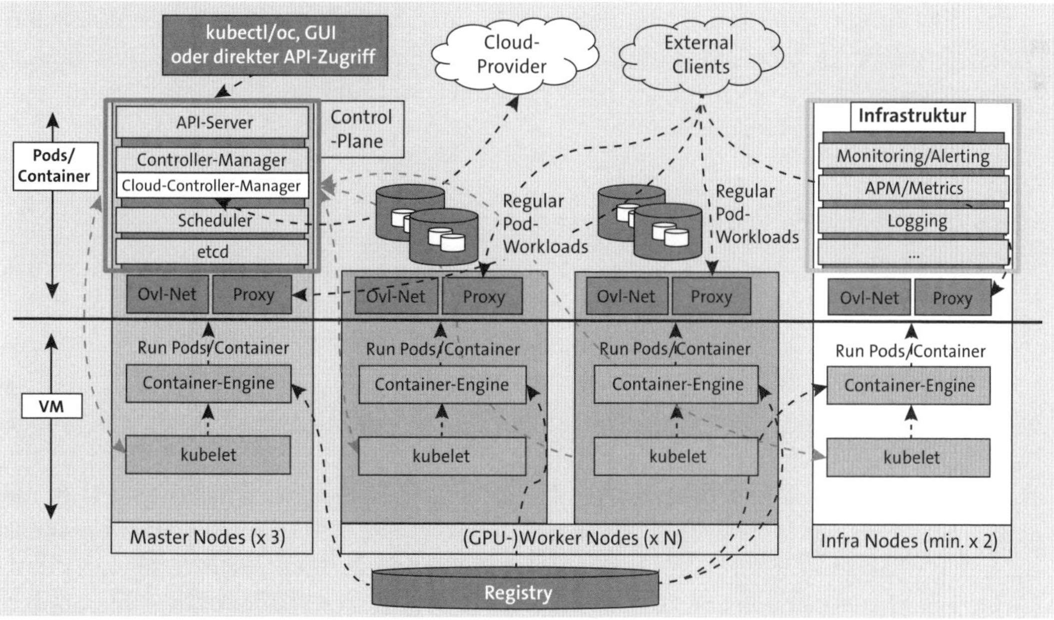


**Abbildung 8.1** Kern-Komponenten eines Kubernetes-Clusters

### 8.7.2 Kubernetes-spezifische Dienste auf den Master-Nodes (Controlplane)

Die Kubernetes-spezifischen Dienste, die auf den Controlplane- bzw. Master-Nodes in Form von Pods (Kubernetes-spezifische Metahüllen für Container) betrieben werden, sind – nachfolgend für ein Vanilla-Kubernetes-System beschrieben – mindestens die folgenden:

- *API-Server* (`kube-apiserver`, kann HA-technisch Multi-Active arbeiten): Stellt die Kubernetes-API und damit auch alle »Bauplanvorlagen« für Kubernetes-Ressourcen/Workloads, wie z. B. Pods, Deployments, Services usw., zur Verfügung. Sobald wir per `kubectl`- oder `oc`-CLI, GUI oder anderen Verfahren mit unserem Kubernetes-/OpenShift-Cluster Kontakt aufnehmen, wird der Request immer vom API-Server als erstem Ansprechpartner entgegengenommen. In produktivtauglichen Systemen erfolgt der Kontakt zu den API-Servern des Controlplanes in der Regel über eine Floating-IP, bereitgestellt über externe Loadbalancer, assoziiert mit einem entsprechenden DNS-Alias.
- *Controller-Manager* (`kube-controller-manager`, muss HA-technisch konzeptionell Single-Active/Hot-Failover arbeiten): Beinhaltet Regelkreise für die *Standard*-Kubernetes-Ressourcen/Workloads wie z. B. die Pods eines Deployments/ReplicaSets oder StatefulSets. Kümmert sich u. a. darum, dass die betreffenden Ressourcen wie z. B. Pods eines Deployments stets in der gewünschten Anzahl im Cluster verfügbar sind.
- *Scheduler* (`kube-scheduler`, muss HA-technisch konzeptionell Single-Active/Hot-Failover arbeiten): Er ist der Disponent, der die Pods entsprechend ihren Compute-Ressourcen-Anforderungen (RAM, CPU) und gegebenenfalls zusätzlichen Constraints (z. B. Label, [Anti-]Affinities, Node-Selektoren etc.) auf Basis der übermittelten Auslastungsdaten der Kubelets den jeweiligen Nodes zuteilt.
- *Etcd* (muss HA-technisch quorumbasiert in einer ungeraden Anzahl repliziert arbeiten, ein Leader, *n* Member): *Der* dedizierte Key/Value-Store für Kubernetes, in dem alle Objekte, Ressourcen, Workloads redundant abgelegt und bei Änderungen permanent aktualisiert und repliziert werden.

### 8.7.3 Kubernetes-spezifische Dienste auf allen Nodes

Alle Master-, Infra- und (GPU-)Worker-Nodes benötigen für den Betrieb im Cluster-Verbund, zum Schedulen der Applikationen und zur Traffic-Steuerung natürlich noch weitere Komponenten, die üblicherweise auf jedem Node in containerisierter Form (Pods) zu finden sind. Dies wären in der Regel mindestens die folgenden:

- *Proxy-Server* (`kube-proxy`, unter OpenShift HAProxy, üblicherweise als DaemonSet [Kubernetes-Ressource, siehe nächster Abschnitt] mit exakt 1 Pod-Instanz pro Node ausgerollt): Die Proxies stellen – sehr stark vereinfacht – die Zugangspunkte zum Cluster dar, um von außen mit den Workloads im Inneren des Clusters sprechen zu können. Der Proxy stellt ebenfalls *Services* (im Sinne der Kubernetes v1-/Service-Ressource) zur Verfügung, die im einfachsten Sinne einen L4 Loadbalancer darstellen, der den Traffic auf die – einer *Service*-Ressource zugeordneten – Pods verteilt.

- *Overlay-Network* (üblicherweise ebenfalls als DaemonSet mit exakt 1 Instanz pro Node ausgerollt): Kubernetes CNI (Common Network Interface) -taugliches Netzwerk-Plugin, das in Verbindung mit dem Controlplane je nach Plugin-Anbieter (z. B. Weave, Calico, Cilium usw.) das clusterinterne Netzwerk bereitstellt und auch NetworkPolicies (clusterinterne Zugriffsregeln zwischen Ressourcen) zur Verfügung stellt. Unter OpenShift kommt dafür primär Open vSwitch zum Einsatz.

Ausnahme von den containerisiert betriebenen Core-Services sind die bereits benannten *Kubelets*, die als Kubernetes-spezifische »Super-Daemons« die funktional auf das Nötigste abgespeckten Container-Engines steuern (*Image pull, Container create, run* und *delete*).



## 8.8 Kubernetes-Basics – Ressourcen/Workloads

Im Folgenden betrachten wir – als Know-how-Foundation für die folgenden Kapitel – in einem sehr kurzen und kompakten Überblick einen (deutlich reduzierten) Auszug der wichtigsten Kubernetes-Workloads. Wie bereits im letzten Abschnitt angerissen und aufgrund der Komplexität des Themengebietes Kubernetes (auch ohne die KI/ML-Stack-relevanten Komponenten) muss jedem Leser klar sein, dass die Dinger im Folgenden, und bezogen auf den Scope des Buches, nur sehr rudimentär und zum Teil stark vereinfacht und abstrahiert erklärt werden können.

Weiterführende und tiefergehende Informationen finden sich in meiner Container-Publikation und auf den Seiten des Kubernetes-Projekts: *https://kubernetes.io/de/docs/home/*.

### 8.8.1 Kubernetes/OpenShift: API-Version und API-Ressourcen

Wie bereits erläutert, hostet der API-Server unter anderem Bauplanvorlagen für Kubernetes-/OpenShift-Ressourcen, wie z. B. Pods, Deployments, Services, ConfigMaps etc. Diese Baupläne unterliegen, dank des bereits vorgestellten und aus LTS- und Unternehmenssicht absurden CNCF-Dogmas (»We expect the Kubernetes API to permantly grow ... **and change**«), einem zum Teil extrem starken Delta zwischen den jeweiligen Kubernetes-Releases. Wer genau wissen will, welche Bauplankategorien und -versionen (`apiVersion`) in der vom Unternehmen eingesetzten Kubernetes-/OpenShift-Version existieren, welche Ressourcenbaupläne (`kind`) darin enthalten sind und welche (Sub-)Attribute die jeweiligen Ressourcen beinhalten, sollte sich die folgenden Befehle (nachstehend für `kubectl`, diese funktionieren exakt identisch mit `oc`) gut merken:

- Verfügbare Bauplankategorien listen:

  ```
  # kubectl api-version
  ```

- Verfügbare Ressourcen listen (optional mit möglichen [RBAC-]Zugriffsmethoden):

  ```
  # kubectl api-resources (- o wide)
  ```

- Sich eine Ressource und ihre Attribute gemäß ihrer Yaml-Hierarchie erklären lassen:
  `# kubectl explain pod(.spec.containers.[...])`

Abbildung 8.2 zeigt die »Schubladenstruktur« (*apiVersion* im Sinne von Kategorie) des API-Servers mit den jeweils darin enthaltenen Bauplan-Templates (*Kind*).

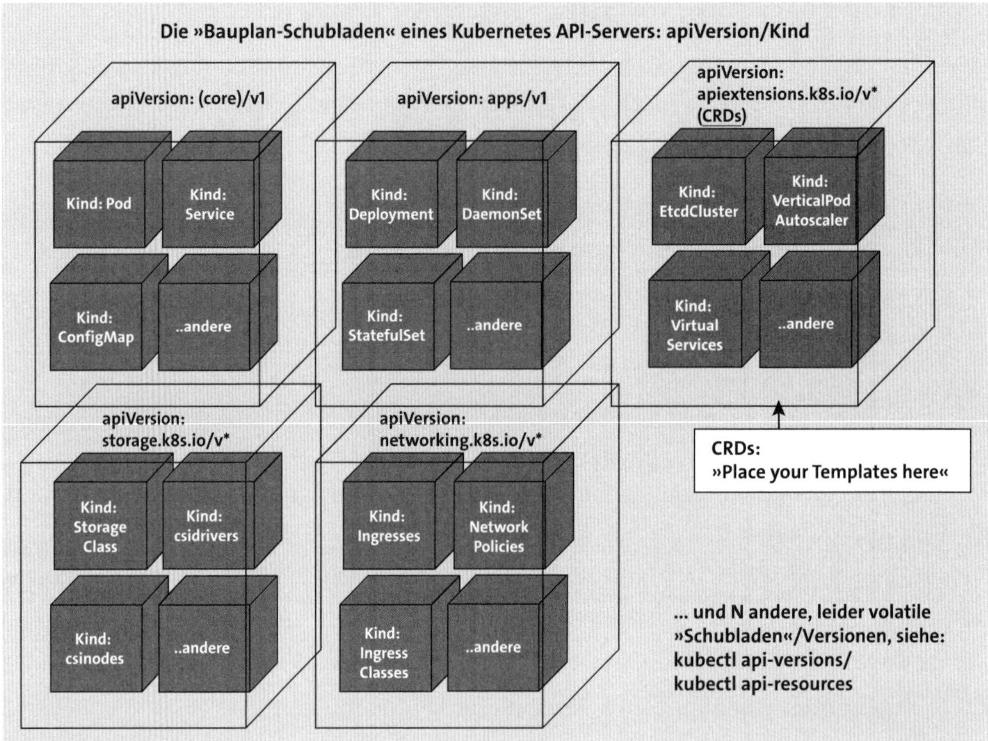


**Abbildung 8.2** Kubernetes-API-Server-»Bauplan-Schubladen« – apiVersion (Kategorie) und Kind (Bauplanvorlage)

### 8.8.2 Namespaces

Namespaces unter Kubernetes/OpenShift (nicht zu verwechseln mit Kernel-Namespaces) stellen stark vereinfacht betrachtet logische Partitionen innerhalb eines Kubernetes-basierten Clusters dar. Typischerweise werden sie verwendet, um Ressourcen entsprechend ihrer Aufgabe und oder ihrem Stage zu organisieren/zu gruppieren (Monitoring, Logging, GPU-Operator, ML-Pipeline-Testing, ML-Pipeline-Production etc.). Unter Kubernetes sind einige Ressourcen *namespaced* (wie z. B. Pods, Deployments oder Services), d. h., sie können nur innerhalb eines Namespace betrieben werden. Andere Ressourcen wie Nodes, Custom Resource Definitions oder Namespace-Objekte selbst sind zwangsläufig nicht namespaced.

**Achtung: Namespaces und Tenancy**

Es ist absolut elementar zu verstehen, dass Namespaces ohne den Einsatz zusätzlicher Verfahren/Ressourcen wie *NetworkPolicies* (sehr stark vereinfacht: eine »Firewall« zwischen den Namespaces, die per Allow/Deny den Zugriff auf Objekte steuern kann, siehe: *https://kubernetes.io/docs/concepts/services-networking/network-policies/*) *keine* Isolation voneinander bieten und damit auch keine sichere Multi-Tenancy.



### 8.8.3 Pods

Siehe dazu auch: *https://kubernetes.io/de/docs/concepts/workloads/pods/*

Die wichtigste Core-Ressource in jedem Kubernetes-basierten Container-Cluster sind Pods. Pods beinhalten Container. Container nutzen – da sie keinen eigenen Kernel besitzen – einige Funktionen/Syscalls des Host-Kernels (Stichwort: *Kernel Namespace Sharing*). Aus der Sicht des Kubernetes-/OpenShift-Clusters stellt ein *Pod* immer die kleinste ausführbare Einheit dar, die aus 1–*n Containern* bestehen kann. Der Pod, im Sinne von *Gehäuse* oder *Behälter*, kann dabei im weitesten Sinne als eine logische Zusammenfassung für eine oder multiple Container-Instanzen angesehen werden. Technisch betrachtet ist der Pod selbst auch nur ein leerer Container (im Vanilla Kubernetes der sogenannte *pause*-Container), der Kernel-Namespaces (*NET, MNT, IPC* usw.) auf dem Host reserviert und diese den eigentlichen Applikations-Containern, die er (der Pod) hostet, zur Verfügung stellt (siehe Abbildung 8.3).

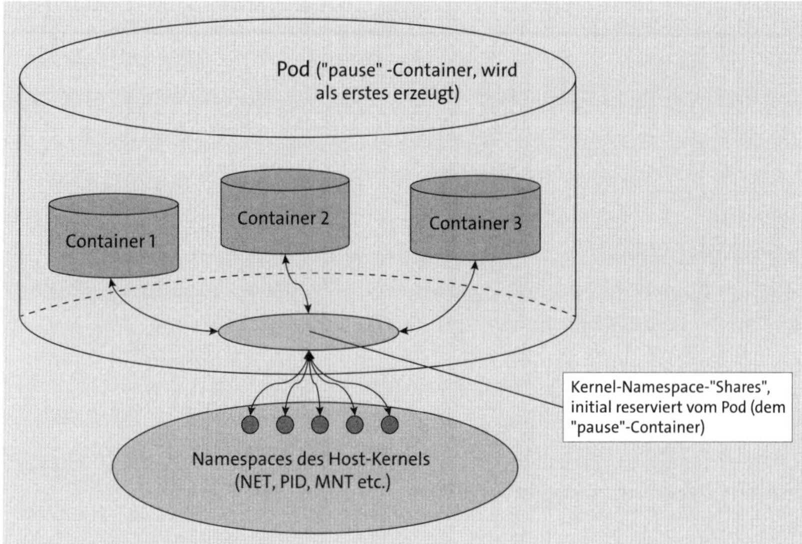


**Abbildung 8.3** Kubernetes-Pod mit drei Containern

Durch die Nutzung der Kernel-Ressourcen des Hosts ist ein Pod (bzw. dessen Container) auch physikalisch immer an den Node gebunden, auf dem er ausgeführt wird.

Der Vorteil des Pod-Konzepts im Vergleich zu Docker-like-Standalone-Containern liegt darin, dass logische Applikationsgruppen (in der Regel die containerisierte Hauptapplikation sowie Helper-Applikationen) in einem Pod zusammengefasst arbeiten können: Die Kommunikation der Container untereinander, d. h. innerhalb des Pods, muss nicht über das (Overlay-)Netzwerk erfolgen, sondern kann z. B. direkt via Loopback/localhost abgewickelt werden. Jeder Container innerhalb eines Pods kann bei Bedarf über IPC-Sockets mit einem anderen kommunizieren, und alle Container innerhalb eines Pods können auf die gleichen Mountpunkte (des Pods) zugreifen. Zudem erhält lediglich der Pod eine IP, über die er erreichbar ist, nicht die einzelnen Container, die er enthält.

Insofern kann man den Pod durchaus und extrem stark vereinfacht als eine Art »Mini-VM« für den oder die darin inkludierten Container sehen:

- Nicht der/die Container im Pod erhalten IPs, sondern – wie eine VM – der Pod selbst.
- Jede Applikation (konkret: Container) im Pod ist – wie bei einer Mini-VM – über die (dem Pod zugewiesene) IP und den Applikations-Port erreichbar.
- Jede Applikation (jeder Container) innerhalb des Pods kann – wie auf einem Host oder einer VM – netzwerktechnisch direkt via Loopback (localhost) mit jeder anderen Applikation im Pod kommunizieren.
- Jede Applikation (jeder Container) kann – wie auf einem Host oder in einer VM – den/die vom Pod zur Verfügung gestellten Mountpunkt(e)/Pfad(e) nutzen.
- Die Container innerhalb eines Pods werden immer zusammen »umgezogen« bzw. auf einem anderen Node (oder dem gleichen) in einem neuen Pod (mit einer neuen IP) zusammen neu gestartet.

Des Weiteren können die Container innerhalb eines Pods über *cgroups* limitiert werden, z. B. CPU/Memory-Limits, und je nach Kubernetes-Version auch echte CPU-Affinity von Container-Prozessen.

Pods, als kleinste Entität eines Kubernetes-Clusters, werden jedoch *standalone* so gut wie nie ausgerollt. Ihr Rollout erfolgt üblicherweise mithilfe von umschließenden Metahüllen wie DaemonSets, StatefulSets oder Deployments (Letztere mit den darin enthaltenen ReplicaSets), welche erweiterte Funktionalitäten wie HA, Skalierbarkeit, Steuerung von Rolling Updates etc. mitbringen. Diese Metahüllen und ihre Features werden in den nun folgenden Kapiteln noch kurz und kompakt erläutert.

### 8.8.4 Pod-Metahüllen: Deployments, StatefulSets, DaemonSets

#### Deployments

Siehe dazu auch:

- *https://kubernetes.io/docs/concepts/workloads/controllers/deployment/*
- *https://kubernetes.io/docs/concepts/workloads/controllers/replicaset/*

*Deployments* stellen neben *DaemonSets* und *StatefulSets* eine der gängigsten Metahüllen für Pods und deren Container dar: Das Deployment (API-Ressourcen-Kurzform: *deploy*) und seine untergeordnete Metahülle des *ReplicaSets* statten Pods mit nodeübergreifenden Funktionalitäten aus, hier Auszüge: horizontale Skalierbarkeit (für simple, nicht geclustert/repliziert arbeitende Applikationen), HA/Ausfallsicherheit (Pods werden bei Defekten oder Upgrades automatisch neu erzeugt), Definition von Upgrade-Strategien und Revisionshistorie.

Die Pods eines Deployments sind – sofern keine Constraints wie Node-Selektoren und/oder Pod-(Anti-)Affinities existieren – nicht an bestimmte Nodes gebunden und können auch in multiplen Instanzen auf einen Node scheduled und dort betrieben werden. Das Deployment ist die einzige Pod-Metahülle mit einer weiteren untergeordneten Metahülle, dem ReplicaSet.



Das Deployment wird von außen nach innen gebaut: Der Deployment Controller im Controller-Manager des Kubernetes-/OpenShift-Controlplanes erzeugt das Deployment, triggert den ReplicaSet-Controller an, der das ReplicaSet baut, und nachdem der Scheduler den Kubelets auf den Nodes die Pods des ReplicaSets zugewiesen hat, erzeugen die Kubelets mithilfe der Container-Engine den Pod und die enthaltenen Container auf dem Node.

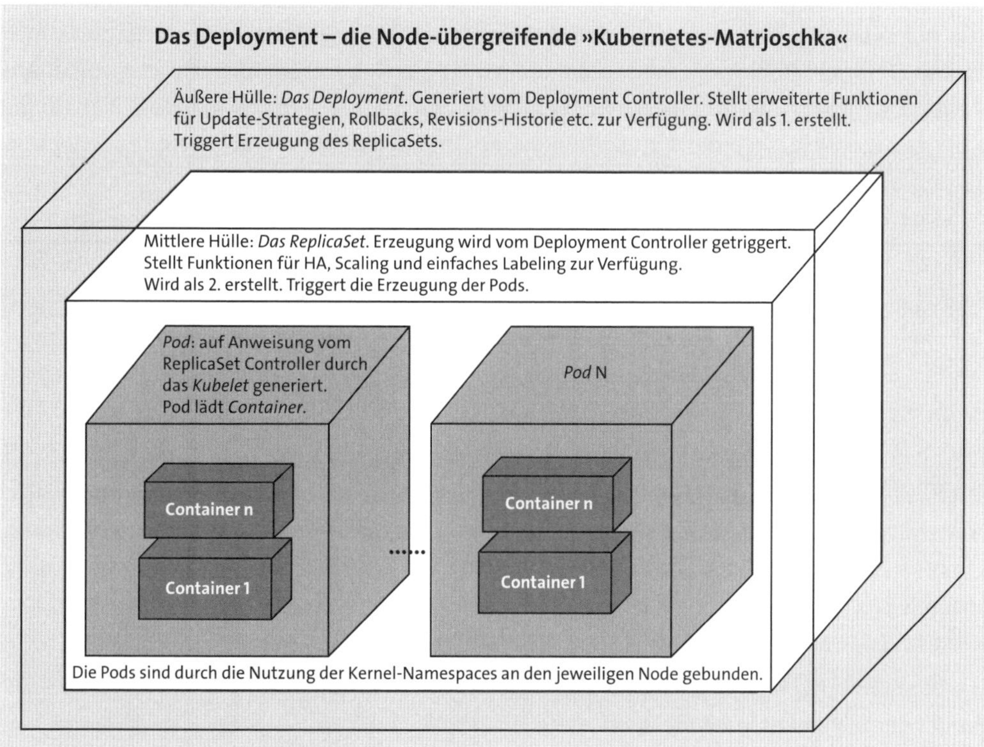


**Abbildung 8.4** Kubernetes-Deployment

Die Bezeichnung eines Pods, der über ein Deployment (und das untergeordnete ReplicaSet) erzeugt wurde, folgt typischerweise immer der folgenden Nomenklatur:

`<Name des Deployment>-<Hashwert des ReplicaSets>-<Pod-Hash>`

Also z. B.: `testapp-c9d8d8f79-fzx8b`

Der Hashwert des ReplicaSets (das auch die Pods erzeugt) ändert sich bei Änderungen an der Konfiguration des Deployments, um eine grundlegende Revisionshistorie sicherzustellen.

#### DaemonSet

Siehe dazu auch: *https://kubernetes.io/docs/concepts/workloads/controllers/daemonset/*

Das *DaemonSet* ist am ehesten mit ReplicaSets (die mittlere Hülle der Deployment-Abbildung) verwandt, wenn auch »node-gefixt«. In seiner konzeptionellen Form kommt das DaemonSet (API-Ressourcen-Kurzform: *ds*) dem Design seines Urahns, dem klassischen, *anonymen Cloneset* eines Pacemaker-Clusters (*»Starte die Applikation in so vielen Instanzen, wie es Cluster-Nodes gibt, mit exakt einer Instanz pro Node«*) sehr nahe. Die Pods des DaemonSets werden, wie in einem ReplicaSet, StatefulSet oder Deployment, im Bedarfsfall neu gestartet bzw. erzeugt, können jedoch weder manuell noch per Autoscaler skaliert werden – das DaemonSet besitzt in logischer Konsequenz seines Designs kein `spec.replicas`-Attribut.

Wie bei seinen Deployment-/StatefulSet-Verwandten können die Pods/Container eines DaemonSets per Rolling Update auf neue Image-Versionen aktualisiert oder auf ältere zurückgestellt werden. Im Unterschied zu Deployments, die je nach Kapazität der Nodes auch mehrere Instanzen der Applikation auf ein und demselben Node starten können und dürfen, ist das DaemonSet dazu gedacht, immer nur exakt eine (Zahl: 1) Pod-Instanz pro Kubernetes-Node zu betreiben, um beispielsweise hostnahe Aufgaben zu erledigen oder diese zu überwachen.

Typische DaemonSet-Vertreter wären in Vanilla-Kubernetes-Clustern z. B. die Proxy- und Overlay-Netz-Pod-Instanzen, die üblicherweise genau einmal auf jedem Node ausgerollt werden. Sofern keine speziellen Constraints existieren, die dies verhindern würden, werden Pods eines DaemonSets automatisch auf jedem neuen Node, der dem Cluster hinzugejoint wird, instanziiert. Treten Nodes aus dem Cluster aus, skaliert das DaemonSet automatisch auf die aktuelle Clustergröße herunter.

Weitere typische Beispiele für DaemonSets sind – abgesehen von den bereits erwähnten Proxy- und Overlay-Netzwerk-Instanzen – Applikationen, die Monitoring-/Metrics- oder Logging-Prozesse beinhalten, oder auch die später betrachteten, NVIDIA-GPU-Operator-spezifischen DaemonSets (Driver, Toolkit, Device-Plugin etc.).

Die Bezeichnung eines Pods, der über ein DaemonSet erzeugt wurde, folgt typischerweise immer der folgenden Nomenklatur:

`<Name des DaemonSets>-<Pod-Hash>`

Also z. B.: `testapp-fzx8b`

### StatefulSet

Siehe dazu auch: *https://kubernetes.io/docs/concepts/workloads/controllers/statefulset/*

Der Ressourcenname *StatefulSet* hat nichts mit Datenpersistenzen, sondern mit der Statefulness der Pod-Namen zu tun: Die Pod-Namen, die das StatefulSet (API-Ressourcen-Kurzform: *sts*) an seine Pods vergibt, sind immer konsistent und bestehen aus dem Namen des StatefulSets und einer aufsteigenden Integer-Nummerierung:

`<Name des StatefulSets>-<0,1,2,3,4..n>`

Also z. B. für den ersten Pod: `testapp-0`, für den zweiten Pod: `testapp-1` und für den dritten: `testapp-2` usw.

8

Die Pods werden bei einem Crash oder einem Upgrade immer mit dem gleichen fixen Namen neu erzeugt. Ein weiteres Merkmal von StatefulSets sind *Startup-Orderings*: Im Default-Zustand werden die Pods beginnend mit der niedrigsten Nummer sequentiell hochgefahren. Ist Pod 0 ready, wird der nächste (#1) gestartet usw. Dieses Verhalten kann über das Attribut `spec.podManagementPolicy` an- oder abgeschaltet werden (Default `orderedReady`, also sequentiell, oder `parallel`). Das StatefulSet kann wie ein Deployment skaliert werden. Die Pods eines StatefulSets sind – ebenfalls wie bei Deployments und sofern keine Constraints wie Node-Selektoren und/oder Pod-(Anti-)Affinities existieren – nicht an bestimmte Nodes gebunden und können auch in multiplen Instanzen auf einen Node scheduled und dort betrieben werden.

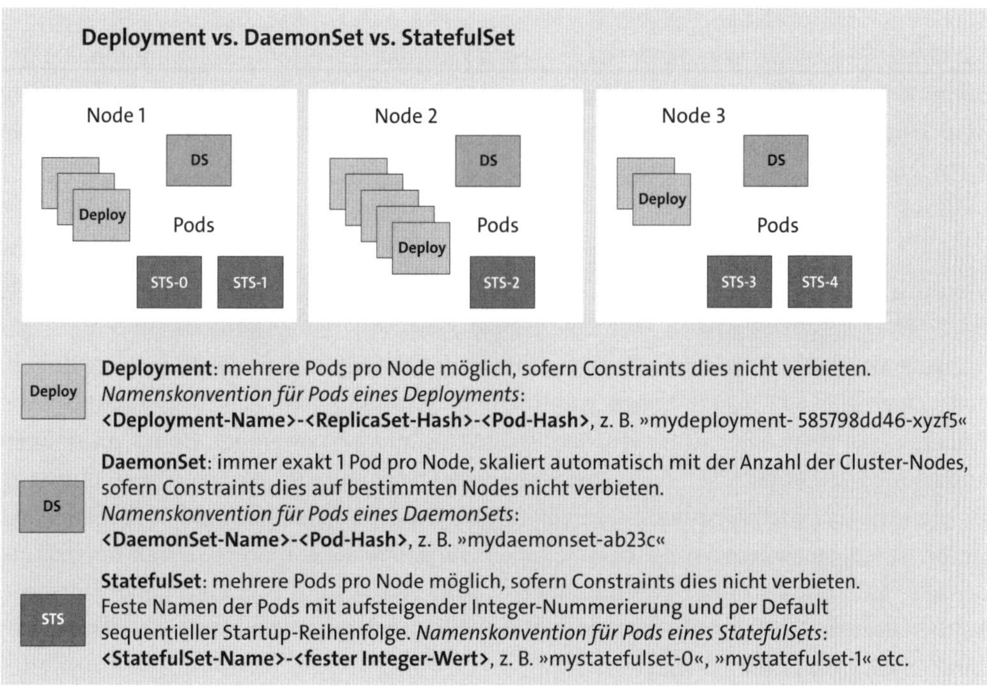


**Abbildung 8.5** Deployment vs. DaemonSet vs. StatefulSet in konzeptionellem Vergleich

#### Storage für Pods

Siehe dazu auch: *https://kubernetes.io/docs/concepts/storage/*

Alle Pods, egal ob sie zu einem Deployment, DaemonSet oder StatefulSet gehören, können mit *Persistent Volumes* oder PVs (API-Ressourcen-Kurzform: *pv*) ausgestattet werden. Die automatische Erzeugung von PVs auf dem Backing Storage erfolgt in der Regel über PVCs (*Persistent Volume Claims*, der Anspruch auf ein PV, API-Ressourcen-Kurzform: *pvc*). Diese PVCs erstellen mithilfe von *StorageClasses* (API-Ressourcen-Kurzform: *sc*, sie definieren eine bestimmte Art von Storage mit bestimmten Zugriffsmechanismen und Geschwindigkeiten, z. B.: Block-Device per *ReadWriteOnce* [RWO] auf langsamen Spinnern [Cold Tier] oder NFS-Share per *ReadWriteMany* [RWX] auf NVME [Hot Tier] usw.) und erzeugen über die – mit den SCs assoziierten – *Auto-Provisioner* die angeforderten Volumes (PVs).

### 8.8.5 ConfigMaps

Siehe dazu auch: *https://kubernetes.io/docs/concepts/configuration/configmap/*

*ConfigMaps* oder kurz CM (API-Ressourcen-Kurzform: *cm*) stellen in Kubernetes-basierten Clustern ein wichtiges Konzept dar, um Konfigurationsdaten für Applikationen in Pods zu transportieren. In unserem konkreten Scope des Buches werden sie später beispielsweise verwendet, um den GPU-Operator-Stack mit Lizenzinformationen zu versorgen oder verfügbare MIG-Partitionsschemas zu definieren.

Das ConfigMap-Objekt bzw. die Ressource selbst kann dabei vereinfacht als eine vom Benutzer im Key-Value Store definierte Tabelle bzw. Datenablage gesehen werden. Diese Daten werden dann in den Pod bzw. Container entsprechend eingebunden, z. B. über Umgebungsvariablen, oder schlicht eingemountet.

### 8.8.6 Node-Objekte und Node-Label

Siehe dazu auch: *https://kubernetes.io/docs/concepts/architecture/nodes/*

Auch die *Nodes* (API-Ressourcen-Kurzform: *node*) des eigenen Clusters werden unter Kubernetes/OpenShift als Objekte bzw. Ressource betrachtet und gemanagt: Die Node-Objekte enthalten Informationen zum aktuellen Health-Zustand des jeweiligen Nodes, zu seinem Auslastungsgrad (RAM, CPU, Filesystem, wie viele Pods sind auf dem Node) und etlichem anderen mehr. Zudem werden die Nodes typischerweise (meist automatisiert, manuelles Setzen ist jedoch ebenfalls möglich) mit Labeln versehen, die containerisierten Applikationen z. B. Aufschluss darüber geben können, welche Hardware (CPUs, GPUs und NICs) mit welchen Features dort verbaut ist oder ob der Node aktuell schedulable ist (er also Pods aufnehmen kann) oder eben nicht.

Die Node-Label spielen später eine große Rolle in unseren Praxisbetrachtungen: Der *Node-FeatureDiscovery*-(NFD-)Operator (siehe ab Abschnitt 9.4.6) labelt Nodes in unserem Fall automatisch, sobald er dort verbaute NVIDIA-GPUs entdeckt. Der GPU-Operator (siehe ab Abschnitt 9.4) wiederum erkennt das vom NFD gesetzte Label und weiß, dass er auf diesem Node Treiber und Tools für die NVIDIA-GPUs installieren muss.

### 8.8.7 Services

Siehe dazu auch: *https://kubernetes.io/docs/concepts/services-networking/*



Pods gelten in Kubernetes-basierten Clustern als sogenannte *Ephemeral Objects*, also schnell vergängliche Objekte. Konkret bedeutet das, dass ein Pod, der crasht, aktualisiert oder durch eine Eviction (Zwangsräumung) gelöscht und auf einem anderen Node scheduled wird, eine andere IP erhält und im Fall von DaemonSets und Deployments auch immer einen neuen (Pod-)Hashwert im Namen. Insofern ist eine direkte *Request-to-Pod-* bzw. *Pod-zu-Pod*-Kommunikation (Service Meshes sind an dieser Stelle explizit ausgenommen) in Kubernetes-Clustern keine gute Idee.

Es braucht also ein »Long-Running«-Objekt im Sinne eines »externen« Loadbalancers, das über eine feste IP und einen festen (Kubernetes-internen) DNS-Namen z. B. für Pods oder Ingress-Objekte immer erreichbar ist.

Die *Service*-Ressource (API-Ressourcen-Kurzform: *svc*) erfüllt genau diesen Job. Sie ist, je nach Service-Typ (*ClusterIP* – nur intern erreichbar, *LoadBalancer/NodePort* – unter externer IP auch von außen erreichbar), unter festem DNS-Namen innerhalb des Kubernetes-Clusters namentlich oder per IP erreichbar und dient dazu, den Traffic z. B. in die Pods eines Deployments, DaemonSets, StatefulSets oder die einer Custom-Ressource zu leiten.

Diesen Job erledigen technisch betrachtet in Vanilla-Kubernetes-Clustern die containerisierten `kube-proxy`-Instanzen auf den Nodes, unter OpenShift kommt *HAProxy* (ebenfalls containerisiert) zum Einsatz. Aus Sicht der Endpunkte (der Pods) arbeitet der Service als Layer 4-Loadbalancer, der – je nach Implementierung und Einstellung – den Traffic mittels unterschiedlicher Loadbalancer-Verfahren (z. B. Round Robin [meist die Default-Einstellung], Weighted Round Robin, Least Connection oder Weighted Least Connection) zu den Pods leiten kann.

Die Assoziation zwischen Service und den Pods eines Deployments erfolgt über *Label*. Diese gibt das *Deployment* seinen Pods über spezielle Templating-Attribute mit auf den Weg, und entsprechende Selektoren (»Suchfilter« auf der *Service*-Seite für Label von Pods) sorgen wiederum dafür, dass der Service diese Pods und ihre IPs als Endpunkte (*Endpoints*) für seinen Traffic registriert.

Abbildung 8.6 zeigt eine sehr stark vereinfachte Darstellung einer Request-to-Service-to-Pod-to-Service-to-Pod -Kommunikation innerhalb eines Kubernetes-Clusters.

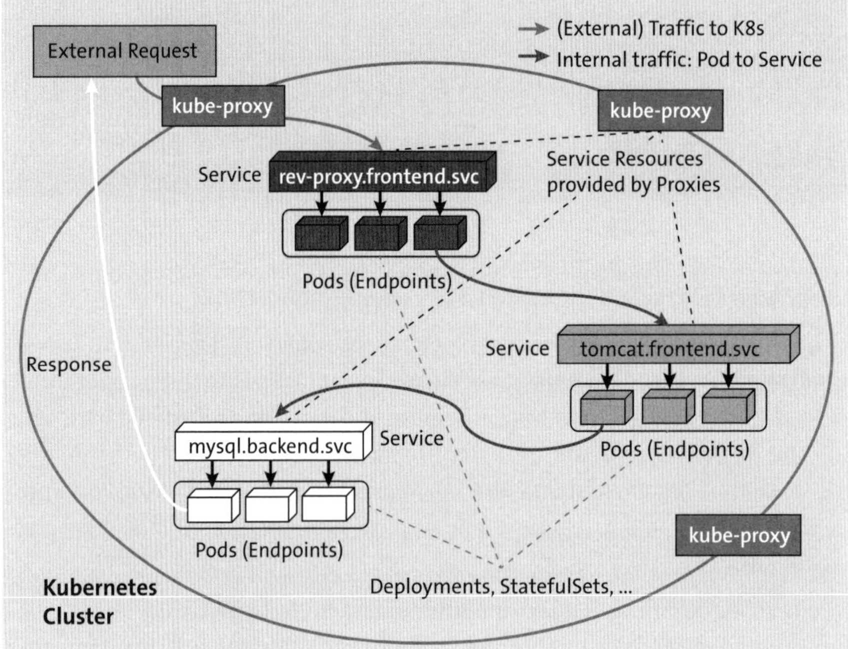


**Abbildung 8.6** Service-Kommunikation im Kubernetes-Cluster, extrem stark vereinfacht

Leider reichen Service-Objekte – selbst mit externen IPs – nicht wirklich aus, um Traffic vernünftig (per FQHN, mit TLS etc.) in den Cluster zu bekommen. Um dies zu bewerkstelligen, kann man sich entweder im Vanilla Kubernetes mit komplexen und daher oft fehlerträchtigen *Ingress*-plus-Third-Party-Konstrukten (siehe nächster Abschnitt) herumschlagen oder die »Ingress-Deluxe«-Variante von OpenShift über *Routen*-Objekte wählen, die alles Benötigte bereits mitbringt und simpler zu handhaben ist als eine Kaffeemaschine von der Stange.

### 8.8.8 Ingress und Routen

Siehe dazu auch:

- *https://kubernetes.io/docs/concepts/services-networking/ingress/*
- *https://docs.openshift.com/container-platform/4.10/networking/understanding-networking.html*
- *https://docs.openshift.com/container-platform/4.10/networking/routes/route-configuration.html*

Wie gerade bereits angerissen, wird man in den wenigsten Fällen per externer IP direkt mit einer Applikation innerhalb des Kubernetes-Clusters sprechen wollen. Das gilt besonders in Cloud-Umgebungen mit gegebenenfalls veränderlichen LB-IPs. Um das Ganze mit FQHN und sauberer DNS-Auflösung umzusetzen, bedarf es im Vanilla-Kubernetes-Umfeld einiger zusätzlicher Komponenten, die miteinander verzahnt werden müssen. Eine der Kernbaugruppen ist dabei *Ingress*, womit sowohl das Konzept (Traffic per FQHN basierend auf dem Hostnamen in den Cluster zu einem bestimmten Service zu leiten) als auch die Kubernetes-*Ingress-Ressource* (API-Ressourcen-Kurzform: *ing*) namentlich bezeichnet sind.

Dies ist, bezogen auf den Scope des Buches, insbesondere für ML-Pipelines multipler Stages und/oder Mandanten wichtig, da der externe Zugriff auf die Ressourcen im Kubernetes-Cluster in der Regel über unterschiedliche FQHNs implementiert wird, z. B.:

- ml-pipeline.**testing**.my-corporation.com,
- ml-pipeline.**qa**.my-corporation.com,
- ml-pipeline.**production**.my-corporation.com.



Technisch betrachtet stellt ein Ingress-Konstrukt in der Regel nichts anderes als einen Reverse-Proxy dar, der je nach Kapabilitäten den Traffic per HTTP/HTTPS, TLS und gRPC auf Basis des FQHN (Hostnamens) an einen bestimmten *Service* innerhalb des Clusters leitet, der den Traffic wiederum auf die Pods des assoziierten Deployments balanced.

Dies klingt in der Theorie zunächst einfach und logisch, doch damit das Konstrukt in einem Vanilla-Kubernetes-basierten Cluster auch halbwegs funktioniert, müssen noch etliche 3rd Party Stacks mit zahlreichen Subressourcen eingerichtet werden und fehlerfrei mit dem Ingress zusammenspielen: Dies wären neben dem eigentlichen *Ingress Controller*, den *Ingress Rulesets* und dessen Subkomponenten minimal der *Cert-Manager*-Stack (automatische Zertifikatsgenerierung für den FQHN des Ingress) sowie *ExternalDNS* (zur Registrierung des Ingress-FQHN in der DNS Zone des [Cloud-]Providers).

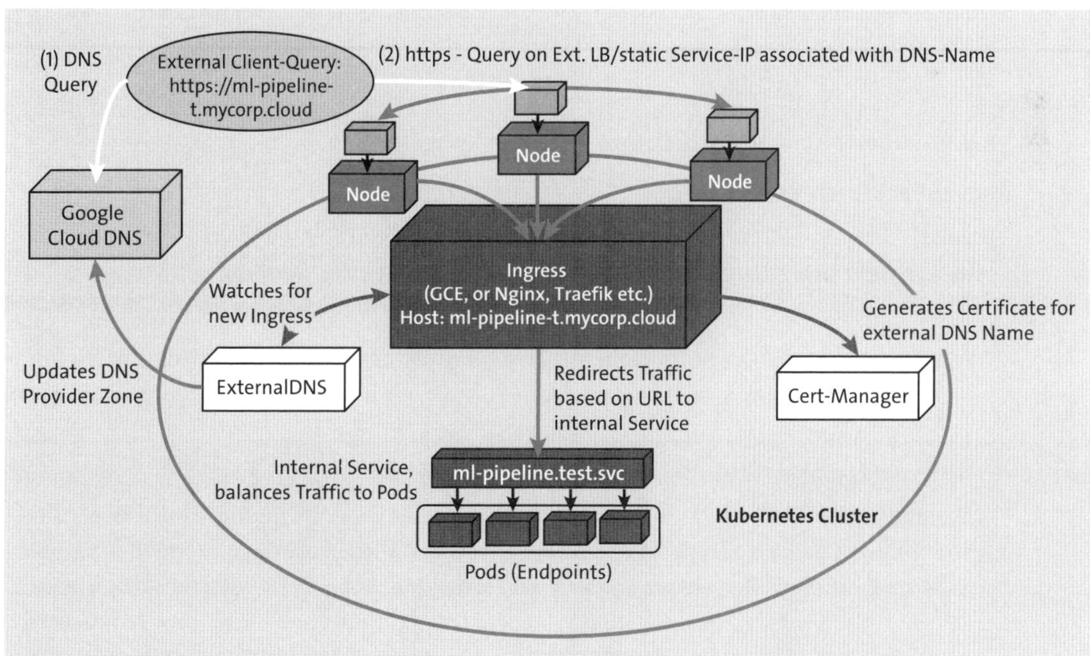


**Abbildung 8.7** Ingress in einem GKE-Cluster mit Cert-Manager und ExternalDNS

Hat nur eine der involvierten Komponenten einen leichten Schluckauf, ist in der Regel das gesamte Konstrukt davon betroffen.

Daher sind *Routen*-Objekte/-Ressourcen (API-Ressourcen-Kurzform: *route*), wie sie ausschließlich unter OpenShift verfügbar sind, auch die wesentlich elegantere Variante, weil: Built-In plus LTS. Es werden keine Zusatzkomponenten benötigt, die Namensauflösung der Routen wird mit internen Mechanismen abgebildet, die TLS-Behandlung bzw. Terminierung erfolgt je nach Wunsch mit minimalem Konfigurationsaufwand per *Edge*, *Re-Encrypt* oder *Passthrough*, und auch Session-Persistenzen können deutlich einfacher und flexibler konfigurierbar implementiert werden.

## 8.9 Sonstige im Folgenden verwendete, Kubernetes-spezifische Tools

`kubectl` (Kubernetes) und `oc` (OpenShift) sind die wichtigsten Tools für das CLI-basierte Management von Kubernetes- und OpenShift-Clustern. Beide sind in großen Teilen miteinander kompatibel, und `kubectl` kann auch in OpenShift-Clustern eingesetzt werden, jedoch sollte bei Letzteren immer der `oc` der Vorzug gegeben werden. Siehe zum Handling der Tools auch:

- *https://docs.openshift.com/container-platform/4.10/cli_reference/openshift_cli/getting-started-cli.html*
- *https://kubernetes.io/de/docs/tasks/tools/install-kubectl/*

Um mit beiden Tools effektiv arbeiten zu können, sollten ein paar Punkte beachtet werden, die im Folgenden aufgelistet sind.

### 8.9.1 kubectl- und oc-Bash-Completion und kubectl-Alias

#### oc-/kubectl-Bash-Completion

Die Bash- bzw. Shell-Completion für die `oc`- bzw. `kubectl`-CLI sollte auf jedem Node aktiviert sein, von dem aus Kubernetes-/OpenShift-Cluster administriert werden.

`kubectl` und `oc` sind extrem leistungsfähige Werkzeuge und zentrale Administrationstools von Kubernetes- und OpenShift-Clustern. Jedoch wäre es maximal ineffizient, beide ohne Bash-Completion zu bedienen.

**Achtung: Updates für die oc-/kubectl-Bash-Completion**

Bedingt durch die schnelle Evolution von Kubernetes-basierten Clustern sollten Sie stets darauf achten, dass die `oc`-/`kubectl`-Pakete in der gleichen Version wie der zu administrierende Kubernetes-/OpenShift-Cluster vorliegen. Andernfalls werden mit sehr großer Wahrscheinlichkeit nicht alle Funktionen unterstützt, zudem stehen nicht alle (neuen) Subfunktionen per Bash-Completion zur Verfügung. Testen Sie die aktiven Client- und Server-Versionen einfach per `kubectl/oc version`.

Die meisten Distributionen haben in ihren *kube**-Paketen bereits die entsprechenden Bash-Ergänzungen inkludiert, diese können aber auch mit Bordmitteln recht einfach nachträglich konfiguriert werden Der folgende Befehl gibt ein komplettes Listing einer validen Bash-, sh- oder ksh-Completion für `kubectl` aus. Das folgende Vorgehen kann analog für die `oc`-CLI angewendet werden:

```
# kubectl completion <shell>
```

Diese Ausgabe müssen Sie nur noch umleiten, speichern und einbinden:

```
# kubectl completion bash > /etc/bash_completion.d/kubectl
# source /etc/bash_completion.d/kubectl
# kubectl <Tab-Tab>
annotate      certificate   create       explain      patch        scale
api-resources cluster-info  delete       expose       plugin       set
...
```

Die angezeigten `kubectl`-/`oc`-Subkommandos unterscheiden sich natürlich je nach eingesetzter Version.



### kubectl alias

So lapidar es klingen mag: Einer der schönsten Nebeneffekte und Vorteile der `kubectl`-verwandten `oc`-CLI unter OpenShift ist ihre Kürze. Bei zum Teil hunderten abgesetzter `kubectl`- oder `oc`-Befehle pro Tag summiert sich das Ganze, seien Sie versichert. Mit wenig Aufwand können wir `kubectl` ebenfalls abgekürzt verwenden. Dazu bauen Sie einfach die beiden folgenden Zeilen z. B. in die userspezifische *.bashrc* ein und sourcen sie anschließend:

```
alias kc=kubectl
complete -F __start_kubectl kc
```

### oc/kubectl create/apply

Im Folgenden kommen teils unterschiedliche Suboptionen von `kubectl/oc` zum Anlegen oder Modifizieren von Ressourcen zum Einsatz. Dazu eine wichtige, stark vereinfachte Faustregel: Das Subkommando `create` will zwingend die neue Ressource anlegen. Ist diese bereits vorhanden, schlägt die Ausführung fehl. Dagegen arbeitet `apply` im Update-Modus: Wird es auf eine bereits bestehende Ressource angewendet, wird diese aktualisiert, sofern Deltas im übergebenen Manifest existieren. Existiert die Ressource noch nicht, wird sie auch per `apply` neu erzeugt. Bestimmte Ressourcen, die statt `name` das Meta-Attribut `generateName` verwenden, wie beispielsweise PipelineRuns unter Tekton, brauchen zwingend ein `create`, um den Hash-Wert-Anteil des Ressourcen-Namens zu generieren.

### 8.9.2 Kustomize und Helm

Die nachstehend beschriebenen Tools *Kustomize* und *Helm* kommen an einigen Stellen in späteren Setups ebenfalls zum Einsatz, daher wird an dieser Stelle kurz darauf eingegangen.

#### Kustomize

*Kustomize* (*https://kustomize.io*) ist eine ab Kubernetes 1.14 in `kubectl` eingeführte CLI-Ergänzung, die ebenfalls als Standalone-Tool existiert. Kustomize kann im weitesten Sinne als Tool zur *deklarativen* Verwaltung (vereinfacht: Anwendung von Änderungen in beschreibenden Patch-/Konfigurationsdateien) von Kubernetes-Ressourcen verstanden werden. Im Gegensatz dazu kann die fixe (statische, feste) Implementierung von Ressourcen z. B. per `kubectl create/apply` als *imperativ* definiert werden.

Vereinfacht arbeitet Kustomize mit Ordnerhierarchien und Templating/Substitutionsmechanismen, die im weitesten Sinne funktional vergleichbar mit den Patch-Fähigkeiten von `kubectl` sind. Das Ganze basiert – stark vereinfacht und abstrahiert – auf zentralen Ressourcen-Konfigurationen (*kustomization.yaml*) und definierten Substitutions-Templates. Kustomize soll per Definition seiner Entwickler unter anderem die Versionskontrolle im Hinblick auf unterschiedliche Manifest-Versionsstände und das deklarative Ausrollen/Ändern kompletter Deployments (z. B. mit Services, RBAC-Objekten, ConfigMaps etc.) erleichtern.

Im Prinzip sollte das gesteckte Ziel von Kustomize ein transparenteres Helm sein, mit leichten Anklängen an `docker-compose`, und liegt damit schon im Design-Ansatz falsch. Abgesehen davon scheitert es an diesem Anspruch, unter anderem aufgrund unübersichtlicher Ordnerstrukturen, die mit steigender Anzahl immer intransparenter werden, und – je nach Version – zum Teil stark unterschiedlicher Feature-Stände bezogen auf die Standalone-Variante und ihre `kubectl`-Integration. Zudem ist Kustomize (wie Helm) ein Tool, das lediglich Rollouts, Upgrades und Löschungen beherrscht. Es kann *nicht* – wie jeder Operator es kann – die ihm anvertraute Applikation bzw. den Applikationsstack permanent überwachen und bei Fehlerzuständen auch reparieren.

Leider ist Kustomize – wie auch Helm – symptomatisch für die Verkomplizierung von an sich besser und effizienter lösbaren Aufgaben im Kubernetes-Land, als Stichworte seien hier die bereits benannten *Operatoren* und per GitOps versionierte *Custom Resources* (beides ab dem gleich folgenden Kapitel 9 ausführlich erläutert) benannt, und in Abbildung 8.8 vorab vereinfacht dargestellt.

Dass Kustomize in diesem Buch dennoch in späteren Abschnitten über ML-Pipelines (z. B. Abschnitt 13.3, Hands-on mit Kubeflow) konkret zum Einsatz kommt, ist der leidigen Tatsache geschuldet, dass für diesen ML-Stack keine andere, halbwegs aktuelle und fehlerfrei reproduzierbare Installationsvariante zur Verfügung stand.

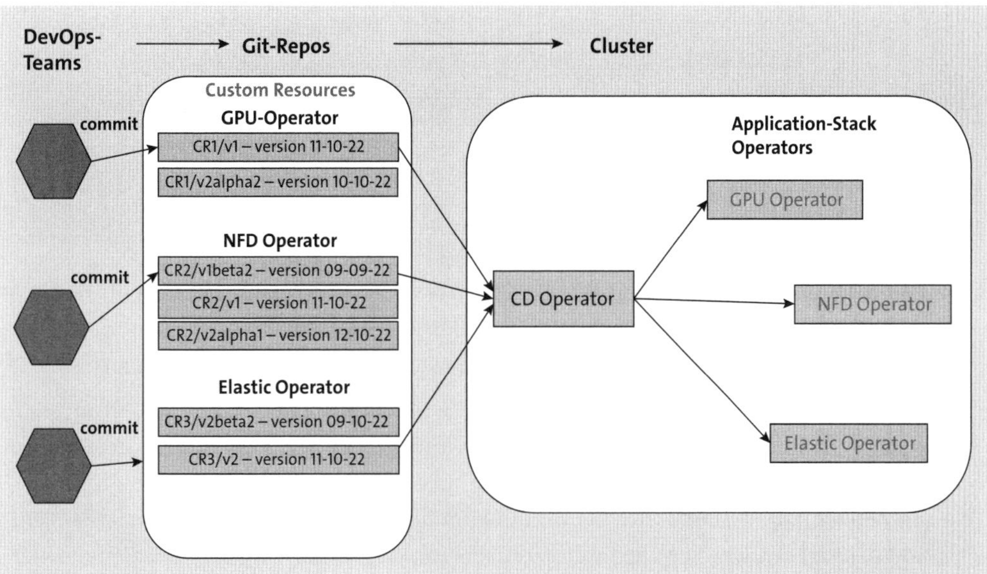


**Abbildung 8.8** GitOps-/Operator-basierte 24/7 Full-Lifecycle-Verwaltung von Applikationsstacks



### Helm

*Helm* (*https://helm.sh*), »der« (wer's glaubt ...) Paketmanager unter Kubernetes, kommt unter anderem in den Abschnitten über das Setup von NVIDIAs NFD- und GPU-Operatoren unter Vanilla-Kubernetes-basierten Clustern zum Einsatz (siehe Kapitel 11), ebenso in den Abschnitten über NVIDIAs AI-End-to-End-Tools (ab Abschnitt 13.7). Auch hier gilt, wie bei Kustomize, dass für die relevanten Tool-Stacks auf den jeweiligen Plattformen unverständlicher- und traurigerweise leider keine andere, halbwegs aktuelle und fehlerfrei reproduzierbare Installationsvariante zur Verfügung stand.

Helm arbeitet auf Basis einer zentralen Konfiguration (*values.yaml*), aus der Werte per Substitutionsverfahren in Templates übernommen werden, aus denen durch Helm Yaml-Installationsmanifeste generiert und angewendet werden (*Installation*, *Upgrade*, *Löschung*).

Aber: CNCF-Hype hin oder her – Helm ist ein maximal leidiges Thema. In Version 3 wurden zwar einige der gröbsten Security-Schwachstellen aus Version 2 behoben, und in seiner Arbeitsweise ähnelt es mit einer zentralen Konfiguration und Substitutions-Templates sehr grob der von Kustomize. Jedoch stellt es aufgrund seiner – von der typischen Kubernetes-Yaml abweichenden – Syntax, sowohl in den Templates wie auch in der zentralen *values.yaml*, und seiner zu Kubernetes asynchron laufenden Entwicklungszyklen eine Arbeitsbeschaffungsmaßnahme dar, die ihresgleichen sucht. Kurz und knapp: Wer im Jahr 2022 nach wie vor auf Helm als primären Rollout-Mechanismus für Applikationsstacks setzt, hat grundlegende Dinge im Container-Umfeld nicht verstanden.

Die Helm-Chart-Methode mag zunächst verlockend klingen: einfache Bereitstellung, funktionierende Applikationsstacks out of the box, zahlreiche Charts verfügbar. Aber die Liste der Nachteile ist nach wie vor nicht unerheblich, blendet man den allgegenwärtigen Hype-Nonsens aus, und einige Kritikpunkte davon gelten konzeptbedingt auch für Kustomize:

- Das Team, das die Helm-Charts verwaltet, muss sich mit nicht-Kubernetes-nativen Formaten befassen: zum einen mit der Templating-Syntax, zum anderen mit der *values.yaml*, die ein eigenes, nicht komplett mit Kubernetes kompatibles Yaml-Format verwendet.
- Neben den Metainformationen müssen bei jeder Änderung die *values.yaml*, die assoziierten Templates und gegebenenfalls **.tpl*-Dateien modifiziert werden ...
- ... und alles – wie üblich – in einem zur Kubernetes-Core-Entwicklung asynchronen Lifecycle.
- Das Templating-System stößt – wie bei Kustomize – schon allein dadurch schnell an seine Grenzen, weil so gut wie alle Kubernetes-Ressourcen nach wie vor einem permanenten Change-Prozess unterliegen: Einordnung in eine andere API-Group, dadurch geänderte/neue/wegfallende Attribute etc., die zeitaufwändig in die Templates (die durch das Templating bedingt schlichtweg viel mehr zu bearbeitende Zeichen besitzen) eingepflegt werden müssen. Jede korrekt angewendete Yaml-Manifest-Versionierung per Git (manuell oder mit CD-Operatoren) ist deutlich effizienter. Bei Kustomize kommt vor allem in komplexeren Strukturen noch die bereits erwähnte Unübersichtlichkeit hinzu.
- Hinzu kommt, als wichtigstes KO-Kriterium, dass sowohl Kustomize als auch Helm *stateless* sind: Einmal ausgerollt oder aktualisiert, ist der Job aus deren Sicht erledigt – zumindest, bis das nächste Upgrade oder eine De-Installation gefragt ist, denn im Gegensatz zu Operatoren:
  - können weder Kustomize noch Helm den Zustand der von ihnen ausgerollten Stacks überwachen
  - noch können sie beim Eintreten von Events reagieren.

Das Setup der Tools (Kustomize und Helm) ist unter den bereits angegebenen URLs beschrieben, deren konkrete Anwendung findet sich später in den Hands-ons zu den jeweiligen Abschnitten.

# Kapitel 9
# Preflights für GPU-Accelerated Container-Cluster: Operatoren

*»Was kann ein Operator im Maturitäts-Level 6 denn so alles?«*

*»Wie Level 5. Plus Müll rausbringen, Pizza und Bier holen.«*

*»Ah …«*



Schön wär's, aber ganz so weit sind wir dank KI/ML davon auch nicht mehr entfernt.

In diesem Abschnitt geht es, aufbauend auf den Betrachtungen aus dem letzten Abschnitt zu Kubernetes, um eine essentielle Kernkomponente der *In-Cluster-Vollautomation*, die insbesondere für skalierbare ML-Cluster mit GPU-Beschleunigern unabdingbar ist: *Operatoren*. Im Folgenden wird zunächst noch einmal erläutert, warum diese Technologie im Hinblick auf den Scope des Buches – den weitestgehend vollautomatisierten Betrieb containerisierter, skalierbarer KI/ML-Cluster – so essentiell wichtig ist. Darauf aufbauend wird dann betrachtet, wie Operatoren grundsätzlich arbeiten, welche Maturitäts-/Kapabilitätsklassen bzw. Level es gibt, wie die Operator-Kernbaugruppen – bezogen auf unsere skalierbaren KI/ML-Cluster mit NFD-, GPU- und Network-Operator – funktionieren, wie sie zusammenarbeiten und wohin die Reise automationstechnisch noch gehen könnte.

Da Operatoren einen gewaltigen Anteil an der effizienten In-Cluster-Vollautomation von Container-Clustern und insbesondere auto-skalierbaren, containerisierten KI/ML-Clustern haben, nimmt dieser wichtige Abschnitt entsprechenden Raum ein.

## 9.1 Generelle Vorbetrachtungen zum Thema Operatoren

Für ausführlichere Betrachtungen zum Thema Operatoren siehe die folgenden URLs sowie mein Containerbuch:

- *https://kubernetes.io/docs/concepts/extend-kubernetes/operator/*
- *https://www.redhat.com/en/technologies/cloud-computing/openshift/what-are-openshift-operators*

### 9.1.1 Einführung

Generell steht der Begriff *Operator* in Kubernetes-/OpenShift-basierten Container-Clustern für *maximale* und *möglichst fehlerfreie Vollautomation*. Dies ist der Tatsache geschuldet, dass Kubernetes-/OpenShift-basierte Container-Cluster zunehmend mehr Funktionalitäten bieten, die jedoch im Unterbau mit immer mehr beweglichen Teilen (sprich: containerisierten Einzelkomponenten) hinterlegt sind, umso mehr in skalierbaren KI/ML-Clustern.

Diese ganzen Einzelkomponenten manuell zu konfigurieren, zu orchestrieren, zu managen und zu reparieren, ist in komplexen Produktivsystemen eine Aufgabe, die rein manuell durch DevOps-Teams in einem adäquaten Zeit- und damit Kostenaufwand nicht mehr zu bewältigen ist. Daher sind per Operator betreute Applikationsstacks, mit maximaler Vollautomation in den Bereichen Setup, Betrieb, Upgrades und Reparatur im Fehlerfall, zwingende Pflicht – nicht Kür.

Die Firma *CoreOS* war wie der Rest der Container-Welt – insbesondere vor ihrer Akquisition durch Red Hat – nie um Ideen oder neue Konzepte verlegen. Diese wurden dann auch oft genug völlig schmerzfrei und ohne größeren Planungshorizont direkt umgesetzt (Stichwort *Torus*, mit großem »T« wie »Totalschaden«) und leider auch oft genug gar nicht oder nur in Teilen beendet.

Wenn CoreOS jedoch mit einer Sache in der Vergangenheit einen richtig guten Wurf gelandet hat, dann mit ihrem *Operator*-Konzept bzw. der Operator-Ressource für Kubernetes-basierte Container-Cluster. Dieses Technologie-Know-how zur Maximierung des Automatisierungsgrades *innerhalb* von Container-Clustern war im Übrigen der Hauptgrund, warum Red Hat die Firma CoreOS im Frühjahr 2018 akquiriert hat. Zu diesem Zeitpunkt existierten abseits des populärsten Wegbereiters dieser Technologie, des guten alten *Etcd-Operators*, nicht einmal eine Handvoll Operatoren.

Seit der Übernahme von CoreOS durch Red Hat ging die Arbeit an dieser Produktkategorie jedoch mit Hochdruck vonstatten: Folgerichtig wurden das *Operator-Framework* und das *Operator-SDK* (Software Development Kit) zur Entwicklung weiterer, produktspezifischer Operatoren erschaffen.

Und die Popularität dieses Technologie-Stacks? Nun, im Stand Mitte 2022 standen mittlerweile fast 500 Operatoren in einem OpenShift 4.10-Cluster out of the box zur Verfügung, die sich um verschiedenste Aufgaben kümmern können.

### 9.1.2 Was ist ein Operator?

Zunächst das Grundlegendste: Der *Operator* ist keine Kubernetes-Ressource in der Art, wie wir sie in der kompakten Einführung des letzten Kapitels kennengelernt haben – also im Sinne einer Ressource, die genau *eine* bestimmte Aufgabe im Cluster erfüllt, wie beispielsweise ein Deployment oder ein Service.

#### Funktionale Betrachtung

Der Operator versteht sich eher als konzeptioneller Ansatz: Üblicherweise kümmert sich der Operator wie sein menschliches Pendant, der *Administrator*, um einen *bestimmten* (und üblicherweise komplexen und/oder geclusterten) *Applikationsstack*.

Der Operator betreut dabei den kompletten Lifecycle des Stacks: von der Einrichtung über die Daily Operations bis hin zu Updates, Reparaturen und vielem anderen mehr. Er kann den Applikationsstack on demand oder automatisch skalieren und überwacht permanent dessen korrekte Funktion. Daher existiert nicht *der* Universal-Operator, sondern schlichtweg eine Vielzahl von Operatoren, die jeweils ganz bestimmte Applikationsstacks vollumfänglich betreuen, z. B. PostgreSQL-, Elastic-, Kafka-, GitLab- und hunderte andere Operatoren mehr.



Dabei sind Ausrichtung wie Arbeitsweise zum Teil grundlegend unterschiedlich: Während sich der Operator einer clusterfähigen DB beispielsweise primär darum kümmert, multiple Instanzen dieser DB sequentiell auf unterschiedlichen Nodes gemäß einer optimalen Failure-Domain-Verteilung zu installieren, sie miteinander bekannt zu machen, die Instanzen zu synchronisieren und den Replikationsstatus zu prüfen, arbeiten Operatoren wie z. B. GitLab oder der von uns in diesem Kapitel primär betrachtete *GPU-Operator* mit einem anderen Ansatz. Diese Operatoren betreuen einen ganzen Zoo von Tools und miteinander korrespondierenden Applikationen, die perfekt aufeinander abgestimmt installiert und permanent überwacht werden müssen.

Daher muss ein Operator mit den entsprechenden technischen, funktionalen und prozeduralen Komponenten ausgestattet sein, um genau diese komplexen Aufgaben jederzeit lösen zu können, die weit jenseits eines simplen Scale-up oder Scale-down liegen. Der Operator ist quasi der containerisierte Mini-Admin, der als Container in einem Pod steckt und das tut, was der echte Admin, der für einen bestimmten Applikationsstack zuständig ist, auf Zuruf seines Chefs tun würde. Je intelligenter der spezifische Operator programmiert wurde, desto mehr Aufgaben kann er ohne menschliche Intervention lösen, und mit zunehmender Nutzung von KI/ML-basierten Systemen kann und wird die Leistungsfähigkeit von Operatoren nochmals deutlich gesteigert werden.

Kurzum: Der Operator bzw. die Operator-Ressource ist eine der Ressourcen mit dem größten, wichtigsten Einfluss auf aktuelle und kommende Kubernetes-basierte Cluster-Generationen. Im Zuge der immer komplexer werdenden Applikationsstacks und Anforderungen sind Kubernetes-Cluster ohne Operatoren und die gewaltige Portion Arbeit, die sie uns automatisiert abnehmen, kaum noch denkbar.

#### Technische Betrachtung

Der Operator kann im Grunde als ein ausgelagerter *Kubernetes-Controller* für einen ganz bestimmten Ressourcentyp verstanden werden. Während die Controller/Reconciler-Mechanismen für die Standardressourcen von Kubernetes, wie z. B. Nodes, Deployments, StatefulSets usw., im *Controller-Manager* des Controlplanes untergebracht sind, arbeitet der Controller des jeweiligen Operators (typischerweise in Form der `manager`-Binary im Container des Operator-Deployments) als externer Mechanismus und kommuniziert dem Kubernetes-Controlplane seinen Zustand.

Der simple Hintergrund: Die Überprüfungs- und Reaktionsmechanismen eines Operators sind üblicherweise wesentlich komplexer und aufwändiger als die der normalen Kubernetes-Ressourcen, die vom Controller-Manager betreut werden. Würden alle benötigten Operator-Controller direkt im Controller-Manager (der ohnehin nur single-active im Cluster arbeitet) untergebracht und dort prozessiert, würde er schlichtweg unter der Last zusammenbrechen.

Das eigentlich Komplexe an der Operator-Ressource sind also die applikationsspezifischen Prüfungen (Reconcilations) und Vorgänge, die in ihr hinterlegt sein müssen. Diese müssen im Vorfeld gut durchdacht, geplant, erstellt und getestet werden. Sind sie jedoch einmal vorhanden und getestet, greift wieder der Vorzug der Automation. Tritt ein Fehler auf, reagiert der Operator in Mikrosekunden und behebt ihn, sofern er dazu programmatisch in der Lage ist.

Die Foundation und Konfiguration des Operators erfolgt über zwei wichtige Ressourcen:

Zum einen eine *CRD*, sprich: *Custom Resource Definition*. Sie stellt unter Kubernetes und OpenShift zunächst nichts anderes dar als ein Bauplan-Template für Ressourcen, die nicht zum Default-Portfolio von Kubernetes gehören, welches im API-Server registriert wird. In Fall eines Operators enthält seine CRD eine Bauplanvorlage für Ressourcen, die der Operator später zu betreuen hat. Zum anderen die *CR* (*Custom Resource*) selbst: Sie enthält – basierend auf der CRD-Bauplanvorlage – die Daten, mit denen der Operator seinen Stack in Betrieb nehmen soll. CRDs/CRs bringen im konkreten Einsatz mit Operatoren unter Kubernetes/OpenShift auch noch einen Benefit: Die dem Cluster zu übergebende CR ist in der Regel sehr einfach gehalten und damit leicht verständlich.

Das heißt konkret, die Eckdaten, die einem Operator in Yaml/Manifest-Form von den DevOps- oder MLOps-Teams auf Zuruf mitgegeben werden, enthalten z. B. bei einem Etcd- oder Elastic-Operator im einfachsten Fall lediglich die Anzahl der Replikate und die zu verwendende Applikationsversion. Die schwierigen Tätigkeiten (Bootstrapping, Cluster unter Berücksichtigung der Failure Domains hochziehen, Replikationskonsistenz prüfen etc.) führt der Operator autonom aus. Insofern stellt das Kombinat *Operator/versionierte CR via GitOps* auch eine extreme Usability-Simplifizierung für die ML-/DevOps-Teams dar.

Siehe zum Thema Custom Resources auch: *https://kubernetes.io/docs/concepts/extend-kubernetes/api-extension/custom-resources/*

### 9.1.3 Horizontal? Vertikal? Beides?

Der im Folgenden zunächst vorgestellte *GPU-Operator* von NVIDIA ist ein *vertikal* arbeitender Operator, der sich um einen eher vertikal gestapelten, komplexen Software-Stack bei Einrichtung, Konfiguration, Betrieb und Upgrades der verschiedenen Komponenten seines Stacks kümmern muss, die alle ineinandergreifen.

Andere Beispiele wären klassische Cluster-Operatoren, die sich um eine *horizontal* geclusterte, also z. B. im Cluster repliziert arbeitende Applikation kümmern. Beispiele dafür wären der *RabbitMQ*- oder z. B. auch der Etcd- oder *Elastic*-Operator. Natürlich sind auch Mischformen möglich/üblich, wie sie z. B. der *Prometheus*-Operator verwendet.



### 9.1.4 Controller-Loops

Rein technisch betrachtet arbeiten Operatoren, zumindest was die Kernfunktionen einer Soll-/Ist-Zustandskontrolle angeht, auch nicht grundlegend anders als beispielsweise ReplicaSet-, StatefulSet- oder Deployment-Controller: Sie überprüfen permanent (*Reconcile*), ob der in der zugehörigen CR hinterlegte Ist-Zustand dem gewünschten Soll-Zustand entspricht. Falls nicht, reagieren sie.

Im Unterschied zu einem eher simpel gestrickten Controller, welcher nur die Anzahl der Pod-Repliken einer Applikation im Cluster prüft, sollte der spezifische Controller einer bestimmten, operatorisierten Applikation – je nachdem, wie schlau er programmiert wurde – in der Lage sein, durchaus mehr zu tun:

Neben der Prüfung der schlichten Anzahl der Repliken können und müssen beispielsweise auch komplexere Bedingungen/Statusinfos gecheckt werden: Sind alle Mitglieder eines Multimaster-Clusters nicht nur up, sondern replizieren sie auch, wie sie sollen? Fordern wir ein Image-/Versions-Upgrade an, kann der Operator für uns automatisch ein Snapshot der unterliegenden Datenbank erzeugen und diesen im Fall eines fehlerhaften Upgrades automatisch wieder revertieren und vieles andere mehr. Der spezifische Operator-Controller sollte also für eine maximale Automation in allen Lebenszyklen der Applikation sorgen. Der gleich betrachtete GPU-Operator erfüllt genau diese Aufgabe, denn er installiert, überwacht, skaliert und repariert einen komplexen Zoo an Tools, die alle korrekt miteinander interagieren müssen.

Die *Controller-Loops* eines Operators werden, je nach Kubernetes-Version, meist über die *client-go*-Bibliothek implementiert. Diese Controller sind nicht zwangsläufig nur mit Operatoren assoziiert/assoziierbar, sondern greifen für jede Art der Controller-Logik unter Kubernetes. Detaillierte Erläuterungen zu den oben aufgeführten Komponenten finden sich unter:

*https://github.com/kubernetes/sample-controller/blob/master/docs/controller-client-go.md*

### 9.1.5 Operator-Kategorien

Operatoren lassen sich aufgabenspezifisch in unterschiedliche Kategorien einteilen, basierend auf den Applikationen, die sie betreuen. Hier eine grobe, exemplarische Auflistung ohne Anspruch auf Vollständigkeit:

- Service-Operatoren: Sie kümmern sich in der Regel um einen normalen Dienst im Sinne einer Applikation, wie z. B. MySQL, Etcd oder ähnliche.
- Plattform-Operatoren: Sie kümmern sich um plattformspezifische Aufgaben, also Applikationen wie Logging, Monitoring/Metrics, Security-Stacks und Ähnliches.
- Ressourcen-Operatoren: CNI- oder Hardware-/VM-/Machine- Management-Operatoren.
- Full-Solution-Operatoren: Eine Kombination der vorbenannten Operatoren.

### 9.1.6 Red Hats Operator Framework und Operator-SDK

Das *Operator Framework* besteht aus drei Hauptkomponenten:

- **Operator-SDK** – Dies ist das eigentliche SDK zur Entwicklung der Operator-Ressourcen: Das SDK beinhaltet dabei – u. a. in Form einer CLI-Binary mit zahlreichen Kommando-Suboptionen – die notwendigen Methoden zum Erstellen, Testen und zum Packaging (Build) von Operatoren bzw. den zugrundeliegenden Images. Es soll dabei helfen, die Business-Logik bzw. Geschäftsprozesse des Unternehmens möglichst passend mit der Operator-Logik der späteren Operator-Applikation zu verheiraten (z. B. skalieren, aktualisieren, reparieren und/oder sichern). Um zu verhindern, dass das Rad dabei neu erfunden wird, sind im SDK bereits bewährte Methoden, Prozeduren und Funktionen sowie Codemuster enthalten, die sich für verteilt arbeitende, von Operatoren gemanagte Systeme eignen und so auf einfache Weise als Scaffold für einen neuen (eigenprogrammierten) Operator zur Verfügung gestellt werden können.
- **Operator Lifecycle Manager (OLM)** – Generell und stark abstrahiert betrachtet ist der OLM der »Wächter« über die installierten Operatoren, eine übergeordnete Kontroll- und Überwachungsinstanz. Der OLM kümmert sich in seinem eigenen Namespace (unter Vanilla Kubernetes muss der OLM im Namespace *olm* erst manuell nachinstalliert werden, unter OpenShift ist der OLM-Stack – Sie ahnen es – bereits vollumfänglich integriert) innerhalb des Kubernetes-/OpenShift-Clusters um die Überprüfung der Installation, um das Update und das Management der Operator-Ressourcen und aller mit ihnen assoziierten Services/Applikationen während ihres Lebenszyklus. Der *Operator Lifecycle Manager* ist die Instanz im Hintergrund, welche sich um die Verwaltung der Operatoren des Clusters kümmert. Darüber können die Admins steuern, welche Operatoren in welchen Namespaces verfügbar sein sollen/dürfen, wer mit aktiven Operatoren interagieren kann und wann Updates oder Skalierungen getriggert werden sollen.
- **Operator-Registry** – Analog zu einer normalen Image-Registry für Container-Images existieren seit der Dämmerung der Operatoren nun auch selbstverständlich Operator-Registries, in denen Unternehmen ihre angepassten Operator-Stacks komfortabel hosten

können, sodass diese für die DevOps-/MLOps-Teams gemäß dem – auch aus anderen Software-Bereichen bekannten – Service-/Application-Catalog-Prinzip per Klick oder CR-Anforderung on demand zur Verfügung stehen. Details dazu liefert u. a.: *https://github.com/operator-framework/operator-registry*.

Weitere Infos zum *Operator Framework* finden sich ebenfalls hier:

- *https://operatorframework.io/*
- *https://github.com/operator-framework*



## 9.2 Operator-Typen und Maturitäts-Level: Helm vs. Ansible vs. Go

Mithilfe des Operator-SDKs können – im betrachteten Stand – Operatoren auf Basis von drei verschiedenen Verfahren bzw. Operator-Typen erzeugt werden:

- Go – auf Basis vorhandener Go-Sourcen, die z. B. in einem Git-Repo liegen: *https://access.redhat.com/documentation/en-us/openshift_container_platform/4.10/html/operators/developing-operators#osdk-golang-tutorial*
- Ansible – auf Basis bereits vorhandener Ansible-Playbooks/Roles: *https://access.redhat.com/documentation/en-us/openshift_container_platform/4.10/html/operators/developing-operators#osdk-ansible-tutorial*
- Helm – auf Basis vorhandener Helm-Charts (wird hier nicht betrachtet, da maximal ineffizient)

### 9.2.1 Operator-Maturitäts-Level und -Kategorien

Um etwas hinter die Kulissen schauen zu können, betrachten wir zunächst Abbildung 9.1, die eine grundlegende Klassifizierung der Operatoren je nach Leistungsfähigkeit/Maturität zeigt.

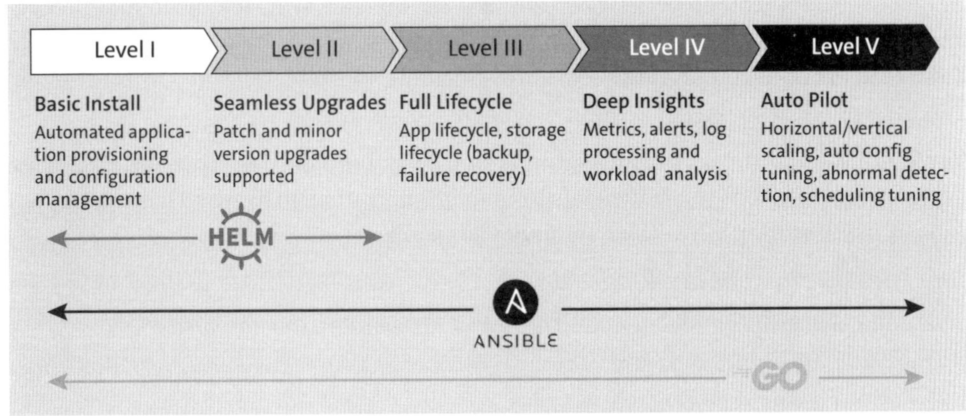


**Abbildung 9.1** Operator-Typen und supportete Level/Kategorien, Quelle: Red Hat

**Achtung**

Level 3 kann in der Regel ebenfalls horizontales Scaling, mit »horizontal/vertical« im Level 5 sind Autoscaler-Mechanismen gemeint.

Im betrachteten Stand werden Operatoren – je nach Grad ihrer Automation in spezifischen Funktionsbereichen – in unterschiedliche Level (römisch I bis V) kategorisiert. Diese Maturitäts-Level reichen von I (Basisinstallation) bis zum – im Optimalfall für alle Operatoren angestrebten – Level bzw. Kategorie V: volle Automation, inklusive Erkennung und Behebung von nicht ordnungsgemäßem Verhalten der Ressourcen (Abnormal/Anomaly Detection).

Mit Letzterem ist keine simple Failure Detection (wie bereits ab Level III) gemeint, sondern das eigenständige Aufspüren selbst leichter Abweichungen vom Normalbetrieb, mit damit assoziierten automatischen Response-/Reparatur-Prozeduren.

Wie ebenfalls direkt ersichtlich ist, können Helm-basierte Operatoren (d. h. in der Regel normale Helm-Charts, die per Operator-SDK in eine Operator-Form transformiert wurden) aufgrund technischer Limitation des Helm-Funktionsmodells nur Level I–II abbilden. Ansible- und Go-basierte Operatoren hingegen decken, sofern so programmiert, bei Bedarf alle Phasen/Kategorien ab.

### 9.2.2 Operator-Build

Benötigt ein Unternehmen einen speziellen Operator zur Automation komplexer Prozesse, der noch nicht existiert, muss selbst Hand angelegt werden. Das eigentliche Build-Verfahren ist mittlerweile dank des Operator-SDK von Red Hat relativ simpel, die Implementierung valider und hochfunktionaler Controller/Reconciler-Loops in der Regel eher weniger. Komplexe, leistungsfähige Operatoren sind in der Praxis erfahrungsgemäß per *Go* realisiert, da dieses Verfahren die größte Flexibilität bietet. Für Ansible-kundige Einsteiger kann ein Operator, den das Unternehmen benötigt, zumindest ein Einstieg sein, aber auch nicht mehr. Helm ist in keiner Variante eine Alternative. Generell ist ein Ansible-basierter Operator letztlich und tatsächlich auch nur ein Go-basierter Operator, mit integriertem Ansible Runner und inkludierten Playbooks/Roles, die als Reconciler-Logik dienen.

Da Verfahren, Best Practices und Hintergründe zum Operator Build den Scope dieses Buches sprengen würden, verweise ich auf meine Container-Publikation, in der das Thema *Operator Build* ausführlich erörtert wird, sowie auf folgende Quellen:

- *https://sdk.operatorframework.io/build/*
- *https://docs.openshift.com/container-platform/4.10/operators/operator_sdk/osdk-about.html*

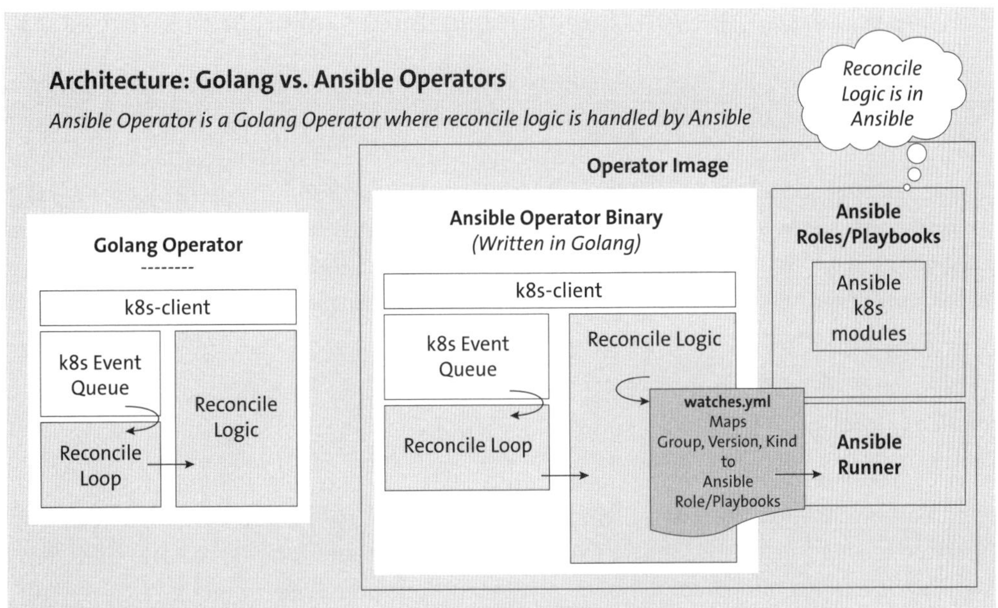


**Abbildung 9.2** Go- vs. Ansible-basierter Operator, Quelle: Red Hat

### 9.2.3 Operatorhub.io und OpenShift-Operatoren

Red Hat stellte bereits im März 2019 gemeinsam mit AWS, Google und Microsoft die Plattform *https://operatorhub.io* vor. Als öffentliche Operator-Registry bietet sie DevOps-Teams von Vanilla-Kubernetes-Clustern Zugriff auf eine breite Palette von öffentlich verfügbaren Operatoren, ermöglicht das Einbringen eigener Operatoren sowie den Austausch mit der Community. Allerdings ist festzustellen, dass der öffentliche Operator-Hub langsam verwaist: Veraltete Operatoren, die nicht mehr gepflegt werden, häufen sich.

Die Suche nach einem bestimmten, frei verfügbaren Operator findet daher mittlerweile gezwungenermaßen für viele DevOps-/MLOps-Teams auf GitHub oder ähnlichen Plattformen statt. Eine Aufgabe, um die sich DevOps- und MLOps-Teams von OpenShift-Clustern nicht kümmern müssen, da Red Hat ein gewaltiges, stets aktuelles und zertifiziertes Portfolio von Operatoren als Kernbestandteil von OpenShift mit ausliefert.

Red Hat bietet mit der *OpenShift Operator Certification* ein Zertifizierungsprogramm für ISV-Partner zum Entwickeln und Zertifizieren von Operatoren an. Unter *https://catalog.redhat.com/software/operators/explore* finden sich zusätzlich auch Operatoren speziell für den Einsatz unter OpenShift. Allerdings bringt OpenShift 4.x diese – wie schon erwähnt – bereits von Haus aus über seinen integrierten *Operator-Hub* mit.

## 9.3 Die wichtige Rolle von Operatoren im auto-skalierbaren KI/ML-Stack

Vollautomatische Setups ebenso wie automatische Skalierbarkeit von KI/ML-Nodes im Rahmen containerisiert arbeitender Cluster im RZ- und/oder Cloud-Betrieb sind der Schlüssel zur maximalen Effizienz. Die Nodes benötigen komplexe Konfigurationen und müssen zudem jederzeit schnell (auto-)skalierbar sein, um auf Lastanforderungen flexibel reagieren zu können. Manuelle Setups und Konfigurationen sind damit – außerhalb von kleinen, überschaubaren Test-Clustern oder dedizierten KI/ML-Workstations – völlig illusorisch. Maximale Automation ist gefragt, und die Antwort auf diese Aufgabenstellung kennen wir nun bereits: Es sind *Operatoren*.

### 9.3.1 Team-Play

IaC/IaaS bzw. automatische VM-Erstellung wird – wie z. B. unter OpenShift – elegant durch seine Kommunikation mit fast beliebigen Hypervisoren erreicht, und der MachineConfig-Operator erledigt zusammen mit weiteren OpenShift-Infrastruktur-Operatoren den Rest, was die Einrichtung des OS auf dem neu erzeugten Node und dessen weitere KI/ML-spezifische Provisionierung angeht. Diese Verfahren betrachten wir später ab Abschnitt 10.4.

Während und nach dem automatisierten Cluster-Join greifen die Core-Mechanismen von Kubernetes/OpenShift ein: Systemrelevante Pods wie z. B. für das SDN/Overlay-Netz, Proxy-, Log- und Metrics-Export-Funktionen werden automatisch vom Controlplane auf den Nodes implantiert.

Ist der Node aus Sicht der Container-Plattform *ready* und *schedulable*, hängt der weitere Automationsgrad eigentlich nur noch von den weiteren, implementierten Operatoren ab. Schauen wir uns daher – zunächst auf einem hohen Abstraktionslevel – an, welche Operatoren dabei welche Aufgaben in unseren (auto-)skalierbaren KI/ML-Clustern erledigen:

- Der *NFD*-Operator (*Node Feature Discovery*) (Red Hat): Dieser Operator kümmert sich um eine sehr grundlegende Hardware-Erkennung (z. B.: *NVIDIA-GPU vorhanden?*) und ein entsprechendes, automatisiertes Labeln der jeweiligen Nodes mit GPU-Hardware.
- Der *GPU*-Operator (NVIDIA): Er kümmert sich um Setup, Überwachung, Management und notfalls auch Reparatur des kompletten Software-Stacks, der zum Betrieb eines ML-tauglichen Nodes mit NVIDIA-GPUs benötigt wird.
- Der *Network-Operator* (NVIDIA, kommt ursprünglich von Mellanox): Dieser Operator kommt typischerweise bei GPUDirect-RDMA-Setups zum Einsatz, arbeitet dann direkt mit dem GPU-Operator zusammen.

### 9.3.2 Der GPU-Operator – Vergangenheit und Zukunft

Summa summarum hat sich insbesondere 2022 eine Menge getan, die größten Design-Flaws der letzten zwei Jahre sind beseitigt. Die seit März 2022 verfügbare GPU-Operator-Version

1.10, die Bestandteil von NVAIE 2.x ist, führte erstmals endlich alles zusammen: Mit den passenden GPU-Manager-VIBs (≥ 510.x.x) und Client-Drivern eruiert der GPU-Operator nun vollautomatisch und entsprechend je nach Anwendungsfall, welche GPU (Passthrough, vGPU oder MIG[-Partition]) ihm auf einem Node präsentiert wird, und installiert fehlerlos den jeweils passenden Treiber. Und nun endlich auch auf der Enterprise-Kubernetes-Plattform: OpenShift. Der GPU-Operator 1.11 setzte im Sommer 2022 noch einen obendrauf und fügte das bereits in der Theorie kurz beschriebene und später noch in der Praxis betrachtete Feature des GPU-Sharings hinzu, und das für alle verfügbaren GPU-Einsatzmodi: Passthrough, vGPU und MIG.



## 9.4 NVIDIAs GPU-Operator – die Architektur

In den folgenden beiden Hauptabschnitten betrachten wir zunächst in der Theorie den Aufbau und die Funktionsweise der beiden wichtigsten Operatoren – des GPU- und Network-Operators von NVIDIA –, da diese essentiell wichtig für die Vollautomation von skalierbaren ML-Clustern sind.

Den konkreten Einsatz der Operatoren in der Praxis betrachten wir in den Kapiteln über ML-Cluster mit Kubernetes und OpenShift ab Kapitel 10.

**Achtung: Versionierung des GPU-Operators**

Wenige Wochen vor Drucklegung des Buches änderte NVIDIA die Versionierung des GPU-Operators: Die im Buch primär betrachtete Version 1.11 (supported mindestens bis zum EOL von OpenShift 4.11 [Februar 2024]) ist die letzte mit klassischer Nummerierung, ab September 2022 sind die Versionen nach Jahr und Monat ihres Erscheinungstermins benannt. Die erste offizielle neue GPU-Operator-Version ist damit die Version 22.9. Siehe hierzu auch: *https://docs.nvidia.com/datacenter/cloud-native/gpu-operator/platform-support.html*

### 9.4.1 Das Gesamtkonstrukt

Schauen wir uns zunächst das Gesamtkonstrukt aus einer größeren Flughöhe an. Nachdem wir die Foundations zum Thema Operatoren in Abschnitt 9.1 bis Abschnitt 9.3.2 betrachtet haben, lässt sich der GPU-Operator eher in die bereits benannte Klasse der *vertikal* arbeitenden Operatoren einsortieren. Dabei handelt es sich um Operatoren, die meist auf einem (oder mehreren) Node(s) einen komplexeren Software-Stack verwalten, dessen Einzelkomponenten (im Sinne von Pods) vertikal aufeinander aufbauen. Das Gegenteil davon wären die bereits benannten *horizontal* arbeitenden Operatoren, die z. B. geclusterte Applikationsstacks betreuen, wie es beispielsweise ElasticSearch-, Vault- oder Etcd-Operator erledigen. Diese sind üblicherweise in der Lage, nodeübergreifend geclusterte Applikationen manuell wie auch automatisch (je nach Maturitäts-Level) horizontal zu skalieren.

### 9.4.2 GPU-Operator: Unterstützte Hypervisoren und GPUs

Im betrachteten Stand wurde vom GPU-Operator der vGPU-Mode auf den Plattformen VMware vSphere 7, RHEL (mit KVM) sowie auf Red Hat Virtualization (RHV) unterstützt. Siehe hierzu auch: *https://docs.nvidia.com/datacenter/cloud-native/gpu-operator/platform-support.html*

Bevor wir mit den weitergehenden Betrachtungen fortfahren, müssen wir zunächst verstehen, dass bei der Auswahl der (NVIDIA-)GPU-Hardware zwischen zwei grundlegenden Kategorien unterschieden werden muss:

- GPU-Devices, die *generell* vom GPU-Operator-Stack unterstützt werden, und
- Datacenter-taugliche GPU-Devices, die vom GPU-Operator unterstützt werden, die wiederum in
- vGPU- und MIG-fähige GPUs zu unterteilen sind, und last, but not least
- vom NVAIE-Stack supportete GPUs.

Dies sind mehrere Paar Schuhe, wie wir schon erkennen können. Das bedeutet im Klartext:

Eine Karte, die zwar *generell* vom GPU-Operator supportet wird, wie z. B. eine RTX A4000, muss noch lange nicht vGPU-fähig sein, wie z. B. ihre größeren Verwandten RTX A5000 und A6000, sondern kann – je nach Version der NVIDIA-GPU-Software – gegebenenfalls lediglich im Passthrough-Modus betrieben werden. Dies trifft leider auf viele günstigere Karten zu, trifft jedoch auch (eher unverständlicherweise) echte Boliden wie eine Titan RTX, die zugegebenermaßen auch für reinen Workstation-Betrieb von NVIDIA annonciert ist. Andersherum werden so gut wie alle vGPU- und MIG-fähigen Karten vom GPU-Operator-Stack unterstützt. Daher nachfolgend noch einmal die wichtigsten NVIDIA-Links zu den Übersichten unterstützter Hardware der jeweiligen Kategorien:

- GPUs, die generell vom GPU-Operator-Stack unterstützt werden:

  *https://docs.nvidia.com/datacenter/cloud-native/gpu-operator/platform-support.html*
- GPUs, die vom GPU-Operator-Stack unterstützt werden und vGPU-/MIG-fähig sind:

  *https://docs.nvidia.com/grid/gpus-supported-by-vgpu.html*
- GPUs, die vom NVAIE-Stack unterstützt werden:

  *https://docs.nvidia.com/ai-enterprise/2.2/product-support-matrix/index.html*

Ebenfalls unter *https://docs.nvidia.com/datacenter/cloud-native/gpu-operator/platform-support.html* finden Sie die wichtigen *Support-Matrizen* des GPU-Operator-Stacks, bezogen auf das GPU-Operator-Release im Hinblick auf Kubernetes und OpenShift -Versionen und im Hinblick auf die Anwendungsfälle *Bare-Metal/Passthrough*, *vGPU/MIG* und *NVIDIA AI Enterprise*. Ähnlich wichtig, insbesondere für Unternehmen, die aus technischen Gründen gegebenenfalls Modifikationen am GPU-Operator-Stack vornehmen müssen, ist die ebenfalls unter der vorgenannten URL zu findende *GPU Operator Component Matrix*.

Wen es interessiert: Einige wichtige Meilensteine der Evolution des GPU-Operators finden sich hier: *https://docs.nvidia.com/datacenter/cloud-native/gpu-operator/release-notes.html*.

### 9.4.3 All-in-One

Das Wichtigste ist jedoch die bereits im letzten Abschnitt kurz angeführte Information zum GPU-Operator im zuletzt betrachteten Stand: Die seit März 2022 verfügbare GPU-Operator-Version 1.10, welche Bestandteil des NVAIE 2.x-Stacks ist und auch unter OpenShift 4.9/4.10 zur Verfügung steht, führte erstmals alle wichtigen Einsatzszenarien zusammen: Passthrough, vGPU und MIG. Mit den passenden GPU-Manager-VIBs (≥ 510.x.x) und Client-Drivern eruiert der GPU-Operator vollautomatisch je nach Anwendungsfall, welche GPU (Passthrough, vGPU oder MIG[-Partition]) ihm auf einem GPU-Node präsentiert wird, und installiert den jeweils passenden Treiber. Sein Nachfolger, der GPU-Operator 1.11, beherrscht mit den passenden Treibern ebenfalls das gerade in Cloud-Umgebungen (dank vGPU-Abstinenz) wichtige Feature, GPUs zu überbuchen – also ein klassisches Overcommitment. Well done, NVIDIA-Entwickler.

Bliebe dann also nur noch das Thema *Network-Operator*, zu dem wir später kommen. Denn hier wiederholt sich leider einiges der manchmal etwas enervierenden GPU-Operator-Evolution der letzten Jahre.

### 9.4.4 GPU-Operator und DGX

Wie bereits in Abschnitt 6.4 über die verschiedenen GPU-Operator-Implementierungen (Free, NVAIE etc.) kurz und generisch angerissen: Seit GPU-Operator-Version 1.9 werden auch DGX A100-Systeme mit DGX OS supportet. Dahinter steckt mehr, als auf den ersten Blick augenscheinlich: Denn der GPU-Operator kümmert sich neben seinen regulären Aufgaben, die in den folgenden Abschnitten beschrieben werden, DGX-spezifisch z. B. um die Initialisierung und Steuerung der dort verbauten NVIDIA-NVLink/NVSwitch-Systeme (siehe Abschnitt 4.8). Nach der Initialisierung können alle GPUs vollautomatisch bei voller NVLink-Bandbreite miteinander kommunizieren.

### 9.4.5 Die Einzelkomponenten des GPU-Operators im High-Level-Überblick

NVIDIAs GPU-Operator bzw. seine CR (*ClusterPolicy*) umfasst – je nach Version – unter anderem die in Abbildung 9.3 aufgeführten Einzelkomponenten (hier exemplarisch für ein GPU-Operator-Setup unter OpenShift 4.10.x), die sich in containerisierter Form um verschiedene Setup- und Betriebsphasen kümmern.

| DRIVER CONTAINER | CONTAINER TOOLKIT | KUBERNETES DEVICE PLUGIN | NVIDIA DCGM / DCGM EXPORTER | GPU FEATURE DISCOVERY | GPU MIG MANAGER |
|---|---|---|---|---|---|
| • Loads the NVIDIA GPU driver<br>• Builds the NVIDIA Peermem driver<br>• Rebuilds driver for the target kernel | • Exposes GPUs to containers<br>• Supports Docker Engine, CRI-O, and ContainerD<br>• Exports GPU environment variables | • Exposes GPUs to the Kubernetes scheduler<br>• Tracks available and allocated GPUs in the cluster | • Exports GPU telemetry metrics<br>• Associates GPUs with the Pod and Node | • Detects the GPU model and specific features<br>• Labels nodes by GPU features | • Enables and sets MIG profiles<br>• Restarts GFD to set labels for new profiles |

**Abbildung 9.3** GPU-Operator – vereinfachte Übersicht der Komponenten, Quelle: NVIDIA

Einige der Komponenten werden aufgrund ihrer Komplexität in späteren Abschnitten je nach Bedarf noch ausführlicher behandelt. Diese sind in der folgenden Liste mit einem Stern (*) versehen:

Hinweis: Die Nummern in der folgenden Auflistung stehen für eine (sehr grobe) Startreihenfolge der Pods, welche sich natürlich je nach GPU-Operator-Version abweichend darstellen kann. Gleiche Nummern bedeuten, dass die Pods in etwa zeitgleich gestartet werden. Wer das Ganze selbst nachvollziehen will (z. B. unter OpenShift): Skalieren Sie einen GPU-Node und beobachten Sie die ausgerollten Pods und Container des GPU-Operators im Namespace *nvidia-gpu-operator* per `oc get pods -w`.

- (0) *gpu-operator* (*) – Ist nach der Installation permanent da und wartet auf Import, Änderung oder Löschung der ClusterPolicy CR und/oder MIG-Node-Label, um tätig zu werden.
- (1) *nvidia-node-status-exporter* – Prüft permanent elementare Teile des Stacks auf großer Flughöhe (ready or not) wie z. B. Driver, Toolkit, CUDA, Plugin und ob die GPU an die Außenwelt exposed ist.
- (2) *nvidia-device-plugin-daemonset* (*) – Registriert die Liste der (virtuellen) GPUs beim Kubelet des GPU-Worker-Nodes, sodass die verfügbaren GPUs von Pods und den in ihnen enthaltenen Containern selektiv eingebunden werden können (z. B.: `spec.containers.resource.limits.nvidia.com/gpu: 2`). Zudem wird ein permanenter Check der GPU-Health durchgeführt.
- (2) *nvidia-device-plugin-validator* – Prüft, ob das Device-Plugin korrekt arbeitet.
- (3) *gfd* (*gpu-feature-discovery*) (*) – Hinterlegt wichtige, von ihm erkannte GPU-spezifische Features in einer Datei (OutputFilePath: */etc/kubernetes/node-feature-discovery/features.d/gfd*) und platziert diese Metadaten zusätzlich als Node-Label, sodass andere Komponenten des GPU-Operator-Stacks diese Attribute bzw. Label auslesen und nutzen können. Versteht sich als Erweiterung des *NFD-Operators*, siehe dazu u. a. den gleich folgenden Abschnitt 9.4.7.

- (4) *nvidia-driver-daemonset-<version>* (*) – Erledigt vollautomatisch die Treiberinstallation, entweder precompiled, falls passend, oder build-on-demand). Enthaltene Container:
  - *nvidia-driver-ctr* – Der Haupt-Container: Sofern ein *openshift-driver-toolkit*-Container vorhanden (ab OpenShift 4.9), übernimmt dieser Container den Build. Der Container *nvidia-driver-ctr* lädt dann anschließend nur noch den erzeugten Treiber. In OpenShift-Versionen vor 4.9 baut der Container *nvidia-driver-ctr* den Treiber selbst. Mit Treiberversion 510.47.03 (NVAIE 2.0) wurde im März 2022 erstmals ein Driver-Modell eingeführt, das alle GPU-Fälle (GPU, vGPU, MIG) treibertechnisch bedienen kann, was insbesondere für vGPU-Setups extrem wichtig ist.
  - *(openshift-)driver-toolkit* kompiliert Treiber. Wird über GPU-Operator 1.9 (und erst ab OpenShift 4.9) angetriggert. Ab GPU-Operator 1.9.x und OpenShift ≥ 4.9.9 benötigt der Driver-Toolkit-Container keine Build Entitlements mehr – eine extrem wichtige Erleichterung. Achtung: Das Driver-Toolkit ist in den OpenShift-Versionen 4.8.19, 4.8.21 und 4.9.8 defekt.
  - *k8s-driver-manager* ist als Init-Container implementiert, wird u. a. für Driver-Upgrades benötigt und stellt sowohl bei der initialen Ausführung des Driver-DaemonSets als auch bei späteren Upgrades sicher, dass vor einem Upgrade/der Erstinstallation alle (gegebenenfalls älteren) NVIDIA-spezifischen Kernel-Modules entladen werden.
- (5) *nvidia-container-toolkit-daemonset* (*) – Für den Build and Run von GPU-Accelerated Containern.
- (6) *nvidia-cuda-validator* – Prüft, ob CUDA-Workloads auf der durchgeschleiften GPU korrekt ausgeführt werden können.
- (7) *nvidia-dcgm* – Generiert GPU-Metrics zur Performance. Achtung: Dazu muss unter OpenShift der Namespace *nvidia-gpu-operator* mit dem Label `openshift.io/cluster-monitoring=true` ausgestattet sein (wird per Default vom GPU-Operator so gelabelt). Darüber wird dann z. B. erfasst, ob das Deployment erfolgreich war, wie viele GPUs auf den Nodes vorhanden sind und ob alle Layer des Stacks erfolgreich ausgerollt wurden. Die erfassten DCGM-Metriken können direkt über Prometheus abgefragt werden.
- (7) *dcgm-exporter* (metrics) – Exportiert die GPU-Metrics über einen */metrics*-Endpoint an Monitoring-Lösungen wie z. B. Prometheus. Siehe hierzu: *https://docs.nvidia.com/datacenter/cloud-native/gpu-telemetry/dcgm-exporter.html*
- (8) *mig-manager (multi-instance-gpu)* (*) – Dieser Pod wird nur aktiviert, sofern MIG-kompatible Hardware wie z. B. eine A30 oder A100 vom GPU-Operator auf einem Node erkannt wird. Sobald eine passende GPU von der CR erkannt wird, wird diese vom MIG-Manager überwacht. Verfügbare Konfigurationsvarianten MIG-tauglicher NVIDIA-GPU-Hardware hinterlegt diese Komponente in einer ConfigMap (*default-mig-parted-config*, siehe dazu auch: *https://github.com/NVIDIA/mig-parted*) im Namespace *nvidia-gpu-operator*. Das Setzen des gewünschten MIG-Partitionierungs-Patterns kann z. B. entweder per Default-Label über MachineSets unter OpenShift erfolgen oder über nachträgliches

Labeln bestimmter Nodes. Der MIG-Manager liest das Label aus und wendet das gewünschte Profil entsprechend an. Siehe dazu auch: *https://docs.nvidia.com/datacenter/cloud-native/gpu-operator/gpu-operator-mig.html*

- (1-8) *nvidia-operator-validator* – Dieser Pod läuft beim Rollout und im Betrieb des Stacks permanent mit und überwacht alle vom GPU-Operator betreuten Einzelkomponenten auf korrekte Funktion.

### 9.4.6 Preflight: der NFD-Operator

Zunächst zum *NodeFeatureDiscovery*-(NFD-)Operator, der vorbereitend essentiell wichtig für die Funktion des GPU-Operators ist.

Der *NodeFeatureDiscovery-Operator* kümmert sich um die Erkennung von Node-Hardware in einem Kubernetes-/OpenShift-Cluster, indem er die Nodes – je nach gefundener Hardware oder z. B. bestimmten (CPU-)Features – mit hardwarespezifischen Informationen in Form von Labeln kennzeichnet. Der NFD-Operator arbeitet auf Basis mindestens einer CR (unter OpenShift: `nodefeaturediscoveries.nfd.openshift.io`) und kennzeichnet den betreffenden Node mit Attributen über die in ihm verbauten PCI-Devices, Speicherkomponenten, die Kernel- oder Betriebssystemversion und vieles andere mehr. Der NFD besteht intern aus den folgenden Software-Komponenten.

#### NFD-Master

NFD-Master läuft als DaemonSet mit spezieller Node-Affinity auf den Master-Knoten des Clusters. Diese Komponente ist für die Kommunikation mit der Kubernetes-API verantwortlich, d. h., die `nfd-master`-Instanzen erhalten Labeling-Requests von den `nfd-worker`-Instanzen, die mit dem API-Sever zusammen dafür sorgen, dass die betreffenden Node-Objekte entsprechend gelabelt werden.

#### NFD-Worker

Die NFD-Worker-Instanzen werden auf jedem Worker-Node des Clusters ausgerollt. Dies betrifft auch Master-Nodes in kleinen Testumgebungen, welche als schedulable gekennzeichnet sind. Der NFD-Worker-Pod auf dem jeweiligen Node ist für die eigentliche (Hardware-)Feature-Erkennung verantwortlich. Anschließend übermittelt er die gefundenen Informationen an die `nfd-master`-Instanzen, welche dann über den API-Server die eigentliche Node-Kennzeichnung antriggern.

#### NFD-Topologie-Updater

NFD-Topology-Updater bringt eine Zone-Awareness in das NFD-Konstrukt mit ein, welche dem Konzept der PodTopologySpreadConstraints ähnelt, um topologiespezifische Redundanzen zu berücksichtigen oder z. B. Mindest-Ressourcenkontingente (nicht zu verwechseln mit ResourceQuotas) pro Node zu bewahren.

#### Post Rollout

Nachdem der NFD-Operator ausgerollt und eine geeignete NFD-CR in den Cluster importiert wurde, analysiert der NFD-Operator anhand der Daten aus dem */proc-* bzw. */sys-*Dateisystem des jeweiligen Nodes, welche eher generellen (Hardware-)Features dieser Node zur Verfügung stellt, und kennzeichnet ihn automatisch mit entsprechenden Node-Labeln: Der gute alte SysInfo-OCF-Agent von Pacemaker-HA-Clustern lässt grüßen. Hat der NFD-Operator beispielsweise NVIDIA-spezifische PCIe-Hardware (`NVIDIA-Vendor ID` wäre dann typischerweise `0x10DE`) auf einem Kubernetes-/RHCOS-Node gefunden, wird das Node-Objekt unter Kubernetes/OpenShift per NFD automatisch mit folgendem Label ausgestattet:

```
feature.node.kubernetes.io/pci-10de.present="true"
```

Diese Node-Label können wiederum von weiteren Kubernetes-/OpenShift-Ressourcen bzw. Operatoren verwendet werden, um weitere Aktionen auszuführen: Konkret scannt der *GPU-Operator* alle Nodes permanent nach für ihn relevanten Labeln und wird – sofern ein passendes, wie das aus dem oberen Beispiel, gefunden wurde – automatisch tätig. Dabei kommen die folgenden Komponenten des GPU-Operators zum Einsatz.

### 9.4.7 Die Einzelkomponenten des GPU-Operators im Detail

Im Folgenden betrachten wir die Arbeitsweise der im letzten Abschnitt bereits kurz angerissenen Einzelkomponenten des *GPU-Operator-Stacks* genauer, da diese für eine perfekt arbeitende Automation im RZ- und Cloud-Umfeld unabdingbar sind. Zudem betrachten wir sie in einem etwas konkreteren Bezug aus Anwender- bzw. Anwendungssicht, um so die Zusammenhänge der Komponenten und durchgeführter Aktionen besser zu verdeutlichen.

Die folgenden Abschnitte stellen daher nicht nur die Phasen des prozeduralen Ablaufs, sondern selbstverständlich funktional und technisch auch die Images/Container dar, mit denen die Schritte ausgeführt werden. Das umgebende Framework stellt dabei die *ClusterPolicy*-CR dar, über die der GPU-Operator die erforderlichen Einzelschritte/Container für die Einrichtung eines funktionalen Driver-, Tool- und Metrics-Stacks sequentiell triggert, meist in Form von DaemonSets.

Abbildung 9.4 liefert einen grafischen Überblick der im Folgenden betrachteten Komponenten, der auch bereits einen stark vereinfachten Workflow enthält: erst NFD-Operator, dann GPU-Operator, darin dann Abarbeitung der Komponenten 1–*n*, optional der Network-Operator z. B. für GPUDirect-RDMA-Setups.

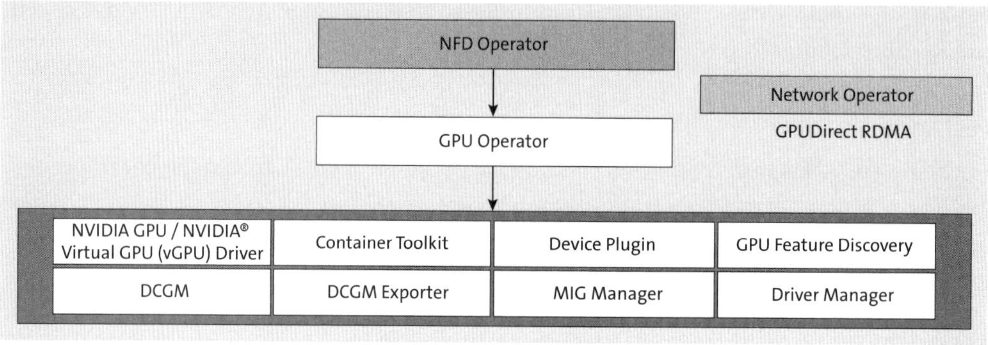

NFD Operator
GPU Operator
Network Operator
GPUDirect RDMA
NVIDIA GPU / NVIDIA® Virtual GPU (vGPU) Driver
Container Toolkit
Device Plugin
GPU Feature Discovery
DCGM
DCGM Exporter
MIG Manager
Driver Manager

**Abbildung 9.4** NFD- und GPU-Operator-Stack, Quelle: NVIDIA

Ebenfalls zu sehen in der Darstellung ist der bereits erwähnte *Network-Operator* als optionale Komponente. Dieser arbeitet ebenfalls in Teilen mit dem GPU-Operator zusammen, z. B. wenn es um die nodeübergreifende Kopplung von GPUs per RDMA geht. Dies betrachten wir erstmals ab Abschnitt 9.6 in der Theorie, später in der Praxis.

## 9.5 Automatische Provisionierung eines Nodes durch den GPU-Operator

Gehen wir also zunächst von einer recht simplen Situation aus, in welcher ein Anwender eine Ressource (z. B. ein Deployment oder wie nachstehend gezeigt einen simplen Pod) in den Cluster ausrollt, die in ihrer Container-Spezifikation (`spec.containers.resources.limits`) die Anforderung für eine GPU hat. Dies könnte z. B. wie in Abbildung 9.5 aussehen.

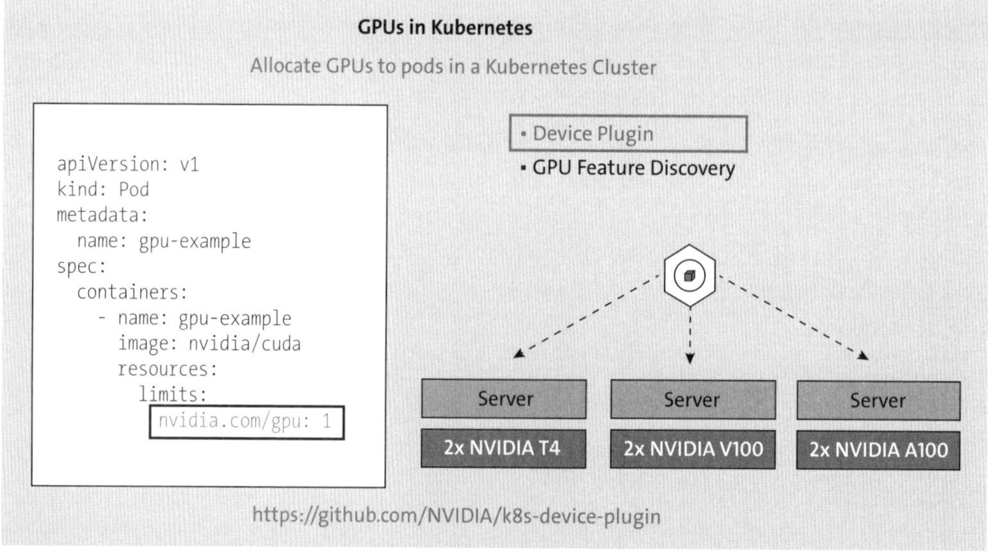


**Abbildung 9.5** K8s-Device-Plugin des GPU-Operator-Stacks, Quelle: NVIDIA

Voraussetzung, um diese Anforderung erfüllen zu können, wäre ein im Cluster vorhandener GPU-Node. Nehmen wir an, ein GPU-Node wäre auf Basis eines entsprechenden VM-Templates erzeugt worden, und wir beobachten nun die Geschehnisse auf diesem Node bis zur Fertigstellung der Provisionierung aller NVIDIA-GPU-spezifischen Komponenten durch den GPU-Operator.

### 9.5.1 K8s-Device-Plugin

Eine der ersten Komponenten des GPU-Operator-Stacks, die auf einem GPU-Node beim Setup aktiv werden, ist der *k8s-device-plugin*-Container (*https://github.com/NVIDIA/k8s-device-plugin*). Dieser befindet sich – neben anderen Containern – im Pod *nvidia-device-plugin-xxxx*, der (vom GPU-Operator erzeugt) auf jedem erkannten GPU-Node ausgerollt wird. Der Device-Plugin-Container kümmert sich nun darum, die auf seinem Node verfügbaren GPU-Ressourcen dem Kubernetes-Scheduler mitzuteilen, zudem führt er permanent Health-Checks durch und meldet dem Scheduler periodisch den Zustand der ihm bekannten GPUs.

Der Kubernetes-Scheduler kann so später die eingehende Pod-Anforderung des Anwender-Workloads für 1 GPU bearbeiten und einem Node zuteilen, der entsprechende GPU-Ressourcen verfügbar hat. Allerdings ist diese Betrachtung extrem vereinfacht, denn nichts in dem oben angegebenen GPU-Request der Pod-Spec definiert beispielsweise den exakten/gewünschten GPU-Typ oder weitere Details, wie z. B.:

*Ich möchte, dass mein GPU-Workload nur auf einem Node landet, der über eine A100, eine CUDA-Runtime der Version 11.4 und einen GPU-Driver der Version 510.47.03 verfügt.*

Um das zu ermöglichen, kommt nun der *GPU Feature Discovery*-Container in Spiel.

### 9.5.2 GPU Feature Discovery

Um diese detaillierten GPU-Wunschkriterien aus dem vorangegangenen Abschnitt ebenfalls über Node-Selektoren steuern zu können, müssen die GPU-Nodes gemäß der auf ihnen verbauten/verfügbaren GPU-Hardware zusätzlich entsprechend gekennzeichnet werden.

Wie wir bereits wissen, kümmert sich zunächst, d. h., bevor irgendeine Komponente des GPU-Operator-Stacks in Spiel kommt, der *NFD-Operator* auf sehr großer Flughöhe darum, Nodes mit (NVIDIA-)GPU-Hardware erst einmal generisch zu kennzeichnen, frei nach dem Motto: »Ja, da ist eine GPU auf dem Node vorhanden« (Label in dem Fall: `feature.node.kubernetes.io/pci-10de.present: true`) – oder eben nicht.

Dieser Verweis reicht dem GPU-Operator-Stack zwar zunächst aus, um zu erkennen, dass er auf diesem GPU-Node potentiell tätig werden muss. Damit der GPU-Operator aber ebenfalls weiß, welchen exakten Treiber er auf welchem Node mit welcher GPU-Hardware installieren muss, muss zusätzlich eine detailliertere Kennzeichnung der Nodes vorgenommen werden.

Darum kümmert sich der *gpu-feature-discovery*-Container (*https://github.com/NVIDIA/gpu-feature-discovery*), der vom GPU-Operator auf geeigneten GPU-Nodes ausgerollt wird. Betrachten wir dazu Abbildung 9.6.

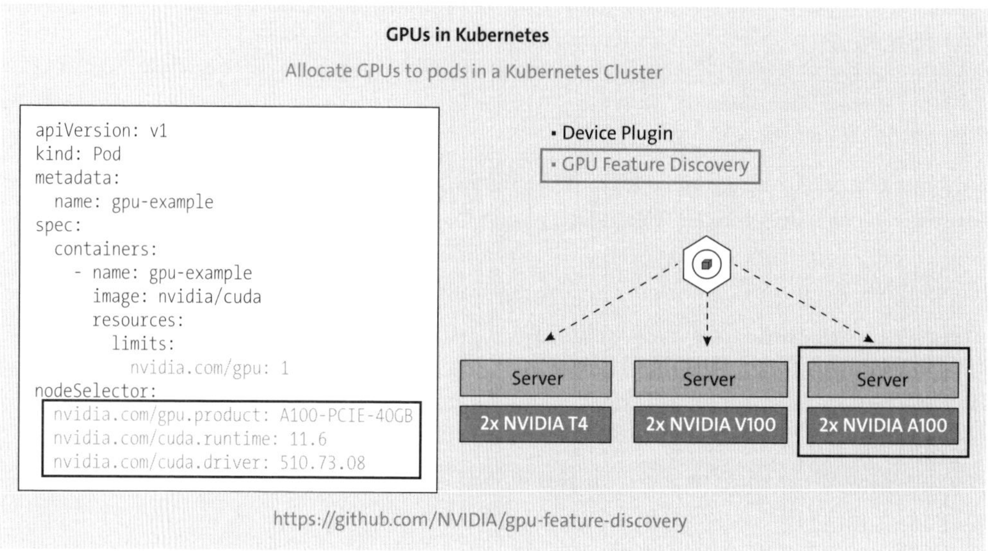


**Abbildung 9.6** GPU Feature Discovery des GPU-Operator-Stacks, Quelle: NVIDIA

Der GFD-Container arbeitet dabei ebenfalls in etwa so wie der NFD-Operator und dessen Pacemaker-Urahn, der SysInfo-OCF-Agent aus der HA-Cluster-Steinzeit: Er durchkämmt das */proc(/driver)-* und */sys*-Dateisystem auf dem GPU-Node nach NVIDIA-relevanten Informationen und setzt diese als Label auf dem Node, sodass andere Komponenten des GPU-Operator-Stacks diese Infos verwerten können. Hier sehen Sie beispielhaft die automatisch vom GFD erstellten Node-Label eines GPU-Nodes mit einer T4 mit dem vGPU-Profil T4-4C:

```
oc describe node opns2-cxtqb-vgpu-t4-vz2-qt5nl | grep nvidia.com | awk '{print $1}'
```

```
nvidia.com/cuda.driver.major=510
nvidia.com/cuda.driver.minor=47
nvidia.com/cuda.driver.rev=03
nvidia.com/cuda.runtime.major=11
nvidia.com/cuda.runtime.minor=6
nvidia.com/gfd.timestamp=1650643433
nvidia.com/gpu.compute.major=7
nvidia.com/gpu.compute.minor=5
nvidia.com/gpu.count=1
nvidia.com/gpu.deploy.container-toolkit=true
nvidia.com/gpu.deploy.dcgm=true
nvidia.com/gpu.deploy.dcgm-exporter=true
nvidia.com/gpu.deploy.device-plugin=true
nvidia.com/gpu.deploy.driver=true
nvidia.com/gpu.deploy.gpu-feature-discovery=true
nvidia.com/gpu.deploy.node-status-exporter=true
```

```
nvidia.com/gpu.deploy.nvsm=
nvidia.com/gpu.deploy.operator-validator=true
nvidia.com/gpu.family=turing
nvidia.com/gpu.memory=4096
nvidia.com/gpu.present=true
nvidia.com/gpu.product=GRID-T4-4C
nvidia.com/mig.strategy=single
nvidia.com/vgpu.host-driver-branch=r511_37
nvidia.com/vgpu.host-driver-version=510.47.03
nvidia.com/vgpu.present=true
```

Wir sehen, an verfügbaren Infos lässt es der GFD nicht mangeln.



### 9.5.3 Driver

Eigentlich eine – wenn nicht *die* – Kernkomponente des Stacks: Nachdem der GPU-Operator anhand der – vom GFD gesetzten – Node Label erkennen kann, welcher spezielle Driver für die GPU(s) auf dem Node verwendet werden muss, kommt der NVIDIA GPU/vGPU Driver Pod zum Einsatz. Der Treiber-Container stellt nun vollautomatisch die NVIDIA-Kernel-Module bereit (entweder pre-compiled oder er kompiliert sie selbst) und lädt sie anschließend in den Kernel des GPU-Nodes. Der Driver Pod enthält – je nach GPU-Operator-Version – wiederum mehrere Container (z. B. *nvidia-driver-ctr*), die sich bei der Treiberinstallation auf dem Node um verschiedene Aufgaben kümmern.

### 9.5.4 Container-Toolkit

Dieser Pod ist eine Kernkomponente für den Betrieb von GPU-beschleunigten Workloads. Er enthält unter anderem eine Runtime-Bibliothek und weitere Tools, um containerisierte Applikationen vollautomatisiert für die Nutzung von NVIDIA-GPUs einzurichten und diese zu managen. Bedeutet: Wenn ein Applikations-Pod mit GPU-Anforderung auf dem GPU-Node landet, sucht das Kubelet auf diesem Node eine freie GPU und übergibt dann die Ausführung des Applikations-Containers an das Container-Toolkit.

### 9.5.5 DCGM/DCGM-Exporter

Die Pods des Data Center GPU Manager (DCGM) enthalten Tools, um multiple GPUs in Cluster-Umgebungen verwalten zu können. Der DCGM-Exporter kümmert sich um den Export der Metrics, z. B. Richtung Prometheus.

### 9.5.6 Der MIG-Manager

Da MIG-fähigen Karten aktuell und zukünftig eine immer größere Rolle in ML-tauglichen Infrastrukturen zukommt, betrachten wir den MIG-Manager als Teilkomponente des GPU-

Operator-Stacks etwas ausführlicher. Schauen wir uns das Ganze zunächst anhand von Abbildung 9.7 an.

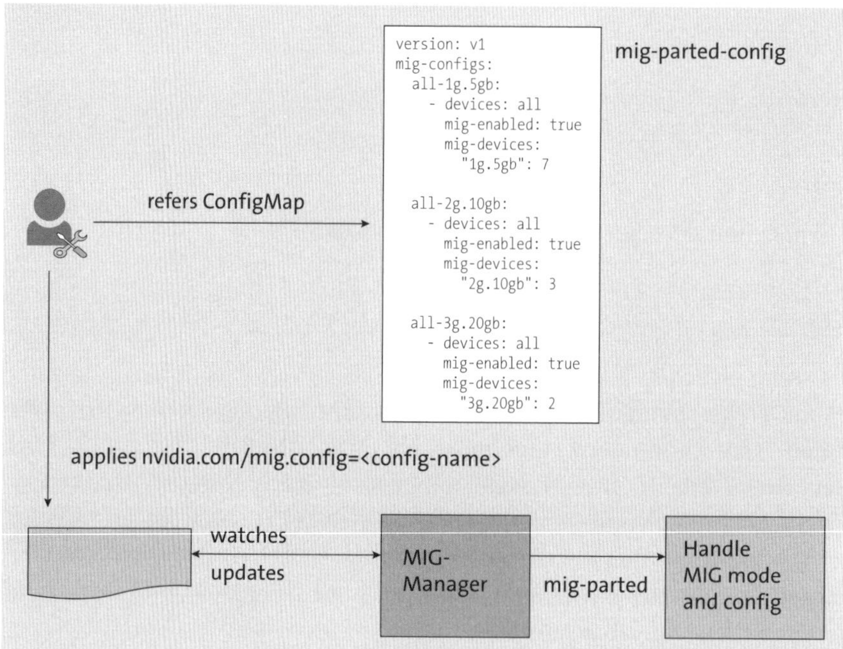


**Abbildung 9.7** MIG-Manager, schematischer, stark vereinfachter Workflow, Quelle: NVIDIA

**Achtung: MIG und Node-Label!**

Wundern Sie sich nicht, wenn in den später folgenden Praxisteilen frisch nach dem Rollout eines GPU-Nodes mit MIG-fähiger Hardware, auf dem noch keine Label für MIG-Partitionen gesetzt sind, die Pods *device-plugin* und *cuda-validator* fehlschlagen: Das tun sie in der Regel, weil noch keine valide MIG-Partition (die für die benannten Pods aber erforderlich ist, um zu funktionieren) gesetzt ist, die der MIG-Manager prozessieren kann. Sobald Sie eine valide MIG-Partition per Label für den Node angeben, wird der GPU-Operator-Stack komplett in Funktion gehen.

Als Workaround (damit GPU-Nodes mit MIG-fähiger GPU-Hardware nach dem Rollout nicht halbkonfiguriert im Cluster hängen) können Sie unter OpenShift z. B. das zugrundeliegende MachineSet bereits mit einem Label für eine Default-MIG-Partitionierung ausstatten. Dies kann allerdings – je nach OpenShift-Version – bei Repartitionierungen zu Problemen führen, siehe dazu auch Abschnitt 10.8.2.

Der MIG-Manager ist als eigenständiger Controller innerhalb des GPU-Operator-Stacks konzipiert. Er überwacht permanent die Nodes mit MIG-tauglicher Hardware (generelles Labeling per GFD) auf Änderungen des Labels `nvidia.com/mig.config`. Sofern es zu einer Änderung des Labels kommt, wendet der MIG-Manager die vom Benutzer angeforderte MIG-

Konfiguration an. Dazu stoppt er zunächst alle aktiven GPU-Client-Services, die in der Client-ConfigMap (per Default: *default-gpu-clients*, über die ClusterPolicy-CR kann auch auf eine andere CM umgestellt werden) aufgelistet sind. Client-Services sind per Default diese:

```
apiVersion: v1
data:
  clients.yaml: |
    version: v1
    systemd-services:
      - nvsm.service
      - nvsm-mqtt.service
      - nvsm-core.service
      - nvsm-api-gateway.service
      - nvsm-notifier.service
      - nv_peer_mem.service
      - nvidia-dcgm.service
      - dcgm.service
      - dcgm-exporter.service
kind: ConfigMap
```

Sind alle Client-Services (Pods/Container) erfolgreich gestoppt, wendet der MIG-Manager die gewünschte Neukonfiguration an und startet die relevanten Pods neu. Die MIG-Rekonfiguration kann auch einen Neustart des Knotens beinhalten, falls dies z. B. initial zum erstmaligen Aktivieren des MIG-Modus erforderlich ist (wie z. B. unter GCP, siehe Abschnitt 10.9.13).

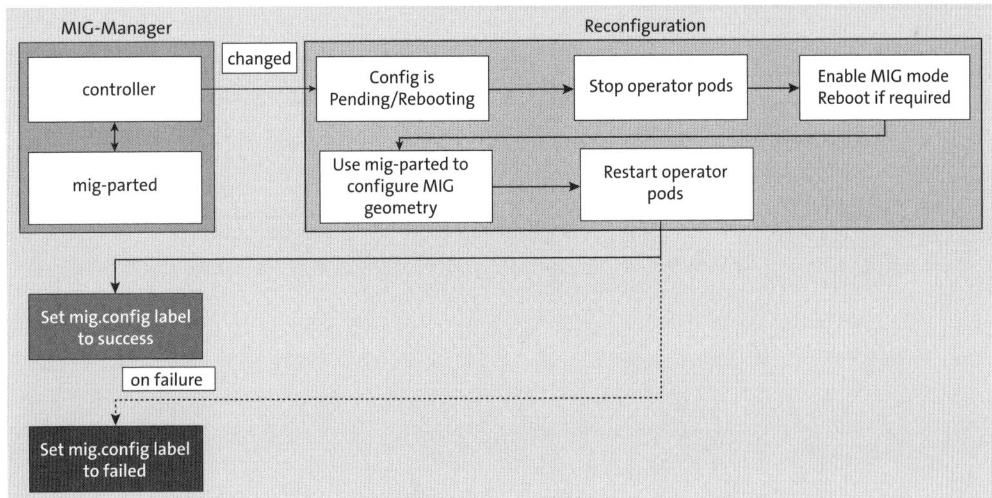


**Abbildung 9.8** MIG-Manager-Workflow, Quelle: NVIDIA

Zur Partitionierung der MIG-fähigen Karten im Cluster verwendet der MIG-Manager intern das Tool `mig-parted`, siehe hierzu: *https://github.com/nvidia/mig-parted*

### 9.5.7 MIG-Manager und assoziierte ConfigMap

Die zur Verfügung stehenden MIG-Profile werden dem MIG-Manager-DaemonSet per ConfigMap bekanntgemacht.

**Achtung: Nur bekannte MIG-Profile verwenden**

Nur die in der CM (`default-mig-parted-config` oder eine Custom-Variante) gelisteten Profile können per Label auf die Nodes mit MIG-fähigen GPUs angewendet werden. Alle nicht passenden Label werden ignoriert, wie hier z. B. eine 1g.6gb-MIG-Konfiguration, obwohl in der CM ausdrücklich nur 2g.12gb verfügbar ist:

```
Asserting that the requested configuration is present in the configuration file
time="2022-03-21T15:33:41Z" level=fatal msg=
"Error selecting MIG config: selected mig-config not present: all-1g.6gb"
Unable to validate the selected MIG configuration
```

Der GPU-Operator bringt bereits eine Standard-Konfiguration für seine *mig-parted*-Komponente mit, die die gängigen MIG-Slice-Varianten für A30, A100 (40 und 80 GB) enthält und in der CM `default-mig-parted-config` im Namespace `nvidia-gpu-operator` hinterlegt ist. Nachfolgend ein Auszug:

```
apiVersion: v1
data:
  config.yaml: |
    version: v1
    mig-configs:
      all-disabled:
        - devices: all
          mig-enabled: false

      # A100-40GB
      all-1g.5gb:
        - devices: all
          mig-enabled: true
          mig-devices:
            "1g.5gb": 7

      all-2g.10gb:
        - devices: all
          mig-enabled: true
          mig-devices:
            "2g.10gb": 3
```

```
    all-3g.20gb:
      - devices: all
        mig-enabled: true
        mig-devices:
          "3g.20gb": 2

    all-7g.40gb:
      - devices: all
        mig-enabled: true
        mig-devices:
          "7g.40gb": 1

    # A100-80GB
    all-1g.10gb:
      - devices: all
        mig-enabled: true
        mig-devices:
          "1g.10gb": 7
[...]
```



Jede der im oberen Listing fett markierten Konfigurationsdefinitionen (`all-disabled`, `all-1g.5gb`, `all-2g.10gb` usw.) kann vom MIG-Manager prozessiert und angewendet werden. Welches MIG-Profil aktuell aktiv sein soll, kann dem MIG-Manager auch direkt per *config.yaml* mitgegeben werden, die syntaktisch dem oberen Listing entspricht, z. B.:

`nvidia-mig-parted apply -f config.yaml -c all-1g.5g`

Siehe dazu auch: *https://github.com/NVIDIA/mig-parted*

Über den Schalter `-c` wird die jeweilige Config-Sektion der *config.yaml* angegeben, die angewendet werden soll.

Im konkreten Fall des MIG-Manager-Betriebs im Rahmen des GPU-Operator-Stacks wird das (entweder per Default oder von den DevOps-/MLOps-Teams) gesetzte Node-Label ausgelesen und die Partitionierung auf dieser Basis vom MIG-Manager durchgeführt. Da das Node-Label auch über Node-Reboots persistiert, wird die MIG-Konfiguration erneut angewendet, sobald der GPU-Node wieder *ready* und *schedulable* ist.

Sofern Mixed Configs (verschiedene Partitionsgrößen auf einer Karte) zum Einsatz kommen sollen, ist in der Regel ein zusätzlicher Device-Filter als Parameter in der betreffenden ConfigMap-Sektion erforderlich. Er bezieht sich in der Regel auf die PCI-ID des Gerätes (falls nicht bekannt: `lsspci | grep -i nvidia` auf dem GPU-Node ausführen, Prefix ist `0x`, Suffix NVIDIA-typisch `10DE`), hier z. B. für eine A30 (PCI-ID 20B7):

```
a30-all-balanced:
- device-filter: "0x20B710DE"
  devices: all
  mig-enabled: true
  mig-devices:
    "1g.6gb": 2
    "2g.12gb": 1
```

Diese Konfiguration würde z. B. über das Setzen des `mig.config`-Labels `a30-all-balanced` auf dem relevanten GPU-Node aktiviert.

### 9.5.8 MIG-Strategies: »mixed« vs. »single« in der Praxis

Gemäß NVIDIA-Wortlaut klingt die Erklärung der verfügbaren MIG-Strategy-Modes wie folgt und leider etwas kryptisch:

Die *Single*-Strategie ist darauf ausgelegt, das Handling von MIG-fähigen GPUs unter Kubernetes so beizubehalten, wie es bisher war: Auch MIG-fähige GPUs werden wie zuvor mit dem Ressourcentyp `nvidia.com/gpu` aufgelistet. Die diesem Ressourcentyp zugeordneten Eigenschaften werden im Modus Single jedoch explizit den jeweiligen MIG-Slices statt den vollständigen GPUs zugeordnet.

Die *Mixed*-Strategie ist hingegen darauf ausgelegt, unterschiedliche, im Cluster verfügbare MIG-Patterns abbilden zu können, welche sich auch in den Node-Labeln entsprechend wiederfinden.

**Wer es sich einfach merken möchte: Strategie »mixed« vs. »single«**

Die `single`-Strategie (Default) sollte gewählt werden, wenn alle GPUs des Clusters identische MIG-Patterns/Slices erhalten sollen. Nehmen wir an, Sie hätten 3 Nodes mit GPUs in ihrem Cluster: Node 1 (4 x T4), Node 2 (2 x A100), Node 3 (4 x A100). Die T4 wird vom MIG-Manager ignoriert, und alle A100 auf Nodes 2 und 3 erhalten das gleiche MIG-Profil, z. B. `3g.20gb`. Daher ist die Verwendung identischer GPUs für diese Strategie auch Voraussetzung. Die GPUs bzw. MIG-Partitionen würden dann in einem Pod mittels »normaler« GPU-Ressourcen-Anforderung bezogen (`spec.containers.resource.limits: nvidia.com/gpu: 1`), und erhalten dann das eingestellte Default MIG-Pattern, in diesem Fall 1 virtuelle GPU des MIG-Profils `3g.20gb`.

```
spec:
  nodeSelector:
    nvidia.com/gpu.product: A100-SXM4-40GB-MIG-3g.20gb
  containers:
    - name: cuda-nbody-container
      image: nvcr.io/nvidia/k8s/cuda-sample:nbody
```

```
      resources:
        limits:
          nvidia.com/gpu: 1
```

Wählen Sie stattdessen `mixed`, können Sie die (baugleichen) GPUs, z. B. die A100 aus unserem gerade verwendeten Beispiel, mit gemischten, Node-spezifischen MIG-Profilen ausstatten: z. B. könnten die beiden A100 auf Node 2 mit `1g.5gb` betrieben werden, die drei A100 auf Node 3 mit `3g.20gb`. In diesem Fall müssen die Clients bzw. konsumierenden Pods jedoch unter expliziter Angabe des MIG-Profils (`spec.containers.resource.limits: nvidia.com/mig-1g.5gb: 1`) »ihre« GPU anfordern, z. B. wie folgt:

```
spec:
  containers:
  - name: cuda-nbody-container
    image: nvcr.io/nvidia/k8s/cuda-sample:nbody
    resources:
      limits:
        nvidia.com/mig-1g.5gb: 1
```

Siehe zu den vorangegangenen Erläuterungen auch: *https://github.com/NVIDIA/deepops/blob/master/docs/k8s-cluster/nvidia-mig.md*



Bei einer etwaigen Änderung der MIG-Strategy (über die CR des GPU-Operators oder die Device-Plugin-ConfigMap) sind immer der GFD und das Device-Plugin involviert. Daher müssen diese Pods nach einer Änderung gegebenenfalls manuell durchgestartet werden, sofern der GPU-Operator dies nach Änderung der CR nicht bemerkt.

**Hinweis: MIG-Strategy (single [default] und mixed) und der GPU-Manager**

Beim Einsatz von MIG-Profilen, die mittels MIG-backed vGPU über den GPU-Manager auf dem Host bereitgestellt werden, haben (leider nur teilweise reproduzierbare) Beobachtungen gezeigt, dass die Einstellung `mixed` in der `mig.strategy` dazu führen kann, dass die virtuellen GPU-Slices der MIG-fähigen Karte nicht als GPUs vom Device-Plugin registriert werden.

### 9.5.9 Custom-MIG-ConfigMap

Achtung: Wenn eine andere als die per Default aktivierte MIG-ConfigMap (`default-mig-parted-config`) verwendet werden soll, müssen Sie dies dem GPU-Operator über eine entsprechende Anpassung der *ClusterPolicy* mitteilen, andernfalls greift immer nur die Default-MIG-ConfigMap.

Um eine Custom-MIG-ConfigMap zu aktivieren, muss in der ClusterPolicy-CR das Attribut `spec.migManager.config.name: <your-custom-CM>` angepasst werden:

```
spec:
  migManager:
    config:
      name: custom-mig-parted-config
```

Zudem sollte die ClusterPolicy ebenfalls den MIG-relevanten Eintrag `spec.mig.strategy: mixed` enthalten, sofern nicht nur MIG-fähige Karten im GPU-Cluster zum Einsatz kommen.

**Achtung: Nachträgliche Änderungen an der MIG-ConfigMap**

Sofern Sie keinen Mechanismus zum Auto-Recreate von Pods bei Änderung assoziierter ConfigMaps aktiv haben (Stichwort z. B.: ConfigMap-Mount oder Stakater-Reloader), müssen Sie nach Konfigurationsänderungen an der MIG-ConfigMap den MIG-Manager-Pod löschen, damit dieser die neu erzeugte ConfigMap verwendet.

MIG im konkreten Praxiseinsatz (konfiguriert/partitioniert per GPU-Manager sowie im PCI Passthrough und partitioniert durch den GPU-Operator mithilfe des MIG-Managers) betrachten wir in Abschnitt 10.6 bis einschließlich Abschnitt 10.10.

## 9.6 NVIDIAs Network-Operator – die Architektur

Siehe zu allem Folgenden auch:

- *https://developer.nvidia.com/blog/streamlining-kubernetes-networking-in-scale-out-gpu-clusters-with-the-new-nvidia-network-operator-1-0/*
- *https://developer.nvidia.com/blog/the-need-for-speed-edge-ai-with-nvidia-gpus-and-smartnics-part-1/*

### 9.6.1 Vorbetrachtungen und Übersicht

Um bestimmte, anspruchsvolle GPU-Workloads noch effizienter und schneller prozessieren zu können, reicht die Leistung einzelner GPUs in bestimmten Anwendungsfällen gegebenenfalls nicht aus. Um an dieser Stelle der KI/ML-Cluster keinen Flaschenhals entstehen zu lassen, kann sich die Bündelung von GPUs anbieten.

Dazu existieren mehrere Optionen. Eine davon ist bei geeigneten GPUs, welche im gleichen Host verbaut sind, das Verfahren über *NVLinks/NVSwitch*, welches bereits in Abschnitt 4.8 erörtert wurde. Das andere Verfahren – bei dem GPUs über multiple Server verteilt sind – wird über einen konventionellen, aber eben sehr schnellen Network-Interconnect zur Verfügung gestellt. So lassen sich multiple GPUs auf unterschiedlichen Nodes miteinander verknüpfen, um die GPU-Rechenleistung zu erhöhen.

Um sich auch bei dieser Workload-Architektur optimal positionieren zu können, hat NVIDIA bereits 2021 die Firma *Mellanox* übernommen, die leistungsfähige NICs und zu diesem Zeitpunkt auch bereits einen funktionierenden Network-Operator im Portfolio hatte. Dieser kann z. B. die Kopplung von NICs auf unterschiedlichen Hosts eines KI/ML-Clusters, deren NICs und GPUs *GPUDirect RDMA* (Remote Direct Memory Access) unterstützen, *automatisiert* vornehmen.

Allerdings war der Begriff »automatisiert« zum Zeitpunkt der Betrachtung mit durchaus größeren Abstrichen zu sehen. Natürlich handelt es sich um ein extrem komplexes Setup, und dies ist auch gleichzeitig die größte Schwachstelle: Der GPU-Operator-Stack ist für sich genommen schon recht komplex, aber mittlerweile sehr stabil. Bei einem GPUDirect-RDMA-Setup kommt nun noch ein höchst untriviales Gesamtkonstrukt in Verbindung mit dem Network-Operator und etlichen Hardware-/Hypervisor-/VM-Preflights hinzu, das mit dem GPU-Operator-Stack fehlerfrei interagieren muss. Andernfalls bringt die kleinste Fehlkonfiguration das Konstrukt aus dem Tritt.



**Hinweis**

Im Folgenden werden zunächst die theoretischen Grundlagen zum Network-Operator erläutert. Ein Praxisbeispiel unter OpenShift findet sich in Abschnitt 10.11.

### 9.6.2 Arbeitsweise (High-Level)

Der Network-Operator wird im konkreten Verbund mit dem GPU-Operator verwendet, um schnelles GPU-Networking für Workloads in einem Kubernetes-/OpenShift-Cluster zu ermöglichen. Das beinhaltet unter anderem die folgenden Komponenten/Konzepte:

- NVIDIA-Netzwerktreiber zur Aktivierung erweiterter Funktionen
- Kubernetes-Device-Plugins zur Bereitstellung von Hardware-Ressourcen, die für schnellen Netzwerk-Interconnect erforderlich sind
- Kubernetes-spezifische sekundäre Netzwerkkomponenten für netzwerkintensive Workloads

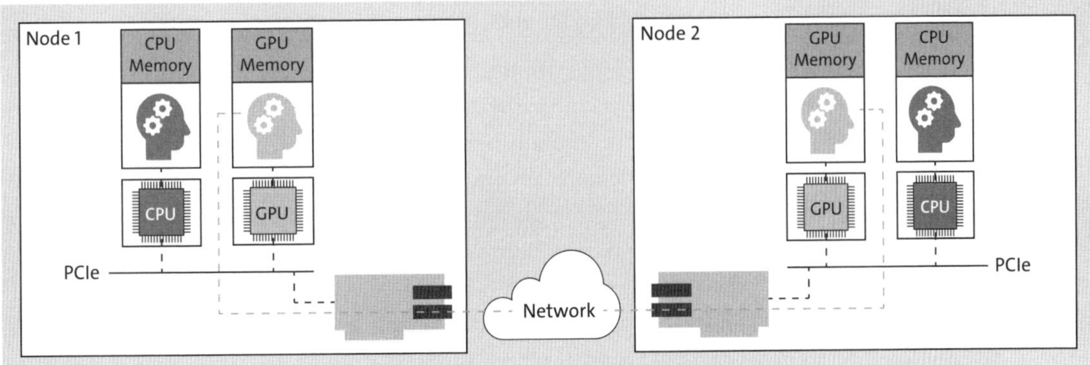


**Abbildung 9.9** GPU Direct RDMA Technology between two GPU Nodes, Quelle: NVIDIA

NVIDIAs Network-Operator automatisiert dabei die High-Speed-Netzwerk-Konfiguration von Pods, über die wiederum GPUs, die nicht auf dem gleichen Node untergebracht sind, per GPUDirect RDMA miteinander konnektiert werden. Der Network-Operator fügt dabei einem Pod mithilfe des Multus-CNI-Plugins eine zweite Netzwerkschnittstelle hinzu, die explizit für GPUDirect RDMA verwendet wird. Der Network-Operator unterstützt dabei sowohl Remote Direct Memory Access (RDMA) als auch Shared Root I/O Virtualization (SRIOV)

## 9.7 Komponenten des Network-Operators im Überblick

Betrachten wir die gleich etwas ausführlicher vorgestellten Komponenten zunächst in Abbildung 9.10.

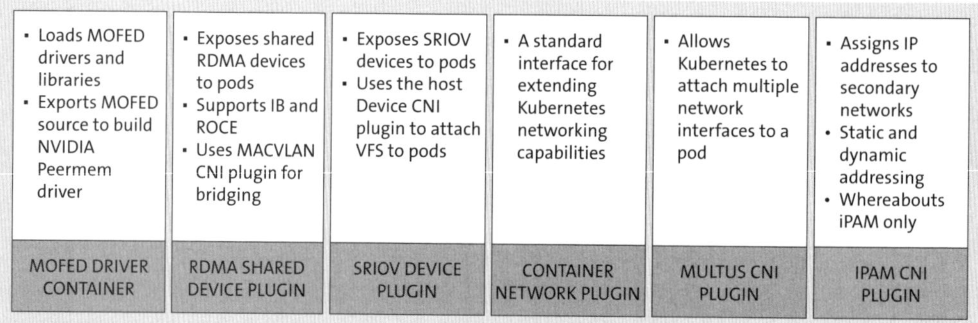


**Abbildung 9.10** Network-Operator – vereinfachte Übersicht der Komponenten und ihrer Funktionen, Quelle: NVIDIA

Kommen wir nun auszugsweise zu den Funktionen der wichtigsten Komponenten des Network-Operators, bezogen auf den betrachteten Versionsstand, und ihrer Interaktion mit anderen Komponenten des Network- und GPU-Operator-Stacks.

### 9.7.1 Mofed (NVIDIA_MLNX_OFED) Driver

Die *Mellanox OpenFabrics Enterprise Distribution* (*Mofed*) ist generisch betrachtet zunächst einmal eine Sammlung von Netzwerkbibliotheken und -treibern. *Mofed* unterstützt Remote Direct Memory Access (RDMA) sowohl über Infiniband- als auch über Ethernet-Verbindungen. Der Network-Operator kann je nach Settings in der CR des GPU-Operators den Mofed-Container auf zwei Arten zur Verfügung stellen: In Vanilla-Kubernetes-Umgebungen kann dazu beispielsweise ein bereits vorkompilierter Mofed-Treibercontainer zum Einsatz kommen, unter OpenShift wird der Mofed-Container typischerweise mit einem Entitled-Build-Container erstellt und geladen. Der Mofed-Container selbst wiederum lädt und entlädt die Mofed-Treiber, wenn er gestartet oder gestoppt wird.

### 9.7.2 Kubernetes RDMA Shared Device Plugin

Das Device-Plugin-Framework macht den Kubelets auf den (GPU-)Nodes wie üblich Systemhardwareressourcen bekannt. Der Network-Operator stellt ein spezielles Device-Plugin bereit, das den Kubelets auf den betreffenden Nodes vorhandene RDMA-Ressourcen bekanntmacht. Zudem macht es RDMA-Geräte für Pods verfügbar, die auf dem betreffenden Node ausgeführt werden, und ermöglicht den Pods so, RDMA-Operationen auszuführen. Alle Pods, die auf dem Knoten ausgeführt werden, teilen sich den Zugriff auf die gleichen RDMA-Gerätedateien.

### 9.7.3 NVIDIA Peer Memory Driver

Der NVIDIA Peer Memory Driver wird über den Network-Operator bereitgestellt und agiert als Client/Vermittler, um RDMA zwischen den GPUs und dem RAM auf dem Node herzustellen. Der Network-Operator installiert den NVIDIA Peer Memory Driver nur auf Nodes, die sowohl über eine Mellanox-ConnectX-NIC als auch über NVIDIA-GPUs verfügen. Der Peer Memory Driver wird automatisch geladen oder entladen, wenn der Container gestartet oder gestoppt wird.

### 9.7.4 Sonstige wichtige Komponenten

Wie der GPU-Operator benötigt der Network-Operator den *NFD-Operator*, damit er weiß, auf welchen Nodes (mit der geeigneten Hardware) er die oben aufgeführten, benötigten Komponenten installieren muss. Je nach Plattform (Vanilla Kubernetes/OpenShift) ist auch das bereits benannte *Multus CNI* involviert: Normalerweise haben Pods nur eine virtuelle NIC, über die sie mit dem Rest des Clusters kommunizieren. Multus CNI ermöglicht die Erzeugung zusätzlicher virtueller NICs, die im Fall der RDMA-relevanten Komponenten konkret dazu verwendet werden, eine sekundäre High-Speed-Peer-to-Peer-Netzverbindung (*GPU to GPU*) zwischen den (GPUDirect-RDMA-)Nodes herzustellen.

Ebenfalls involviert ist das *SR-IOV-Device-Plugin* (und CNI). SR-IOV ist eine Technologie, die in diesem Szenario eine direkte Schnittstelle zwischen Container und der physikalischen NIC-Hardware bereitstellt. Es umgeht die Host-CPU und das Betriebssystem, entlastet die CPU von E/A-Aufgaben und beschleunigt die Konnektivität erheblich. Das SR-IOV-Device-Plugin und sein CNI-Plugin werden vom Network-Operator zum Erstellen und Zuweisen von SR-IOV-VFs (virtuelle SR-IOV-Funktionen) zu sekundären Netzwerken benötigt, in denen die GPU-zu-GPU-Kommunikation abgewickelt wird.

So viel zur Theorie – wie der Network-Operator und seine Komponenten in der Praxis werkeln, betrachten wir ab Abschnitt 10.11 unter OpenShift 4.10 auf vSphere 7 (IPI).

# Kapitel 10
# OpenShift (GPU-Accelerated) – Multiplatform (Cloud und On-Premises)

*»Bei der Eroberung des Weltraums waren zwei Probleme zu lösen:*
*die Schwerkraft und der Papierkrieg.*
*Mit der Schwerkraft wären wir fertig geworden.«*
*– Wernher von Braun*



Ersetzen Sie:

- *des Weltraums* durch *containerisierter KI/ML-Cluster,*
- *Schwerkraft* durch *Infrastruktur* und
- *der Papierkrieg* durch *Vanilla Kubernetes.*

In diesem Abschnitt betrachten wir Aufbau und Konfiguration einer OpenShift-Platform, die als Foundation für (auto-)skalierbare KI/ML-Cluster dienen kann. Das Konstrukt baut auf dem Know-how auf, das wir in den vorangegangenen Abschnitten über vSphere, Datacenter-GPUs und deren Betriebsmodi sowie den Aufbau und die Arbeitsweise von Kubernetes und Operatoren erworben haben.

Das Ganze fokussiert zunächst generelle Punkte und Preflights, dann wird das OpenShift-Setup exemplarisch in einer On-Premises-Umgebung (vSphere 7) per Provisionierung im IPI-Mode (Installer Provisioned Infrastructure) durchgeführt. Später werden ergänzend OpenShift-Setups in der Google Cloud (GCP) gezeigt. Die Setups fokussieren auf den Betrieb mit GPU-beschleunigten und (auto-)skalierbaren Worker-Nodes auf der Basis von angepassten GPU-MachineSets. Die für die (Auto-)Skalierbarkeit essentiell wichtigen Konzepte zu MachineConfigs, MachineSets und assoziierten Operatoren werden ebenfalls thematisiert.

In den On-Premises- und Cloud-Setups kommen verschiedene NVIDIA-GPUs (T4, A30, A100) in verschiedenen Betriebsmodi (vGPU, MIG, MIG-backed vGPU, GPU-Sharing/-Overcommitment, GPUDirect RDMA) zum Einsatz.

## 10.1 Theoretische Vorbetrachtungen

Siehe zu allem Folgenden auch:

- *https://docs.nvidia.com/datacenter/kubernetes/openshift-on-gpu-install-guide/index.html*

- *https://docs.nvidia.com/datacenter/cloud-native/gpu-operator/getting-started.html*
- *https://developer.nvidia.com/blog/gpu-support-ai-workloads-openshift4/*
- *https://docs.nvidia.com/datacenter/cloud-native/gpu-operator/openshift/nvaie-with-ocp.html*

Im Folgenden betrachten wir konkret, wie OpenShift-Cluster auf verschiedenen Plattformen (On-Premises, Cloud) mit geeigneter GPU-Hardware und mithilfe von NVIDIAs GPU-Operator und anderen Komponenten so eingerichtet werden können, dass eine vollautomatische On-Demand-Skalierung von GPU-Nodes zur Nutzung durch KI/ML-Workloads möglich wird.

Alle hierfür benötigten Konzepte, Verfahren, und Komponenten wurden in den vorhergehenden Abschnitten bereits ausführlich erläutert, sodass in diesem Abschnitt bei Bedarf nur noch auf die entsprechenden Kapitel referenziert wird.

Voraussetzungen für alles Folgende sind NVIDIA Certified Server (siehe dazu Abschnitt 5.3.1 sowie *https://www.nvidia.com/en-us/data-center/resources/vgpu-certified-servers/*) und/oder geeignete Cloud-Instanztypen und unterstützte NVIDIA-GPUs (u. a.: NVIDIA A30, A100, T4, RTX A5000, RTX A6000, RTX 8000, RTX 6000, V100S, V100), siehe *https://www.nvidia.com/en-us/data-center/graphics-cards-for-virtualization/*.

> **Achtung!**
> Beachten Sie bitte, dass als zwingende Voraussetzung für alle folgenden on-premises-spezifischen Abschnitte ein korrekt eingerichtetes vSphere 7 Enterprise Plus System mit Datacenter-tauglicher NVIDIA-GPU-Hardware vorliegen muss, wie es in Kapitel 5 beschrieben wird. Ab Abschnitt 10.9 wird alternativ der Rollout von GPU-Nodes mit A100-Instanzen unter OpenShift auf GCP gezeigt.

### 10.1.1 Preflights: NVIDIA-Entitlements/-Lizenzen, Lizenzserver

Sofern vGPU bzw. NVAIE mit MIG- und/oder vGPU-Profilen zum Einsatz kommt, müssen Sie, wie bereits erwähnt, bei NVIDIA eine entsprechende Lizenz beantragen und einen Lizenzserver einrichten. Die verschiedenen diesbezüglichen Verfahren wurden in Kapitel 7 ausführlich beschrieben.

### 10.1.2 Funktionsweise – High-Level-Überblick

Siehe dazu auch: *https://developer.nvidia.com/blog/nvidia-gpu-operator-simplifying-gpu-management-in-kubernetes*.

Das Setup basiert aus einer sehr großen Flughöhe betrachtet auf mehreren Hard- und Software-Kernkomponenten, deren Funktion/Arbeitsweise im Folgenden noch einmal kompakt und generisch zusammengefasst ist.

- **OpenShift-Cluster**

  Benötigt werden ein aktueller OpenShift-Cluster (im Folgenden konkret betrachtet in EUS-Version 4.10.20, Stand 08/2022), für die on-premises-spezifischen Kapitel wird vSphere ≥7U3c Enterprise Plus eingesetzt, für die Cloud-Variante GCP, ergänzend werden auch spezifische MachineSet-Anpassungen für AWS erfasst.

- **GPU-Nodes**

  Hier kommen VM-Templates (Erstellung siehe Abschnitt 5.4.1 und Abschnitt 5.4.2) mit per vGPU/MIG etc. durchgeschleiften GPUs zum Einsatz, auf deren Basis RHCOS-GPU-Worker erzeugt werden, die wiederum in entsprechende *MachineSets* und *MachineConfigPools* eingebunden sind, wie im Folgenden beschrieben wird.

- **Operatoren**

  Hier kommen primär der NFD- und GPU-Operator zum Einsatz, später auch der Network-Operator.

- **License Server**

  Des Weiteren wird – sofern vGPU-Partitionen (oder MIG-Partitionen auf Hypervisor-Ebene) bzw. ein NVAIE-Stack zum Einsatz kommen – ein License Server benötigt, der die benötigten vGPU-/NVAIE-Lizenzen auf Abruf vorhält (siehe ab Kapitel 7). Diese Lizenzen werden beim Start eines GPU-technisch vorpartitionierten vGPU-/MIG-fähigen Nodes (und der dann automatisch erfolgenden Installation des Operator-Stacks) an diesen zugeteilt.



## 10.2 Konzeptionelle Vorbetrachtungen zum Setup (On-Prem mit vSphere)

### 10.2.1 Überblick

Der Einsatz von partitionierbaren GPUs benötigt wie üblich entsprechende Konfigurationen und Software-Implementierungen an verschiedenen Stellen bzw. in verschiedenen Schichten der Virtualisierungsinfrastruktur: zum einen auf der Typ-1-Hypervisor-Ebene, zum anderen in Form von Containern, die zentral auf den VMs bzw. GPU-Nodes per GPU-Operator gesteuert werden.

Während es sich bei der Installation der passenden Hard- und (NVAIE-/vGPU-)Software (GPU-Manager) auf Ebene des Hypervisors in der Regel kaum um eine permanent wiederkehrende Tätigkeit handelt, ist es jedoch bezogen auf die VM-Ebene meist genau das – zumindest im Rahmen von Container-Clustern. Letztere bilden aufgrund ihrer Skalierbarkeit und Flexibilität zunehmend die Basis von KI/ML-Systemen, und in diesem Umfeld stellen nicht nur Container/Pods vergängliche (»ephemeral«) Entitäten dar, *sondern ebenfalls auch die VMs*, die als (GPU-)Worker-Nodes der Container-Cluster fungieren.

In OpenShift-Clustern beispielsweise werden schlanke, größtenteils read-only betriebene RHCOS-VMs nur noch via Templating (MachineConfigs, -Pools und -Sets) automatisiert ausgerollt und skaliert. Jedwede weitere Konfiguration, wie die Installation eines passenden Treibers für die – an die VM durchgereichte – GPU (oder eine Partition ebendieser), erfolgt im professionell geplanten Produktivumfeld vollautomatisiert per Operatoren und die von ihnen gesteuerten Container des jeweiligen Software-Stacks.

### 10.2.2 Setup-Prozeduren GPU-Accelerated OpenShift IPI on vSphere – schematisch

Kommen wir zunächst zu einer groben und wirklich *sehr, sehr stark vereinfachten* Auflistung der Schritte, die benötigt werden, um einen OpenShift-Cluster mit GPU-Operator auf einer vSphere 7-Plattform mit vGPU-tauglicher Hardware shareable über multiple VMs zu betreiben. Das Ganze natürlich bezogen auf den zuletzt betrachteten Stand (OpenShift 4.10.x, 09/2022) und den GPU-Operator in der dort verfügbaren Version 1.11.

Die im Folgenden benannten Punkte/Schritte wurden zum Teil bereits in vorangegangenen Kapiteln erörtert bzw. werden in den nachfolgenden Kapiteln noch ausführlich erörtert und in konkreten Setups umgesetzt.

- Hardware: NVIDIA-zertifizierte Server mit NVIDIA-Datacenter-GPUs, die *vGPU/NVAIE* unterstützen, wie z. B. A100, A30, Tesla T4 oder ähnliche. (RTX-Karten wie die Quadro RTX 8000*/6000*, RTXA5000*/A6000* fallen als Workstation-GPUs eher nicht in den Datacenter-/ML-Compute-, sondern den vWS-Bereich, aber einige von ihnen können dennoch im vGPU-Mode betrieben werden. Diese Karten müssen üblicherweise vor dem vGPU-Einsatz per `displaymodeselector` in Displayless-Mode umgeschaltet werden.)
- *vSphere Enterprise Plus* mit vGPU-Unterstützung (im Folgenden vSphere in Version ≥ 7U3c).
- Beim Einsatz von vGPU/NVAIE: Ein NVIDIA-*Entitlement* (Lizenz), das zur Nutzung vGPU-/NVAIE-fähiger Hardware berechtigt, zu beziehen über NVIDIA oder dort gelistete Partnerunternehmen/Reseller. Siehe dazu Kapitel 7.
- Ein NVIDIA License Server, siehe ebenfalls ab Kapitel 7.
- Das NVIDIA vGPU/NVAIE *Driver VIB*, das nach Erwerb des NVIDIA-Entitlements über das NVIDIA Enterprise Portal heruntergeladen werden kann. Es muss in jedem ESXi des vSphere-Clusters, das mit entsprechender GPU-Hardware ausgestattet ist, installiert werden, sofern vGPU-Partitionen (oder MIG-Partitionen auf Host-Ebene) und damit der GPU-Manager zum Einsatz kommen.
- Korrekte Vorkonfiguration der GPUs auf den ESXis bzw. im vCenter, siehe Kapitel 5.
- Rollout eines OpenShift-Clusters in Version ≥ 4.10.x (vSphere IPI – *Installer Provisioned Infrastructure*, wird in Abschnitt 10.3 kompakt beschrieben).
- Erstellung geeigneter VM-Templates mit eingebundenen GPUs bzw. GPU-Partitionen, siehe Abschnitt 5.4.

- Erstellung von GPU-spezifischen MachineConfigs und MachineSets zur (Auto-)Skalierung der GPU-Nodes, Referenzierung der zuvor erstellten GPU-VM-Templates in den GPU-MachineSets.
- Setup des *NFD*- und des *GPU-Operators*. Erstellung geeigneter CRs für die vorgenannten Operatoren.
- Sofern nichts fehlschlägt, erstellen (neben zahlreichen andere Aktionen, die von anderen Modulen des GPU-Operator-Stacks ausgeführt werden) die Driver-Pods auf den jeweiligen GPU-tauglichen Nodes automatisch die passenden NVIDIA-Driver und injizieren sie in den Kernel des Nodes, während z. B. die `k8s-device-plugins` die auf den Nodes verfügbaren GPUs an den Kubernetes-Scheduler bzw. das Controlplane melden, sodass die (v)GPUs anschließend auf den RHCOS-Nodes direkt zur Nutzung durch Consumer (containerisierte ML-Workloads) zur Verfügung stehen.



## 10.3 On-Premises: OpenShift 4.10-Setup – Installer Provisioned Infrastructure (IPI) auf vSphere

Im Folgenden wird kurz und sehr kompakt das Setup eines OpenShift-Clusters auf vSphere erläutert. Siehe zu allem Folgenden auch: *https://docs.openshift.com/container-platform/4.10/installing/installing_vsphere/preparing-to-install-on-vsphere.html*

### 10.3.1 Preflights: Infrastruktur und OpenShift-Cluster

Im Folgenden wird ein OpenShift-Cluster in Version 4.10 unter vSphere ≥ 7U3c ausgerollt und konfiguriert. Die verwendete Installationsvariante ist *Installer Provisioned Infrastructure*, kurz *IPI*, siehe auch: *https://docs.openshift.com/container-platform/4.10/installing/installing_vsphere/installing-vsphere-installer-provisioned.html*

In der kleinsten Ausbaustufe (Achtung: nur für reine Test-Setups!) sollte der Cluster drei schedulable Master haben, normale Worker (ohne GPUs) werden für das folgende PoC nicht benötigt. Für alle nachfolgenden Tasks wurden der Einfachheit halber administrative Privilegien verwendet. In Produktivumgebungen sind hier selbstverständlich ausdrücklich nur entsprechend eingeschränkte vCenter-Rollen/-Privilegien zu verwenden. Details zu den benötigten Privilegien finden sich auch in Abschnitt 10.3.5. Ergänzende Dokumentation zu diesem Abschnitt findet sich unter anderem hier: *https://docs.nvidia.com/datacenter/cloud-native/gpu-operator/openshift/introduction.html#openshift-introduction*.

### 10.3.2 Generelle Tool-Hinweise zu allen OpenShift-Setups (AWS, GCP, vSphere & Co.)

Fast alle benötigten Tools wie z. B. der OpenShift-Installer (`openshift-install`), der OpenShift-Client (`oc`), das Developer-CLI (`odo`), der Operator Package Manager (`opm`), das Operator-

SDK und etliches andere mehr finden sich nicht nur auf dem Red Hat Portal (Anmeldung erforderlich), sondern auch unter folgender URL:

*https://mirror.openshift.com/pub/openshift-v4/*

Bitte beachten Sie dabei, dass trotz der frei zugänglichen Downloads ein (kostenfreier) Red-Hat-Account für die Installation eines OCP-Clusters und die vom Cluster benötigten Pakete erforderlich ist.

Unter *https://console.redhat.com/openshift/downloads* (Anmeldung erforderlich) finden sich weitere Tools, die ausschließlich dort verfügbar sind, wie z. B. die OpenShift Cluster API Manager CLI zum direkten API-Management (`ocm`, Details zur Funktionalität liefern auch: *https://api.openshift.com/*, *https://github.com/openshift-online/ocm-cli* und *https://access.redhat.com/articles/6114701*).

### 10.3.3 Der OpenShift-Installer: Terraform in schön

Seit OpenShift-Version 4.5 können OpenShift-Cluster mit `openshift-install` nicht nur auf gängigen Cloud-Plattformen wie AWS, GCP, Azure & Co., sondern auch in vSphere-/vCenter-Umgebungen komplett vollautomatisiert per *IPI* (*Installer Provisioned Infrastructure*) installiert werden, *inklusive der automatischen Erzeugung aller benötigten VMs*.

Wie in der Überschrift bereits angerissen: Der *OpenShift-Installer* (`openshift-install`) bringt dazu bereits integrierte und für OpenShift-Belange angepasste Terraform-Module mit. Das – nüchtern betrachtet, bezogen auf das, »was gehen müsste« – nach wie vor eher ungelenke CLI- und Konfigurations-Handling des puren Terraform wird hier auf ein schöneres, weil syntaktisch wesentlich einfacheres und daher transparenteres Niveau im Kubernetes-/Yaml-Style gehievt.

Der OpenShift-Installer erkennt über manuelle Eingabe (sofern im interaktiven Modus) oder die übergebene *install-config.yaml* das für die entsprechende Plattform zu installierende Terraform-Plugin und arbeitet die ihm übergebenen Attribute/Parameter zur Infrastruktur- und Cluster-Provisionierung ab.

Die Installer-Binary stellt uns zudem etliche Suboptionen zur Verfügung. So können wir mit der gewünschten Verbosität (`--log-level`) Cluster anlegen (`create cluster`), löschen (`destroy cluster`), Konfigurationen und Manifeste generieren (`create ignition-configs| install-config| manifest-templates| manifests`) und noch weitere Optionen (wie üblich versionsabhängig) setzen.

```
# openshift-install version
```

```
openshift-install 4.10.20
built from commit d63a12ba0ec33d492093a8fc0e268a01a075f5da
release image quay.io/openshift-release-dev/ocp-
release@sha256:b89ada9261a1b257012469e90d7d4839d0d2f99654f5ce76394fa3f06522b600
release architecture amd64
```

```
# openshift-install <Enter>

...
Available Commands:
  analyze     Analyze debugging data for a given installation failure
  completion  Outputs shell completions for the openshift-install command
  coreos      Commands for operating on CoreOS boot images
  create      Create part of an OpenShift cluster
  destroy     Destroy part of an OpenShift cluster
  explain     List the fields for supported InstallConfig versions
  gather      Gather debugging data for a given installation failure
  graph       Outputs the internal dependency graph for installer
  help        Help about any command
  migrate     Do a migration
  version     Print version information
  wait-for    Wait for install-time events
[...]
```



Insbesondere das `explain`-Subkommando (analog zu `oc explain` und `kubectl explain`) von `openshift-install` ist bei der Erzeugung/Anpassung einer geeigneten *install-config.yaml* für die jeweilige Platform hilfreich:

```
# openshift-install explain installconfig.<subattribut>.<subattribut>[...]
```

### 10.3.4 Vorbetrachtungen: Cluster Sizing

Die zu provisionierenden VMs (drei Master, kein Worker) werden mit jeweils 8 vCPUs, 32 GB RAM und 180 GB OS-Disks ausgerollt. Die Plattform ist ein vSphere-Enterprise-Plus-Cluster (*HA-enabled*, sonst schlägt das Setup fehl) in Version 7U3c, mit drei ESXi-Hosts, die zentral per vCenter verwaltet werden. Als Shared Storage ist ein entsprechend dimensioniertes Volumen (mindestens 2, besser 4 TB) als vSAN in alle ESXis als *vsan_datastore3* eingemountet. Sobald der Core-Cluster fertig ausgerollt ist, kommen über entsprechende MachineSets (siehe ab Abschnitt 10.4) noch skalierbare GPU-Nodes hinzu.

### 10.3.5 Zusammenfassung der technischen Preflights für das vSphere-Setup

Siehe zu allem Folgenden auch: *https://docs.openshift.com/container-platform/4.10/installing/installing_vsphere/installing-vsphere-installer-provisioned.html*

Zusammengefasst werden also benötigt:

- ein Red-Hat-Account (u. a. für das benötigte Pull-Secret)
- das Container-/RHCOS-Image-Pull-Secret (zu beziehen per Red-Hat-Account über *https://console.redhat.com/openshift/install/pull-secret*)
- ein vSphere-Cluster mit ausreichenden Hardware-Ressourcen (CPU, RAM, Storage)
- NFS-Share oder vSAN für alle verwendeten ESXis verfügbar (im Folgenden: */vsan_datastore3*)

- Ein für die Installation verfügbarer vCenter-User mit mindestens den folgenden Privilegien: Datastore (`Allocate space`), Folder (`Create folder`, `Delete folder`), vSphere Tagging (`All privileges`), Network (`Assign network`), Resource (`Assign virtual machine to resource pool`), Profile-driven storage (`All privileges`), vApp (`All privileges`), Virtual machine (`All privileges`). Exakte, versionsspezifische Details dazu finden Sie unter der URL *https://docs.openshift.com/container-platform/4.10/installing/installing_vsphere/installing-vsphere-installer-provisioned.html*.
- DNS-Settings, dazu kommen wir gleich
- ein Bastions-/Installations-Host (Bare-Metal oder VM, idealerweise RHEL-basiert, muss aber nicht sein), der netzwerktechnisch auf das vCenter des vSphere-Clusters zugreifen kann und auf dem die `openshift-install`-Binary und die OpenShift-CLI (`oc`) installiert sind
- Die root-CA des vCenter muss auf dem Linux-Host, der die Installation per `openshift-install` durchführt, als *trusted* hinterlegt sein. Am einfachsten ist es, wenn Sie das Zertifikats-Bundle des vCenter über den Browser vom vCenter herunterladen (*https://<IP|FQHN des vCenter>/certs/download.zip*) oder alternativ direkt vom Installations-Host per `wget https://<vcenter-FQHN>/certs/download.zip --no-check-certificate` holen. Entpacken Sie das Zertifikats-Bundle, kopieren und extrahieren Sie es und führen Sie ein Update des CA-Trusts wie folgt aus: `cp certs/lin/* /etc/pki/ca-trust/source/anchors; update-ca-trust extract`.
- Die für die *install-config.yaml* benötigten, vSphere-spezifischen Eckdaten bzw. verfügbaren Attribute können Sie z. B. via `openshift-install explain installconfig.platform.vsphere.<value>` abfragen.
- Sie müssen den passenden SSH-Key vom Installer-Node in der *install-config.yaml* hinterlegen, ebenso das Pull-Secret für die Red-Hat-Registry.

### 10.3.6 Achtung, wichtig: DNS-Settings

Es werden zwei statische IP-Adressen im DNS benötigt:

- ein IP/DNS-Entry für den externen Zugriff auf das OpenShift-Controlplane (im Folgenden: 192.168.99.11, aufgelöst auf *api.opns2.local1.site* und *api-int.opns2.local1.site*)
- ein Wildcard-IP/DNS-Entry für OpenShift-Routen (»Ingress Deluxe«, im Folgenden: 192.168.99.77/24, aufgelöst auf **.apps.opns2.local1.site*)

Die hier als Zweites benannte IP (192.168.99.77/24) wird im Folgenden automatisch als zusätzliche, hochverfügbare IP durch containerisierte *Keepalived*-Instanzen im OpenShift-Cluster bereitgestellt. Achten Sie darauf, dass die IPs und Namen in Ihrer (Test-)Umgebung von allen beteiligten Maschinen über Ihre bereits vorhandene DNS-Infrastruktur korrekt aufgelöst werden können.

### 10.3.7 DNS-Reverse-Zonen

Achtung: In der vSphere-IPI-Setup-Variante ist es extrem wichtig, dass die Reverse-Lookup-Namensauflösung für die wichtigsten Kernkomponenten dieses Setups ebenfalls funktioniert, z. B. für das vCenter selbst. Andernfalls kann es je nach OpenShift- und vSphere-Version zu schwer zu debuggenden Problemen kommen (Stichwort: DNS-Auflösung des *machine-controller*-Containers im Pod *machine-api-controllers*), die den Rollout von (GPU-) Worker-Nodes verhindern. Daher sorgen Sie bitte auch für passende Reverse-Lookup-Zonen in dem von Ihnen verwendeten DNS.

### 10.3.8 vSphere-HA und OpenShift-Installer (OVA Upload fails in Single Datastore)



Sofern ein OpenShift-Cluster (dies betrifft getestet so gut wie *alle* `openshift-install`-Versionen ab 4.9.x) *nicht* auf einem Shared Storage, sondern nur auf einem speziellen Datastore eines ESXi installiert werden soll und vSphere-HA deaktiviert ist, kann es zu dem folgenden, maximal unspezifischen und nicht wirklich gut zu debuggenden Problem kommen: Bereits der Upload des RHCOS-OVA-Templates in den Datastore scheitert mit einer (selbst im Debug-Mode des OpenShift-Installers) völlig unspezifischen Meldung:

```
DEBUG vsphereprivate_import_ova.import: Creating...
ERROR Error: rpc error: code = Unavailable desc = transport is closing
FATAL failed to fetch Cluster: failed to generate asset "Cluster": failed to create cluster: failed to
 apply Terraform: failed to complete the change
```

**Achtung: vSphere-HA-Aktivierung**

Aktivieren Sie daher vor der Installation des OpenShift-Clusters in jedem Fall *vSphere-HA* (VCENTER • CLUSTER • KONFIGURIEREN • VSPHERE AVAILABILITY • VSPHERE HA AKTIVIEREN (und auf die gewünschten HA-Belange anpassen). Falls Sie für die HA zusätzlich NFS-Heartbeat-Datastores einsetzen, aber anzahlmäßig nur einer (1) statt 2 verfügbar ist, wird das vCenter die (aus seiner Sicht erforderliche und nicht gegebene) Mindestanzahl von 2 beanstanden. Über die HA-Settings (CLUSTER • KONFIGURIEREN • VSPHERE AVAILABILITY • ERWEITERTE SYSTEMEINSTELLUNGEN) können Sie den zusätzlichen Parameter `das.heartbeatdsperhost: 1` setzen, um die Meldung zu unterdrücken. Dies sollte jedoch ausdrücklich nur in Testumgebungen mit weniger strikten HA-Anforderungen erfolgen. Siehe hierzu auch:

*https://docs.vmware.com/de/VMware-vSphere/7.0/com.vmware.vsphere.avail.doc/GUID-E0161CB5-BD3F-425F-A7E0-BF83B005FECA.html*

Achten Sie zudem darauf, dass in den *vmk0*-Einstellungen des betreffenden ESXi (NETZWERK • VMKERNEL-NETZWERKKARTEN) außer MANAGEMENT auch BEREITSTELLUNG als verfügbarer Dienst aktiviert ist. Ebenso sollte für IPv6 die Option IPV6 ADRESSE MITTELS ROUTER-ANKÜNDIGUNG ABRUFEN aktiviert sein. Diese Settings können auch direkt über das vCenter vorgenommen werden (Host auswählen und dann KONFIGURATION • NETZWERK • VMKERNEL ADAPTER • die 3 Punkte anwählen • BEARBEITEN).

### 10.3.9 install-config.yaml für vSphere-IPI-Installation (Auszüge)

In Listing 10.1 finden Sie die wichtigsten Anpassungen für das von uns verwendete Setup. Wer will, kann das Setup auch ohne *install-config.yaml* direkt interaktiv starten oder sich alternativ zunächst eine *install-config.yaml* per `openshift-install create install-config` zur späteren Modifikation und Sicherung erstellen, sofern alle notwendigen Eingabedaten (vCenter-Zugang, Pull-Secret etc.) vorhanden sind.

```
# install-config.yaml (vsphere)
# opns2-cluster auf vSphere IPI
apiVersion: v1
baseDomain: local1.site
compute:
- hyperthreading: Enabled
  name: worker
  replicas: 0
  platform:
    vsphere:
      cpus: 8
      memoryMB: 32000
      osDisk:
        diskSizeGB: 180
controlPlane:
  hyperthreading: Enabled
  name: master
  replicas: 3
  platform:
    vsphere:
      cpus: 8
      memoryMB: 32000
      osDisk:
        diskSizeGB: 180
metadata:
  name: opns2
networking:
  clusterNetwork:
  - cidr: 10.128.0.0/14
    hostPrefix: 23
  machineNetwork:
  - cidr: 10.0.0.0/16
  networkType: OpenShiftSDN
  serviceNetwork:
  - 172.30.0.0/16
```

```
platform:
  vsphere:
    apiVIP: 192.168.99.11
    cluster: cluster2
    datacenter: dc2
    folder: /dc2/vm/opns2
    # diskType: thin  ## NEW since 4.10, default 'thick'
    defaultDatastore: "vsan_datastore3"
    ingressVIP: 192.168.99.77
    network: VM Network
    password: mysuperstrongpassword
    username: administrator@vsphere.where.ever
    vCenter: vcenter2.local1.site
publish: External
[…]
```



**Listing 10.1** install-config.yaml (vSphere IPI)

Die in dieser Variante notwendigen, vSphere-spezifischen Attribute sind in der platform.vsphere-Sektion des Manifests zu finden. Dabei geht es um die üblichen Verdächtigen, wie z. B. FQHN/IP des vCenter mit assoziierten Zugangsdaten, das zu verwendende Netzwerk und der Datastore sowie Cluster- und Datacenter-Bezeichnung. Ebenfalls kann per platform.vsphere.folder ein manuell benannter *Folder* für die VMs des generierten Clusters im Datacenter angegeben werden. Der Unterordner muss dazu vorab als *VM and Template-Folder* unterhalb des Datacenters erzeugt werden. Die Angabe des (Sub-)Folders, der beim Setup automatisch erzeugt werden soll, erfolgt immer mit einem festem Prefix: /<datacenter>/vm/<folder>).

Zudem werden über die Hierarchien compute.Platform noch die VM-Compute-Resource-Spezifikationen für die auszurollenden Node-Typen festgelegt. Alle für die spätere (Auto-)Skalierung von (GPU-)Nodes erforderlichen OpenShift-Ressourcen wie *Machines* bzw. *MachineConfigs/-Sets* werden beim Rollout des Clusters per openshift-install automatisch mit erzeugt. Die *Machine*-spezifischen Ressourcen können nach erfolgreichem Rollout z. B. über die OpenShift-GUI (Sektion COMPUTE) oder per CLI verwaltet werden.

### 10.3.10 Rollout

Starten wir nun den Rollout. Der Ablauf ist dabei sehr stark vereinfacht wie folgt: Der Installer lädt von Red Hat ein RHCOS-OVA-Image herunter und importiert es in die vSphere-Umgebung als VM-Template.

Anschließend klont der Installer daraus automatisch die benötigten RHCOS-VMs: zunächst einen *Bootstrapper-Node* mit einem *temporären Controlplane*, betankt diesen, dieser betankt dann wiederum die ebenfalls frisch geklonten drei Master-Nodes, das temporäre Controlplane wird auf die *neu provisionierten Master* umgeschaltet, und danach werden sukzessive alle benötigten Komponenten in containerisierter Form installiert. Sobald alle Cluster-Operatoren *ready* sind (`oc get co` [co = clusteroperators]), ist der Cluster betriebsbereit.

> **Hinweis: DHCP**
>
> Falls Sie den Rollout mehrmals wiederholen, z. B. weil Sie Parameter anpassen müssen, achten Sie insbesondere in kleineren Testumgebungen bzw. bei kleineren DHCP-IP-Ranges darauf, die nicht mehr benötigten Leases wieder freizugeben. Andernfalls stehen Ihrem (neuen) OpenShift-Cluster bei einem erneuten Durchlauf eventuell keine freien DHCP-IPs mehr zur Verfügung.

Die Ausgabe im Folgenden ist sehr stark gekürzt und größtenteils auf die vSphere-/Terraform-spezifischen Meldungen reduziert. Der folgende Befehl setzt voraus, dass sich eine entsprechend angepasste (und vor dem Rollout gesicherte) *install-config.yaml* in dem Ordner befindet, in dem der Befehl ausgeführt wird:

```
# openshift-install create cluster --log-level debug
```

```
DEBUG OpenShift Installer 4.10.20
DEBUG Built from commit d63a12ba0ec33d492093a8fc0e268a01a075f5da
DEBUG Fetchng Metadata
...
INFO Consuming Install Config from target directory
DEBUG Purging asset "Install Config" from disk
DEBUG Fetching Terraform Variables...
DEBUG Loading Terraform Variables...
DEBUG Loading Cluster ID...
...
DEBUG Loading Install Config...
DEBUG Loading Image...
DEBUG Loading BootstrapImage...
DEBUG Loading Install Config...
DEBUG Loading Image...
DEBUG Loading Bootstrap Ignition Config...
DEBUG Loading Master Ignition Config...
DEBUG Loading Master Machines...
DEBUG Loading Worker Machines...
...
DEBUG Generating BootstrapImage...
DEBUG Fetching Bootstrap Ignition Config...
DEBUG Reusing previously-fetched Bootstrap Ignition Config
DEBUG Fetching Master Ignition Config...
DEBUG Reusing previously-fetched Master Ignition Config
DEBUG Fetching Master Machines...
DEBUG Reusing previously-fetched Master Machines
DEBUG Fetching Worker Machines...
DEBUG Reusing previously-fetched Worker Machines
...
DEBUG Generating Terraform Variables...
```

```
DEBUG Obtaining RHCOS image file from 'https://rhcos-redirector.apps.art.xq1c.p1.openshiftapps.com/
art/storage/releases/rhcos-4.10/
  410.84.202205191234-0/x86_64/rhcos-410.84.202205191234-0-vmware.x86_64.ova?sha256='
DEBUG Unpacking file into \
...
DEBUG Initializing the backend...
DEBUG Initializing provider plugins...
DEBUG Terraform has been successfully initialized!
DEBUG vsphere_tag_category.category: Creation complete after 0s [id=
urn:vmomi:InventoryServiceCategory:11492e6e-aeb6-4f50-bea5-d5a2ad797f9b:GLOBAL]
DEBUG vsphere_tag.tag: Creating...
DEBUG vsphere_tag.tag: Creation complete after 0s [id=urn:vmomi:InventoryServiceTag:0eafda0a-
  1251-4e1a-bc20-4fac4f326d97:GLOBAL]
DEBUG vsphere_folder.folder[0]: Creating...
DEBUG vsphere_folder.folder[0]: Creation complete after 0s [id=group-v37]
DEBUG vsphereprivate_import_ova.import: Creating...
DEBUG vsphereprivate_import_ova.import: Still creating... [10s elapsed]
DEBUG vsphereprivate_import_ova.import: Still creating... [20s elapsed]
DEBUG vsphereprivate_import_ova.import: Creation complete after 25s [id=vm-98001]
DEBUG data.vsphere_virtual_machine.template: Reading...
DEBUG data.vsphere_virtual_machine.template: Read complete after 0s [id=4210513f-f14a-3f7b-
                                                                    d6b0-b86e59ecc7b1]
DEBUG Apply complete! Resources: 3 added, 0 changed, 0 destroyed.
...
#[All following: 'DEBUG' -Log ..]
Still waiting for the cluster to initialize: Working towards 4.10.20: 8 of 771 done (1% complete)
Still waiting for the cluster to initialize: Working towards 4.10.20: 32 of 771 done (4% complete)
Still waiting for the cluster to initialize: Working towards 4.10.20: 33 of 771 done (4% complete)
Still waiting for the cluster to initialize: Working towards 4.10.20: 586 of 771 done (76% complete)
Still waiting for the cluster to initialize: Working towards 4.10.20: 741 of 771 done (96% complete)
Still waiting for the cluster to initialize: Some cluster operators are still updating:
authentication, console, kube-apiserver
Still waiting for the cluster to initialize: Working towards 4.10.20: 749 of 771 done (97% complete)
Still waiting for the cluster to initialize: Working towards 4.10.20: 765 of 771 done (99% complete)
Still waiting for the cluster to initialize: Cluster operator authentication is not available
Cluster is initialized
Waiting up to 10m0s (until 6:52PM) for the openshift-console route to be created...
Route found in openshift-console namespace: console
OpenShift console route is admitted
Install complete!
INFO To access the cluster as the system:admin user when using 'oc',
  run 'export KUBECONFIG=<path-to-kubeconfig>'
INFO Access the OpenShift web-console here: https://console-openshift-console.apps.opns2.local1.site
INFO Login to the console with user: "kubeadmin", and password: "xxxxx-xxxxx-xxxxx-xxxxx"
DEBUG Time elapsed per stage:
DEBUG      pre-bootstrap: 34s
DEBUG          bootstrap: 23s
DEBUG             master: 45s
DEBUG Bootstrap Complete: 9m7s
DEBUG                API: 1m5s
DEBUG Bootstrap Destroy: 13s
DEBUG Cluster Operators: 7m25s
DEBUG Time elapsed: 19m13s
```

### 10.3.11 Der Post-Rollout-Zustand

Der Zugriff auf den Cluster erfolgt per `oc` unter Verweis auf die beim Setup erzeugte *kubeconfig*-Datei (diese findet sich im Unterordner *../auth/* des Installationsordners) oder per GUI unter der URL, die der `openshift-install`-Prozess am Ende ausgegeben hat, in diesem Fall:

```
INFO Access the OpenShift web-console here: https://console-openshift-console.apps.opns2.local1.site
INFO Login to the console with user: "kubeadmin", and password: "xxxxx-xxxxx-xxxxx-xxxxx"
```

In Abbildung 10.1 sehen Sie einen per IPI ausgerollten OpenShift-Cluster auf vSphere 7, in diesem Fall mit drei Mastern und einigen bereits eingerichteten VM-Templates für GPU-Nodes.

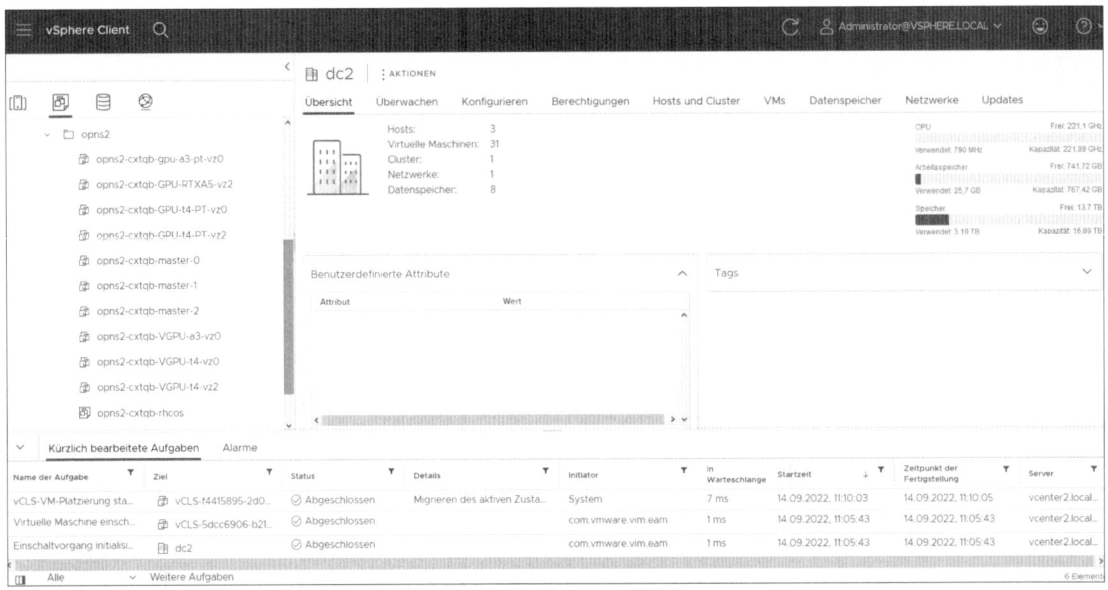


**Abbildung 10.1** Post-Rollout-Zustand (openshift-install) IPI vSphere 7, drei Master plus diverse, bereits vorbereitete GPU-VM-Templates

## 10.4 Preflights für skalierbare GPU-Nodes unter OpenShift: MachineSets, MachineConfigs und Machine-/Cluster-Autoscaler

Damit ein KI/ML-Cluster entweder on demand *skaliert* werden kann oder dies bei entsprechender Last automatisch erledigt (per MachineSet-/Cluster-Autoscaling), sind verschiedene Konzepte und damit assoziierte Tools/Ressourcen notwendig.

In diesem Abschnitt geht es um die Vermittlung ebendieser Konzepte und Ressourcen, welche auf dem Basis-Know-how über Kubernetes und Operatoren aus Kapitel 8 und Kapitel 9 aufbauen. Selbstverständlich sind die hier ausgeführten Betrachtungen – bezogen auf den Scope des Buches – zum Teil sehr stark vereinfacht und kompaktiert dargestellt. Ausführliche Betrachtungen der zugrundeliegenden Techniken und Verfahren finden sich in meiner aktuellsten Container-Publikation sowie z. B. unter:

*https://docs.openshift.com/container-platform/4.10/machine_management/index.html*

### 10.4.1 Vorbetrachtungen

Wie bereits in den theoretischen Vorbetrachtungen zu Vanilla Kubernetes & Co. in Abschnitt 8.2 erörtert, stellt OpenShift seit langem die effizienteste Enterprise-Container-Plattform auf dem Markt dar. Ungeachtet der Tatsache, dass beispielsweise EKS-Implementierungen (derzeit noch) einen höheren Marktanteil aufweisen, liegen technisch Welten zwischen diesen Kubernetes-Derivaten.

Ein Grund dafür ist, dass Red Hat mit OpenShift seit Version 4 konsequent auf Operatoren setzt, und zwar nicht nur für (im Vanilla-Kubernetes-Umfeld 3rd-Party-)Tool-Stacks wie Elastic, Prometheus, Pipelines und Co., sondern auch für den eigenen Core-Stack: *Cluster-Operatoren* kümmern sich dort autonom um die korrekte Funktion – und bei Bedarf automatische Reparatur – aller lebenswichtigen Systeme: API-Server, Scheduler, Etcd, Controller, HAProxy, SDN, Ingress und etliche andere Dinge mehr – wie auch die Verwaltung der OpenShift-*Machines*. Genau deswegen schauen wir nun etwas tiefer unter die Haube, um die verwendeten Konzepte zu verstehen, sie später implementieren und vor allem auch debuggen zu können.

10

### 10.4.2 Cluster-Operatoren und Machine*-Ressourcen

Nachstehend zunächst ein kleiner Überblick über die Helfer, die sich unter der Haube von OpenShift unablässig darum kümmern, dass der gewünschte Soll-Zustand stets erhalten bleibt und Fehler selbsttätig repariert werden. Diese Cluster-Operatoren führen Aktionen durch, die zum Teil weit über das hinausgehen (»Erzeuge Ersatz für gecrashten Pod«), was simple Vanilla-Kubernetes-Cluster wie EKS, AKS, Rancher und Co. leisten können:

# oc get `clusteroperators.config.openshift.io`

# oder schlicht: `oc get co`

```
NAME                        VERSION   AVAILABLE   PROGRESSING   DEGRADED   SINCE
authentication              4.10.20   True        False         False      174m
baremetal                   4.10.20   True        False         False      95d
cloud-controller-manager    4.10.20   True        False         False      95d
cloud-credential            4.10.20   True        False         False      95d
cluster-autoscaler          4.10.20   True        False         False      95d
config-operator             4.10.20   True        False         False      95d
console                     4.10.20   True        False         False      173m
csi-snapshot-controller     4.10.20   True        False         False      95d
dns                         4.10.20   True        False         False      95d
etcd                        4.10.20   True        False         False      95d
image-registry              4.10.20   True        False         False      95d
ingress                     4.10.20   True        False         False      173m
insights                    4.10.20   True        False         False      95d
```

```
kube-apiserver                                4.10.20   True    False     False     95d
kube-controller-manager                       4.10.20   True    False     False     95d
kube-scheduler                                4.10.20   True    False     False     95d
kube-storage-version-migrator                 4.10.20   True    False     False     8d
machine-api                                   4.10.20   True    False     False     95d
machine-approver                              4.10.20   True    False     False     95d
machine-config                                4.10.20   True    False     False     17h
marketplace                                   4.10.20   True    False     False     95d
monitoring                                    4.10.20   True    False     False     2d
network                                       4.10.20   True    False     False     95d
node-tuning                                   4.10.20   True    False     False     24h
openshift-apiserver                           4.10.20   True    False     False     174m
openshift-controller-manager                  4.10.20   True    False     False     8d
openshift-samples                             4.10.20   True    False     False     8d
operator-lifecycle-manager                    4.10.20   True    False     False     95d
operator-lifecycle-manager-catalog            4.10.20   True    False     False     95d
operator-lifecycle-manager-packageserver      4.10.20   True    False     False     174m
service-ca                                    4.10.20   True    False     False     95d
storage                                       4.10.20   True    False     False     8d
```

Für uns im folgenden Kontext (dem automatischen Erzeugen von *Machines* und den darauf basierenden *Node*-Objekten) von besonderem Interesse sind natürlich die *Machine*-spezifischen Operatoren und der Cluster-Autoscaler-Operator, die im oberen Listing alle fett markiert sind. Diese OpenShift-spezifischen Operatoren kümmern sich auf so gut wie allen großen Plattformen (AWS, GCP, vSphere, KVM etc.) um Erstellung, Skalierung und Löschung von Maschinen-Objekten, entweder manuell oder bei Bedarf auch automatisch.

Um dies bewerkstelligen zu können, arbeitet OpenShift mit *MachineConfig*- und *MachineSet*-Ressourcen (letztere sind prinzipiell nichts anderes als ReplicaSets für *Machine*-Objekte), auf deren Basis es auf Zuruf, oder per Cluster-Autoscaler automatisch, on demand weitere Nodes (bzw. *Machines*) gemäß einer – per *MachineConfig* hinterlegten – Konfiguration erzeugen und dem Cluster hinzufügen kann.

Im Hintergrund erledigen die Operatoren *machine-config-controller* und *machine-config-operator* im Namespace `openshift-machine-config-operator`, unterstützt von den Operatoren *machine-api-controllers*, *machine-api-operator* und *cluster-autoscaler-operator* im Namespace `openshift-machine-api` sowie weiteren Helfern, wie z. B. dem *machine-approver*-Operator im Namespace `openshift-cluster-machine-approver`, und einige andere mehr, genau diese Aufgaben.

Dieser elegante Automatismus, einfach per Mausklick oder Cluster-Autoscaler (mittels per MachineSets skalierter Machine-Objekte) neue (GPU-)Nodes auf jeder beliebigen Plattform, egal ob AWS, GCP, Azure, vSphere, OpenStack oder anderen, zu generieren, war lange ein Alleinstellungsmerkmal von OpenShift. Nach und nach hat es auch Rancher (das jetzt Teil von SUSE ist) ab dem 2.x-Release-Zyklus seiner Container-Management-Lösung ebenfalls geschafft, ähnliche Scaling-/Auto-Repair-Mechanismen über Node-Templates für verschiedene Platform-Provider (wie auch vSphere) zur Verfügung zu stellen. Allerdings reicht das Funktions-/Customizing- und vor allem Automationsspektrum im betrachteten Stand nach wie vor nicht an die Features von OpenShift heran.

Kommen wir nun im Detail zu den Baugruppen, die essentiell wichtig für das *(Auto-)Scaling* unserer späteren ML-Cluster sind.

### 10.4.3 MachineConfigs

Die *MachineConfig* (API-Ressourcenkürzel *mc*) ist aus OpenShift-Sicht zunächst auch nur eine Ressource im Yaml-Format, jedoch eine spezielle. Über die MachineConfigs wird die exakte Konfiguration der RHCOS-Nodes entsprechend der ihnen zugedachten Rolle festgelegt, wie z. B. die eines GPU-Nodes. Der gleich erläuterte *MachineConfig-Operator* kümmert sich dann im Verbund mit assoziierten Subsystemen/-Controllern in operatortypischer Manier darum, dass der Ist-Stand immer möglichst mit dem gewünschten/festgelegten Soll-Stand übereinstimmt. Die *MachineConfig* enthält Konfigurationen für jedes Paket und jede Konfigurationsdatei, die auf dem jeweiligen RHCOS-Pattern zum Einsatz kommt. Wer einen detaillierten Blick darauf werfen möchte, nutzt entweder die GUI (COMPUTE • MACHINECONFIGS • Pattern auswählen, z. B. RENDERED-MASTER-<ID> und dann per YAML betrachten) oder geht in der CLI z. B. über folgenden Weg:

```
# oc describe machineconfig rendered-master-<ID>
```

```
# oc get machineconfig rendered-master-<ID> -o yaml | less
```

Nachfolgend eine Auflistung der vorhandenen MachineConfig-Objekte nach einem IPI-basierten vSphere-Setup, hier bereits mit GPU-spezifischen Anpassungen/MachineConfigs:

```
# oc get machineconfig
```

```
AME                                         GENERATEDBYCONTROLLER                      IGNITIONVERSION  AGE
00-master                                   c3ac7f07f1cae32456a7ab361e29f49af7eb0802   3.2.0            95d
00-worker                                   c3ac7f07f1cae32456a7ab361e29f49af7eb0802   3.2.0            95d
01-master-container-runtime                 c3ac7f07f1cae32456a7ab361e29f49af7eb0802   3.2.0            95d
01-master-kubelet                           c3ac7f07f1cae32456a7ab361e29f49af7eb0802   3.2.0            95d
01-worker-container-runtime                 c3ac7f07f1cae32456a7ab361e29f49af7eb0802   3.2.0            95d
01-worker-kubelet                           c3ac7f07f1cae32456a7ab361e29f49af7eb0802   3.2.0            95d
51-gpu                                                                                 3.2.0            94d
99-master-generated-crio-seccomp-use-default                                           3.2.0            95d
99-master-generated-registries              c3ac7f07f1cae32456a7ab361e29f49af7eb0802   3.2.0            95d
99-master-ssh                                                                          3.2.0            95d
99-worker-generated-crio-seccomp-use-default                                           3.2.0            95d
99-worker-generated-registries              c3ac7f07f1cae32456a7ab361e29f49af7eb0802   3.2.0            95d
99-worker-ssh                                                                          3.2.0            95d
rendered-gpu-bfff7d0c961bac6ff1aee[...]     8e39ffecf2334b84c547388e00d45b111eb5a232   3.2.0            57d
rendered-gpu-c310a1e52da5da7e77eb1[...]     a2178ad522c49ee330b0033bb5cb5ea132060b0a   3.2.0            94d
rendered-gpu-e0187fcc893f58cba7b58[...]     c3ac7f07f1cae32456a7ab361e29f49af7eb0802   3.2.0             8d
rendered-gpu-e141330be6f6ac6475369[...]     7f47027996164e00c6e7916f0047c9fab855f818   3.2.0            58d
rendered-master-02a520827041639aef[...]     7f47027996164e00c6e7916f0047c9fab855f818   3.2.0            58d
rendered-master-3d96bf353b3e655b8d[...]     a2178ad522c49ee330b0033bb5cb5ea132060b0a   3.2.0            95d
rendered-master-b17b544b26e6e79149[...]     c3ac7f07f1cae32456a7ab361e29f49af7eb0802   3.2.0             8d
rendered-master-c69f3d4c6c6d256e39[...]     8e39ffecf2334b84c547388e00d45b111eb5a232   3.2.0            57d
rendered-worker-340350655dac06bd3c[...]     8e39ffecf2334b84c547388e00d45b111eb5a232   3.2.0            57d
rendered-worker-8a09da296ec0d6a2a1[...]     7f47027996164e00c6e7916f0047c9fab855f818   3.2.0            58d
```

```
rendered-worker-e73f3c9cda54e8e6ba[...] a2178ad522c49ee330b0033bb5cb5ea132060b0a  3.2.0          95d
rendered-worker-fc4ababacd3c680655[...] c3ac7f07f1cae32456a7ab361e29f49af7eb0802  3.2.0           8d
```

Die MachineConfigs mit Prefix 00, 01 (`master/worker`) etc. sind – je nach Version – in der Regel die eigentlichen Templates, aus denen dann während der jeweiligen Setups bzw. Änderungen an den MachineConfigs (Rendered-)Varianten abgeleitet werden bzw. die Konfigurationen gemergt werden.

### 10.4.4 MachineConfig-Operator

Wie bereits erwähnt, ist das (einem OpenShift 4-Cluster zugrundeliegende) RHCOS-Betriebssystem integraler Bestandteil der Platform und wird – als eine vom OpenShift-Cluster selbst verwaltete Ressource – bei Bedarf angepasst und aktualisiert. Dies gilt ebenfalls für erforderliche Node-Updates im Rahmen eines OpenShift-Version-Upgrades. Im Hintergrund kümmert sich der *MachineConfig-Operator* (*MCO*) um exakt diese Aufgabe auf Cluster-Ebene.

Für die infrastruktur-relevanten Interaktionen der OpenShift-Container-Plattform ist der MCO ein unabdingbarer Operator. Über ihn, und die mit ihm assoziierten CRs, werden die RHCOS-Nodes des Clusters verwaltet und plattformtechnisch auf dem neuesten Stand gehalten. Über den MCO können Konfigurationssettings innerhalb der RHCOS-Templates für systemd, CRI-O, Kubelet, Kernel, NetworkManager etc. vorgenommen werden. Zu diesem Zweck erstellt der MCO initial auf Basis eines Templates eine gerenderte/abgeleitete MachineConfig-Ressource (siehe letzter Abschnitt), die alle Daten zur Konfiguration der RHCOS-Nodes enthält. Diese Konfiguration wird dann entsprechend dem gesetzten Pattern (Master, Worker, GPU-Worker, Infra) auf jeden neuen RHCOS-Node bei seiner Erzeugung angewendet. Betrachten wir die Details dazu.

### 10.4.5 Komponenten des MCO

Der MCO, der *MachineConfig-Operator*, ist einer der komplexesten, OpenShift-spezifischen Operatoren und beinhaltet mehrere Subsysteme:

- *MachineConfig-Server*: Alle Nodes, die dem Cluster beitreten, müssen ihre Konfiguration zwangsläufig von einer Komponente erhalten, die innerhalb des OpenShift-Clusters ausgeführt wird. Der *MachineConfig-Server* stellt die Ignition-Endpoints zur Verfügung, über die sich alle neuen Nodes ihre MachineConfigs ziehen können. Jeder Node kann mittels entsprechender Parameter eine bestimmte MachineConfig – sofern verfügbar – anfordern, indem er die entsprechenden Parameter (respektive den Ignition-Pfad) abruft. Zum Abrufen einer bestimmten Konfiguration (z. B. für die Konfiguration eines RHCOS-Nodes in der Rolle *Master*) kann der neue Node bzw. die neue Machine den Ignition-Endpoint */config/master* anfordern, ein Worker analog */config/worker*.
- *MachineConfig-Controller*: Er kümmert sich darum, den Zustand, der in einer spezifischen MachineConfig definiert ist, auf den konkreten RHCOS-Node anzuwenden. Subkomponenten sind dabei unter anderem die folgenden Controller: Zunächst der *Template-Con-*

*troller* – er verwendet Templates, um auf deren Basis MachineConfigs zu generieren und die Machines auf den definierten Ist-Stand zu bringen und dort zu halten. Dann der *Render-Controller* – er generiert das gewünschte MachineConfig-Objekt, basierend auf dem *MachineConfigSelector*, der wiederum in einem *MachineConfigPool* hinterlegt ist. Der *Update-Controller* führt in Verbindung mit dem MachineConfig-Daemon, der auf jedem RHCOS-Node ausgeführt wird, notwendige Updates/Änderungen durch, um Machines auf den – in der MachineConfig hinterlegten – Soll-Stand zu bringen. Ergänzt wird der ohnehin schon komplexe Zoo durch den *KubeletConfig-Controller*: Er lauscht auf Änderungen der KubeletConfig-CR, um gewünschte Features zu (de-)aktivieren.

- *MachineConfig-Daemon*: Er läuft auf allen Cluster-Nodes als DaemonSet und kümmert sich als Exekutiv-Komponente um die praktische Ausführung von Node-/Machine-Updates gemäß der aktuell spezifizierten MachineConfig.



### 10.4.6 MachineConfigPool

Der *MachineConfigPool* dient vereinfacht ausgedrückt als Adapter bzw. Vermittler, ähnlich der Funktion der (Cluster-)RoleBindings im RBAC-System von Kubernetes/OpenShift. Simplifiziert kann er auch als Ressource betrachtet werden, über die Machines entsprechend ihrer Funktion/Rolle (Master, Worker, Infra, GPU) gruppiert werden können.

Er stellt über Selektoren die Verbindung zwischen den Node-Objekten und den mit ihnen assoziierten MachineConfigs her. Das Ganze lässt sich anhand der bisherigen Vorbetrachtungen am einfachsten anhand von Abbildung 10.2 und Abbildung 10.3 nachvollziehen.

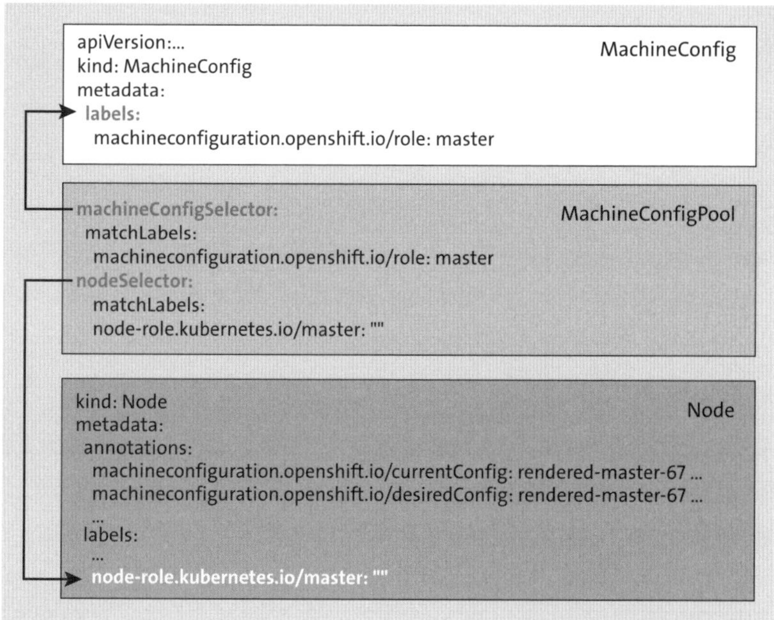


**Abbildung 10.2** Beziehung zwischen MachineConfig(-Pool) und dem Node

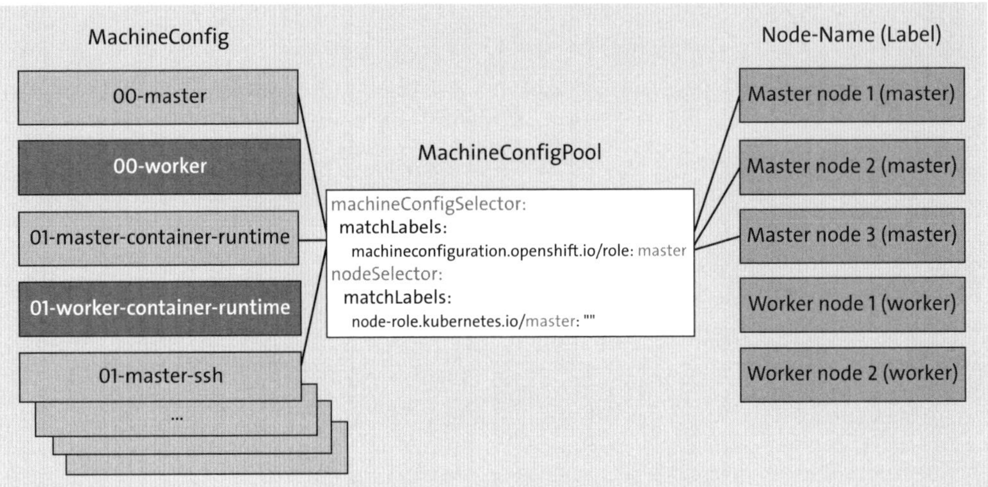


**Abbildung 10.3** Selektion von MachineConfigs aus dem Pool für bestimmte Node-Patterns

### 10.4.7 Machines und MachineSets, Skalierung

Die Erklärung kann simpler und effizienter nicht sein und wurde bereits kurz angesprochen: Das, was *ReplicaSets* für *Pods* sind, stellen *MachineSets* für *Machine*-Objekte und -Ressourcen dar: die *Machine*-spezifische HA-Metahülle für Skalierung. Nachstehend eine exemplarische, manuelle Skalierung eines »normalen« (Non-GPU-)Worker-MachineSets (Replicas vor der Skalierung: 2) in einem zuvor per IPI ausgerollten OpenShift-vSphere-Cluster:

```
# oc get nodes,machines -A
```

```
NAME                            STATUS   ROLES    AGE    VERSION
node/opns1-2zs82-master-0       Ready    master   90m    v1.23.5+3afdacb
node/opns1-2zs82-master-1       Ready    master   90m    v1.23.5+3afdacb
node/opns1-2zs82-master-2       Ready    master   90m    v1.23.5+3afdacb
node/opns1-2zs82-worker-82fd7   Ready    worker   85m    v1.23.5+3afdacb
node/opns1-2zs82-worker-89bnb   Ready    worker   85m    v1.23.5+3afdacb
NAMESPACE              NAME                                           PHASE     [...] AGE
openshift-machine-api  machine[...]openshift.io/opns1-2zs82-master-0  Running        97m
openshift-machine-api  machine[...]openshift.io/opns1-2zs82-master-1  Running        97m
openshift-machine-api  machine[...]openshift.io/opns1-2zs82-master-2  Running        97m
openshift-machine-api  machine[...]openshift.io/opns1-2zs82-worker-82fd7 Running     91m
openshift-machine-api  machine[...]openshift.io/opns1-2zs82-worker-89bnb Running     91m
```

Nachstehend sehen Sie beispielhaft die manuelle Skalierung eines Worker-MachineSets (Ausgabe zum Teil gekürzt):

```
# oc scale --replicas=3 machinesets.machine.openshift.io \
-n openshift-machine-api opns1-2zs82-worker
```

```
machineset.machine.openshift.io/opns1-2zs82-worker scaled
```

```
# oc get nodes,machines -A
NAME                                  STATUS   ROLES    AGE     VERSION
node/opns1-2zs82-master-0             Ready    master   100m    v1.23.5+3afdacb
node/opns1-2zs82-master-1             Ready    master   100m    v1.23.5+3afdacb
node/opns1-2zs82-master-2             Ready    master   100m    v1.23.5+3afdacb
node/opns1-2zs82-worker-82fd7         Ready    worker   95m     v1.23.5+3afdacb
node/opns1-2zs82-worker-89bnb         Ready    worker   95m     v1.23.5+3afdacb
++ node/opns1-2zs82-worker-mwg62      Ready    worker   7m26s   v1.23.5+3afdacb
NAMESPACE                NAME                                                     PHASE     AGE
openshift-machine-api    machine[...]openshift.io/opns1-2zs82-master-0            Running   107m
openshift-machine-api    machine[...]openshift.io/opns1-2zs82-master-1            Running   107m
openshift-machine-api    machine[...]openshift.io/opns1-2zs82-master-2            Running   107m
openshift-machine-api    machine[...]openshift.io/opns1-2zs82-worker-82fd7        Running   101m
openshift-machine-api    machine[...]openshift.io/opns1-2zs82-worker-89bnb        Running   101m
++ openshift-machine-api  machine[...]openshift.io/opns1-2zs82-worker-mwg62       Running   9m42s
```

10

**Achtung: Warten!**

OpenShift kann beim Scale-out (egal ob manuell oder per Cluster-Autoscaler) je nach Version und RZ-Infrastruktur- bzw. Cloud-Provider-Auslastung gegebenenfalls 5–10 Minuten und mehr in Anspruch nehmen. Das neue *Machine*-Objekt ist schnell erstellt, aber das *Node*-Objekt lässt in der Regel etwas auf sich warten. Bleiben Sie also geduldig.

**Fehler: OpenShift-GPU-Worker-Hostname wird nicht gesetzt**

Kurze Anmerkung zu dem in der Überschrift benannten Fehler. Das gegebenenfalls auftretende Symptom, je nach OpenShift-Version, ist das folgende: Die neue OpenShift-(GPU-) *Machine* wird provisioniert, aber es wird anschließend kein darauf basierendes *Node*-Objekt erzeugt. Die Machine steckt permanent in einem Requeuing-Loop fest (Kontrolle z. B. per: `oc logs machine-api-controllers-xxxxxxxxx-gvmcj machine-controller -f`), der neue GPU-Worker erhält keinen Hostnamen, sondern nur *localhost*. Ein SSH auf den Node zeigt, dass weder CRIO noch Kubelet gestartet sind. Es erfolgt auch kein Reboot wie sonst üblich. Das Problem passierte konkret mit einem A30-Template, das von einem T4-Template abgeleitet wurde.

Danach wurde zu Testzwecken ein frisches A30-Template erzeugt, mit dem sowohl im BIOS- als auch im EFI-Mode alles okay war. (Im Nicht-EFI-Mode läuft wie üblich der `nvidia-operator-validator`-Pod nicht bis zum Ende durch, weil der High-Mem der Karte (BAR) nicht richtig initialisiert werden kann.)

```
NAME                               READY   STATUS     RESTARTS   AGE
nvidia-operator-validator-xmnkq    0/1     Init:2/4   6          28m
```

Der Fehler trat unabhängig davon auf, ob das VM-Template als Vorlage oder echte VM konfiguriert war.

## 10.5 Cluster-Autoscaler/Machine-Autoscaler

Siehe zu allem Folgenden auch: *https://docs.openshift.com/container-platform/4.10/machine_management/applying-autoscaling.html*

Nachdem wir nun in einem vereinfachten Überblick gesehen haben, wie OpenShift-Cluster auf der Basis von Machine*-spezifischen Objekten/Ressourcen und den assoziierten Operatoren skaliert werden können, geht es in diesem Abschnitt in logischer Konsequenz um die Auto-Skalierung von MachineSets und Clustern.

Von *Manuell* zu *Automatik*: Über Cluster-Autoscaler und assoziierte MachineSets können zusätzliche (GPU-)Worker-Nodes beim Überschreiten von spezifischen Thresholds (z. B. GPU/CPU/Memory-Load über den gesamten Cluster) automatisch ausgerollt werden. Zwingende Voraussetzung ist, dass die Machine-API, wie z. B. in jedem Cloud- oder auch in unserem IPI-basierten vSphere-Setup, aktiv ist.

### 10.5.1 High-Level-Betrachtung

Zunächst ist es wichtig, die Beziehungen der involvierten Komponenten zueinander richtig zu erfassen. Beginnen wir mit den nun bereits bekannten *MachineSets*: Diese werden benötigt, um VM-Templates eines bestimmten (GPU-)Typs in einer bestimmten VZ skalierbar zu machen. Das MachineSet selbst besitzt jedoch keine eingebaute Funktionalität für Auto-Scaling, dazu werden *Machine-Autoscaler* benötigt. In diesen CRs können jedoch keine Thresholds festgelegt werden, ab denen das jeweilige MachineSet zu skalieren beginnt: Die Machine-Autoscaler-Ressource aktiviert lediglich die grundsätzliche Skalierbarkeit für das assoziierte MachineSet. Die übergeordnete Steuerung erfolgt über den gleich vorgestellten Cluster-Autoscaler.

Die erste, für Auto-Skalierbarkeit wichtige Assoziation wäre also zunächst die zwischen *MachineSet* und dem (dem betreffenden MachineSet zugeordneten) *Machine-Autoscaler*.

Da ein MachineSet jedoch in vielen Fällen, egal ob on-premises oder in der Cloud, meist nur für eine bestimmte *Verfügbarkeitszone* zuständig ist, würde sich so im Falle einer Skalierung schnell eine Schieflage bezogen auf die gesamte Cluster-Auslastung ergeben.

Daher werden *Cluster-Autoscaler*-Mechanismen und assoziierte Objekte/Ressourcen benötigt, welche den/die OpenShift-Cluster ganzheitlich – d. h. mit allen involvierten MachineSets und VZs (und sofern GPU-Typ-technisch möglich) – erfassen und möglichst symmetrisch skalieren können.

Dies wäre dann auch die zweite wichtige Assoziation: der *Cluster-Autoscaler* und die von ihm betreuten/gesteuerten *Machine-Autoscaler*.

### 10.5.2 Machine-Autoscaler

Betrachten wir zunächst beispielhaft ein generisches *Machine-Autoscaler*-Objekt, noch ohne konkreten Bezug zum späteren Setup. Im Prinzip ist der Aufbau extrem simpel: Es werden im einfachsten Fall lediglich das zu betreuende MachineSet (`spec.scaleTargetRef.name`) und die dafür zulässigen Thresholds (`spec.min|maxReplicas`) angegeben:

```
apiVersion: autoscaling.openshift.io/v1beta1
kind: MachineAutoscaler
metadata:
  name: opns2-gpuworker-machineautoscaler-a100-vz2
  namespace: openshift-machine-api
spec:
  minReplicas: 1
  maxReplicas: 10
  scaleTargetRef:
    apiVersion: machine.openshift.io/v1beta1
    kind: MachineSet
    name: opns2-gpuworker-a100-vz2
```

10

> **Achtung: Minimale Machine-Replica-Anzahl**
>
> Für IPI-basierte OpenShift-Installationen kann (nur) unter AWS, Azure, GCP, vSphere oder OpenStack die minimale Anzahl der Repliken auf `0` gesetzt werden. Dies ist wichtig, um im Idle-Zustand Energie und (Cloud-)Kosten zu sparen.

Wie aus dem oberen Listing (bei dem keine Attribute weggelassen wurden) ersichtlich sein sollte, existieren jedoch auf der Machine-Autoscaler-Ebene keine einstellbaren Werte für CPU/GPU/Memory-Pressure bzw. -Load. Hierzu wird der übergeordnete Cluster-Autoscaler benötigt.

### 10.5.3 Cluster-Autoscaler

Kommen wir zum Auto-Scaling-Chef: Der Cluster-Autoscaler orchestriert auf höchster Ebene die Machine-Autoscaler aller VZ/MachineSets, und zwar auf allen Plattformen/Infrastrukturen, auf denen OpenShift verfügbar ist (Bare-Metal logischerweise ausgenommen). Betrachten wir den konzeptionellen Aufbau der Ressource und anschließend die Arbeits-/Vorgehensweise. Eine exemplarische Autoscaler-Konfiguration könnte sich in etwa wie folgt darstellen:

```
apiVersion: autoscaling.openshift.io/v1
kind: ClusterAutoscaler
metadata:
  name: default
```

```
spec:
  podPriorityThreshold: -10
  resourceLimits:
    maxNodesTotal: 24
    cores:
      min: 12
      max: 384
    memory:
      min: 128
      max: 2048
    gpus:
      - type: nvidia.com/gpu
        min: 0
        max: 64
  scaleDown:
    enabled: true
    delayAfterAdd: 10m
    delayAfterDelete: 5m
    delayAfterFailure: 30s
    unneededTime: 5m
    utilizationThreshold: "0.6"
```

**Die Arbeitsweise**

Der Cluster-Autoscaler berechnet alle zehn Sekunden die Gesamtauslastung der CPU-, GPU- und Memory-Ressourcen im gesamten Cluster, d. h., es werden die Daten aller Nodes (inklusive der Master) berücksichtigt, auch wenn Letztere nicht autoskaliert werden können.

Sobald es Pods gibt, die vom Scheduler aufgrund unzureichender Ressourcen nicht mehr einem der aktiven (GPU-)Worker-Nodes zugeteilt werden können (hier kommen zudem noch *Pod-Priorities* ins Spiel, dies sprengt jedoch den Scope dieses Buches), beginnt der Cluster-Autoscaler damit, neue (GPU-)Nodes zu skalieren. Sobald die Thresholds wieder unterschritten werden, erfolgt automatisch der Cool-down bzw. das Herunterskalieren der involvierten MachineSets. Dabei kommen nun wiederum einige Thresholds der Cluster-Autoscaler-Ressource ins Spiel.

### 10.5.4 Thresholds

Die Skalierungsaktionen des Cluster-Autoscalers erfolgen stets unter Berücksichtigung verschiedener Grenzwerte. Betrachten wir auszugsweise einige der elementar wichtigen (`spec.resourceLimits` und `spec.scaleDown`):

- `maxNodesTotal` – die maximal zulässige Gesamtanzahl Nodes im Cluster (inklusive Master/Infra), nicht nur die Zahl der vom Autoscaler kontrollierten/skalierbaren Nodes

- `cores(.min|.max)` – minimale und maximale Anzahl der CPU-Cores, die im gesamten Cluster verfügbar sein müssen/dürfen
- `memory(.min|.max)` – minimale und maximale Memory-Größe, die im gesamten Cluster verfügbar sein muss/darf
- `gpu.type(.min|.max)` – Art der GPU (NVIDIA/AMD) und minimal/maximale zulässige Anzahl im gesamten Cluster
- `scaleDown.*` – In dieser Sektion kann über verschiedene, zum Teil optionale Subattribute das Verhalten des Cluster-Autoscalers beim Herunterskalieren gesteuert werden, z. B.: `enabled` (Herunterskalieren aktiviert), `delayAfterAdd` (Wartezeit, bis ein Node herunterskaliert werden darf, nachdem er addiert wurde), `delayAfterDelete` (Wartezeit bis zur nächsten Node-Löschung, nachdem ein Node entfernt wurde) oder `utilizationThreshold` (zwischen 0 und 1, z. B. »0.5«, Typ: String). Der Auslastungsgrad eines Nodes entspricht dabei der Summe der angeforderten Ressourcen dividiert durch die dem Node zugewiesenen Ressourcen. Wird kein Wert angegeben, verwendet der Cluster-Autoscaler einen Standardwert von »0.5«, der einer Auslastung von 50 Prozent entspricht.



#### Ein einfaches Beispiel

Würden wir das maximale CPU-Limit des Clusters auf 64 Cores einstellen und den Cluster-Autoscaler so konfigurieren, dass (GPU-)Worker-Nodes mit minimal je 4 Cores erstellt werden, könnte der Cluster (wenn die Master-Nodes bereits 32 Cores okkupieren) mit den verbleibenden 32 Cores acht weitere Nodes hinzufügen.

### 10.5.5 Zu beachtende Punkte

Nachstehend noch einige wichtige konzeptionelle Anmerkungen zum Cluster-Autoscaler in Form einer kurzen Auflistung.

#### Scale-down und Auto-Removal von Nodes

Der Cluster-Autoscaler betrachtet einen Node als *ready-to-remove*, wenn z. B. die folgenden Bedingungen zutreffen:

- Scale-down ist nicht deaktiviert.
- Die Auslastung des zu entfernenden Nodes liegt unter dem angegebenen bzw. Default-Threshold.
- Der Cluster-Autoscaler kann alle Pods, die auf dem zu entfernenden Node ausgeführt werden, auf die verbleibenden Nodes umverteilen.

#### Pods, die ein Node-Removal oder Scale-down verhindern

Wenn die folgenden Arten von Pods auf einem Knoten vorhanden sind, entfernt der Cluster-Autoscaler den Node nicht aus dem Cluster-Verbund:

- Pods mit *PodDisruptionBudgets* (PDB, siehe *https://kubernetes.io/docs/tasks/run-application/configure-pdb/*)
- systemrelevante Pods, die standardmäßig nicht auf dem Node ausgeführt werden
- systemrelevante Pods, die keine PDB oder eine zu restriktive PDB haben
- Pods, die von einer Custom Resource (z. B. per Operator) mit eigenständigen Controller/Reconciler-Mechanismen erzeugt wurden
- Pods mit lokalem Speicher (PV/Storage) auf dem jeweiligen Node
- Pods, die aufgrund fehlender Ressourcen, inkompatibler Node-Selektoren oder (-Anti)-Affinities, nicht auf einen anderen Node scheduled werden können
- Pods mit der Annotation `cluster-autoscaler.kubernetes.io/safe-to-evict: "false"`

#### Sonstige wichtige Punkte

Bei der Nutzung des Cluster-Autoscalers sollten zudem noch die folgenden Punkte beachtet werden:

- MachineSets, die von einem Autoscaler gemanagt werden, sollten nicht mehr manuell skaliert werden.
- Für wichtige Pods sollten PDBs verwendet werden.
- Prüfen Sie, dass Ihre eingestellten Maximalkontingente auch vom Provider bzw. der Infrastruktur Ihrer RZs bereitgestellt werden können.
- Berechnen Sie unbedingt vorab die Kosten, die bei maximaler Auslastung/Skalierung erzeugt werden.

> **Achtung: Cloud-Autoscaler und OpenShift-Cluster-Autoscaler – Don't do it!**
> Achten Sie beim Einsatz von OpenShift immer darauf, dass keine anderen Cluster-Auto-Skalierungs-Mechanismen (z. B. die üblichen Cloud-Cluster-Autoscaler bei GCP, AWS oder Azure) aktiviert sind, da dies unweigerlich zu Problemen führen wird.

### 10.5.6 GPU-VM-Template (vSphere) in MachineSet einbinden

Kommen wir nun zur konkreten Umsetzung bezogen auf den Scope des Buches: (auto-)skalierbare GPU-Nodes. Dafür sind in dieser Phase zunächst zwei Aufgaben zu erledigen:

- Bereitstellen eines geeigneten VM-Templates, je nach Einsatzmodus (vGPU/MIG/MIG-backed vGPU oder schlicht Passthrough) gemäß den ab Abschnitt 5.4 vorgestellten Verfahren
- Bereitstellen eines passenden MachineSets für diese VM bzw. die daraus erzeugte *Machine*, optimalerweise in einem eigenen *MachineConfigPool* (*»gpu«*)

Diese Punkte betrachten wir nun.

Bereiten Sie dazu im vCenter zunächst ein passendes VM-Template vor, wie bereits in Abschnitt 5.4.1 für vGPU gezeigt und hier noch einmal kurz zusammengefasst: Am einfachsten klonen Sie das RHCOS-Template, das während des Setups des OpenShift-Clusters erzeugt wurde, in eine neue VM. Die geklonte VM speichern Sie im gewünschten Datacenter/Cluster-Ordner und auf dem gewünschten Shared Datastore/vSAN. Dann passen Sie die virtuelle Hardware an: Die neue vGPU-Partition wird dem VM-Template als zusätzliches PCI-Device hinzugefügt. Beachten Sie ebenfalls die in dem obigen Abschnitt gelisteten Checkpunkte bezogen auf die Konfiguration der VM. Haben Sie alle Änderungen am VM-Template durchgeführt und kontrolliert, konvertieren Sie es (oder eine Kopie davon) in eine VM-Vorlage.

In dem neuen GPU-*MachineSet*-Manifest referenzieren Sie dann über das Attribut `spec.template.spec.providerSpec.value.template` auf das neue VM-Template mit vGPU-Partition: Geben Sie dort den Namen inklusive Speicherort des neu erzeugten VM-Templates an. Hier vorab ein Auszug des MachineSet-Manifests:

```
providerSpec:
  value:
  [...]
    template: opns2-cxtqb-VGPU-t4-vz2
  [...]
    workspace:
      datacenter: dc2
      datastore: vsan_datastore3
      folder: /dc2/vm/opns2
      resourcePool: /dc2/host/cluster2/Resources
      server: vcenter2.local1.site
```

### 10.5.7 GPU-MachineConfigPool und customisiertes MachineSet für skalierbare GPU-Nodes erzeugen

Die für unser Vorhaben benötigten *MachineSets* können beispielsweise von dem bzw. den per Default vorhandenen (üblicherweise beim Setup erzeugten) *Worker-MachineSets* des OpenShift-Clusters abgeleitet werden. Natürlich sind entsprechende Anpassungen für Instanztypen/Template, RAM, GPU-Anzahl, Storage, Name des MachineSets etc. vor einem Re-Import vorzunehmen.

Eine einfache MachineSet-Variante ohne zusätzliche MCP-(MachineConfigPool-)Ebene als »Sortierschublade« ist die simplere, aber letztlich unübersichtlichere, denn hierbei handelt es sich einfach um ein modifiziertes Worker-Node-MachineSet, deren Maschinen auch nur als reguläre Worker gelistet werden und nicht als GPU-Worker.

Sofern die (empfohlene) Variante mit MCP verwendet wird, muss etwas Vorarbeit geleistet werden, und es muss – wie z. B. auch bei der Einrichtung von Infra-Nodes – mit exakten

Labeln, Zuordnungen etc. gearbeitet werden. Das Resultat ist andernfalls eine dysfunktionale/fehlende Zuordnung zwischen MachineSet und MCP und/oder in Pods, die aufgrund falscher Label/Rollen nicht wie gewünscht auf den Nodes ausgerollt werden.

Kurzum: Wer es einfach haben will, erzeugt nur ein GPU-MachineSet, das sich ebenfalls in den Beispieldaten zu diesem Abschnitt findet. Die MCP-Variante ist die erwachsene Lösung für Produktivumgebungen.

**Hinweis: GPU-MachineSet nach verwendetem GPU-Typ labeln und auf die Stringlänge achten!**

Bei der Erstellung oder Anpassung eines GPU-MachineSets ist es erfahrungsgemäß hilfreich, sowohl das MachineSet als auch das verwendete GPU-VM-Template unter vSphere eindeutig (entsprechend dem von diesem MachineSet bzw. seinem Template verwendeten GPU-/Partitionstyp) zu kennzeichnen, im folgenden Beispiel für eine Tesla T4 in Verfügbarkeitszone 2 (VZ2).

So lassen sich multiple MachineSets, die unterschiedliche VM-Templates mit unterschiedlicher GPU-Hardware/-Partitionierung verwenden, auch wesentlich einfacher unterscheiden.

Achten Sie ebenfalls auf die Länge des verwendeten MachineSet-Namens, auf dessen Basis auch die Namen der (GPU-)Worker generiert werden. Ist der Name zu lang (in Tests je nach OpenShift-Version z. B. traten Fehler ab einer Länge von mehr als 24 Zeichen auf), kann dies gegebenenfalls den Node-Creation-Vorgang blockieren.

Nachstehend sehen Sie das Listing eines MachineSets aus meinem NVIDIA-Testsystem, das später auch zum Einsatz kommt.

```
# gpu-mset-t4-vz2.yaml
apiVersion: machine.openshift.io/v1beta1
kind: MachineSet
metadata:
  labels:
    machine.openshift.io/cluster-api-cluster: opns2-cxtqb
  name: opns2-cxtqb-vgpu-t4-vz2
  namespace: openshift-machine-api
spec:
  replicas: 0
  # damit das MachineSet nicht direkt nach dem Import skaliert
  selector:
    matchLabels:
      machine.openshift.io/cluster-api-cluster: opns2-cxtqb
      machine.openshift.io/cluster-api-machineset: opns2-cxtqb-gpu-t4-vz3
  template:
    metadata:
```

```
    labels:
      machine.openshift.io/cluster-api-cluster: opns2-cxtqb
      machine.openshift.io/cluster-api-machine-role: gpu
      machine.openshift.io/cluster-api-machine-type: gpu
      machine.openshift.io/cluster-api-machineset: opns2-cxtqb-gpu-t4-vz3
spec:
  metadata:
    labels:
      node-role.kubernetes.io/gpu: ""
  providerSpec:
    value:
      apiVersion: vsphereprovider.openshift.io/v1beta1
      credentialsSecret:
        name: vsphere-cloud-credentials
      diskGiB: 180
      kind: VSphereMachineProviderSpec
      memoryMiB: 16000
      metadata:
        creationTimestamp: null
      network:
        devices:
        - networkName: VM Network
      numCPUs: 4
      numCoresPerSocket: 1
      snapshot: ""
      template: opns2-cxtqb-VGPU-t4-vz2
      userDataSecret:
        name: worker-user-data
      workspace:
        datacenter: dc2
        datastore: vsan_datastore3
        folder: /dc2/vm/opns2
        resourcePool: /dc2/host/cluster2/Resources
        server: vcenter2.local1.site
```

#### MachineConfiguration und MachineConfigPool »gpu« erstellen

Bevor wir das MachineSet importieren, benötigen wir noch die bereits benannte Sortierschublade, d. h. einen passenden MachineConfigPool (MCP) und eine assoziierte MachineConfig, damit OpenShift die passenden Machines auch dem MCP zuordnen kann. Die Auswahl erfolgt wie üblich über Label (`spec.template.spec.metadata.labels`) und Selektoren. Diese Objekte (MachineConfig und MachineConfigPool) erzeugen wir als Erstes. Die Zeilen im Listing sind zum Teil umbrochen:

```
# gpu-mcp.yaml
apiVersion: machineconfiguration.openshift.io/v1
kind: MachineConfigPool
metadata:
  name: gpu
spec:
  machineConfigSelector:
    matchExpressions:
    - {key: machineconfiguration.openshift.io/role, operator: In, values:
       [worker,gpu]}
  nodeSelector:
    matchLabels:
      node-role.kubernetes.io/gpu: ""
---
apiVersion: machineconfiguration.openshift.io/v1
kind: MachineConfig
metadata:
  labels:
    machineconfiguration.openshift.io/role: gpu
  name: 51-gpu
spec:
  config:
    ignition:
      version: 3.2.0
    storage:
      files:
      - contents:
          source: data:,gpu
        filesystem: root
        mode: 0644
        path: /etc/gputest
```

```
# oc apply -f gpu-mcp.yaml
```

```
machineconfigpool.machineconfiguration.openshift.io/gpu created
machineconfig.machineconfiguration.openshift.io/51-gpu created
```

Kurz darauf fragen wir den neu gerenderten MCP ab (Ausgabe stark gekürzt):

```
# oc get mcp
```

```
NAME    CONFIG                   UPDATED  UPDATING  DEGRADED   MACHINECOUNT  READYMACHINECOUNT
   UPDATEDMACHINECOUNT  DEGRADEDMACHINECOUNT          AGE
gpu    rendered-gpu-e01[...]    True     False     False      0             0
   0                    0                             19sec
```

```
master rendered-master-[…]    True     False     False      3             3
  3              0                                 96d
worker rendered-worker-f[…]   True      False    False      0             0
  0              0                                 96d
```

Dann importieren wir das angepasste MachineSet und lassen es uns anzeigen:

```
# oc apply -f gpu-mset-t4-vz2.yaml
```

```
machineset.machine.openshift.io/opns2-cxtqb-vgpu-t4-vz2 created
```

```
# oc get machinesets.machine.openshift.io -n openshift-machine-api
```

```
NAME                        DESIRED   CURRENT   READY   AVAILABLE   AGE
opns2-cxtqb-gpu-a3-pt-vz0   0         0                             96d
opns2-cxtqb-gpu-rtxa5-vz2   0         0                             96d
opns2-cxtqb-gpu-t4-pt-vz0   0         0                             23d
opns2-cxtqb-vgpu-a3-vz0     0         0                             95d
opns2-cxtqb-vgpu-t4-vz0     0         0                             96d
opns2-cxtqb-vgpu-t4-vz2     0         0                              1m
opns2-cxtqb-worker          0         0                             97d
```



### 10.5.8 Skalierung des neuen GPU-MachineSets

Nun skalieren wir das neue GPU-MachineSet (opns2-cxtqb-vgpu-t4-vz2) in einem ersten einfachen Funktionstest manuell hoch – andernfalls müssten wir erst einen Cluster-Autoscaler sowie einen Machine-Autoscaler für dieses MachineSet einrichten und den Cluster gewaltsam auf Last bringen, um den Scale-up-Vorgang zu triggern.

Das Machine-Scaling kann entweder über die OpenShift-GUI erfolgen (ADMIN CONSOLE • COMPUTE • MACHINESETS • OPNS2-T6MCR-VGPU-T4-VZ2 • die drei Punkte rechts • EDIT MACHINE COUNT • 1) oder schneller und einfacher per oc:

```
# oc scale machineset opns2-cxtqb-vgpu-t4-vz2 \
  -n openshift-machine-api --replicas 1
```

```
machineset.machine.openshift.io/opns2-cxtqb-vgpu-t4-vz2 scaled
```

Beobachten Sie anschließend per watch -d, wie zunächst die neue *Machine* über das MachineSet im MachineConfigPool *gpu* provisioniert wird, bevor dann schließlich das Node-Objekt erzeugt und dem Cluster hinzugejoint wird. Die folgende Ausgabe ist gekürzt und beinhaltet auch ein kurz zuvor bereits skaliertes A30-MIG-backed vGPU-MachineSet (opns2-cxtqb-mig-a3-vz0, Profil a30_2_12c):

```
# watch -d oc get nodes,machines,machinesets,mcp -A
```

```
NAME                                  STATUS   ROLES           AGE    VERSION
node/opns2-cxtqb-master-0             Ready    master,worker   97d    v1.23.5+3afdacb
node/opns2-cxtqb-master-1             Ready    master,worker   97d    v1.23.5+3afdacb
node/opns2-cxtqb-master-2             Ready    master,worker   97d    v1.23.5+3afdacb
node/opns2-cxtqb-mig-a3-vz0-n79w9     Ready    gpu,worker      5m17s  v1.23.5+3afdacb
node/opns2-cxtqb-vgpu-t4-vz2-xhf25    Ready    gpu,worker      91s    v1.23.5+3afdacb
```

```
NAMESPACE              NAME                                             PHASE     TYPE   AGE
openshift-machine-api  machine.openshift.io/opns2-cxtqb-master-0        Running          97d
openshift-machine-api  machine.openshift.io/opns2-cxtqb-master-1        Running          97d
openshift-machine-api  machine.openshift.io/opns2-cxtqb-master-2        Running          97d
openshift-machine-api  machine.openshift.io/opns2-cxtqb-mig-a3-vz0-n79w9  Running        7m10
openshift-machine-api  machine.openshift.io/opns2-cxtqb-vgpu-t4-vz2-xhf25 Running        3m15s

NAMESPACE              NAME                                   DESIRED  CURRENT READY AVAILABLE AGE
openshift-machine-api  machineset/opns2-cxtqb-gpu-a3-pt-vz0   0        0                       96d
openshift-machine-api  machineset/opns2-cxtqb-gpu-rtxa5-vz2   0        0                       96d
openshift-machine-api  machineset/opns2-cxtqb-gpu-t4-pt-vz0   0        0                       23d
openshift-machine-api  machineset/opns2-cxtqb-mig-a3-vz0      0        0       1     1         18m
openshift-machine-api  machineset/opns2-cxtqb-vgpu-t4-vz0     0        0                       96d
openshift-machine-api  machineset/opns2-cxtqb-vgpu-t4-vz2     1        1       1     1         12m
openshift-machine-api  machineset/opns2-cxtqb-worker          0        0                       97d

NAME       CONFIG             UPDATED UPDATING DEGRADED  MACHINECOUNT   READYMACHINECOUNT
     UPDATEDMACHINECOUNT              DEGRADEDMACHINECOUNT    AGE
mcp/gpu    rendered-gpu-e01[…] True   False    False     2              2
     2                       0                            15m
mcp/master rendered-master-[…] True   False    False     3              3
     3                       0                            97d
mcp/worker rendered-worker-[…] True   False    False     0              0
     0                       0                            97d
```

### 10.5.9 Exemplarische Erzeugung eines GPU-MachineSets unter AWS

Zur Erzeugung eines GPU-MachineSets unter AWS lesen Sie bei einem regionalen Cluster z. B. ein vorhandenes zonales Worker-MachineSet aus und modifizieren es anschließend entsprechend der bereits gezeigten Vorgehensweise:

```
# oc get machinesets.machine.openshift.io opns1-nwvvg-worker-eu-central-1a \
  -n openshift-machine-api -o yaml > gpu-mset.yaml
```

> **Hinweis**
> Ein bereits größtenteils angepasstes MachineSet für GPU-Nodes unter AWS (und auch für vSphere IPI) findet sich in den Beispieldaten!

Nachstehend noch ein auszugsweiser Überblick darüber, was in einem exportierten Worker-MachineSet-Manifest noch modifiziert werden muss:

- Bereinigen der Laufzeitattribute
- Anpassung des AWS-Instanztyps (z. B. `g4dn.2xlarge` mit einer Tesla T4 im Passthrough-Mode)
- Änderung so gut wie aller relevanten Namen/Meta-Attribute (z. B. `opns1-nwvvg-`**`worker`**`-eu-central-1a` → `opns1-nwvvg-`**`gpu`**`-eu-central-1a`) etc.
- In den Annotations muss die GPU-Anzahl von `"0"` auf `"1"` geändert werden.
- Zudem muss das folgende Label ergänzt werden:

```
...
    spec:
      metadata:
        labels:
          node-role.kubernetes.io/gpu: ""
      providerSpec:
```

Die AMI-ID muss nicht geändert werden, da das – auf der VM-Instanz (g4dn.2xlarge) aufgesetzte – RHCOS-Image das gleiche ist und die komplette GPU-Treiber-Logik auf den Nodes per Operator nachträglich installiert wird.

**Achtung: iamInstanceProfile.id-Attributwert nicht ändern!**

Der Attributwert für `spec.providerSpec.value.iamInstanceProfile.id` (z. B. `opns1-nwvvg-`**`worker`**`-profile`) darf nicht auf `..."`**`-gpu-`**`"...` geändert werden, andernfalls kann das benötigte RHCOS-Worker-Image nicht referenziert werden, und die Provisionierung schlägt fehl.

10

Anschließend folgt der Import, danach kann nach Bedarf hochskaliert werden (Default noch auf null Instanzen). Wer es sauberer getrennt haben will, sollte daran denken, vorab einen gpu-MCP anzulegen (wie bereits gezeigt) und im Folgenden verwendet:

```
# oc apply -f gpu-mset.yaml
machineset.machine.openshift.io/opns1-nwvvg-gpu-eu-central-1a created
```

Hier der Stand nach erfolgter Skalierung von 0 auf 1 GPU-Node (Ausgabe gekürzt):

```
# oc get nodes,machines,mcp -A
NAME                                        STATUS  ROLES          AGE    VERSION
node/ip-10-21-136-54.eu-central-1.compute…  Ready   master,worker  130m   v1.20.0+bafe72f
node/ip-10-21-154-92.eu-central-1.compute…  Ready   gpu,worker     2m20s  v1.20.0+bafe72f
node/ip-10-21-188-182.eu-central-1.compute… Ready   master,worker  130m   v1.20.0+bafe72f
node/ip-10-21-195-69.eu-central-1.compute…  Ready   master,worker  130m   v1.20.0+bafe72f

NAMESPACE              NAME                            PHASE   TYPE         REGION        ZONE
openshift-machine-api  machine…/opns1-nwvvg-gpu-…      Running g4dn.2xlarge eu-central-1  eu-central-1a
openshift-machine-api  machine…/opns1-nwvvg-master-0   Running m5.2xlarge   eu-central-1  eu-central-1a
openshift-machine-api  machine…/opns1-nwvvg-master-1   Running m5.2xlarge   eu-central-1  eu-central-1b
openshift-machine-api  machine…/opns1-nwvvg-master-2   Running m5.2xlarge   eu-central-1  eu-central-1c

NAME                                   CONFIG                         UPDATED   UPDATING   DEGRADED
    MACHINECOUNT   READYMACHINECOUNT   UPDATEDMACHINECOUNT  DEGRADEDMACHINECOUNT  AGE
mcp.machineconfig.openshift.io/gpu     rendered-gpu-7cc13[…cut…]      True      False      False
    1              1                   1                    0                     30m
mcp.machineconfig.openshift.io/master  rendered-master-4f[…cut…]      True      False      False
    3              3                   3                    0                     49m
mcp.machineconfig.openshift.io/worker  rendered-worker-a52[…cut…]     True      False      False
    0              0                   0                    0                     49m
```

### 10.5.10 Fazit

Bis zu diesem Punkt haben wir zwar bereits VMs mit GPUs (oder Partitionen ebendieser), die on demand manuell oder vollautomatisch skaliert werden können.

Aber diese VMs und die über sie bereitgestellten GPUs liegen derzeit noch brach: Weder sind Treiber installiert noch Module, die das Kubernetes- bzw. OpenShift-Controlplane darüber unterrichten, dass – und vor allem, welche – GPUs auf welchen Nodes zur Verfügung stehen.

Darum kümmern wir uns nun.

## 10.6 vGPU-/MIG-spezifisches Setup des OpenShift-Clusters: NFD- und GPU-Operator

Siehe zu allem Folgenden auch:

- *https://docs.nvidia.com/datacenter/cloud-native/gpu-operator/openshift/contents.html*
- *https://docs.nvidia.com/datacenter/cloud-native/gpu-operator/openshift/nvaie-with-ocp.html*

In diesem Abschnitt betrachten wir nun konkret in der Praxis die Vollautomation bei der Einrichtung von GPU-Nodes, nachdem diese entweder manuell oder vollautomatisch durch den Cluster-Autoscaler skaliert wurden. Kernpunkte unserer folgenden, praktischen Betrachtungen sind der NFD- und GPU-Operator, deren Aufbau und Funktionsweise wir in der Theorie bereits in Abschnitt 9.4, Abschnitt 9.5 und Abschnitt 9.6 detailliert erörtert hatten.

### 10.6.1 Historisches – NVIDIA-Driver-Build mit Red Hat Entitlements

Vorab ein kurzer historischer Rückblick, der jedoch auch eine Rolle für die Gegenwart (im betrachteten Stand) des Network-Operators spielt: Für den vollautomatisierten Betrieb des GPU-Operators mussten – bis GPU-Operator Version 1.8 und OpenShift 4.8 einschließlich – GPU-Worker-Nodes auf der Basis von *entitled MachineConfigs* bereitgestellt werden.

Dieses Red-Hat-spezifische *Entitlement* (Lizenzierung) wurde – stark vereinfacht erklärt – benötigt, damit NVIDIAs Driver-Container (der auf RHCOS/RHEL 8.x basiert) des GPU-Operators für den Build des NVIDIA-Kernel-Moduls auf die benötigten Red-Hat-Repos zugreifen kann. Dazu musste zunächst ein Entitlement über eine neue, zusätzliche *MachineConfig* erzeugt werden. Nur mit GPU-Worker-Nodes, die auf Basis dieses neuen, entitled MachineSets ausgerollt und skaliert wurden, funktionierte das Setup der NVIDIA-Treiber und zugehörigen Module. Andernfalls (ohne Entitlement) schlug der automatisierte Build des Drivers fehl.

Entitlements sind ab GPU-Operator 1.9.x und OpenShift 4.9.9 dankenswerterweise endlich nicht mehr erforderlich. Siehe dazu auch: *https://cloud.redhat.com/blog/entitlement-free-deployment-of-the-nvidia-gpu-operator-on-openshift*

Das große »Aber« ...

> **Network-Operator und »Same BS«**
>
> Das Verfahren der Entitled Builds ist zwar seit OpenShift 4.9.9 obsolet, jedoch nur für den GPU-Operator. Es wurde im betrachteten Stand jedoch nach wie vor (leider) für den Network-Operator gebraucht, und zwar dort exakt für den Build des *Mofed*-Containers. Details dazu folgen ab Abschnitt 10.11.

### 10.6.2 Kernel für Driver-DaemonSet zu neu? Achtung bei OpenShift-Release-Updates

Ein weiteres Problem, das in Verbindung mit dem GPU-Operator auftreten kann, betrifft zu neue Kernel-Releases der RHCOS-Nodes. Hintergrund: Sofern der GPU-Operator die benötigten Kernel-Module nicht bei den von ihm mitgebrachten Pre-Build-Driver-Modules findet, versucht er (bzw. das Driver-DaemonSet) das benötigte Kernel-Modul selbst zu bauen. Sind die RHCOS-Nodes (und damit die von ihnen verwendeten Kernel) jedoch zu neu, finden die UBI-Images im Unterbau des Driver-DaemonSets gegebenenfalls nicht die für den Build benötigten Kernel-Headers, weil diese gegebenenfalls noch nicht in den OpenShift-Base- und EUS-Repos hinterlegt sind.



### 10.6.3 Installationsverfahren, generelle Operator-Settings

Um den GPU-Operator bereitzustellen, geht NVIDIA (wie etliche Anbieter anderer Produkte leider ebenfalls immer noch) zwei Wege: unter Vanilla Kubernetes immer noch per Helm-Charts, wie in Abschnitt 11.2.2 unter GCP gezeigt wird, oder – wie in einem professionellen Umfeld angemessen und in diesem Abschnitt gezeigt wird – korrekt per *Operator Lifecycle Manager* und *Subscription*, wie es unter OpenShift per Default erledigt wird.

Da das leidige Thema »*Helm – die maximale Arbeitsbeschaffungsmaßnahme für DevOps-/MLOps-Teams mit zu viel Langeweile*« anscheinend immer noch nicht flächendeckend ausgestorben ist, bleibt zu hoffen, dass auch NVIDIA irgendwann ausschließlich auf saubere GitOps- und Subscription-basierte Verfahren für das Deployment von Operatoren umsteigt.

Achten Sie beim Rollout ebenfalls darauf, den gewünschten Update-Channel einzustellen (für den GPU-Operator z. B. im betrachteten Stand verfügbar: stable [1.11], 1.10, 1.11.). Die per Default installierte Variante können Sie vorab wie folgt abfragen:

```
# oc get packagemanifest gpu-operator-certified -n openshift-marketplace \
  -o yaml | grep defaultChannel
  defaultChannel: v1.11
```

Des Weiteren ist es wichtig, ob automatische Operator-Updates zulässig sein sollen. Ebenso sind die »Zuständigkeitsbereiche« des Operators wichtig. Während sich z. B. der NFD-Operator per Default im Namespace *openshift-nfd* installiert, fühlt er sich dennoch potentiell für alle Namespaces des Clusters zuständig. Der GPU-Operator wiederum installiert sich im betrachteten Stand per Default im Namespace *nvidia-gpu-operator* und ist auch nur für Ressourcen in diesem Namespace zuständig.

### 10.6.4 GPU-Manager-managed MIG-Mode und vGPU

Die im Folgenden gezeigten Betriebsmodi (vGPU [via GPU-Manager] sowie ebenfalls per GPU-Manager auf dem Host bereitgestellte MIG-Slices) werden vom GPU-Operator weitestgehend identisch betrachtet und prozessiert: Für ihn sind es virtuelle Slices von GPUs, die ihm als ganze GPU einer vGPU-/MIG-tauglichen GPU präsentiert werden.

Es sei jedoch für die folgenden Betrachtungen noch einmal ausdrücklich auf Kapitel 7 verwiesen: Um bestimmte MIG-fähige GPUs (A100, A30 etc.) vollumfänglich in allen Partitionierungsmodi (d. h.: MIG- und vGPU-Slices per GPU-Manager auf Host-Ebene vorpartitioniert, Passthrough ist hier ausgeklammert) nutzen zu können, werden in der Regel NVAIE-Treiber und diesbezügliche *Lizenzen* benötigt.

### 10.6.5 NFD-Operator-Installation und -Konfiguration

Siehe hierzu auch: *https://docs.openshift.com/container-platform/4.10/hardware_enablement/psap-node-feature-discovery-operator.html*

Zunächst muss der Rollout des NFD-Operators erfolgen, unter OpenShift wie üblich per GUI oder per CLI und Manifest (Subscription). Unter Vanilla Kubernetes wird der NFD- zusammen mit dem GPU-Operator ausgerollt, wenn dies per Option `helm install` entsprechend angefordert wurde, siehe dazu ab Abschnitt 11.2.2. Als Ziel-Namespace für den NFD-Operator sollte aus Gründen der besseren Übersichtlichkeit der Namespace *openshift-nfd* verwendet werden.

Im Folgenden wird die CLI-Variante verwendet sowie ein Manifest, welches bereits alle benötigten Komponenten (*Namespace*, *OperatorGroup* und Operator-*Subscription*) enthält, das sich ebenfalls in den Beispieldaten findet.

```
# nfd-operator.yaml
apiVersion: v1
kind: Namespace
metadata:
  name: openshift-nfd
---
apiVersion: operators.coreos.com/v1
kind: OperatorGroup
metadata:
  generateName: openshift-nfd-
  name: openshift-nfd
```

```
  namespace: openshift-nfd
spec:
  targetNamespaces:
  - openshift-nfd
---
apiVersion: operators.coreos.com/v1alpha1
kind: Subscription
metadata:
  name: nfd
  namespace: openshift-nfd
spec:
  channel: "stable"
  installPlanApproval: Automatic
  name: nfd
  source: redhat-operators
  sourceNamespace: openshift-marketplace
```



Nun legen wir den NFD-Operator an:

```
# oc create -f nfd-operator.yaml
```

```
namespace/openshift-nfd created
operatorgroup.operators.coreos.com/openshift-nfd created
subscription.operators.coreos.com/nfd created
```

Hier der Zustand kurz nach dem Rollout und noch ohne CR, daher noch ohne weitere NFD-Pods auf den Nodes des Clusters, Ausgaben zum Teil gekürzt:

```
# oc get og,sub,csv -n openshift-nfd
```

```
NAME                                               AGE
operatorgroup.operators.coreos.com/openshift-nfd   5m37s
NAME                                     PACKAGE    SOURCE               CHANNEL
subscription.operators.coreos.com/nfd    nfd        redhat-operators     stable
NAME                                                 DISPLAY         VERSION       REPLACES   PHASE
clusterserviceversion.operators[…]/nfd.4.10.0-[…]    NFD Operator    4.10.0[…]                Succeeded
```

```
# oc get pods -n openshift-nfd
```

```
NAME                                        READY   STATUS    RESTARTS   AGE
nfd-controller-manager-5944ffcbc9-56rhp     2/2     Running   0          2m34s
```

Die eigentliche NFD-CR (`nodefeaturediscoveries.nfd.openshift.io`, Bezeichnung je nach OpenShift-Version per Default unterschiedlich, in Version 4.10.x: *nfd-instance*) wird – sofern Sie keine Änderungen an der Konfiguration vorgenommen haben – mit Default-Werten ebenfalls im Namespace *openshift-nfd* installiert. Eine Default-NFD-CR findet sich in den Beispieldaten (*nfd-instance.yaml*). Für unser GPU-zentrisches NFD-Setup ist keine Änderung an dieser Default-CR erforderlich. Die Erkennungsintervalle sind in der CR per Default auf 60 Sekunden eingestellt.

Zu den CR-Details siehe auch: *https://docs.openshift.com/container-platform/4.10/hardware_enablement/psap-node-feature-discovery-operator.html#install-operator-cli_node-feature-discovery-operator*

```
# oc create -f nfd-instance.yaml
```

```
nodefeaturediscovery.nfd.openshift.io/nfd-instance created
```

```
# oc get nodefeaturediscoveries -n openshift-nfd
```

```
NAME           AGE
nfd-instance   20s
```

Sobald der NFD seine Arbeit aufnimmt, sollten wir zeitnah *nfd-master-* und *nfd-worker*-Pods auf den Nodes erscheinen sehen. Im folgenden Beispiel sind die drei Master des Test-Clusters schedulable, daher finden sich zusätzlich zu den *nfd-master*-Pods auch entsprechende *nfd-worker*-Pods auf ihnen (Ausgabe gekürzt):

```
# oc get pods -n openshift-nfd -o wide
```

```
NAME                         READY  STATUS   RESTARTS  AGE   IP              NODE
nfd-controller-manager[...]  2/2    Running  0         6m51  10.130.0.34     opns2-cxtqb-master-1
nfd-master-mgfhg             1/1    Running  0         2m    10.128.0.9      opns2-cxtqb-master-2
nfd-master-pjsgx             1/1    Running  0         2m    10.129.0.28     opns2-cxtqb-master-0
nfd-master-xbtjx             1/1    Running  0         2m    10.130.0.25     opns2-cxtqb-master-1
nfd-worker-lbq8l             1/1    Running  0         2m    192.168.99.115  opns2-cxtqb-master-2
nfd-worker-m7pfk             1/1    Running  0         2m    192.168.99.113  opns2-cxtqb-master-0
nfd-worker-rzpv2             1/1    Running  0         2m    192.168.99.114  opns2-cxtqb-master-1
```

Nun skalieren wir einen GPU-Node (hier für ein einfaches, erstes Beispiel einen Node mit einer T4 im vGPU-Mode [8c-Profil]) und prüfen nach dem Rollout, ob das NVIDIA-spezifische Labeling korrekt durchgeführt wurde.

```
# oc scale machineset opns2-cxtqb-vgpu-t4-vz2 \
  -n openshift-machine-api --replicas 1
```

```
machineset.machine.openshift.io/opns2-cxtqb-vgpu-t4-vz2 scaled
```

Sobald der Node *ready* und *schedulable* ist, wird automatisch eine NFD-Worker-DaemonSet-Instanz auf ihm ausgerollt, um den Node kurz darauf entsprechend der gefundenen Hardware passend und automatisch labeln. Ist dies geschehen, sollten wir auf dem GPU-Node das Label `feature.node.kubernetes.io/pci-10de.present=true` vorfinden (Ausgabe gekürzt):

```
# oc get nodes,machines,mcp -A | grep gpu
```

```
node/opns2-cxtqb-vgpu-t4-vz2-z5mht                    Ready    gpu,worker   2m20s  v1.23.5+3afdacb
machine.openshift.io/opns2-cxtqb-vgpu-t4-vz2-z5mht    Running               4m5s
mcp.openshift.io/gpu   rendered-gpu-e0[...]   True   False   False        1    1    1
```

```
# oc describe node opns2-cxtqb-vgpu-t4-vz2-z5mht | grep pci-10de
```

```
feature.node.kubernetes.io/pci-10de.present=true
```

Wie wir sehen, hat bis zu diesem Punkt alles geklappt. Das vom NFD automatisch gesetzte Node-Label `pci-10de.present=true` zeigt an, dass ein PCI-Device vom Vendor NVIDIA (registrierte *Vendor-ID*: 10DE) auf diesem Node vorhanden ist.

Wenn Sie an weiteren Details interessiert sind: Unter *https://devicehunt.com/view/type/pci/vendor/10DE* finden sich auch Device-IDs von zahlreichen NVIDIA-GPUs, z. B. zum Abgleich mit den zusätzlichen Labeln, die uns später der *GFD* noch beschert. Diese Device-IDs sind für den bereits vorgestellten *GPU-Feature-Discovery*-(GFD-)Pod des GPU-Operators relevant: Je nach installierter NVIDIA-Hardware liest der GFD deren Features aus und hinterlegt sie als zusätzliche Node-Label. Auf diese Weise können die benötigten Treiber gezielt installiert und hardwarespezifische Features der jeweiligen GPUs optimal unterstützt werden.

**Hinweis: NFD-CR-Troubleshooting**

Sollte es bei (Re-)Konfigurationen der *NodeFeatureDiscovery*-CR dazu kommen, dass sich diese trotz Forcierung partout nicht mehr löschen lässt, müssen Sie etwas härtere Geschütze auffahren.

```
# oc delete nodefeaturediscoveries.nfd.openshift.io nfd-instance --force
warning: Immediate deletion does not wait for confirmation that the running resource has been ter-
minated. The resource may continue to run on the cluster indefinitely. [...stays forever...]
```

In diesem Fall müssen Sie dem zuständigen Kubernetes-Finalizer den notwendigen, metaphorischen Tritt in den binären Allerwertesten selbst verpassen:

```
# oc patch nodefeaturediscovery nfd-instance -p '{"metadata":{"finalizers":[]}}' \
  --type=merge
nodefeaturediscovery.nfd.openshift.io/nfd-instance patched
```

Kommen wir nun zum Setup der In-Cluster-Kernbaugruppe unserer KI/ML-Infra-Stack-Vollautomation, dem GPU-Operator.

### 10.6.6 GPU-Operator-Installation und -Konfiguration

Siehe hierzu auch: *https://docs.nvidia.com/datacenter/cloud-native/gpu-operator/openshift/install-gpu-ocp.html*

In GPU-Operator-Versionen vor 1.8 war die separate Anlage eines neuen Namespace (*gpu-operator-resources*) erforderlich. Seit Version ≥ 1.8 installiert sich der GPU-Operator per Default in dem – bei der Installation des Operators automatisch erzeugten – Namespace *nvidia-gpu-operator*. Ebenso werden alle GPU-Operator-spezifischen Ressourcen (GFD, Driver, K8s-Plugins etc.) in diesem Namespace angelegt. Wollen Sie die GPU-Operator-spezifischen Ressourcen inklusive des eigentlichen Operators in einem anderen Namespace installieren, müssen Sie diesen entsprechend labeln, andernfalls sammelt Prometheus keine Metrikdaten und Alerts für diesen Namespace. Setzen Sie für ein aktiviertes Monitoring in einem alternativen Namespace das folgende Label:

```
# oc label ns/<your-gpu-operator-namespace> openshift.io/cluster-monitoring=true
```

Per Default existierte im betrachteten Stand immer noch keine Doku von Red Hat, wie man den GPU-Operator unter OpenShift per CLI installiert, sondern nur per GUI. Das Verfahren ist jedoch recht simpel (per GUI ohnehin), und für die CLI-Variante, die unter der oben angegebenen NVIDIA-URL ebenfalls beschrieben ist, finden sich Manifeste in den Beispieldateien, die wir auch gleich für den Rollout verwenden. Analog zum bereits ausgerollten NFD-Operator kümmern wir uns nun zunächst um den Rollout des GPU-Operators, entweder per GUI oder, wie im Folgenden, per Manifest:

```
# cat gpu-operator.yaml
apiVersion: v1
kind: Namespace
metadata:
  name: nvidia-gpu-operator
---
apiVersion: operators.coreos.com/v1
kind: OperatorGroup
metadata:
  annotations:
    olm.providedAPIs: ClusterPolicy.v1.nvidia.com
  generateName: nvidia-gpu-operator-
  namespace: nvidia-gpu-operator
spec:
 targetNamespaces:
 - nvidia-gpu-operator
---
apiVersion: operators.coreos.com/v1alpha1
kind: Subscription
metadata:
  labels:
    operators.coreos.com/gpu-operator-certified.nvidia-gpu-operator: ""
  name: gpu-operator-certified
  namespace: nvidia-gpu-operator
spec:
  channel: "v1.11"
  installPlanApproval: Automatic
  name: gpu-operator-certified
  source: certified-operators
  sourceNamespace: openshift-marketplace
  startingCSV: "gpu-operator-certified.v1.11.0"
```

```
# oc create -f gpu-operator.yaml

namespace/nvidia-gpu-operator created
operatorgroup.operators.coreos.com/nvidia-gpu-operator-9v52k created
subscription.operators.coreos.com/gpu-operator-certified created

# oc get pods -n nvidia-gpu-operator

NAME                                READY   STATUS    RESTARTS   AGE
gpu-operator-754f88b569-nfmkj       1/1     Running   0          70s

# oc get sub,csv

NAME                                          PACKAGE                 SOURCE               CHANNEL
subscription[…]/gpu-operator-certified   gpu-operator-certified  certified-operators  v1.11
NAME                                        DISPLAY              VERSION   REPLACES          PHASE
csv[…]/gpu-operator-certified.v1.11.0  NVIDIA GPU Operator  1.11.0    gpu-op.v1.10.1    Succeeded
```



Damit wären wir – zumindest fast – so weit, die *ClusterPolicy*-CR auszurollen, über die der GPU-Operator den kompletten Modul-Stack implementiert und überwacht. Denn es gibt vorab noch mindestens einen Punkt zu beachten, damit der Rollout für vGPU- und MIG-Setups (Letztere, wenn auf dem Host partitioniert) ohne Probleme abläuft.

- Punkt 1 – Pflicht: *License-ConfigMap*, siehe nächster Abschnitt.
- Punkt 2 – Ein ImagePull-Secret für die NGC-Registry, dies ist bei Verwendung von Ressourcen, die direkt aus NVIDIAs NGC-Registry gepullt und lizenziert werden müssen, zwingend erforderlich. *NGC* steht für *NVIDIAs GPU Cloud* – NVIDIAs Enterprise Portal für GPU-optimierte KI-Software, Enterprise-Services und Support. Siehe dazu auch: *https://www.nvidia.com/de-de/gpu-cloud/*.

In Bezug auf Punkt 2 sollten Unternehmen in jedem Fall darüber nachdenken, die lizenzierten Produkte bzw. deren Container-Images in der/den unternehmenseigenen Registry/Registries zu hosten, wie im nächsten Abschnitt angerissen. So können die Images zum einen effizienter, weil schneller (Bandbreite), und zum anderen sicherer zur Verfügung gestellt werden, da die eigenen DevSecOps-Verfahren direkt und transparent darauf angewendet werden können.

### 10.6.7 License-ConfigMap

Siehe auch zu allem Folgenden Kapitel 7 und die Infos unter folgender URL: *https://docs.nvidia.com/datacenter/cloud-native/gpu-operator/install-gpu-operator-vgpu.html*

Zunächst erzeugen Sie eine (leere) Datei mit dem Namen *gridd.conf*. Beim Einsatz von vGPU-Lizenzen kann die Datei z. B. auch einen numerischen Wert, bezogen auf den jeweiligen vorgegebenen Einsatzzweck, enthalten, z. B.:

```
# gridd.conf.template - Configuration file for NVIDIA Grid Daemon
```

```
...

# Description: Set Feature to be enabled, Data type: integer
# Possible values:
# 0 => for unlicensed state
# 1 => for NVIDIA vGPU
# 2 => for NVIDIA RTX Virtual Workstation
# 4 => for NVIDIA Virtual Compute Server
FeatureType=4
```

Dann erzeugen Sie die ConfigMap *licensing-config* im Namespace *nvidia-gpu-operator* auf Basis des – zuvor über den License Server erstellten – passenden Tokens (siehe ab Abschnitt 7.4):

```
# oc create configmap licensing-config -n nvidia-gpu-operator \
  --from-file gridd.conf --from-file client_configuration_token.tok
configmap/licensing-config created
# oc get cm -n nvidia-gpu-operator licensing-config
NAME               DATA   AGE
licensing-config   2      5s
```

Die Datei *gridd.conf*, die die URL des License Servers enthält, wird im NLS eigentlich nicht mehr zwingend benötigt, muss aber aus Kompatibilitätsgründen mindestens als leere Datei mit angegeben werden, andernfalls startet der Driver-Pod nicht, weil ihm der Config-Key fehlt:

```
# oc describe pod nvidia-driver-daemonset-410.84.202206212304-0-5xszf
Warning  FailedMount  99s (x14 over 13m)  kubelet MountVolume.SetUp failed for volume "licensing-config": configmap references non-existent config key: gridd.conf
```

In der Driver-Configuration-Sektion der *ClusterPolicy* (diese sprechen wir gleich noch detailliert durch) muss zudem zwingend das Attribut `nlsEnabled: true` gesetzt sein, mit einem Verweis auf die verwendete ConfigMap, welche das Client Configuration Token enthält:

```
driver:
  licensingConfig:
    configMapName: licensing-config
    nlsEnabled: true
```

Andernfalls kommt es bei der Installation des Drivers zu folgendem Fehler (hier die entsprechenden Logs), und die Installation bricht ab:

```
Copying ClientConfigToken...
+ echo 'Copying ClientConfigToken...'
+ mkdir -p /etc/nvidia/ClientConfigToken/
+ cp '/drivers/ClientConfigToken/*' /etc/nvidia/ClientConfigToken/
cp: cannot stat '/drivers/ClientConfigToken/*': No such file or directory
```

```
+ _shutdown
+ _unload_driver
+ rmmod_args=()
```

Arbeitet die Lizenzierung ordnungsgemäß, sollte eine `nvidia-smi`-Abfrage im Driver-Container nach erfolgreicher Installation Folgendes zurückmelden:

```
# oc exec nvidia-driver-daemonset-410.84.202206212304-0-f45pg nvidia-driver-ctr \
  -c nvidia-driver-ctr -- nvidia-smi -q |grep "Licensed Product" -A2
    vGPU Software Licensed Product
        Product Name                      : NVIDIA Virtual Compute Server
        License Status                    : Licensed (Expiry: 2022-7-22 13:28:56 GMT)
```

### 10.6.8 ImagePullSecret für Driver-Images aus der NGC-Registry

10

Für Ressourcen aus der NGC, wie z. B. spezielle Driver-Images für vGPU oder NVAIE, müssen Sie – falls Sie die Images nicht in der eigenen Registry hosten – über die ClusterPolicy-CR auf ein entsprechendes, gültiges *ImagePullSecret* referenzieren. Dieses enthält in diesem konkreten Fall typischerweise den NGC-API-Key, der Ihnen Zugriff auf die NGC-Ressourcen ermöglicht. Siehe hierzu u. a.: *https://docs.nvidia.com/datacenter/cloud-native/gpu-operator/install-gpu-operator-vgpu.htm*

**Achtung: NGC-Images in der eigenen Unternehmens-Registry**

Der zusätzliche Schritt über ein ImagePullSecret für ein in der NGC gehostetes Image ist natürlich nur dann erforderlich, wenn Sie Ressourcen daraus, wie z. B. die vGPU-/NVAIE-Driver-Images, direkt aus der NGC-Registry beziehen wollen. Die insbesondere im Unternehmensumfeld bessere, sicherere und effizientere Variante ist, wie im letzten Abschnitt bereits kurz angesprochen, in jedem Fall das Hosten der NVIDIA-spezifischen Images in der eigenen, hochverfügbaren Registry. Für Air-Gapped-Systeme mit besonderen Sicherheitsanforderungen ist dies zudem eine zwingende Vorgabe.

Um die Images in der eigenen Registry zu hosten, können Sie sich im einfachsten Fall wie nachstehend gezeigt per CLI an der NGC-Registry anmelden und die betreffenden Images im Single-Shot z. B. per Skopeo in die eigene (Staging-)Registry kopieren:

```
# skopeo copy --debug docker://nvcr.io/nvaie/vgpu-guest-driver-2-0:510.73.08-rhos4.10
docker://registry.of.my.company/ml-utils/nvidia/driver: 510.73.08-rhos4.10
```

Nachstehend die Schritte in Kurzform zur Erzeugung und Einbindung des *ImagePullSecrets*: Loggen Sie sich im NGC-Portal unter *https://ngc.nvidia.com/signin* ein. Dann geht es im Menü weiter: ACCOUNT (rechts oben) • SETUP • GENERATE API KEY.

Achtung: Der Key wird danach nur einmalig gezeigt, daher kopieren/sichern Sie diesen entsprechend. Ein neuer Key kann jederzeit erzeugt werden, der alte wird dann jedoch ungültig.

Dann führen Sie zunächst ein manuelles Test-Login durch:

```
# podman login nvcr.io
```

```
Username: $oauthtoken
Password: <generated API-Key>
Login Succeeded!
```

Nun erzeugen Sie das ImagePullSecret mit dem zuvor generierten API-Key:

```
# oc create secret docker-registry regsecret -n nvidia-gpu-operator \
  --docker-server=https://nvcr.io --docker-username='$oauthtoken' \
  --docker-password='<your-api-key>'
```

```
secret/regsecret created
```

In der gleich ausführlicher vorgestellten ClusterPolicy-CR wird das `ImagePullSecret` dann über das folgende, Driver-spezifische Subattribut eingebunden:

```
# oc explain clusterpolicy.spec.driver.imagePullSecrets
```

```
KIND:     ClusterPolicy
VERSION:  nvidia.com/v1

FIELD:    imagePullSecrets <[]string>
DESCRIPTION:
     Image pull secrets
```

### 10.6.9 Die ClusterPolicy-CR (GPU-Operator)

Siehe hierzu auch: *https://docs.nvidia.com/datacenter/cloud-native/gpu-operator/openshift/install-gpu-ocp.html*

Die CR `clusterpolicies.nvidia.com` (generiert über die OpenShift-GUI über die Verwaltung der installierten Operatoren, siehe weiter unten, oder alternativ manuell per Manifest) ist der Dreh- und Angelpunkt für das automatisierte Setup der vom GPU-Operator betreuten Ressourcen. Je nach Operator-Version können über die ClusterPolicy zahlreiche Einstellungen für die jeweils verfügbaren Module (Driver, k8s-device-plugin, mig-manager etc.) vorgenommen werden. In der Evolution des Operators haben diese Features zahlreiche Transformationen durchgemacht, und mit jeder Version sind in der Regel neue Features, die den Automationsgrad weiter erhöhen, hinzugekommen. Da die Konfigurationsmöglichkeiten der ClusterPolicy-CR im betrachteten Stand mittlerweile extrem vielfältig sind, fokussieren wir uns zunächst auf die konkret benötigten Belange und behandeln weitere Settings je nach Auftreten und Erfordernis/Notwendigkeit.

Unter OpenShift lässt sich eine ClusterPolicy am einfachsten über die GUI auf Basis eines vorgefertigten Templates erstellen, das (zumindest für GPUs, die nicht per vGPU/MIG auf dem Host partitioniert sind) erst einmal out of the box lauffähig ist: INSTALLED OPERATORS • NVIDIA GPU OPERATOR • CREATE CLUSTERPOLICY.

Einige der wichtigsten Kern-Settings sind beispielsweise die folgenden:

- die eigentliche Operator-Core-Konfiguration, z. B.: Name der CR, welche Container-Runtime (CRI-O, cri-containerd usw.) wird verwendet, welcher Init-Container soll eingesetzt werden etc.
- Angabe des Driver-Repos und Image-Tags
- `vgpuManager enabled` (Default: `true`)
- `licensingConfig` (ConfigMap to use), NLS enabled (NLS verwenden oder nicht)
- MIG: `migStrategy`, migManager-Settings
- RDMA Settings
- Prometheus (DCGM) Exporter: Image, PullPolicies, Environment-Variablen, SecurityContext, Arguments, Node-Affinity, Tolerations u. a.
- devicePlugin: zusätzliche Konfigurationseinstellungen (z. B. für GPU-Sharing)
- Toolkit enabled (Default: true), GFD Settings
- u. v. m.

Eine komplette Übersicht aller verfügbaren Attribute der ClusterPolicy-CR liefert wie bei regulären Kubernetes-/OpenShift-Ressourcen der Befehl `oc/kubectl explain clusterpolicy (.<Sub Attribut>.<Sub Attribut>` ... usw. Zum Beispiel:

```
# oc explain clusterpolicy.spec.driver | less
```

Nachstehend sehen Sie eine CR mit kleinen, aber einigen für den vGPU-/MIG-Betrieb erforderlichen Anpassungen ausgestatteten ClusterPolicy: u. a. der Verweis auf die `licensing-config`-ConfigMap und ein – von NVIDIAs EGX-Abteilung vor der offiziellen Veröffentlichung bereitgestellten – (v)GPU-taugliches NVAIE 510.73.08-Driver-Image mit GPU-Sharing-Feature, das in meiner privaten Registry gehostet wurde, daher ist kein ImagePullSecret erforderlich:

```
# clusterpolicy-1.11.0-mod-driver.yaml
apiVersion: nvidia.com/v1
kind: ClusterPolicy
metadata:
  name: gpu-cluster-policy
  namespace: nvidia-gpu-operator
spec:
  vgpuDeviceManager:
    config:
      default: default
      name: vgpu-devices-config
    enabled: true
  migManager:
    enabled: true
```

```
    ## für GCP - a2-highgpu-gX Nodes aktivieren:
    #env:
    #- name: WITH_REBOOT
    #  value: 'true'
  operator:
    defaultRuntime: crio
    initContainer: {}
    runtimeClass: nvidia
    use_ocp_driver_toolkit: true
  dcgm:
    enabled: true
  gfd: {}
  dcgmExporter:
    config:
      name: ''
  driver:
    licensingConfig:
      nlsEnabled: true
      configMapName: licensing-config
    certConfig:
      name: ''
    kernelModuleConfig:
      name: ''
    repoConfig:
      configMapName: ''
    # vGPU taugliches Driver Image, in die eigene Registry kopiert
    repository: itc-nvidia-opns.local1.site/testing/nvidia
    image: driver
    version: 510.73.08
    virtualTopology:
      config: ''
    enabled: true
  devicePlugin:
    config:
      name: ''
      default: ''
  mig:
    strategy: single
    # alternativ 'mixed', aber nicht bei GPU-Manager gesteuerten Setups
  sandboxDevicePlugin:
    enabled: true
  validator:
```

```
  plugin:
    env:
    - name: WITH_WORKLOAD
      value: 'true'
nodeStatusExporter:
  enabled: true
daemonsets: {}
sandboxWorkloads:
  defaultWorkload: container
  enabled: false
vgpuManager:
  enabled: true
vfioManager:
  enabled: true
toolkit:
  enabled: true
```



**Achtung: vGPU-/NVAIE-Driver**

Sofern Sie für das Setup des folgenden Abschnittes keine vGPU- oder NVAIE- (Trial-)Lizenz und den damit verbundenen Zugriff auf vGPU-taugliche Driver-Images haben, wird das Setup des Driver-Containers (als Teil des `nvidia-driver-daemonsets`) fehlschlagen.

Nachstehend sehen Sie beispielhaft die auszugsweisen Logs des Containers *openshift-driver-ctr*, der auf den – zum Zeitpunkt der Betrachtungen – regulären und für ihn einzig verfügbaren Public-Treiber 515.x zugreift, der jedoch nicht vGPU-fähig ist. (Der Kommentar **T4 vGPU** ist nicht Teil der Ausgabe.)

```
ERROR: Unable to load the kernel module 'nvidia.ko'.
This happens most frequently when this kernel module was built against the wrong or improperly configured kernel sources, with a version of gcc that differs from the one used to build the target kernel, or if another driver, such as nouveau, is present and prevents the NVIDIA kernel module from obtaining ownership of the NVIDIA device(s), or no NVIDIA device installed in this system is supported by this NVIDIA Linux graphics driver release.

Please see the log entries 'Kernel module load error' and 'Kernel messages' at the end of the file '/var/log/nvidia-installer.log' for more information.

Kernel module compilation complete. Kernel module load error: No such device

Kernel messages:

[ 2067.072350] nvidia-nvlink: Unregistered Nvlink Core, major device number 238

[ 2175.573406] VFIO - User Level meta-driver version: 0.3

[ 2175.629586] nvidia-nvlink: Nvlink Core is being initialized, major device number 238
```

```
[ 2175.630966] NVRM: The NVIDIA GPU 0000:02:00.0 (PCI ID: 10de:1eb8) # <- T4 vGPU
               NVRM: installed in this system is not supported by the
               NVRM: NVIDIA 515.48.07 driver release.
               NVRM: Please see 'Appendix A - Supported NVIDIA GPU Products'
               NVRM: in this release's README, available on the operating system
               NVRM: specific graphics driver download page at www.nvidia.com.
```

## 10.7 Automatisches vGPU-Node-Setup per Operator – OpenShift-MachineSet mit Tesla T4

Nun betrachten wir das Deployment der vom GPU-Operator betreuten Ressourcen und schauen dabei auf den (ESXi-)Host, die GPU-Nodes (VMs) und auf die ausgerollten Container.

### 10.7.1 Rollout der ClusterPolicy-CR

Zunächst rollen wir die für unsere Belange angepasste ClusterPolicy-CR aus, in diesem Fall mit einem NVAIE-tauglichen Driver-Image.

```
# oc create -f clusterpolicy-1.11.0-mod-driver.yaml
clusterpolicy/ gpu-cluster-policy created
```

Anschließend können Sie im Namespace *nvidia-gpu-operator* die Erstellung der Pods verfolgen, z. B. per: `watch -d oc get pods -n nvidia-gpu-operator`

Achtung: Die Pods des GPU-Operator-Stacks starten in einer mehr oder weniger seriellen Sequenz, die aufeinander aufbaut, wie in ähnlicher Form ab Abschnitt 9.4.5 bereits ausführlich erörtert. Das bedeutet beispielsweise, dass ohne die Komponente *Driver* die Komponente *Device-Plugin* nicht funktionieren kann, ohne das Device-Plugin der *GFD* nicht usw.

Zudem sind fast alle vom GPU-Operator-Stack verwendeten Images nicht gerade klein, des Weiteren benötigt insbesondere die *Driver*-Komponente (sofern ältere Operator-Versionen bis 1.10 ohne Precompiled-Driver zum Einsatz kommen) einiges an Zeit bis zur Fertigstellung, da die Treibermodule erst im Container nach dem Download von Kernel-Headern etc. kompiliert und anschließend in den Kernel des Nodes injiziert werden.

Nachstehend sehen Sie daher eine kleine Demo für die real aufkommenden Datenmengen. Es sind pro (RHCOS-)GPU-Node fast 7 GB allein durch die Images des GPU-Operator-Stacks belegt:

```
# oc debug node/opns2-cxtqb-vgpu-t4-vz2-qs7h6
Starting pod/opns2-cxtqb-vgpu-t4-vz2-qs7h6-debug ...
To use host binaries, run `chroot /host`
Pod IP: 192.168.99.191
If you don't see a command prompt, try pressing enter.
sh-4.4# chroot /host
sh-4.4# sudo su -
[root@opns2-cxtqb-vgpu-t4-vz2-qs7h6 ~]# podman images | \
  grep nvidia | awk '{s+=$7} END {print s}'
6847 (MB)
```

Daher gilt: **Warten.**

Nachfolgend der komplette Container-Stack eines GPU-Operator-Stacks in Version 1.11.0 (OpenShift 4.10.20) für ein MachineSet mit einer T4 im vGPU-Mode (8C-Profil, gemäß den vorangegangenen Beispielen, Ausgabe stark gekürzt). Die ebenfalls angezeigte Spalte `Node` soll verdeutlichen, dass – bis auf den GPU-Operator – alle relevanten Komponenten wie erwartet auf dem neuen GPU-Node (`opns2-cxtqb-vgpu-t4-vz2-qs7h6`) gelandet sind:

```
# oc get pods -n nvidia-gpu-operator -o wide
NAME                                  READY  STATUS     RESTARTS  AGE   NODE
gpu-feature-discovery-97rth           1/1    Running    0         57m   opns2-cxtqb-vgpu-t4-vz2-qs7h6
gpu-operator-754f88b569-kcp5r         1/1    Running    0         92m   opns2-cxtqb-master-1
nvidia-container-toolkit [...]        1/1    Running    0         57m   opns2-cxtqb-vgpu-t4-vz2-qs7h6
nvidia-cuda-validator-9xdkq           0/1    Completed  0         56s   opns2-cxtqb-vgpu-t4-vz2-qs7h6
nvidia-dcgm-dg4cq                     1/1    Running    0         57m   opns2-cxtqb-vgpu-t4-vz2-qs7h6
nvidia-dcgm-exporter-grwzr            1/1    Running    0         57m   opns2-cxtqb-vgpu-t4-vz2-qs7h6
nvidia-device-plugin-ds[...]          1/1    Running    0         57m   opns2-cxtqb-vgpu-t4-vz2-qs7h6
nvidia-device-plugin-validator[...]0/1       Completed  0         35s   opns2-cxtqb-vgpu-t4-vz2-qs7h6
nvidia-driver-daemonset-410.84[...]2/2       Running    0         4m7s  opns2-cxtqb-vgpu-t4-vz2-qs7h6
nvidia-node-status-exporter[...]      1/1    Running    0         57m   opns2-cxtqb-vgpu-t4-vz2-qs7h6
nvidia-operator-validator-nr476       1/1    Running    0         4m2s  opns2-cxtqb-vgpu-t4-vz2-qs7h6
```

Prüfen wir kurz, ob uns eine GPU (hier konkret wie vorab definiert die Hälfte einer Tesla T4 mit 16 GB, Profil 8C, also 8 GB RAM im Compute-Mode) zur Verfügung steht, und auf welchem Node:

```
# oc get nodes \
  "-o=custom-columns=NAME:.metadata.name,GPU:.status.allocatable.nvidia\.com/gpu"
NAME                            GPU
opns2-cxtqb-master-0            <none>
opns2-cxtqb-master-1            <none>
opns2-cxtqb-master-2            <none>
opns2-cxtqb-vgpu-t4-vz2-qs7h6   1
```

### 10.7.2 Status auf den ESXi-Hosts

Betrachten wir nun den Zustand bzw. Status auf den ESXi-Hosts des vSphere-Clusters per nvidia-smi, im Folgenden mit 2 zusätzlichen MIG-Instanzen, die bereits über eine A30 (2 × 12 GB MIG-backed vGPU-Profile) via GPU-Manager auf einem weiteren Host (ESXi0, VZ0) über OpenShift-MachineSets angefordert und automatisch als VMs bereitgestellt wurden:

```
# oc scale machineset opns2-cxtqb-vgpu-a3-vz0 \
  -n openshift-machine-api --replicas 2
```

Zunächst betrachten wir Host ESXi2 in VZ2:

```
[root@esxi2:~] nvidia-smi
```

```
Tue Jul 26 12:07:04 2022
+-----------------------------------------------------------------------------+
| NVIDIA-SMI 510.47.03    Driver Version: 510.47.03    CUDA Version: N/A      |
|-------------------------------+----------------------+----------------------+
| GPU  Name        Persistence-M| Bus-Id        Disp.A | Volatile Uncorr. ECC |
| Fan  Temp  Perf  Pwr:Usage/Cap|         Memory-Usage | GPU-Util  Compute M. |
|                               |                      |               MIG M. |
|===============================+======================+======================|
|   0  Tesla T4            On   | 00000000:65:00.0 Off |                  Off |
| N/A   41C    P8    15W /  70W |   8150MiB / 16384MiB |      0%      Default |
|                               |                      |                  N/A |
+-------------------------------+----------------------+----------------------+
+-----------------------------------------------------------------------------+
| Processes:                                                                  |
|  GPU   GI   CI        PID   Type   Process name                  GPU Memory |
|        ID   ID                                                   Usage      |
|=============================================================================|
|    0   N/A  N/A   2102674    C+G   ...2-cxtqb-vgpu-t4-vz2-qs7h6     8064MiB |
+-----------------------------------------------------------------------------+
```

```
[root@esxi2:~] nvidia-smi vgpu
```

```
Tue Jul 26 12:35:49 2022
+-----------------------------------------------------------------------------+
| NVIDIA-SMI 510.47.03              Driver Version: 510.47.03                 |
|---------------------------------+------------------------------+------------+
| GPU  Name                       | Bus-Id                       | GPU-Util   |
|      vGPU ID     Name           | VM ID     VM Name            | vGPU-Util  |
|=================================+==============================+============|
|   0  Tesla T4                   | 00000000:65:00.0             |   0%       |
|      3251634404  GRID T4-8C     | 2102683  opns2-cxtqb-vgpu... |      0%    |
+---------------------------------+------------------------------+------------+
```

Betrachten wir nun Host ESXi0 in VZ0 (2 × A30-MIG-Instanzen [MIG-Slice-Profil: 2-12C], per GPU-Manager auf dem Host an skalierte OpenShift-GPU-Nodes durchgereicht, die beiden T4 auf dem Host sind aktuell noch nicht in Benutzung durch OpenShift):

```
[root@esxi0:~] nvidia-smi

Tue Jul 26 12:10:46 2022
+-----------------------------------------------------------------------------+
| NVIDIA-SMI 510.47.03    Driver Version: 510.47.03    CUDA Version: N/A      |
|-------------------------------+----------------------+----------------------+
| GPU  Name        Persistence-M| Bus-Id        Disp.A | Volatile Uncorr. ECC |
| Fan  Temp  Perf  Pwr:Usage/Cap|         Memory-Usage | GPU-Util  Compute M. |
|                               |                      |               MIG M. |
|===============================+======================+======================|
|   0  NVIDIA A30          On   | 00000000:01:00.0 Off |                  Off |
| N/A   38C    P0    70W / 165W |  23808MiB / 24576MiB |     N/A      Default |
|                               |                      |              Enabled |
+-------------------------------+----------------------+----------------------+
|   1  Tesla T4            On   | 00000000:41:00.0 Off |                  Off |
| N/A   34C    P8    15W /  70W |     86MiB / 16384MiB |      0%      Default |
|                               |                      |                  N/A |
+-------------------------------+----------------------+----------------------+
|   2  Tesla T4            On   | 00000000:C1:00.0 Off |                    0 |
| N/A   34C    P8    15W /  70W |     82MiB / 15360MiB |      0%      Default |
|                               |                      |                  N/A |
+-------------------------------+----------------------+----------------------+

+-----------------------------------------------------------------------------+
| MIG devices:                                                                |
+------------------+----------------------+-----------+-----------------------+
| GPU  GI  CI  MIG |         Memory-Usage |        Vol|         Shared        |
|      ID  ID  Dev |           BAR1-Usage | SM     Unc| CE  ENC  DEC  OFA  JPG|
|                  |                      |        ECC|                       |
|==================+======================+===========+=======================|
|  0    1   0   0  |  11904MiB / 12096MiB | 28     N/A |  2   0    2    0    0 |
|                  |      0MiB / 16383MiB |           |                       |
+------------------+----------------------+-----------+-----------------------+
|  0    2   0   1  |  11904MiB / 12096MiB | 28     N/A |  2   0    2    0    0 |
|                  |      0MiB / 16383MiB |           |                       |
+------------------+----------------------+-----------+-----------------------+

+-----------------------------------------------------------------------------+
| Processes:                                                                  |
|  GPU   GI   CI        PID   Type   Process name                  GPU Memory |
|        ID   ID                                                   Usage      |
|=============================================================================|
|    0    1    0    2102246    C+G   ...2-cxtqb-vgpu-a3-vz0-ffvcp    11904MiB |
|    0    2    0    2102247    C+G   ...2-cxtqb-vgpu-a3-vz0-fdw69    11904MiB |
+-----------------------------------------------------------------------------+

[root@esxi0:~] nvidia-smi vgpu

Tue Jul 26 12:49:37 2022
+-----------------------------------------------------------------------------+
| NVIDIA-SMI 510.47.03              Driver Version: 510.47.03                 |
|---------------------------------+------------------------------+------------+
| GPU  Name                       | Bus-Id                       | GPU-Util   |
|      vGPU ID     Name           | VM ID     VM Name            | vGPU-Util  |
```

```
|===============================+=============================+============|
|   0  NVIDIA A30               | 00000000:01:00.0            |  N/A       |
|      3251634331  NVIDIA A30-... | 2102248  opns2-cxtqb-vgpu... |    N/A     |
|      3251634336  NVIDIA A30-... | 2102258  opns2-cxtqb-vgpu... |    N/A     |
+-------------------------------+-----------------------------+------------+
|   1  Tesla T4                 | 00000000:41:00.0            |   0%       |
+-------------------------------+-----------------------------+------------+
|   2  Tesla T4                 | 00000000:C1:00.0            |   0%       |
+-------------------------------+-----------------------------+------------+
```

Führen wir einen schnellen GPU-Verfügbarkeitscheck auf allen Nodes durch:

```
# oc get nodes \
 "-o=custom-columns=NAME:.metadata.name,GPU:.status.allocatable.nvidia\.com/gpu"
```

```
NAME                              GPU
opns2-cxtqb-master-0              <none>
opns2-cxtqb-master-1              <none>
opns2-cxtqb-master-2              <none>
opns2-cxtqb-vgpu-a3-vz0-fdw69     1
opns2-cxtqb-vgpu-a3-vz0-ffvcp     1
opns2-cxtqb-vgpu-t4-vz2-qs7h6     1
```

### 10.7.3 Analyse des ausgerollten (v)GPU-Stacks

Im Folgenden betrachten wir auszugsweise einige Komponenten des fertig ausgerollten GPU-Stacks auf dem GPU-Node mit dem durchgeschleiften vGPU-T4-Slice. Zunächst jedoch ein schneller Blick auf die wichtigste Kernkomponente, das *Driver DaemonSet*, seine Betriebsbereitschaft und korrekte Lizenzierung.

#### Driver DaemonSet: Betriebsbereitschaft und Lizenzierung

```
# oc exec nvidia-driver-daemonset-410.84.202206212304-0-hwdgk \
  -c nvidia-driver-ctr -- nvidia-smi
```

```
Mon Jul 25 21:59:14 2022
+-----------------------------------------------------------------------------+
| NVIDIA-SMI 510.73.08    Driver Version: 510.73.08    CUDA Version: 11.6     |
|-------------------------------+----------------------+----------------------+
| GPU  Name        Persistence-M| Bus-Id        Disp.A | Volatile Uncorr. ECC |
| Fan  Temp  Perf  Pwr:Usage/Cap|         Memory-Usage | GPU-Util  Compute M. |
|                               |                      |               MIG M. |
|===============================+======================+======================|
|   0  GRID T4-8C          On   | 00000000:02:00.0 Off |                  N/A |
| N/A   N/A    P8    N/A /  N/A |      0MiB /  8192MiB |      0%      Default |
|                               |                      |                  N/A |
+-------------------------------+----------------------+----------------------+
[...]
```

Oder unter OpenShift deutlich einfacher als unter Kubernetes direkt per `oc rsh`:

```
# oc rsh nvidia-driver-daemonset-410.84.202206212304-0-hwdgk
```

```
Defaulted container "nvidia-driver-ctr" out of: nvidia-driver-ctr, openshift-driver-toolkit-ctr,
k8s-driver-manager (init)
```

```
sh-4.4# nvidia-smi -L
```

```
GPU 0: GRID T4-8C (UUID: GPU-0cc47445-1de7-11b2-a7e6-fb0c143db739)
```

```
sh-4.4# nvidia-smi -q |grep -i "vgpu software licensed" -A2
```

```
vGPU Software Licensed Product
     Product Name                    : NVIDIA Virtual Compute Server
     License Status                  : Licensed (Expiry: 2022-7-26 21:46:52 GMT)
```



### GFD

Nachfolgend ein kurzer Blick auf den GFD-Pod (*GPU Feature Discovery*) und die Informationen, die er ergänzend zu dem simplen und nur Vendor-zentrischen Label `pci-10de.present=true` des NFD liefert:

```
# oc logs gpu-feature-discovery-97rth
```

```
gpu-feature-discovery: 2022/02/03 21:28:20 Running gpu-feature-discovery in version v0.4.1
gpu-feature-discovery: 2022/02/03 21:28:20 Loaded configuration:
gpu-feature-discovery: 2022/02/03 21:28:20 Oneshot: false
gpu-feature-discovery: 2022/02/03 21:28:20 FailOnInitError: true
gpu-feature-discovery: 2022/02/03 21:28:20 SleepInterval: 1m0s
gpu-feature-discovery: 2022/02/03 21:28:20 MigStrategy: mixed
gpu-feature-discovery: 2022/02/03 21:28:20 NoTimestamp: false
gpu-feature-discovery: 2022/02/03 21:28:20 OutputFilePath: /etc/kubernetes/node-feature-discovery/
features.d/gfd
gpu-feature-discovery: 2022/02/03 21:28:20 Start running
gpu-feature-discovery: 2022/02/03 21:28:20 Writing labels to output file
gpu-feature-discovery: 2022/02/03 21:28:20 Sleeping for 1m0s
[..usw..]
```

```
# oc rsh gpu-feature-discovery-97rth
```

```
Defaulted container "gpu-feature-discovery" out of: gpu-feature-discovery, toolkit-validation (init)
```

```
sh-4.4# cat /etc/kubernetes/node-feature-discovery/features.d/gfd
```

```
nvidia.com/gpu.count=1
nvidia.com/gpu.machine=VMware7,1
nvidia.com/cuda.driver.major=510
nvidia.com/gpu.compute.minor=5
nvidia.com/vgpu.present=true
nvidia.com/vgpu.host-driver-version=510.47.03
nvidia.com/mig.strategy=mixed
nvidia.com/gpu.compute.major=7
nvidia.com/cuda.runtime.major=11
nvidia.com/cuda.driver.rev=08
```

```
nvidia.com/gpu.replicas=1
nvidia.com/vgpu.host-driver-branch=r511_37
nvidia.com/gpu.product=GRID-T4-8C
nvidia.com/gpu.memory=8589934592
nvidia.com/cuda.driver.minor=73
nvidia.com/cuda.runtime.minor=7
nvidia.com/gpu.family=turing
nvidia.com/gfd.timestamp=1658785643
```

Diese Zusatzlabel werden natürlich in den Node-Attributen hinterlegt und bei Konfigurationsänderungen permanent aktualisiert:

```
# oc describe node opns2-cxtqb-vgpu-t4-vz2-qs7h6 | grep nvidia.com
```

```
nvidia.com/cuda.driver.major=510
nvidia.com/cuda.driver.minor=73
nvidia.com/cuda.driver.rev=08
nvidia.com/cuda.runtime.major=11
nvidia.com/cuda.runtime.minor=7
nvidia.com/gfd.timestamp=1658785643
nvidia.com/gpu.compute.major=7
nvidia.com/gpu.compute.minor=5
nvidia.com/gpu.count=1
nvidia.com/gpu.deploy.container-toolkit=true
[…]
```

Wir sehen also, eine Fülle an Infos, die später auch gezielt für die selektive Platzierung bestimmter GPU-Workloads auf bestimmten GPU-Nodes (hardwarebezogen) verwendet werden können.

### K8s-Device-Plugin

Hier noch ein Blick auf das `k8s-device-plugin`, das beim Debugging gegenüber prominenten Komponenten wie dem Driver DaemonSet hier und da gerne mal unter den Tisch fällt, aber essentiell wichtig ist, da es dem Cluster die GPUs auf dem jeweiligen Node bekannt macht:

```
[root@ocp4aio1 ~]# oc logs nvidia-device-plugin-daemonset-gnkt7
```

```
# oc logs nvidia-device-plugin-daemonset-dtbjc
2022/07/26 12:45:23 Starting FS watcher.
2022/07/26 12:45:23 Starting OS watcher.
2022/07/26 12:45:23 Starting Plugins.
2022/07/26 12:45:23 Loading configuration.
2022/07/26 12:45:23 Initializing NVML.
2022/07/26 12:45:23 Updating config with default resource matching patterns.
2022/07/26 12:45:23
Running with config:
{
  "version": "v1",
  "flags": {
    "migStrategy": "single",
    "failOnInitError": true,
```

```
    "nvidiaDriverRoot": "/run/nvidia/driver",
    "plugin": {
      "passDeviceSpecs": true,
      "deviceListStrategy": "envvar",
      "deviceIDStrategy": "uuid"
    }
  },
  "resources": {
    "gpus": [
      {
        "pattern": "*",
        "name": "nvidia.com/gpu"
      }
    ],
    "mig": [
      {
        "pattern": "*",
        "name": "nvidia.com/gpu"
      }
    ]
  },
  "sharing": {
    "timeSlicing": {}
  }
}
2022/07/26 12:45:23 Retreiving plugins.
2022/07/26 12:45:23 No MIG devices found. Falling back to mig.strategy=none
2022/07/26 12:45:23 Starting GRPC server for 'nvidia.com/gpu'
2022/07/26 12:45:23 Starting to serve 'nvidia.com/gpu' on /var/lib/kubelet/device-plugins/nvidia-gpu.sock
2022/07/26 12:45:23 Registered device plugin for 'nvidia.com/gpu' with Kubelet
```

Und last, but not least:

```
# oc logs nvidia-operator-validator-nr476
```

```
all validations are successful
```

Damit ist der (v)GPU-Node betriebsbereit und kann seine GPU-Partition nun für KI/ML-Workloads zur Verfügung stellen. Betrachten wir nun eine andere Setup-Variante, bei der der *MIG-Manager* des GPU-Operators zum Einsatz kommt.

## 10.8 Automatisches MIG-Slice-Setup per Operator – A30 on-premises

Die On-Premises-Variante unter vSphere (PCI Passthrough und Partitionierung durch den GPU-Operator mithilfe des MIG-Managers) schauen wir uns nun kurz an; eine MIG-Setup-Variante mit einer A100 (OpenShift auf GCP, MIG-Partitionierung per Operator) betrachten wir in dem noch folgenden Abschnitt 10.10.6 (GPU-Sharing mit MIG-Slices).

Eine weitere MIG-Variante (A30 im MIG-Mode on-premises [vSphere], hostbasierte Vorpartitionierung und Durchreichen der MIG-Slices an VM-Templates, d. h. MIG-backed vGPU) finden Sie ebenfalls in Abschnitt 10.10.6.

### 10.8.1 MIG im PCI Passthrough (A30 on-premises), Partitionierung durch den MIG-Manager

Die Preflights für das folgende Setup sind kurz und kompakt gehalten, da wir alle erforderlichen theoretischen Vorbetrachtungen aus den vorangegangenen Abschnitten bereits kennen. Wir benötigen:

- eine Template-VM, in die die MIG-fähige GPU (hier: A30) per PCI Passthrough eingebunden ist. Soll diese VM später in Produktivumgebungen skalierbar sein, müssen in den Hosts mehrere identische GPUs verbaut sein, und die GPUs müssen in die Template-VM per *Dynamic DirectPath IO* mit passendem Labeling eingebunden sein, siehe dazu Abschnitt 4.5.3 und Abschnitt 5.4.3.
- das OpenShift-MachineSet, das das gerade angesprochene VM-Template referenziert.

### 10.8.2 OpenShift-MachineSet und Default-MIG-Settings

Um zu verhindern, dass ein neu geklonter GPU-Worker-Node mit einer MIG-fähigen GPU in Ermangelung einer fehlenden MIG-Konfiguration GPU-Operator-technisch nicht fertig provisioniert wird, kann dem entsprechenden MachineSet auch direkt ein Default-MIG-Label mitgegeben werden.

Dies sollte üblicherweise sicherstellen, dass zumindest eine Default-MIG-Konfiguration zur Anwendung kommt, z. B. `nvidia.com/mig.config: all-3g.20gb` für zwei große 20-GB-Partition einer A100 (40 GB) oder wie im Folgenden 4 × 6-GB-Partitionen für eine A30 mit 24 GB. Aber ...

**Achtung: OpenShift-Template-Label und MIG**

Im betrachteten Stand (OpenShift ≥ 4.10) gab es reproduzierbare Probleme mit Template-Labeln des MachineSets. Diese ließen sich im Gegensatz zu älteren OpenShift-Versionen in OpenShift bis einschließlich 4.10.3 nicht mehr aus dem erzeugten Node-Objekt entfernen und wurden (sehr wahrscheinlich durch den *MCO/machine-config-operator*) im Default-Zustand immer sofort wiederhergestellt. Das Re-Labeln auf eine andere MIG-Konfiguration (`nvidia.com/mig.config=all-Xg.XXgb`) oder auch GPU-Sharing-Konfiguration klappt zwar gegebenenfalls nach einigen Versuchen, jedoch entsteht dann eine inkonsistente MIG-Mischkonfiguration. Die Ursache ist noch zu klären. Konkret lässt sich das MIG-Label nicht mehr überschreiben, wenn es in der Sektion `spec.template.spec.metadata.labels` angelegt wurde. Über `spec.template.metadata.labels` wird das Label gar nicht erst erzeugt. Die Ursache ist ebenfalls noch zu klären. Der einzige Workaround im betrachteten Stand war, das MachineSet ohne Default-Label für MIG anzulegen.

Schauen wir uns vor dem Import kurz das verwendete MachineSet für die A30 (GPU im Template als Passthrough eingebunden) an:

```
# gpu-mset-a3-PT-vz0.yaml
apiVersion: machine.openshift.io/v1beta1
kind: MachineSet
metadata:
  labels:
    machine.openshift.io/cluster-api-cluster: opns2-cxtqb
  name: opns2-cxtqb-gpu-a3-pt-vz0
  namespace: openshift-machine-api
spec:
  replicas: 0
  selector:
    matchLabels:
      machine.openshift.io/cluster-api-cluster: opns2-cxtqb
      machine.openshift.io/cluster-api-machineset: opns2-cxtqb-gpu-a3-pt-vz0
  template:
    metadata:
      labels:
        machine.openshift.io/cluster-api-cluster: opns2-cxtqb
        machine.openshift.io/cluster-api-machine-role: gpu
        machine.openshift.io/cluster-api-machine-type: gpu
        machine.openshift.io/cluster-api-machineset: opns2-cxtqb-gpu-a3-pt-vz0
    spec:
      metadata:
        labels:
          node-role.kubernetes.io/gpu: ""
          # default mig label might not be removable in openshift 4.10.x
          # nvidia.com/mig.config: all-1g.6gb
      providerSpec:
        value:
          apiVersion: vsphereprovider.openshift.io/v1beta1
          credentialsSecret:
            name: vsphere-cloud-credentials
          diskGiB: 180
          kind: VSphereMachineProviderSpec
          memoryMiB: 16000
          metadata:
            creationTimestamp: null
          network:
            devices:
            - networkName: VM Network
```

```
          numCPUs: 4
          numCoresPerSocket: 1
          snapshot: ""
          template: opns2-cxtqb-gpu-a3-pt-vz0
          userDataSecret:
            name: worker-user-data
          workspace:
            datacenter: dc2
            datastore: vsan_datastore3
            folder: /dc2/vm/opns2
            resourcePool: /dc2/host/cluster2/Resources
            server: vcenter2.local1.site
[…]
```

### 10.8.3 Skalierung des MachineSets

Nun skalieren wir das MachineSet mit der A30 von null auf 1 Instanz:

```
# oc scale machineset opns2-cxtqb-vgpu-a3-vz0 -n openshift-machine-api --replicas=1
machineset/opns2-cxtqb-gpu-a3-pt-vz0 scaled
```

Sobald der GPU-Node *ready* und *schedulable* ist, labeln wir ihn entsprechend unserem MIG-Wunschprofil, in diesem Fall 1g.6gb (entsprechend 4 × je 6 GB großen MIG-Partitionen der A30 mit ihren insgesamt 24 GB):

```
# oc label node opns2-cxtqb-gpu-a3-pt-vz0-bzwnd nvidia.com/mig.config=all-1g.6gb
node/opns2-cxtqb-gpu-a3-pt-vz0-bzwnd labeled
```

Und dann heißt es wieder … warten.

**Achtung: Warten**

Es kann etwas dauern, bis der MIG-Manager-Pod aktiv wird und die Konfiguration erstmalig anwendet. Also: Ruhe bewahren.

Sobald die GPU-Konfiguration des Nodes komplett durchprovisioniert ist, sollten Sie auch die passenden Label des GFD sehen. Die folgende Ausgabe ist stark gekürzt, die Label gültig für eine ClusterPolicy mit `mig.strategy: mixed`:

```
# oc describe nodes opns2-cxtqb-gpu-a3-pt-vz0-bzwnd | egrep nvidia.com/[gpu,mig]
nvidia.com/gfd.timestamp=1659039471
nvidia.com/gpu.compute.major=8
nvidia.com/gpu.compute.minor=0
nvidia.com/gpu.count=1
nvidia.com/gpu.family=ampere
nvidia.com/gpu.memory=25769803776
```

```
nvidia.com/gpu.present=true
nvidia.com/gpu.product=NVIDIA-A30
nvidia.com/gpu.replicas=0
nvidia.com/mig-1g.6gb.count=4
nvidia.com/mig-1g.6gb.memory=5952
nvidia.com/mig-1g.6gb.multiprocessors=14
nvidia.com/mig-1g.6gb.product=NVIDIA-A30-MIG-1g.6gb
nvidia.com/mig-1g.6gb.replicas=1
nvidia.com/mig-1g.6gb.slices.ci=1
nvidia.com/mig-1g.6gb.slices.gi=1
nvidia.com/mig.config=all-1g.6gb
nvidia.com/mig.config.state=success
nvidia.com/mig.strategy=mixed
nvidia.com/gpu:         4
nvidia.com/mig-1g.6gb:  4
```

Checken wir die verfügbaren MIG-Slices im Driver-Container:

```
# oc exec nvidia-driver-daemonset-410.84.202206212304-0-h2xn6 \
  -c nvidia-driver-ctr -- nvidia-smi
```

```
Thu Jul 28 20:21:20 2022
+-----------------------------------------------------------------------------+
| NVIDIA-SMI 510.73.08    Driver Version: 510.73.08    CUDA Version: 11.6     |
|-------------------------------+----------------------+----------------------+
| GPU  Name        Persistence-M| Bus-Id        Disp.A | Volatile Uncorr. ECC |
| Fan  Temp  Perf  Pwr:Usage/Cap|         Memory-Usage | GPU-Util  Compute M. |
|                               |                      |               MIG M. |
|===============================+======================+======================|
|   0  NVIDIA A30          On   | 00000000:0B:00.0 Off |                  Off |
| N/A   35C    P0    55W / 165W |     26MiB / 24576MiB |     N/A      Default |
|                               |                      |              Enabled |
+-------------------------------+----------------------+----------------------+

+-----------------------------------------------------------------------------+
| MIG devices:                                                                |
+------------------+----------------------+-----------+-----------------------+
| GPU  GI  CI  MIG |         Memory-Usage |        Vol|         Shared        |
|      ID  ID  Dev |           BAR1-Usage | SM     Unc| CE  ENC  DEC  OFA  JPG|
|                  |                      |        ECC|                       |
|==================+======================+===========+=======================|
|  0    3   0   0  |      6MiB /  5952MiB | 14     N/A |  1   0    1    0    0 |
|                  |      0MiB /  8191MiB |           |                       |
+------------------+----------------------+-----------+-----------------------+
|  0    4   0   1  |      6MiB /  5952MiB | 14     N/A |  1   0    1    0    0 |
|                  |      0MiB /  8191MiB |           |                       |
+------------------+----------------------+-----------+-----------------------+
|  0    5   0   2  |      6MiB /  5952MiB | 14     N/A |  1   0    1    0    0 |
|                  |      0MiB /  8191MiB |           |                       |
+------------------+----------------------+-----------+-----------------------+
|  0    6   0   3  |      6MiB /  5952MiB | 14     N/A |  1   0    1    0    0 |
|                  |      0MiB /  8191MiB |           |                       |
+------------------+----------------------+-----------+-----------------------+
[...]
```

Wie wir sehen, haben unser GPU-Operator und sein MIG-Manager ganze Arbeit geleistet, und für uns bleibt nicht mehr viel zu tun – die MLOps bzw. Devs können ihre KI/ML-Pipelines mit GPU-Requests nun auf das System loslassen.

Testen wir noch kurz eine Um-Partitionierung on-the-fly per Änderung des Node-Labels:

```
# oc label node opns2-cxtqb-gpu-a3-pt-vz0-bzwnd \
  nvidia.com/mig.config=all-2g.12gb --overwrite
node/opns2-cxtqb-gpu-a3-pt-vz0-bzwnd labeled

# oc describe nodes opns2-cxtqb-gpu-a3-pt-vz0-bzwnd | egrep nvidia.com/[gpu,mig]
[...]
nvidia.com/mig-2g.12gb.product=NVIDIA-A30-MIG-2g.12gb
nvidia.com/mig.config=all-2g.12gb
nvidia.com/mig.config.state=success
nvidia.com/mig.strategy=mixed
nvidia.com/gpu:        2
nvidia.com/mig-1g.6gb:  2
```

Job accomplished.

### 10.8.4 Teilen? Oder lieber doch nicht?

Damit haben wir nun einen ersten Blick auf die hostbasierten GPU-Partitionierungen und Betriebsmodi (vGPU und MIG) für On-Premises-Systeme geworfen, aber auch auf eine operatorbasierte Partitionierung einer MIG-fähigen GPU in On-Premises-Umgebungen.

Im nächsten Abschnitt dreht es sich erneut um das letztgenannte GPU-Bereitstellungsverfahren (MIG-fähige GPU im Passthrough-Modus, Partitionierung durch den GPU-Operator), das – im betrachteten Stand – leider nach wie vor das einzig verfügbare in *Public-Cloud*-Umgebungen ist: die Bereitstellung einer (oder mehrerer) GPUs an eine VM per PCI Passthrough.

Das bedeutet konkret: Eine nicht-MIG-fähige GPU wie z. B. eine T4 oder A10 kann explizit *nicht* im vGPU- oder MIG-backed vGPU-Mode genutzt werden. Für diese Karten heißt es dann metaphorisch wie bereits bekannt »ganz oder gar nicht«, d. h., eine oder mehrere GPUs dieses Typs können zwar an eine VM durchgereicht werden, aber sofern es keine MIG-fähigen Karten sind, können sie auf der VM nur als Ganzes pro Consumer (z. B. ML-Container) verwendet werden.

Eine mögliche Ressourcen-Nutzungs-Optimierung für explizit diesen Anwendungsfall verspricht der GPU-Sharing-Mode, den wir ab Abschnitt 10.10 in der Praxis betrachten.

Nun zur Partitionierung eines GPU-Nodes mit einer A100 via GPU-Operator und dessen MIG-Manager, der Teil eines OpenShift-Clusters in der GCP ist.

## 10.9 Cloud: GPU-MachineSets in OpenShift 4.10 unter GCP mit A100-Instanzen (MIG-Partitionen via Operator)

Siehe zu allem Folgenden auch:

- *https://docs.openshift.com/container-platform/4.10/installing/installing_gcp/preparing-to-install-on-gcp.html*
- *https://docs.openshift.com/container-platform/4.10/installing/installing_gcp/installing-gcp-customizations.html*

Für alle folgenden Betrachtungen ist zu beachten, dass es sich hier um eine sehr kompakte Darstellung der GCP/OpenShift-spezifischen Setup-Vorgänge handelt, um den Rahmen – bezogen auf den Scope des Buches – nicht zu sprengen. Weiterführende Infos zu allen Setup-Thematiken finden sich unter den angegebenen und den in den jeweiligen Abschnitten aufgeführten URLs.



### 10.9.1 Vorbetrachtungen

Die Vorgehensweise, um VMs unter GCP mit GPUs auszustatten, differierte in Teilen lange Zeit gegenüber relativ einfachen und transparenten Verfahren wie z. B. unter AWS, wo einfach eine passende GPU-enabled-VM-Instanz (wie z. B. die Instanztypen p3.* oder g4dn.*) im konkreten Einsatzfall unter OpenShift direkt als Worker-Template im MachineSet eingetragen und auf dessen Basis wie gewünscht hochskaliert wird.

Dies hing primär mit der Tatsache zusammen, dass Google zunächst bevorzugt seine eigenen *TPUs* (siehe ab Abschnitt 3.4) an den Verbraucher bringen wollte und will und diese TPUs daher im Gegensatz zu kompletten VMs mit normalen GPUs modular an geeignete VM-Instanzen angeflanscht werden können. Google hat jedoch mittlerweile die Notwendigkeit erkannt, verschiedenste Node-Patterns mit unterschiedlichen NVIDIA-GPUs – inklusive MIG-Patterns – zur Verfügung zu stellen und sich damit dem Mainstream zu beugen. Daher findet der folgende Exkurs mit Fokus auf MIG-Partitionierung durch den GPU-Operator (und dessen MIG-Manager) auch auf GCP und nicht AWS statt, denn:

AWS lässt seine GPU-Kunden gerade im Midrange-Bereich gekonnt ins Leere greifen – zumindest was NVIDIA-GPUs angeht. Denn dort existierten im betrachteten Stand weder MIG-fähige A30- noch A100-Instanzen in »Starter Packs« mit nur 1 oder 2 GPUs, sondern entweder nur »traditionelle« T4-Systeme (g4dn-Instanzen), nicht MIG-fähige A10 oder direkt p4d*-Super-Duper-EC-Ultracluster-Instanzen (siehe Abschnitt 3.2.1), mit mindestens acht A100-Instanzen im $$-Big-Pack. Und die bescheren selbst gestandenen Unternehmenskunden mit dickem Budget eine absolut authentische *Oh-mein-Gott-wir-können-gar-nicht-glauben-wie-schnell-die-gemieteten-GPU-Büchsen-aus-Onkel-Jeffs-Cloud-Laden-die-Unternehmenskonten-leersaugen*-Erste-Welt-Erfahrung.

Zudem war es – wie bereits in früheren Kapiteln erwähnt – bei allen großen Public-Cloud-Providern im betrachteten Stand nach wie vor nicht möglich, vGPU- oder MIG-gestützte Partitionen (Letztere mit Partitionierung auf Hypervisor-Ebene) dediziert an VMs durchzureichen. Die bekannten und bereits benannten Hintergründe: Weder Google (GCP) noch Amazon (AWS) können oder wollen dem Endnutzer den dafür benötigten Zugriff eines GPU-Managers auf (Cloud-)Hypervisor-Ebene geben, von Microsoft/Azure ganz zu schweigen.

Wir werden sehen, wie lange diese Ignoranzstrategie der dicken Cloud-Provider noch funktioniert, da die Rufe nach GPU-Slices einer leistungsfähigen GPU, die an mehrere VMs durchgereicht werden, längst lauter werden.

Eine security-technisch denkbare Lösung könnten hier (vom Cloud-Provider) vorpartitionierte MIG-Slices sein, die über bestimmte VM-Pattern/Instanztypen gemietet werden. Durch die MIG-Tenancy, vor allem in Verbindung mit security-spezifischen Neuerungen im Bereich *Confidential Computing* (siehe ab Abschnitt 4.5.2), die in der Hopper-Generation noch deutlich vorangetrieben werden, kann auch Tenant-spezifische Sicherheit zumindest grundlegend gewährleistet werden.

### 10.9.2 Verfügbare VM-Instanzen (GCP) mit GPU

Unter GCP gibt es zwar ebenfalls keine wirklich riesige Auswahl bezogen auf aktuelle NVIDIA-GPUs, aber zumindest sind mit der A100 ab 1 GPU pro VM-Instanz aufwärts wenigstens MIG-fähige Karten im Angebot. Daneben werden so gut wie alle Brot-und Butter-GPUs, auch wenn diese im Fall einer A100 sehr leistungsfähig sind, serviert, aber keine echten Zwischengrößen, wie z. B. A30-Instanzen, oder etliche anderen Karten der Ampere-Serie für Mixed Workloads wie die A40. Selbstverständlich durften im betrachteten Stand auch die üblichen Verdächtigen wie T4 oder V100 nicht fehlen, und es tummeln sich auch noch einige alte Schätzchen im GPU-Pool, deren Nutzung im professionellen KI/ML-Einsatz aufgrund mittlerweile viel zu geringer Leistung eher fragwürdig ist, wie z. B. P100, P4 und K80.

Siehe dazu auch: *https://cloud.google.com/compute/docs/gpus*

### 10.9.3 Setup-Prozeduren – schematisch

Wie auch im On-Prem-Setup unter vSphere beginnen wir mit einem groben und sehr stark vereinfachten Überblick, um OpenShift-Cluster mit GPU-Operator auf einer GCP-Plattform mit MIG-fähigen GPU-Instanzen (konkret A100) zu betreiben. Das Ganze natürlich bezogen auf den zuletzt betrachteten Stand (OpenShift 4.10.x, 08/2022) und den GPU-Operator in der dort verfügbaren Version 1.11.

Die im Folgenden benannten Punkte/Schritte werden in den nachfolgenden Kapiteln natürlich tiefer erörtert und in konkreten Setups umgesetzt.

- Ein geeigneter GCP-VM-Instanztyp zum Betrieb mit einer A100, z. B.: *https://cloud.google.com/compute/docs/accelerator-optimized-machines*.
- Beim Einsatz von NVAIE auf den Ebenen oberhalb des Hypervisors (z. B. KI/ML-spezifische NVIDIA-Module): ein NVIDIA-*Entitlement* (Lizenz), das zur Nutzung dieser NVAIE-Module

berechtigt, zu beziehen über NVIDIA oder dort gelistete Partnerunternehmen/Reseller. Siehe dazu Kapitel 7.

- Beim Einsatz von NVAIE: ein NVIDIA License Server, siehe ebenfalls ab Kapitel 7.
- Rollout eines OpenShift-Clusters in Version ≥ 4.10.x (GCP IPI – Installer Provisioned Infrastructure, wird gleich kompakt beschrieben).
- Setup des *NFD-* (*Node Feature Discovery*) und des *GPU-Operators*. Erstellung geeigneter CRs für die vorgenannten Operatoren.
- Sofern nichts fehlschlägt, führt der GPU-Operator alle notwendigen Tasks aus, um die MIG-fähige GPU auf dem Node in Betrieb zu nehmen. Abweichend zu dem in Abschnitt 10.3 beschriebenen vGPU-Setup auf vSphere kommt hier der MIG-Manager als Modul des GPU-Operator-Stacks zum Einsatz und unterteilt die GPU entsprechend den von uns gesetzten, MIG-spezifischen Node-Labeln in die gewünschten Partitionen. Es bleibt zu beachten, dass alle GPU-Slices der MIG-fähigen GPU nur auf diesem spezifischen Node verfügbar sind.



### 10.9.4 Preflights – GCP-Kontingente gegebenenfalls erhöhen

Gemäß Vorgaben von Red Hat reichen die unter GCP für ein Projekt gesetzten Default-Quotas nicht für einen erfolgreichen Rollout eines OpenShift Clusters aus. Dies ist im Vorfeld zu kontrollieren und gegebenenfalls anzupassen. Siehe hierzu auch: *https://docs.openshift.com/container-platform/4.10/installing/installing_gcp/installing-gcp-account.html*

### 10.9.5 Preflights – Domain, DNS und APIs

Zunächst erstellen Sie eine im Internet erreichbare Domain oder verwenden (sofern *Google Cloud DNS* von Ihrem Unternehmen genutzt wird), natürlich nach vorheriger Abstimmung mit den entsprechenden Fachbereichen, eine Subdomain Ihrer Unternehmens-Domain. Falls die Haupt-Domain Ihres Unternehmens an anderer Stelle (z. B. AWS Route 53) gehostet wird, delegieren Sie alternativ – natürlich ebenfalls nur nach vorheriger Abstimmung mit den entsprechenden Fachbereichen – die Verwaltung (der vom OpenShift-Cluster genutzten Subdomain der betreffenden Haupt-Domain) für diese explizite Subdomain an *Google DNS* (Achtung: diese GCP-API bzw. dieses Feature muss gegebenenfalls erst über GCP aktiviert werden, wie auch andere APIs, siehe dazu auch die weiteren Anmerkungen in diesem Abschnitt). Dies kann gegebenenfalls über die DNS-Settings Ihres Domain-Hosters erledigt werden. Siehe hierzu auch:

- *https://cloud.google.com/dns/docs/migrating*
- *https://cloud.google.com/dns/docs/update-name-servers#look_up_your_name_servers*

Nachstehend sehen Sie exemplarisch die Query an eine Subdomain (*gke1*), die per Delegation einer – bei AWS über *Route 53* gehosteten – Zone bzw. Subdomain an Google Cloud DNS genutzt wird:

# dig NS itconcepts.cloud

```
...
;itconcepts.cloud.              IN      NS
[...]
;; ANSWER SECTION:
itconcepts.cloud.       21349   IN      NS      ns-1428.awsdns-50.org.
itconcepts.cloud.       21349   IN      NS      ns-1828.awsdns-36.co.uk.
itconcepts.cloud.       21349   IN      NS      ns-357.awsdns-44.com.
itconcepts.cloud.       21349   IN      NS      ns-596.awsdns-10.net.
```

# dig NS gke1.itconcepts.cloud

```
...
;gke1.itconcepts.cloud.         IN      NS
[...]
;; ANSWER SECTION:
gke1.itconcepts.cloud.  21458   IN      NS      ns-cloud-e3.googledomains.com.
gke1.itconcepts.cloud.  21458   IN      NS      ns-cloud-e2.googledomains.com.
gke1.itconcepts.cloud.  21458   IN      NS      ns-cloud-e4.googledomains.com.
gke1.itconcepts.cloud.  21458   IN      NS      ns-cloud-e1.googledomains.com.
```

Des Weiteren muss die API *cloudresourcemanager* für das betreffende Projekt aktiviert werden, nachfolgend beispielhaft die Aktivierung per gcloud-CLI (*https://cloud.google.com/sdk/gcloud*):

# gcloud services enable cloudresourcemanager.googleapis.com --project=<ID>

Weitere zu aktivierende bzw. benötigte APIs finden sich hier: *https://docs.openshift.com/container-platform/4.10/installing/installing_gcp/installing-gcp-account.html#installation-gcp-enabling-api-services_installing-gcp-account.*

Falls Sie nicht wissen, welche APIs bereits aktiv sind, können Sie dies per gcloud-CLI z. B. wie folgt abfragen (Ausgabe gekürzt):

# gcloud services list --enabled (--project=<ID>)

```
NAME                                 TITLE
bigquery.googleapis.com              BigQuery API
bigquerystorage.googleapis.com       BigQuery Storage API
cloudapis.googleapis.com             Google Cloud APIs
clouddebugger.googleapis.com         Cloud Debugger API
cloudtrace.googleapis.com            Cloud Trace API
compute.googleapis.com               Compute Engine API
container.googleapis.com             Kubernetes Engine API
containeranalysis.googleapis.com     Container Analysis API
containerregistry.googleapis.com     Container Registry API
datastore.googleapis.com             Cloud Datastore API
dns.googleapis.com                   Cloud DNS API
iam.googleapis.com                   Identity and Access Management (IAM) API
iamcredentials.googleapis.com        IAM Service Account Credentials API
logging.googleapis.com               Cloud Logging API
monitoring.googleapis.com            Cloud Monitoring API
[...]
```

### 10.9.6 Service-Account zur OpenShift-Cluster-Erzeugung

Für die Installation des OpenShift-Clusters auf der GCP benötigen Sie einen *GCP-Service-Account* mit assoziiertem Schlüssel und entsprechenden Privilegien (u. a.: Compute Admin, Security Admin, Service Account Admin, Service Account User, Storage Admin, DNS Admin, Service Account Key Admin). Die mit dem GCP-Account assoziierte Schlüsseldatei sollte im JSON-Format im Home-Ordner des Users liegen, der den Installationsprozess durchführt, und zwar im Unterorder *~/.gcp*.

Die Datei selbst sollte mit *osServiceAccount.json* benannt sein oder kann alternativ namentlich über einen – in der Variable `GOOGLE_CLOUD_KEYFILE_JSON` hinterlegten – Namen angesprochen werden.

Siehe zu allem Folgenden auch: *https://docs.openshift.com/container-platform/4.10/installing/installing_gcp/installing-gcp-account.html*



Falls Sie abweichende Namen und/oder multiple Cluster en bloc ausrollen, setzen Sie vor jedem Rollout eines neuen Clusters die Umgebungsvariable, die auf das ServiceAccount-Credential-File zeigt, z. B. wie folgt:

```
export GOOGLE_CLOUD_KEYFILE_JSON="/root/.gcp/opns-cc-new-cluster-01-999999.json"
```

Falls noch keine GCP-projektspezifische Credentials-Datei zur Verfügung steht, können Sie diese beispielsweise über die Anlage eines neues Service-Accounts bzw. eines neuen Keys für einen bestehenden Service-Account erzeugen, denn nur während dieser Schritte kann der Key entsprechend als Datei exportiert werden. Siehe dazu auch: *https://cloud.google.com/iam/docs/creating-managing-service-accounts*.

Im Folgenden wurde der neu erzeugte Service-Account `opns-cluster-create` genannt und als privilegierter *Owner* des Projekts festgelegt. In Produktivumgebungen gilt natürlich wie üblich das *Least-Privilege*-Prinzip. Der komplette Name des SA stellt sich üblicherweise wie folgt dar, hier bezogen auf unser konkretes Beispiel:

```
opns-cluster-create@cluster-01-999999.iam.gserviceaccount.com
```

Der Inhalt des exportierten JSON-Files sollte wie folgt aussehen (gekürzt und teil-anonymisiert):

```
# cat /root/.gcp/osServiceAccount.json
```

```
{
  "type": "service_account",
  "project_id": "cluster-01-999999",
  "private_key_id": "a9cc1[...]98878",
  "private_key": "-----BEGIN PRIVATE KEY-----\nMIAgkqhkiG9w0B[...]
   nt90F3Sdvyv+SgtcChVofHhg=\n-----END PRIVATE KEY-----\n",
  "client_email": "opns-cluster-create@cluster-01-999999.iam.gserviceaccount.com",
  "client_id": "1069899999999999933",
  "auth_uri": "https://accounts.google.com/o/oauth2/auth",
  "token_uri": "https://oauth2.googleapis.com/token",
```

```
  "auth_provider_x509_cert_url": "https://www.googleapis.com/oauth2/v1/certs",
  "client_x509_cert_url": "https://www.googleapis.com/robot/v1/metadata/x509/opns-cluster-
create%40cluster-01-999999.iam.gserviceaccount.com"
}
```


**Achtung: IAM-Roles für Installations-Account**

Prüfen Sie sorgfältig die unter *https://docs.openshift.com/container-platform/4.10/installing/installing_gcp/installing-gcp-account.html* gelisteten, benötigten *Privilegien*, insbesondere auch die Netzwerk- und DNS-spezifischen Anforderungen.

### 10.9.7 Anpassungen der install-config.yaml, Rollout des Clusters

Siehe hierzu auch: *https://docs.openshift.com/container-platform/4.10/installing/installing_gcp/preparing-to-install-on-gcp.html*

Wie üblich hat jede plattformspezifische *install-config.yaml* ihre Besonderheiten, wie wir bereits in Abschnitt 10.3.9 für vSphere gesehen haben. Die wenigen GCP-spezifischen Details finden sich daher analog zu den für vSphere bereits vorgestellten Verfahren wie üblich mithilfe von `openshift-install explain installconfig.platform.gcp.<sub-attribute>` oder unter *https://docs.openshift.com/container-platform/4.10/installing/installing_gcp/installing-gcp-customizations.html.*

Für das folgende Setup wurde die nachstehende (auszugsweise) Konfiguration verwendet, welche sich auch in den Beispieldaten zu diesem Abschnitt findet. Aufgrund der – in der Regel hohen – MMIO-Anforderungen im GPU-Betrieb (siehe Abschnitt 5.4.5) funktionieren unter GCP üblicherweise nur die *Highgpu*-Instanzen (Instanztyp A2) als Templates für GPU-Worker mit 1–*n* A100-GPUs:

```
# install-config.yaml (GCP)
apiVersion: v1
baseDomain: gke1.itconcepts.cloud
controlPlane:
  hyperthreading: Enabled
  name: master
  platform:
    gcp:
      type: e2-standard-8
     #8 vCPUs, 32GB RAM
     #https://cloud.google.com/compute/docs/general-purpose-machines#e2_machine_types
      osDisk:
        diskType: pd-ssd
        diskSizeGB: 180
```

```
      zones:
      - europe-west4-a
      - europe-west4-b
      - europe-west4-c
  replicas: 3
compute:
- hyperthreading: Enabled
  name: worker
  platform:
    gcp:
      type: a2-highgpu-1g
      ## 1 x A100 40GB
      ## https://cloud.google.com/compute/docs/accelerator-optimized-machines
      osDisk:
        diskType: pd-ssd
        diskSizeGB: 180
      zones:
      - europe-west4-a
      - europe-west4-b
      - europe-west4-c
  replicas: 0
metadata:
  name: opns1
networking:
  clusterNetwork:
  - cidr: 10.1.0.0/16
    hostPrefix: 23
  machineCIDR: 10.21.0.0/16
  networkType: OpenShiftSDN
  serviceNetwork:
  - 172.31.0.0/16
platform:
  gcp:
    projectID: cluster-01-290863
    region: europe-west4
pullSecret: {redacted}
sshKey: {redacted}
```

#### Rollout

Sobald Sie alle benötigten Anpassungen an Ihrer GCP-spezifischen *install-config.yaml* vorgenommen und eine Sicherung dieser Datei erstellt haben, starten Sie den Rollout-Vorgang wie bereits für vSphere gezeigt. Nachfolgend allerdings in einer etwas abweichenden Form, mit einem expliziten Verweis auf den relativen Pfad des Ordners (*../opns2/*), in dem sich die *install-config.yaml* befindet. Die Ausgabe des Befehls `openshift-install create cluster` ist massiv gekürzt:

```
# openshift-install create cluster --log-level=debug --dir=opns2/
```

```
DEBUG OpenShift Installer 4.10.20
DEBUG Built from commit d63a12ba0ec33d492093a8fc0e268a01a075f5da
DEBUG Fetching Metadata...
DEBUG Loading Metadata...
DEBUG   Loading Cluster ID...
DEBUG     Loading Install Config...
DEBUG       Loading SSH Key...
[…]
DEBUG     Loading Install Config...
[…]
DEBUG   Loading BootstrapImage...
DEBUG     Loading Install Config...
DEBUG     Loading Image...
DEBUG   Loading Bootstrap Ignition Config...
DEBUG   Loading Master Ignition Config...
DEBUG   Loading Master Machines...
DEBUG   Loading Worker Machines...
[…]
DEBUG Built from commit d63a12ba0ec33d492093a8fc0e268a01a075f5da
INFO Waiting up to 20m0s (until 5:45PM) for the Kubernetes API at https://
api.opns2.gke2.itconcepts.cloud:6443...
DEBUG Still waiting for the Kubernetes API: Get "https://api.opns2.gke2.itconcepts.cloud:6443/
version": dial tcp 34.91.100.88:6443: i/o timeout
INFO API v1.23.5+3afdacb up
DEBUG Loading Install Config...
DEBUG   Loading SSH Key...
[…]
INFO Waiting up to 30m0s (until 5:59PM) for bootstrapping to complete...
[…]
DEBUG Bootstrap status: complete
[…]
DEBUG Using Install Config loaded from state file
INFO Waiting up to 40m0s (until 6:20PM) for the cluster at https://
api.opns2.gke2.itconcepts.cloud:6443 to initialize...
DEBUG Still waiting for the cluster to initialize: Working towards 4.10.20: 672 of 771 done (87% compl
ete)
DEBUG Still waiting for the cluster to initialize: Working towards 4.10.20
DEBUG Still waiting for the cluster to initialize: Working towards 4.10.20: 581 of 771 done (75% compl
ete)
[…]
DEBUG Still waiting for the cluster to initialize: Working towards 4.10.20: 765 of 771 done (99% compl
ete)
DEBUG Still waiting for the cluster to initialize: Cluster operator authentication is not available
DEBUG Cluster is initialized
INFO Waiting up to 10m0s (until 5:58PM) for the openshift-console route to be created...
```

```
DEBUG Route found in openshift-console namespace: console
DEBUG OpenShift console route is admitted
INFO Install complete!
INFO To access the cluster as the system:admin user when using 'oc', run 'export KUBECONFIG=/root/OCP_
GCP_itc/opns2/auth/kubeconfig'
INFO Access the OpenShift web-console here: https://console-openshift-
console.apps.opns2.gke2.itconcepts.cloud
INFO Login to the console with user: "kubeadmin", and password: "4Urii-CwwWH-CHWzB-dHYRR"
DEBUG Time elapsed per stage:
DEBUG            cluster: 1m35s
DEBUG          bootstrap: 52s
DEBUG     post-bootstrap: 55s
DEBUG Bootstrap Complete: 12m58s
DEBUG                API: 3m44s
DEBUG  Bootstrap Destroy: 1m50s
DEBUG  Cluster Operators: 8m17s
INFO Time elapsed: 26m47s
```



### Status nach dem Rollout

Betrachten wir kurz den aktuellen Zustand des ausgerollten Clusters: 3 schedulable Master, noch 0 Worker und 0 GPU Worker, ebenfalls noch kein GPU-MachineSet oder GPU-MachineConfigPool:

# oc version

```
Client Version: 4.10.20
Server Version: 4.10.20
Kubernetes Version: v1.23.5+3afdacb
```

# oc get nodes

```
NAME                   STATUS   ROLES           AGE    VERSION
opns2-8jplx-master-0   Ready    master,worker   176m   v1.23.5+3afdacb
opns2-8jplx-master-1   Ready    master,worker   176m   v1.23.5+3afdacb
opns2-8jplx-master-2   Ready    master,worker   175m   v1.23.5+3afdacb
```

# gcloud compute instances list

```
NAME                   ZONE             MACHINE_TYPE   PREEMPTIBLE  INTERNAL_IP  EXTERNAL_IP  STATUS
opns2-8jplx-master-2   europe-west4-c   e2-standard-8               10.22.0.4                 RUNNING
opns2-8jplx-master-1   europe-west4-b   e2-standard-8               10.22.0.2                 RUNNING
opns2-8jplx-master-0   europe-west4-a   e2-standard-8               10.22.0.5                 RUNNING
```

## 10.9.8 Setup der GPU-Nodes

Werden wir nun konkret und kümmern uns um das Setup der GPU-Nodes. Wie bekannt, benötigen wir dazu ein passendes *MachineSet* (und zur sauberen Unterteilung auch einen MachineConfigPool, siehe Abschnitt 10.4), in dieser Variante muss das MachineSet GCP-spezifisch etwas anders konfiguriert werden als aus dem vSphere-On-Premises-Beispiel bekannt.

**Achtung: Versionsfragen**

Die folgende Lösung ist validiert für OCP 4.10.20. Unter OpenShift 4.9.x (und getestet bis einschließlich OpenShift 4.10.3) funktionieren die benötigten MachineSet- und ClusterPolicy-Settings ausdrücklich *nicht*.

Wer will, kann auch einfach mit einem der bestehenden Worker-MachineSets loslegen, die beim Setup automatisch generiert wurden. Diese haben bereits den richtigen Instanztyp eingebunden, werden aber unter OpenShift als reguläre Worker geführt. Siehe zu allen folgenden Punkten auch: *https://docs.okd.io/4.10/machine_management/creating_machinesets/creating-machineset-gcp.html#machineset-gcp-enabling-gpu-support_creating-machineset-gcp*.

Unter GCP muss zunächst berücksichtigt werden, dass es generell zwei Möglichkeiten gibt, um GPU-Worker zu provisionieren:

- Zum einen kann ein normaler VM-Instanztyp für die späteren GPU-Worker gewählt werden, der später selektiv mit GPUs oder TPUs ergänzt wird. Im Default ist nicht jeder Instanztyp dafür geeignet, Infos finden sich unter der URL: *https://cloud.google.com/compute/docs/gpus/add-gpus#create-gpu-instance-gcloud*.
- Alternativ können »fertige« GPU-Instanzen, wie z. B. a2-highgpu-1g (-2g, ...) mit 1 bis *n* A100 (mit je 40 GB) verwendet werden. Diese Variante wird im Folgenden genutzt.
- GCP-Instanzen mit A100 oder V100, die über mehr als 1 GPU verfügen, sind in der Regel per *NVLink* zusammengeschaltet (A100 mit bis zu 600 Gbit/s Interconnect), wie z. B. in den GCP-Instanzen ab *a2-highgpu-2g* aufwärts.

**Hinweis: Kosten**

Als kleine Randnotiz für diejenigen, die das folgende Setup direkt testen möchten: Der Preis für eine *a2-highgpu-g1*-Instanz mit einer A100 (40 GB) (zusammen also entsprechend einem GPU-Worker-Node) lag im betrachteten Stand bei rund 3,70 EUR pro Stunde für die Regionen Europe-West 3 und 4 (Deutschland und Niederlande), siehe auch: *https://cloud.google.com/products/calculator/?hl=de*

### 10.9.9 Extraktion, Anpassung und Re-Import MachineSet und MCP

Zunächst extrahieren wir eines der vorhandenen, zonalen MachineSets, nachstehend für Verfügbarkeitszone *europe-west4-a*:

```
# oc get machinesets -n openshift-machine-api opns2-8jplx-worker-a \
  -o yaml > gcp-gpu-ms.yaml
```

Dieses bereinigen wir von den Laufzeitattributen (ein entsprechendes Template findet sich auch in den Beispieldaten zu diesem Abschnitt) und führen die notwendigen Anpassungen für einen Re-Import – in Verbindung mit einem passenden MachineConfigPool, analog zu der für vSphere vorgestellten Vorgehensweise – durch. Die geänderten Stellen sind fett markiert:

```
# cat gcp-gpu-ms.yaml
apiVersion: machine.openshift.io/v1beta1
kind: MachineSet
metadata:
  annotations:
    machine.openshift.io/GPU: "1"
    machine.openshift.io/memoryMb: "87040"
    machine.openshift.io/vCPU: "12"
  labels:
    machine.openshift.io/cluster-api-cluster: opns2-8jplx
  name: opns2-8jplx-gpu-a100-zn-a
  namespace: openshift-machine-api
spec:
  replicas: 0
  selector:
    matchLabels:
      machine.openshift.io/cluster-api-cluster: opns2-8jplx
      machine.openshift.io/cluster-api-machineset: opns2-8jplx-gpu-a100-zn-a
  template:
    metadata:
      labels:
        machine.openshift.io/cluster-api-cluster: opns2-8jplx
        machine.openshift.io/cluster-api-machine-role: gpu
        machine.openshift.io/cluster-api-machine-type: gpu
        machine.openshift.io/cluster-api-machineset: opns2-8jplx-gpu-a100-zn-a
    spec:
      lifecycleHooks: {}
      metadata:
        # added label 'gpu'
        labels:
          node-role.kubernetes.io/gpu: ""
      providerSpec:
        value:
          apiVersion: machine.openshift.io/v1beta1
          canIPForward: false
          credentialsSecret:
            name: gcp-cloud-credentials
```

```
        deletionProtection: false
        disks:
        - autoDelete: true
          boot: true
          image: projects/rhcos-cloud/global/images/rhcos-410-84-202205191234-0-
gcp-x86-64
          labels: null
          sizeGb: 180
          type: pd-ssd
        kind: GCPMachineProviderSpec
        machineType: a2-highgpu-1g
        onHostMaintenance: Terminate
        restartPolicy: Always
        metadata:
          creationTimestamp: null
        networkInterfaces:
        - network: opns2-8jplx-network
          subnetwork: opns2-8jplx-worker-subnet
        projectID: cluster-02-290863
        region: europe-west4
        serviceAccounts:
        - email: opns2-8jplx-w@cluster-02-290863.iam.gserviceaccount.com
          scopes:
          - https://www.googleapis.com/auth/cloud-platform
        tags:
        - opns2-8jplx-worker
        userDataSecret:
          name: worker-user-data
        zone: europe-west4-a
```

Nun folgt die Erzeugung des GPU-MachineConfigPools, analog zu der bereits für vSphere vorgestellten Vorgehensweise, und der Import des neuen GPU-MachineSets:

```
# oc create -f gpu-mcp.yaml -f gcp-gpu-ms.yaml
```

```
machineconfigpool.machineconfiguration.openshift.io/gpu created
machineset.machine.openshift.io/opns2-8jplx-gpu-a100-zn-a created
```

Kontrollieren wir den Zustand (Ausgabe zum Teil stark gekürzt):

```
# oc get nodes,machines,machinesets,mcp -A
```

```
NAME                        STATUS   ROLES           AGE     VERSION
node/opns2-8jplx-master-0   Ready    master,worker   3h57m   v1.23.5+3afdacb
node/opns2-8jplx-master-1   Ready    master,worker   3h57m   v1.23.5+3afdacb
node/opns2-8jplx-master-2   Ready    master,worker   3h57m   v1.23.5+3afdacb
```

```
NAMESPACE              NAME                             PHASE   TYPE          REGION       ZONE           AGE
openshift-machine-api  machine/opns2-8jplx-master-0 Running e2-standard-8 europe-west4 europe-west4-a
openshift-machine-api  machine/opns2-8jplx-master-1 Running e2-standard-8 europe-west4 europe-west4-b
openshift-machine-api  machine/opns2-8jplx-master-2 Running e2-standard-8 europe-west4 europe-west4-c
NAMESPACE              NAME                             DESIRED CURRENT  READY  AVAILABLE   AGE
openshift-machine-api  machineset/opns2-8jplx-gpu-a100-zn-a 0       0                           8m36s
openshift-machine-api  machineset/opns2-8jplx-worker-a      0       0                           4h
openshift-machine-api  machineset/opns2-8jplx-worker-b      0       0                           4h
openshift-machine-api  machineset/opns2-8jplx-worker-c      0       0                           4h
NAME       CONFIG                 UPDATED   UPDATING   DEGRADED   MACHINECOUNT   READYMACHINECOUNT
    UPDATEDMACHINECOUNT   DEGRADEDMACHINECOUNT   AGE
mcp/gpu    rendered-gpu-07[…]     True      False      False      0              0
    0                     0                      8m43s
mcp/master rendered-master-74[…] True      False      False      3              3
    3                     0                      3h55m
mcp/worker rendered-worker-07[…] True      False      False      0              0
    0                     0                      3h55m
```

### 10.9.10 Skalierung des neuen GPU-MachineSets

Nun müssen wir, da noch keine GPU-Nodes beim Cluster-Setup mit ausgerollt wurden, die gewünschte Anzahl an GPU-Nodes von 0 hochskalieren:

```
# oc scale -n openshift-machine-api machineset opns2-8jplx-gpu-a100-zn-a \
  --replicas=1
machineset.machine.openshift.io/opns2-8jplx-gpu-a100-zn-a scaled
```

Achtung: Sofern es beim erstmaligen Scaling von 0 auf *n* VMs dieses GCP-GPU-MachineSets zu folgender Fehlermeldungen kommt:

```
gcpcontroller  opns1-pswjl-worker-a-
w88dl: reconciler failed to Create machine: error launching instance: googleapi: Error 400: Instances
with guest accelerators do not support live migration., badRequest
```

liegt dies sehr wahrscheinlich daran, dass die beiden folgenden `spec.providerSpec.value`-Subattribute nicht gesetzt wurden, siehe dazu auch: *https://docs.okd.io/4.10/machine_management/creating_machinesets/creating-machineset-gcp.html#machineset-gcp-enabling-gpu-support_creating-machineset-gcp*

```
providerSpec:
  value:
    machineType: a2-highgpu-1g
    onHostMaintenance: Terminate
    restartPolicy: Always
```

Hat alles korrekt funktioniert, sollten wir – je nach Auslastung der GCP-Region/-Zone – nach ca. fünf bis zehn Minuten den neuen GPU-Node sehen (die folgende Ausgabe ist zum Teil gekürzt):

```
# oc get nodes,machines,mcp -A
```

```
NAME                                      STATUS   ROLES          AGE     VERSION
node/opns2-8jplx-gpu-a100-zn-a-wpgmb      Ready    gpu,worker     2m51s   v1.23.5+3afdacb
node/opns2-8jplx-master-0                 Ready    master,worker  4h27m   v1.23.5+3afdacb
node/opns2-8jplx-master-1                 Ready    master,worker  4h27m   v1.23.5+3afdacb
node/opns2-8jplx-master-2                 Ready    master,worker  4h27m   v1.23.5+3afdacb
NAME                                       PHASE    TYPE           REGION        ZONE            AGE
machine/opns2-8jplx-gpu-a100-zn-a-wpgmb Running  a2-highgpu-1g  europe-west4  europe-west4-a  5m55s
machine/opns2-8jplx-master-0               Running  e2-standard-8  europe-west4  europe-west4-a  4h30m
machine/opns2-8jplx-master-1               Running  e2-standard-8  europe-west4  europe-west4-b  4h30m
machine/opns2-8jplx-master-2               Running  e2-standard-8  europe-west4  europe-west4-c  4h30m
NAME       CONFIG                UPDATED  UPDATING  DEGRADED  MACHINECOUNT  READYMACHINECOUNT
        UPDATEDMACHINECOUNT  DEGRADEDMACHINECOUNT
mcp/gpu    rendered-gpu-07[…]    True     False     False     1             1
        1                    0
mcp/master rendered-master-74[…] True     False     False     3             3
        3                    0
mcp/worker rendered-worker-07[…] True     False     False     0             0
        0                    0
```

### 10.9.11 Check der provisionierten GPU-Nodes

Führen wir zunächst einen Hardware-Lookup per Debug-Pod auf dem neu erzeugten GPU-Node durch:

```
# oc debug node/opns2-8jplx-gpu-a100-zn-a-wpgmb
```

```
Starting pod/opns2-8jplx-gpu-a100-zn-a-wpgmb-debug ...
To use host binaries, run `chroot /host`
Pod IP: 10.22.128.4
If you don't see a command prompt, try pressing enter.
```

```
sh-4.4# chroot /host
```

```
sh-4.4# bash
```

```
[root@opns2-8jplx-gpu-a100-zn-a-wpgmb ~]# lspci | grep NVID
```

```
00:04.0 3D controller: NVIDIA Corporation GA100 [A100 SXM4 40GB] (rev a1)
```

Die A100 ist da, und damit sind wir bereit für die Operatoren.

### 10.9.12 NFD- und GPU-Operator

Nun müssen wir in bekannter Art und Weise (siehe Abschnitt 10.6) den NFD- und GPU-Operator ausrollen. Wir starten wie üblich mit dem NFD-Operator, dann folgt der GPU-Operator.

#### NFD-Operator und NFD-CR

Warten Sie, bis die Operatoren betriebsbereit sind, und importieren Sie erst dann wie üblich die CR:

```
# oc create -f nfd-operator/nfd-operator.yaml
```

```
namespace/openshift-nfd created
operatorgroup.operators.coreos.com/openshift-nfd created
subscription.operators.coreos.com/nfd created
```

```
# oc create -f nfd-operator/nfd-instance.yaml
```

```
nodefeaturediscovery.nfd.openshift.io/nfd-instance created
```

Führen wir nach ein bis zwei Minuten einen NVIDIA-Label-Check durch:

```
# oc describe node opns2-8jplx-gpu-a100-zn-a-wpgmb | grep pci-10de
```

```
feature.node.kubernetes.io/pci-10de.present=true
```

### GPU-Operator und Default-ClusterPolicy-CR



Nun folgt in bekannter Vorgehensweise die GPU-Operator-Installation und der Import der ClusterPolicy:

```
# oc create -f gpu-operator/gpu-operator.yaml
```

```
namespace/nvidia-gpu-operator created
operatorgroup.operators.coreos.com/nvidia-gpu-operator-vrk9z created
subscription.operators.coreos.com/gpu-operator-certified created
```

```
# oc create -f gpu-operator/clusterpolicy-1.11.0-default.yaml
```

```
clusterpolicy.nvidia.com/gpu-cluster-policy created
```

Da wir in diesem Cloud-Einsatzszenario keine Hypervisor-basierten GPU-Partitionen zu berücksichtigen haben, sollte der Einsatz des offenen, regulären NVIDIA-Drivers ausreichen. Ist der komplette Stack durch den GPU-Operator auf dem Node installiert, sollte uns die A100 en bloc zur Verfügung stehen. Die folgenden Ausgaben sind zum Teil gekürzt. Wenn Sie sichergehen wollen, dass alle relevanten NVIDIA-Pods auf dem neuen GPU-Node gelandet sind (Ausnahme ist üblicherweise der GPU-Operator selbst), lassen Sie sich die Pods per `-o wide` anzeigen:

```
# oc get pods -n nvidia-gpu-operator # -o wide
```

```
NAME                                             READY   STATUS      RESTARTS   AGE
gpu-feature-discovery-rsrmf                      1/1     Running     0          13m
gpu-operator-7d787597bb-fbvwx                    1/1     Running     0          16m
nvidia-container-toolkit-daemonset-pgw2c         1/1     Running     0          13m
nvidia-cuda-validator-bz27x                      0/1     Completed   0          9m21s
nvidia-dcgm-6wz4s                                1/1     Running     0          13m
nvidia-dcgm-exporter-k8n8r                       1/1     Running     0          13m
nvidia-device-plugin-daemonset-jm96p             1/1     Running     0          13m
nvidia-device-plugin-validator-gc6kg             0/1     Completed   0          9m
nvidia-driver-daemonset-410.84.202206212304-0-8x2bk  2/2 Running     0          13m
nvidia-mig-manager-rhmc5                         1/1     Running     0          8m48s
nvidia-node-status-exporter-g2szd                1/1     Running     0          13m
nvidia-operator-validator-g2st7                  1/1     Running     0          12m
```

Kontrollieren wir die GPU aus der Sicht des Driver-Pods

```
# oc exec nvidia-driver-daemonset-410.84.202206212304-0-8x2bk \
  -c nvidia-driver-ctr -- nvidia-smi
```

```
Wed Jul 27 20:28:38 2022
+-----------------------------------------------------------------------------+
| NVIDIA-SMI 515.48.07    Driver Version: 515.48.07    CUDA Version: 11.7     |
|-------------------------------+----------------------+----------------------+
| GPU  Name        Persistence-M| Bus-Id        Disp.A | Volatile Uncorr. ECC |
| Fan  Temp  Perf  Pwr:Usage/Cap|         Memory-Usage | GPU-Util  Compute M. |
|                               |                      |               MIG M. |
|===============================+======================+======================|
|   0  NVIDIA A100-SXM...  On   | 00000000:00:04.0 Off |                    0 |
| N/A   30C    P0    42W / 400W |      0MiB / 40960MiB |      0%      Default |
|                               |                      |             Disabled |
+-------------------------------+----------------------+----------------------+

+-----------------------------------------------------------------------------+
| Processes:                                                                  |
|  GPU   GI   CI        PID   Type   Process name                  GPU Memory |
|        ID   ID                                                   Usage      |
|=============================================================================|
|  No running processes found                                                 |
+-----------------------------------------------------------------------------+
```

Nett, aber kein Kunststück und zudem (noch) nicht das, was wir wollten: Denn in dem von uns betrachteten Szenario liegt der Schwerpunkt auf einer anderen Komponente des GPU-Operators: dem *MIG-Manager*, der die MIG-fähige GPU auf dem Node für uns vollautomatisch (je nach gesetztem Node-Label) in Tenant-sichere Partitionen unterteilen soll. Dazu ist aber zunächst noch die Aktivierung des MIG-Modes erforderlich, denn wie im oberen Listing zu sehen ist, ist dieser noch *disabled*.

### 10.9.13 MIG-Mode aktivieren, MIG-Partition-Size für A100 einstellen

Um die MIG-fähige GPU vollautomatisch zu partitionieren, setzen Sie im einfachsten Fall und wie bereits ab Abschnitt 9.5.6 gezeigt, ein entsprechendes, MIG-spezifisches Label auf dem GPU-Node, siehe dazu auch *https://docs.nvidia.com/datacenter/cloud-native/gpu-operator/gpu-operator-mig.html*.

In komplexeren (Mixed) Setups mit unterschiedlichen, MIG-fähigen GPUs (A30, A100) im Zusammenspiel mit nicht-MIG-fähigen Karten (wie z. B. einer T4 oder A40) verwenden Sie eine Custom-MIG-ConfigMap, siehe Abschnitt 9.5.9. Diese wird über die ClusterPolicy-CR entsprechend eingebunden.

Zunächst müssen wir jedoch den MIG-Mode aktivieren. Der MIG-Manager ist zwar in der Default-ClusterPolicy-CR standardmäßig aktiviert (`spec.migManager.enabled: true`), aber dies bringt uns gar nichts, wenn der MIG-Mode der GPU grundsätzlich nicht aktiv ist.

In On-Premises-Umgebungen, wie unter vSphere gezeigt, haben die Infra-Teams selbst die Kontrolle über die Hypervisor-Infrastruktur und damit auch über das NVIDIA-Tooling (`nvidia-smi`) auf dem jeweiligen Host. In der Cloud haben wir jedoch keine Chance, diese Umschaltung in ähnlicher Form durchführen zu können.

Nun, in der glorreichen Theorie sollte die Aktivierung des MIG-Modes automatisch erfolgen, sobald wir den betreffenden Node mit einem validen MIG-Partitionierungsschema-Label ausstatten. Spoiler für OpenShift-Versionen bis mindestens 4.10.3: Das klappt leider nicht, auch wenn wir die erforderlichen Anpassungen der ClusterPolicy-CR vorab vornehmen *und* den GPU-Operator vorher durchstarten, damit er die Änderung übernimmt und dieser den MIG-Manager-Pod ebenfalls durchstartet.

Aber der Reihe nach: Benötigt werden zunächst die folgenden Ergänzungen/Anpassungen (fett markiert) in der Sektion `spec.migManager` der ClusterPolicy-CR:



```
spec:
  migManager:
    enabled: true
    env:
    - name: WITH_REBOOT
      value: 'true'
[…]
```

Dann wenden wir diese Änderung an. Gegebenenfalls kann es zusätzlich erforderlich sein, den GPU-Operator-Pod zu löschen, damit die neue Instanz die Änderungen korrekt erfasst.

```
# oc apply -f gpu-operator/clusterpolicy-1.11.0-mig-gcp.yaml
clusterpolicy.nvidia.com/gpu-cluster-policy configured
# oc delete pod gpu-operator-7d787597bb-fbvwx
pod "gpu-operator-7d787597bb-fbvwx" deleted
```

Testen wir nun das Prozedere (bei initialer Ausführung zur Aktivierung des MIG-Modes und) zum Setzen der Partitionsgröße per Label:

```
# oc label node opns2-8jplx-gpu-a100-zn-a-wpgmb nvidia.com/mig.config=all-1g.5gb
node/opns2-8jplx-gpu-a100-zn-a-wpgmb labeled
```

Danach sollte automatisch der GPU-Node automatisch rebooten und der GPU-Operator-Stack re-initialisiert werden. Der MIG-Mode der GPU sollte anschließend scharf geschaltet sein.

Bevor wir den Status prüfen, gilt wie üblich: **warten** – es dauert gegebenenfalls ein paar Minuten, bis der Node durchgebootet und der GPU-Operator-gesteuerte Stack komplett neu re-initialisiert ist. Ist alles glattgelaufen, sollte uns gemäß dem gewählten MIG-Partitionierungsschemas (7 MIG-Slices zu je 5 GB) die gleich folgende Ausgabe präsentiert werden.

**Achtung: Verlorene RAM-Kapazität bei bestimmten MIG-Patterns**

Bedenken Sie, dass für die A100 (hier für 40 GB) bei den MIG-Patterns 1g.5gb, 2g.10gb und 4.20gb gemäß *https://docs.nvidia.com/datacenter/tesla/mig-user-guide/index.html* und entsprechend den Betrachtungen ab Abschnitt 4.4 das RAM nicht maximal ausgeschöpft werden kann. Der größte Verlust entsteht beim 4g.20gb-Pattern: 20 GB von 40 GB stehen nicht zur Verfügung.

```
# oc exec nvidia-driver-daemonset-410.84.202206212304-0-8x2bk \
  -c nvidia-driver-ctr -- nvidia-smi
```

```
Wed Jul 27 21:38:27 2022
+-----------------------------------------------------------------------------+
| NVIDIA-SMI 515.48.07    Driver Version: 515.48.07    CUDA Version: 11.7     |
|-------------------------------+----------------------+----------------------+
| GPU  Name        Persistence-M| Bus-Id        Disp.A | Volatile Uncorr. ECC |
| Fan  Temp  Perf  Pwr:Usage/Cap|         Memory-Usage | GPU-Util  Compute M. |
|                               |                      |               MIG M. |
|===============================+======================+======================|
|   0  NVIDIA A100-SXM...  On   | 00000000:00:04.0 Off |                   On |
| N/A   34C    P0    73W / 400W |     45MiB / 40960MiB |     N/A      Default |
|                               |                      |              Enabled |
+-------------------------------+----------------------+----------------------+

+-----------------------------------------------------------------------------+
| MIG devices:                                                                |
+------------------+----------------------+-----------+-----------------------+
| GPU  GI  CI  MIG |         Memory-Usage |        Vol|         Shared        |
|      ID  ID  Dev |           BAR1-Usage | SM     Unc| CE  ENC  DEC  OFA  JPG|
|                  |                      |        ECC|                       |
|==================+======================+===========+=======================|
|  0    7   0   0  |      6MiB /  4864MiB | 14      0 |  1   0    0    0    0 |
|                  |      0MiB /  8191MiB |           |                       |
+------------------+----------------------+-----------+-----------------------+
|  0    8   0   1  |      6MiB /  4864MiB | 14      0 |  1   0    0    0    0 |
|                  |      0MiB /  8191MiB |           |                       |
+------------------+----------------------+-----------+-----------------------+
|  0    9   0   2  |      6MiB /  4864MiB | 14      0 |  1   0    0    0    0 |
|                  |      0MiB /  8191MiB |           |                       |
+------------------+----------------------+-----------+-----------------------+
|  0   11   0   3  |      6MiB /  4864MiB | 14      0 |  1   0    0    0    0 |
|                  |      0MiB /  8191MiB |           |                       |
+------------------+----------------------+-----------+-----------------------+
|  0   12   0   4  |      6MiB /  4864MiB | 14      0 |  1   0    0    0    0 |
|                  |      0MiB /  8191MiB |           |                       |
+------------------+----------------------+-----------+-----------------------+
|  0   13   0   5  |      6MiB /  4864MiB | 14      0 |  1   0    0    0    0 |
|                  |      0MiB /  8191MiB |           |                       |
+------------------+----------------------+-----------+-----------------------+
|  0   14   0   6  |      6MiB /  4864MiB | 14      0 |  1   0    0    0    0 |
|                  |      0MiB /  8191MiB |           |                       |
+------------------+----------------------+-----------+-----------------------+
```

```
+-----------------------------------------------------------------------------+
| Processes:                                                                  |
|  GPU   GI   CI        PID   Type   Process name                  GPU Memory |
|        ID   ID                                                   Usage      |
|=============================================================================|
|  No running processes found                                                 |
+-----------------------------------------------------------------------------+
```

Bei einer weiteren Änderung des MIG-Profils ist kein Reboot erforderlich – dies ist nur bei De-/Aktivierung des MIG-Modes auf dem Node der Fall. Testen wir eine Rekonfiguration mit einem alternativen MIG-Profil (3g.20gb, also 2 × 20 GB) zur Laufzeit:

```
# oc label node opns2-8jplx-gpu-a100-zn-a-wpgmb \
  nvidia.com/mig.config=all-3g.20gb --overwrite
node/opns1-qssw4-worker-a-bvgrj labeled
```

Danach können wir uns die neu aufgeteilten MIG-Partitionen (2 × 20 GB) wie üblich über den Driver-Container anzeigen lassen:

```
# oc exec nvidia-driver-daemonset-410.84.202206212304-0-8x2bk \
  -c nvidia-driver-ctr -- nvidia-smi
Wed Jul 27 21:59:13 2022
+-----------------------------------------------------------------------------+
| NVIDIA-SMI 515.48.07    Driver Version: 515.48.07    CUDA Version: 11.7     |
|-------------------------------+----------------------+----------------------+
| GPU  Name        Persistence-M| Bus-Id        Disp.A | Volatile Uncorr. ECC |
| Fan  Temp  Perf  Pwr:Usage/Cap|         Memory-Usage | GPU-Util  Compute M. |
|                               |                      |               MIG M. |
|===============================+======================+======================|
|   0  NVIDIA A100-SXM...  On   | 00000000:00:04.0 Off |                   On |
| N/A   33C    P0    73W / 400W |     38MiB / 40960MiB |     N/A      Default |
|                               |                      |              Enabled |
+-------------------------------+----------------------+----------------------+

+-----------------------------------------------------------------------------+
| MIG devices:                                                                |
+------------------+----------------------+-----------+-----------------------+
| GPU  GI  CI  MIG |         Memory-Usage |        Vol|         Shared        |
|      ID  ID  Dev |           BAR1-Usage | SM     Unc| CE  ENC  DEC  OFA  JPG|
|                  |                      |        ECC|                       |
|==================+======================+===========+=======================|
|  0    1   0   0  |     19MiB / 19968MiB | 42      0 |  3   0    2    0    0 |
|                  |      0MiB / 32767MiB |           |                       |
+------------------+----------------------+-----------+-----------------------+
|  0    2   0   1  |     19MiB / 19968MiB | 42      0 |  3   0    2    0    0 |
|                  |      0MiB / 32767MiB |           |                       |
+------------------+----------------------+-----------+-----------------------+
 [...]
```

### 10.9.14 Debugging und Troubleshooting

In den meisten Fällen wird – bezogen auf den MIG-Mode – ein hakendes Setup in der MIG-Manager-Komponente des GPU-Operators verortet sein. Checken Sie daher zunächst die Logs des MIG-Managers, die im Folgenden ausnahmsweise aus Gründen der Reproduzierbarkeit etwas umfänglicher aufgelistet sind. Die korrekte Umstellung eines MIG-Profils sollte in etwa wie folgt vonstattengegangen sein:

```
# oc logs nvidia-mig-manager-j9zzn
```

```
W0727 21:27:38.547623    7904 client_config.go:615] Neither --kubeconfig nor --
master was specified.  Using the inClusterConfig.  This might not work.
time="2022-07-27T21:27:38Z" level=info msg="Waiting for change to 'nvidia.com/mig.config' label"
time="2022-07-27T21:27:38Z" level=info msg="Updating to MIG config: all-1g.5gb"
Getting current value of the 'nvidia.com/gpu.deploy.device-plugin' node label
Current value of 'nvidia.com/gpu.deploy.device-plugin=paused-for-mig-change'
Getting current value of the 'nvidia.com/gpu.deploy.gpu-feature-discovery' node label
[…]
Asserting that the requested configuration is present in the configuration file
Selected MIG configuration is valid
Getting current value of the 'nvidia.com/mig.config.state' node label
Current value of 'nvidia.com/mig.config.state=rebooting'
Checking if the selected MIG config is currently applied or not
time="2022-07-27T21:27:39Z" level=fatal msg=
"Assertion failure: selected configuration not currently applied"
Checking if the MIG mode setting in the selected config is currently applied or not
If the state is 'rebooting', we expect this to always return true
Selected MIG mode settings from configuration currently applied
Changing the 'nvidia.com/mig.config.state' node label to 'pending'
node/opns2-8jplx-gpu-a100-zn-a-wpgmb labeled
Shutting down all GPU clients in Kubernetes by disabling their component-specific nodeSelector labels
node/opns2-8jplx-gpu-a100-zn-a-wpgmb not labeled
Waiting for the device-plugin to shutdown
Waiting for gpu-feature-discovery to shutdown
Waiting for dcgm-exporter to shutdown
Waiting for dcgm to shutdown
Applying the MIG mode change from the selected config to the node (and double checking it took effect)
If the -r option was passed, the node will be automatically rebooted if this is not successful
time="2022-07-27T21:27:39Z" level=debug msg="Parsing config file..."
time="2022-07-27T21:27:39Z" level=debug msg="Selecting specific MIG config..."
time="2022-07-27T21:27:39Z" level=debug msg="Running apply-start hook"
time="2022-07-27T21:27:39Z" level=debug msg="Checking current MIG mode..."
time="2022-07-27T21:27:39Z" level=debug msg="Walking MigConfig for (devices=all)"
time="2022-07-27T21:27:39Z" level=debug msg="  GPU 0: 0x20B010DE"
time="2022-07-27T21:27:39Z" level=debug msg="    Asserting MIG mode: Enabled"
time="2022-07-27T21:27:39Z" level=debug msg="    MIG capable: true\n"
time="2022-07-27T21:27:39Z" level=debug msg="    Current MIG mode: Enabled"
time="2022-07-27T21:27:39Z" level=debug msg="Running apply-exit hook"
MIG configuration applied successfully
time="2022-07-27T21:27:39Z" level=debug msg="Parsing config file..."
time="2022-07-27T21:27:39Z" level=debug msg="Selecting specific MIG config..."
time="2022-07-27T21:27:39Z" level=debug msg="Asserting MIG mode configuration..."
```

```
time="2022-07-27T21:27:39Z" level=debug msg="Walking MigConfig for (devices=all)"
time="2022-07-27T21:27:39Z" level=debug msg="  GPU 0: 0x20B010DE"
time="2022-07-27T21:27:39Z" level=debug msg="    Asserting MIG mode: Enabled"
time="2022-07-27T21:27:39Z" level=debug msg="    MIG capable: true\n"
time="2022-07-27T21:27:39Z" level=debug msg="    Current MIG mode: Enabled"
Selected MIG mode settings from configuration currently applied
Applying the selected MIG config to the node
time="2022-07-27T21:27:39Z" level=debug msg="Parsing config file..."
time="2022-07-27T21:27:39Z" level=debug msg="Selecting specific MIG config..."
time="2022-07-27T21:27:39Z" level=debug msg="Running apply-start hook"
time="2022-07-27T21:27:39Z" level=debug msg="Checking current MIG mode..."
time="2022-07-27T21:27:39Z" level=debug msg="Walking MigConfig for (devices=all)"
time="2022-07-27T21:27:39Z" level=debug msg="  GPU 0: 0x20B010DE"
time="2022-07-27T21:27:39Z" level=debug msg="    Asserting MIG mode: Enabled"
time="2022-07-27T21:27:39Z" level=debug msg="    MIG capable: true\n"
time="2022-07-27T21:27:39Z" level=debug msg="    Current MIG mode: Enabled"
time="2022-07-27T21:27:39Z" level=debug msg="Checking current MIG device configuration..."
time="2022-07-27T21:27:39Z" level=debug msg="Walking MigConfig for (devices=all)"
time="2022-07-27T21:27:39Z" level=debug msg="  GPU 0: 0x20B010DE"
time="2022-07-27T21:27:39Z" level=debug msg="    Asserting MIG config: map[1g.5gb:7]"
time="2022-07-27T21:27:39Z" level=debug msg="Running pre-apply-config hook"
time="2022-07-27T21:27:39Z" level=debug msg="Applying MIG device configuration..."
time="2022-07-27T21:27:39Z" level=debug msg="Walking MigConfig for (devices=all)"
time="2022-07-27T21:27:39Z" level=debug msg="  GPU 0: 0x20B010DE"
time="2022-07-27T21:27:39Z" level=debug msg="    MIG capable: true\n"
time="2022-07-27T21:27:39Z" level=debug msg="    Updating MIG config: map[1g.5gb:7]"
time="2022-07-27T21:27:40Z" level=debug msg="Running apply-exit hook"
MIG configuration applied successfully
Restarting all GPU clients previously shutdown in Kubernetes by reenabling their component-
specific nodeSelector labels
node/opns2-8jplx-gpu-a100-zn-a-wpgmb labeled
Restarting validator pod to re-run all validations
pod "nvidia-operator-validator-plcxb" deleted
Changing the 'nvidia.com/mig.config.state' node label to 'success'
node/opns2-8jplx-gpu-a100-zn-a-wpgmb labeled
time="2022-07-27T21:27:41Z" level=info msg="Successfuly updated to MIG config: all-1g.5gb"
time="2022-07-27T21:27:41Z" level=info msg="Waiting for change to 'nvidia.com/mig.config' label"
```

## 10.10 GPU-Sharing/-Overcommitment

Siehe dazu auch:

- *https://developer.nvidia.com/blog/improving-gpu-utilization-in-kubernetes/*
- *https://docs.nvidia.com/datacenter/cloud-native/gpu-operator/gpu-sharing.html*

### 10.10.1 Konzept-Recap und praktische Umsetzung

Wie bereits in Abschnitt 4.7 theoretisch vorab erörtert, bietet NVIDIA seit dem GPU-Operator 1.11 die Möglichkeit, *GPU-Overcommitment* bzw. *GPU-Sharing* zu realisieren.

Mit diesem Nutzungspattern können wir eine festgelegte Anzahl von »virtuellen« GPU-Repliken (im Sinne von *n* möglichen »virtuellen« GPUs, die auf 1 realen GPU, 1 vGPU oder 1 MIG-Partition basieren) für eine GPU definieren. Jede einzelne, »virtuellen« GPU-Replik (die auf der gleichen GPU/Partition basiert) kann an einen konsumierenden Pod durchgereicht werden.

Auch wenn der Sharing-Ansatz im Fall von vGPU- und MIG-Partitionen zunächst etwas absurd klingen mag – frei nach dem Motto: erst splitten, dann die kleineren Anteile der GPU überbuchen – er ist es nicht wirklich.

Reicht z. B. eine typische MIG oder vGPU-Partition von 4 oder 8 GB mit den entsprechenden Compute-Units performancetechnisch für einen bestimmten ML Workload völlig aus, aber diese GPU-Partition wird eben nicht 24/7 genutzt, haben wir bereits den typischen GPU-Sharing-Anwendungsfall. Letztlich jedoch muss das jede Fachabteilung für sich entscheiden.

Wie bereits in den theoretischen Vorbetrachtungen zu diesem Abschnitt erwähnt, kommt unter der Haube dieses Verfahrens *CUDA-Time-Slicing* zum Einsatz, um Workloads von Replicas derselben zugrundeliegenden, physikalischen GPU (oder vGPU-/MIG-Partition) zu multiplexen. Das Feature-Set *Shareable-GPU*, das die Bereitstellung von Replicas einer GPU ermöglicht, wird mithilfe einer neuen, zusätzlichen Konfigurationsdatei erzielt.

Die Verfahren zur Implementierung unterscheiden sich etwas zwischen OpenShift (OLM) und Vanilla Kubernetes (in der Regel Helm-basierte Installation des GPU-Operators):

Die Helm-Variante benötigt eine zusätzliche Datei *plugin-config.yaml* (oder ein beliebiger Name – wichtig ist letztlich der Name der darin enthaltenen ConfigMap, dieser muss *plugin-config* lauten). Diese Datei muss beim Rollout oder Upgrade des Operator-Stacks mit angegeben werden und wird dabei in eine ConfigMap konvertiert. Dagegen benötigt OpenShift diese ConfigMap vorab in dem von uns bisher verwendeten Namespace *nvidia-gpu-operator*. Nachstehend eine einfache und relativ selbsterklärende Variante, die aber bereits verschiedene Konfigurations-Patterns (`small` | `medium` | `large` [-Overcommitment]) bietet:

```
# gpushare-plugin-config-opns.yaml
apiVersion: v1
kind: ConfigMap
metadata:
  name: plugin-config
  namespace: nvidia-gpu-operator
data:
  small-config: |-
    version: v1
    sharing:
      timeSlicing:
        renameByDefault: false
        ## renameByDefault: true # -> shows nvidia label
```

```
        ## as 'nvidia.com/gpu.shared' instead of 'nvidia.com/gpu'
        failRequestsGreaterThanOne: false
        resources:
        - name: nvidia.com/gpu
          replicas: 2
  medium-config: |-
    version: v1
    sharing:
      timeSlicing:
        renameByDefault: false
        resources:
        - name: nvidia.com/gpu
          replicas: 5
  large-config: |-
    version: v1
    sharing:
      timeSlicing:
        renameByDefault: false
        resources:
        - name: nvidia.com/gpu
          replicas: 10
```

10

### 10.10.2 Setup (OpenShift)

Kommen wir nun zum Setup des GPU-Sharings unter OpenShift. Zunächst importieren wir die weiter oben gezeigte ConfigMap in den Namespace *nvidia-gpu-operator*:

```
# oc create -f gpushare-plugin-config-opns.yaml -n nvidia-gpu-operator
configmap/plugin-config created
```

Anschließend müssen wir noch die ClusterPolicy-CR (Sektion: `devicePlugin.config`) anpassen, damit sie diese neue Sharing-Konfiguration auch berücksichtigt. Nachstehend der entsprechende Auszug aus einer bereits modifizierten ClusterPolicy-CR, relevant ist die Sektion `clusterpolicy.spec.devicePlugin.config` (fett markiert), die bestimmt, welche Sharing-Konfiguration zum Einsatz kommen soll:

```
apiVersion: nvidia.com/v1
kind: ClusterPolicy
metadata:
  name: gpu-cluster-policy
spec:
  daemonsets: {}
  dcgm:
    enabled: true
```

```
  dcgmExporter:
    config:
      name: ""
  devicePlugin:
    config:
      default: small-config
      name: plugin-config
  driver:
    certConfig:
      name: ""
    enabled: true
    image: driver
[...]
```

Dann wenden wir die Änderungen an:

```
# oc apply -f nvidia-clusterpol-gpu-share.yaml
clusterpolicy.nvidia.com/gpu-cluster-policy configured
```

Nun skalieren wir einen T4-Node (zunächst mit der T4 im Passthrough-Mode) per MachineSet von 0 auf 1 hoch und prüfen, wie viele GPUs uns nun dort zur Verfügung stehen – es sollten 2 statt zuvor 1 sein:

```
# oc scale machineset opns2-cxtqb-vgpu-t4-vz2 \
  -n openshift-machine-api --replicas 1
machineset.machine.openshift.io/opns2-cxtqb-vgpu-t4-vz2 scaled
```

Sobald alle Komponenten des GPU-Operators fertig ausgerollt sind, prüfen wir die verfügbaren *GPU-Replicas* und inspizieren die vom GFD gesetzten Label (Ausgabe gekürzt):

```
# oc describe node opns2-cxtqb-gpu-t4-pt-vz0-9dwll | grep \
  nvidia.com/gpu | awk '{print $1,$2}'
[...]
nvidia.com/gpu.present=true
nvidia.com/gpu.product=Tesla-T4-SHARED
nvidia.com/gpu.replicas=2
nvidia.com/gpu: 2
[…]
```

### 10.10.3 Shared Workload testen

Prüfen wir nun, ob die eine (1) gesharte GPU auch tatsächlich für zwei Konsumenten/Clients verfügbar ist. Dazu rollen wir im Namespace *default* das folgende Deployment mit zwei Pods aus, von denen beide je eine GPU konsumieren:

```
# cat shared-gpu-workload-test.yaml
apiVersion: apps/v1
kind: Deployment
metadata:
  name: nvidia-plugin-test
  labels:
    app: nvidia-plugin-test
spec:
  replicas: 2
  selector:
    matchLabels:
      app: nvidia-plugin-test
  template:
    metadata:
      labels:
        app: nvidia-plugin-test
    spec:
      tolerations:
        - key: nvidia.com/gpu
          operator: Exists
          effect: NoSchedule
      containers:
       - name: dcgmproftester11
         image: nvidia/samples:dcgmproftester-2.0.10-cuda11.0-ubuntu18.04
         command: ["/bin/sh", "-c"]
         args:
             - while true; do /usr/bin/dcgmproftester11 --no-dcgm-validation -t 1004
-d 300; sleep 30; done
         resources:
           limits:
             nvidia.com/gpu: 1
         securityContext:
           capabilities:
             add: ["SYS_ADMIN"]
```

Mit dieser Konfiguration erzeugen wir den Workload:

```
# oc create -f shared-gpu-workload-test.yaml -n default
deployment.apps/nvidia-plugin-test created
```

Prüfen wir nun die Logs der beiden parallellaufenden GPU-Test-Pods, die auf je 1 komplette GPU (und zwar physikalisch die gleiche) zugreifen. Sie werden sehen, dass das GPU-Sharing wie gewünscht über beide Pods funktioniert.

#### Pod 1

```
# oc logs -n default nvidia-plugin-test-5d6d6bb58f-88bph dcgmproftester11 -f
```

```
Skipping CreateDcgmGroups() since DCGM validation is disabled
CU_DEVICE_ATTRIBUTE_MAX_THREADS_PER_MULTIPROCESSOR: 1024
CU_DEVICE_ATTRIBUTE_MULTIPROCESSOR_COUNT: 40
CU_DEVICE_ATTRIBUTE_MAX_SHARED_MEMORY_PER_MULTIPROCESSOR: 65536
CU_DEVICE_ATTRIBUTE_COMPUTE_CAPABILITY_MAJOR: 7
CU_DEVICE_ATTRIBUTE_COMPUTE_CAPABILITY_MINOR: 5
CU_DEVICE_ATTRIBUTE_GLOBAL_MEMORY_BUS_WIDTH: 256
CU_DEVICE_ATTRIBUTE_MEMORY_CLOCK_RATE: 5001000
Max Memory bandwidth: 320064000000 bytes (320.06 GiB)
CudaInit completed successfully.

Skipping WatchFields() since DCGM validation is disabled
TensorEngineActive: generated ???, dcgm 0.000 (13677.3 gflops)
TensorEngineActive: generated ???, dcgm 0.000 (13347.5 gflops)
TensorEngineActive: generated ???, dcgm 0.000 (13356.0 gflops)
TensorEngineActive: generated ???, dcgm 0.000 (13345.7 gflops)
TensorEngineActive: generated ???, dcgm 0.000 (13287.7 gflops)
TensorEngineActive: generated ???, dcgm 0.000 (13281.5 gflops)
TensorEngineActive: generated ???, dcgm 0.000 (13359.7 gflops)
[...]
```

#### Pod 2

```
# oc logs -n default nvidia-plugin-test-5d6d6bb58f-chtzz dcgmproftester11 -f
```

```
Skipping CreateDcgmGroups() since DCGM validation is disabled
CU_DEVICE_ATTRIBUTE_MAX_THREADS_PER_MULTIPROCESSOR: 1024
CU_DEVICE_ATTRIBUTE_MULTIPROCESSOR_COUNT: 40
CU_DEVICE_ATTRIBUTE_MAX_SHARED_MEMORY_PER_MULTIPROCESSOR: 65536
CU_DEVICE_ATTRIBUTE_COMPUTE_CAPABILITY_MAJOR: 7
CU_DEVICE_ATTRIBUTE_COMPUTE_CAPABILITY_MINOR: 5
CU_DEVICE_ATTRIBUTE_GLOBAL_MEMORY_BUS_WIDTH: 256
CU_DEVICE_ATTRIBUTE_MEMORY_CLOCK_RATE: 5001000
Max Memory bandwidth: 320064000000 bytes (320.06 GiB)
CudaInit completed successfully.

Skipping WatchFields() since DCGM validation is disabled
TensorEngineActive: generated ???, dcgm 0.000 (13524.4 gflops)
TensorEngineActive: generated ???, dcgm 0.000 (13347.7 gflops)
TensorEngineActive: generated ???, dcgm 0.000 (13355.2 gflops)
TensorEngineActive: generated ???, dcgm 0.000 (13346.2 gflops)
TensorEngineActive: generated ???, dcgm 0.000 (13346.5 gflops)
TensorEngineActive: generated ???, dcgm 0.000 (13280.6 gflops)
TensorEngineActive: generated ???, dcgm 0.000 (13360.2 gflops)
[...]
```

### 10.10.4 GPU-Sharing-Konfiguration per Node zur Laufzeit ändern

Wollen wir zur Laufzeit eine von der – per ClusterPolicy gesetzten – Default-Konfiguration (in unserem Fall sind aktuell 2 Replicas gemäß des Sharing-Patterns *small-config* gesetzt) abweichende GPU-Sharing-Konfiguration für bestimmte GPU-Nodes setzen, können wir dies über geeignete Node-Label erreichen. Denn ähnlich zu dem Verfahren, das bei MIG-fähigen Karten angewendet wird, um die Partitionierung nodespezifisch zu ändern, können wir auch in diesem Fall über das Setzen eines Labels, das dem gewünschten GPU-Replica-Profil entspricht (bezogen auf die von uns verwendete ConfigMap: small-config [2] / medium-config [5] / large-config [10]), den gleichen Effekt erzielen.

Testen wir das Vorgehen mit einem Label, welches das Pattern *medium-config* (5 GPU-Repliken) aktivieren soll:

```
# oc label node opns2-cxtqb-gpu-t4-pt-vz0-9dwll \
  nvidia.com/device-plugin.config=medium-config
node/opns2-cxtqb-gpu-t4-pt-vz0-9dwll labeled

# oc describe node opns2-cxtqb-gpu-t4-pt-vz0-9dwll | grep device-plugin
[…]
nvidia.com/device-plugin.config=medium-config
```



Kurz darauf sollte der GPU-Operator mit der Rekonfiguration des Sharing-Profils beginnen. Ist der Vorgang abgeschlossen (alle Pods des GPU-Operator-Stacks sind wieder *up and running*), können wir das Ergebnis prüfen:

```
# oc describe node opns2-cxtqb-gpu-t4-pt-vz0-9dwll | grep \
  nvidia.com/gpu | awk '{print $1,$2}'
[...]
nvidia.com/gpu.product=Tesla-T4-SHARED
nvidia.com/gpu.replicas=5
nvidia.com/gpu: 5
[...]
```

Danach können Sie einen Testlauf mit dem Shared Workload Test gemäß Abschnitt 10.10.3 starten, und skalieren das Deployment auf 5 Pod-Instanzen.

### 10.10.5 GPU Sharing mit vGPU

Das in den letzten Abschnitten gezeigte GPU-Sharing-Verfahren kann, wie auch das gleich für MIG vorgestellte, ebenfalls in völlig identischer Form auf GPUs angewendet werden, die über vGPU-Profile bereits vorpartitioniert an VMs durchgereicht werden.

Daher werden wir hier nur kurz darauf eingehen. Das Sharing-Verfahren für MIG-fähige Karten im PCI-Passthrough-Modus stellt sich etwas anders dar, daher wird darauf im nächsten Abschnitt etwas detaillierter eingegangen.

Im Folgenden betrachten wir kurz eine – per OpenShift-MachineSet bereits skalierte – GPU-Worker-VM (On-Premises/vSphere) mit einem t4_8c-Slice (8 GB) einer Tesla T4. Im Cluster ist die – bereits für das letzte Beispiel verwendete – *plugin-config* mit dem Profil *small-config* aktiv:

```
# oc exec nvidia-driver-daemonset-410.84.202205031645-0-sffhw \
  -c nvidia-driver-ctr -- nvidia-smi -L
```

```
GPU 0: GRID T4-8C (UUID: GPU-2fdd06de-1dd4-11b2-ad50-bcb8d0c30b5b)
```

```
# oc describe node opns2-cxtqb-vgpu-t4-vz2-q8k5g | grep nvidia.com/
```

```
[…]
nvidia.com/gpu.count=1
nvidia.com/gpu.product=GRID-T4-8C-SHARED
nvidia.com/gpu.replicas=2
nvidia.com/gpu: 2
[…]
```

Nun labeln wir um auf medium-config (5 Replicas), und sollten kurz darauf auch die vGPU spezifischen Label erkennen (`nvidia.com/gpu.product=GRID-T4-8C-SHARED`):

```
# oc label node opns2-cxtqb-vgpu-t4-vz2-q8k5g \
  nvidia.com/device-plugin.config=medium-config --overwrite
```

```
node/opns2-cxtqb-vgpu-t4-vz2-q8k5g labeled
# oc describe node opns2-cxtqb-vgpu-t4-vz2-q8k5g | grep nvidia.com/
[…]
node/opns2-cxtqb-vgpu-t4-vz2-q8k5g labeled
nvidia.com/gpu.count=1
nvidia.com/gpu.product=GRID-T4-8C-SHARED
nvidia.com/gpu.replicas=5
nvidia.com/gpu: 5
[…]
```

### 10.10.6 GPU-Sharing mit MIG-Slices

Wie bereits angemerkt, gestaltet sich das GPU-Sharing hier etwas anders als im Passthrough- und vGPU-Mode. Beachten Sie daher zunächst die folgenden Preflights:

Der MIG-Mode der GPU muss aktiviert sein (on-premises: umschalten über GPU-Manager bzw. `nvidia-smi` auf dem Host; in der Cloud: automatisches Aktivieren durch Setzen eines MIG-Node-Labels und passende ClusterPolicy-Settings).

Zudem muss der GPU-Operator bei der Variante *PCI Passthrough* (siehe unten) auf die `mig-strategy: mixed` eingestellt sein (Default: `single`).

Um eine MIG-fähige Karte für GPU-Sharing bereitzustellen, stehen on-premises zwei Varianten zur Verfügung:

- Vorpartitioniert (1–*n* VMs erhalten über ein MIG-Profile einen Slice der Karte, z. B. für eine A30: nvidia_a30-2-12c), oder:
- PCI-Passthrough (1 VM erhält die ganze Karte, die Karte kann aber nur auf diesem Node partitioniert und geshared werden.

In der Cloud bleibt es aufgrund der – in den bisherigen Abschnitten hinlänglich – benannten Gründe bei Variante 2, also PCI (Full) Passthrough und Partitionierung durch den GPU-Operator. Dieses Verfahren hatten wir bereits mit der A100 im MIG-Mode unter GCP ausführlich betrachtet. Für das folgende Beispiel verwenden wir den MIG-backed vGPU-Modus, d. h., es werden MIG-Slices vorpartitioniert an VMs durchgereicht.

### MIG-Slices vorpartitioniert über GPU-Manager (vCenter) an das VM-Template durchreichen

Hierbei teilen wir der Template-VM in nun bekannter Vorgehensweise per GPU-Manager einen MIG-Slice zu, wie Abbildung 10.4 zeigt.

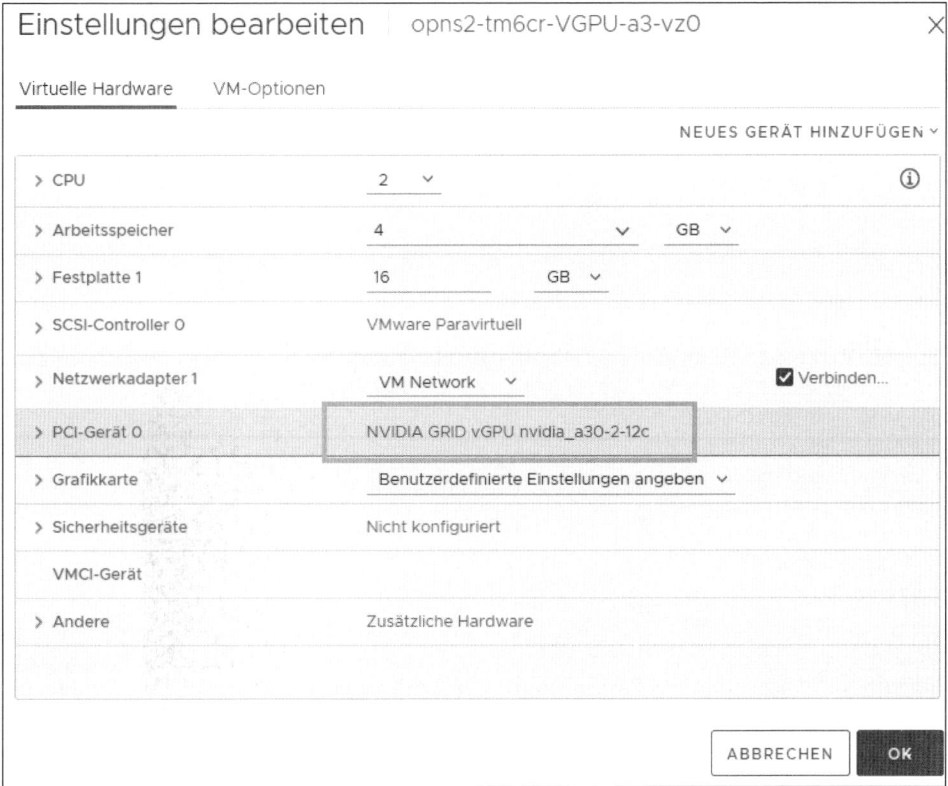


**Abbildung 10.4** VM-Template mit MIG-Slice (A30)

### Skalierung des MachineSets

Dann skalieren wir das MachineSet, in dem dieses Template hinterlegt ist, von 0 auf 1. Nachdem alle Komponenten des GPU-Operator-Stacks *up and running* sind, prüfen wir zunächst die Anzahl der GPUs, die uns zur Verfügung stehen. Ohne Sharing wäre dies exakt 1, gemäß dem zunächst angewendeten Default-Profil der *plugin-config*-ConfigMap sollten es 2 sein (Ausgabe gekürzt):

```
# oc describe node opns2-cxtqb-vgpu-a3-vz0-n4t24 | grep nvidia.com/gpu | awk '{print $1,$2}'
```

```
[...]
nvidia.com/gpu.count=1
[...]
nvidia.com/gpu.product=NVIDIA-A30-2-12C-MIG-2g.12gb-SHARED
nvidia.com/gpu.replicas=2
nvidia.com/gpu.slices.ci=2
nvidia.com/gpu.slices.gi=2
nvidia.com/gpu: 2
[...]
```

Wie bereits im letzten Abschnitt gezeigt können wir nun ebenfalls über den *Shared Workload Test* gemäß Abschnitt 10.10.3 überprüfen, dass 2 GPUs in dem MIG Slice parallel nutzbar sind.

Eine Änderung der Anzahl der GPU-Replicas wird auf die gleiche Weise getriggert wie bereits für das Beispiel des letzten Abschnittes gezeigt, über das Setzen des nodespezifischen Labels `device-plugin.config`, in unserem Fall z. B. auf *medium-* oder *large-config*.

```
# oc label node opns2-cxtqb-vgpu-a3-vz0-n4t24 \
  nvidia.com/device-plugin.config=medium-config --overwrite
```

```
node/opns2-cxtqb-vgpu-a3-vz0-mjzt6 labeled
```

```
# oc describe node opns2-cxtqb-vgpu-a3-vz0-n4t24 | \
  grep nvidia.com/gpu | awk '{print $1,$2}'
```

```
[...]
nvidia.com/gpu.count=1
[...]
nvidia.com/gpu.product=NVIDIA-A30-2-12C-MIG-2g.12gb-SHARED
nvidia.com/gpu.replicas=5
nvidia.com/gpu.slices.ci=2
nvidia.com/gpu.slices.gi=2
nvidia.com/gpu: 5
[...]
```

#### Sharing von MIG Slices über PCI Passthrough – GPU mit Operator-basierter Partitionierung

In diesem Konfigurationsbeispiel wird eine A30-GPU on-premises via Passthrough komplett an ein vSphere-VM-Template durchgereicht. Dieses VM-Template wird gemäß der – bereits aus den vorangegangenen Abschnitten – bekannten Vorgehensweise in ein OpenShift-MachineSet eingebunden und auf 1 skaliert. Der MIG-Manager des GPU-Operator-Stacks kümmert sich dann anhand des (noch zu setzenden) MIG-spezifischen Node-Labels um die gewünschte Partitionierung der GPU.

Im folgenden Beispiel verwenden wir das Node-Label `nvidia.com/mig.config: all-1g.6gb`, d. h., die A30 wird per Default zunächst in 4 MIG Slices zu je 6 GB auf dem gleichen Node unterteilt.

Dies kontrollieren wir, sobald der vom VM-Template geklonte OpenShift-GPU-Node durch den GPU-Operator fertig provisioniert ist. Dann setzen wir das Label und warten, bis der GPU-Operator-Stack komplett mit allen Tasks fertig ist:

```
# oc label node opns2-cxtqb-gpu-a3-pt-vz0-n4t24 nvidia.com/mig.config=all-1g.6gb
node/opns2-cxtqb-gpu-a3-pt-vz0-n4t24 labeled
# oc exec nvidia-driver-daemonset-410.84.202205031645-0-4lklv \
  -c nvidia-driver-ctr -- nvidia-smi -L
GPU 0: NVIDIA A30 (UUID: GPU-77e55a46-ec4f-0f03-cd7c-d6d5bfe7747b)
  MIG 1g.6gb      Device  0: (UUID: MIG-2808f77f-853f-51b9-86c1-32de889fb22f)
  MIG 1g.6gb      Device  1: (UUID: MIG-68ab843e-c77f-5c6a-aa3b-68a09d4bf4d2)
  MIG 1g.6gb      Device  2: (UUID: MIG-45b7e5df-2e22-5c50-9756-5c8ab56fd470)
  MIG 1g.6gb      Device  3: (UUID: MIG-0e1c4ed9-6059-5870-8b88-e7d5905a5508)
```



Aufgrund der – vom Device-Plugin bereits angewendeten – Default-Konfiguration `small-config` (ConfigMap: *plugin-config* der ClusterPolicy), die jedoch auf einen Node mit MIG-Hardware im Passthrough-Mode nicht zutrifft, stehen auf diesem Node, der alle 4 MIG-Partitionen (4 × 1g.6gb) hält, zunächst auch nur genau diese 4 GPUs zur Verfügung:

```
# oc describe node opns2-cxtqb-gpu-a3-pt-vz0-n4t24 | grep nvidia.com/ | awk '{print $1,$2}'
[...]
nvidia.com/mig-1g.6gb.count=4
nvidia.com/mig-1g.6gb.product=NVIDIA-A30-MIG-1g.6gb
nvidia.com/mig-1g.6gb.replicas=1
nvidia.com/mig-1g.6gb.slices.ci=1
nvidia.com/mig-1g.6gb.slices.gi=1
nvidia.com/mig.config=all-1g.6gb
nvidia.com/mig.config.state=success
nvidia.com/mig.strategy=mixed
nvidia.com/mig-1g.6gb:  4
[...]
```

Nun ergänzen wir die bereits vorhandene, sharing-spezifische ConfigMap (*plugin-config*) im Namespace *nvidia-gpu-operator* um das folgende, zusätzliche MIG-spezifische Replica-Profil (`a30-mig-small-config`). Hinweis: Jedes weitere MIG-Profil sollte eine Standard-Ressource (`nvidia.com/gpu`) aufweisen, da sonst alle nicht-MIG-fähigen Karten für das Sharing nicht berücksichtig werden:

```
# cat gpushare-plugin-config-MIG-opns.yaml
apiVersion: v1
kind: ConfigMap
metadata:
  name: plugin-config
  namespace: nvidia-gpu-operator
```

```
data:
 # same as before
  small-config: |-
[…]
[…]
  large-config: |-
[…]
# new from here
  a30-mig-small-config: |-
    version: v1
    sharing:
      timeSlicing:
        resources:
        # one simple default is needed when using mig and non-mig cards
        - name: nvidia.com/gpu
          replicas: 2
        - name: nvidia.com/mig-1g.6gb
          replicas: 2
        - name: nvidia.com/mig-2g.12gb
          replicas: 6
        - name: nvidia.com/mig-4g.24gb
          replicas: 12
```

Dann ergänzen wir das Profil in der bestehenden ConfigMap *plugin-config*:

```
# oc apply -f gpushare-plugin-config-MIG-opns.yaml
configmap/plugin-config configured
```

**Achtung: Restart des Device-Plugin-Pods!**

Falls der Pod des *Device Plugin DaemonSets* nach der Änderung der ConfigMap nicht durchgestartet wird, werden die an der *device-plugin*-ConfigMap durchgeführten Änderungen gegebenenfalls nicht auf den/die GPU-Nodes(s) angewendet!

Nun wenden wir die in der *device-plugin*-ConfigMap hinterlegte Sharing-Konfiguration `a30-mig-small-config` explizit auf den GPU-Node mit der A30 an. Entsprechend den Settings der *plugin-config*-ConfigMap für das MIG-Profil 1g.6gb (= 2 Replicas) sollten uns anschließend doppelt so viele, nämlich exakt 8 Shareable GPUs zur Verfügung stehen:

```
# oc label node opns2-cxtqb-gpu-a3-pt-vz0-n4t24 \
  nvidia.com/device-plugin.config=a30-mig-small-config --overwrite
node/opns2-cxtqb-gpu-a3-pt-vz0-n4t24 labeled
```

```
oc describe node opns2-cxtqb-gpu-a3-pt-vz0-n4t24 | \
  grep nvidia.com/ | awk '{print $1,$2}'
```

```
[...]
nvidia.com/mig-1g.6gb.count=4
nvidia.com/mig-1g.6gb.product=NVIDIA-A30-MIG-1g.6gb-SHARED
nvidia.com/mig-1g.6gb.replicas=2
nvidia.com/mig-1g.6gb.slices.ci=1
nvidia.com/mig-1g.6gb.slices.gi=1
nvidia.com/mig.config=all-1g.6gb
nvidia.com/mig.config.state=success
nvidia.com/mig.strategy=mixed
nvidia.com/mig-1g.6gb:  8
[...]
```

Führen wir nun über das Setzen des MIG-Labels `mig-4g.24gb` auf dem Node eine MIG-Repartitionierung durch. Danach sollten wir anstelle der 8 GPUs (4 × MIG-Slices × 2) gemäß dem Sharing-Profil `a30-mig-small-config` für dieses MIG-Profil (4g.24gb, 1 × MIG-Slice × 12) 12 Shareable GPUs sehen, sobald der MIG-Manager mit seiner Arbeit fertig ist:

```
# oc label node opns2-cxtqb-gpu-a3-pt-vz0-n4t24 \
  nvidia.com/mig.config=all-4g.24gb --overwrite
```

```
node/opns2-cxtqb-gpu-a3-pt-vz0-7kfhd labeled
```

Testen wir nach der Repartitionierung zunächst den MIG-Status, es sollte nur noch eine Partition mit den insgesamt 24 GB verfügbar sein:

```
# oc exec nvidia-driver-daemonset-410.84.202205031645-0-41klv \
  -c nvidia-driver-ctr -- nvidia-smi -L
```

```
GPU 0: NVIDIA A30 (UUID: GPU-77e55a46-ec4f-0f03-cd7c-d6d5bfe7747b)
  MIG 4g.24gb     Device  0: (UUID: MIG-4073ecf7-a48b-5958-a417-e7920a02b0a3)
```

Prüfen wir nun die Anzahl der GPUs, die shareable verfügbar sind, es sollten 12 sein:

```
# oc describe node opns2-cxtqb-gpu-a3-pt-vz0-n4t24 | grep nvidia.com/ \
  | awk '{print $1,$2}'
```

```
[...]
nvidia.com/mig-4g.24gb.count=1
nvidia.com/mig-4g.24gb.product=NVIDIA-A30-MIG-4g.24gb-SHARED
nvidia.com/mig-4g.24gb.replicas=12
nvidia.com/mig-4g.24gb.slices.ci=4
nvidia.com/mig-4g.24gb.slices.gi=4
nvidia.com/mig.config=all-4g.24gb
nvidia.com/mig.config.state=success
nvidia.com/mig.strategy=mixed
nvidia.com/mig-4g.24gb:  12
[...]
```

**Tipp**

Zu verwendende ClusterPolicy auf einen anderen Sharing-Default-Mode patchen:

```
# oc patch clusterpolicy gpu-cluster-policy \
  -p '{"spec":{"devicePlugin":{"config":{"default": "a30-mig-small-config"}}}}' \
  --type merge
clusterpolicy.nvidia.com/gpu-cluster-policy patched
```

### 10.10.7 GPU-Sharing in der GCP-Cloud als kurzes PoC

Im Folgenden testen wir das GPU-Sharing auch noch einmal in der Cloud, hier basierend auf dem in Abschnitt 10.9 verwendeten Setup OpenShift 4.10 auf GCP mit A100-Instanzen (a2-highgpu-1g).

#### GPU-Sharing (PCI Passthrough, kein MIG)

Der erste Test läuft gegen eine noch nicht partitionierte A100, die auf dem Node en bloc zur Verfügung steht. Nachfolgend der Ist-Stand (gekürzt):

```
# gcloud compute instances list
NAME                            ZONE              MACHINE_TYPE   INTERNAL_IP   EXTERNAL_IP STATUS
opns2-6pswj-master-2            europe-west4-c    e2-standard-8  10.22.0.3                 RUNNING
opns2-6pswj-master-1            europe-west4-b    e2-standard-8  10.22.0.5                 RUNNING
opns2-6pswj-gpu-a100-zn-a-q4wpv europe-west4-a    a2-highgpu-1g  10.22.128.2               RUNNING
opns2-6pswj-master-0            europe-west4-a    e2-standard-8  10.22.0.4                 RUNNING
```

```
# oc exec nvidia-driver-daemonset-410.84.202206212304-0-svdzm \
  -c nvidia-driver-ctr -- nvidia-smi
Thu Jul 28 11:26:46 2022
+-----------------------------------------------------------------------------+
| NVIDIA-SMI 515.48.07    Driver Version: 515.48.07    CUDA Version: 11.7     |
|-------------------------------+----------------------+----------------------+
| GPU  Name        Persistence-M| Bus-Id        Disp.A | Volatile Uncorr. ECC |
| Fan  Temp  Perf  Pwr:Usage/Cap|         Memory-Usage | GPU-Util  Compute M. |
|                               |                      |               MIG M. |
|===============================+======================+======================|
|   0  NVIDIA A100-SXM...  On   | 00000000:00:04.0 Off |                    0 |
| N/A   31C    P0    47W / 400W |      0MiB / 40960MiB |      0%      Default |
|                               |                      |             Disabled |
+-------------------------------+----------------------+----------------------+
[...]
```

Im ersten Schritt verwenden wir eine Standard-Sharing-Konfiguration wie bereits in Abschnitt 10.10.1 vorgestellt. Importieren Sie zunächst die MIG-taugliche Sharing-Config-

Map, und passen Sie die ClusterPolicy an (Ergänzungen gemäß ClusterPolicy-Listing in Abschnitt 10.10.2):

```
# oc create -f gpu-share/gpushare-plugin-config-opns.yaml
configmap/plugin-config created
# oc apply -f gpu-operator/clusterpolicy-1.11.0-default-sharing-gcp.yaml
clusterpolicy.nvidia.com/gpu-cluster-policy configured
```

Kurz darauf sollte das Sharing bereits aktiv sein, gemäß der per Default in der ClusterPolicy-CR eingestellten *small-config* mit 2 GPU Replicas (Ausgabe gekürzt):

```
# oc describe node opns2-6pswj-gpu-a100-zn-a-q4wpv | grep  nvidia.com/gpu | awk '{print $1,$2}'
nvidia.com/gpu.compute.major=8
nvidia.com/gpu.compute.minor=0
nvidia.com/gpu.count=1  # real count
[...]
nvidia.com/gpu.family=ampere
nvidia.com/gpu.machine=Google-Compute-Engine
nvidia.com/gpu.memory=42949672960
nvidia.com/gpu.present=true
nvidia.com/gpu.product=NVIDIA-A100-SXM4-40GB-SHARED
nvidia.com/gpu.replicas=2
nvidia.com/gpu: 2
nvidia.com/gpu: 2
```

### GPU-Sharing (MIG, GPU-Operator-partitioniert)

Nun noch ein Test im MIG-Mode (verwendetes A100-MIG-Profil: 1g.5gb, dies erzeugt 7 nutzbare MIG-Slices) und einer speziellen MIG-Sharing-Konfiguration für die verwendete A100 mit 40 GB. Die verwendete Sharing-Konfiguration erzeugt für ein 1g.5gb-MIG-Profil 2 Replicas je MIG-Slice und sollte somit rechnerisch insgesamt 14 GPUs (7 MIG-Slices × 2 Replicas) zur Verfügung stellen. Hier ein Auszug der MIG-spezifischen *plugin-config*-ConfigMap. Als Override der – in der ClusterPolicy per Default eingestellten – MIG-Strategy kann diese in der ConfigMap auch pro Sharing-Konfiguration selektiv gesetzt werden, wie im nachfolgenden Beispiel gezeigt:

```
# gpu-share/gpushare-plugin-config-MIG-opns-gcp.yaml
apiVersion: v1
kind: ConfigMap
metadata:
  name: plugin-config
  namespace: nvidia-gpu-operator
data:
  a100-40gb: |-
    version: v1
```

```
    flags:
      migStrategy: mixed
    sharing:
      timeSlicing:
        resources:
        - name: nvidia.com/gpu
          replicas: 8
          # non-mig mode above: allow max 8 replicas
        - name: nvidia.com/mig-1g.5gb
          replicas: 2
        - name: nvidia.com/mig-2g.10gb
          replicas: 3
        - name: nvidia.com/mig-3g.20gb
          replicas: 4
        - name: nvidia.com/mig-7g.40gb
          replicas: 7
  tesla-t4: |-
    version: v1
    flags:
      migStrategy: none
    sharing:
      timeSlicing:
        resources:
        - name: nvidia.com/gpu
          replicas: 4
```

**Achtung: ConfigMap-Changes**

Falls Sie später im laufenden Betrieb Änderungen an der Sharing-ConfigMap durchführen, müssen Sie den GPU-Operator-Pod durchstarten, andernfalls werden die Änderungen typischerweise nicht angewendet.

Wenden Sie nun die neue Sharing-Config an, und vergessen Sie nicht, in der ClusterPolicy-CR auch die Referenz auf die zu verwendende Device-Plugin-Konfiguration (statt *small-config* jetzt *a100-standard-mig-config*) anzupassen (`spec.devicePlugin.config.default: a100-40gb`).

Benötigt wird zudem eine MIG-Strategy `mixed` in der ClusterPolicy-CR, falls Sie diese nicht selektiv über die ConfigMap setzen (siehe oben):

```
spec:
  mig:
    # stragegy: single
    strategy: mixed
```

Dann wenden wir die Änderungen an: Zunächst die neue ConfigMap, dann die geänderte ClusterPolicy-CR:

```
# oc apply -f gpu-share/gpushare-plugin-config-MIG-opns-gcp.yaml
configmap/plugin-config configured
```

Beachten Sie, dass – sofern der MIG-Mode für die GPU initial eingerichtet wird – der GPU-Node nach dem Setzen des MIG-Labels durchbootet und etwas braucht, bis er wieder betriebsbereit ist (siehe Abschnitt 10.9.12).

```
# oc apply -f gpu-operator/clusterpolicy-1.11.0-mig-sharing-gcp.yaml
clusterpolicy.nvidia.com/gpu-cluster-policy configured
# oc label node opns2-6pswj-gpu-a100-zn-a-q4wpv nvidia.com/mig.config=all-2g.10gb
node/opns2-6pswj-gpu-a100-zn-a-q4wpv labeled
```



Nachdem alle Pods der GPU-Operator-Stacks wieder betriebsbereit sind, prüfen wir den kombinierten MIG-Partitionierungs- und Sharing-Zustand:

```
# oc exec nvidia-driver-daemonset-410.84.202206212304-0-wvltd \
  -c nvidia-driver-ctr -- nvidia-smi
Thu Jul 28 12:30:40 2022
+-----------------------------------------------------------------------------+
| NVIDIA-SMI 515.48.07    Driver Version: 515.48.07    CUDA Version: 11.7     |
|-------------------------------+----------------------+----------------------+
| GPU  Name        Persistence-M| Bus-Id        Disp.A | Volatile Uncorr. ECC |
| Fan  Temp  Perf  Pwr:Usage/Cap|         Memory-Usage | GPU-Util  Compute M. |
|                               |                      |               MIG M. |
|===============================+======================+======================|
|   0  NVIDIA A100-SXM...  On   | 00000000:00:04.0 Off |                   On |
| N/A   34C    P0    80W / 400W |     39MiB / 40960MiB |     N/A      Default |
|                               |                      |              Enabled |
+-------------------------------+----------------------+----------------------+
+-----------------------------------------------------------------------------+
| MIG devices:                                                                |
+------------------+----------------------+-----------+-----------------------+
| GPU  GI  CI  MIG |         Memory-Usage |        Vol|         Shared        |
|      ID  ID  Dev |           BAR1-Usage | SM     Unc| CE  ENC  DEC  OFA  JPG|
|                  |                      |        ECC|                       |
|==================+======================+===========+=======================|
|  0    7   0   0  |      6MiB /  4864MiB | 14      0 |  1   0    0    0    0 |
|                  |      0MiB /  8191MiB |           |                       |
+------------------+----------------------+-----------+-----------------------+
|  0    8   0   1  |      6MiB /  4864MiB | 14      0 |  1   0    0    0    0 |
|                  |      0MiB /  8191MiB |           |                       |
+------------------+----------------------+-----------+-----------------------+
|  0    9   0   2  |      6MiB /  4864MiB | 14      0 |  1   0    0    0    0 |
|                  |      0MiB /  8191MiB |           |                       |
+------------------+----------------------+-----------+-----------------------+
|  0   10   0   3  |      6MiB /  4864MiB | 14      0 |  1   0    0    0    0 |
```

```
|                  |      0MiB /  8191MiB |           |                       |
+------------------+----------------------+-----------+-----------------------+
| 0   11   0   4   |      6MiB /  4864MiB | 14      0 | 1    0    0    0    0 |
|                  |      0MiB /  8191MiB |           |                       |
+------------------+----------------------+-----------+-----------------------+
| 0   12   0   5   |      6MiB /  4864MiB | 14      0 | 1    0    0    0    0 |
|                  |      0MiB /  8191MiB |           |                       |
+------------------+----------------------+-----------+-----------------------+
| 0   13   0   6   |      6MiB /  4864MiB | 14      0 | 1    0    0    0    0 |
|                  |      0MiB /  8191MiB |           |                       |
+------------------+----------------------+-----------+-----------------------+
 [...]
```

Prüfen wir das Ergebnis des Sharings. Die Kommentare (#) in der Ausgabe wurden von mir zum besseren Verständnis hinzugefügt:

```
# oc describe node opns2-6pswj-gpu-a100-zn-a-q4wpv | \
  grep nvidia.com/gpu | egrep "gpu|mig" | awk '{print $1,$2}'
```

```
[...]
nvidia.com/gpu.count=7
[...]
nvidia.com/gpu.machine=Google-Compute-Engine
nvidia.com/gpu.memory=9856
nvidia.com/gpu.multiprocessors=28
nvidia.com/gpu.present=true
nvidia.com/mig-1g.5gb.count=7      ### MIG-Count
nvidia.com/gpu.product=NVIDIA-A100-SXM4-40GB-MIG-1g.5gb-SHARED
nvidia.com/mig-1g.5gb.replicas=2  ### Replica Count as defined in CM for that MIG-Pattern
[...]
nvidia.com/mig.config=all-1g.5gb
nvidia.com/mig.config.state=success
nvidia.com/mig.strategy=mixed
[...]
nvidia.com/mig-1g.5gb: 14          ### (7 x 2)
```

Führen wir ein Test-Relabeling aus:

```
# oc label node opns2-6pswj-gpu-a100-zn-a-cnqhg nvidia.com/mig.config=all-2g.10gb --over-
write
```

```
node/opns2-6pswj-gpu-a100-zn-a-cnqhg labeled
```

```
# oc describe node opns2-6pswj-gpu-a100-zn-a-q4wpv | \
  grep nvidia.com/gpu | egrep "gpu|mig" | awk '{print $1,$2}'
```

```
[...]
nvidia.com/mig-2g.10gb.count=3      ### MIG-Count
nvidia.com/mig-2g.10gb.product=NVIDIA-A100-SXM4-40GB-MIG-2g.10gb-SHARED
nvidia.com/mig-2g.10gb.replicas=3  ### Replica Count as defined in CM for that MIG-Pattern
[...]
nvidia.com/mig.config=all-2g.10gb
nvidia.com/mig.config.state=success
```

```
nvidia.com/mig.strategy=mixed
[...]
nvidia.com/mig-2g.10gb: 9          ### (3 x 3)
```

Job accomplished.

## 10.11 Setup des Network-Operators (OpenShift on vSphere [IPI]) für GPUDirect RDMA

In diesem Kapitel werden wir – basierend auf den theoretischen Vorbetrachtungen zum Network-Operator in Abschnitt 9.6 – ein konkretes GPUDirect-RDMA-Setup auf OpenShift 4.10 (vSphere IPI) durchführen.

Siehe dazu auch:

- *https://github.com/Mellanox/network-operator*
- *https://docs.nvidia.com/networking/display/COKAN10/Network+Operator*
- *https://developer.nvidia.com/blog/deploying-gpudirect-rdma-on-egx-stack-with-the-network-operator/*



### 10.11.1 Preflights

Nachfolgend werden die Voraussetzungen erläutert, um den Network-Operator in Betrieb zu nehmen. Diese sind – um es vorsichtig auszudrücken – umfänglich. Man fühlt sich etwas an die eher weniger guten alten GPU-Operator-Zeiten mit einem eher geringen Automations- und potentiell hohen Fehlergrad erinnert. Und leider ist das nicht das einzige Problem, denn die restlichen Voraussetzungen waren bezogen auf den betrachteten Stand ebenfalls eher untrivial, wie wir im Folgenden sehen werden.

Siehe dazu auch: *https://docs.nvidia.com/networking/display/COKAN10/Network+Operator*

#### NICs

Zunächst müssen auf den ESXi-Hosts (im Test-Setup: ESXi 7U3d mit vCenter 7.0.3 Build 19480866), die Teil des GPUDirect-RDMA-Verbundes werden, entsprechend taugliche NICs vorhanden sein.

Im dem folgenden, sehr einfach gehaltenen PoC wurde auf zwei ESXi-Hosts jeweils nur eine Mellanox-NIC (Modell CX621102A, ConnectX-6 DX 25GbE) verbaut, die Karten waren direkt Peer-to-Peer verbunden. Für optimale Performance (und je nach GPU-Performance) sollten in Produktivsystemen deutlich leistungsfähigere NICs (100GbE) oder direkt TbE/InfiniBand-taugliche Adapter verwendet werden. Mindestens erforderlich sind NVIDIA-ConnectX-5-NICs oder neuer (im betrachteten Stand: ConnectX-6 DX).

Die NICs selbst sollten im vCenter für den jeweiligen ESXi-Host als *RDMA-Adapter* angezeigt werden (Host auswählen • KONFIGURIEREN • NETZWERK • RDMA-ADAPTER), siehe Abbildung 10.5.

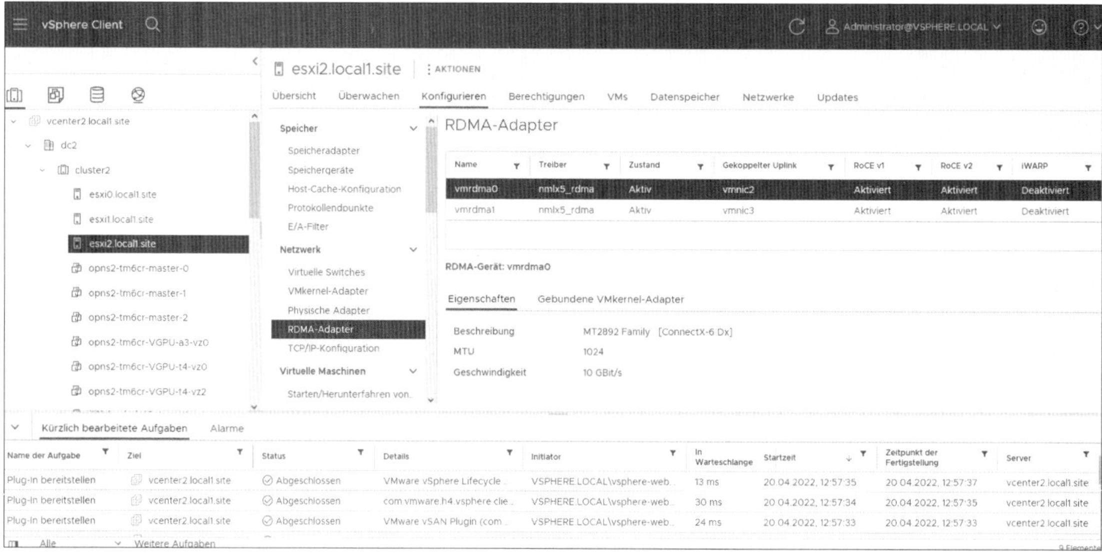


**Abbildung 10.5** RDMA-fähige Mellanox-Adapter im vCenter

### RDMA-taugliche GPUs und Passthrough

Es müssen RDMA-kompatible GPUs verwendet werden, wie beispielsweise A100, A30, V100, T4 oder RTX 6000/8000. Sofern Turing-basierte GPUs wie die T4 verwendet werden, müssen diese zwingend im Passthrough konfiguriert sein. Ampere-GPUs wie z. B. die A30 oder A100 können auch per vGPU im RDMA-Modus betrieben werden, wobei diese Strategie (erst per vGPU partitionieren, dann mit einer anderen vGPU-Partition auf einem anderen Host umständlich per RDMA wieder bündeln) definitiv wenig Sinn macht.

> **Achtung: vSphere 8 und NIC/GPU-Gruppierung**
>
> Mit der erst kurz vor Drucklegung dieses Buches erschienenen vSphere-Version 8 soll das *Unified Management for AI/ML Hardware Accelerators* und damit potentiell eine deutliche Vereinfachung des Hardware-Managements von On-Prem-ML-Clustern eingeführt werden.
>
> Über dieses Verfahren sollen z. B. NICs und GPUs (siehe der konkrete RDMA-Anwendungsfall dieses Abschnittes, daher dieser kleine Exkurs) zu logischen, HA-/DRS-Aware-Verbünden (Device Groups) zusammengefasst werden können. Diese Device Groups werden dem jeweiligen ESXi dann im Verbund bzw. als logische Gruppe in Form einer Single Unit präsentiert und können als solche an eine VM durchgereicht werden. Gleiches gilt auch für GPUs untereinander (siehe die Abschnitte über NVLink/NVSwitch). Siehe dazu auch Abbildung 10.6.

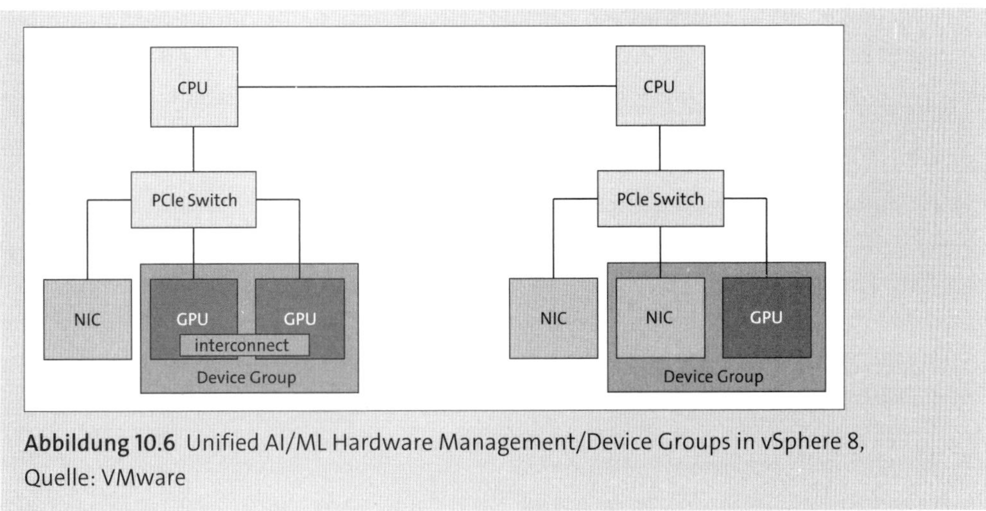


**Abbildung 10.6** Unified AI/ML Hardware Management/Device Groups in vSphere 8, Quelle: VMware

10

#### ESXi: GPU und Mellanox-Adapter müssen im gleichen PCI-Root-Complex sein

Siehe hierzu: *https://core.vmware.com/resource/deploy-ai-ready-vsphere-7#vsphere-settings-A*

Zunächst muss sichergestellt sein, dass die relevanten Hardware-Komponenten GPU und NIC pro Server im gleichen *PCI-Root-Complex* arbeiten. Um dies zu validieren bzw. zu korrigieren, können Sie den aktuellen Zustand auf den ESXis z. B. wie folgt auslesen:

```
[root@esxi0:~] lspci -e > /vmfs/volumes/datastore3_esxi0/lspci.out-esxi0
```

```
[root@esxi2:~] lspci -e > /vmfs/volumes/datastore2_esxi2/lspci.out-esxi2
```

Kopieren Sie dann die Dateien über ein Daten-Share auf einen regulären Linux-Host, da das `lspci` auf dem ESXi üblicherweise funktional eingeschränkt ist. Auf dem Linux-Host führen Sie mit den hochkopierten Dateien die folgenden Befehle aus:

```
# lspci -tvv -F lspci.out-esxi0 > lspciTree.out-esxi0
```

```
# grep -e "Mellanox\|NVIDIA" lspciTree.out-esxi0
```

```
|          +-01.2-[c1]----00.0  NVIDIA Corporation TU104GL [Tesla T4]
|          +-01.2-[01]--+-00.0  NVIDIA Corporation Device 20b7
|--->      +-01.1-[81]--+-00.0  Mellanox Technologies MT2892 Family [ConnectX-6 Dx]
|--->      |            \-00.1  Mellanox Technologies MT2892 Family [ConnectX-6 Dx]
|--->      +-01.1-[41]----00.0  NVIDIA Corporation TU104GL [Tesla T4]
```

```
# lspci -tvv -F lspci.out-esxi2 > lspciTree.out-esxi2
```

```
# grep -e "Mellanox\|NVIDIA" lspciTree.out-esxi2
```

```
|--->      +-02.0-[b4]--+-00.0  Mellanox Technologies MT2892 Family [ConnectX-6 Dx]
|--->      |            \-00.1  Mellanox Technologies MT2892 Family [ConnectX-6 Dx]
|--->      +-00.0-[65]----00.0  NVIDIA Corporation TU104GL [Tesla T4]
|+         +-00.0-[17]--+-00.0  NVIDIA Corporation Device 2231
|          |            \-00.1  NVIDIA Corporation Device 1aef
```

Wie sich anhand der oberen Ausgabe erkennen lässt, liegen die T4 und die Mellanox-Interfaces in Host *ESXi2* nicht im gleichen PCI Root Complex (02.0 vs. 00.0). Dies kann z. B. passieren, wenn die Karten in Slots installiert sind, die für unterschiedliche PCIe-Settings/Durchsätze konfiguriert sind.

#### Devices auf den passenden PCI-Root-Complex umstellen

Um zu erreichen, dass sich die involvierten PCIe-Devices im gleichen PCI-Root-Complex befinden, konfigurieren Sie das BIOS (die PCIe-Settings) der involvierten GPU-Server entsprechend passend und wählen die passenden Steckplätze dazu. Eine allgemeine Anleitung für jede mögliche Konfiguration ist aufgrund der vielfältigen Hardware/BIOS/EFI-Kombinationen logischerweise nicht darstellbar. Ein recht guter Background wird hier vermittelt:

*https://www.microway.com/hpc-tech-tips/pci-express-root-complex-confusion/.*

#### Cluster

Alle Hosts, auf denen RDMA-kompatible GPUs verbaut sind, sind für die folgenden Betrachtungen Teil des *gleichen* OpenShift-Clusters (keine Cluster-Federation). Der GPU-Cluster wird im Folgenden, wie in den vorangegangenen Beispielen, aus Gründen der Reproduzierbarkeit ebenfalls unter OpenShift 4.10.20 betrieben.

#### Operator-Versionen

**Achtung: Passende Versionen**

Sofern ein Network-Operator in Version ≥ 1.1.0 installiert wird, ist der GPU-Operator in Version ≥ 1.9.0 erforderlich.

Im zuletzt betrachteten Stand (08/2022, OpenShift 4.10) wurde immer noch ein *Build-Entitlement* für den Build des *Mofed*-Containers (als Teil des Network-Operator-Stacks) benötigt – eine eher unverständliche Vorgehensweise seitens NVIDIA und Red Hat, hatten beide Parteien doch erst kurz zuvor dafür gesorgt, dass dieser nervige Zwischenschritt für den GPU-Operator ab 1.9 und OpenShift 4.9.9 endlich obsolet wurde.

Die Details zur Erstellung einer MachineConfig für Entitled Builds sind im Folgenden sehr kompakt beschrieben und finden sich u. a. auch hier: *https://access.redhat.com/solutions/4244451.*

Zunächst ist für die Erstellung der Entitlement-aktivierten MachineConfig das entsprechende *Red-Hat-Subscription-Zertifikat* erforderlich. Dies erhalten wir, wenn wir eine entsprechende Subskription mit dem ausgerollten System (unserem OpenShift-Cluster) im Red Hat Portal verknüpfen:

*https://access.redhat.com/management.*

Dort gehen Sie auf SYSTEME. Dann wählen Sie das entsprechende System (*uuid* des Clusters) aus. Anschließend verknüpfen Sie die OpenShift-SUBSKRIPTION mit diesem System.

Dann laden Sie das – durch die Subskriptionsverknüpfung – automatisch erzeugte ZERTIFIKAT herunter (im folgenden Beispiel ist es das Entitlement: *4306249735044186364.pem*). Dieses Base64-Zertifikat wird nun über eine zusätzliche MachineConfig in den Cluster eingebunden. Dazu wird in ein MachineConfig-Template-File per `sed`-Substitution das Base64-kodierte Zertifikat eingebracht:

```
# wget https://raw.githubusercontent.com/openshift-psap/blog-artifacts/master/how-to-use-entitled-builds-with-ubi/0003-cluster-wide-machineconfigs.yaml.template
```

Das heruntergeladene und entpackte Zertifikat (Entitlement: *4306249735044186364.pem*) liegt bei der Ausführung des nachfolgenden Befehls im gleichen Ordner wie das Yaml-Template der MachineConfig. Mit diesem Zertifikat erzeugen wir über den folgenden Befehl die Entitled MachineConfig und importieren sie anschließend in den Cluster:

```
# sed "s/BASE64_ENCODED_PEM_FILE/$(base64 -w 0 4306249735044186364.pem)/g" 0003-cluster-wide-machineconfigs.yaml.template > 0003-cluster-wide-machineconfigs.yaml
```

Achtung: Verwenden Sie in der Zieldatei (*0003*.yaml*) die richtige *Ignition-Version*, typischerweise 3.x.x je nach OpenShift-Version. Seit OpenShift 4.7 bis (eingeschlossen) 4.10 ist es meist Ignition-Version 3.2.0.

```
# oc create -f 0003-cluster-wide-machineconfigs.yaml
```

```
machineconfig.machineconfiguration.openshift.io/50-rhsm-conf created
machineconfig.machineconfiguration.openshift.io/50-entitlement-pem created
machineconfig.machineconfiguration.openshift.io/50-entitlement-key-pem created
```

Achtung: Vorhandene (Nicht-Entitled) GPU-Worker-Nodes müssen auf Basis der neuen Entitled MachineConfig vor allen weiteren Schritten *neu erzeugt* werden. Nur so ist sichergestellt, dass diese die Entitled MachineConfigs enthalten.

#### RDMA VM: CPU und Memory

Das MachineSet des VM-Templates sollte auf mindestens 8 vCPUs und 32 GB Memory eingestellt sein, andernfalls schlägt bereits der Build & Run des Mofed-Containers ohne aussagekräftige Meldungen fehl. Eine brauchbare Performance wurde jedoch erst mit einer RAM-Größe ab mindestens 64 GB erzielt.

#### RDMA VM: VM-Template-Settings

Betrachten wir weitere Preflights: Die GPU-Worker-Node-Templates (mit je einer T4 im folgenden Beispiel) auf beiden ESXi-Hosts müssen die Mellanox-Adapter per *Passthrough* eingebunden haben. In den Settings der GPU-VM-Templates müssen die folgenden Einstellungen konfiguriert sein:

```
pciPassthru.64bitMMIOSizeGB: 64
pciPassthru.use64bitMMIO: TRUE
pciPassthru.allowP2P: TRUE
pciPassthru.RelaxACSforP2P: TRUE
numa.nodeAffinity: 0
```

Prüfen Sie den Wert `numa.nodeAffinity` auf dem ESXi-Host wie folgt:

```
# esxcli hardware pci list | grep -I -A 30 -B 10 NVIDIA | grep NUMA
   NUMA Node: 0
   NUMA Node: 0
[...]
```

Falls mehrere GPUs in dem ESXi/der VM vorhanden sind, ergänzen Sie die folgenden Settings:

```
pciPassthru0.cfg.gpu-pci-id: "aaaa:bb:cc.d"
```

Bezogen auf das in diesem Abschnitt konkret verwendete Beispiel für Host ESXi2:

```
pciPassthru0.cfg.gpu-pci-id: "0000:65:00.0"
```

und Host ESXi0:

```
pciPassthru0.cfg.gpu-pci-id: "0000:41:00.0"
```

#### ESXi-Settings für ATS (Address Translation Services, für High-Performance-RDMA)

Siehe hierzu auch: *https://docs.nvidia.com/ai-enterprise/multi-node/mn-getting-started.html*

In den GPU- und Mellanox-hostenden ESXis müssen entsprechende ATS-Settings aktiv geschaltet sein. Dazu nehmen Sie mit Administratorprivilegien in der ESXi-Konsole folgende Einstellung vor:

```
esxcli system settings kernel set -s atsSupport -v TRUE
```

Dann führen Sie einen Reboot durch und verifizieren anschließend die persistierte Einstellung:

```
esxcli system settings kernel list -o atsSupport

Name        Type  Configured  Runtime  Default  Description
----------  ----  ----------  -------  -------  -----------
atsSupport  Bool  TRUE        TRUE     TRUE     Enable Support for PCIe ATS.
```

#### NFD-Operator

Im folgenden Setup wird der NFD-Operator zwingend benötigt. Unter Vanilla Kubernetes (Helm-Setup des Network-Operators) und sofern gewünscht, kann der Network-Operator einen NFD-Operator gleich mit ausrollen. Unter OpenShift sollte dem NFD-Operator aus dem OpenShift-OperatorHub der Vorzug gegeben werden.

Des Weiteren benötigt der NFD eine spezielle, zusätzliche Konfiguration der *NodeFeature-Discovery*-CR, um die Nodes mit den Mellanox-NICs korrekt zu identifizieren und entsprechend zu labeln. Siehe hierzu auch: *https://github.com/Mellanox/network-operator#prerequisites*

Diese CR erstellen wir unter der Bezeichnung *nfd-netop* neu (sie findet sich auch in den Beispieldaten zu diesem Abschnitt) und importieren sie in den Cluster. Nachstehend ein Auszug aus der Sektion `sources` der NFD-CR:

```
[...]
sources:
  custom:
  pci:
    deviceClassWhitelist:
      - "02"
      - "0200"
      - "0207"
      - "03"
      - "12"
    deviceLabelFields:
      - "vendor"
```



### GPU-Operator – zusätzliche Konfiguration

In der GPU-Operator-Konfiguration (ClusterPolicy-CR) müssen die RDMA-Settings für den Driver-Pod aktiviert werden: `spec.driver.enableRDMA: true` und `spec.driver.useHostMofed: false`.

### Sonstiges und mögliche Probleme

Das Setup braucht zwingend einen NVIDIA-Driver ≥ 510.47.03. Beachten Sie, dass der Mofed- und RDMA-Container als Bestandteil der *nic-cluster-policy* (die CR des Network-Operators) zwar auf den ersten Blick scheinbar korrekt arbeiten, aber das Insert des *nvidia_peermem*-Moduls im GPU-Driver dennoch fehlschlagen wird, falls (fälschlicherweise) `spec.driver.useHostMofed: true` gesetzt ist:

```
# oc logs -n nvidia-gpu-operator \
  nvidia-driver-daemonset-49.84.202204072350-0-n5p2h nvidia-driver-ctr -f
```

```
+ modprobe -a nvidia-peermem
modprobe: ERROR: could not insert 'nvidia_peermem': Invalid argument
```

### 10.11.2 High-Level-Workflow für den Network-Operator

Aufgrund der zahlreichen zu erledigenden Tasks finden Sie nachstehend noch einmal eine High-Level-Übersicht der wichtigsten, vorzubereitenden Punkte:

- ESXI: korrektes VIB installiert?
- OpenShift: Entitled MachineConfig/MachineSet für Mofed-Container-Build verfügbar?
- RDMA-taugliche GPU?
- GPU-VM-Template: GPU als Passthrough durchgereicht (sofern T4)?
- GPU-VM-Template: Mellanox-NICs als Passthrough durchgereicht?
- NFD-Operator installiert und mit passender NodeFeatureDiscovery-CR für RDMA-taugliche Nodes/NICs eingerichtet? Check, ob die folgenden GPU-Node-Label erzeugt wurden:
  - `feature.node.kubernetes.io/custom-rdma.available=true`
  - `feature.node.kubernetes.io/custom-rdma.capable=true`)
- Network-Operator installiert?
- *nic-cluster-policy*-CR erzeugt? Als Selektor am besten `vendors` wählen, da sich die NIC-Namen in neuen VMs in der Regel immer ändern, daher sollten Sie das Attribut `vendors` auf `pci-15b3` einstellen, z. B.:

```
config: |
  {
    "configList": [
      {
        "resourceName": "rdma_shared_device_a",
        "rdmaHcaMax": 1000,
        "selectors": {
            "ifNames": ["ens2f0"]
            # "vendors": ["15b3"] # falls ifnames nicht zieht
```

Achtung: Der Kommentar darf nicht Bestandteil der Ressource sein.

Tabelle 10.1 zeigt, über welche Selektoren welche Pods auf die für sie geeigneten Nodes (RDMA-fähig) scheduled werden.

| Pod | Node Selector |
|---|---|
| rdma-device-plugin | pci-15b3.present |
| ofed-driver | pci-15b3.present, kernel-version.full |
| nv-peer-mem-driver | pci-15b3.present, pci-10de.present |

**Tabelle 10.1** RDMA Node Selektoren

- In der ClusterPolicy-CR des GPU-Operators *müssen* die RDMA-Settings aktiviert sein, damit das Setup des Network-Operators funktioniert:
  - `spec.driver.rdmaEnabled: true`
  - `spec.driver.useHostMofed: false`
- Insbesondere die Einstellung `useHostMofed: false` ist wichtig: Nur so erzeugt der Network-Operator den containerisierten Mofed-Driver. Andernfalls nimmt er an, der Mofed-Driver wäre bereits auf dem Host vorinstalliert. Mit der Einstellung `useHostMofed: true` sucht der GPU-Operator sonst an der falschen Stelle nach dem Mofed-Treiber.

### 10.11.3 Network-Operator und NFD-CR



Der Rollout des Network-Operators erfolgt unter OpenShift über den internen OperatorHub, entweder per GUI oder per Manifest mit entsprechender Subscription. Der Network-Operator will sich in Versionen vor OpenShift 4.10 per Default im Namespace *openshift-operators* installieren, muss jedoch zwingend im Namespace *nvidia-network-operator-resources* installiert werden, andernfalls kommt es zu Problemen beim Rollout des Stacks. Prüfen wir zunächst kurz den Zustand des ausgerollten Network-Operators:

```
# oc get pods -n nvidia-network-operator-resources
NAME                                                          READY   STATUS    RESTARTS   AGE
nvidia-network-operator-controller-manager-849897566f-jnn6s   2/2     Running   0          2m5s
```

Achtung: Die *NicClusterPolicy* musste im betrachteten Stand mit dem Namen *nic-cluster-policy* angelegt werden, andernfalls kam es reproduzierbar zu Konfigurations-/Kollateralproblemen. Ein Template für die *NicClusterPolicy*-CR findet sich in den Beispieldaten und auf GitHub (*https://github.com/Mellanox/network-operator*). Der Config-Teil wird beim Rollout im Namespace *nvidia-network-operator-resources* in der CM *rdma-devices* gespeichert.

```
# mellanox.com_v1alpha1_nicclusterpolicy_cr-ocp.yaml
apiVersion: mellanox.com/v1alpha1
kind: NicClusterPolicy
metadata:
  name: nic-cluster-policy
spec:
  ofedDriver:
    image: mofed
    repository: mellanox
    version: 5.6-1.0.3.3
  rdmaSharedDevicePlugin:
    image: k8s-rdma-shared-dev-plugin
    repository: nvcr.io/nvidia/cloud-native
    version: v1.3.2
```

```
rdmaSharedDevicePlugin:
  config: |
    {
      "configList": [
        {
          "resourceName": "rdma_shared_device_a",
          "rdmaHcaMax": 1000,
          "selectors": {
            # "ifNames": ["ens2f0"]
            # Achtung, den Kommentar nicht im Manifest belassen!
            "vendors": ["15b3"]

          }
        }
      ]
    }
```

Nach dem Import der *NicClusterPolicy*-CR werden einige Pods/Container des Network-Operator-Stacks im Namespace *nvidia-network-operator-resources* ausgerollt.

Achtung: Der Rollout des GPU-Operators zusammen mit den Network-Operator-spezifischen Ressourcen plus Build des Mofed-Containers kann insgesamt über 15 bis 20 Minuten dauern – daher gilt: **Warten**!

```
# oc get pods -n nvidia-network-operator-resources
```

```
NAME                                                     READY   STATUS    RESTARTS   AGE
mofed-rhcos4.10-ds-5zjkj                                 1/1     Running   0          50m
mofed-rhcos4.10-ds-k6l6v                                 1/1     Running   1          16h
nvidia-network-operator-controller-manager-658888dbc-dw8jp   2/2     Running   1          8d
rdma-shared-dp-ds-l8qzv                                  1/1     Running   0          39m
rdma-shared-dp-ds-sg9hv                                  1/1     Running   0          151m
```

Allein der Build des Mofed-Containers kann je nach Performance des Systems bis zu 10 Minuten dauern. Falls dieser Container beim Build oder der Installation crasht, erhöhen Sie Memory und CPU auf dem GPU-(Template-)Node.

### 10.11.4 Tests nach erfolgreichem Rollout

Die folgenden Tests können entweder direkt auf dem GPU-Node oder per Container durchgeführt werden.

#### Check, ob alle benötigten Module geladen sind

Hier erfolgt die Kontrolle über den GPU-Node, der Zugriff erfolgt per `ssh core@<node-ip>`:

```
[core@opns2-cxtqb-gpu-t4-pt-vz0-n2bgb ~]$ lsmod | grep mlx
```

```
mlx5_ib              446464  0
mlx5_core           1945600  1 mlx5_ib
mlxdevm              180224  1 mlx5_core
auxiliary             16384  2 mlx5_ib,mlx5_core
ib_uverbs            155648  2 rdma_ucm,mlx5_ib
ib_core              434176  8 rdma_cm,ib_ipoib,iw_cm,ib_umad,rdma_ucm,ib_uverbs,mlx5_ib,ib_cm
mlx_compat            16384  12 rdma_cm,ib_ipoib,mlxdevm,iw_cm,auxiliary,ib_umad,ib_core,rdma_ucm,ib_
uverbs,mlx5_ib,ib_cm,mlx5_core
psample               20480  1 mlx5_core
tls                  102400  1 mlx5_core
mlxfw                 32768  1 mlx5_core
pci_hyperv_intf       16384  1 mlx5_core
```

Dann schauen wir, ob die komplette chroot-Mellanox-Driver-Hierarchie gebaut wurde:

```
[core@opns2-cxtqb-gpu-t4-pt-vz0-n2bgb ~]$ ls -ltr /run/mellanox/drivers/
```

```
total 20
drwxr-xr-x.   2 root root     6 Apr 23  2020 srv
lrwxrwxrwx.   1 root root     8 Apr 23  2020 sbin -> usr/sbin
drwxr-xr-x.   2 root root     6 Apr 23  2020 mnt
drwxr-xr-x.   2 root root     6 Apr 23  2020 media
lrwxrwxrwx.   1 root root     9 Apr 23  2020 lib64 -> usr/lib64
lrwxrwxrwx.   1 root root     7 Apr 23  2020 lib -> usr/lib
drwxr-xr-x.   2 root root     6 Apr 23  2020 home
dr-xr-xr-x.   2 root root     6 Apr 23  2020 boot
lrwxrwxrwx.   1 root root     7 Apr 23  2020 bin -> usr/bin
drwx------.   2 root root     6 Aug  3  2021 lost+found
drwxr-xr-x.   1 root root   107 Aug  3  2021 usr
drwxr-xr-x.   1 root root    52 Aug  3  2021 var
-rw-r--r--.   1 root root 16047 Sep 17  2021 NGC-DL-CONTAINER-LICENSE
dr-xr-x---.   1 root root    77 Dec  1 18:32 root
dr-xr-xr-x.  13 root root     0 May  2 10:31 sys
dr-xr-xr-x. 387 root root     0 May  2 10:31 proc
drwxr-xr-x.   5 root root    39 May  2 10:31 host
drwxr-xr-x.   1 root root  4096 May  2 10:39 etc
drwxr-xr-x.   1 root root    48 May  2 10:39 opt
drwxr-xr-x.  14 root root  2860 May  2 10:40 dev
drwxr-xr-x.   1 root root   159 May  2 10:40 run
drwxrwxrwt.   1 root root   154 May  2 10:40 tmp
```

### Check der NICs

Diesen Check führen wir beispielhaft direkt auf einem der GPU-RDMA-Nodes durch:

```
# ssh core@192.168.99.138
```

```
# [core@opns2-cxtqb-gpu-t4-pt-vz0-78zhj ~]$ ibdev2netdev
```

```
mlx5_0 port 1 ==> ens224f0np0 (Up)
mlx5_1 port 1 ==> ens224f1np1 (Up)
```

#### Check der NICs über Pods des Network-Operators

Alternativ können wir das auch über den Mofed-Container erledigen. Siehe dazu auch: *https://developer.nvidia.com/blog/deploying-gpudirect-rdma-on-egx-stack-with-the-network-operator/*

```
# oc exec -n nvidia-network-operator-resources \
  mofed-rhcos4.10-ds-5zjkj -- ibdev2netdev
```

```
mlx5_0 port 1 ==> ens224f0np0 (Up)
mlx5_1 port 1 ==> ens224f1np1 (Up)
```

```
# oc exec -n nvidia-network-operator-resources \
  mofed-rhcos4.10-ds-k6l6v -- ibdev2netdev
```

```
mlx5_0 port 1 ==> ens224f0np0 (Up)
mlx5_1 port 1 ==> ens224f1np1 (Up)
```

### 10.11.5 GPUDirect-RDMA-Test mit MacVLAN

In dem folgenden, sehr einfachen Beispiel müssen wir vor dem Rollout den `ens`-Namen auf die korrekten Gegebenheiten anpassen:

```
# cat network-operator/example/crs/mellanox.com_v1alpha1_macvlannetwork_cr-ocp.yaml
apiVersion: mellanox.com/v1alpha1
kind: MacvlanNetwork
metadata:
  name: example-macvlannetwork
spec:
  networkNamespace: "nvidia-network-operator-resources"
  master: "ens224f0np0"
  mode: "bridge"
  mtu: 1500
  ipam: |
    {
      "type": "whereabouts",
      "range": "192.168.2.225/28",
      "exclude": [
       "192.168.2.229/30",
       "192.168.2.236/32"
      ]
    }
```

Die verwendeten IPs werden für den direkten Peer-to-Peer-Interconnect der Mellanox-NICs verwendet, daher müssen diese nicht im internen oder externen Netz des OCP-Clusters liegen. Der Import der *MacvlanNetwork*-CR erfolgt in den Namespace *nvidia-network-operator-resources*. Danach sollten wir die CR wie folgt abfragen können:

```
# oc get macvlannetworks.mellanox.com
```

```
NAME                      STATUS   AGE
example-macvlannetwork    ready    2022-08-02T10:38:38Z
```

Der Status sollte ready sein.

### 10.11.6 Connect-Tests

In beiden Test-Pods (je 1 auf je einem T4-Node) setzen Sie vor dem Rollout zunächst die folgende Annotation:

```
  annotations:
     k8s.v1.cni.cncf.io/networks: example-macvlannetwork
```

Dann starten Sie die Test-Container (*network-operator/example/rdma-gpu-test-pod1|2.yml*, die Manifeste finden sich im Git-Repo des Network-Operators). Zuvor entfernen Sie noch die IPAM-Annotation im Manifest und passen den NodeSelector auf den real verwendeten Hostnamen an, hier zunächst für Pod 1 auf T4-Node in VZ2:

```
# pod1
spec:
 nodeSelector:
   kubernetes.io/hostname: "opns2-cxtqb-gpu-t4-pt-vz2-n2bgb"
```

Und hier die Anpassung des Hostnamens für Pod 2 auf T4-Node in VZ0:

```
# pod2
spec:
 nodeSelector:
   kubernetes.io/hostname: "opns2-cxtqb-gpu-t4-pt-vz0-78zhj"
```

Dann importieren wir die Test-Pods:

```
# oc apply -f network-operator/example/rdma-gpu-test-pod1.yml
```

```
# oc apply -f network-operator/example/rdma-gpu-test-pod2.yml
```

Nach dem Import müssen in den Events der Pods die folgenden Multus-spezifischen Ereignisse auftauchen (*AddedInterface*):

```
Normal   AddedInterface          2m1s                    multus           Add eth0 [10.129.4.30/23]
from openshift-sdn
Normal   AddedInterface          2m1s                    multus           Add net1 [192.168.2.226/28]
from nvidia-network-operator-resources/example-macvlannetwork
```

```
# oc exec rdma-gpu-test-pod-1 -- ifconfig | grep net1 -A1
```

```
net1: flags=4163<UP,BROADCAST,RUNNING,MULTICAST>  mtu 1500
        inet 192.168.2.226  netmask 255.255.255.240  broadcast 192.168.2.239
```

```
# oc exec rdma-gpu-test-pod-2 -- ifconfig | grep net1 -A1
```

```
net1: flags=4163<UP,BROADCAST,RUNNING,MULTICAST>  mtu 1500
        inet 192.168.2.225  netmask 255.255.255.240  broadcast 192.168.2.239
```

Nun testen wir die Konnektivität, im Folgenden der Einfachheit halber nur in einer Richtung. Auf Konsole 1 wechseln wir per `oc rsh` in den Prompt des RDMA-Test-Pods und starten den Test:

```
# oc rsh rdma-gpu-test-pod-1
# bash
root@rdma-gpu-test-pod-1:~# ib_write_bw -d mlx5_0 -a -F \
  --report_gbits -q 1 --use_cuda=0
```

```
************************************
* Waiting for client to connect... *
************************************
```

Auf einer weiteren Konsole, in der wir uns mit dem RDMA-Test-Pod auf dem zweiten GPU-Node verbunden haben, setzen wir den folgenden Befehl ab und verfolgen anschließend die Ausgabe:

```
root@rdma-gpu-test-pod-2:~# ib_write_bw -d mlx5_0 -a -F --report_gbits \
 -q 1 192.168.2.226 --use_cuda=0 # (net1-IP of Test-Pod 1)
```

```
…
initializing CUDA
Listing all CUDA devices in system:
CUDA device 0: PCIe address is 0B:00
Picking device No. 0
[pid = 27, dev = 0] device name = [Tesla T4]
creating CUDA Ctx
making it the current CUDA Ctx
cuMemAlloc() of a 16777216 bytes GPU buffer
allocated GPU buffer address at 00007f9d8f000000 pointer=0x7f9d8f000000
---------------------------------------------------------------------------------------
                    RDMA_Write BW Test
 Dual-port       : OFF          Device         : mlx5_0
 Number of qps   : 1            Transport type : IB
 Connection type : RC           Using SRQ      : OFF
 PCIe relax order: ON
 ibv_wr* API     : ON
 TX depth        : 128
 CQ Moderation   : 100
 Mtu             : 1024[B]
 Link type       : Ethernet
 GID index       : 7
```

```
 Max inline data : 0[B]
 rdma_cm QPs     : OFF
 Data ex. method : Ethernet
---------------------------------------------------------------------------------------
 local address: LID 0000 QPN 0x00a8 PSN 0x6ffa82 RKey 0x1fd5ae VAddr 0x007f9d8f800000
 GID: 00:00:00:00:00:00:00:00:00:00:255:255:192:168:02:225
 remote address: LID 0000 QPN 0x00a8 PSN 0x4b6834 RKey 0x1fd5ae VAddr 0x007f2f27800000
 GID: 00:00:00:00:00:00:00:00:00:00:255:255:192:168:02:226
---------------------------------------------------------------------------------------
#bytes  #iterations    BW peak[Gb/sec]  BW average[Gb/sec]   MsgRate[Mpps]
2       5000           0.091265         0.083121             1.926908
4       5000           0.19             0.18                 1.755940
8       5000           0.39             0.34                 1.932401
16      5000           0.78             0.75                 1.940008
32      5000           1.55             1.46                 1.915303
64      5000           3.16             2.79                 1.813240
128     5000           6.13             5.57                 1.800040
256     5000           12.22            10.96                1.781645
512     5000           12.11            11.26                1.647474
1024    5000           12.77            11.08                1.664492
2048    5000           15.01            12.74                1.258260
4096    5000           15.52            14.78                0.762079
8192    5000           15.86            15.72                0.385425
16384   5000           19.96            18.28                0.194315
32768   5000           20.15            20.13                0.099660
65536   5000           21.94            21.25                0.043522
[...]
```

Weitere Details zum Network-Operator finden sich u. a. auch hier: *https://pkg.go.dev/github.com/Mellanox/network-operator.*

### 10.11.7 Ein (nicht wirklich rundes) Fazit

Nun, wo fangen wir an? Mit dem recht hohen und damit fehlerträchtigen Aufwand und den gefühlten hundert involvierten Komponenten und Settings? Der – im Vergleich zu einer direkten Lösung wie NVLink/NVSwitch – schlechteren Performance? Einer – auch an den Vorgaben und ihren Limitationen gemessenen – nicht vollumfänglich befriedigenden Performance, die (zumindest im betrachteten Stand) selbst durch die kleinsten Fehlkonfigurationen, die gerade bei Upgrades des Stacks auftreten können (und werden), ins Stolpern gerät?

Die Stichworte für Produktivumgebungen müssen *einfache Usability* und *Robustheit* sein. Beides traf auf ein GPUDirect-RDMA-Setup zumindest im betrachteten Stand nicht zu. Das RDMA-Setup und der Betrieb fühlten sich schlicht noch etwas zu wackelig an. Zudem ist der »Kooperations-«Automationsgrad (Setup, automatische Erkennung und Behebung der Konfigurationsfehler) von GPU- und Network-Operator-Stack bezogen auf ein RDMA-Setup einfach noch nicht dort, wo er sein müsste. Selbst NVIDIA räumte zum betrachteten Zeitpunkt noch ein, dass die Komplexität sehr hoch sei.

Fazit: Wer kombinierte GPU-Rechenpower für ML-Strecken benötigt, sollte mehr GPUs in den Servern verbauen und diese per NVLink/NVSwitch verschalten oder entsprechend (vor-)konfigurierte Cloud-Instanzen wählen. Der gesamte Netzwerk-Overhead entfällt, inklusive Network-Operator, und die MLOps können sich auf das konzentrieren, was wichtig ist: ihre Arbeit, und weniger auf etwaiges Debugging. Natürlich können sich die aufgezeigten Schwachpunkte in neueren Network-Operator-Versionen durch dessen Evolution relativieren.

## 10.12 KI/ML-System-Performance-Test (OpenShift on DGX)

Ein ebenfalls wichtiger Aspekt und geeigneter Abschluss unserer Setup-Betrachtungen bis zu diesem Punkt: So schön wir auch alles aufsetzen, von der Hardware über den Hypervisor über die Orchestrierungsplattform und die Operator-Stacks – ohne aussagekräftige Tests, wie effizient das System wirklich arbeitet, ist alles nur die halbe Miete.

Aus diesem Grund ist es schön, dass Kevin Pouget von Red Hat im Sommer 2022 eine ausführliche Anleitung für reproduzierbare Performance-Tests geschrieben hat – *A Guide to Functional and Performance Testing of the NVIDIA DGX A100*, siehe: *https://cloud.redhat.com/blog/a-guide-to-functional-and-performance-testing-of-the-nvidia-dgx-a100*

Bevor nun ein Aufschrei erhallt, der sich um nicht vorhandene DGX-Systeme dreht:

Das Setup bezieht sich zwar auf eine DGX A100 und OpenShift 4.9, ist aber in großen Teilen auch auf reguläre GPU-Server mit MIG-fähigen GPUs und neuere OpenShift-Versionen portierbar.

Die Tests, die verschiedene MIG-Strategien und auch Patterns mit multiplen GPUs/MIG-Slices pro Pod beinhalten, liefern dabei unter anderem folgende Infos für das spätere Auditing:

- **Cluster-Informationen**: OpenShift-Cluster-Version und Versionen der Ressource-Definitionen
- **Node-Informationen**: Node Resource Definition
- **GPU-Stack-Informationen**: Die verwendete ClusterPolicy Resource
- **Workload-Informationen**:
  - Job-Ressource-Definitionen
  - Die Logs aller Pods
  - Verwendete Pod-Images (Name und SHA)
- **GPU-Auslastung und zusätzliche Informationen**:
  - Prometheus Start/Stop timestamp
  - Während des Tests generierte GPU Metrics (zwischen den Start/StopTimestamps)

- **Benchmark-Information**:
  - Exit Code der Ausführung von *run_ssd.py* (Erfolgreich: ja/nein)
  - Getestete Benchmark-Settings (Erfolgreich: ja/nein)
  - Die Logs der Ausführung von *run_ssd.py* (Erfolgreich: ja/nein, zusätzliche Performance Indikatoren)

## 10.13 GPU-Dashboard für OpenShift

Mit Version 4.11 (non-EUS) hat Red Hat seiner OpenShift-Plattform in Zusammenarbeit mit NVIDIA erstmals ein – wie üblich sauber in die OpenShift-GUI integriertes – GPU-Dashboard spendiert. Über den Nutzen kann man sich streiten, nichtsdestotrotz liefert es für MLOps-/DevOps-Teams, die sich nicht tagtäglich mit GPU-Node-Setups und deren CLI-Management befassen, über einfache und übersichtliche grafische Panels einen schnellen Überblick über die im Cluster befindlichen GPUs. Es gibt Auskunft über ihren momentanen Zustand z. B. im Hinblick auf Load, Temperatur und Leistungsaufnahme. Die Metriken werden wie üblich nicht nur im GPU-Dashboard grafisch aufbereitet, sondern können auch gezielt über Prometheus abgefragt werden.

Realisiert wird das Ganze über ein zusätzliches Plugin-System, das – einmal mehr per leidigem Helm Chart – aus dem NVIDIA-Repo im Namespace *nvidia-gpu-operator* installiert werden muss. Nach einer im betrachteten Stand noch manuellen und etwas frickelig anmutenden Aktivierung des Plugins ist das neue Panel betriebsbereit und findet sich als letzter Unter-Menüpunkt des ADMINISTRATOR-Hauptmenüs COMPUTE unter GPUs. Eine sehr einfache und selbsterklärende Setup-Anleitung findet sich wahlweise unter den beiden folgenden URLs:

- *https://docs.openshift.com/container-platform/4.11/monitoring/nvidia-gpu-admin-dashboard.html*
- *https://docs.nvidia.com/datacenter/cloud-native/gpu-operator/openshift/enable-gpu-op-dashboard.html*

Aber es ist längst nicht alles eitel Sonnenschein, selbst im simplen GPU-GUI-Land, und man merkt dem Add-On an, dass das Plugin im betrachteten Stand noch mit der heißen Nadel gestrickt war: Simple GPU-Passthrough- und sogar MIG-Setups (Operator-gestützt) werden halbwegs korrekt erfasst, auch wenn eine Anzeige, die die MLOps/DevOps Teams mit einer Temperaturanzeige mit 14 (!) Nachkommastellen beglückt, nicht wirklich das ist, was man braucht, da sie andere, wichtige Metriken wie Memory-Auslastung schlichtweg nicht erfasst/dargestellt.

Und beim Thema vGPU streikte das Plugin komplett: Vorhandene vGPUs oder MIG-backed vGPUs wurden – zumindest im betrachteten Stand – schlicht nicht erkannt, krude und wenig aussagekräftige Fehlermeldungen über nicht gefundene JSON-Konfigurationen blieben die einzige Reaktion. Die Ursache: ein für deutsche Setups im Container falsch und fest verdrahteter locale-Pfad auf en. So zeigt die Anzeige bisher nur das, was Sie in Abbildung 10.7 sehen, hier mit GCP-GPU-Nodes mit einer A100 SXM 40GB, 7 MIG-Partitionen bei einem Test-Benchmark.

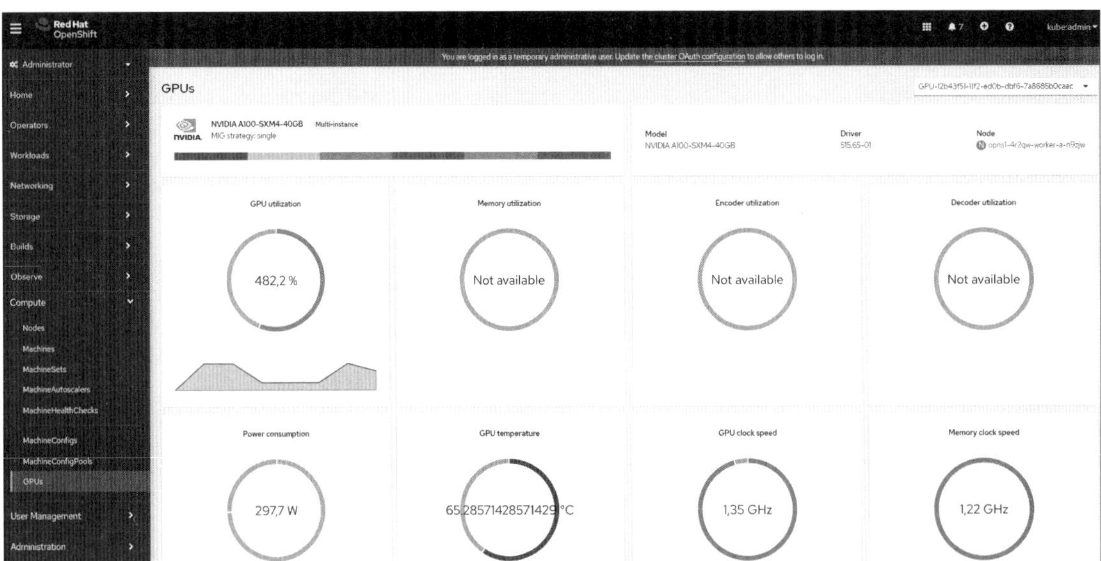


**Abbildung 10.7** OpenShift 4.11: GPU-Dashboard mit einer A100 im MIG-Mode

# Kapitel 11
# GKE – Google Kubernetes Engine Cluster (GPU-Accelerated)

*Vertrauen Sie mir, ich weiß, was ich tue.*

In diesem Kapitel wird als Beispiel für eine cloudbasierte Vanilla-Kubernetes-Implementierung mit NVIDIA-GPU-Nodes nun noch exemplarisch ein GKE-Cluster herangezogen. Das hier gezeigte Setup wird in ähnlicher Form auch als Basis für das in Abschnitt 13.2 betrachtete Kubeflow-/Vertex-AI-Setup verwendet. Zu allem Folgenden siehe auch:



- *https://cloud.google.com/kubernetes-engine/docs/how-to/gpus?hl=de*
- *https://cloud.google.com/compute/docs/gpus/create-vm-with-gpus?hl=de#create-new-gpu-vm*

## 11.1 Überblick

Grundsätzlich stehen uns mehrere Möglichkeiten zur Verfügung, um Nodes mit GPUs in einem GKE-Cluster nutzen zu können: Der Cluster kann beispielsweise entweder direkt bei der Erzeugung als GPU-Cluster ausgerollt werden, oder ein bestehender Cluster wird nachträglich um einen Node-Pool mit NVIDIA-GPU-Nodes erweitert. Im Folgenden werden beide Varianten vorgestellt.

### 11.1.1 Generelle Preflights: GPU-Verfügbarkeit nach Regionen/Zonen, geeignete Instanztypen

#### GPU-Verfügbarkeit nach Regionen

Zunächst müssen wir uns einen Überblick verschaffen, welche GPUs in welchen GCP-Regionen und -Zonen verfügbar sind, wie bereits in Abschnitt 3.2.1 kurz erläutert (die folgende Ausgabe ist stark gekürzt):

```
# gcloud compute accelerator-types list

NAME                ZONE              DESCRIPTION
nvidia-tesla-a100   us-central1-a     NVIDIA Tesla A100
nvidia-tesla-k80    us-central1-a     NVIDIA Tesla K80
```

```
nvidia-tesla-p4        us-central1-a        NVIDIA Tesla P4
nvidia-tesla-p4-vws    us-central1-a        NVIDIA Tesla P4 Virtual Workstation
nvidia-tesla-t4        us-central1-a        NVIDIA Tesla T4
nvidia-tesla-t4-vws    us-central1-a        NVIDIA Tesla T4 Virtual Workstation
nvidia-tesla-v100      us-central1-a        NVIDIA Tesla V100
nvidia-tesla-a100      us-central1-b        NVIDIA Tesla A100
[...]
```

Des Weiteren müssen für das verwendete GCP-Projekt die benötigten GPU-Quotas zuvor aktiviert worden bzw. verfügbar sein. Prüfen Sie diese per `gcloud` z. B. wie folgt (hier für T4-Kontingente):

```
# gcloud compute regions describe <region> \
  --project=<my-project> | grep metric.*NVIDIA_T4 -A2
```

Oder schlagen Sie die Verfügbarkeit hier nach: *https://cloud.google.com/compute/docs/gpus/gpu-regions-zones*.

#### Passende Instanzen/Machine-Types

Im betrachteten Stand konnten A100-Karten unter GCP etwa nur auf a2-(highgpu-*)Instanzen/Machine-Types ausgeführt werden. Sofern Sie keinen geeigneten Instanztyp angeben, kommt es in der Regel zu folgender Fehlermeldung:

```
Cannot use default machine type (e2-medium) with GPUs; choose a different machine type.
```

Als Instanztypen für GPUs-Nodes waren im betrachteten Stand A2-Instanzen (siehe oben, nur für A100-GPUs) und N1-Instanzen (für alle sonstigen GPUs) geeignet.

## 11.2 Setup-Variante 1: GKE-Cluster mit separatem Node-Pool für GPU-Nodes

### 11.2.1 Setup

Im Folgenden rollen wir für einen bereits existierenden, regionalen Cluster (drei Availability Zones) einen neuen Node-Pool (*t4-pool*) auf Basis von *n1-highmem-4*-Instanzen (4 vCPUs, 26 GB RAM, SSD) mit je 1 Tesla T4 pro Node aus. Die Kosten pro Node inklusive GPU beliefen sich im betrachteten Stand für Frankfurt – und je nach zusätzlicher Node-Ausstattung – auf rund 0,50 EUR/Stunde. Aktuelle Preise können bei Google für jeden Instanztyp wie üblich unter *https://cloud.google.com/products/calculator* berechnet werden.

Wenn Sie das Ganze zunächst im Rahmen eines kleineren Testszenarios betrachten wollen, sollten Sie nur 1 zonale Instanz ausrollen (z. B. mit nur einer Node-Location `--region=europe-west4 --node-locations=europe-west4-a`).

**Achtung: GKE-Auto-Repair**

Deaktivieren Sie beim Rollout, wie auch im Folgenden verwendet und insbesondere in Testszenarien sinnvoll, Googles »Auto-Repair« mittels der Option `--no-auto-repair` (per Default ist *Auto-Repair* aktiviert). Jedoch schützt diese Auto-Repair-Abschaltung leider – je nach GKE-Version – auch nicht vor dem folgenden Szenario: GKE »repariert« die GPU-Nodes eines Pools gern mal 30 bis 60 Minuten – während der Dollar-Counter läuft und der Cluster bzw. Node-Pool auch nicht gelöscht werden kann – wegen eines unter GKE gern mal fehlschlagenden und dank des GPU-Operators nicht benötigten Rollouts des `k8s-device-plugin`-DaemonSets.

Ein vermeidbarer Fehler, den man in der Regel auch selbst über forcierte Löschung der Pods bzw. des DaemonSets in wenigen Minuten wieder gerade gezogen bekommt. So kann man als Cloud Provider auch effektiv Einnahmen generieren ...



Kommen wir nun zum Rollout des neuen Node-Pools mit T4-Instanzen. Mit dem folgenden Befehl wird je eine Tesla T4-basierte GPU-Node-Instanz pro Availability Zone (insgesamt drei GPU-Nodes) ausgerollt:

```
# gcloud container node-pools create t4-pool \
    --accelerator type=nvidia-tesla-t4,count=1 \
    --cluster=cluster-01 --num-nodes=1 --machine-type=n1-highmem-4 \
    --region=europe-west4 \
    --node-locations=europe-west4-a,europe-west4-b,europe-west4-c \
    --image-type=ubuntu_containerd --disk-size=150GB \
    --no-enable-autorepair
```

```
Machines with GPUs have certain limitations which may affect your workflow. Learn more at https://
cloud.google.com/kubernetes-engine/docs/how-to/gpus
Creating node pool t4-pool...done.
Created [https://container.googleapis.com/v1/projects/cluster-01-290863/zones/europe-west4/clusters/
cluster-01/nodePools/t4-pool].
NAME     MACHINE_TYPE  DISK_SIZE_GB  NODE_VERSION
t4-pool  n1-highmem-4  100           1.22.8-gke.201
```

Checken wir danach kurz die Pools ...

```
# gcloud container node-pools list --region=europe-west4 \
  --cluster=cluster-01
```

```
NAME          MACHINE_TYPE   DISK_SIZE_GB  NODE_VERSION
default-pool  e2-standard-4  150           1.22.8-gke.201
t4-pool       n1-highmem-4   100           1.22.8-gke.201
```

... und anschließend die nun verfügbaren (GPU-)Nodes (fett markiert):

```
# kc get nodes
```

```
NAME                                        STATUS  ROLES   AGE   VERSION
gke-cluster-01-default-pool-90acb691-p702   Ready   <none>  119m  v1.22.8-gke.201
gke-cluster-01-default-pool-9dbad25f-th9q   Ready   <none>  119m  v1.22.8-gke.201
```

```
gke-cluster-01-default-pool-cfbfbc80-tgl8  Ready   <none>   119m   v1.22.8-gke.201
gke-cluster-01-t4-pool-293de521-f84j       Ready   <none>   113s   v1.22.8-gke.201
gke-cluster-01-t4-pool-a396c986-wtkb       Ready   <none>   108s   v1.22.8-gke.201
gke-cluster-01-t4-pool-fc7f772e-1g1l       Ready   <none>   111s   v1.22.8-gke.201
```

Nachdem wir uns um die VM-/Node-Infrastruktur gekümmert haben, sind nun wie üblich die Operatoren am Werk.

### 11.2.2 Rollout des GPU-Operators

Im Gegensatz zu den bereits vorgestellten Verfahren einer sauberen Operator-Installation per Subscription verwendet NVIDIA im Vanilla-Kubernetes-Umfeld leider nach wie vor Installationen per Helm-Charts. Ein Vorgehen, das von NVIDIA – leider, muss man sagen – auch konsequent im AI-End-to-End-Bereich (NVAIE-Stack, siehe ab Abschnitt 13.7) beibehält. Der GPU-Operator bringt in der offenen (Helm-)Variante auch gleich eine NFD-Operator-Implementierung mit, daher muss der NFD-Operator nicht separat ausgerollt werden.

**Achtung: ResourceQuotas**

Vor allen weiteren Aktionen müssen *ResourceQuotas* (siehe dazu auch: *https://kubernetes.io/docs/concepts/policy/resource-quotas/*) für System-Node-/Cluster-Critical-Pods gesetzt werden, andernfalls schlägt der Rollout des GPU-Operators fehl:

```
# resquota-gpu-op.yaml
apiVersion: v1
kind: Namespace
metadata:
  name: nvidia-gpu-operator
---
apiVersion: v1
kind: ResourceQuota
metadata:
  name: gpu-operator-resource-quota
  namespace: nvidia-gpu-operator
spec:
  hard:
    pods: 1000
  scopeSelector:
    matchExpressions:
    - operator: In
      scopeName: PriorityClass
      values:
      - system-node-critical
      - system-cluster-critical
```

Importieren Sie nun das ResourceQuota:

```
# kc apply -f resquota-gpu-op.yaml
```

```
namespace/nvidia-gpu-operator created
resourcequota/gpu-operator-resource-quota created
```

Kommen wir nun zum Rollout des GPU-Operators:

```
# helm repo add nvidia https://helm.ngc.nvidia.com/nvidia
```

```
# helm repo update
```

```
Hang tight while we grab the latest from your chart repositories...
...Successfully got an update from the "nvidia" chart repository
```

```
# helm install --wait --generate-name -n nvidia-gpu-operator nvidia/gpu-operator
```

```
NAME: gpu-operator-1661263756
LAST DEPLOYED: Tue Aug 23 16:09:20 2022
NAMESPACE: nvidia-gpu-operator
STATUS: deployed
REVISION: 1
TEST SUITE: None
```



Checken wir nach dem Rollout der Operatoren, ob das korrekte Node-Labeling durch den NFD erfolgt ist:

```
# kc describe node gke-cluster-02-t4-pool-a0302f26-t74v | \
  grep pci.10de
```

```
feature.node.kubernetes.io/pci-10de.present=true
```

Im Gegensatz zu den sauber aufgeteilten Namespaces/Project in der Subscription-basierten Operator-Variante finden sich hier alle Ressourcen des NFD- und GPU-Operators im Namespace *nvidia-gpu-operator* wieder. Betrachten wir den Post-Rollout-Zustand (Ausgabe gekürzt):

```
# kc get clusterpolicy,pods -n nvidia-gpu-operator -o wide
```

```
NAME                                     AGE
clusterpolicy.nvidia.com/cluster-policy  11m
NAME                                                            READY  STATUS   RESTARTS  AGE
pod/gpu-feature-discovery-ckps6                                 1/1    Running  0         11m
pod/gpu-feature-discovery-kmjq7                                 1/1    Running  0         11m
pod/gpu-feature-discovery-pqvfj                                 1/1    Running  0         11m
pod/gpu-operator-1661263756-node-feature-discovery-master-54dfx 1/1    Running  0         11m
pod/gpu-operator-1661263756-node-feature-discovery-worker-2ljg5 1/1    Running  0         11m
pod/gpu-operator-1661263756-node-feature-discovery-worker-5grmh 1/1    Running  0         11m
pod/gpu-operator-1661263756-node-feature-discovery-worker-8h4x5 1/1    Running  0         11m
pod/gpu-operator-1661263756-node-feature-discovery-worker-lr66t 1/1    Running  0         11m
pod/gpu-operator-1661263756-node-feature-discovery-worker-nkr2h 1/1    Running  0         11m
pod/gpu-operator-1661263756-node-feature-discovery-worker-z9mvn 1/1    Running  0         11m
pod/gpu-operator-84d9f557c8-xvwdw                               1/1    Running  0         11m
pod/nvidia-container-toolkit-daemonset-ql85b                    1/1    Running  0         11m
```

```
pod/nvidia-container-toolkit-daemonset-zdh24                  1/1     Running   0          11m
pod/nvidia-container-toolkit-daemonset-zwp2b                  1/1     Running   0          11m
pod/nvidia-cuda-validator-hvgr6                               0/1     Completed 0          7m10s
pod/nvidia-cuda-validator-nlpdh                               0/1     Completed 0          6m59s
pod/nvidia-cuda-validator-zc5lt                               0/1     Completed 0          7m6s
pod/nvidia-dcgm-exporter-vmvgp                                1/1     Running   0          11m
pod/nvidia-dcgm-exporter-wptx6                                1/1     Running   0          11m
pod/nvidia-dcgm-exporter-wwhp4                                1/1     Running   0          11m
pod/nvidia-device-plugin-daemonset-8vpng                      1/1     Running   0          11m
pod/nvidia-device-plugin-daemonset-9685g                      1/1     Running   0          11m
pod/nvidia-device-plugin-daemonset-h76fg                      1/1     Running   0          11m
pod/nvidia-device-plugin-validator-4x542                      0/1     Completed 0          6m33s
pod/nvidia-device-plugin-validator-6k6lx                      0/1     Completed 0          6m28s
pod/nvidia-device-plugin-validator-m68ll                      0/1     Completed 0          6m17s
pod/nvidia-driver-daemonset-99q9r                             1/1     Running   0          11m
pod/nvidia-driver-daemonset-q8xbf                             1/1     Running   0          11m
pod/nvidia-driver-daemonset-vbr8n                             1/1     Running   0          11m
pod/nvidia-operator-validator-58xlf                           1/1     Running   0          10m
pod/nvidia-operator-validator-cnnk7                           1/1     Running   0          10m
pod/nvidia-operator-validator-hp8gw                           1/1     Running   0          10m
```

Dann checken wir den GPU-Status in bekannter Vorgehensweise über Remote Execution in einem der Driver-Pods auf einem der T4-Nodes:

```
# kc exec -n nvidia-gpu-operator nvidia-driver-daemonset-q8xbf \
  -c nvidia-driver-ctr -- nvidia-smi
```

```
Tue Aug 23 14:24:04 2022
+-----------------------------------------------------------------------------+
| NVIDIA-SMI 515.48.07    Driver Version: 515.48.07    CUDA Version: 11.7     |
|-------------------------------+----------------------+----------------------+
| GPU  Name        Persistence-M| Bus-Id        Disp.A | Volatile Uncorr. ECC |
| Fan  Temp  Perf  Pwr:Usage/Cap|         Memory-Usage | GPU-Util  Compute M. |
|                               |                      |               MIG M. |
|===============================+======================+======================|
|   0  Tesla T4            On   | 00000000:00:04.0 Off |                    0 |
| N/A   52C    P8    15W /  70W |      2MiB / 15360MiB |      0%      Default |
|                               |                      |                  N/A |
+-------------------------------+----------------------+----------------------+

+-----------------------------------------------------------------------------+
| Processes:                                                                  |
|  GPU   GI   CI        PID   Type   Process name                  GPU Memory |
|        ID   ID                                                   Usage      |
|=============================================================================|
|  No running processes found                                                 |
+-----------------------------------------------------------------------------+
```

Damit wäre unser GPU-Cluster auf GKE für KI/ML-Workloads betriebsbereit.

**Cool? Schön wär's.**

Ein kleiner Hinweis: Beachten Sie die relativ hohe *Idle-Temperatur* der T4 im oberen nvidia-smi-Listing (Status: 10 Minuten nach erfolgreicher, automatisierter Driver-Installation und ohne Last) und die bereits in Abschnitt 3.2.8 angesprochenen, oft nicht vollumfänglich suffizienten Kühlungsstrategien vieler Cloud-Provider, die für einen optimalen Betrieb der GPUs nötig wären. Keine Nebensache, denn aufgrund der temperaturbedingt schlechteren Performance der GPUs und damit in Konsequenz längerer Laufzeiten z. B. für Trainings-Workloads schlägt dies, wie im obigen Abschnitt bereits aufgezeigt, direkt auf das Budget des Unternehmens durch.

## 11.3 Setup-Variante 2: GPU-Cluster auf GKE direkt ausrollen



Das Verfahren entspricht dem bereits in Abschnitt 11.2 vorgestellten Weg, jedoch wird in diesem Fall kein bestehender Cluster (ohne GPUs) um einen Node-Pool mit GPUs erweitert, sondern alle Worker-Nodes des Clusters werden direkt mit dem gewünschten Instanztyp und GPUs ausgerollt. Achten Sie auch in diesem Fall auf die Verwendung der korrekten VM-Instanztypen und passenden GPUs. Nachstehend ein paar einfache Beispiele. Zur Automation sollten Sie die entsprechenden Variablen (z. B. CLUSTER, PROJECT, MACHINE_TYPE etc.) über eine zentrale Konfigurationsdatei substituieren.

```
# gcloud container clusters create cluster-02 \
  --cluster-version=1.22.8 --image-type=UBUNTU_CONTAINERD \
  --disk-size=150GB --num-nodes=1 --machine-type=n1-highmem-4 \
  --no-enable-autorepair --no-enable-autoupgrade \
  --region=$REGION --project=cluster-02-999999 \
  --enable-network-policy \
  --scopes "https://www.googleapis.com/auth/cloud-platform" \
  --enable-ip-alias --accelerator "type=nvidia-tesla-t4,count=1"
```

Der gcloud-Befehl für einen Rollout eines GPU-Clusters mit A100-Instanzen stellt sich exemplarisch wie folgt dar:

```
# gcloud container clusters create cluster-02 \
  --cluster-version=1.22.8 --image-type=UBUNTU_CONTAINERD \
  --disk-size=150GB --num-nodes=1 --machine-type=a2-highgpu-1g \
  --no-enable-autorepair --no-enable-autoupgrade \
  --region=europe-west4 --project=cluster-02-999999 \
  --enable-network-policy \
  --scopes "https://www.googleapis.com/auth/cloud-platform" \
  --enable-ip-alias --accelerator "type=nvidia-tesla-t4,count=1"
```

Damit ist unsere Betrachtung der infrastrukturrelevanten Themen abgeschlossen. Im letzten Block kümmern wir uns in logischer Konsequenz kurz um das Thema MLOps sowie um die Bereitstellung von ML-Stacks und -Pipelines – die in bestimmten Szenarien im Gegensatz zum angedachten Zweck manche Dinge (zumindest aus Operations-Sicht) leider nicht einfacher machen.

TEIL III

# ML-Stacks für skalierbare KI/ML-Infrastrukturen

# Kapitel 12
# CI/CD-Pipelines, GitOps und MLOps

*»To make mistakes is human.*
*To deploy all mistakes to all Clusters fully automated is DevOps with GitOps.*
*To deploy all mistakes to AI Clusters fully automated and more efficiently is DevOps with GitOps and MLOps.*
*But with MLOps, Ops can luckily blame the AI for automatically screwing up the whole system.«*



Eine durchaus nicht abwegige Formulierung. In dem nun folgenden Abschnitt werden wir daher noch einige vorbereitende Punkte und Konzepte rund um Pipeline-Automation in KI/ML-Clustern betrachten, um das oben Beschriebene möglichst zu vermeiden.

Wir wissen bereits, wie wir unsere containerisierten KI/ML-Cluster automatisiert ausrollen und (auto-)skalieren können und wie wir mithilfe von Operatoren Aufgaben innerhalb der KI/ML-Cluster ebenfalls massivst automatisieren können – und müssen.

Eine weitere, extrem wichtige Rolle im Kontext der maximalen Vollautomation spielen *GitOps*-Pipelines, die konzeptionell in einem gewissen Grad auch die Basis für ML-Pipelines und damit *MLOps* darstellen. Um also MLOps zu verstehen, sollten vorab zumindest einige grundlegende Begriffe und Konzepte rund um GitOps betrachtet werden.

Effiziente CI/CD-Pipelines, die das Endprodukt wie auf einem vollautomatisierten Fließband vom Entwickler bis zum Produktivsystem (entsprechendes Staging natürlich immer zu berücksichtigen) zeiteffizient ausspucken können, das Ganze im Optimalfall über verschiedene, selektiv steuerbare Release-Tracks, sind in der Regel das gewünschte Ziel.

## 12.1 Von der (ML-)Insel zur Pipeline

Eines der größten Probleme in vielen Unternehmen ist die oftmals gewaltige Kluft zwischen Test/Evaluierung und dem eigentlichen ML-Endprodukt, das produktiv zum Einsatz kommen soll. Natürlich ist diese Problematik nicht nur im KI/ML-Umfeld präsent: Jeder halbwegs gestandene Systemarchitekt wird ein PoC für einen Container-Cluster, der von Dritten auf einem »Mikro-Kubernetes/OpenShift«-Single-Node-System präsentiert wird (nur drei von x Stichworten dazu: *Skalierbarkeits-*, *Failover-* und *Scheduling-Tests*), höchstens mit einer Mischung aus Ungläubigkeit und beginnender Migräne betrachten.

Im KI/ML-Bereich liegt dieser Gap zwischen den spezifischen Tätigkeiten, die in einer Evaluierungsphase z. B. von Data Scientists mehr oder weniger isoliert auf ihren Standalone-Workstations mithilfe von Jupyter-Notebooks prozessiert werden, und dem ML-Workflow, wie er mithilfe von vollautomatisierten und containerisierten Pipelines mit *n* zusammenarbeitenden Komponenten in späteren Produktivumgebungen aussehen sollte. Kommen noch unterschiedliche Cloud-Implementierungen hinzu, wird das Ganze noch weniger portierbar.

Generell betrachtet geht es also darum, KI/ML-Implementierungen mit möglichst vielen der involvierten Baugruppen unter anderem portierbar, reproduzierbar, modular, anpassbar und vollautomatisiert bereitstellen zu können.

Wichtige Hilfsmittel dazu sind (per Operator) hochautomatisierte, modular aufgebaute und daher flexibel anpassbare Pipeline-Konstrukte. Da jedoch nicht nur die ML-spezifischen Pipeline-Komponenten in einer skalierbaren KI/ML-Infrastruktur von essentieller Wichtigkeit sind, sondern auch »reguläre« CI/CD-Pipelines und GitOps-Verfahren, werfen wir – bevor wir in Kapitel 13 zu KI/ML-spezifischen Pipeline-Konstrukten kommen – zuvor einen kurzen, generischen Blick auf diese Systeme. Sie helfen uns auch, die Arbeitsweise der später konkret betrachteten KI/ML-Pipelines besser zu verstehen.

## 12.2 CI/CD und GitOps

Zwei Schlagworte gilt es hier besonders zu betrachten: CI/CD und GitOps.

### 12.2.1 CI/CD

Im Bereich der containerisierten CI/CD-Pipelines (*Continuous Integration/Continuous Delivery*) haben sich in den letzten Jahren Welten aufgetan. Projekte sind zu dutzenden entstanden, wurden gehypt und waren auch oft genug – dank der permanenten ADHS-Mentalität vieler Container-Hipster und/oder nicht wirklich überzeugender Qualität – kurz danach bereits wieder verschwunden. Insofern war es in den letzten Jahren nicht einfach, »das« CI/CD-Produkt der Wahl zu benennen. Einige Unternehmen fokussierten in den frühen Phasen Kubernetes-basierter Cluster eine Zeitlang auf Jenkins, doch dann wurden mehr und mehr etliche konzeptbedingte Flaws im Zusammenspiel mit Kubernetes klar, wie etwa das Jenkins-eigene Cluster-Modell, das im Kubernetes-Kontext obsolet ist, ebenso wie wildwuchernde Plugins und komplexe Pipeline-Skripte. Andere Anbieter machten zunehmend das Rennen und CI/CD-Pipelines wurden effizienter in Bezug auf ihre Kubernetes-/OpenShift-Integration gestaltet. Mitstreiter gab es schnell genug: Tekton, ArgoCD, Flux, GitLab und viele andere mehr.

Im KI/ML-Bereich hat sich *Kubeflow* (bzw. dessen Derivat *Open Data Hub* unter OpenShift), das wir ab Kapitel 13 betrachten, als eine der präsentesten Pipeline-Lösungen für Kubernetes-basierte ML-Cluster etabliert. Mit *Vertex AI* hat Google im Stand 2022 jedoch bereits den designierten Kubeflow-Nachfolger im Gepäck, daher werden wir später auch darauf einen kurzen Blick werfen.

CI/CD-Verfahren sind längst Standard, umso mehr in containerisierten Umgebungen, da sich dort die Pipelines und die in ihnen bearbeiteten Tasks und Steps hervorragend über Standard-Ressourcen (Pods/Container) in Verbindung mit CRDs und Operatoren schnell, modular und reproduzierbar zu effizienten, vollautomatisch arbeitenden Konstrukten zusammenfassen lassen.

Allerdings stoßen im Container-Bereich auch CI/CD-Pipelines eher an Automationsgrenzen, wenn keine GitOps-basierten Verfahren und Konzepte zum Einsatz kommen.

### 12.2.2 GitOps



GitOps klingt – neben DevOps, DevSecOps, DataOps, MLOps und den mittlerweile gefühlt hunderten, bereits vorhandenen *Ops-Buzzwords im Containerland – lediglich wie ein weiteres, hohles Schlagwort für Entscheider-Meetings. Aber damit ist dem Begriff *GitOps* eher Unrecht getan. Denn wie auch DevOps im Kern des Gedankens nicht falsch war, sondern in sehr vielen Unternehmen zunächst nur in seiner Implementierung fehlerhaft umgesetzt wurde, so sind auch das von Weaveworks erstmals bereits 2017 aufgebrachte GitOps-Modell und sein *Single Source of Truth*-Konzept (vorab vereinfacht: das oder die zentralen Repos, die Zugangspunkt für den CI- *und* CD-Teil sind) an sich interessante Verfahren, die die Effizienz von Kubernetes-/Container-Clustern dank Automation hochgradig optimieren. Stark vereinfacht ist eines der zentralen Kernkonzepte die Verwendung von *zentralen* Repos (die eben benannte *Single Source of Truth*): Diese zentralen, für die verwendeten CI- und CD-Pipelines erreichbaren Repos enthalten im Optimalfall alles, was benötigt wird: Code-Artefakte, (Container-)Images, Environment-Manifeste für die Kubernetes- oder OpenShift-Cluster, IaC/IaaS-relevante Konfigurationen. Sie stellen sicher, dass eine virtualisierte KI/ML-Infrastruktur »from Scratch« in sehr kurzer Zeit in jedem beliebigen Stand (wieder-)hergestellt werden kann und jederzeit mit minimaler Interaktion der gegebenenfalls divergierende Ist- auf den gewünschten Soll-Zustand des Systems gebracht werden kann.

## 12.3 GitOps-Pipeline-Modelle

In dem folgenden, kompakt gehaltenen Abschnitt geht es darum, Aufbau und Funktion von GitOps-Systemen, die ein wichtiger Kernbaustein unserer skalierbaren und containerisierten ML-Infrastrukturen sind, grundlegend zu verstehen.

### 12.3.1 Pull- vs. Push-based

Die ewige Frage, seit Daten transportiert oder repliziert werden. Auch im Container-/GitOps-Bereich also nichts Neues – es geht vielmehr darum, den kleinen, aber entscheidenden

Unterschied der Ansätze bezogen auf den konkreten Kontext zu verstehen. Generell kümmern sich beide Ansätze darum, wie der gewünschte Zustand der Infrastruktur zwischen Git-Repo (Soll-Zustand) und Cluster (Ist-Zustand) bzw. zwischen CI- und CD-Teil am effizientesten erreicht wird bzw. stets synchron/konsistent gehalten werden kann.

### 12.3.2 Push-based

Sowohl bei push- als auch bei pull-basierten Bereitstellungsstrategien befindet sich der Quellcode der Applikationsstacks in der Regel zusammen mit den für die Bereitstellung des Stacks (der CD-Part) erforderlichen Kubernetes-Manifesten im assoziierten Repository bzw. dessen Branch.

Sobald der Quellcode aktualisiert wird, z. B. durch den Git-Commit eines Devs, wird die Build-Pipeline (CI) in der Regel eventbasiert über Webhooks angetriggert, in der dann die entsprechenden Container-Images nach vorherigem Code-Quality-Check automatisch erstellt, geprüft, auf CVEs gescannt und – wenn alle vorherigen Pipeline-Tasks ohne Fehler prozessiert wurden – in die Registry gepusht und dabei digital signiert werden. Anschließend wird das Environment-Repository (das z. B. die gewünschte Cluster-Soll-Konfiguration enthält) mit den – mit der Applikation assoziierten – neuen Kubernetes-/OpenShift-Manifesten für den CD-Teil aktualisiert. Änderungen am Environment-Repo lösen in dieser Variante wiederum *push-basiert* (das Manifest-Repo ist der pushende Teil) die CD-Pipeline aus. Die CD-Pipeline wiederum ist dafür verantwortlich, die im Environment-Repository geänderten Manifeste auf die Infrastruktur anzuwenden (siehe Abbildung 12.1).

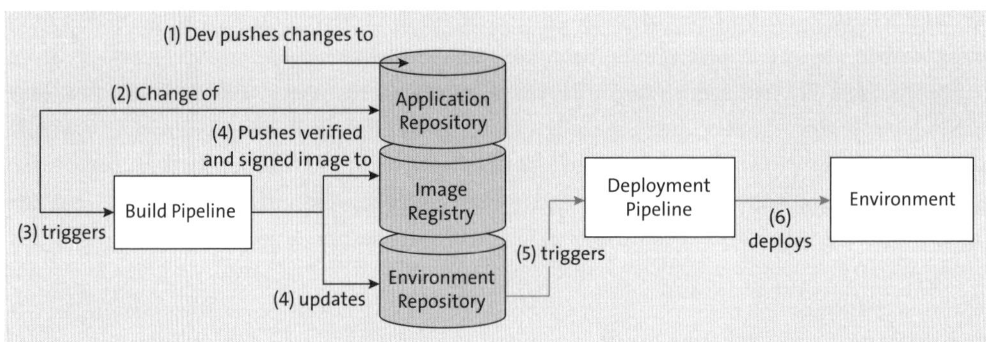


**Abbildung 12.1** Push-based GitOps-Pipeline

Bei diesem *push*-basierten Ansatz (Punkt 5 des in Abbildung 12.1 dargestellten Ablaufs) ist es daher unerlässlich, im Manifest-Repo bzw. den mit der CD-Pipeline kommunizierenden Komponenten Anmeldeinformationen für den CD-Teil der Pipeline bereitzustellen, sodass dieser Updates im Cluster durchführen kann.

In einigen Szenarien ist der Einsatz einer push-basierten Lösung gegebenenfalls erforderlich, z. B. wenn eine automatisierte Bereitstellung innerhalb einer Cloud-Infrastruktur ausgeführt wird. In diesen Szenarien ist es daher dringend angeraten, sichere Authentifizierungsverfahren und zudem ein restriktives RBAC, gemäß dem üblichen Least-Privilege-Prinzip, zu verwenden.

### Das übliche Push-Problem

Ein weiterer wichtiger Punkt bei der Verwendung des push-basierten Ansatzes liegt – wie bei allen ähnlich gestrickten Verfahren – darin, dass der empfangende Teil, in diesem Fall also die CD-Pipeline, nur dann ausgelöst wird, wenn sich das Umgebungs-Repository geändert hat und die CD-Pipeline als *passiver* Teil anschließend auch darüber in Kenntnis gesetzt wird. Im Klartext: Klemmt die Push-Queue, passiert auf der CD-Seite gar nichts, weil die CD-Pipeline einfach denkt, es ist nichts zu tun. Die push-basierte Lösung kann aus der Sicht der CD-Pipeline also keine Abweichungen der Umgebung und des gewünschten Zustands automatisch erkennen. Dies bedeutet, dass eine Überwachung erforderlich ist, damit eingegriffen werden kann, wenn der Ist-Stand im Cluster nicht mit dem Soll-Stand im Manifest-Repository übereinstimmt.

12

## 12.3.3 Pull-based

Die pull-basierte Bereitstellungsstrategie arbeitet auf Basis derselben Konzepte wie die push-basierte Variante, kompensiert jedoch deren Schwächen. Statt jedoch auf die Funktionalität der push-basierten Übertragung der Deltas zu vertrauen, setzt der CD-Teil der Pipeline selbst einen Operator bzw. Agent ein, der zyklisch alle ihm anvertrauten Repos auf für ihn relevante Änderungen überwacht. Dies können sowohl Änderungen in der Registry (durch das Eintreffen neuer Images, welche von der Build-Pipeline ausgespuckt wurden) wie auch Änderungen in den assoziierten Manifesten (in Abbildung 12.2 das *Environment*-Repo) sein. Sobald Deltas in den Workloads festgestellt werden, vergleicht der CD-Operator Soll- und Ist-Stand und aktualisiert – sofern erforderlich – die Infrastruktur entsprechend den neuen Daten aus dem Environment-Repo.

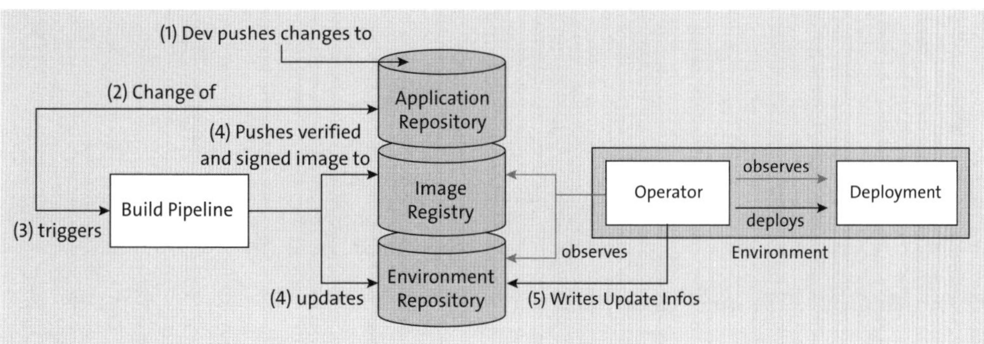


**Abbildung 12.2** Pull-based GitOps-Pipeline

Die *pull*-basierte Variante kann gegenüber ihrem push-basierten Pendant erfahrungsgemäß mit einer höheren Ausfallsicherheit bzw. geringeren Fehleranfälligkeit aufwarten, da in der pull-basierten Variante der CD-Teil selbst der *aktive* ist, der intervallbasiert überprüft, ob Deltas vorhanden sind. Ein wichtiger Part in diesem Modell ist natürlich ebenfalls ein System, das sicherstellt, dass etwaige Fehler und Abweichungen des Soll-/Ist-Zustands, die der Agent/Operator aufspürt (z. B. kein Kontakt mit den Repos, divergierende Daten bezogen auf ein Deployment [Images/Cluster-Config]), umgehend automatisiert behoben werden, sofern möglich/gewünscht. Ist der Agent/Operator dazu nicht in der Lage, müssen umgehend Benachrichtigungen an das zuständige Team verschickt werden.

Ein weiterer Vorteil des pull-basierten Ansatzes liegt sicherheitstechnisch darin, dass Anmeldeinformationen für die Aktualisierung der Deployments oder der Cluster nicht mehr im CI-Teil hinterlegt werden müssen, sondern der ausführende/aktive Teil ist selbst integraler Bestandteil der CD-Pipeline bzw. des Clusters. Übrigens: Der in Abbildung 12.2 gezeigte CD-Teil (der Teil rechts neben der Registry bzw. den Repos) wird in einigen KI/ML-Pipelines über *ArgoCD*, das wir später bei der Betrachtung von Open Data Hub noch sehen werden, abgebildet.

### 12.3.4 Multiple Stages/Applications

Die vorgenannten Beispiele für Pull-/Push-based Pipelines bezogen auf nur eine Applikation sind in der Regel realitätsfremd und dienen nur zur Veranschaulichung der Kernkonzepte. In der Praxis werden in Unternehmen über die vorgestellten Verfahren üblicherweise multiple Release Tracks, Staging-Umgebungen und/oder multiple Applikationsstacks bedient. Dies ist, dank der Möglichkeiten, die GitOps über multiple Branches bietet, problemlos möglich, wie Abbildung 12.3 verdeutlicht.

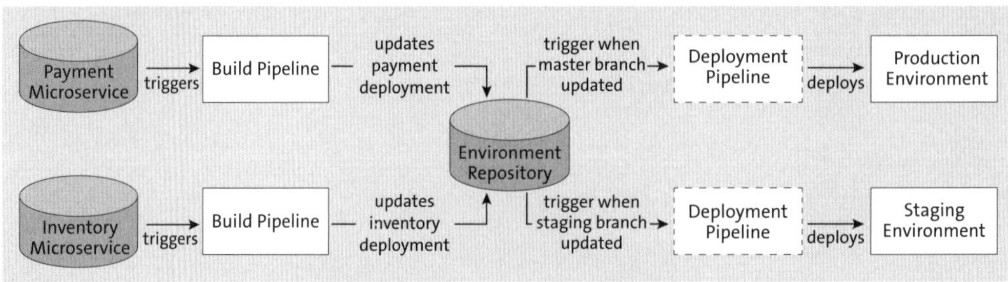


**Abbildung 12.3** GitOps – multiple Pipelines (Quelle: gitops.tech)

## 12.4 MLOps, LTS und Portierbarkeit

Von GitOps also zu MLOps. Und ja, es stimmt, wie bereits erwähnt: Auch MLOps klingt zunächst nur wie ein weiteres, hochwichtiges Buzzword, das auf allen Vorstandssitzungen seit 2021 neben *DevOps*, *Nachhaltigkeit* und *Hyperconverged Infrastructure* zwingender Bestandteil des Schwurbel-Portfolios sein muss.

Ist es aber nicht. Zumindest nicht nur.

Denn *MLOps* beschreibt notwendige, und nicht nur technische, sondern auch organisatorische und logistische Verfahren und Konzepte, die bei der Integration von ML-Systemen aus operativer Sicht beachtet werden sollten. Sehr stark simplifiziert also: die Anwendung von (für KI/ML-Systeme angepassten) DevOps-Strategien auf KI/ML-Systeme.

Warum? Nun, der Einsatz von Machine-Learning-Lösungen insbesondere in skalierbaren Umgebungen benötigt ein profundes Verständnis auf vielen Ebenen des Unternehmens, nicht nur auf denen von Einkauf, Development, QA/Test, Betrieb und staging-übergreifenden Operations-Verfahren: Denn nahezu alle Verfahren und Prozesse, die aus der regulären Software-Entwicklung und Operations langsam in die Neuzeit (sprich Container/DevOps) übernommen und portiert worden sind, bedürfen im KI/ML-Umfeld nochmals einer Frischzellenkur, denn die Komplexität hat dort einen zusätzlichen, gewaltigen Boost erhalten.



Erklärtes Ziel von MLOps soll maximale Effizienz von containerisiert arbeitenden ML-Systemen dank Vollautomation sein, und diese Systeme sollen zudem LTS-mäßig portierbar bzw. mit einem zumindest mittelfristigen Planungshorizont versehen sein.

So weit die Theorie, und nach dem vierten oder fünften alkoholischen Getränk der Wahl haben das alle Verantwortlichen, ihre Fachbereiche und mit Sicherheit das gesamte Unternehmen längst drauf.

Und nun schalten wir in die nüchterne Realität zurück. Denn im Grunde steht MLOps im betrachteten Stand vor exakt den gleichen Problemen wie DevOps vor rund sechs Jahren oder wie sie in fast allen Vanilla-Kubernetes-basierten Container-Clustern nach wie vor zu finden sind: ein maximaler Kampf mit einem immer noch/schon wieder hochvolatilen Kuddelmuddel aus Einzelteilen, das schwieriger in den Griff zu bekommen ist als ein Sack Flöhe auf Amphetaminen, die sich permanent vermehren und dabei noch mutieren.

MLOps will Zukunfts-/Planungssicherheit schaffen, scheitert aber im betrachteten Stand in der Praxis oftmals noch an der eigenen Volatilität und der seines (Kubernetes-basierten) Unterbaus.

Sicher, jedes Kind braucht einen Namen, aber manchmal wäre es einfach schön, wenn zuerst einmal brauchbarer Content generiert wird, der länger als zwei gefühlte Femtosekunden Gültigkeit hat.

Um MLOps auf einen halbwegs planungssicheren Kurs zu bringen, braucht es daher mehrere Bausteine, logistisch wie technisch:

- exakte Vorfeldanalyse zur Ermittlung des konkreten Bedarfs sowie Kosten-Nutzen-Schätzung (wird erfahrungsgemäß meist gekonnt übersprungen)

- darauf basierend die Erstellung eines groben Strategie-Drafts für eine mögliche technische Ausrichtung der ML-Systeme (Cloud/On-Prem, welche GPUs, Kauf/Miete etc.)
- basierend auf diesem Draft dann die Konzepterstellung für ein LTS-taugliches, containerisiertes und auto-skalierbares MLOps-System
- sicherstellen, dass das Konzept modular und reproduzierbar aufgebaut ist, einen hohen Automationsgrad aufweist, Komponenten auch mittel- und langfristig ohne größeren Aufwand angepasst oder ausgetauscht werden können und das Konstrukt ebenfalls ohne größeren Aufwand auch auf andere Infrastruktur-Plattformen portiert werden kann
- Integration von bewährten DevOps- und CRISP-DM-Verfahren (*Cross Industry Standard Process for Data Mining*) in das MLOps-Konzept

### 12.4.1 MLOps und CRISP-DM

Betrachten wir zunächst das gerade erwähnte *CRISP-DM-Modell* (*Cross Industry Standard Process for Data Mining*), da dies eine der Grundlagen für KI/ML-Systeme bzw. effiziente, reproduzierbare Verfahren im MLOps-Bereich darstellt.

CRISP-DM soll dazu dienen, eine Implementierung von KI/ML-Lösungen über ein möglichst standardisiertes Vorgehensmodell zu ermöglichen. Die involvierten Prozessschritte bzw. Phasen stellen sich vereinfacht wie in Abbildung 12.4 dar.

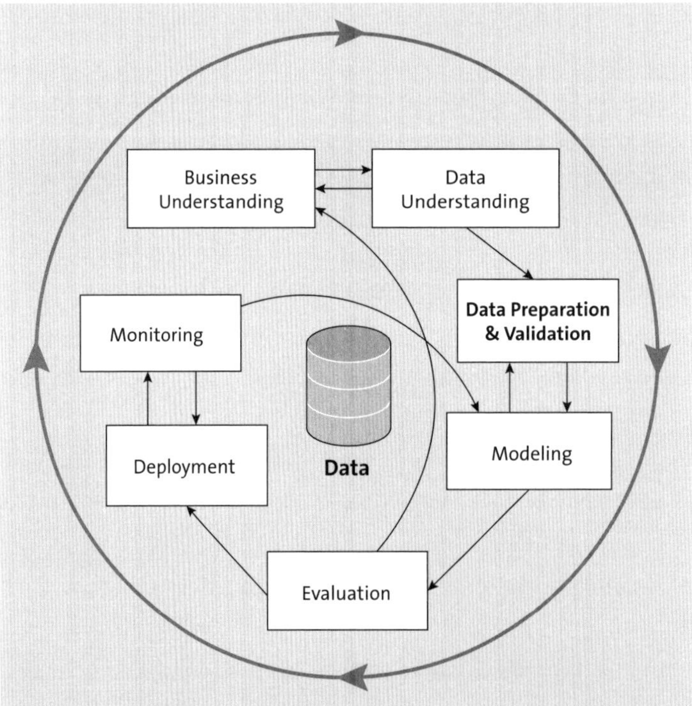


**Abbildung 12.4** Vereinfacht dargestelltes CRISP-DM-Modell, Quelle: medium.com

Der ganze Prozess muss mit einer tiefgehenden Analyse der zu lösenden Problematik beginnen (»Business Understanding«), woraus sich auch der zu erfassende (Trainings-)Datenbestand ergibt (»Data Understanding«). Danach kann eine Datenerfassung, Vorbereinigung und Validierung (»Data Preparation and Validation«) erfolgen, um mit diesen Daten per Training ein ML-(Inference-)Modell für den späteren Produktiveinsatz zu erstellen (»Modeling«), das nach erfolgter Evaluierung in das (containerisierte) Zielsystem deployed und dort betrieben und permanent überwacht wird.

Klingt in der Theorie logisch und gut, in der Praxis gibt es jedoch einige Stellen, an denen es erfahrungsgemäß haken kann:

- Ein wichtiger Aspekt, der auf so gut wie alle KI/ML-Umgebungen zutrifft, ist der, dass die Anforderungen an die Compute-Ressourcen für Trainingsumgebungen aufgrund der – in der Regel – großen Datenmengen, die prozessiert werden müssen, zum Teil deutlich höher angesetzt werden müssen als in dem späteren Inference-Betrieb bzw. im Produktivsystem, siehe dazu auch Abschnitt 2.4.1, Abschnitt 3.2 und Abschnitt 3.2.7. Hier könnten sich prinzipiell hybride Ansätze (Training: Cloud, Inference: On-Prem) anbieten, wobei der Cloud-Teil sicherheitstechnisch vorab stets genau evaluiert werden muss.
- Hinzu kommt, dass etablierte DevOps-/GitOps-Verfahren wie vollautomatisierte CI/CD-Pipelines mit der GitOps-spezifischen Single Source of Truth in ML-Systemen zwar durchaus ein rein technisch-funktional valides Modell-Image ausspucken können, dieses jedoch im ML-Ziel-Cluster gegebenenfalls nicht die gewünschten Erkennungsergebnisse liefert. Dies wiederum bedingt den Einsatz zusätzlicher *Endkontrollsysteme* in Form von Operatoren, die das Ziel- bzw. das Inference-System permanent auf valide Erkennungsraten testen. Schlüssel zur Effizienz ist auch hier maximale Vollautomation durch *Operatoren*, siehe ab Kapitel 9.
- Ebenso ist es von elementarer Wichtigkeit zu verstehen, dass KI/ML-Setups, die in reinen Lab-Umgebungen gut funktionieren, meist nicht in adäquater Form auf auto-skalierbare KI/ML-Cluster-Umgebungen portiert werden können. Insofern ist es wichtig, abseits von rein technischen Aspekten auch die der organisatorischen und buchhalterischen Seite und die entsprechenden Fachbereiche bereits am Anfang der Planung mit einzubeziehen.

### 12.4.2 MLOps und ML-Pipelines – technische Foundation/schematisch

Brechen wir eine ML-Pipeline auf die elementarsten Building Blocks unter Berücksichtigung der Zuständigkeiten der jeweiligen Fachbereiche herunter, stellt sich das Ganze aus sehr großer Flughöhe wie in Abbildung 12.5 dar.

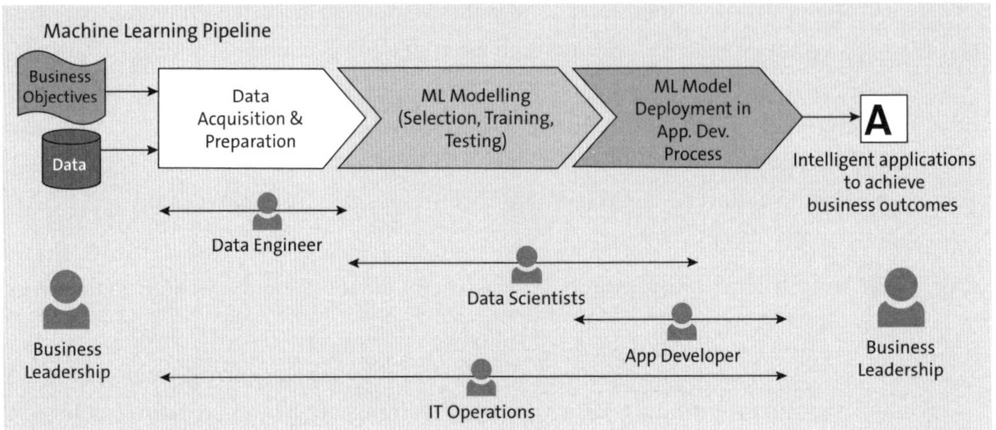


**Abbildung 12.5** ML-Pipeline, Quelle: Red Hat AI Center

Gehen wir etwas tiefer ins Detail, kommen wir – je nach gesetzten Anforderungen – beispielhaft auf das Konstrukt aus Abbildung 12.6, das unter der folgenden URL auch recht gut beschrieben ist:

*https://cloud.google.com/architecture/mlops-continuous-delivery-and-automation-pipelines-in-machine-learning.*

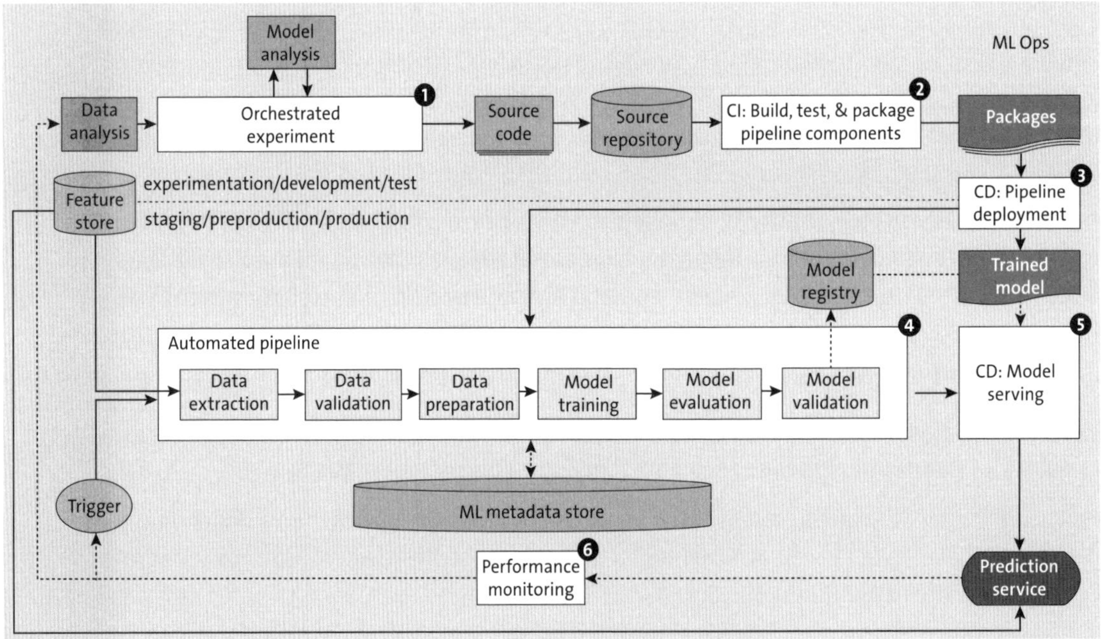


**Abbildung 12.6** MLOps-Pipeline – schematisch, Quelle: Google

Die Pipeline in Abbildung 12.6 implementiert dabei exemplarisch die folgenden Phasen:

❶ **Entwicklung und Experiment:** Iterative Tests neuer ML-Algorithmen und neuer Modelle, bei denen die Testschritte aufeinander abgestimmt werden. Die Ausgabe dieser Phase ist der Quellcode der ML-Pipeline-Steps bzw. -Tasks, die dann in ein Repository übertragen werden.

❷ **Continuous Integration (CI):** Erstellung des Quellcodes und Event-Trigger basierte, automatisierte Tests. Das Resultat dieser Phase sind in der Regel Pipeline-Komponenten (Pakete, ausführbare Dateien und Artefakte), die in einer späteren Phase bereitgestellt/deployed werden.

❸ **Continuous Delivery (CD):** Die in der CI-Phase erzeugten Artefakte werden im Ziel-Cluster bereitgestellt. Das Resultat dieser Phase ist eine bereitgestellte Pipeline mit einer neuen Implementierung des Modells.

❹ **Automatisierte Trigger:** Die Pipeline wird anhand eines Zeitplans oder als Reaktion auf ein Event per Trigger automatisch ausgeführt. Das Resultat dieser Phase ist ein trainiertes Modell, das in die Modell-Registry übertragen wird.

❺ **Continuous Delivery (CD) des Modells:** Das trainierte Modell wird bereitgestellt.

❻ **Monitoring**: Erfassung von Statistiken zur Ermittlung der Modellleistung anhand von Live-Daten. Das Resultat dieser Phase ist ein Trigger zum erneuten Ausführen der Pipeline oder eines neuen Testzyklus.

Die nicht-automatisierten, in der Regel von Data Scientists und Data Analysts durchgeführten Schritte dieses Pipeline-Workflows sind die ebenfalls in Abbildung 12.6 eingezeichneten Tasks der Daten- und Modellanalyse.

Kapitel 13

# ML-Pipeline- und AI-End-to-End-Implementierungen mit Kubeflow/Vertex AI, Open Data Hub und NVIDIA AI Enterprise

*»Alles wird gut.«*
*»Aha. Wann denn?«*
»...«



Nachdem wir die Infrastrukturen für GPU-Accelerated KI/ML-Workloads on-premises und in der Cloud bereitgestellt haben und uns grundlegend mit MLOps-Begrifflichkeiten und der Arbeitsweise von KI/ML-Pipelines vertraut gemacht haben, schauen wir uns im letzten Hauptabschnitt dieses Buches abschließend noch kurz und kompakt die Bereitstellung containerisierter KI/ML-Pipeline-Stacks für unsere Kubernetes-/OpenShift-basierten Container-Plattformen in der Praxis an.

Als Beispiel dazu dienen *NVIDIAs AI-Enterprise-Stack*, den wir bezogen auf seine infrastrukturrelevanten Bauteile (GPU-Manager, GPU-, NFD- und Network-Operator) bereits in Kapitel 6, Kapitel 9 und Kapitel 10 betrachtet hatten, das quelloffene *Kubeflow*, sein Nachfolger *Vertex AI* sowie Red Hats *Open Data Hub*, der unter der Haube ebenfalls teilweise Kubeflow-Komponenten verwendet.

Da zum Thema Kubeflow bereits unzählige Publikationen existieren und die folgenden Betrachtungen auch nur peripher zum gesetzten Scope dieses Buches gehören, wird im Folgenden größtenteils nur auf das essentiell Notwendige bezogen auf Kubeflow fokussiert und stattdessen auch auf Implementierungs- und eher grundsätzliche Design-Problematiken eingegangen.

## 13.1 ML-Pipeline-Implementierungen in Kubernetes-basierten Clustern

### 13.1.1 Der (KI/ML-)Pipeline-Ansatz

Wenn es um permanente Optimierung, Automatisierung und Reproduzierbarkeit von Prozessen für das Deployment von KI/ML-Applikationen geht, sind sorgfältig konzipierte Workflows und die exekutierenden, modular aufgebauten Pipelines ein Kernbestandteil der

Architektur, wie wir nun wissen. Eine KI/ML-Pipeline sollte daher unter anderem die folgenden Funktionalitäten abbilden können, von denen die meisten hinlänglich aus CI/CD- und GitOps-Systemen bekannt sind:

- **Automatisierung**: Alle Workflow-Schritte und Tasks müssen vollautomatisiert abgearbeitet werden.
- **Reproduzierbarkeit**: Die Fähigkeit, Tasks wie das erneute Trainieren eines Modells oder das erneute Bewerten eines Modells nur mit Änderungen der Eingabeparameter zu wiederholen.
- **Modularität**: Die Möglichkeit, der Pipeline jederzeit Komponenten hinzuzufügen, sie zu entfernen oder auszutauschen.
- **Artefakt-Übergabe (Eingabe, Ausgabe)**: Die Möglichkeit, Daten zwischen Arbeitsablaufschritten zu übergeben, z. B., wenn Bedingungen und Schleifen von diesen (zusätzlichen) Daten abhängen.
- **Eventbasierte Trigger** (z. B. über Webhooks): Die Möglichkeit, das Auslösen eines Workflows zu automatisieren, ohne die Pipeline manuell zu starten.
- **Multi-Cluster**: Die Fähigkeit, eine Pipeline auszuführen, die sich über mehrere Cluster erstreckt, wie dies bei Hybrid Clouds typischerweise oft der Fall ist. In vielen Anwendungsfällen befinden sich Daten in einem anderen Cluster als dort, wo die Verarbeitung stattfindet.
- **DAG-Funktionen (Directed Acyclic Graph)**: Komplexere Pipelines erfordern oft eine DAG-Struktur mit Funktionen wie Targets, paralleler Verarbeitung, Bedingungen, Schleifen, Pause/Resume und Wiederholungen.

### 13.1.2 End-to-End-AI-Plattformen und Workflows

Zeitgemäße KI/ML-Plattformen sollten – insbesondere in skalierbaren und vollautomatisierten Unternehmensumgebungen – dem *AI-End-to-End*-Ansatz folgen. Hinter dem, was nur wie ein weiteres Buzzword klingt (und es letztlich auch ist), steckt jedoch funktional eine ganze Menge.

Denn die Plattform, die diese Bezeichnung im Zusatz tragen will, sollte in der Lage sein, den kompletten KI/ML-Workflow bei Bedarf abbilden zu können. Zur Erinnerung betrachten wir die involvierten Komponenten noch einmal, in Abbildung 13.1 in einem fachbereichs- bzw. phasenorientierten Workflow dargestellt.

Eine der ersten Phasen eines KI-Workflows wird in der Regel von Data-Engineers initiiert, die Daten aus verschiedenen Quellen erfassen und die erforderlichen Transformationen durchführen. Die Data Engineers zeichnen ebenfalls dafür verantwortlich, die transformierten Daten zu speichern und den Data Scientists und/oder Data Analysts, die typischerweise an der zweiten Phase des KI-Workflows arbeiten, Zugriff darauf zu gewähren.

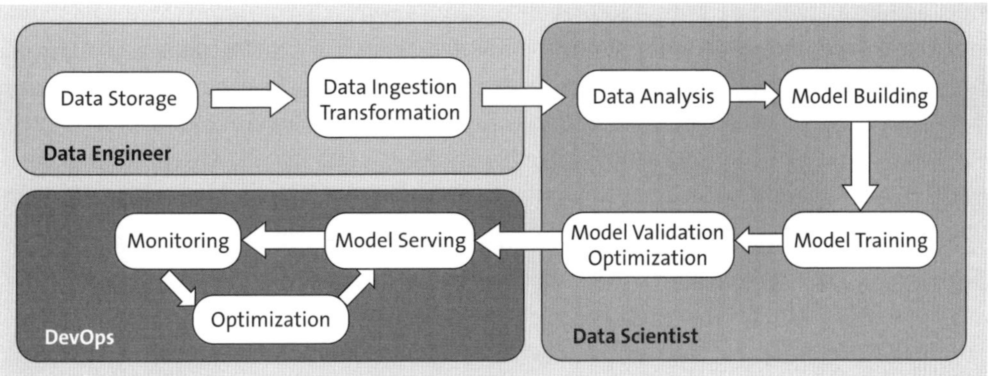


**Abbildung 13.1** Vereinfacht dargestellter AI-End-to-End-Workflow, Quelle: opendatahub.io

In der zweiten Phase führen Data Scientists Analysen der transformierten Daten durch und erstellen die entsprechenden ML-Modelle. Sobald die Modelle entsprechend trainiert und validiert sind, können sie in der letzten Phase des AI/KI-End-to-End-Workflows auf der Produktionsplattform bereitgestellt werden.



In der Produktionsphase werden ML-Modelle dann weitestgehend vollautomatisiert als Dienste im Cluster bereitgestellt. Dort haben die DevOps-Teams bzw. die von ihnen eingesetzten Operator-basierten Stacks die Aufgabe, die ML-spezifischen Dienste permanent zu überwachen, zu optimieren und Fehler zu beheben. Letztlich endet der gesamte Workflow (noch) nicht mit diesem letzten Schritt, da Data Scientists die Modelle basierend auf eingehenden und nun trainierten Datensätzen weiterhin überwachen und validieren.

Wir sehen also: Es geht im Grunde darum, die verschiedenen Phasen mit möglichst geeigneten Tool-Sets möglichst vollautomatisiert im ML-Cluster zu implementieren, zu betreiben und Fehler möglichst automatisiert und selbsttätig zu reparieren.

Plattformen, die wie NVIDIAs AI Enterprise, Kubeflow/Vertex AI oder Open Data Hub den Titel AI-End-to-End-Plattform für sich in Anspruch nehmen, sollten also in der Lage sein, genau das abzubilden. Wie üblich stehen zwischen Anspruch und Realität jedoch einige Hürden, die mehr als einmal einen etwas faden Beigeschmack hinterlassen.

Aber so schön es auch ist, die Anforderungen und Spezifikationen an eine KI/ML-Pipeline zu definieren – es bringt unter dem Strich alles nicht sonderlich viel, wenn das bereits für Vanilla Kubernetes angesprochene, immer noch vorhandene Volatilitätsproblem im KI/ML-Pipeline-Bereich umso stärker präsent ist. Schauen wir etwas tiefer hinter die Kulissen.

### 13.1.3 Das generelle Findungsproblem

Generell kranken im betrachteten Stand so gut wie alle KI/ML-Pipeline-Meta-Tools an einem zentralen Problem: Wie im Bereich der Standalone-KI/ML-Tools existieren dank permanenter Goldgräberstimmung im Microservices- und KI/ML-Bereich gefühlt auch zahllose ML-

Pipeline-Komponenten/-Tools, die in ebenso vielen Projekten auf unterschiedliche Arten miteinander kombiniert werden. Etliche der Projekte sind/waren kurzlebige Strohfeuer; einige, wie die bereits benannten, haben sich etwas besser über Wasser gehalten. Hinzu kommen – selbst in etwas etablierteren ML-Pipeline-Stacks – permanente Modifikationen der Tools oder gar der Austausch ebendieser gegen andere Komponenten, was einen längerfristigen und aus Operations-Sicht reproduzierbaren Betrieb problematisch gestaltet – vorsichtig ausgedrückt.

Nichtsdestotrotz bzw. genau deswegen existiert bisher nach wie vor nicht *der* Standard-KI/ML-Pipeline-Stack, der – sehr grob vergleichbar mit Kubernetes/OpenShift selbst – als eine Art Swiss Army Knife von jedem Unternehmen in einer halbwegs standardisierten Form adaptiert und auf die eigenen Belange reproduzierbar angepasst und ebenfalls halbwegs LTS-tauglich betrieben werden kann. Leider ist das Ganze nicht wirklich verwunderlich und eher symptomatisch, wie die bisherigen Erfahrungen gezeigt haben.

### 13.1.4 Containerisierte ML-Pipelines und Segen und Fluch der Modularität

Neben anderen Lösungen ist *Kubeflow* bisher sicher einer der populärsten Vertreter im Bereich Kubernetes-basierter KI/ML-Pipelines bzw. AI-End-to-End-Plattformen, um die Bezeichnung aus dem letzten Abschnitt aufzugreifen. Und auch Red Hats auf Kubeflow basierendes *Open Data Hub* bzw. das proprietäre Pendant *OpenShift Data Science* kommen sukzessive in immer mehr Unternehmensumgebungen zum Einsatz, und *NVIDIAs AI Enterprise*-Stack nimmt – bezogen auf die Marktanteile – ebenfalls immer schneller Fahrt auf.

Bevor wir daher exemplarisch ihre konkrete Implementierung in praktischen Hands-ons genauer unter die Lupe nehmen, betrachten wir vorab kurz – und in zunächst theoretischer Form – Aufbau, Arbeitsweise, Unterschiede und vor allem Stärken und Schwächen von Kubernetes-basierten KI/ML-Pipelines.

Das Wichtigste vorab. Eines der größten Probleme bzw. einer der größten generellen Schwachpunkte von containerisierten Konstrukten, die aus vielen, miteinander interagierenden Komponenten bzw. Modulen bestehen, entspringt ihrem Design: Denn dies ist üblicherweise dem Bestreben geschuldet, das Konstrukt so flexibel wie möglich zu machen. Und daher werden etliche Komponenten, welche oftmals ebenfalls wiederum aus einer ganzen Anzahl an (Sub-)Modulen bestehen, unter einer Haube zusammengepfercht. Das Ganze mit der – leider illusorischen – Erwartung seitens vieler DevOps- bzw. MLOps-Teams, dass stets auch alles problemlos zusammenarbeitet.

Wenn die Erfahrungen mit Kubernetes generell und insbesondere mit Kubeflow (on top of Kubernetes) eines gezeigt haben, dann das: In der Regel ist oft genug das genaue Gegenteil der Fall. Auch dazu ein Beispiel.

Allein ein simples *Ingress*-Konstrukt, das in einem Vanilla-Kubernetes-Cluster (alternativ zu einem Performance-Killer wie einem Service Mesh) beispielsweise benötigt wird, um eine namenbasierte Route zu einer (KI/ML-)Applikation oder Pipeline aufbauen zu können, beinhaltet in produktivtauglichen Systemen bereits die folgenden, zusätzlich benötigten Komponenten: eine externe statische IP, ein korrekt aufgesetztes DNS-System und als Kubernetes-Komponenten unter anderem ExternalDNS zur Propagation des – mit der externen IP assoziierten – Ingress-FQHNs an den (Cloud-)DNS-Provider und dessen Zonendateien, einen Cert-Manager-Applikationsstack, um den Zugriff auf die eigentliche Applikation oder Pipeline im Cluster zumindest per TLS-Edge-Termination abzusichern, den eigentlichen Ingress-Controller und natürlich noch die Zielapplikation. Kommt noch ein weiter oben bereits angesprochener Service Mesh wie z. B. Istio (siehe Abschnitt 13.2.5) hinzu, erhöht sich die Anzahl der Bauteile unter der Haube dank der Envoy-Proxies, Init-Container und des Istio-Controlplanes noch einmal drastisch.

Und hat nur eine der zahlreichen Komponenten einen noch so kleinen »Schluckauf«, ist in der Regel das gesamte Konstrukt funktional betroffen.

### 13.1.5 Kubernetes/Kubeflow to the Rescue? Genau betrachtet eher (noch) nicht.



Und der AI-End-to-End-Stack, wie z. B NVIDIA AI Enterprise, Kubeflow oder Open Data Hub, der logisch »hinter« dem beschriebenen Konstrukt aus dem letzten Abschnitt liegt, kommt mit seinen zahlreichen Komponenten erst dann ins eigentliche Spiel.

Bleiben wir einen Moment bei Kubeflow und seiner zu Vanilla Kubernetes konzeptbedingt sehr ähnlichen Problematik: Es will etliche hochvolatile Komponenten unter einer Haube vereinen, scheitert aber im mittel- bis langfristigen Unternehmenseinsatz genau daran.

In so gut wie jeder Kubeflow-Version kam es bisher zu kleineren oder größeren Inkompatibilitäten und zeitraubenden Problemen, wenn auch nur an einer einzelnen Schraube (sprich: z. B. dem Upgrade einer Komponente) gedreht wird oder aus Gründen der Architektur und/oder der Sicherheit gedreht werden muss. Zudem waren im betrachteten Stand etliche Dokumentationen veraltet, teilweise gar nicht mehr vorhanden oder widersprachen sich gar. Ob dies eine bewusste Strategie seitens Google ist bzw. war, um potentielle Kunden in Richtung Vertex AI zu drängen, bleibt unklar.

Insofern gilt, zumindest auf großer Flughöhe, das Gleiche für den Vergleich Kubeflow vs. Open Data Hub bzw. OpenShift Data Science wie für den Vergleich Vanilla Kubernetes vs. OpenShift:

Kubeflow bietet maximale Flexibilität auf Kosten zeitaufwändiger Fehlersuche (falls mal etwas nicht wie gewünscht läuft – und das wird es eher früher als später). Das mit Kubeflow grob verwandte Open Data Hub bietet etwas weniger Flexibilität bei etwas besserer Zuverlässigkeit. NVIDIAs AI-Enterprise-Stack wiederum würde seinen Kunden gern das »Alles aus einem Guss« und »Batteries Included«-Gefühl vermitteln, erfüllt den Anspruch aber auch in Teilen nicht.

Blicken wir zurück und erinnern uns kurz an den Setup-Dschungel in Bezug auf die Virtualisierungsplattform (GPU-taugliche Hardware, Treiber, wie werden die Karten durchgereicht, wie muss der NFD-/GPU-Operator-Stack aufgestellt sein, damit wirklich alles läuft etc.). Nun setzen wir das ebenfalls hochvolatile Vanilla Kubernetes mitsamt dem noch volatileren Kubeflow oben auf den Virtualisierungsstack und schauen mal, was passiert. Was schätzen Sie? Ich könnte jetzt polemisch werden und den bildhaften Vergleich zu *When the shit hits the fan* bemühen und detaillierter erörtern.

Aber ich denke, nach den bisherigen Vorbetrachtungen wissen Sie längst selbst, in welche Richtung der Zug rauscht. Auch wenn OpenShift aufgrund seiner unternehmenstauglichen LTS-Ausrichtung und geführter Upgrade-Pfade besser aufgestellt ist – unter der Haube läuft dort vieles ähnlich, was z. B. die (im betrachteten Stand) völlige Abwesenheit eines Red-Hat-spezifischen Kubeflow-Operators im sonst allumfassenden Operator-Zoo von OpenShift widerspiegelt. Der Kubeflow-Operator ist zwar unter GitHub und über den öffentlichen *operatorhub.io* verfügbar, aber im betrachteten Stand seit zwei Jahren ohne irgendeinen relevanten Commit und arbeitet zudem auf Basis von `kfctl`, das von Seiten der Kubeflow-Entwickler seit langem als deprecated gekennzeichnet ist. Unter OpenShift existiert als – zumindest in Teilen überzeugendes – Gegenstück lediglich der Open-Data-Hub-Operator, den wir im Abschnitt über Open Data Hub noch genauer betrachten.

### 13.1.6 Eine Lösung ...

Eine Lösung, die maximale Flexibilität bezogen auf den Infra-Stack, die GPUs und das MLOps-System on top bietet, ist bisher (noch) nicht wirklich in Sicht, Googles Vertex AI als zwar relativ einfach zu betreibende, aber vendorspezifische Cloud-Lösung einmal ausgenommen. Es bleibt zu hoffen, dass alle beteiligten Distributoren die dringende Notwendigkeit einer wirklich robusten, Operator-gestützten KI/ML-Pipeline- bzw. AI-End-to-End-Lösung schnellstmöglich erkennen und an der Umsetzung ebendieser auch arbeiten. Eine Lösung, die allen bereits benannten Anforderungen an eine KI/ML-Pipeline bzw. ein KI/ML-Toolkit gerecht wird – aber nicht bei jedem kleinen Upgrade oder Schluckauf das Heil im binären Suizid sucht.

Eine unabdingbare Komponente bei der Automation Kubernetes-basierter Systeme waren und sind, wie wir längst wissen, *Operatoren*. Dass sich beispielsweise gerade die Kubeflow-Entwickler bereits vor längerer Zeit entschieden haben, ihre Arbeit am Kubeflow-Operator auf Sparflamme laufen zu lassen bzw. einzustellen, spricht (negative) Bände hinsichtlich ihres generellen Kubernetes-Know-hows: Eine Vollautomation durch Operatoren im Hinblick auf Setup, Betrieb, Upgrades und automatische Fehlerbehebung ist der einzig valide Ansatz, gerade für ein solch komplexes Konstrukt wie eine KI/ML-Pipeline bzw. ein KI/ML-Toolkit. Kustomize, ebenso wie Helm, ist ganz sicher nicht der Lösungsweg.

Aber der Hintergrund wird klarer, wenn man sich anschaut, welche Metamorphosen Kubeflow und insbesondere die von ihm verwendeten Komponenten in den letzten Jahren durchlaufen haben: Denn Letztere haben häufiger die Plätze gewechselt oder wurden gegen andere Komponenten getauscht als ein Rudel Hamster auf Speed beim Bäumchen-wechsle-dich Spiel. Da dies jedes Mal einen entsprechenden Umbau des Meta-Operators erfordert hätte, hat man sich entschieden, die Quick-&-Dirty-, aber deutlich schlechtere Variante per Kustomize zu wählen.

Keine gute Entscheidung.

Betrachten wir nun die Ansätze detaillierter.

## 13.2 Kubeflow

Das Kubeflow-Projekt wurde Ende 2017 von Google ins Leben gerufen mit der Intention, zunächst ein möglichst simples, reproduzierbares Verfahren anzubieten, um z. B. TensorFlow-Jobs unter Kubernetes zu prozessieren. Es versteht sich mittlerweile generell betrachtet als ein eher Dev-orientiertes Framework bzw. Toolkit (Letzteres, wie es von den Kubeflow-Entwicklern selbst bezeichnet wird), um beispielsweise KI/ML-Pipelines reproduzierbar zu erzeugen und auszurollen oder Experimente und Modelle zu verwalten.

Siehe dazu auch:

- *https://github.com/kubeflow/kubeflow*
- *https://www.kubeflow.org/docs/started/kubeflow-overview/*

Werfen wir zunächst einen Blick auf ein paar grundlegende Details von *Kubeflow*, bevor wir uns kurz mit seinem designierten Nachfolger, *Vertex AI*, befassen.

### 13.2.1 Kubeflow-Komponenten im Überblick

Siehe dazu auch: *https://www.kubeflow.org/docs/components/*

Betrachten wir in Abbildung 13.2 die Kubeflow-Komponenten in einem grafischen High-Level-Überblick, bevor wir uns die Funktionen einiger Module exemplarisch und kompakt anschauen.

Die Plattformebene (Hardware, Virtualisierung und Container-Orchestrierung mit Kubernetes/OpenShift) in Abbildung 13.2 haben wir in unseren Vorbetrachtungen bereits beleuchtet. Der Kubeflow-Stack wird später unter Kubernetes/OpenShift typischerweise in seinem Namespace *kubeflow* implementiert. Im Folgenden betrachten wir auszugsweise primär den mittleren Teil der Abbildung (*Kubeflow Applications and Scaffolding*), da dieser den eigentlichen ML-Stack im Container-Cluster darstellt.

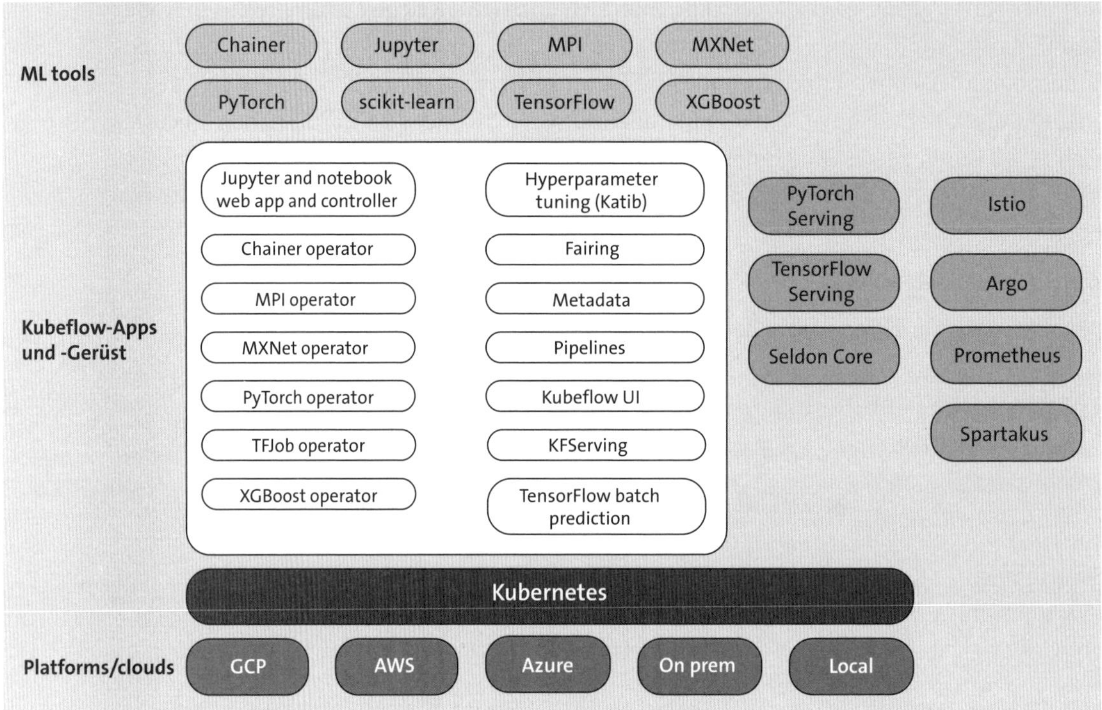


**Abbildung 13.2** Kubeflow-Stack aus der Vogelperspektive, Quelle: kubeflow.org

### 13.2.2 Entwicklung und Module (Auszüge)

Das Kubeflow-Projekt war im betrachteten Stand in sechs WGs (*Working Groups*) unterteilt, die sich unter anderem um die folgenden Fachbereiche kümmern: AutoML, Manifests, Notebooks, Pipelines, Serving und Training. Die korrespondierenden GitHub-Repos (*https://github.com/kubeflow/kubeflow/tree/master/components*) sortieren sich – wie üblich je nach Version und betrachtetem Stand – wie folgt.

- **kubeflow/components**

  Dieses Haupt-Repository enthält wichtige Kubeflow-Komponenten, von denen einige hier exemplarisch aufgeführt sind:

  - Zentrales Dashboard – wie der Name grob vermuten lässt
  - Access Management und Profile Controller – Zugriffkontrolle
  - Notebook-Controller – Der Controller ermöglicht es, eine benutzerdefinierte Notebook-Ressource zu erstellen.
  - Tensorboard-Controller – Mit dem Controller kann eine benutzerdefinierte Ressource für Tensorboards erstellt werden.

- Notebook Servers – Images für KubeFlow Notebook-Container
- Admission Controls – Data Injections in die Notebook-Pods, angetriggert über Webhooks

- **kubeflow/katib** (*https://github.com/kubeflow/katib*)

  Katib (was auf Arabisch »Sekretär« bedeutet) bietet automatisiertes maschinelles Lernen (AutoML) in Kubeflow. Es kann Trainingsjobs z. B. an Tekton (CI) oder Argo (CD) übergeben. Wie KFServing (kserve) ist Katib gegenüber Frameworks für maschinelles Lernen agnostisch, wie z. B. TensorFlow. Es beherrscht Hyperparameter-Tuning, Early-Stop (Vermeidung eines ML-Overfitting-Problems) und kann neuronale Architektursuchen (NAS) durchführen, die in einer Vielzahl von Sprachen geschrieben sind.

- **kubeflow/pipelines** (*https://github.com/kubeflow/pipelines*)

  Kubeflow Pipelines werden zum automatisierten Erstellen und Bereitstellen von portablen, skalierbaren Machine-Learning-Workflows auf Basis von Containern verwendet. *Kubeflow Pipelines* besteht dabei aus einer GUI zum Verwalten von Trainingsexperimenten, Jobs und Runs sowie einer Engine zum Planen von mehrstufigen ML-Workflows. Es gibt auch zwei SDKs, eines um Pipelines definieren und manipulieren zu können, während das andere eine alternative Möglichkeit für Notebooks bietet, mit dem System zu interagieren.

- **kubeflow/manifests** (*https://github.com/kubeflow/manifests*)

  Das Manifest-Repository synchronisiert regelmäßig alle offiziellen Kubeflow-Komponenten aus ihren jeweiligen Upstream-Repositories. Die Kustomize-basierten Manifeste sind dazu gedacht, Kubeflow *distributionsunabhängig* installieren zu können. Kleine Anmerkung dazu: Das Thema *Kustomize* hatten wir schon, und »distributionsunabhängige« Kubeflow-Installationen können (und werden) abseits der Schönsprecherei auf anderen Plattformen als GCP/GKE oft genug in eine massive Arbeitsbeschaffungsmaßnahme ausarten.

- **kubeflow/training-operators** (*https://github.com/kubeflow/training-operator*)

  In Kubeflow können Machine-Learning-Modelle per Operator (nicht zu verwechseln mit Kubernetes-Operatoren) trainiert werden. Im betrachteten Stand wurden fünf Trainingsoperatoren unterstützt: TensorFlow, PyTorch, MPI, MXNet und XGBoost.

### 13.2.3 Die Kernkomponenten

Ein typischer Kubeflow-Stack mit seinen Kernkomponenten, nachstehend für das im betrachteten Stand letztgültige Stable-Release (1.5.1), stellt sich mit den verantwortlichen WGs und Maintainern wie in Tabelle 13.1 dar.

| Maintainers | Component Name | Version |
|---|---|---|
| AutoML Working Group | Katib | v0.13.0 |
| Notebooks Working Group | Admission Webhook (PodDefaults) | v1.5.0 |
| | Central Dashboard | v1.5.0 |
| | Jupyter Web App | v1.5.0 |
| | Kubeflow Access Management API | v1.5.0 |
| | Notebook Controller | v1.5.0 |
| | Profile Controller | v1.5.0 |
| | Tensorboard Controller | v1.5.0 |
| | Tensorboard Web App | v1.5.0 |
| | Volumes Web App | v1.5.0 |
| Pipelines Working Group | Kubeflow Pipelines | v1.8.2 |
| | Kubeflow Pipelines Tekton | v1.1.1 |
| Serving Working Group | KServe | v0.7.0 |
| Training Working Group | Training Operator | v1.4.0 |

**Tabelle 13.1** Bestandteile des Kubeflow-Stacks

### 13.2.4 All together?

So viel zur Theorie. Nun zur eher praxisorientierten Betrachtung:

Machine-Learning-Tools, Bibliotheken, Frameworks und ebenfalls die involvierten (3rd-Party-)Stacks sind – wie bereits angemerkt – aufgrund der extrem schnellen Evolution ohnehin sehr volatil, was gern zu einem Berg an (zwangsläufig ebenfalls hochvolatilen) Dependencies führt. Dieser Berg kann (und wird) sich – wie die Erfahrungen zeigen – gerade im Zusammenspiel mit komplexen und ebenfalls in diesem Kontext benötigten 3rd-Party-Stacks aus der Kubernetes-Welt oft genug und sehr schnell in eine höchst instabile Dependency Hell verwandeln, in der weder Devs noch Ops irgendwo Land sehen, wie bereits im letzten Abschnitt ausführlich erläutert.

Hinzu kommen ein aus Operations-Sicht oftmals eher sperriges Handling mancher Tools, wie z. B. der Jupyter-Notebooks, die oft zahllosen, fehlenden Software-Module in den Notebooks und die bereits angesprochene fehlende Zuverlässigkeit selbst bei nur minimalen Änderungen an den Komponenten, die ebenfalls kaum dazu angetan ist, Reproduzierbarkeit und Übersichtlichkeit zu verbessern.

### 13.2.5 Istio

*Istio* als Service Mesh (wie üblich per Default installiert im Namespace *istio-system*) kann im KI/ML-Land dem gleichen Zweck wie im normalen Knative-/Mesh-/Pipeline-Umfeld in Kubernetes-/OpenShift-Clustern dienen: Es stellt auch unter Kubeflow (unter anderem) eine externe Route zur Verfügung, über die die Pipeline angesprochen werden kann. Es kann bei Bedarf zur expliziten Ansteuerung multipler Release-Tracks verwendet werden.

Nach Aussagen der Kubeflow-Entwickler ist Istio keine optionale Komponente, sondern zwingend nötig, sofern Multi-Tenancy-Funktionalitäten bereitgestellt werden sollen. Werten wir diese Aussage einmal wohlwollend als Interpretation einer Release-Track-Strategie und nicht echter, multipler Mandanten. Denn bezogen auf Letzteres würde dies auf ein gewaltiges Know-how-Defizit im Bereich grundlegender Security von Kubernetes-basierten Container-Clustern schließen lassen.

Zudem sollte im Hinblick auf Performance und Komplexität beachtet werden, dass der Einsatz von Istio konzeptbedingt und je nach Anzahl der Komponenten im Applikationsstack Performance-Verschlechterungen von bis zu 30 Prozent durch den Netzwerk-Latenz-Overhead bedeuten kann, wie konkrete Projekte gezeigt haben. Zum anderen steigt die Anzahl der Bauteile unter der Haube Ihrer KI/ML-Cluster durch die Envoy-Proxies und das Mesh-Controlplane nochmals drastisch – und damit in logischer Konsequenz die Anzahl möglicher Fehlerquellen.



### 13.2.6 Kubeflow war gestern – es lebe Vertex AI. Na, zumindest ganz sicher bis … sagen wir mal: morgen Mittag.

Nichts ist beständiger als der Wandel, umso mehr in containerisierten ML-Umgebungen, wie wir längst wissen. Warum sollte daher auch Kubeflow, das sich – zumindest in der Kubernetes-Welt – als kleiner ML-Pipeline-Quasi-Standard etabliert hat, eine Ausnahme davon darstellen? Daher werden wir an dieser Stelle noch einen kurzen Blick auf Googles Vertex AI werfen, die sich im betrachteten Stand in der Beta-Phase befand. Interessierte Kubeflow-Kunden werden von Google auch direkt mit leichtem Nachdruck auf die neue Variante gedrängt:

*https://cloud.google.com/ai-platform/pipelines/docs/configure-gke-cluster?hl=de*

Was macht Vertex AI neu bzw. anders als Kubeflow? Betrachten wir die im nächsten Abschnitt gezeigten und erforderlichen Tasks, um Kubeflow auf einem GKE-Cluster mit GPUs zum Rennen zu bringen, so sind dies durchaus eine Menge. Und damit stellen sie konzeptionell eine relativ lange serielle Kette dar, bei der bereits ein Fehler in einem einzelnen Modul zu größeren Kollateralschäden bzw. einem dysfunktionalen Gesamtkonstrukt führen kann – und wird.

Zunächst einmal kann Vertex AI im Gegensatz zu Kubeflow sehr stark vereinfacht als ein Google-Hosted/-Managed ML-Pipeline-Toolset gesehen werden, vielleicht am ehesten vergleichbar mit einem Serverless System – d. h., der Kunde muss sich zumindest nicht um Setup und Betrieb eines GKE-Clusters im Unterbau kümmern, auf dem sonst Kubeflow on top betrieben werden würde. Mit diesem Ansatz soll gerade kleineren ML-Teams der schnelle Einstieg in KI/ML-Pipelines erleichtert werden. Diese müssen sich für den Ansatz *MLOps out of the box* jedoch mit einem harten Vendor-Lock-in abfinden.

Vertex AI arbeitet intern mit dem Kubeflow SDK 2, das in Teilen inkompatibel mit Version 1 ist (siehe auch: *https://www.kubeflow.org/docs/components/pipelines/sdk/v2/v2-component-io/*), und konnte im betrachteten Stand nicht mit Pipeline-Komponenten arbeiten, die rekursiv aufgerufen werden.

Während Kubeflow-basierte MLOps-Systeme zudem dem Kunden die komplette Wahlfreiheit lassen, welche Volumes über Persistent-Volume-Claims on demand mit welcher Storage-Class auf welchem lokalen Speicher (zumindest für On-Prem-Szenarien und in einem per se deutlich sichereren Speicher als in der Cloud) generiert werden sollen, parkt Vertex AI die Daten genau auf eine Weise – in Googles S3-kompatiblem Cloud Storage.

Eine detaillierte Doku zu allen Features, Limitationen und möglichen Migrationspfaden von Kubeflow zu Vertex AI liefert:

- *https://cloud.google.com/vertex-ai*
- *https://cloud.google.com/vertex-ai/docs/pipelines/migrate-kfp*

## 13.3 Hands-on: Kubeflow unter GKE in der Praxis

In diesem Abschnitt geht es um die Implementierung von Kubeflow auf einem GKE-Cluster mit GPU-Nodes.

### 13.3.1 Preflights

Im Folgenden verwenden wir das GKE-GPU-Node-Setup aus Abschnitt 11.3, mit GKE bzw. Kubernetes in Version 1.23. Da die offizielle Kubeflow-Dokumentation für das Setup unter GKE (*https://kubeflow.org*) in Teilen inkonsistent, veraltet und daher nicht wirklich brauchbar ist und der Kubeflow-Operator ebenfalls nur in einer hoffnungslos veralteten Version vorliegt, kommt (leider) das Manifest-basierte Setup via Kustomize (*https://kustomize.io*) zum Einsatz.

Nachstehend ein Blick auf die zuvor ausgerollten GKE-Nodes mit je einer T4 pro Node und bereits ausgerolltem GPU-Operator-Stack (plus NFD-Operator).

# kc describe nodes | grep nvidia

```
cloud.google.com/gke-accelerator=nvidia-tesla-t4
cloud.google.com/gke-accelerator=nvidia-tesla-t4
cloud.google.com/gke-accelerator=nvidia-tesla-t4
```

# oc get pods -n nvidia-gpu-operator

```
NAME                                                          READY  STATUS     RESTARTS  AGE
gpu-feature-discovery-8stww                                   1/1    Running    0         15m
gpu-feature-discovery-gm8jg                                   1/1    Running    0         15m
gpu-feature-discovery-s6nkw                                   1/1    Running    0         15m
gpu-operator-1661282168-node-feature-discovery-master-764fvlnqm 1/1  Running    0         16m
gpu-operator-1661282168-node-feature-discovery-worker-85t9m   1/1    Running    0         16m
gpu-operator-1661282168-node-feature-discovery-worker-j5cwp   1/1    Running    0         16m
gpu-operator-1661282168-node-feature-discovery-worker-z2txm   1/1    Running    0         16m
gpu-operator-84d9f557c8-zbg5t                                 1/1    Running    0         16m
nvidia-container-toolkit-daemonset-45f6h                      1/1    Running    0         15m
nvidia-container-toolkit-daemonset-q9kbj                      1/1    Running    0         15m
nvidia-container-toolkit-daemonset-vdqgn                      1/1    Running    0         15m
nvidia-cuda-validator-ks4t9                                   0/1    Completed  0         11m
nvidia-cuda-validator-lvgls                                   0/1    Completed  0         11m
nvidia-cuda-validator-n8l4p                                   0/1    Completed  0         11m
nvidia-dcgm-exporter-dqvkj                                    1/1    Running    0         15m
nvidia-dcgm-exporter-kzp9h                                    1/1    Running    0         15m
nvidia-dcgm-exporter-zfqx7                                    1/1    Running    0         15m
nvidia-device-plugin-daemonset-7ndrq                          1/1    Running    0         15m
nvidia-device-plugin-daemonset-cvv5m                          1/1    Running    0         15m
nvidia-device-plugin-daemonset-l85ct                          1/1    Running    0         15m
nvidia-device-plugin-validator-86q7t                          0/1    Completed  0         11m
nvidia-device-plugin-validator-mb6pj                          0/1    Completed  0         11m
nvidia-device-plugin-validator-wzdcr                          0/1    Completed  0         11m
nvidia-driver-daemonset-8xv2q                                 1/1    Running    0         15m
nvidia-driver-daemonset-dczsk                                 1/1    Running    0         15m
nvidia-driver-daemonset-p85mv                                 1/1    Running    0         15m
nvidia-operator-validator-j7v5x                               1/1    Running    0         15m
nvidia-operator-validator-jgvcw                               1/1    Running    0         15m
nvidia-operator-validator-lpn2d                               1/1    Running    0         15m
```

### 13.3.2 Setup

Siehe hierzu auch: *https://github.com/kubeflow/manifests*

Kommen wir nun zum Setup. Kubernetes ≥ 1.22 wird erst ab Kubeflow 1.6 unterstützt, daher klonen wir zunächst das Git Repo von Kubeflow und switchen dann auf den passenden Branch:

# git clone https://github.com/kubeflow/manifests.git

# cd manifests

# git branch -a

```
* master
  remotes/origin/HEAD -> origin/master
  remotes/origin/gcp-v1.2-branch
[...]
  remotes/origin/v1.5-branch
  remotes/origin/v1.6-branch
[...]
```

```
# git checkout remotes/origin/v1.6-branch
```

```
Hinweis: Wechsle zu 'remotes/origin/v1.6-branch'.
```

Nun können wir Kubeflow entweder »all-in-one«, d. h. mit allen im betrachteten Stand verfügbaren Komponenten, oder selektiv installieren, siehe dazu auch *https://github.com/kubeflow/manifests#install-individual-components*.

Wir verwenden im Folgenden aus Gründen der Reproduzierbarkeit eine Installationsvariante mit den Einzelkomponenten, da es die Kubeflow-Entwickler im betrachteten Stand (Kubeflow v1.5.x mit Kubernetes 1.21 bis v1.6.x mit Kubernetes ≥ 1.22) immer noch nicht geschafft hatten, insbesondere die Komponenten Cert-Manager, Istio, Knative und Cache-Manager per Bulk-Load fehlerfrei auszurollen, Stichwort *webhook-tls-secret not found*, etliche Volume-Mount-Fehler trotz fehlerfrei arbeitender Auto-Provisioner und etliches andere mehr. Aber alles in allem – nicht wirklich überraschend. Versuchen Sie, die Setup-Reihenfolge der Komponenten wie im Folgenden verwendet einzuhalten, andernfalls kann ein dysfunktionales Setup daraus resultieren.

Die folgenden Befehle werden alle im Unterordner *manifests/* des geklonten Git-Repos ausgeführt. Falls bei bestimmten Durchläufen Fehler bezüglich (noch) nicht erkannter CRDs auftreten, führen Sie den Befehl einfach erneut aus. Üblicherweise dauert es immer etwas (in der Regel maximal 5 bis 10 Sekunden), bis CRDs im Kubernetes-API-Server registriert sind.

### Cert-Manager (automatische Zertifikatserzeugung)

```
kustomize build common/cert-manager/cert-manager/base | \
  kubectl apply -f -
```

```
kustomize build common/cert-manager/kubeflow-issuer/base | \
  kubectl apply -f -
```

### Istio (Mesh)

```
kustomize build common/istio-1-14/istio-crds/base | \
  kubectl apply -f -
```

```
kustomize build common/istio-1-14/istio-namespace/base | \
  kubectl apply -f -
```

```
kustomize build common/istio-1-14/istio-install/base | \
  kubectl apply -f -
```

#### Dex und Open ID Connect Auth Service (Authentifizierung)

```
kustomize build common/dex/overlays/istio | kubectl apply -f -
```

```
kustomize build common/oidc-authservice/base | kubectl apply -f -
```

#### Knative Serving und Eventing

```
kustomize build common/knative/knative-serving/overlays/gateways | \
  kubectl apply -f -
```

```
kustomize build common/istio-1-14/cluster-local-gateway/base | \
  kubectl apply -f -
```

```
kustomize build common/knative/knative-eventing/base | \
  kubectl apply -f -
```

#### Kubeflow (Namespace, Roles, Istio Resources, Pipelines)

```
kustomize build common/kubeflow-namespace/base | \
  kubectl apply -f -
```

```
kustomize build common/kubeflow-roles/base | \
  kubectl apply -f -
```

```
kustomize build common/istio-1-14/kubeflow-istio-resources/base | \
  kubectl apply -f -
```

```
kustomize build apps/pipeline/upstream/env/cert-manager/platform-agnostic-multi-user | \
  kubectl apply -f -
```

#### Kserve (Serverless Inferencing: Kserve Core und Models Web App)

```
kustomize build contrib/kserve/kserve | kubectl apply -f -
```

```
kustomize build contrib/kserve/models-web-app/overlays/kubeflow | \
  kubectl apply -f -
```

#### Katib (AutoML)

```
kustomize build apps/katib/upstream/installs/katib-with-kubeflow | \
  kubectl apply -f -
```

#### Central Dashboard

```
kustomize build apps/centraldashboard/upstream/overlays/kserve | \
  kubectl apply -f -
```

#### Admission Webhooks (PodDefaults)

```
kustomize build apps/admission-webhook/upstream/overlays/cert-manager | \
  kubectl apply -f -
```

#### Notebook Controller/Jupyter Web App

```
kustomize build apps/jupyter/notebook-controller/upstream/overlays/kubeflow | \
  kubectl apply -f -
```

```
kustomize build apps/jupyter/jupyter-web-app/upstream/overlays/istio | \
  kubectl apply -f -
```

#### Profile Controller & Access Management

```
kustomize build apps/profiles/upstream/overlays/kubeflow | \
  kubectl apply -f -
```

#### Volumes Web App

```
kustomize build apps/volumes-web-app/upstream/overlays/istio | \
  kubectl apply -f -
```

#### Tensorboard Controller & Web App, Training Operator

```
kustomize build apps/tensorboard/tensorboards-web-app/upstream/overlays/istio | \
  kubectl apply -f -
```

```
kustomize build apps/tensorboard/tensorboard-controller/upstream/overlays/kubeflow | \
 kubectl apply -f -
```

```
kustomize build apps/training-operator/upstream/overlays/kubeflow | \
  kubectl apply -f -
```

#### Example Namespace

```
kustomize build common/user-namespace/base | kubectl apply -f -
```

Wir sehen: eine Menge manueller (und damit unnötiger und unzeitgemäßer) Aufwand, den ein (Meta-)Operator, wie er z. B. von Open Data Hub (siehe Abschnitt 13.4) unter OpenShift verwendet wird, erheblich vereinfachen würde. Und nicht nur für den Rollout, sondern auch für Überwachung im Betrieb, bei Upgrades, Störungen ... ich denke, das Prinzip sollte mittlerweile verstanden sein.

Betrachten wir kurz den Post-Rollout-Zustand, hier nur für die Pods im Namespace *kubeflow*. Die anderen Tool-Sets finden sich u. a. in den Namespaces *auth*, *cert-manager*, *istio-system*, *knative-serving*, *knative-eventing*, *kubeflow-user-example-com*:

```
# kc get ns
NAME                          STATUS   AGE
auth                          Active   12m
cert-manager                  Active   18m
default                       Active   35m
istio-system                  Active   14m
knative-eventing              Active   9m57s
knative-serving               Active   12m
kube-node-lease               Active   35m
kube-public                   Active   35m
kube-system                   Active   35m
kubeflow                      Active   9m26s
kubeflow-user-example-com     Active   26s
nvidia-gpu-operator           Active   27m

# kc get pods -n kubeflow
NAME                                                    READY   STATUS    RESTARTS        AGE
admission-webhook-deployment-c77d48bbb-d9wfm            1/1     Running   0               6m38s
cache-server-56d94f5d78-7rlpv                           2/2     Running   0               12m
centraldashboard-5864f74d99-24fkt                       2/2     Running   0               7m4s
jupyter-web-app-deployment-5bc998bcb5-t8hsf             1/1     Running   0               6m12s
katib-controller-6848d4dd9f-cdnmj                       1/1     Running   0               8m3s
katib-db-manager-665954948-928gj                        1/1     Running   0               8m3s
katib-mysql-5bf95ddfcc-jzw4b                            1/1     Running   0               8m2s
katib-ui-56ccff658f-88r8d                               1/1     Running   0               8m2s
kserve-controller-manager-0                             2/2     Running   0               11m
kserve-models-web-app-5878544ffd-hlj76                  2/2     Running   0               9m34s
kubeflow-pipelines-profile-controller-5d98fd7b4f-7947p  1/1     Running   0               12m
metacontroller-0                                        1/1     Running   0               12m
metadata-envoy-deployment-5b685dfb7f-wznz5              1/1     Running   0               12m
metadata-grpc-deployment-f8d68f687-18kps                2/2     Running   4 (11m ago)     12m
metadata-writer-d6498d6b4-zc2m2                         2/2     Running   0               12m
minio-5b65df66c9-5vk6v                                  2/2     Running   0               12m
ml-pipeline-844c786c48-ld2jz                            2/2     Running   0               12m
ml-pipeline-persistenceagent-5854f86f8b-wcsqr           2/2     Running   0               12m
ml-pipeline-scheduledworkflow-5dddbf664f-rmrnn          2/2     Running   0               12m
ml-pipeline-ui-6bdfc6dbcd-sf46w                         2/2     Running   0               12m
ml-pipeline-viewer-crd-85f6fd557b-sh9g8                 2/2     Running   1 (12m ago)     12m
ml-pipeline-visualizationserver-7c4885999-64zg8         2/2     Running   0               12m
mysql-5c7f79f986-hfxmf                                  2/2     Running   0               12m
notebook-controller-deployment-6478d4858c-dm862         2/2     Running   1 (6m16s ago)   6m22s
profiles-deployment-7bc47446fb-s715m                    3/3     Running   1 (5m51s ago)   6m1s
tensorboard-controller-deployment-f4f555b95-brrc9       3/3     Running   2 (4m41s ago)   4m50s
tensorboards-web-app-deployment-7578c885f7-wfwt6        1/1     Running   0               5m1s
training-operator-6c9f6fd894-dt7px                      1/1     Running   0               4m14s
volumes-web-app-deployment-7bc5754bd4-5mlnx             1/1     Running   0               5m24s
workflow-controller-6b9b6c5b46-nnss9                    2/2     Running   2 (10m ago)     12m
```

### 13.3.3 Grafische Oberflächen

Um auf die installierten ML-Tools zuzugreifen, stehen wie üblich in einigen Fällen auch grafische Varianten zur Verfügung: So bieten z. B. die folgenden Applikationen eine grafische UI an: Central Dashboard, TensorBoard Web App, Jupyter Web App, Katib, ML-Pipeline-UI und andere.

Der Zugriff auf die GUIs erfolgt über das zentrale Istio-Ingress-Gateway, ist allerdings (einmal mehr) dank des Murks localhost-proxy-Port-Forward der Kubeflow-Entwickler (*https://github.com/kubeflow/manifests#connect-to-your-kubeflow-cluster*) höchstens für das Entwickler-Laptop auf den Knien beim Ausleben der persönlichen Work-Life-Balance-Fantasie auf einer Parkbank geeignet, aber keinesfalls produktivtauglich. Der diesbezügliche Verweis der Kubeflow-Entwickler auf den UI-Zugriff in produktivtauglichen Kubeflow-Distributionen war irgendwo zwischen *verstörend* und *erheiternd* zu verorten, Letzteres zumindest, wenn man den Sinn für Humor noch nicht völlig verloren hat. Er verweist per Catch-22 gekonnt auf die bereits angesprochenen, zum Teil völlig veralteten How-tos der Kubeflow-Doku.

Das Login erfolgt in diesem einfachen PoC via Dex-GUI mit dem vordefinierten User *user@example.com*, Passwort 12341234.

Nach erfolgreichem Login landen Sie auf der GUI des Central Dashboards (siehe Abbildung 13.3), von wo aus unter anderem Pipelines hochgeladen und gestartet werden können (siehe Abbildung 13.4), Pipeline Tutorials prozessiert, oder ein Notebook- oder Model-Server oder AutoML(Katib-)-Experimente angelegt werden können. Ebenso gibt es Tensorboards zur Visualisierung von TensorFlow-Prozessen und etliches andere mehr (siehe Abbildung 13.5).

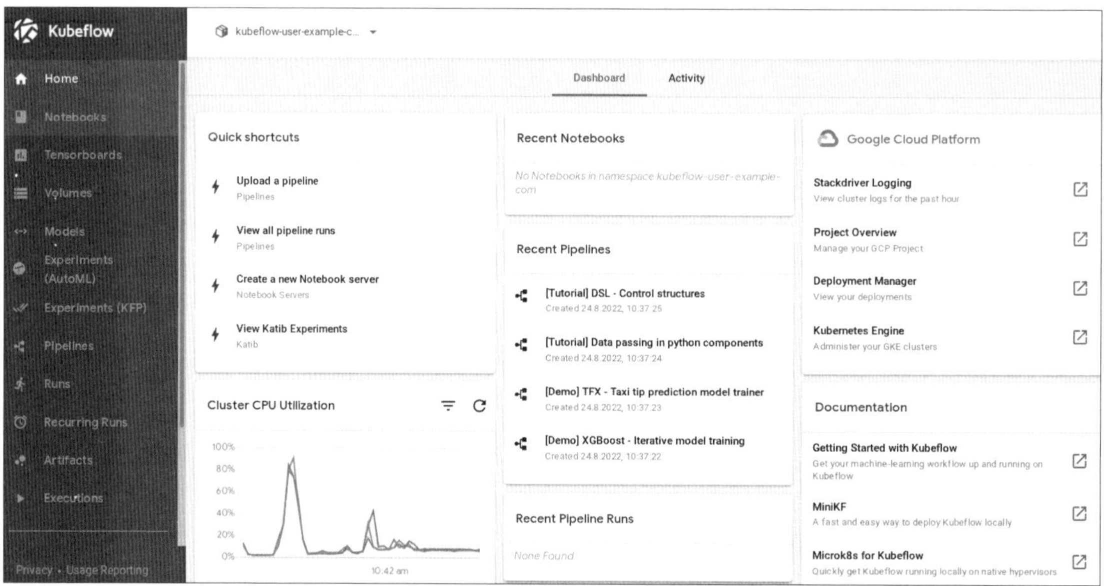


**Abbildung 13.3** Kubeflow Central Dashboard

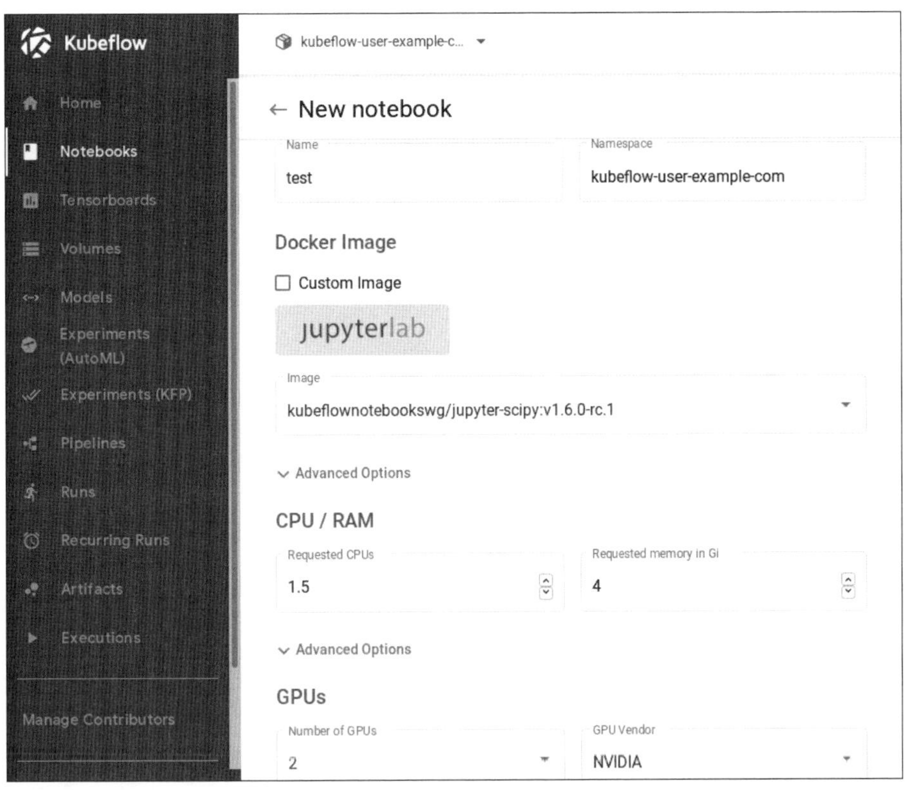


**Abbildung 13.4** Anlegen eines Jupyter-Notebooks mit zwei GPUs



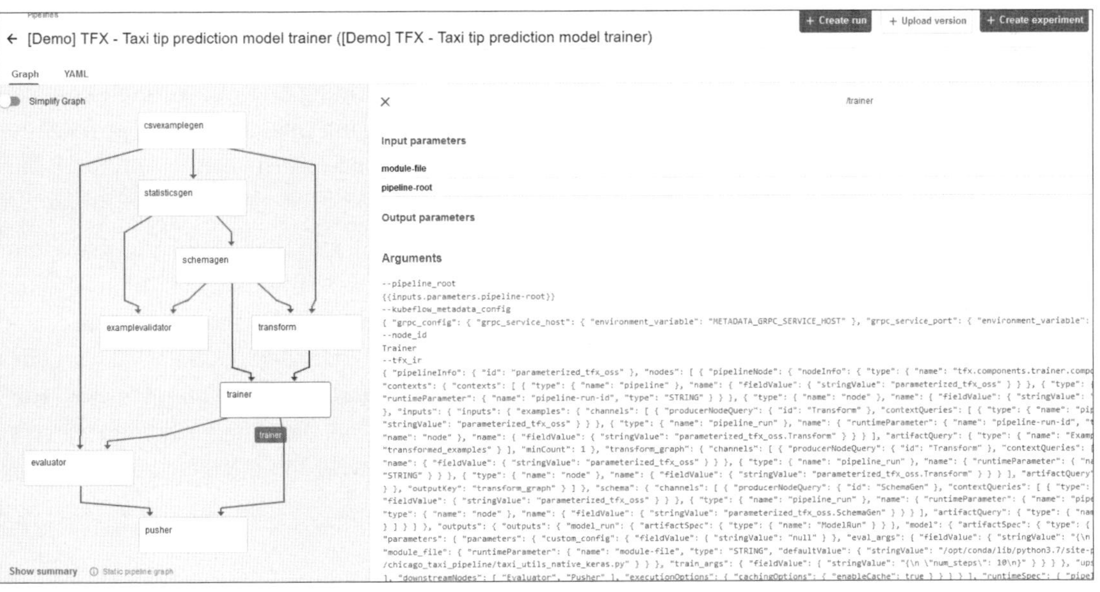


**Abbildung 13.5** Eine ML-Pipeline mit Kubeflow (Taxi-Tip Prediction Model)

## 13.4 Open Data Hub

### 13.4.1 Die Unterschiede zu Kubeflow – ein High-Level-Überblick

*Open Data Hub* (ODH) und *Kubeflow* sind weniger Kontrahenten als eher sich ergänzende Bausteine: Während Kubeflow das ursprüngliche ML-Pipeline-Tool-Set für Kubernetes-basierte Cluster ist, versteht sich Open Data Hub eher als operations-orientierte Meta-Ebene bzw. Framework mit zusätzlichen Tools oberhalb von bzw. rund um Kubeflow und seine Komponenten. Es soll mithilfe von 3rd Party Tools die Administration und Arbeit mit Kubeflow erleichtern bzw. das Deployment von ML-Pipelines weniger Python- denn Yaml-lastig und damit mehr »Kubernetes-native«-orientiert gestalten.

### 13.4.2 Open Data Hub (ODH) – Architektur und Arbeitsweise

Siehe hierzu auch: *https://opendatahub.io/docs/architecture.html*

Stark vereinfacht betrachtet stellt ODH die quelloffene Alternative von Red Hats kommerziellem Produkt *OpenShift Data Science* dar. Open Data Hub (ODH) entstand ca. 2016 als ein internes Red-Hat-Projekt. Es sollte zunächst nur dazu dienen, große Datenmengen auf skalierbarem (Ceph-Object-Store und damit S3-kompatiblem) Storage zu speichern, damit Data Scientists zur Modellerstellung möglichst einfach darauf zugreifen konnten. Danach wurde das Framework sukzessive um weitere Tools ergänzt, angefangen bei Jupyter, Apache Spark und TensorFlow. 2018 entschied sich Red Hat, ODH erstmals als Open-Source-Projekt zur allgemeinen Verwendung online zu stellen.

Im Rückblick bezeichnet Red Hat sein ODH als »Blueprint für den Aufbau einer *AIaaS*-Plattform (AI-as-a-Service)«, denn mithilfe seiner Tools können die im KI/ML-Bereich gängigen Workflows großflächig automatisiert umgesetzt werden: beginnend mit Datenspeicherung und Datenaufnahme, Datenanalyse, Modellerzeugung, Training und Validierung, Bereitstellung und Modellbereitstellung, und das Ganze natürlich dank Operatoren mit permanenter Überwachung (Reconcilations) und Auto-Repair sowie (je nach Ausbaustufe) automatischer Optimierung.

ODH vereint unter der Haube einige Open-Source-Projekte, die modular je nach Einsatzzweck kombiniert und selektiv aktiviert werden können. So unterstützt ODH neben einigen DevOps-Tools auch etliche speziell für Data Scientists relevante Tools wie Spark, TensorFlow, PyTorch, Katib, JupyterHub, Apache Superset oder Seldon. Data Analysts können bei Bedarf z. B. auf Tools wie Presto, Spark SQL, ElasticSearch, Kafka Streams, Hue, Grafana und Kibana zurückgreifen, die in ODH integriert sind. Data Engineers stehen Frameworks wie Apache Kafka, Strimzi, Kubeflow, Apache Airflow, Prometheus etc. zur Verfügung (siehe Abbildung 13.6).

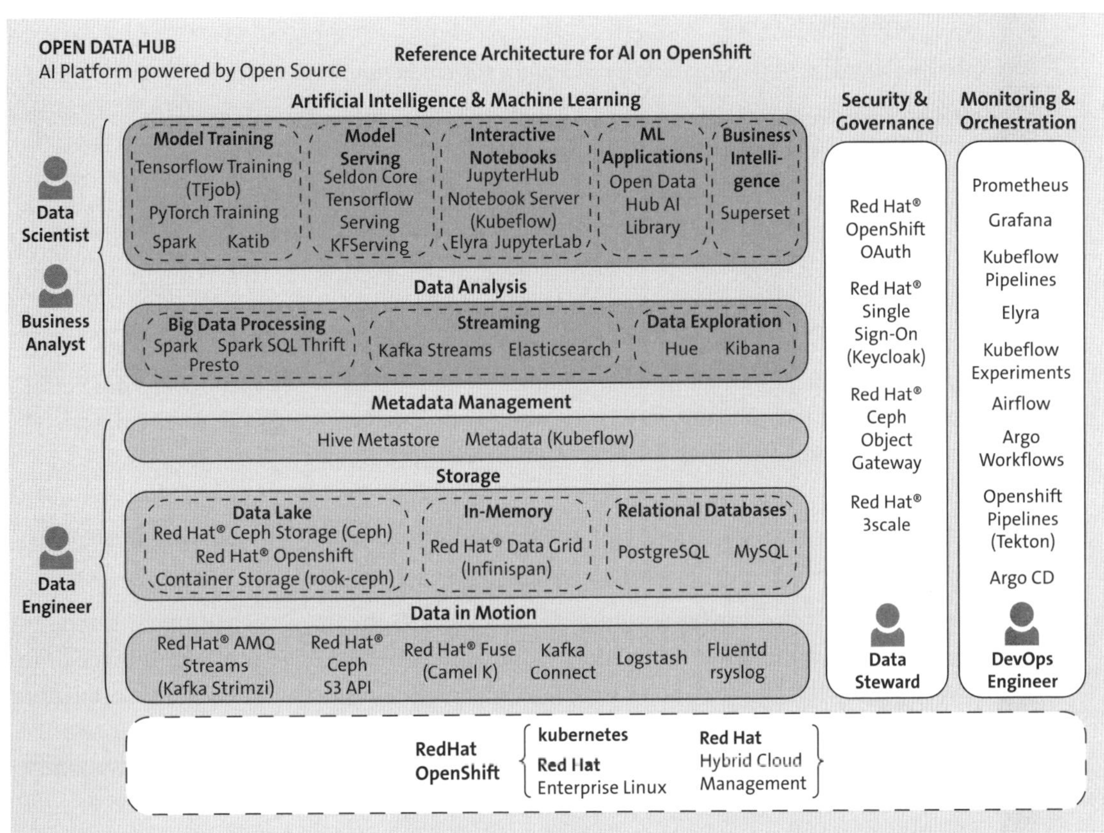


**Abbildung 13.6** Open-Data-Hub-Architektur, Quelle: opendatahub.io

Insofern stellt ODH kein eher monolithisches Tool oder Produkt im konventionellen Sinne dar, sondern ein übergeordnetes Framework für multiple KI/ML-relevante Tools zum Einsatz in (auto-)skalierbaren KI/ML-Clustern auf Basis von OpenShift. Der ODH-Operator versteht sich daher auch eher als übergeordneter Meta-Operator: Er orchestriert und koordiniert Rollout, Betrieb und Updates der Operatoren, die wiederum für die genannten Stacks und Tool-Sets zuständig sind.

Die kommerzielle ODH-Variante (Red Hat OpenShift Data Science) enthält eine Teilmenge der Funktionen des Open-Source-Projekts und konzentriert sich auf TensorFlow, JupyterHub und PyTorch. Es ermöglicht auch die Integration von Datentools wie IBMs Watson.

Schaut man sich die Unternehmen an, die bisher KI/ML-Stacks mit ODH bzw. Open Data Science unter OpenShift einsetzen, liest sich die Liste durchaus prominent: BMW und Volkswagen (Autonomous Driving), HCA (Healthcare), Emirates NBD, ExxonMobil und andere.

### 13.4.3 Die ODH-Module

Siehe hierzu auch: *https://opendatahub.io/docs/architecture.html*

Betrachten wir auszugsweise und unsortiert einige der – über die ODH-Plattform bzw. den ODH-Operator – bereitgestellten Module:

- Der *Apache-Spark*-Operator (Open-Source-Operator-Implementierung von Apache Spark). Er wurde als Teil der Radanalytics-Community (https://radanalytics.io/) entwickelt, um verteilte Spark-Cluster-Workloads auf OpenShift bereitzustellen. Diese Implementierung unter ODH erstellt einen Spark-Cluster mit Master- und Worker/Executor-Prozessen. Anwendungen senden Tasks mithilfe von SparkContext an die Executor-Prozesse, welche die Tasks auf den Cluster-Knoten ausführen, denen sie zugewiesen sind. Dank der verteilten, parallelen Ausführung von Tasks, wie sie von Spark-Clustern zur Verfügung gestellt werden können, integrieren sich diese gut in ML-Workflows.
- *Apache SuperSet* stammt ebenfalls von der Apache Software Foundation und ermöglicht hochskalierbare Datenexploration und Visualisierung bis in den Petabyte-Bereich.
- *Airflow* – und wieder Apache: ML-Workflow-Management über Python-Skripte.
- *JupyterHub* (*https://jupyter.org/hub*), der Notebook-Standard – ihn hatten wir bereits im Abschnitt über Kubeflow angerissen. In diesem Fall stellt ODH mehrere Jupyter-Notebooks mit eingebetteten Funktionen wie Spark-Bibliotheken und Konnektoren über (OpenShift-)Imagestreams bereit. Die Authentifizierung kann u. a. via OAuth an verschiedene Umgebungen angepasst werden. Je nach Version stehen Frameworks wie numpy, scikit-learn, TensorFlow etc. zur Verfügung.
- *Elyra*, ein von IBM entwickeltes AI-Toolkit, bringt ein Set von KI-spezifischen Erweiterungen für Jupyter-Notebooks und das JupyterLab UI mit. Es ermöglicht unter anderem, Pipelines in Kubeflow-Umgebungen über die UI rein visuell (No Code-Ansatz) zu erzeugen.
- *Prometheus* (*https://prometheus.io/*) ist der aus der Container-Welt altbekannte Monitoring- und Alerting-Tool-Stack, der in vielen Unternehmen weit verbreitet und mittlerweile zu einem Quasi-Standard (nicht nur) für Kubernetes, OpenShift & Co. geworden ist. Da Prometheus seit langem Kernbestandteil von OpenShift ist, ist die Integration in ODH ohne Ecken und Kanten, Gleiches gilt für den ewigen Prometheus-Sidekick Grafana, den der ODH-Operator ebenfalls zur Verfügung stellen kann.
- *Argo* (*https://argoproj.github.io/*) kommt aus der GitOps-Welt und bildet in der Regel den CD-Teil von Pipelines ab, indem er Argo-Repos überwacht und bei Änderungen z. B. an Manifesten darin die Deltas operatorgestützt in den Ziel-Cluster deployed. Das ODH-Projekt beschreibt Argo als »eine Container-native Open-Source-Workflow-Engine zur Orchestrierung paralleler Jobs auf Kubernetes«. Nun denn, kann man im weitesten Sinne gelten lassen.
- *Apache Kafka* (*https://kafka.apache.org/*) ist eine verteilte Data-Streaming-Plattform. Sie wird auf ODH mithilfe von Strimzi (*https://strimzi.io*) per Community-Operator bereitgestellt.

- *Seldon* (*https://www.seldon.io*) ist ein Open-Source-Framework, das die Bereitstellung von KI/ML-Modellen auf Kubernetes und OpenShift vereinfacht. Das Modell kann mit vielen Tools wie Apache Spark, scikit-learn und TensorFlow erstellt und trainiert werden. Seldon stellt auch Metriken zur Verfügung, die von Prometheus gescrapt werden können. Unterstützt werden sowohl Custom-Model-Metrics als auch Metriken aus dem Seldon-Kernsystem.

Nach diesem Überblick geht es nun in die Praxis.

## 13.5 Hands-on: Open-Data-Hub-Setup unter OpenShift

In diesem Abschnitt implementieren wir Open Data Hub auf OpenShift 4.10. Siehe zu allem Folgenden auch: *https://github.com/opendatahub-io*

### 13.5.1 Preflights



#### Hardware-Requirements

Die Default-Hardware-Anforderungen sind gemäß ODH-Website nicht allzu hoch: Es werden laut Red Hat sogar Single-Node-Deployments von OpenShift mit 6 (v)CPUs und 16 GB RAM unterstützt. Jedoch sollte auf der Hand liegen, dass diese Eckdaten nur für einen kleinen und wenig performanten Einstieg reichen, umso mehr ohne GPU-Unterstützung.

Für ein halbwegs vernünftiges, produktivtaugliches Setup sollten pro Node mindestens 8 vCPUs, 32 GB RAM und 500 GB Storage und mindestens 1 GPU als Untergrenze eingeplant werden. Ansonsten gilt wie üblich: je mehr GPU- (oder TPU-)Nodes bzw. -Kapazitäten, desto besser.

Im Folgenden wird ODH in einem OpenShift-Cluster ausgerollt, der abgesehen von drei Mastern mit zunächst 2 GPU-Worker-Nodes ausgestattet ist, die mit Tesla T4 vGPU-Partitionen (Profil *8C*) bestückt sind.

#### Downsides

Im betrachteten Stand gab es leider nur eher inkonsistente Dokus zum ODH-Operator und den Best Practices, um diesen mit den gewünschten KfDef-Modulen und Applikationen schlicht zum Rennen zu bekommen. Da es sich beim ODH und dem Operator nach wie vor um kein offizielles Red-Hat-Projekt handelt, ist offen, ob, wann und in welchem Umfang sich dieser Zustand ändert.

Ein Grund mag in der schleichenden Deprecation des Kubeflow-Operators und seiner CR zu sehen sein, denn an diesem Operator passierte, aus welchen Gründen auch immer, im betrachteten Stand nicht mehr viel. Das präferierte Rollout-Verfahren basiert gemäß Tenor der Kubeflow-Community mittlerweile leider primär nur noch auf *Kustomize*, mit allen damit verbundenen und bereits erläuterten Nachteilen. Da das Verfahren per Kustomize jedoch allem widerspricht (siehe dazu die ausführlichen Abschnitte über Operatoren), was im Bereich der Container-Cluster-Vollautomation mithilfe von Operatoren machbar ist, und daher in Unternehmensumgebungen letztlich auch Pflicht ist, wird auf dieses Verfahren lediglich per weiterführendem Links verwiesen:

*https://github.com/opendatahub-io/manifests*.

### 13.5.2 Setup

Siehe dazu auch:

- *https://opendatahub.io/docs/getting-started/quick-installation.html*
- *https://github.com/opendatahub-io/manifests*

Unter OpenShift lässt sich ODH für einen ersten, simplen Test am einfachsten über den *Open Data Hub (ODH)*-Operator installieren. Es ist anzumerken, dass es sich hierbei leider nicht um einen offiziellen Red-Hat-Operator, sondern um einen *Community-Operator* handelt: *https://github.com/opendatahub-io/opendatahub-operator*.

Der Hintergrund liegt auf der Hand und wurde bereits kurz angesprochen: Red Hat brachte bereits vor einiger Zeit sein eigenes *OpenShift-Data-Science*-Programm auf den Weg, das im betrachteten Stand ausschließlich als Managed Cloud Service angeboten wurde. Siehe dazu auch: *https://www.redhat.com/de/technologies/cloud-computing/openshift/openshift-data-science*.

Auch wenn die Release-Nummer für ODH im Stand 08/2022 nur mit 1.3 (aktuelle Kubeflow-Version im betrachteten Stand: 1.5) angegeben ist – es ist die aktuellste Version vom Juli 2022 und sie beinhaltet Kubeflow in der (bezogen auf den betrachteten Stand) bereits benannten, aktuellsten Version 1.5. Die Installation des ODH-Operators in Version 1.3 erfolgt nach dem mittlerweile hinlänglich bekannten Schema entweder per GUI über den OpenShift-Operator-Hub oder per CLI und die Subscription-CR. Der ODH-Operator selbst installiert sich per Default im Namespace *openshift-operators*.

Da das GUI-Verfahren selbsterklärend ist, verwenden wir im Folgenden wieder die Subscription-Variante, jedoch mit einem dedizierten Namespace für die ODH-Ressourcen (*odh*). Etwas schade, dass das Default Setup unter OpenShift in diesem Punkt immer noch nicht eindeutig ist. Nach dem Rollout des Operators kann eine entsprechende *KfDef*-CR zur Erzeugung der gewünschten Komponenten der ML-Pipeline verwendet werden.

Zunächst erfolgt jedoch der Rollout des ODH-Operators auf Basis der folgenden Subscription, die Sie in Listing 13.1 sehen.

```
# odh-operator.yaml
apiVersion: operators.coreos.com/v1alpha1
kind: Subscription
```

```
metadata:
  labels:
    operators.coreos.com/opendatahub-operator.openshift-operators: ""
  name: opendatahub-operator
  namespace: openshift-operators
spec:
  channel: stable
  installPlanApproval: Automatic
  name: opendatahub-operator
  source: community-operators
  sourceNamespace: openshift-marketplace
  startingCSV: opendatahub-operator.v1.3.0
---
```

**Listing 13.1** odh-operator.yaml

```
# oc create -f odh-operator.yaml
subscription.operators.coreos.com/opendatahub-operator created
```

Ist der ODH-Operator betriebsbereit, sollten wir in etwa Folgendes sehen:

```
# oc get pods -n openshift-operators
NAME                                    READY   STATUS    RESTARTS   AGE
opendatahub-operator-667b5657bf-wc2bb   1/1     Running   0          10m
```

```
# oc get csv opendatahub-operator.v1.3.0
NAME                         DISPLAY                   VERSION  REPLACES                     PHASE
opendatahub-operator.v1.3.0  Open Data Hub Operator 1.3.0     opendatahub-operator.v1.2.0  Succeeded
```

### KfDef

Nun erzeugen wir eine KfDef-Instanz, die CR wird – etwas verwirrend – in der OpenShift-GUI als »Open Data Hub« angezeigt, siehe dazu auch *https://www.kubeflow.org/docs/distributions/operator/introduction*. Diese ist jedoch technisch betrachtet nichts anderes als eine Kubeflow-Definition (CR: *KfDef*).

Die KfDef-CR kann in einem Vanilla-Kubernetes- oder OpenShift-Cluster entweder direkt über den Kubeflow-Operator verwertet werden oder – wie in unserem Beispiel – durch den ODH-Operator. Anwendungen und Komponenten, die als Teil der Kubeflow-/ODH-Plattform bereitgestellt werden sollen, werden im KfDef-Konfigurationsmanifest definiert. Jede Anwendung hat in der KfDef-CR eine benutzerdefinierte Konfiguration mit den jeweils zugehörigen Ressourcenmanifesten, wie bereits weiter oben beschrieben. In der KfDef-CR können vielfältige Anpassungen vorgenommen werden, z. B. welche der ODH-Komponenten (`spec.applications`) installiert werden sollen. Im betrachteten Stand konnte der ODH-Operator je nach Wunschkonfiguration die folgenden, zum Teil bereits vorgestellten KI/ML-Komponenten und 3rd Party Tools ausrollen:

- Open Data Hub Dashboard
- JupyterHub
- Elyra
- Ceph Nano
- Prometheus
- Grafana
- Airflow
- Seldon
- Argo
- Apache Superset
- Apache Kafka
- OpenShift Pipelines (Tekton CI)
- Trino
- Hue

Die KfDef-CR kann auch ein Plugin-Feld für bestimmte Cloud-Plattformen enthalten, einschließlich AWS und GCP. Es wird von den Plattformen verwendet, um bestimmte Aufgaben (im Sinne von benötigten Preflights) vor der Kubeflow-Bereitstellung zu prozessieren. Siehe zu den CR-Details auch:

*https://github.com/opendatahub-io/manifests/*.

In Listing 13.2 sehen Sie einen leicht gekürzten Auszug einer KfDef-CR. Die Installation der KfDef erfolgt in unserem Beispiel im neu angelegten Namespace *odh*:

```
# cat odh-kfdef.yaml
apiVersion: v1
kind: Namespace
metadata:
  name: odh
---
apiVersion: kfdef.apps.kubeflow.org/v1
kind: KfDef
metadata:
  name: opendatahub
  namespace: odh
spec:
  applications:
  - kustomizeConfig:
```

```
    repoRef:
      name: manifests
      path: odh-common
  name: odh-common
- kustomizeConfig:
    repoRef:
      name: manifests
      path: odhseldon/cluster
  name: odhseldon
- kustomizeConfig:
    parameters:
    - name: SUPERSET_ADMIN_PASSWORD
      value: admin
    repoRef:
      name: manifests
      path: superset
  name: superset
- kustomizeConfig:
    parameters:
    - name: namespace
      value: openshift-operators
    repoRef:
      name: manifests
      path: kafka/cluster
  name: strimzi-operator
- kustomizeConfig:
    repoRef:
      name: manifests
      path: kafka/kafka
  name: kafka-cluster
- kustomizeConfig:
    repoRef:
      name: manifests
      path: grafana/cluster
  name: grafana-cluster
- kustomizeConfig:
    repoRef:
      name: manifests
      path: grafana/grafana
  name: grafana-instance
- kustomizeConfig:
    repoRef:
      name: manifests
      path: prometheus/cluster
```

```
    name: prometheus-cluster
  - kustomizeConfig:
      repoRef:
        name: manifests
        path: prometheus/operator
    name: prometheus-operator
  - kustomizeConfig:
      parameters:
      - name: s3_endpoint_url
        value: s3.odh.com
      repoRef:
        name: manifests
        path: jupyterhub/jupyterhub
    name: jupyterhub
  - kustomizeConfig:
      overlays:
      - additional
      repoRef:
        name: manifests
        path: jupyterhub/notebook-images
    name: notebook-images
  - kustomizeConfig:
      repoRef:
        name: manifests
        path: airflow/operator
    name: airflow-operator
  - kustomizeConfig:
      repoRef:
        name: manifests
        path: airflow/cluster
    name: airflow-cluster
  - kustomizeConfig:
      repoRef:
        name: manifests
        path: odhargo/cluster
    name: odhargo-cluster
  - kustomizeConfig:
      repoRef:
        name: manifests
        path: odhargo/odhargo
    name: odhargo
  - kustomizeConfig:
      overlays:
      - authentication
```

```
      repoRef:
        name: manifests
        path: odh-dashboard
    name: odh-dashboard
  repos:
  - name: kf-manifests
    uri: https://github.com/opendatahub-io/manifests/tarball/v1.5-branch-openshift
  - name: manifests
    uri: https://github.com/opendatahub-io/odh-manifests/tarball/v1.3.0
```

**Listing 13.2** odh-kfdef.yaml

Rollen wir nun die KfDef-CR aus. Auch hier ist erneut das große Automatisierungspotential zu sehen: Der ODH-Operator erzeugt auf Zuruf (d. h. den Import der KfDef-CR) alle von dieser CR referenzierten Operatoren (Kafka, SuperSet, ArgoCD, JupyterHub, Prometheus, Grafana und andere), die wiederum ihre eigenen Applikationsstacks passend für die ML-Pipeline ausrollen.

```
# oc create -f odh-kfdef.yaml
```

```
kfdef.kfdef.apps.kubeflow.org/opendatahub created
```

Anschließend können Sie im Namespace *odh* die vollautomatische Erzeugung der weiteren Ressourcen-Stacks beobachten, deren Operatoren – wie bereits weiter oben kurz angerissen – automatisch durch den ODH-Operator ausgerollt werden und sich in Folge um den Rollout ihrer CRs kümmern.

### 13.5.3 Post Rollout

Ist das Setup erfolgreich durchgelaufen, sollten wir die folgenden Ressourcen im Namespace *odh* sehen (Befehlszeile umbrochen, Ausgabe z. T. ebenfalls umbrochen und stark gekürzt):

```
# oc get kafkas,kfdefs,odhdashboardconfigs,grafanas,grafanadashboards,pods,route,pv
```

```
NAME                                      DESIRED KAFKA REPLICAS  DESIRED ZK REPLICAS  READY
kafka.kafka.strimzi.io/odh-message-bus    3                       3                    True
NAME                                                AGE
kfdef.kfdef.apps.kubeflow.org/opendatahub           20m
NAME                                                AGE
odhdashboardconfig.opendatahub.io/odh-dashboard-config  18m
NAME                                                AGE
grafana.integreatly.org/odh-grafana                 19m
NAME                                                AGE
grafanadashboard.integreatly.org/odh-argo           19m
grafanadashboard.integreatly.org/odh-jupyterhub-sli 19m
grafanadashboard.integreatly.org/odh-jupyterhub-usage  19m
grafanadashboard.integreatly.org/odh-kafka          19m
grafanadashboard.integreatly.org/odh-notebook-controller 19m
```

```
NAME                                                      READY  STATUS     RESTARTS      AGE
pod/airflow-on-k8s-operator-controller-manager-[…]        1/1    Running    0             19m
pod/argo-server-869b54c578-8vdtr                          1/1    Running    0             19m
pod/grafana-deployment-57574df74b-zrh4g                   1/1    Running    0             19m
pod/grafana-operator-controller-manager-7b87dc4db6-8sb44  2/2    Running    0             20m
pod/jupyterhub-1-7vvs9                                    2/2    Running    0             19m
pod/jupyterhub-1-9b7mh                                    1/2    Running    0             19m
pod/jupyterhub-1-deploy                                   0/1    Completed  0             19m
pod/jupyterhub-1-rpfvq                                    1/2    Running    0             19m
pod/jupyterhub-db-1-deploy                                0/1    Completed  0             19m
pod/jupyterhub-db-1-xcwms                                 1/1    Running    0             19m
pod/odh-dashboard-ddf658f8-9qm6r                          1/1    Running    0             19m
pod/odh-dashboard-ddf658f8-b9r7c                          1/1    Running    0             19m
pod/odh-message-bus-entity-operator-5b8787f967-m65w7      3/3    Running    0             18m
pod/odh-message-bus-kafka-0                               1/1    Running    0             19m
pod/odh-message-bus-kafka-1                               1/1    Running    0             19m
pod/odh-message-bus-kafka-2                               1/1    Running    0             19m
pod/odh-message-bus-zookeeper-0                           1/1    Running    0             20m
pod/odh-message-bus-zookeeper-1                           1/1    Running    1 (19m ago)   20m
pod/odh-message-bus-zookeeper-2                           1/1    Running    0             20m
pod/prometheus-odh-monitoring-0                           2/2    Running    0             18m
pod/prometheus-odh-monitoring-1                           2/2    Running    0             18m
pod/prometheus-operator-74c7c4c689-dtvsk                  1/1    Running    0             19m
pod/seldon-controller-manager-8548c8f74d-cj82k            1/1    Running    0             20m
pod/superset-c9d8d8f79-fzx8b                              1/1    Running    0             20m
pod/supersetdb-7844fcbdc4-42jz9                           1/1    Running    0             20m
pod/traefik-proxy-7454699d78-6xbp4                        2/2    Running    0             19m
pod/traefik-proxy-7454699d78-7dps9                        2/2    Running    0             19m
pod/traefik-proxy-7454699d78-jsmhb                        2/2    Running    0             19m
pod/workflow-controller-9c897dc78-hgmtl                   1/1    Running    0             19m

NAME                         HOST/PORT                            PATH          SERVICES     PORT
     TERMINATION     WILDCARD

route/argo-server            argo-server-odh.apps.opns2[…] argo-server      web
     edge/Redirect   None
route/grafana-route          grafana-route-odh.apps.[…]      /              grafana      3000
     edge            None
route/jupyterhub             jupyterhub-odh.apps.opns2.[…]                  traefik[…]   api
     edge/Redirect   None
route/odh-dashboard          odh-dashboard-odh.apps.[…]                     odh-dash[…]  8080
     edge/Redirect   None
route/odh-message-bus-kafka-0 odh-message-bus-kafka-0-odh.apps.opns2.[…]   odh-mess[…]  9094
     passthrough     None
route/odh-message-bus-kafka-1 odh-message-bus-kafka-1-odh.apps.opns2.[…]   odh-mess[…]  9094
     passthrough     None
route/odh-message-bus-kafka-2 odh-message-bus-kafka-2-odh.apps.opns2.[…]   odh-mess[…]  9094
     passthrough     None
route/odh-message-bus-kafk[…] odh-message-bus-kafka-boot[…]pps.opns2.[…]   odh-mess[…]  9094
     passthrough     None
route/prometheus-portal      prometheus-portal-odh.apps.opns2.[…]           prometh[…]   web
     edge/Redirect   None
```

```
route/superset                 superset-odh.apps.opns2.[…]              superset    8088-tcp
     edge/Redirect   None
route/workflow-[…]metrics      workflow-controller-metrics-odh.apps[…]   workflow[…] metrics
                     None


NAME             CAPACITY  ACCESSM. RECLAIM POL.  STATUS CLAIM
     STORAGECLASS    REASON    AGE

pv/pvc-082[…]c5  1Gi       RWO      Delete        Bound  odh/jupyterhub-db
     thin                      19m
pv/pvc-43c[…]f0  1Gi       RWO      Delete        Bound  odh/supersetdb-data
     thin                      20m
pv/pvc-6f7[…]68  1Gi       RWO      Delete        Bound  openshift-op[…]/supersetdb-data
     thin                      38m
```

Unter OpenShift ist der Zugriff auf die GUIs des ODH natürlich und mittlerweile bekanntermaßen wesentlich komfortabler als unter Vanilla Kubernetes, da kein Ingress-Gefrickel erforderlich ist, sondern für jede ODH-Oberfläche beim Setup bereits passende *Routen*-Objekte erzeugt werden. Das Ergebnis sehen Sie in Abbildung 13.7 und Abbildung 13.8.

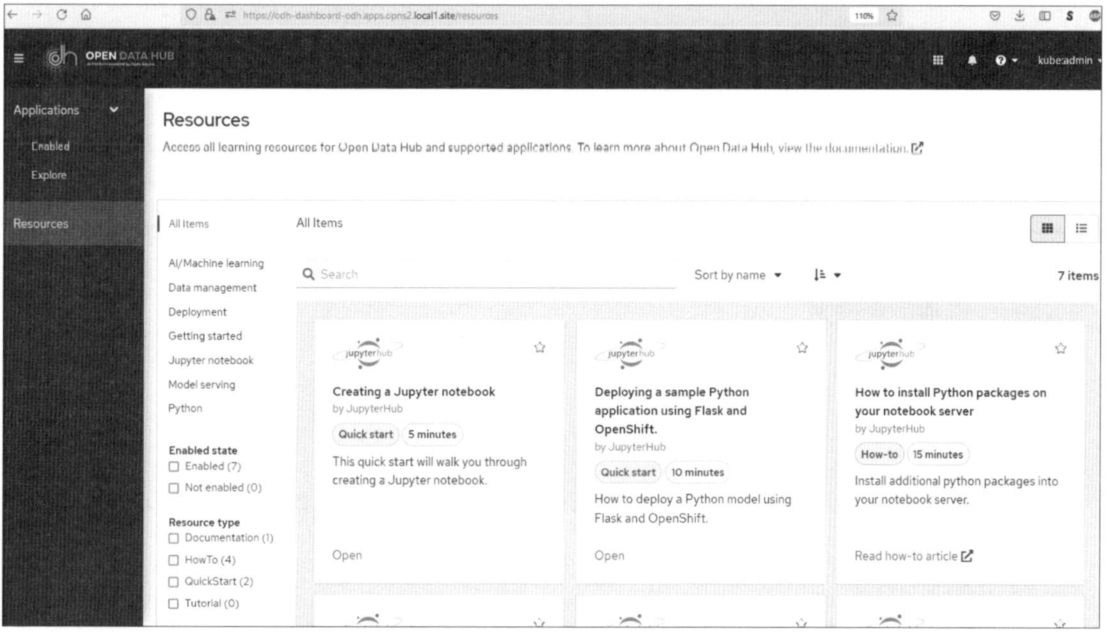


**Abbildung 13.7** ODH-Dashboard

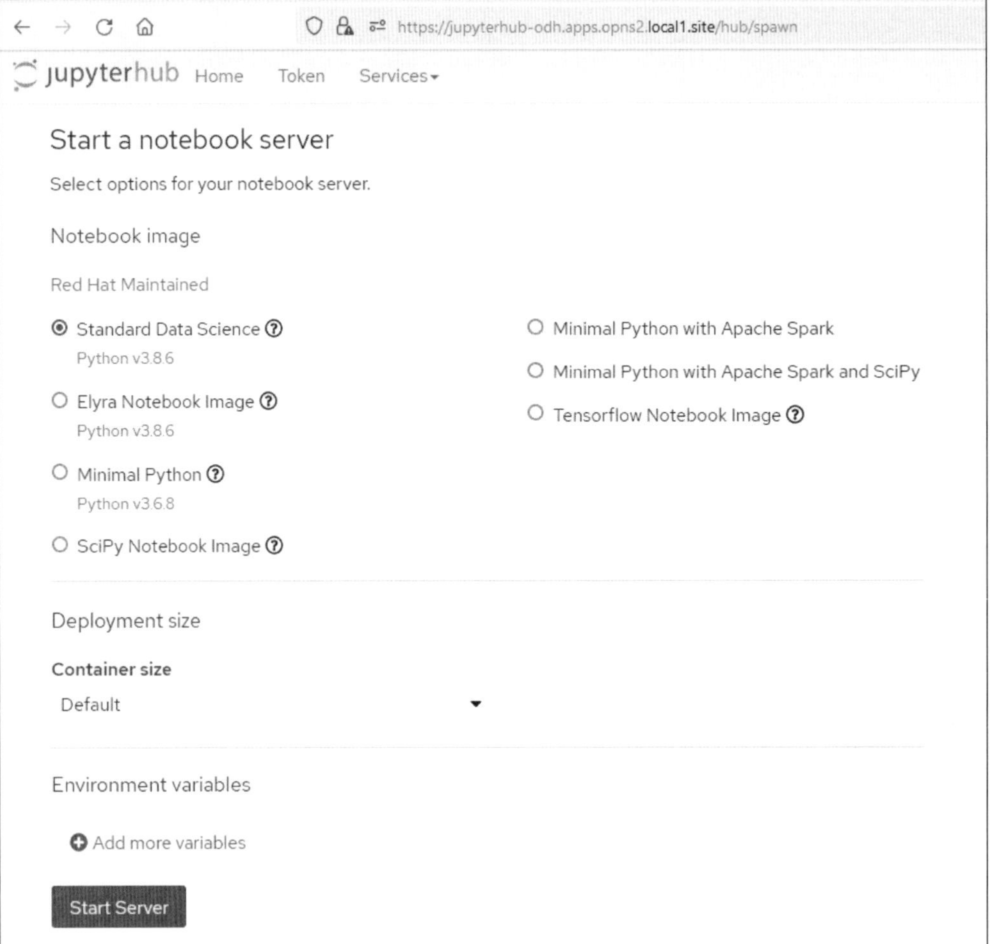


**Abbildung 13.8** ODH-JupyterHub

## 13.6 NVIDIA AI Enterprise (AI-End-to-End-relevante Betrachtungen)

Siehe zu allem Folgenden auch: *https://docs.nvidia.com/ai-enterprise/latest/index.html#ai-and-data-science-applications-anf-frameworks-documentation*

Ende Juli 2022 brachte NVIDIA mit Version 2.1 ein größeres Update seiner AI Enterprise Suite auf den Markt, um die AI-End-to-End-Features der Plattform weiter zu optimieren, kurz darauf folgte im August bereits Version 2.2. Betrachten wir dazu noch einmal den NVAIE-Stack und die involvierten Komponenten (siehe Abbildung 13.9).

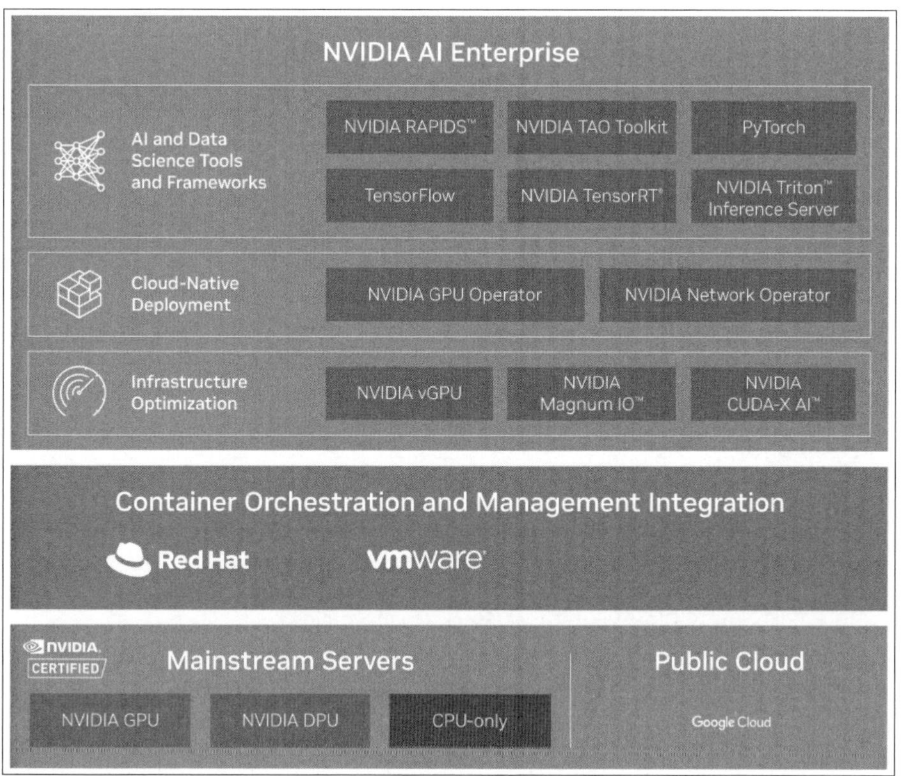


**Abbildung 13.9** NVIDIAs AI-Enterprise-Stack, Quelle: NVIDIA

Die Layer (von unten nach oben) Hardware/Cloud, Virtualisierung/Container-Orchestrierung sowie NVIDIAs infrastrukturrelevante vGPU-Komponenten und die GPU- und Network-Operatoren hatten wir bereits ausführlich ab Kapitel 3 behandelt. Im Folgenden interessiert uns der oberste Layer der Abbildung mit der Bezeichnung »AI and Data Science Tools und Frameworks«.

### 13.6.1 NVIDIAs AI-End-to-End-Stack – reloaded

NVIDIA optimierte nach eigenen Angaben ab Version 2.1 insbesondere die Unterstützung für fortgeschrittene Data-Science-Anwendungsfälle mit der neuesten Version von *NVIDIA RAPIDS*, einer Suite von Open-Source-Softwarebibliotheken und Anwendungsprogrammierschnittstellen zum Ausführen von Data-Science-Pipelines.

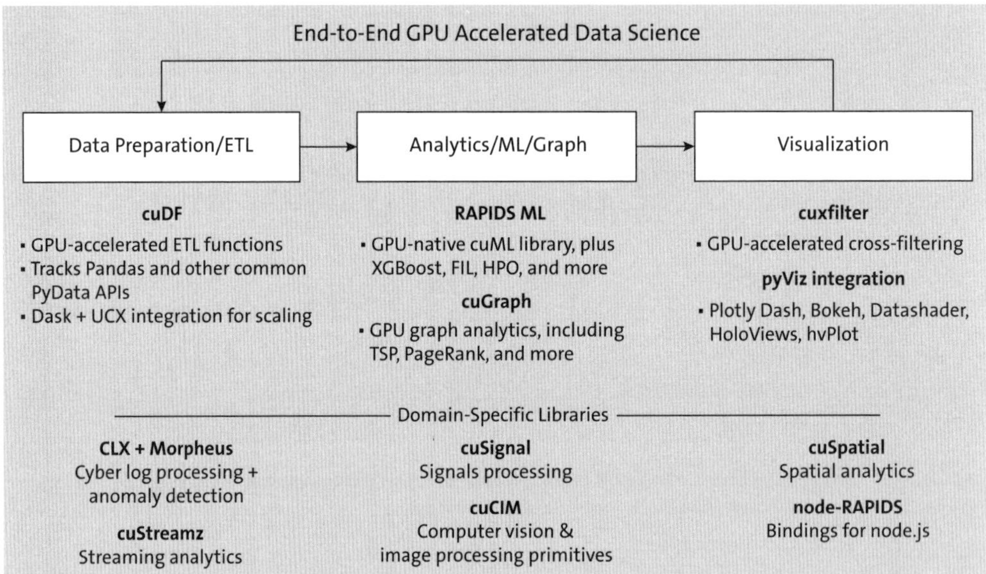


**Abbildung 13.10** RAPIDS im NVIDIA-AI-Enterprise-Stack, Quelle: rapids.ai

Durch die Optimierungen sollen Trainingszeiten für KI-Modelle nochmals drastisch verkürzt worden sein. NVIDIAs Werbeabteilung spricht von einer Reduzierung von Tagen auf Minuten. Nun ja, Werbeabteilungen haben es erfahrungsgemäß immer gern euphorisch und sind selten an Fakten interessiert. In der Realität und bezogen auf Test-Setups mit identischer GPU-Hardware und dem direkten Vergleich zwischen NVAIE 2.0 und 2.1 konnten Kunden einen Performance-Zugewinn – je nach Modell – von rund 30 bis 40 Prozent attestieren, was dennoch durchaus beachtlich ist.

### 13.6.2 Die Module im Detail

Betrachten wir die Module, die NVIDIAs »*AI and Data Science Tools und Frameworks*«-Layer aus Abbildung 13.9 enthält und die zum Teil im letzten Abschnitt schon kurz angesprochen wurden:

- *NVIDIA RAPIDS* ist ein Open-Source-Framework für KI/ML, insbesondere als Werkzeug für die Arbeit mit tabellarischen und anderen Datenformaten. RAPIDS kann als Tool für die Datenvorbereitung, Datenformatierung und Datenkennzeichnung fungieren und somit als einer der Initial-Tasks von KI/ML-Pipelines, die entsprechende Datenvorverarbeitung erfordern.
- *TensorFlow* ist ein Open-Source-Framework für maschinelles Lernen, das in einer Kombination aus C++- und NVIDIA-CUDA-Tools implementiert ist. Es wurde von Google entwickelt und ist seit seinem Debüt im Jahr 2015 ein Mainstream-Tool für Deep Learning. Der

per NGC bereitgestellte TensorFlow-Container bietet Unterstützung für GPUs sowie Multi-GPU- und Multinode-Funktionen zusammen mit NVIDIA-getesteten GPU-Optimierungen.

- Das *TAO Toolkit* ist ein Low-Code- und No-Code-Framework zur Feinabstimmung bereits vortrainierter KI/ML-Modelle mit benutzerdefinierten Daten, um genauere Computervisions-, Sprach- und Sprachverständnismodelle zu erstellen. Die TAO-Version 22.05 des NVAIE-Stacks ermöglicht neue Funktionen wie z. B. die Integration von REST-APIs, Tensorboards und neue vortrainierte Modelle.
- *PyTorch* ist ein Open-Source-Python-Deep-Learning-Framework. Facebook hat PyTorch entwickelt, das wie TensorFlow ein führendes KI-Framework ist. Die über NVIDIA AI Enterprise veröffentlichten PyTorch-Container enthalten bereits die erforderlichen Software-Pakete, die zum Ausführen von Einzel-GPU-, Multi-GPU- oder Multinode-Workloads erforderlich sind.
- *NVIDIA TensorRT* konvertiert Modelle, die in Frameworks wie TensorFlow und PyTorch entwickelt wurden, indem sie in ein Format konvertiert bzw. kompiliert werden, das für die Inferenz auf einer bestimmten Laufzeitplattform optimiert ist. Beim Kompilieren eines Modells mit TensorRT führen Funktionen wie bitgenaue Optimierungen, neuronale Netzwerkgraph-Optimierungen und automatisches Tuning zu einem leistungsfähigeren Modell für die Inferenz. Die Leistungsvorteile können je nach Art des zu entwickelnden Modells erheblich sein. Im Allgemeinen beanspruchen mit TensorRT kompilierte Modelle weniger Speicher und führen Inferenzaufgaben schneller aus als das Originalformat.
- *NVIDIA Triton Inference Server* ist eine Open-Source-Model-Serving-Software, die die Bereitstellung von Produktions-KI-Modellen in großem Maßstab vereinfacht, welche wir im gleich folgenden Hands-on auch verwenden und die daher dort noch genauer beschrieben wird.
- *Morpheus AI Engine* ist ein Open-Source-KI-Anwendungs-Framework, mit dem KI/ML-Pipelines zum Filtern, Verarbeiten und Klassifizieren großer Mengen von Echtzeitdaten erstellt werden können. Da Morpheus ebenfalls im gleich folgenden Hands-on verwendet wird, sei an dieser Stelle auf die dortigen Beschreibungen verwiesen.

### 13.6.3 NVIDIAs AI-End-to-End-Patterns

Der Ansatz, wie NVIDIA seine Module zu einem AI-End-to-End-Stack kombiniert, ist auf den ersten Blick gut versteckt. NVAIE-Kunden müssen sich zunächst in NVIDIAs Enterprise Registry (NGC) anmelden, sich dort im Katalog die verfügbaren Helm-Charts anzeigen lassen und siehe da: Es stehen einige vorkonfigurierte Patterns zur Verfügung. NVIDIA verfolgt hier im Gegensatz zu Open Data Hub oder ihrem eigenen, hochfunktionalen Operator-Stack (GPU/Network) leider einen anderen Ansatz, der nicht wirklich die erste Wahl aus Operations-Perspektive ist: Helm ist dort leider das favorisierte Tool.

**Operator-Lichtblick?**

Allerdings scheint auch bei NVIDIA mittlerweile die Erkenntnis gereift zu sein, dass sich AI-E2E-Stacks deutlich besser und effizienter per Operator installieren und verwalten lassen, und will daher nicht mehr ausschließlich auf das leidige Helm setzen. Kurz vor Drucklegung des Buches kündigte NVIDIA als logische und konsequente Erweiterung ihres NVAIE-Stacks den *NVIDIA AI Workspace Operator* an. Dieser tritt an, um Setup, Betrieb, Upgrades und Reparaturen von Data-Science-Pipelines drastisch zu automatisieren und vor allem zu simplifizieren. Der AI Workspace Operator unterstützt mit primärem Fokus OpenShift Systeme, da diese NVAIE zertifiziert sind, wird aber nach und nach auch auf anderen Kubernetes Plattformen zur Verfügung stehen. Ein Video vom NVIDIA Developer Team, das die Funktionsweise gut erklärt, finden Sie unter: *https://www.youtube.com/watch?v=uYraFCWHjyU*

Wie dem auch sei: Über die entsprechenden Helm-Charts kann sich der zahlende NVAIE-Kunde seinen AI-End-to-End-Stack je nach Wunsch und verfügbarem Pattern auswählen. Zur Verfügung standen im betrachteten Stand unter anderem ein *Morpheus-AI-Engine*-Paket, das außer der titelgebenden Komponente noch den *Triton Inference Server*, *Kafka* und *Zookeeper* mit ausrollt. Dieses betrachten wir in einem Hands-on ab Abschnitt 13.7.

Andere Variationen wären z. B. das Paket *Morpheus MLflow Triton Plugin,* das einen *MLflow*-Server (*https://mlflow.org/*) mit ausrollt, sowie das titelgebende *MLflow Deployment Plugin*, das mit dem ebenfalls mitgelieferten Triton Server kommunizieren kann, oder z. B. ein Deepstream-SDK (Videoanalyse) und etliches mehr (siehe Abbildung 13.11).

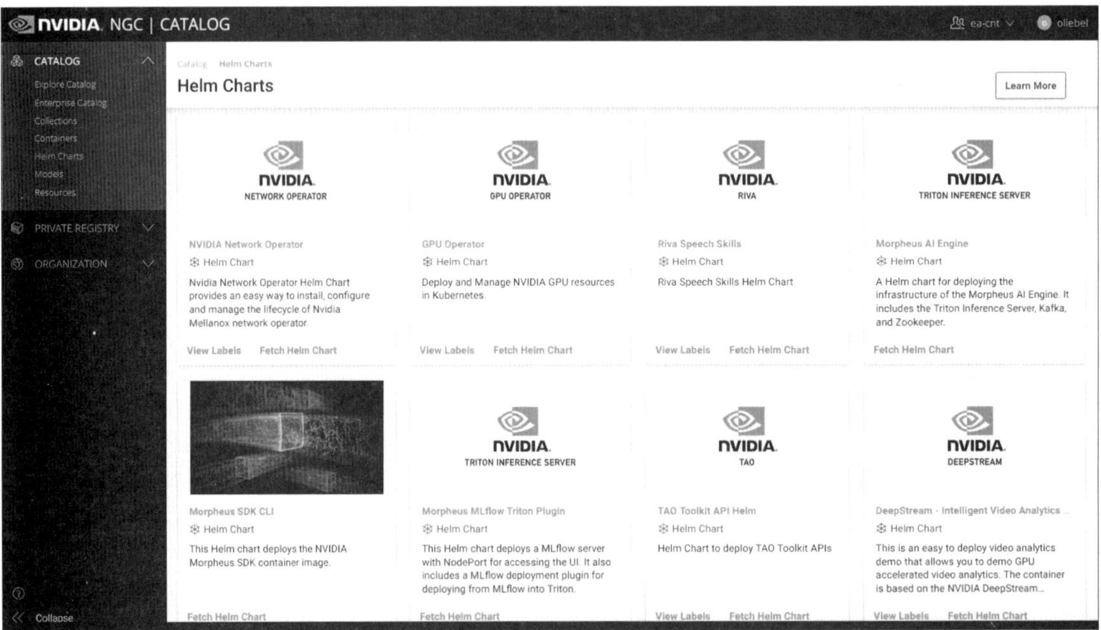


**Abbildung 13.11** NVAIE-Helm-Charts mit AI-End-to-End-Lösungen in NVIDIAs NGC

## 13.7 Hands-on: NVIDIA AI Enterprise (AI End-to-End) unter OpenShift

Nachstehend betrachten wir in kompakter Form die Komponenten und das Setup eines AI-E2E-Systems auf Basis von Komponenten aus NVIDIAs AI-Bibliothek als Teil des NVIDIA-AI-Enterprise-Stacks. Der komplette Leitfaden findet sich unter: *https://docs.nvidia.com/morpheus/morpheus_quickstart_guide.html.*

### 13.7.1 NVIDIA Morpheus AI Engine

Das gleich im Hands-on verwendete NVIDIA Morpheus wird von NVIDIA als quelloffenes KI-Anwendungs-Framework zur pipelinegestützten Verarbeitung und Klassifizierung großer Echtzeitdatenmengen bezeichnet. NVIDIA verweist gern auf Morpheus AI Engine in Verbindung mit vortrainierten KI-Modellen, auf deren Basis Kunden die Netzwerk- und Server-Telemetrie ihrer Cluster kontinuierlich durch das KI-System in Echtzeit überwachen lassen können. Sofern die Server mit BlueField-DPU-Hardware ausgestattet sind, kann auch die statische Sicherheitsprotokollierung um ein dynamisches Echtzeit-Telemetrie-Modell erweitert werden, das sich mit neuen Policies und Bedrohungsinformationen autonom anpasst/weiterentwickelt.

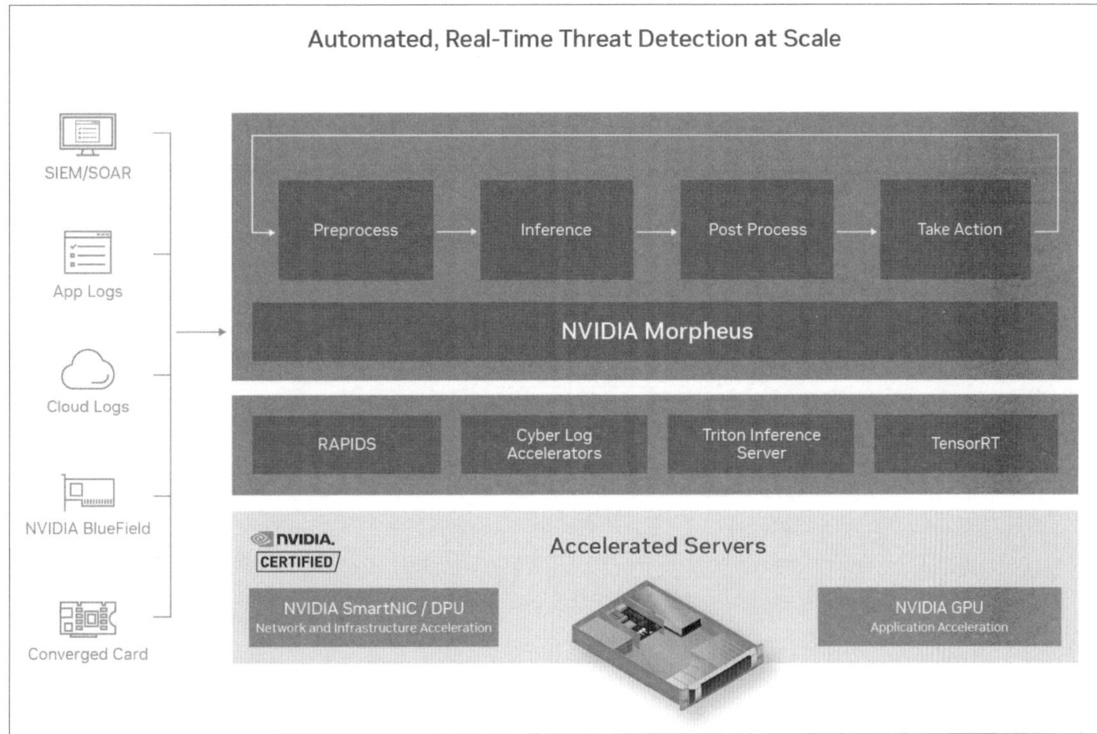


**Abbildung 13.12** NVIDIA Morpheus AI für Cybersecurity, Quelle: NVIDIA

NVIDIAs Produktbeschreibungen zu Morpheus mit Slogans wie *»adaptive Verteidigung zur Erkennung und Beseitigung von Cybersicherheitsbedrohungen«* fallen in Entscheider-Meetings gern auf fruchtbaren Boden, wenn das entsprechende Budget für Hard-, Software und Lizenzen da ist. Nicht ganz zu Unrecht, insbesondere in sehr großen Clustern, die gegebenenfalls nicht air-gapped betrieben werden dürfen oder können und sicherheitstechnisch sensible Daten hosten.

NVIDIAs Morpheus AI steht sowohl standalone als auch in verschiedenen Kombinations-Patterns (z. B. mit dem Triton Inference Server und/oder MLflow) auf NVIDIAs NGC zum Download bereit, alternativ auch unter GitHub (*https://github.com/nv-morpheus/Morpheus*). Morpheus ist auf RAPIDS-Bibliotheken, Deep-Learning-Frameworks und dem Triton Inference Server aufgebaut. Abbildung 13.2 zeigt ein vereinfachtes funktionales Schema.

### 13.7.2 Triton Inference Server

Aufbauend auf der kurzen Einführung in Abschnitt 13.6.2: Als Teil der NVAIE-Plattform kann der *Triton Inference Server* trainierte KI-Inferenz-Modelle von unterschiedlichen Frameworks auf jeder GPU- oder CPU-basierten Infrastruktur bereitstellen, ausführen und skalieren. Triton kann mehrere Modelle aus demselben oder aus unterschiedlichen Frameworks gleichzeitig auf einer einzigen GPU oder CPU ausführen. In einem Multi-GPU-Server erstellt Triton automatisch eine Instanz jedes Modells auf jeder GPU, um die Performance zu optimieren (siehe Abbildung 13.13).

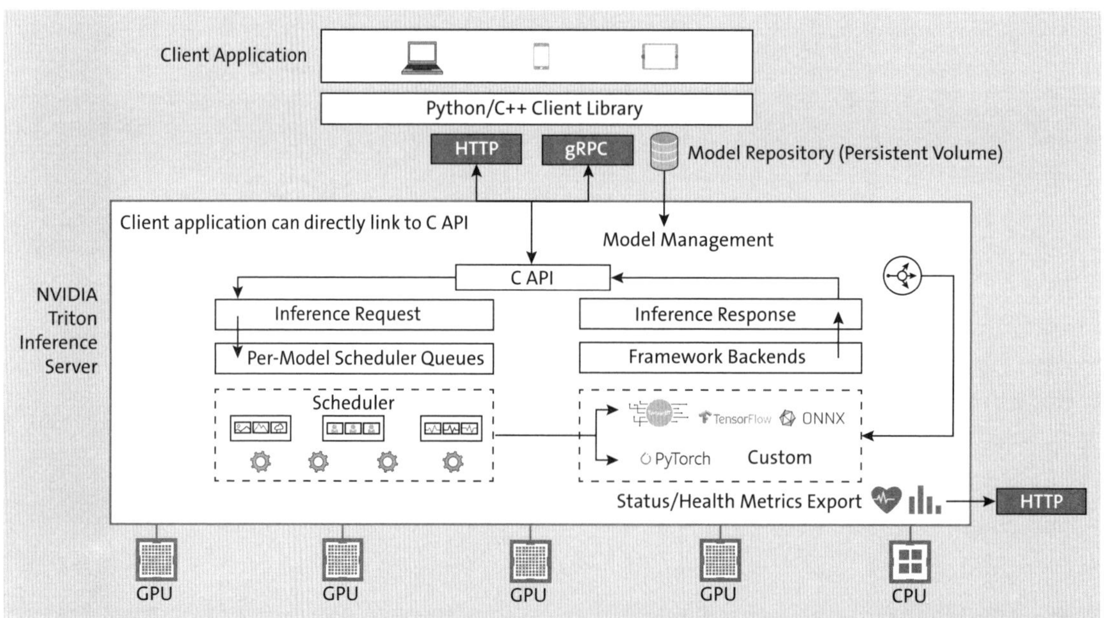


**Abbildung 13.13** NVIDIAs Triton Inference Server, Quelle: NVIDIA

Triton ist ebenfalls in der Lage, Deployments zur Prozessierung von Echtzeit-Inferenzen mit minimalen Latenzen zu optimieren. Es unterstützt Batch-Inferenzen zur Maximierung der GPU- und CPU-Auslastung und enthält integrierte Unterstützung für Audio- und Video-Streaming-Eingabe. Modellensembles für Anwendungsfälle, die mehrere Modelle erfordern, um End-to-End-Inferenzen durchzuführen, wie z. B. für Konversations-KIs, werden ebenfalls unterstützt. Modelle können live in der Produktion aktualisiert werden, ohne Triton oder die Anwendung neu zu starten. Die Prozessierung sehr großer Inferenzmodelle über mehrere GPUs und Nodes hinweg, die nicht in den Speicher einer einzelnen GPU passen würden, ist ebenfalls möglich.

### 13.7.3 Morpheus MLflow Triton Plugin

MLflow (*https://mlflow.org/*) ist eine Open-Source-Plattform zum Management von ML-Lifecycles und kann verschiedene Anforderungen abdecken:

- MLflow Tracking – Tracking/Tracing von MLflow-Experimenten, um den Überblick zu behalten und diese zu organisieren
- MLflow Projects – Projekte repoduzierbar vorhalten
- MLflow Models – ein Format für ML-Modelle, das gespeichert, geladen und deployed werden kann
- MLflow Model Registry – wie auch im Containerland üblich: eine zentrale Registry mit Repos zur Speicherung und Verwaltung von Modellen

Das MLflow Triton Plugin wiederum dient in diesem Konstrukt zum Bereitstellen der MLflow-Modelle auf dem Triton Inference Server. Skripte zum Veröffentlichen von Modellen, die sich in einer für Triton passenden Dateistruktur befinden, sind in dem Package bereits enthalten. Das MLflow Triton Plugin konnte im betrachteten Stand mit ONNX- (*Open Neural Network Exchange*) und Triton-Datenformaten arbeiten.

### 13.7.4 Vorbetrachtungen: AI End-to-End mit Morpheus AI Engine

Siehe hierzu auch: *https://docs.nvidia.com/morpheus/morpheus_quickstart_guide.html*

In dem folgenden, sehr kompakt gehaltenen AI-E2E-Beispiel finden Sie einen Einstieg, um Morpheus mit einigen Beispiel-Workflows zu nutzen. Dabei geht es auszugsweise u. a. um die folgenden Tasks:

- Einrichtung der Morpheus AI Engine
- Einrichtung des Morpheus SDK Clients
- Einrichtung des Morpheus MLflow Triton Plugins
- Bereitstellung von Modellen auf dem Triton-Inferenzserver
- Erstellung von Kafka-Topics
- Ausführung von Test-Workloads

### 13.7.5 Preflights

Im Folgenden betrachten wir konkret den Ansatz eines AI-End-to-End-Stacks mit einem der ML-Patterns aus NVIDIAs AI-Enterprise-Bibliothek, konkret der *Morpheus AI Engine* mit dem *MLflow Triton Plugin Stack*, implementiert auf OpenShift ≥ 4.10 unter vSphere mit vGPU-partitionierten Tesla T4-Instanzen (*8C*). Für die folgenden Betrachtungen gehen wir davon aus, dass die nachstehenden Punkte entsprechend vorbereitet wurden:

- Das Setup eines OpenShift-Clusters mit einem GPU-Worker-MachineSet ist erfolgt.
- NVAIE Entitlements liegen vor und ein Lizenzserver (im Folgenden: CLS-Variante, siehe Abschnitt 7.5) ist eingerichtet und aktiv.
- Zugang zu NVIDIAs NGC ist eingerichtet/möglich (NGC API_KEY ist vorhanden).

### 13.7.6 Hands-on

Nun zur praktischen Anwendung. Als Erstes installieren wir die Kernbaugruppe, die Morpheus AI Engine per Helm-Chart. Dazu laden wir zunächst das Chart herunter und passen die *values.yaml* für unser konkretes Setup unter OpenShift etwas an:

```
# helm fetch https://helm.ngc.nvidia.com/nvidia/morpheus/charts/morpheus-ai-engine-
  22.06.tgz --username='$oauthtoken' --password=$API_KEY --untar
```

```
# vi morpheus-ai-engine/values.yaml
```

```
serviceAccount:
  create: true
  name: morpheus
platform:
  openshift: true
```

Dann installieren wir den Stack, der aus der Morpheus AI Engine, einer Kafka-Instanz (Broker) und Zookeeper als Backend besteht:

```
# helm install --set ngc.apiKey="$API_KEY" \
  --namespace $NAMESPACE morpheus1 morpheus-ai-engine
```

```
NAME: morpheus1
LAST DEPLOYED: Sat Aug 20 00:14:07 2022
NAMESPACE: morpheus
STATUS: deployed
REVISION: 1
TEST SUITE: None
```

```
# oc get all -n morpheus
```

```
NAME                             READY   STATUS              RESTARTS   AGE
pod/ai-engine-db474cbc-7426x     1/1     Running             0          3m
pod/broker-588b899754-5sg2l      1/1     Running             0          3m
pod/zookeeper-79fbfcfc9f-h4tx2   1/1     Running             0          3m
```

```
NAME                   TYPE        CLUSTER-IP      EXTERNAL-IP   PORT(S)                      AGE
service/ai-engine      ClusterIP   172.30.188.81   <none>        8000/TCP,8001/TCP,8002/TCP   3m
service/broker         NodePort    172.30.134.69   <none>        9092:30092/TCP               3m
service/zookeeper      ClusterIP   172.30.100.15   <none>        2181/TCP                     3m
NAME                          READY   UP-TO-DATE   AVAILABLE   AGE
deployment.apps/ai-engine     1/1     1            1           3m
deployment.apps/broker        1/1     1            1           3m
deployment.apps/zookeeper     1/1     1            1           3m
NAME                                   DESIRED   CURRENT   READY   AGE
replicaset.apps/ai-engine-db474cbc     1         1         1       3m
replicaset.apps/broker-588b899754      1         1         1       3m
replicaset.apps/zookeeper-79fbfcfc9f   1         1         1       3m
```

Im nächsten Schritt installieren wir den Morpheus SDK Client als Toolbox. Das Vorgehen entspricht dem im letzten Schritt für die Morpheus AI Engine gezeigten: Download des Helm-Charts, Anpassung der *values.yaml*, dann die Installation:

```
# helm fetch https://helm.ngc.nvidia.com/nvidia/morpheus/charts/morpheus-sdk-client-
  22.06.tgz --username='$oauthtoken' --password=$API_KEY --untar
```

Nehmen Sie die weiter oben bereits beschriebenen, benötigten Anpassungen auch in dieser *values.yaml* vor: `# vi morpheus-sdk-client/values.yaml`

```
# helm install --set ngc.apiKey="$API_KEY"  --namespace $NAMESPACE \
  helper morpheus-sdk-client
```

```
NAME: helper
LAST DEPLOYED: Sat Aug 20 00:16:35 2022
NAMESPACE: morpheus
STATUS: deployed
REVISION: 1
TEST SUITE: None
```

Die bis zu diesem Zeitpunkt ausgerollten Pods sollten sich wie folgt darstellen:

```
# oc get pods
```

```
NAME                         READY   STATUS    RESTARTS   AGE
ai-engine-db474cbc-7426x     1/1     Running   0          2m48s
broker-588b899754-5sg2l      1/1     Running   0          2m48s
sdk-cli-helper               1/1     Running   0          20s
zookeeper-79fbfcfc9f-h4tx2   1/1     Running   0          2m48s
```

Im nächsten Schritt müssen wir uns um die Bereitstellung der Modelle für das Deployment des MLflow-Plugins kümmern. Dazu installieren wir zunächst das MLflow Triton Server Plugin. Hierbei muss, sofern der Pod im Zustand *Pending* hängt, gegebenenfalls der Node-Selector nachjustiert werden. Der im nachfolgenden Beispiel verwendete Selector `nvidia.com/gpu: present` stellt nur einen einfachen Workaround dar und sollte für skalierte Umgebungen entsprechend automatisiert auf die jeweiligen GPU-Node-Hostnamen bzw. über Pod-Affinities (zum Helper SDK) eingestellt werden.

```
# helm fetch https://helm.ngc.nvidia.com/nvidia/morpheus/charts/morpheus-mlflow-
  22.06.tgz --username='$oauthtoken' --password=$API_KEY --untar
```

```
# vi morpheus-mlflow/values.yaml
```

Nachstehend die Anpassung der *values.yaml*, unter anderem mit dem oben angegebenen NodeSelector:

```
  nodeSelector:
    nvidia.com/gpu.present: "true"
```

Dann folgt die Installation:

```
# helm install --set ngc.apiKey="$API_KEY" \
  --namespace $NAMESPACE mlflow1 morpheus-mlflow
```

```
NAME: mlflow1
LAST DEPLOYED: Sat Aug 20 00:20:04 2022
NAMESPACE: morpheus
STATUS: deployed
REVISION: 1
TEST SUITE: None
```

Nun prüfen wir die ausgerollten Pods, im Folgenden mit Anzeige der Nodes (Ausgabe gekürzt), auch um sicherzustellen, dass der MLflow- und SDK-CLI-Helper-Pod auf dem gleichen GPU-Node laufen:

```
# watch -d oc get pods -o wide
```

```
oc get pods -o wide                                ocp4aio1.local1.site: Sat Aug 20 00:38:36 2022

NAME                        READY STATUS   RESTARTS  AGE  IP           NODE
ai-engine-db474cbc-7426x    1/1   Running  0         24m  10.131.0.16  opns2-cxtqb-vgpu-t4-vz2-6l2g2
broker-588b899754-5sg2l     1/1   Running  0         24m  10.129.0.26  opns2-cxtqb-master-1
mlflow-68f87c49f9-jwjs5     1/1   Running  0         75s  10.131.0.18  opns2-cxtqb-vgpu-t4-vz2-6l2g2
sdk-cli-helper              1/1   Running  0         22m  10.131.0.17  opns2-cxtqb-vgpu-t4-vz2-6l2g2
zookeeper-79fbfcfc9f-h4tx2  1/1   Running  0         24m  10.129.0.27  opns2-cxtqb-master-1
```

Im nächsten Schritt konnektieren wir uns zu dem Morpheus SDK Helper und kopieren von dort vorbereitete Modelle in einen Mount-Pfad, auf welchen auch der MLflow-Container Zugriff hat. Achtung: Damit der Vorgang reibungslos funktioniert, müssen der SDK- und MLflow-Container dem gleichen (GPU-)Node zugeteilt werden:

```
# oc -n morpheus exec sdk-cli-helper \
  -- cp -RL /workspace/models /common
```

Nun prüfen wir, ob die Modelle vom MLflow-Container aus erreichbar sind, und kümmern uns anschließend um Rollout und Start des Model Deployments:

```
# kubectl -n $NAMESPACE exec -it deploy/mlflow -- bash
```

```
(mlflow) root@mlflow-867cfdfb68-5xqgw:/mlflow#
```

```
(mlflow) root@mlflow-68f87c49f9-jwjs5:/mlflow# ls -lrt /common/models
```

```
drwxr-xr-x. 2 root root    40 Aug 19 21:54 abp-models
drwxr-xr-x. 4 root root    50 Aug 19 21:54 datasets
drwxr-xr-x. 4 root root    62 Aug 19 21:54 fraud-detection-models
drwxr-xr-x. 2 root root    85 Aug 19 21:54 hammah-models
drwxr-xr-x. 3 root root    37 Aug 19 21:54 mlflow
drwxr-xr-x. 2 root root   111 Aug 19 21:54 log-parsing-models
drwxr-xr-x. 2 root root    74 Aug 19 21:54 phishing-models
drwxr-xr-x. 2 root root    49 Aug 19 21:54 ransomware-models
drwxr-xr-x. 2 root root    73 Aug 19 21:54 sid-models
drwxr-xr-x. 9 root root   167 Aug 19 21:54 training-tuning-scripts
drwxr-xr-x. 7 root root   124 Aug 19 21:54 validation-inference-scripts
drwxr-xr-x. 8 root root   168 Aug 19 21:54 triton-model-repo
-rw-r--r--. 1 root root 12732 Aug 19 22:38 README.md
-rw-r--r--. 1 root root 10156 Aug 19 22:38 model-information.csv
```

```
(mlflow) root@mlflow-68f87c49f9-jwjs5:/mlflow# ls -lrt \
  /common/models/triton-model-repo/
```

```
drwxr-xr-x. 3 root root   35 Aug 19 21:54 log-parsing-onnx
drwxr-xr-x. 3 root root   35 Aug 19 21:54 abp-nvsmi-xgb
drwxr-xr-x. 3 root root   35 Aug 19 21:54 phishing-bert-trt
drwxr-xr-x. 3 root root   35 Aug 19 21:54 phishing-bert-onnx
drwxr-xr-x. 3 root root   35 Aug 19 21:54 sid-minibert-trt
drwxr-xr-x. 3 root root   35 Aug 19 21:54 sid-minibert-onnx
-rw-r--r--. 1 root root 3301 Aug 19 22:39 README.md
```

```
(mlflow) root@mlflow-68f87c49f9-jwjs5:/mlflow# python publish_model_to_mlflow.py \
   --model_name sid-minibert-onnx \
  --model_directory /common/models/triton-model-repo/sid-minibert-onnx \
  --flavor triton
```

```
Successfully registered model 'sid-minibert-onnx'.
2022/08/19 22:41:17 INFO mlflow.tracking._model_registry.client:
Waiting up to 300 seconds for model version to finish creation.
Model name: sid-minibert-onnx, version 1
Created version '1' of model 'sid-minibert-onnx'.
/mlflow/artifacts/0/0dd4d836b84e4e259b3fef4c767037bf/artifacts
```

Start des Deployments:

```
(mlflow) root@mlflow-68f87c49f9-jwjs5:/mlflow# mlflow deployments create \
  -t triton --flavor triton --name sid-minibert-onnx \
  -m models:/sid-minibert-onnx/1 -C "version=1"
```

```
Copied /mlflow/artifacts/0/0dd4d836b84e4e259b3fef4c767037bf/artifacts/triton/sid-minibert-onnx to
/common/triton-model-repo/sid-minibert-onnx
Saved mlflow-meta.json to /common/triton-model-repo/sid-minibert-onnx
triton deployment sid-minibert-onnx is created
```

Dann werfen wir zur Kontrolle einen kurzen Blick in die Logs des Morpheus-AI-Engine-Containers (Ausgabe zum Teil gekürzt):

```
# oc -n morpheus logs deploy/ai-engine
```

```
=============================
== Triton Inference Server ==
=============================
NVIDIA Release 22.06 (build 39726160)
Triton Server Version 2.23.0
Copyright (c) 2018-2022, NVIDIA CORPORATION & AFFILIATES.  All rights reserved.
Various files include modifications (c) NVIDIA CORPORATION & AFFILIATES.  All rights reserved.
This container image and its contents are governed by the NVIDIA Deep Learning Container License.
By pulling and using the container, you accept the terms and conditions of this license:
https://developer.nvidia.com/ngc/nvidia-deep-learning-container-license
NOTE: CUDA Forward Compatibility mode ENABLED.
  Using CUDA 11.7 driver version 515.48.08 with kernel driver version 510.73.08.
  See https://docs.nvidia.com/deploy/cuda-compatibility/ for details.
I0819 22:16:06.877100 1 pinned_memory_
manager.cc:240] Pinned memory pool is created at '0x1000c000000' with size 268435456
I0819 22:16:06.877490 1 cuda_memory_manager.cc:105]
CUDA memory pool is created on device 0 with size 67108864
I0819 22:16:06.878046 1 server.cc:556]
+------------------+------+
| Repository Agent | Path |
+------------------+------+
+------------------+------+
I0819 22:16:06.878072 1 server.cc:583]
+---------+------+--------+
| Backend | Path | Config |
+---------+------+--------+
+---------+------+--------+
I0819 22:16:06.878080 1 server.cc:626]
+-------+---------+--------+
| Model | Version | Status |
+-------+---------+--------+
+-------+---------+--------+
I0819 22:16:06.907902 1 metrics.cc:650] Collecting metrics for GPU 0: GRID T4-8C
I0819 22:16:06.908187 1 tritonserver.cc:2159]
+--------------------------------+---------------------------------------------------------+
| Option                         | Value
+--------------------------------+---------------------------------------------------------+
| server_id                      |
  triton
| server_version                 | 2.23.0
| server_extensions              | classification sequence model_repository
                                   model_repository(unload_dependents) schedule_policy
                                   model_configuration system_shared_memory cuda_shared_memory
                                   binary_tensor_data statistics trace |
| model_repository_path[0]       | /common/triton-model-repo
| model_control_mode             | MODE_EXPLICIT
| strict_model_config            | 1
| rate_limit                     | OFF
| pinned_memory_pool_byte_size   | 268435456
| cuda_memory_pool_byte_size{0}  | 67108864
```

```
| response_cache_byte_size         | 0
| min_supported_compute_capability | 6.0
| strict_readiness                 | 1
| exit_timeout                     | 30
|---------------------------------+----------------------------------------------------------+
I0819 22:16:06.909014 1 grpc_server.cc:4587] Started GRPCInferenceService at 0.0.0.0:8001
I0819 22:16:06.909212 1 http_server.cc:3303] Started HTTPService at 0.0.0.0:8000
I0819 22:16:06.950415 1 http_server.cc:178] Started Metrics Service at 0.0.0.0:8002
```

Testen wir nun exemplarisch zwei Workflows. Beim ersten handelt es sich um eine Auto-Encoder-Pipeline, die eine HAMMAH-Erkennung (*Human as Machine & Machine as Human*) ausführt. Dabei werden Muster im Benutzerverhalten untersucht, die auf einen Wechsel von einem Menschen zu einer Maschine oder von einer Maschine zu einem Menschen hinweisen, also für MAH stark vereinfacht: Bot-Erkennung.

Weitere Beispiele, die NVIDIA liefert, wären NLP-Pipelines, die Phishing-Erkennung (PD) durchführen, NLP-Pipelines zum Aufspüren sicherheitssensibler Informationen (SID) und FIL-Pipelines, die *Anomalous Behavior Profiling* (ABP) durchführen. Für die NLP-Pipeline-Beispiele werden Input-/Output-Kafka-Topics (vereinfacht: Kategorien zum Organisieren von Messages) benötigt, siehe dazu auch *https://docs.nvidia.com/morpheus/morpheus_quickstart_guide.html#create-kafka-topics*.

13

### Hands-on HAMMAH

Das folgende Pipeline-Beispiel zeigt, wie das Auto-Encoder-Modell trainiert, validiert und die Inferenz-Ergebnisse an einen vordefinierten Ablageort geschrieben werden:

```
# oc -n morpheus exec sdk-cli-helper -- cp -R /workspace/examples/data /common
# helm install --set ngc.apiKey="$API_KEY"   --set sdk.args="morpheus \
  --log_level=DEBUG run --num_threads=2 --edge_buffer_size=4 \
  --pipeline_batch_size=1024 --model_max_batch_size=1024 --use_cpp=True \
  pipeline-ae --userid_filter=user123 \
  --userid_column_name=userIdentitysessionContextsessionIssueruserName \
  from-cloudtrail \
  --input_glob=/common/models/datasets/validation-data/hammah-*.csv \
  train-ae --train_data_glob=/common/models/datasets/training-data/hammah-*.csv \
  --seed 42 preprocess inf-pytorch add-scores timeseries --resolution=1m \
  --zscore_threshold=8.0 --hot_start monitor --description 'Inference Rate' \
  --smoothing=0.001 --unit inf serialize \
  to-file --filename=/common/data/output-dir/val_hammah-user123-pytorch.csv \
  --overwrite" -n morpheus morpheus-test-release-2 morpheus-sdk-client
```

```
NAME: morpheus-test-release-2
LAST DEPLOYED: Sat Aug 20 17:41:57 2022
NAMESPACE: morpheus
STATUS: deployed
REVISION: 1
TEST SUITE: None
```

Prüfen wir nach erfolgtem Durchlauf das Ergebnis (Ausgabe stark gekürzt):

# oc logs sdk-cli-morpheus-test-release-2 morpheus-sdk-client -f

```
Configuring Pipeline via CLI
C++ is disabled for AutoEncoder pipelines at this time.
Loaded columns.
[...]
Filtering all users except ID: 'user123'
Starting pipeline via CLI... Ctrl+C to Quit
Config:
{
  "ae": {
    "feature_columns": [
      "eventSource",
      "eventName",
[...]
====Registering Pipeline====
====Registering Pipeline Complete!====
====Starting Pipeline====
====Pipeline Started====
====Building Pipeline====
Added source: <from-cloudtrail-0; CloudTrailSourceStage(input_glob=/common/models/datasets/validation-
data/hammah-*.csv, watch_directory=False, max_files=-1, file_type=FileTypes.Auto, repeat=1, sort_glob=
False, recursive=True, queue_max_size=128, batch_timeout=5.0)>
  └─> morpheus.UserMessageMeta
Training AE model for user: 'user123'...
Training AE model for user: 'user123'... Complete.
Added stage: <train-ae-1; TrainAEStage(pretrained_filename=None, train_data_glob=/common/models/
datasets/training-data/hammah-*.csv, train_epochs=25, train_max_history=1000, seed=42, sort_glob=
False)>
  └─ morpheus.UserMessageMeta -> morpheus.MultiAEMessage
Added stage: <preprocess-ae-2; PreprocessAEStage()>
  └─ morpheus.MultiAEMessage -> morpheus.MultiInferenceAEMessage
Added stage: <inference-3; AutoEncoderInferenceStage()>
  └─ morpheus.MultiInferenceAEMessage -> morpheus.MultiResponseProbsMessage
Inference Rate: 0inf [00:00, ?inf/s]Added stage: <add-scores-4; AddScoresStage(labels=[], prefix=)>
  └─ morpheus.MultiResponseProbsMessage -> morpheus.MultiResponseProbsMessage
Added stage: <timeseries-5; TimeSeriesStage(resolution=1m, min_window=12 h, hot_start=True, cold_end=
False, filter_percent=90.0, zscore_threshold=8.0)>
  └─ morpheus.MultiResponseProbsMessage -> morpheus.MultiResponseProbsMessage
Added stage: <monitor-6; MonitorStage(description=Inference Rate, smoothing=0.001, unit=inf, delayed_
start=False, determine_count_fn=None)>
  └─ morpheus.MultiResponseProbsMessage -> morpheus.MultiResponseProbsMessage
Added stage: <serialize-7; SerializeStage(include=[], exclude=['^ID$', '^_ts_'], fixed_columns=True)>
  └─ morpheus.MultiResponseProbsMessage -> morpheus.MessageMeta
Added stage: <to-file-8; WriteToFileStage(filename=/common/data/output-dir/val_hammah-user123-
```

```
pytorch.csv, overwrite=True, file_type=FileTypes.Auto)>
  └─ morpheus.MessageMeta -> morpheus.MessageMeta
====Building Pipeline Complete!====
Starting! Time: 1661010129.607476
CloudTrail loading complete. Total rows: 1161. Timespan:
0   7 days 12:08:20
0   4 days 14:59:18
Name: event_dt, dtype: timedelta64[ns]
Inference Rate: 847inf [00:10, 81.42inf/s]Found anomalies (Shutdown): [Timestamp('2021-10-06
17:28:00+0000', tz='UTC'), Timestamp('2021-10-06 17:58:00+0000', tz='UTC'), Timestamp('2021-10-06
18:06:00+0000', tz='UTC')]
Inference Rate[Complete]: 847inf [00:10, 81.42inf/s]====Pipeline Complete====
```

Schauen wir uns die erzeugten Daten über den SDK-Helper-Pod an (Ausgabe gekürzt):

```
# oc exec sdk-cli-helper -c morpheus-sdk-client -- \
  head /common/data/output-dir/val_hammah-user123-pytorch.csv
```

```
,_index_
,eventID,eventTime,userIdentityaccountId,eventSource,eventName,sourceIPAddress,userAgent,userIdentityt
ype,apiVersion,userIdentityprincipalId,userIdentityarn,userIdentityaccessKeyId,tlsDetailsclientProvide
dHostHeader,errorCode,errorMessage,userIdentitysessionContextsessionIssueruserName,ae_anomaly_
score,ts_anomaly,event_dt
0,0,0,2021-10-04T01:44:15Z,Account-123456789,anderson.net,GetHostedZoneCount,91.115.171.224,
"Mozilla/5.0 (Windows NT 5.01) AppleWebKit/531.0 (KHTML, like Gecko) Chrome/23.0.815.0 Safari/531.0",
Root,1970-07-15,c605fd31-b71e-4385-a9c9-1cfc259fcbe1,arn:aws:8ab33856-b311-4fa8-bab1-2a7fad0ec33d,
AMVOGEBKYXVMOZWRG7PN,lester.net,success,,user123,0.8979299068450928,False,2021-10-04 01:44:15+00:00
1,1,1,2021-10-04T01:44:15Z,Account-123456789,lopez-byrd.info,CreateHostedZone,72.5.160.159,
"Mozilla/5.0 (iPod; U; CPU iPhone OS 3_2 like Mac OS X; hr-HR) AppleWebKit/
534.25.4 (KHTML, like Gecko) Version/3.0.5 Mobile/8B112 Safari/6534.25.4",Root,,c605fd31-b71e-4385-
a9c9-1cfc259fcbe1,arn:aws:8ab33856-b311-4fa8-bab1-2a7fad0ec33d,AMVOGEBKYXVMOZWRG7PN,,
success,,user123,0.512100338935852,False,2021-10-04 01:44:15+00:00
2,2,2,2021-10-04T01:44:16Z,Account-123456789,lopez-byrd.info,ListTrafficPolicies,72.5.160.159,
"Mozilla/5.0 (Macintosh; U; PPC Mac OS X 10 12_6 rv:5.0; iu-CA) AppleWebKit/
533.5.6 (KHTML, like Gecko) Version/4.0.5 Safari/533.5.6",Root,,c605fd31-b71e-4385-a9c9-
1cfc259fcbe1,arn:aws:8ab33856-b311-4fa8-bab1-
2a7fad0ec33d,AMVOGEBKYXVMOZWRG7PN,,success,,user123,0.26959189772605896,False,2021-10-04
01:44:16+00:00
3,3,3,2021-10-04T01:44:16Z,Account-123456789,lopez-byrd.info,ListTrafficPolicies,72.5.160.159,
"Mozilla/5.0 (iPod; U; CPU iPhone OS 4_3 like Mac OS X; bs-BA) AppleWebKit/
532.19.7 (KHTML, like Gecko) Version/4.0.5 Mobile/8B111 Safari/6532.19.7",Root,,c605fd31-b71e-4385-
a9c9-1cfc259fcbe1,arn:aws:8ab33856-b311-4fa8-bab1-2a7fad0ec33d,AMVOGEBKYXVMOZWRG7PN,,
success,,user123,0.23734141886234283,False,2021-10-04 01:44:16+00:00
4,4,4,2021-10-04T01:44:17Z,Account-123456789,mullins.com,DeleteNatGateway,200.228.121.182,"Mozilla/
5.0 (Windows; U; Windows 98) AppleWebKit/533.43.6 (KHTML, like Gecko) Version/4.1 Safari/
533.43.6",Root,,c605fd31-b71e-4385-a9c9-1cfc259fcbe1,arn:aws:8ab33856-b311-4fa8-bab1-
2a7fad0ec33d,AZM8CDAQJ8EN63D9DV3H,,
success,,user123,0.4920152723789215,False,2021-10-04 01:44:17+00:00
5,5,5,2021-10-04T01:44:17Z,Account-123456789,hogan.com,DescribeLaunchTemplateVersions,
200.228.121.182,"Mozilla/5.0 (Windows; U; Windows 98) AppleWebKit/
533.43.6 (KHTML, like Gecko) Version/4.1 Safari/533.43.6",Root,,c605fd31-b71e-4385-a9c9-
1cfc259fcbe1,arn:aws:8ab33856-b311-4fa8-bab1-
```

```
2a7fad0ec33d,AZM8CDAQJ8EN63D9DV3H,snyder.com,success,,user123,0.6171199679374695,False,2021-10-04
01:44:17+00:00
[...]
```

### 13.7.7 Cybersecurity mit Morpheus AI (Red Hat Developer)

Ein weiteres interessantes Cybersecurity-Beispiel von Red Hat mit Morpheus AI findet sich hier: *https://developers.redhat.com/articles/2021/10/18/sensitive-information-detection-using-nvidia-morpheus-ai-framework*.

Red Hat und NVIDIA haben in Kooperation die Implementierung des NVIDIA Morpheus AI Frameworks auf Red-Hat-Infrastrukturplattformen optimiert, um Cybersecurity-Teams auf diese Weise die Sicherheits-Analysefunktionen des Morpheus-AI-Stacks möglichst einfach und reproduzierbar zur Verfügung stellen zu können. Zielgruppe sind gemäß NVIDIA/Red Hat insbesondere DevSecOps-Teams, die an Anwendungen arbeiten, welche das NVIDIA-Morpheus-AI-Anwendungsframework und NVIDIA-BlueField-DPUs (*https://www.nvidia.com/de-de/networking/products/data-processing-unit/*) verwenden, um die Kommunikation zwischen Servern und Microservice-Stacks vollautomatisiert abzusichern. Interessant für DPU-relevante Betrachtungen ist in diesem Kontext gegebenenfalls auch der Red-Hat-Knowledgebase-Artikel über OpenShift mit DPUs: *https://access.redhat.com/articles/6804281* (»OVN/OVS offloading with OpenShift on NVIDIA BlueField-2 DPUs«).

### 13.7.8 NVIDIA Launchpad

Für diejenigen, die sich vor einem Self-Driven PoC tiefer mit dem NVAIE-Stack in der Praxis befassen möchten, bietet NVIDIA über seine Launchpad Platform kostenlose und bei Bedarf von NVIDIA-Mitarbeitern betreute Hands-on Labs an, siehe *https://www.nvidia.com/en-us/launchpad/*.

Es existieren Labs zu den verschiedensten Themenbereichen und Plattformen, welche dem Kunden nach einem kurzen Approval-Prozess für je zwei Wochen zur Verfügung stehen. Die Hauptthemenbereiche sind unterteilt in die Kategorien *AI*, *Data Science*, *3D Design* und *Infrastructure-Optimierung*. Je nach Lab stehen die Übungen auf unterschiedlichen Plattformen und NVIDIA-zertifizierter Hardware zur Verfügung, z. B.: NVAIE auf vSphere oder OpenShift oder Labs für DGX-Systeme. Die vorgenannten Bereiche sind mit unterschiedlichen NVAIE-Software-Patterns wählbar, angefangen vom einfachen Training und Deployment eines Chatbots über komplexe NLP-Modelle bis hin zu eher infrastrukturbezogenen Themen für Ops, die wir in ähnlicher Form in Abschnitt 13.7 betrachtet hatten. Für die Orientierungs-/Findungsphase von Unternehmen, die sich initial mit dem Thema KI/ML im RZ-Umfeld auseinandersetzen möchten/müssen, kann dies durchaus hilfreich sein und ist – wie bereits angemerkt – kostenfrei.

# Kapitel 14
# The Road Ahead

Damit sind wir am Ende unseres kleinen, aber hoffentlich für Sie und Ihr Unternehmen nutzbringenden KI-Infra-Exkurses. Versuchen wir ein abschließendes Fazit zu ziehen.

KI/ML-Systeme sind längst im Alltag angekommen. In immer mehr Unternehmen ist eine flexible und bei Bedarf vollautomatische Skalierbarkeit dieser Systeme zwingende Vorgabe, für maximale Leistung, Kosteneffizienz und damit Wettbewerbsfähigkeit. Es bestehen jedoch im betrachteten Stand nach wie vor einige große Probleme, die sich nicht wegdiskutieren lassen und die einer Rundum-sorglos-Effizienz und -Vollautomation im Wege stehen:

**Komplexität und Volatilität.**

Sicher, in kaum einem anderen IT-Bereich gibt es im betrachteten Stand eine höhere Pace als in der Entwicklung bzw. der Evolution von Container-Clustern und KI/ML-Ökosystemen. Beide Konzepte sind jedoch zur Lösung der Aufgabe, der Implementierung autoskalierbarer, extrem leistungsfähiger KI/ML-Cluster, derzeit so gut wie alternativlos. Aber zusammengefasst addiert sich die Komplexität der beiden Systeme bzw. Konzepte nicht, sie multipliziert sich eher. Und auch kostspielige Out-of-the-Box-Lösungen, deren Hard- und Software-Stacks leider den gleichen, beschleunigten Alterungsprozessen unterliegen, können die Probleme oft nur in Teilen etwas abfedern.

Aber eine zu hohe Innovationsgeschwindigkeit ist kaum etwas, das Unternehmen oder Foundations, die die Produkte erzeugen oder unter ihrer Schirmherrschaft haben, als Kritikpunkt sehen würden. Zum Teil zu Recht, auf der anderen Seite ist in vielen Unternehmen, von Mittelständlern bis hin zu Konzernen, eine gewisse Ernüchterung spürbar, manchmal auch unverhohlene Frustration, die ihre Ursache zweifelsohne in den ständig, mal mehr, mal weniger, wechselnden Paradigmen, Konzepten und Produkten der immer größer werdenden KI/ML-Blase hat.

*KI? Ja sicher, brauchen wir. Aber wie?*

Keine Frage, auf die es eine einfache oder gar universelle Antwort gibt. Wie wir gesehen haben, sind die zu überwältigenden Hürden in bestimmten Szenarien recht hoch.

Aber die in diesem Buch erörterten und nicht wenigen Hürden hinsichtlich der Implementierung oder negativen Aspekte sollten nicht dazu dienen, Sie zu demotivieren – im Gegenteil: Sie sollen Ihnen nur rechtzeitig die Komplexität der Aufgabe vermitteln, damit Sie mit der nötigen Sorgfalt und Weitsicht an die Evaluierung gehen können und dabei alle relevanten Punkte berücksichtigen. Und wenn am Ende dabei herausfällt, dass sich der Kosten-Nutzen-Aufwand eines solchen Unterfangens für Ihr Unternehmen (noch) nicht rechnet – dann ist eben genau das das Ergebnis. Punkt.

Ein weiterer Wermutstropfen ist, dass sich – ohne komplett neue, fundamental andere Konzepte auf tiefster technischer Ebene – zumindest in absehbarer Zeit keine sowohl leistungsstarken als auch gleichzeitig wenig Energie verbrauchenden KI-Systeme realisieren lassen werden.

Das, was da ist, wird genutzt werden. Denn die Industrie braucht es, um wettbewerbsfähig zu bleiben, und jeder Pseudo-KI-Code-Hipster will und wird, wie die Erfahrungen zeigen, die unvermeidlichen Convinience-KI-Trainings der üblichen Verdächtigen in der Cloud zumindest ein- bis einhundertmal durchspielen wollen, um seinen Status als neugeborener »KI-Spezialist« dem Rest der Welt in sozialen Medien kundzutun. Auch wenn das unter dem Strich für den Rest der Welt rein gar nichts bringt – sondern dank der unglaublichen Leistungsaufnahme und Abwärme von Rechenzentren auf aller Welt eher das genaue Gegenteil, Green-IT hin oder her.

Zum Schluss wie üblich noch ein paar persönliche Gedanken vom alten Mann über das, was vor uns liegen könnte:

Wenn NVIDIA, Google, AWS, Red Hat, VMware und Co. ihre *eigenen* Hausaufgaben (und am besten wirklich mal nur die der *eigenen* Fach- und Kompetenzbereiche, aber schon beim Schreiben wird mir klar, dass genau das nicht klappen wird ...) in den nächsten Jahren mit Disziplin, ohne zu viel ressourcenfressende Pseudo-Agilität, aber dafür mit jeder Menge Hirnschmalz erledigen, dann sind die guten alten klassischen, »echten« Operatoren, die Datacenter-Admins, zu denen ich vor vielen Jahren auch gehörte, dank einer wirklich maximalen Vollautomation in autonom arbeitenden Rechenzentren der nächsten Generation, vielleicht den »*AI/ML Driven Fully Autonomic Software Defined Datacenters*« oder wie immer sie dann heißen werden, sehr bald nur noch eines: eine blasse Erinnerung an alte Zeiten. Und mit der stetig steigenden Intelligenz, Effizienz und vielleicht auch einem Hauch Kreativität werden sie uns immer mehr Aufgaben abnehmen, und auch Systemarchitekten wie mich eher früher als später ersetzen.

Systeme, die Rechenzentren selbst optimal designen, Packroboter, die Serverhallen on demand mit Racks und Plugin-Servern bestücken, die sich selbst bis zum User-Layer durchkonfigurieren, selbst komplexeste Infrastrukturen. ADaaS. Autonomous Deppenproof as ... sorry, Datacenter as a Service.

Und wissen Sie was? Richtig so. Ich bin nicht böse darum. Das ist Geschichte, das ist Evolution. Nach der Röhre kam der Transistor (nein, liebe Generationen Z und Alpha, das ist weder ein russisches Kommunikationsgerät noch eine Transgender-App), danach integrierte Schaltkreise, die uns zu Chips und diese zu CPUs und die wiederum zu allen möglichen Processing Units führten. Und die wiederum zu KI-Systemen.

Die immer mehr Spezialisten nach und nach obsolet machen.

Und jeder mit einem noch halbwegs intakten Realitätsbezug hat auch längst erkannt, dass die zunehmende Automation uns definitiv nicht unzählige neue, alternative Jobs bescheren wird, wie uns zahlreiche Politiker gern gebetsmühlenartig und wie üblich völlig realitätsfern versichern wollen. No way. Alles läuft weiter streng nach Vorschrift, wie seit Beginn der industriellen Revolution: Automation spart Jobs und steigert so den Profit.

So ist das nun mal.

Den Satz, den ich in all meinen Container-Publikationen frei nach Aldous Huxley stets als Einleitungssatz verwendet hatte, nehme ich in diesem Fall daher mal als nachdenklichen Ausklang:

*Brave new World.*

Entscheiden Sie selbst, ob sie das ist, war, mit KI sein wird – oder am besten nie eintreten sollte.

Aber, wenn ich mir die Entwicklungen in ganz anderen Bereichen unseres Lebens und der gesamten Welt in den letzten Jahren anschaue – vielleicht kommt auch alles ganz, ganz anders. Und KI, Container, GPUs und alles Drumherum sind dann vielleicht unsere kleinsten Probleme.

Wer weiß.

In diesem Sinne: machen Sie's gut – und bleiben Sie zuversichtlich.

# Index

## H



## I



## K

## M



## N

## O

## Z